테라가타 1(長老偈)

부처님 제자, 아라한들의 게송

테라가타

제1권

Theragāthā I

장로게(長老偈)
부처님 제자, 아라한들의 게송

초기불전연구원

그분
부처님
공양 올려 마땅한 분
바르게 깨달으신 분께 귀의합니다.

Namo tassa Bhagavato Arahato Sammāsambuddhassa

제1권 목차

약어

√	Root(어근)
1.Sg.	First Person Singular(1인칭 단수)
1.Pl.	First Person Plural(1인칭 복수)
2.Sg.	Second Person Singular(2인칭 단수)
2.Pl.	Second Person Plural(2인칭 복수)
3.Sg.	Third Person Singular(3인칭 단수)
3.Pl	Third Person Plural(3인칭 복수)
A.	Aṅguttara Nikāya(앙굿따라 니까야, 증지부)
AA.	Aṅguttara Nikāya Aṭṭhakathā = Manorathapūraṇī(증지부 주석서)
AAṬ.	Aṅguttara Nikāya Aṭṭhakathā Ṭīkā(증지부 복주서)
Abhi-Sgh.	Abhidhammatthasaṅgaha(아비담맛타상가하 = 아비담마 길라잡이)
Aor.	Aorist(아오리스트 과거)
ApA.	Apadāna Aṭṭhakathā(아빠다나(譬喩經) 주석서)
Ā	Ātmanepāda(the middle voice)
Be	Burmese-script edition(VRI 간행 미얀마 육차결집본)
BHD	Buddhist Hybrid Sanskrit Dictionary
BHS	Buddhist Hybrid Sanskrit
BPS	Buddhist Publication Society
Bv.	Buddhavaṁsa(佛種姓)
BvA.	Buddhavaṁsa Aṭṭhakathā

CBETA	CBETA Chinese Electronic Tripitaka Collection: CD-ROM
cf.	*confer*(=*compare,* 비교, 참조)
CDB	The Connected Discourses of Buddha(상윳따 니까야 영역)
CMA	A Comprehensive Manual of Abhidhamma(아비담맛타 상가하 영역)
Cond.	Conditional(조건법)
CPD	Critical Pāli Dictionary
D.	Dīgha Nikāya(디가 니까야, 長部)
DA.	Dīgha Nikāya Aṭṭhakathā = Sumaṅgalavilāsinī(디가 니까야 주석서)
DAṬ.	Dīgha Nikāya Aṭṭhakathā Ṭīkā(디가 니까야 복주서)
Dhp.	Dhammapada(담마빠다, 법구경)
DhpA.	Dhammapada Aṭṭhakathā(담마빠다 주석서)
Dhs.	Dhammasaṅgaṇi(담마상가니, 法集論)
DhsA.	Dhammasaṅgaṇi Aṭṭhakathā = Aṭṭhasālinī(담마상가니 주석서)
DPL	A Dictionary of the Pali Language(Childers)
DPPN.	G. P. Malalasekera's *Dictionary of Pali Proper Names*
Ee	Roman-script edition(PTS본)
EV1	Elders' Verses I(테라가타 영역, Norman)
EV2	Elders' Verses II(테리가타 영역, Norman)
GD	Group of Discourse(숫따니빠따 영역, Norman)
Grd.	Gerund(동명사)
Ibid.	*Ibidem*(전게서, 前揭書, 같은 책)
Imp.	Imparative(명령형)
It.	Itivuttaka(如是語)
ItA.	Itivuttaka Aṭṭhakathā(여시어경 주석서)

Jā.	Jātaka(자따까, 本生譚)
JāA.	Jātaka Aṭṭhakathā(자따까 주석서)
Khp.	Khuddakapātha(쿳다까빠타)
KhpA.	Khuddakapātha Aṭṭhakathā(쿳다까빠타 주석서)
Kv.	Kathāvatthu(까타왓투, 論事)
KvA.	Kathāvatthu Aṭṭhakathā(까타왓투 주석서)
M.	Majjhima Nikāya(맛지마 니까야, 中部)
MA.	Majjhima Nikāya Aṭṭhakathā = Papañcasūdanī(맛지마 니까야 주석서)
MAṬ.	Majjhima Nikāya Aṭṭhakathā Ṭīkā(맛지마 니까야 복주서)
Mhv.	Mahāvaṁsa(마하왐사, 大史), edited by Geiger
Mil.	Milindapañha(밀린다빤하, 밀린다왕문경)
Moh.	Mohavicchedanī(모하윗체다니)
Mtk	Mātikā(마띠까)
Mvu.	Mahāvastu(북전 大事, Edited by Senart)
MW	Monier-Williams' Sanskrit-English Dictionary
Nd1.	Mahā Niddesa(마하닛데사, 大義釋)
Nd2.	Cūla Niddesa(쭐라닛데사, 小義釋)
Netti.	Nettippakaraṇa(넷띠빠까라나, 指道論)
NetA	Nettippakaraṇa Aṭṭhakathā(넷띠빠까라나 주석서)
NMD	Ven. Ñāṇamoli's Pali-English Glossary of Buddhist Terms
Opt.	Optative(기원법)

Pass.	Passive(수동형)
PAP	Present Active Participle(현재능동분사)
PdṬ.	Paramatthadīpani-ṭīkā(빠라맛타디빠니 띠까)
Pe.	Peṭakopadesa(뻬따꼬빠데사, 藏釋論)
PED	Pāli-English Dictionary(PTS)
pl	plural(복수)
Pm.	Paramatthamañjūsā = Visuddhimagga Mahāṭīkā(청정도론 복주서)
Pot.	Potential(가능법)
PPP	Past Passive Participle(과거수동분사)
Pre.	Present(현재시제)
Ps.	Paṭisambhidāmagga(빠띠삼비다막가, 무애해도)
Ptn.	Paṭṭhāna(빳타나, 發趣論)
PTS	Pāli Text Society
Pug.	Puggalapaññatti(뿍갈라빤냣띠, 人施設論)
PugA.	Puggalapaññatti Aṭṭhakathā(뿍갈라빤냣띠 주석서)
Pv.	Petavatthu(뻬따왓투, 餓鬼事)
Pvch.	Paramatthavinicchaya(빠라맛타 위닛차야)
Rv.	Ṛgveda(리그베다)
S.	Saṁyutta Nikāya(상윳따 니까야, 相應部)
SA.	Saṁyutta Nikāya Aṭṭhakathā = Sāratthappakāsinī(상윳따니까야 주석서)
SAṬ.	Saṁyutta Nikāya Aṭṭhakathā Ṭīkā(상윳따 니까야 복주서)
Sdnt.	Saddanītippakaraṇa(문법서 삿다니띠)
Se	Sinhala-script edition(스리랑카본)
sg	singular(단수)

Sk.	Sanskrit
Sn.	Suttanipāta(숫따니빠따, 經集)
SnA.	Suttanipāta Aṭṭhakathā(숫따니빠따 주석서)
Sv	Sāsanavaṁsa(사사나왐사, 교단의 역사)
s.v.	*sub verbō*(*under the word*, 표제어)
Te	Thai-script edition(태국본)
Thag.	Theragāthā(테라가타, 장로게)
ThagA.	Theragāthā Aṭṭhakathā(테라가타 주석서)
Thig.	Therīgāthā(테리가타, 장로니게)
ThigA.	Therīgāthā Aṭṭhakathā(테리가타 주석서)
Ud.	Udāna(우다나, 감흥어)
UdA.	Udāna Aṭṭhakathā(우다나 주석서)
Uv	Udānavarga(북전 출요경, 出曜經)
Vbh.	Vibhaṅga(위방가, 分別論)
VbhA.	Vibhaṅga Aṭṭhakathā = Sammohavinodanī(위방가 주석서)
Vin.	Vinaya Piṭaka(율장)
VinA.	Vinaya Piṭaka Aṭṭhakathā = Samantapāsādikā(율장 주석서)
VinAṬ	Vinaya Piṭaka Aṭṭhakathā Ṭīkā = Sāratthadīpanī-ṭīkā(율장 복주서)
Vin-Kaṅ-nṭ.	Kaṅkhāvitaraṇī-abhinavaṭīkā(깡카위따라니 아비나와띠까)
Vin-Vmv	Vmativinodanī Ṭīkā(위마띠위노다니 띠까)
Vis.	Visuddhimagga(청정도론)
v.l.	*varia lectio, variant reading*(이문, 異文)
VRI	Vipassanā Research Institute(인도)

VṬ	Abhidhammaṭṭha Vibhavinī Ṭīkā(위바위니 띠까)
Vv.	Vimānavatthu(위마나왓투, 천궁사)
VvA.	Vimānavatthu Aṭṭhakathā(위마나왓투 주석서)
Yam.	Yamaka(야마까, 雙論)
YamA.	Yamaka Aṭṭhakathā = Pañcappakaraṇa(야마까 주석서)

디가 니까야	각묵 스님 옮김, 초기불전연구원, 2006, 3쇄 2010
맛지마 니까야	대림 스님 옮김, 초기불전연구원, 2012, 2쇄 2015
상윳따 니까야	각묵 스님 옮김, 초기불전연구원, 2009, 3쇄 2016
앙굿따라 니까야	대림 스님 옮김, 초기불전연구원, 2006~2007, 3쇄 2016
담마상가니	각묵 스님 옮김, 초기불전연구원, 2016, 초판.
위방가	각묵 스님 옮김, 초기불전연구원, 2018, 초판.
육차결집본	Vipassana Research Institute(인도) 간행 육차결집 본
아비담마 길라잡이	대림 스님/각묵 스님 옮김, 초기불전연구원, 2002, 14쇄 2018
우다나	각묵 스님 옮김, 초기불전연구원, 2021
이띠웃따까	각묵 스님 옮김, 초기불전연구원, 2020
청정도론	대림 스님 옮김, 초기불전연구원, 2004, 6쇄 2016
초기불교 이해	각묵 스님 지음, 초기불전연구원, 2010, 5쇄 2015
초기불교 입문	각묵 스님 지음, 초기불전연구원, 초판 2014, 개정판 2018.

K.R. Norman	Elders' Verses I, London. PTS, 1969(테라가타 영역본)
리스 데이비즈	A Buddhist Manual of Psychological Ethics(담마상가니 영역본)
보디 스님	The Connected Discourses of the Buddha(상윳따 니까야 영역본)

일러두기

(1) 『테라가타』(Thag.)는 PTS본과 미얀마 육차결집본(VRI본, Be)을 저본으로 하였음.

(2) { }는 PTS본 게송 번호임. 예를 들면 {271}~{274}는 넷의 모음 바구 장로(Th4:2)의 271번 게송부터 274번 게송까지를 뜻함

(3) 본서에 나타나는 장로들에 대한 고유번호, 예를 들면 Th3:4 등은 모두 역자가 임의로 표기하였음.
예를 들면 Th1:1은『테라가타』하나의 모음의 첫 번째 장로인 수부띠 장로를, Thag4:2는 테라가타 넷의 모음의 두 번째 장로인 바구 장로(Th4:2 {271}~{274})를 뜻함.

(4) 본문의 [ ] 안에는 PTS본(Ee)의 쪽 번호를 넣었음.

(5) 본서에 실린 259분 장로들의【행장】은 대부분『테라가타 주석서』를 요약/발췌하여 정리한 것임.

(6) 『담마상가니』(Dhs.)와『위방가』(Vbh.)와『이띠웃따까』(It.)는 미얀마 육차결집본(VRI본, Be)을 저본으로 하였고 그 외 삼장(Tipitaka)과 주석서(Aṭṭhakathā)들은 별다른 언급이 없는 한 모두 PTS본(Ee)임.

(7) 『디가 니까야 복주서』(DAṬ)를 제외한 모든 복주서(Ṭīkā)들은 VRI본(Be)이고,『디가 니까야 복주서』(DAṬ)는 PTS본(Ee)이며,『청정도론』은 HOS본임.

(8) S56:11은『상윳따 니까야』56번째 상윳따의 11번째 경을 뜻하고 M.ii.123은 PTS본(Ee)『맛지마 니까야』제2권 123쪽을 뜻함.

(9) 빠알리어와 산스끄리뜨어는 정체로, 영어는 이탤릭체로 표기함을 원칙으로 하였음.

I. 들어가는 말

한국의 웬만큼 큰 절에는 응진전(應眞殿)이나 나한전이 있다. 응진전에는 주로 십육나한을 모셨고 나한전에는 오백나한을 모신 오백나한전이 있다. 영천군 거조암 영산전의 오백나한상과 청도 운문사의 오백나한전이 유명하다. 여기서 나한은 아라한(阿羅漢, arahan)의 줄임말이고 응진(應眞)은 아라한의 번역어인 응공(應供)과 동의어이다.

그리고 한국 사찰에서 아침저녁으로 예불할 때 승보에 절을 하면서 '영산당시수불부촉(靈山當時受佛付囑) 십대제자 십육성(十大弟子 十六聖) 오백성 독수성내지(五百聖 獨修聖乃至) 천이백제대아라한(千二百諸大阿羅漢) 무량자비성중(無量慈悲聖衆)'이라 읊는다. 여기서 십육성(十六聖)은 바로 이 16나한 스님들을, 오백성(五百聖)은 바로 이 500나한 스님들을 뜻한다. 천이백제대아라한(千二百諸大阿羅漢)은 초기불전의 여러 곳과 『금강경』 등의 대승불교 경전에도 적지 않게 나타나는 부처님의 직계 제자 1,250분을 말한다. 이처럼 나한, 즉 아라한은 한국불교에서도 천 년 이상 오랜 세월을 민중들과 함께한 분들이다.

한국불교에는 이처럼 십육나한과 오백나한이 알려져 있지만 상좌부 불교에는 특별히 16아라한이나 500아라한이란 언급은 없는 것 같다. 대신에 『테라가타 주석서』에 [80명의] '대제자들(mahāsāvakā)'이라는 표현과 이들 80분의 이름이 나타나고 있으며[1] 부처님과 함께 나타나는 1,250명의 비

---

1) 『테라가타 주석서』는 대제자들로 80분을 들고 있다.(ThagA.iii.205~206) 대제자들 80분의 이름이 모두 실려있는 곳은 『테라가타 주석서』 여기가 아닌가 생각된다. 80분의 대제자들은 다음과 같다.

구들(aḍḍhatelasehi bhikkhusatehi)인 아라한들도 잘 알려져 있다.(D2 §1; S8:8 §1) 주석서에 의하면 이 1,250명의 비구들 가운데 범부나 예류자나 일래자나 불환자는 단 한 명도 없었으며, 모두 육신통을 구족한 아라한들이었다고 한다.(MA.iii.209) 그래서 이들을 '고귀한 비구 승가(mahanta bhikkhu-saṅgha)'라 부르고 있다.(D2 §1; S8:8 §1)[2)]

"안냐꼰단냐(Aññākoṇḍañña), 왑빠(Vappa), 밧디야(Bhaddiya), 마하나마(Mahānāma), 앗사지(Assaji), 날라까(Nālaka), 야사(Yasa), 위말라(Vimala), 수바후(Subāhu), 뿐나지(Puṇṇaji), 가왐빠띠(Gavampati), 우루웰라깟사빠(Uruvelakassapa), 나디깟사빠(Nadīkassapa), 가야깟사빠(Gayākassapa), 사리뿟따(Sāriputta), 마하목갈라나(Mahāmoggallāna), 마하깟사빠(Mahākassapa), 마하깟짜야나(Mahākaccāyana), 마하꼿티까(Mahākoṭṭhika), 마하깝삐나(Mahākappina), 마하쭌다(Mahācunda), 아누룻다(Anuruddha), 깡카레와따(Kaṅkhārevata), 아난다(Ānanda), 난다까(Nandaka), 바구(Bhagu), 난다(Nanda), 끼밀라(Kimila), 밧디야(Bhaddiya), 라훌라(Rāhula), 시왈리(Sīvali), 우빨리(Upāli), 답바(Dabba), 우빠세나(Upasena), 카디라와니야레와따(Khadiravaniyarevata), 뿐나 만따니뿟따(Puṇṇa Mantāṇiputta), 뿐나 수나빠란따까(Puṇṇa Sunāparanta-ka), 소나 꾸띠깐나(Soṇa Kuṭikaṇṇa), 소나 꼴리위사(Soṇa Koḷivīsa), 라다(Rādha), 수부띠(Subhūti), 앙굴리말라(Aṅgulimāla), 왁깔리(Vakka-li), 깔루다이(Kāḷudāyī), 마하우다이(Mahāudāyī), 삘린다왓차(Pilinda-vaccha), 소비따(Sobhita), 꾸마라깟사빠(Kumārakassapa), 랏타빨라(Raṭṭhapāla), 왕기사(Vaṅgīsa), 사비야(Sabhiya), 셀라(Sela), 우빠와나(Upavāna), 메기야(Meghiya), 사가따(Sāgata), 나기따(Nāgita), 라꾼따까밧디야(Lakuṇṭakabhaddiya), 삔돌라바라드와자(Piṇḍola-bhāradvāja), 마하빤타까(Mahāpanthaka), 쭐라빤타까(Cūḷapanthaka), 바꿀라(Bāku-la), 꾼다다나(Kuṇḍadhāna), 다루찌리야(Dārucīriya), 야소자(Yasoja), 아지따(Ajita), 띳사멧떼야(Tissametteyya), 뿐나까(Puṇṇaka), 멧따구(Mettagū), 도따까(Dhotaka), 우빠시와(Upasiva), 난다(Nanda), 헤마까(Hemaka), 또데야(Todeyya), 깝빠(Kappa), 자뚜깐니(Jatukaṇṇi), 바드라우다(Bhadrāvudha), 우다야(Udaya), 뽀살라(Posāla), 모가라자(Mogha-rājā), 삥기야(Piṅgiya) — 이들이 80분의 대제자들[大聲聞]이다."(ThagA.iii.205~206)

2) 『테라가타 주석서』는 "'오라, 비구여.'라는 말씀으로 비구가 됨(ehibhikkhu-bhāva)"에 의해서 구족계를 받은 분들로 다음과 같이 1,350분을 들고 있기도 하다.(ThagA.iii.203)

"거기서 안냐꼰단냐 [장로]를 상수(上首)로 하는 오비구 장로들과 야사 장

그리고 부처님의 열 가지 이름, 즉 여래십호(如來十號) 가운데 두 번째인 응공(應供)도 아라한(arahan)의 번역어이다. 그러면 아라한과 부처님의 차이는 무엇인가? 한마디로 구분하면 부처님은 도를 설하신 분이시고 아라한은 그 도를 실천하여 번뇌가 다한 분이다. 그래서 초기불전에서 부처님께서는 「정등각자 경」(S22:58 §5)에서 이렇게 말씀하신다.

"비구들이여, 여래·아라한·정등각자는 아직 일어나지 않은 도를 일으킨 분이고 아직 생기지 않은 도를 생기게 한 분이고 아직 설해지지 않은 도를 설한 분이고 도를 아는 분이고 도를 발견한 분이고 도에 능숙한 분이다. 그리고 지금의 제자들은 그 도를 따라가면서 머물고 나중에 그것을 구족하게 된다.

비구들이여, 이것이 여래·아라한·정등각자와 통찰지를 통한 해탈을 한 자의 차이점이고, 특별한 점이고, 다른 점이다."(S22:58 §5)

부처님이 반열반하신 뒤 오래지 않아 아난다 존자는 「고빠까 목갈라나 경」(M108 §5)에서 이러한 부처님의 말씀을 인용하여 "바라문이여, 그분 고따마 존자 아라한·정등각자께서 구족하셨던 모든 법들을 모든 방면에서 완전하게 구족한 비구는 단 한 명도 없습니다. 바라문이여, 그분 세존께서는 일어나지 않은 도를 일으키셨고, … 지금의 제자들은 그 도를 따라서 머물고 나중에 그것을 구족하게 됩니다.""(M108 §5)라고 말하고 있다.

이러한 아라한들의 사유와 사상과 가르침을 알 수 있는 것이 바로 이 『테라가타』이다. 그러므로 『테라가타』는 한국불교에서도 나한전이나 응진전 등으로 익숙한 나한들, 즉 아라한들의 진면목을 본격적으로 밝히고 있는 초기불전이다. 이처럼 『테라가타』는 부처님의 직계 제자들인 264분(중복해서

로와 그의 동료였던 위말라, 수바후, 뿐나지, 가왐빠띠의 네 분과 또 다른 그의 동료였던 55분과 30명의 밧다의 무리들(tiṁsa Bhaddavaggiyā)과 우루웰라깟사빠를 상수로 하는 1,000명의 이전에 헝클어진 머리를 하였던 고행자들과 두 분의 상수 제자들과 그들의 동료들이었던 250명의 유행승들과 도둑이었던 앙굴리말라 장로로 모두 1,350분이었다."(ThagA.iii.203)

나타나는 장로들을 모으면 259분)[3] 이라한 장로들의 1,279개 게송들을 담고 있다.

II. 『테라가타』 란 무엇인가

(1) '테라가타(theragāthā)'의 문자적인 의미

'테라가타(theragāthā)'는 장로를 뜻하는 테라(thera)와 게송을 뜻하는 가타(gāthā)의 합성어이다. 그래서 중국에서는 長老偈(장로게)로 옮겼다. 의외로 빠알리 삼장 안에서 theragāthā라는 용어는 『쿳다까 니까야』 에 포함되어 있는 이 『테라가타』 의 경의 제목과 마지막 부분을 제외하고는 한 곳에도 나타나지 않는 것으로 검색되었다.

그리고 『테라가타 주석서』 를 제외한 주석서 문헌들에서도 '테라가타'라는 용어는 『맛지마 니까야 복주서』 에 한 번 언급되는 것을 제외하면 없는 것으로 검색되었다.

① 『테라가타 주석서』 서문의 게송에서 주석서의 저자 담마빨라 스님[4]은 "therehi bhāsitā gāthā"(ThagA.i.1), 즉 '장로들에 의해서(therehi) 읊어진(bhāsitā) 게송들(gāthā)'이라고 읊고 있다. 격한정복합어[依主釋, Tat-

3) 264분의 장로들 가운데 빠라빠리야 장로(Th1:116; Th20:2; Th20:10)처럼 중복해서 나타나는 장로들을 한 분으로 계산하면 259분이 된다. 여기에 대해서는 본 해제 VII-(1) 『테라가타』 에서 게송을 읊은 장로들은 몇 분인가를 참조하기 바란다. 본서에서 역자는 경우에 따라 『테라가타』 를 읊은 장로들을 259분이라고도 밝히고 있고 264분이라고도 적고 있다. 『테라가타 주석서』 에서 담마빨라 스님은 264분이라고 언급하고 있다.(ThagA.i.3)

그리고 264분 가운데는 부처님 반열반 후 218년 뒤에 인도를 통일한(ThagA.ii.227) 아소까 대왕 때의 위따소까 장로(Th2:25 {169}) 등도 포함되어 있다. 그러나 이분들도 부처님 직계 계열의 제자들이기 때문에 직계 제자라 불러도 문제는 없다고 여겨진다.

4) 대주석가 담마빨라 스님은 방대한 주석서와 복주서를 지은 분이며, 그래서 그는 상좌부 불교에서 아짜리야 담마빨라(Ācariya Dhammapāla)로, 즉 스승(ācariya)으로 호칭되고 있다. 상좌부 불교 역사에서 중요한 두 분을 들라면 바로 대주석가 붓다고사 스님과 이 아짜리야 담마빨라 스님이다. 담마빨라 스님에 대해서는 본 해제 V를 참조할 것.

puruṣa] 가운데 3격(도구격) 격한정복합어(Tṛtīya-tatpuruṣa)로 분석한 이 '테레히 바시따 가타'가 '테라가타'(thera-gāthā)라는 합성어를 가장 잘 설명한 것이라 여겨진다.

② 한편 『테라가타 주석서』에 의하면 세존께서는 깝빠 장로(Th10:5 {567})가 지역 왕이었을 때 그에게 게송 10개를 읊어주셨는데 그는 출가하여 삭발할 때 아라한됨을 얻어 구족계를 받고 부처님께 가서 구경의 지혜를 천명하면서 세존께서 먼저 그에게 설해주신 그 10개의 게송을 읊었다고 한다. '그래서 그 게송들은 참으로 장로의 게송(thera-gāthā)이 되었다(ten-eva tā theragāthā nāma jātā).'(ThagA.ii.243)라고 주석서는 밝히고 있다. 여기서 '장로의 게송'으로 옮긴 용어도 theragāthā인데 이 합성어도 '장로에 의해서(therena) 읊어진(bhāsitā) 게송(gāthā)'으로 해석이 된다. 즉 깝빠 장로가 읊은 게송이라는 말이다. 그러나 이 게송들은 먼저 부처님께서 그를 위해서 읊으신 것이고 그가 아라한이 되고 나서 이 게송을 따라 읊어서 자신의 게송으로 삼았기 때문에 '[깝빠] 장로의(therassa) 게송(gāthā)이 되었다(jātā).'로 이해하여 격한정복합어[依主釋, Tatpuruṣa] 가운데 6격(소유격) 격한정복합어(Ṣaṣṭhī-tatpuruṣa)로 해석할 수도 있다.

(2) 삼장에서 『테라가타』의 위치

이제 이 『테라가타』가 빠알리 삼장 전체에서는 어디에 속하는지를 살펴보자. 부처님의 사촌 동생이고(tathāgatassa bhātā cūḷapituputta, DA.i.4), 같은 해에 태어났으며(DA.ii.425; BvA.131), 출가하여 부처님의 후반부 25년을 부처님 가까이에서 직접 모셨고(Thag. {1041}~{1043} 참조), 다문제일(多聞第一, etadagga bahussutānaṁ)이라 불리며(A1:14:4-1), 일차합송에서 경장의 결집을 주도하였고(DA.i.14), 120세까지 살았다고 하며(DhpA.99), 그래서 부처님께서 입멸하신 후에도 무려 40년을 더 생존해 있었던 아난다 존자는 여기 『테라가타』 안에서 이렇게 읊고 있다.

> "8만 2천은 부처님으로부터 받은 것이고
> 2천은 비구들로부터 받은 것이니[5]

나는 8만 4천 가지의
이러한 법들을 전개하노라."(Thag. {1024})

즉 초기불전은 8만 4천의 가르침을 담고 있는데 그 가운데 8만 2천은 부처님의 가르침이고 2천은 직계 제자들의 가르침이라는 뜻이다. 그러므로 부처님과 직계 제자들의 가르침이 초기불교이다. 이러한 초기불전은 빠알리어로 삼장(三藏, Tipiṭaka)으로 분류되어 전승되어 오는데 그것은 율장(律藏, Vinaya Piṭaka)과 경장(經藏, Sutta Piṭaka)과 논장(論藏, Abhidhamma Piṭaka)이다. 이 가운데 부처님과 직계 제자들의 가르침[法, dhamma]을 담고 있는 경장은 5부 니까야(Nikāya, 모음, 묶음)로 나누어져 있는데, 그것은 (1)『디가 니까야』(Dīgha Nikāya, 長部, 길게 설하신 경들의 모음) (2)『맛지마 니까야』(Majjhima Nikāya, 中部, 중간 길이의 경들의 모음) (3)『상윳따 니까야』(Saṁyutta Nikāya, 相應部, 주제별 경들의 모음) (4)『앙굿따라 니까야』(Aṅguttara Nikāya, 增支部, 숫자별 경들의 모음) (5)『쿳다까 니까야』(Khuddaka Nikāya, 小部, 그 외 여러 가르침들의 모음)이다.

이 가운데『쿳다까 니까야』는 다음의 15개 경전들로 구성되어 있다.

(1)『쿳다까빠타』(Khuddakapāṭha, 小誦經)
(2)『담마빠다』(Dhammapada, 法句經)
(3)『우다나』(Udāna, 自說經)
(4)『이띠웃따까』(Itivuttaka, 如是語經)
(5)『숫따니빠따』(Suttanipāta, 經集)
(6)『위마나왓투』(Vimānavatthu, 天宮事經)
(7)『뻬따왓투』(Petavatthu, 餓鬼事經)
(8)『테라가타』(Theragāthā, 長老偈經)
(9)『테리가타』(Therīgāthā, 長老尼偈經)
(10)『자따까』(Jātaka, 本生經)

---

5) "나는 2천의 법의 무더기들(dve dhammakkhandha-sahassāni)을 비구들로부터 수지하였는데(gaṇhiṁ) 법의 대장군(사리뿟따 존자) 등의 비구들의 곁에서 호지하였다(adhigacchiṁ)는 말이다."(ThagA.iii.117)

(11) 『닛데사』(Niddesa, 義釋)

① 『마하닛데사』(Mahā-Niddesa, 大義釋)

② 『쭐라닛데사』(Culla-Niddesa, 小義釋)

(12) 『빠띠삼비다막가』(Paṭisambhidāmagga, 無礙解道)

(13) 『아빠다나』(Apadāna, 譬喩經)

(14) 『붓다왐사』(Buddhavaṁsa, 佛種姓經)

(15) 『짜리야삐따까』(Cariyāpiṭaka, 所行藏經)

이 15개 가르침 가운데 (2) 『담마빠다』(법구경), (3) 『우다나』(자설경), (4) 『이띠웃따까』(여시어경), (5) 『숫따니빠따』(경집), (8) 『테라가타』(장로게경), (9) 『테리가타』(장로니게경), (10) 『자따까』(본생경)는 4부 니까야와 같은 권위를 가진 초기불전으로 학자들이 인정하고 있다.

이처럼 본서 『테라가타』(장로게경)는 부처님 원음을 담고 있는 빠알리 삼장 가운데 경장의 다섯 번째인 『쿳다까 니까야』의 여덟 번째 경전으로 결집되어 전승되어 온다. 이것은 『장로게』(長老偈) 혹은 『장로게경』(長老偈經)으로 우리에게 알려져 있다.

그리고 전통적으로 부처님의 가르침은 내용과 형식에 따라 '아홉 가지 구성요소를 가진 스승의 교법(navaṅga-satthu-sāsana)', 즉 구분교(九分教)로도 분류된다. 이 아홉 가지는 ① 경(經, sutta), ② 응송(應頌, geyya), ③ 상세한 설명[記別, 授記, veyyākaraṇa], ④ 게송(偈頌, gāthā), ⑤ 감흥어(感興語, udāna), ⑥ 여시어(如是語, itivuttaka), ⑦ 본생담(本生譚, jātaka), ⑧ 미증유법(未曾有法, abbhūtadhamma), ⑨ 문답(方等, vedalla)인데[6] 이미 니까야의 여러 경들에서 언급되고 있다.(M22 §10; A4:6 §1; A4:103 §3; A5:155 §8; A6:51 §5 등)[7]

---

6) 이 구분교에 대한 설명은 『디가 니까야』 제3권에 부록으로 싣고 있는 『디가 니까야 주석서』 서문(『디가 니까야』 제3권 585~586쪽)이나 『맛지마 니까야』 제1권 「뱀의 비유 경」(M22) §10의 주해를 참조하기 바란다.

7) 특히 『앙굿따라 니까야』 제4권 「아난다 경」(A6:51) §5에서 사리뿟따 존자는 구분교를 전승하는 데 있어서 아난다 존자의 역할이 크다고 강조하고 있다. 여기에 대해서는 §2. 『이띠웃따까』란 무엇인가 — (2) 빠알리 삼장에 나

『디가 니까야 주석서』는 이 아홉 가지를 다음과 같이 정의한다.

"이 가운데 ① [율장의] 두 가지 위방가(비구 위방가와 비구니 위방가)와 [『쿳다까 니까야』의]『닛데사』(Niddesa)과 [율장의] 칸다까(健度, 건도)와 빠리와라(補遺, 보유)와 [『쿳다까 니까야』]『숫따니빠따』의「큰 행복 경」(Sn2:4),「보배 경」(Sn2:1),「날라까 경」(Sn3:11),「뚜왓따까 경」(Sn4:14)과 그 외에 경이라 이름하는 다른 여러 여래의 말씀이 바로 경(經, sutta)이라고 알아야 한다. ② 게송과 함께하는 경이 바로 응송(應頌, geyya)이라고 알아야 한다. 특히『상윳따 니까야』의「사가타 품」(Sagātha-vagga)[8] 전체가 여기에 해당된다. ③ 전체 논장과 게송이 없는 경과 그 외에 다른 여덟 가지 구성요소에 포함되지 않는 부처님 말씀이 바로 상세한 설명[記別, 授記, veyyākaraṇa]이라고 알아야 한다. ④『법구경』과『테라가타』와『테리가타』와『숫따니빠따』에서 경이라는 이름이 없는 순수한 게송이 바로 게송(偈頌, gāthā)이라고 알아야 한다. ⑤ 기쁨에서 생긴 지혜로 충만한 게송과 관련된 82가지 경들이 바로 감흥어(感興語, udāna)라고 알아야 한다. ⑥ "세존께서는 이렇게 말씀하셨다."라는 등의 방법으로 전개되는 110가지 경들이 바로 여시어(如是語, itivuttaka)라고 알아야 한다. ⑦ 아빤나까 본생담 등 550개의 본생담이 바로 자따까(本生譚, jātaka)라고 알아야 한다. ⑧ "비구들이여, 아난다에게는 네 가지 놀랍고 경이로운 법이 있다. 무엇이 넷인가?"(D16 §5.16)라는 등의 방법으로 전개되는 모든 놀랍고 경이로운 법과

타나는 itivuttaka의 용례의 경전 인용을 참조하기 바란다.

한편 북방 소전에는 9분교 대신에 대부분 12분교로 나타난다. 중국에서는 역자마다 조금씩 달리 번역했는데 주로 契經, 應頌, 受記(記別), 自說, 諷誦(伽他), 譬喩, 因緣, 本事, 本生, 方廣, 希法, 論義로 번역하였다. 이 가운데 譬喩, 因緣, 本事의 셋을 빼면 구분교가 된다.

이상 '(2) 삼장에서『테라가타』의 위치' 가운데 많은 부분은 역자가 옮긴『이띠웃따까』의 해제 가운데 '1. 들어가는 말'에서 전재하였다.

8) 『상윳따 니까야』의 첫째 권에 해당되는 품이다. 이 품에는「천신 상윳따」(Devatāsaṁyutta, S1)부터「삭까 상윳따」(Sakkasaṁyutta, S11)까지 모두 11개의 상윳따(상응)가 포함되어 있는데 산문과 운문이 함께 섞여 있다. 그래서 이 품은 모두 응송에 해당된다고 설명하고 있다.

관련된 경들이 바로 미증유법(未曾有法, abbhūtadhamma)이라고 알아야 한다. ⑨ 「교리문답의 짧은 경」(M44), 「교리문답의 긴 경」(M43), 「바른 견해 경」(M9), 「제석문경」(D21), 상카라 분석 경(?), 「보름밤의 긴 경」(M109) 등 모든 신성한 지혜와 만족과 여러 가지 이익됨이 질문된 경들이 바로 문답[方等, vedalla]이라고 알아야 한다."(DA.i.23~24)[9]

여기서 살펴보았듯이 본서 『테라가타』는 부처님 원음을 담고 있는 빠알리 삼장 가운데 경장의 다섯 번째인 『쿳다까 니까야』의 여덟 번째 경전으로 결집되어 전승되어 온다. 그리고 이것은 아홉 가지 구성요소를 가진 스승의 교법(navaṅga-satthu-sāsana), 즉 구분교(九分敎) 가운데 네 번째인 게송(偈頌, gāthā)의 전형적인 보기가 된다.

『테라가타 주석서』를 지은 담마빨라 스님도 『테라가타 주석서』를 시작하면서 『테라가타』를 위와 같은 방법으로 소개하고 있다.(ThagA.i.2) 여기에 대해서는 본 해제 III-(1) 주석서에서 정리하는 『테라가타』의 구성을 참조하기 바란다.

여기서 강조하고 싶은 것은 담마빨라 스님도 『테라가타 주석서』를 지으면서 위에서 인용한 『테라가타』{1024}에 나타나는 아난다 존자의 게송 "8만 2천은 부처님으로부터 받은 것이고 / 2천은 비구들로부터 받은 것이니 …"(Thag. {1024})라는 이 게송을 인용하고 있다는 점이다.

역자는 초기불교를 '부처님과 직계 제자들의 가르침'으로 정의한다. 여기에 직계 제자들의 가르침이 들어갈 수밖에 없는 이유가 팔만사천 가르침 가운데 2천의 가르침이 비구(비구니들 포함)들의 가르침이기 때문이다. 이러한 직계 제자들의 가르침은 4부 니까야의 경들에도 실려있으며 『쿳다까 니까야』의 여덟 번째와 아홉 번째인 『테라가타』와 『테리가타』에도 직계 제자들인 장로들과 장로니들의 게송들이 지금까지 면면부절로 전승되어 오고 있다.

---

9) 여기에 실린 구분교(九分敎)에 대한 주석서의 정의는 역자가 옮긴 『디가 니까야』 제3권 부록 『디가 니까야 주석서』 서문 §67에서 전재하였다.

(3) 장로(thera)란 무엇인가?

① 문자적 의미

장로로 옮기는 빠알리어 thera는 √sthā(tiṭṭhati, Sk:tiṣṭhati, +te, 1류, 서 있다, *to stand*)의 명사이다. 같은 어근에서 파생된 형용사인 thāvara가 니까야의 여러 곳에 쓰이고 있다. 오래 서 있을 수 있는 것이라는 문자적인 의미에서 '강한, 굳건한, 고정된' 등으로 옮겼다.

그리고 경에서는 tasa-thāvara(약하거나 강한)라는 합성어로도 나타나고 tasaṁ vā thāvaraṁ vā(떠는 자든 굳건한 자든)로도 나타난다. 여기서 tasa (Sk. trasa)는 √tras(*to tremble*)에서 파생된 남성명사로 '떨림'이나 '두려움'을 뜻하고 thāvara는 √sthā(*to stand*)에서 파생된 형용사나 남성명사로 '움직이지 않는, 굳센, 늙은이' 등을 뜻한다. 산스끄리뜨 일반에서 sthāvara는 움직임이 없는 나무와 같은 식물들을 뜻하고 후대에는 특히 부동산을 의미하기도 한다. 산스끄리뜨 일반에서 trasa는 살아 움직이는 모든 생물을 뜻한다. 이것이 초기불전에 들어와서 이 둘이 함께 쓰이는 문맥에서는 갈애를 가진 자와 갈애가 없는 자(아라한)를 뜻하는 술어로 쓰이고 있다. (『이띠웃따까』「일으킨 생각 경」(It2:11)의 주해에서)

그리고 문맥에 따라 tasa는 움직이는 것들, 즉 인간을 포함한 동물들을 뜻하고 thāvara는 움직이지 못하고 서 있는 것들, 즉 식물을 뜻하는 것으로 볼 수 있다. 혹은 더 간단히 전자는 유정으로 후자는 무정물로 평이하게 볼 수도 있다.[10]

---

10) '약하거나 강한 자들에 대해'는 tasa-thāvaresu를 옮긴 것이다. 주석서는 다음과 같이 설명한다.

"여기서 범부(puthujjana)들을 '약한 자(tasa)들'이라 하고 번뇌 다한 자(khīṇāsava, 아라한)들을 '강한 자(thāvara)들'이라 한다. 일곱 단계의 유학들(satta sekhā)은 약한 자라고 말할 수 없다. 그렇지만 강한 자도 아니다. 그러나 분류를 하자면(bhajamānā) 강한 자의 편(pakkha)에 넣는다."(SA.i.207) — 「브라흐마데와 경」(S6:3) {568}의 주해에서.

『맛지마 니까야 주석서』도 "약한 자들은 갈애를 가진 자들(sataṇhā)이고 강한 자들은 갈애가 없는 자들(nittaṇhā)이다."(MA.iii.342)라고 설명하고 있다.

그리고 경에는 같은 √sthā에서 파생된 thira라는 형용사가 쓰이고 있는데 '확고한, 견고한, 강한'으로 옮기고 있다. 특히 주석서들에서는 thera(테라)를 설명하면서 이 thira라는 용어를 사용하여 "확고함을 얻은 분(thira-bhāva-ppatta)" (DA.ii.526)이나 "확고함을 얻었기 때문(thirabhāvaṁ pattā)"(AA.iii.350)으로 설명하고 있다.

문자적으로는 thera는 [오래] 서있는 자, [오래] 머무는 자, [오래] 지속되는 것, 확고한 것을 뜻한다고 할 수 있다. 산스끄리뜨로는 sthavira이고 중국에서는 上首, 大德, 尊者, 悉替耶, 慧命, 老, 老年, 耆年, 耆長, 長老(상수, 대덕, 존자, 실체야, 혜명, 노, 노년, 기연, 기장, 장로) 등으로 옮겼고 초기불전연구원에서는 장로로 옮기고 있다.

② 주석서에 나타나는 장로에 대한 설명

위에서 보았듯이 주석서의 여러 곳에서 기본적으로 테라(thera)는 확고함을 얻은 분(thirabhāvappatta)으로 설명되고 있다. 여기에 대해서 『숫따니빠따 주석서』는 "장로는 자신의 사문의 법(attano samaṇadhamma)에서 확고함을 얻은 분(thirabhāvappattā)이다."(SnA.423)라고 좀 더 구체적으로 설명하기도 한다. 이제 주석서들에서 장로는 어떻게 설명되고 있는지 살펴보자.

먼저 본서의 주석서인 『테라가타 주석서』에는 테라, 즉 장로를 어떻게 설명하는지를 모아보면 다음과 같다.

"계행의 심재 등의 굳건한 덕과 결합되었기 때문에(sīlasārādi-thiraguṇa-yogato) '장로(thera)'이다."(ThagA.i.30)

"확고한 무학들(thirā asekkhā)의 계행의 심재 등(sīlasārādi)을 구족하였

『맛지마 니까야 주석서』도 이렇게 설명한다.
"여기서 tasā는 갈애가 있는 자들(sataṇhā)을 뜻하고, thāvarā는 갈애가 없는 자들(nittaṇhā)을 말한다. 이것의 의미는 '열반을 얻는 자는 갈애가 있거나 갈애가 없는(tasa-thāvara) 모든 자들을 보호할 수 있다. 그러므로 나의 적들은 열반을 얻기를! 그리하여 그들은 절대로 나를 해치지 않기를.'이라는 것이다. 이상의 세 게송은 자신의 보호(attano paritta)를 위해서 읊은 것이다."(MA.iii.341) — 『맛지마 니까야』 제3권 「앙굴리말라 경」(M86 §18의 해당 주해에서.

기 때문에 '장로(thero)'이다."(ThagA.iii.5)

"'장로(thera)'라고 하였다. 무학의 계의 무더기 등(asekkhā sīlakkhandh-ādī)을 구족하였기 때문에 장로이다."(ThagA.iii.105)

"확고한(thira) 계의 무더기 등을 구족하였기 때문에 장로이다. 흔들림 없는 법을 가졌다(akuppadhamma)는 뜻이다."(ThagA.iii.196)

이제 4부 니까야의 주석서들은 어떻게 설명하는지 살펴보자. 먼저 『디가 니까야 주석서』는 이렇게 설명한다.

"확고함을 얻어서 장로로 만드는 덕들(thera-kārakā guṇā)을 구족하였다고 해서 장로들이다."(DA.ii.526)

여기에 대해서 『디가 니까야 복주서』는 이렇게 덧붙이고 있다.

"'확고함을 얻어서(thirabhāva-ppatta)'라는 것은 교법에서 확고함, 흔들림 없음(anivattitabhāva)에 도달한 것(upagata)이다. '장로로 만드는(therakāra-ka)'이라는 것은 장로가 됨을 성취하는 무학의 법(asekkhadhammā)인 계행 등의 공덕(sīlādiguṇā)이다."(DAṬ.ii.163)

여기서 계행 등의 공덕(sīlādiguṇā)은 『청정도론 복주서』(Pm)의 설명처럼 기본적으로는 계・정・혜 삼학의 공덕(sīla-samādhi-ādi-guṇasampanno, Pm.i.149)이나 계・정・혜・해탈・해탈지견의 오법온(sīlādīhi pañca dhamma-koṭṭhāsā, Pm.i.274)을 의미한다.

한편 ① 부처님들의 전기(apadāna)와 ② 벽지불들[獨覺, pacceka-buddha]의 전기와 ③ 547분 장로들의 전기와 ④ 40분의 장로니들의 전기를 담고 있는(Hinüber 61) 『아빠다나』에 대한 주석서는 thera의 의미를 아래의 다섯 가지로 제시하고 있다.

① "그 백골이 해를 넘기면서(terovassikāni)[11] 삭아 가루가 된 것을 보게 될 것이다."(D22 §10; M10 §28)라는 말씀에서 thera는 시간(lāla)을 뜻함.[12]

---

11) "해를 넘기면서(terovassikāni)란 몇 년이 지난 것이란 말이다."(DA.iii.772)

"우기철을 넘어서 간 것(tiro-vassaṁ gatāni)이라고 해서 '해를 넘기면서'라고 하였다."(DAṬ.ii.392)

② 확고함(thira)이라는 뜻에서 계행(thirasīla)을 뜻함.

③ 연장자, 존자, 노후한 자라는 세상의 개념적인 말일 뿐임(lokapaññatti-matta).

④ 쭌다테라, 풋사테라는 이름임(nāmadheyya).

⑤ 연장자라는 뜻에서 장남인 아이(jeṭṭha kumāra)를 뜻함.

그런 뒤 이 『아빠다나 주석서』는 "여기서는 ① 시간(kāla)과 ② 확고함(thira)의 뜻에서 말한 것이다. 그러므로 오랜 시간 머물렀다고 해서 장로이다(ciraṁ kālaṁ ṭhitoti thero). 혹은 부드러움 등 더 확고해진 계행(thiratara-sīlācāra-maddavādi)의 공덕에 몰두하는 사람(guṇa-abhiyutta)이 장로라 일컬어진다."[13](ApA.212)라고 설명하고 있다.

(4) 니까야에 나타나는 thera의 용례

이상 주석서 문헌들에서 장로로 옮기고 있는 테라(thera)를 어떻게 설명하는지를 살펴보았다. 테라(thera)는 초기불전의 여러 곳에서 나타나고 있는데 어떤 문맥과 어떤 용례로 나타나는가를 살펴보자. 역자는 테라의 용례를 경장, 그 가운데서도 4부 니까야를 중심으로 살펴보고자 한다. 다섯 번째 니까야인 『쿳다까 니까야』에서는 『테라가타』와 『테리가타』를 제외하면

---

12) 그런데 여기서 '해를 넘기면서'를 뜻하는 terovassikāni를 『아빠다나 주석서』는 therovassikāni로 읽어서 여기서 thera는 시간(kāla)의 뜻이다라고 설명하고 있다. 그런데 PTS본과 VRI본 「대념처경」(D22 §10)과 「염처경」(M10 §28)에 모두 terovāsika로 나타나고 있다. 단지 이 『아빠다나 주석서』(ApA)에만 therovassika로 표기되어 있다. 그러므로 『아빠다나 주석서』의 이런 설명은 큰 신뢰는 받지 못하는 것으로 여겨진다.

13) 『아빠다나 주석서』는 thera의 의미를 이처럼 다섯 가지로 제시하고 있다. 그러면 『아빠다나 주석서』는 누가 지었는가? 히뉘버 교수는 『아빠다나 주석서』는 저자도 분명하지 않으며 어떤 주석서도 『아빠다나 주석서』를 인용하고 있지 않다는 것을 들고 있으며 구나소바나(Guṇasobhana)에 의해서 스리랑카에 소개되었다는 『아빠다나 주석서』의 후기(nigamana)를 소개하면서 동남아시아 특히 미안마에서 지어졌을 것이라고 적고 있다.(Hinüber, 147쪽) 나아가서 주석서들 가운데 가장 늦은 AD 1000~AD 1500년 사이에 쓰여졌을 것이라고 추측하고 있다.(Ibid. 149쪽) 현존하는 가장 오래된 필사본은 AD 1537년에 쓰여진 것이라고 한다.(Ibid. 147쪽)

『법구경』에 한 번, 『숫따니빠따』에 두 번 정도 나타나고 『뻬따왓투』에 15번 정도 나타나는 것으로 검색되는데 4부 니까야의 경들에 나타나는 의미 외에 다른 용례로 나타나는 경우는 드물어 보이기 때문이다.

4부 니까야 가운데 thera라는 용어는 『디가 니까야』의 4개 경들과 『맛지마 니까야』의 14개 경과 『상윳따 니까야』의 16개 경들과 『앙굿따라 니까야』의 19개 경들에 나타나는 것으로 조사가 된다. 이제 이들을 정리해 보자.

① thera의 정형구에 나타나는 일곱 개의 용어들

니까야에서 thera라는 용어는 주로 ⓐ therā rattaññū cirapabbajitā (단수로도 나타남)와 ⓑ therā rattaññū cirapabbajitā saṅghapitaro saṅghapariṇāyakā와 ⓒ thero rattaññū cirapabbajito addhagato vayoanuppatto로 정형화되어 나타나고 있다. 중복되는 경우를 제외하고 단수로 표기하면 이들은 thera, rattaññū, cirapabbajita, saṅghapitu, saṅghapariṇāyaka, addhagata, vayoanuppatta의 일곱 개 용어이다. 이들의 출처에 대해서 살펴보자.

ⓐ 이 가운데 2개의 경(D16 §1.6; A7:26 §4 이하)에서는 therā rattaññū cirapabbajitā(장로들이요 구참들이요 출가한 지 오래된)의 세 개 용어로 나타나고 『숫따니빠따』의 「사비야 경」(Sabhiya sutta, S3:6)에도 나타나고 있다.

ⓑ 다른 3개의 경(M33 §3 이하; A7:21 §1; A11:18 §4 이하)에서는 이 세 개의 용어에다 saṅghapitaro saṅghapariṇāyakā가 더 첨가되어 therā rattaññū cirapabbajitā saṅghapitaro saṅghapariṇāyakā의 다섯 개 용어로 나타난다.

이 가운데 다섯 개 용어로 된 ⓑ는 '[비구들은] 장로들이요 구참(舊參)들이요 출가한 지 오래되었고 승가의 아버지들이요 승가의 지도자들이다.'로 직역할 수 있다. 경들에서는 문맥에 따라 주로 '승가의 아버지요 승가의 지도자인 구참이요 출가한 지 오래된 장로 비구들'로 옮겼다.

ⓒ 『디가 니까야』 제3권 「정신경」(D29) §§10～14에는 ⓐ의 3개 용어

에다 addhagata와 vayoanuppatta가 첨가되어 단수 문장인 thero rattaññū cirapabbajito addhagato vayoanuppatto(장로요 구참이요, 출가한 지 오래되었고 연로하고 삶의 완숙기에 이른)로 나타나고 있다. 그런데 흥미롭게도 『디가 니까야』 제1권 「사문과경」(D2 §§2~7)에 의하면 뿌라나 깟사빠 등의 육사외도에게도 thera라는 용어가 없이 이 네 가지 용어, 즉 rattaññū, cirapabbajita, addhagata, vayoanuppatta가 그들을 수식하는 용어로 나타나고 있다.

이렇게 하여 ⓐ, ⓑ, ⓒ에 나타나는 용어들은 thera, rattaññū, cirapabbajita, saṅghapitu, saṅghapariṇāyaka, addhagata, vayo-anuppatta의 일곱 개로 정리된다. 이 일곱 개 가운데 rattaññū부터 vayo-anu-ppatta까지의 뒤의 여섯 개 용어들은 장로로 옮기는 thera라는 첫 번째 용어에 대한 사전적인 의미를 나타낸다고 할 수 있다. 그러므로 이 용례들을 보면 장로는 구참들이요 출가한 지 오래되었고 승가의 아버지들이요 승가의 지도자들이고 연로하고 삶의 완숙기에 이른 분들을 뜻한다.

그리고 테라(thera)라는 용어가 없이 연로함을 표현할 때는 jiṇṇo vuddho mahallako addhagato vayoanuppatto(늙은, 나이 든, 노쇠한, 삶의 완숙기에 이른)라는 다섯 개의 단어로 된 정형구가 4부 니까야 가운데 8개 경들(D4 §5; M12 §62 등)의 10곳 정도에 나타나고 있는데 주로 바라문들이나 왕들에게 쓰이고 있다. 그런데 「대반열반경」(D16 §2.25)에서 세존께서도 "아난다여, 이제 나는 늙어서 나이 들고 노쇠하고, 긴 세월을 보냈고 노후하여, 내 나이가 여든이 되었다. 아난다여, 마치 낡은 수레가 가죽끈에 묶여서 겨우 움직이는 것처럼 여래의 몸도 가죽끈에 묶여서 겨우 [살아] 간다고 여겨진다."라고 말씀하고 계신다.

② thera의 정형구에 나타나는 일곱 개 용어들에 대한 주석서의 설명

그러면 주석서는 이 일곱 가지를 어떻게 설명하는지를 살펴보자. 「대반열반경」(D16 §1.6)에 대한 『디가 니까야 주석서』는 이렇게 설명하고 있다.

"'장로들(therā)'은 확고함을 얻어서 장로가 될 공덕을 구족한 분들을 말한다. [출가하여] 많은 밤들(rattiyo)이 [지나간 것을] 안다고 해서 '구참(rattaññū)'이다.[14] 이들이 출가한 지 오래되었다고 해서 '출가한 지 오래된 분들(cirapabbajitā)'이다.[15] 승가의 아버지의 위치에 서있다(pituṭṭhāne ṭhitattā)고 해서 '승가의 아버지들(saṅghapitaro)'이다. 아버지의 위치에 서 있기 때문에 승가를 인도하여(parinenti) 앞장서는 자들(pubbaṅgamā)이 되어서 삼학에 [확립되어] 굴린다(tīsu sikkhāsu pavattenti)고 해서 '승가의 지도자들(saṅghapariṇāyakā)'이다."(DA.ii.526)

여기에 대해서 복주서는 이렇게 설명을 덧붙이고 있다.

"'확고함을 얻어서'라는 것은 교법에서 확고함, 즉 옆길로 빗나가지 않음(anivattitabhāva)을 분명하게 얻은 것을 말한다. '장로가 될(therakārakehi)'이라는 것은 장로가 됨을 성취하게 하는 무학의 법들인 계행 등의 [삼학이나 오법온의] 덕들을 말한다. 계행 등의 덕들에 확립되게 하는(patiṭṭhā-pana) 교법에서 인도자가 되었다(pariṇāyakatā)고 해서 '삼학에 [확립되어] 나아간다(tīsu sikkhāsu pavattenti).'라고 하였다."(DAṬ.ii.163)

ⓒ에 나타나는 addhagata, vayoanuppatta에 대한 주석서의 설명이다.

"'연로한(addhagata)'이란 시간이 지나가서 둘이나 셋의 왕의 집권 시대가 지나간 것(rājaparivaṭṭe atīto)과 동의어이다."(DA.i.143 등)

"'연로한'이란 많은 시간이 지났고(bahuaddhānaṁ gata) 오랜 세월이 흘러간 것(cirakālātikkanta)이다."(MA.ii.51)

"'삶의 완숙기에 이른(vayoanuppatta)'이란 삶의 후반부에 도달한 것(pacchimavayaṁ anuppatta)이다."(DA.i.143 등)

③ 세 가지 장로(thera)의 분류

이제 경에서는 장로를 어떻게 나누고 있는지 「합송경」(D33)과 여기에

---

14) "출가하여서부터 시작하여 많은 밤들이 지나간 것을 안다고 해서 '구참(rattaññū)'이다."(DA.i.142 등)

15) "출가한 지 오래되지 않은 사람(acirapabbajita)의 말은 신뢰할 수가 없다(okappanīyā na hoti). 그래서 '출가한 지 오래된 [분들](cirapabbajito)'이라고 한 것이다."(DA.i.142 등)

관한 주석서의 설명을 통해서 살펴보자.

『디가 니까야』 제3권 「합송경」(D33)은 장로(thera)를 다음의 세 가지로 분류하고 있다.

"세 가지 장로(thera)가 있으니 — ⓐ 태어남에 의해서 연로한 자(jāti-tthera), ⓑ 법다운 장로(dhammathera), ⓒ 인습적으로 부르는 장로(sam-muti thera)이다."(D33 §1.10 (37))

여기에 대해서 주석서는 이렇게 설명한다.

"ⓐ 태어남에 의해서 연로한(jātimahallaka) 재가자(gihī)가 '태어남에 의해서 연로한 자(jātitthera)'이다.

ⓑ [진정한 장로가 되고 진정한 장로로 인정을 받기 위한 네 가지 조건을 말씀하고 계시는 『앙굿따라 니까야』 제2권 「우루웰라 경」 2(A4:22)에서 세존께서는] "비구들이여, 네 가지 장로가 되는 법이 있다. 비구들이여, 여기 비구는 계를 잘 지킨다. … 그는 많이 배우고[多聞] … 네 가지 선[四禪]을 원하는 대로 얻고 … 모든 번뇌가 다하여 아무 번뇌가 없는 마음의 해탈[心解脫]과 통찰지를 통한 해탈[慧解脫]을 바로 지금·여기에서 스스로 최상의 지혜로 알고 실현하고 구족하여 머문다. 비구들이여, 이것이 네 가지 장로가 되는 법이다."라고 말씀하셨다. 이렇게 말씀하신 법들 가운데 하나나 여럿을 구족한 자가 '법다운 장로(dhamma-thera)'이다.

ⓒ "법다운 장로 이외의 장로라 이름하는 비구들이나, 혹은 사미 등이 연로하여 출가한 자를 보고 그냥 '장로(thera)님, 장로님'이라고 부르는 이런 것을 두고 '인습적으로 부르는 장로(sammuti-thera)'라 한다."(DA.iii.999)

이 가운데 첫 번째는 나이 많은 사람을 뜻한다. 이것은 재가자들이 따지는 연장자를 말한다. 두 번째는 계·정·혜 삼학을 완성하고 심해탈과 혜해탈을 완성한 법다운 장로이다. 비록 세속적인 나이가 어리다 할지라도 그가 해탈을 완성한 사람이라면 그런 사람이야말로 법다운 장로이다. 세 번째는 출가하여 연로해졌지만 깨닫지는 못한 스님들을 그냥 큰스님으로 부르는 경우라 할 수 있다.

『디가 니까야 복주서』(DAṬ)는 이렇게 설명을 덧붙인다.

ⓐ "'태어남에 의해서 연로한(jātimahallaka)'이라는 것은 태어남에 의해서 더 연장자(vuḍḍhatara)이고 수명이 길고(addhagata) 나이가 든(vayo-anuppatta) 것이다. 그는 구참이기(rattaññutā) 때문에 일반적으로 태생의 법과 가문의 법이라는 토대(jātidhamma-kuladhamma-padā)에서 더 굳건함을 얻었기(thāvariyappatti) 때문에 '태어남에 의해서 연로한 자(jātithera)'라 한다.

ⓑ '장로가 되는 법들(therakaraṇā dhammā)'이라는 것은 교법에서 굳건함을 만드는 덕들(sāsane thirabhāvakarā guṇā)인데 [이것과] 상반되는 것들을 분쇄하는 것들(paṭipakkha-nimmadanakā)을 말한다. '장로(thera)'는 말하려고 하는 법들(vakkhamānā dhammā)에 대해서 굳건함을 얻은 분(thirabhāvappatta)이다.

ⓒ '장로라 이름하는(thera-nāmaka)'이라는 것은 장로라는 이러한 명칭을 가진(nāmaka)이란 말이다."(DAṬ.iii.266)

④ 장로 비구[들](thero bhikkhu/therā bhikkhū)이라는 용어

장로 비구[들](thero bhikkhu/therā bhikkhū)이라는 용어도 여러 곳에 나타나고 있으며 이와 상대가 되는 용어인 신참 비구[들](navo bhikkhu/navā bhikkhū)과 중진 비구[들](majjhimo bhikkhu/majjhimā bhikkhū)이라는 용어도 나타나고 있다. 이들을 분류해 보면 다음과 같다. 편의상 모두 복수로 표기한다.

ⓐ 장로 비구들(therā bhikkhū)과 신참 비구들(navā bhikkhū)의 둘로 나타나는 경우는 「대반열반경」(D16 §6.2) 등 8개 정도의 경들이 있다. 「대반열반경」을 인용한다.

"아난다여, 그리고 지금 비구들은 서로를 모두 도반(āvuso)이라는 말로 부르고 있다. 그러나 내가 가고 난 후에는 그대들은 이렇게 불러서는 안 된다. 아난다여, 구참(舊參) 비구는 신참 비구를 이름이나 성이나 도반이라는 말로 불러야 한다. 신참 비구는 구참 비구를 존자(bhante)라거나 장로(āyasmā)라고 불러야 한다."(D16 §6.2)

ⓑ 장로 비구들(therā bhikkhū)과 중진 비구들(majjhimā bhikkhū)과 신참 비구들(navā bhikkhū)의 셋으로 나타나는 경우는 「정신경」(D29 §12) 등 7개 정도의 경들이 있다. 『맛지마 니까야』 제4권 「길들임의 경지 경」(M125)을 인용한다.

"악기웻사나여, 그와 같이 장로 비구가 번뇌를 부수지 못하고 죽으면 죽음을 길들이지 못하고 죽어버린 장로 비구라는 이름을 얻게 된다. 그와 같이 중진 비구가 … 신참 비구가 번뇌를 부수지 못하고 죽으면 죽음을 길들이지 못하고 죽어버린 신참 비구라는 이름을 얻게 된다."(M125 §31)

ⓒ 이 외에 장로 비구들(therā bhikkhū)만으로 나타나는 경들은 22군데 정도가 되고 단수인 장로 비구(thera bhikkhu)만으로 나타나는 경우도 14군데 정도가 되어 모두 36개 정도의 경들에서는 중진 비구들(majjhimā bhikkhū)과 신참 비구들(navā bhikkhū)의 언급이 없이 단독으로 쓰인다. 『앙굿따라 니까야』 제6권 「거처 경」(A10:11) §3의 해당 부분을 인용한다.

"그 거처에는 많이 배우고 전승된 가르침에 능통하고 법(경장)을 호지하고 율[장]을 호지하고 논모(論母, 마띠까)를 호지하는 장로 비구들이 머물고 있다. 그는 자주 그들에게 다가가서 묻고 질문한다. '존자들이시여, 이것은 어떻게 되며 이 뜻은 무엇입니까?'라고. 그들은 그에게 드러나지 않은 것을 드러내고, 명확하지 않은 것을 명확하게 해주고, 여러 가지 의심나는 법에 대해 의심을 없애준다. 비구들이여, 거처는 이러한 다섯 가지 특징을 갖추고 있다."(A10:11 §3)

⑤ 신참 비구들과 중진 비구들과 장로 비구들을 나누는 기준

그러면 신참 비구들과 중진 비구들과 장로 비구들을 나누는 기준은 무엇인가?

먼저 『상윳따 니까야』 제1권 「사밋디 경」(S1:20)에서 사밋디 존자는 그에게 질문을 하는 천신에게 이렇게 말한다.

"도반이여, 나는 출가한 지 오래되지 않았고 근래에 이 법과 율에 들어온

신참입니다. 그래서 나는 자세하게 설명할 수가 없습니다."(S1:20 §5)

여기에 대해서 『상윳따 니까야 주석서』는 이렇게 설명한다.

"'신참(nava)'이라고 하였다. 다섯 안거를 채우지 못한(aparipuṇṇa-pañca-vassa) 비구를 신참이라 한다. 다섯 안거(pañcavassa) 이후부터가 중진(majjhima)이고 열 안거(dasavassa)부터가 장로이다. 다른 방법은 이러하다. — 열 안거를 채우지 못하면(aparipuṇṇadasavassa) 신참이고 열 안거 이후부터가 중진이며 스무 안거 이후부터가(vīsativassato paṭṭhāya) 장로이다. 이들 가운데 나는 신참입니다라고 그는 말하는 것이다.

신참인 어떤 사람이 일곱이나 여덟 살에 출가한 뒤 12년이나 13년을 사미로 지냈다면 그는 출가한 지 오래되었다(cirapabbajita). 그러나 나는 '출가한 지 오래되지 않았습니다(acirapabbajita)'라고 [사밋디 존자는] 말하는 것이다."(SA.i.43~44)

『율장 주석서』는 이렇게 설명한다.

"열 안거를 채웠기 때문에(paripuṇṇa-dasavassatāya) 장로(thera)이고 다섯 안거 아래이기 때문에(ūna-pañcavassatāya) 신참(nava)이며 다섯 안거를 넘어섰기 때문에(atireka-pañcavassatāya) 중진(majjhima)이라는 뜻이다."(VinA.i.239)

다른 주석서는 이렇게 설명한다.

"'중진(majjhima)'이라고 하였다. 다섯 안거의 기간부터(pañcavassa-kāla-to paṭṭhāya) 아홉 안거의 기간까지가(navavassakālā) 중진이다. '장로(thera)'라고 하였다. 열 안거의 기간부터(dasavassa-kālato paṭṭhāya) 장로라고 한다."(PugA.215; AAṬ.ii.197)

⑥ 나이만 많으면 장로인가

그러면 출가한 지 오래되었고 나이만 많으면 연장자이고 모두 다 장로 비구인가 하는 점이다. 여기에 대해서 언급해야 할 경이 있다. 『앙굿따라 니까야』 제1권 「깐다라야나 경」(A2:4:7)이다. 깐다라야나라는 바라문이 마하깟짜야나 존자께 다가가서 이렇게 말했다.

"이와 같이 나는 들었습니다. 깟짜야나 존자여, 사문 깟짜야나는 늙고, 나이 들고, 태어난 지 오래되었고, 오래 살았고, 삶의 완숙기에 이른 바라문들에게 인사를 하지도 않고 반기지도 않고 자리를 권하지도 않는다고 합니다. 깟짜야나 존자여, 깟짜야나 존자가 그렇게 늙고, 나이 들고, 태어난 지 오래되었고, 오래 살았고, 삶의 완숙기에 이른 바라문들에게 인사를 하지도 않고 반기지도 않고 자리를 권하지도 않는 것은 온당하지가 않습니다."(A2:4:7 §1)

여기에 대해서 깟짜야나 존자는 이렇게 대답한다.

"바라문이여, 그분 세존, 아시는 분, 보시는 분, 아라한, 정등각께서는 나이 든 자의 입장(vuddha-bhūmi)과 젊은 자의 입장(dahara-bhūmi)에 대해서 말씀하셨습니다.

바라문이여, 사람이 비록 나이가 들어 여든, 아흔, 백 세가 되더라도 만약 그가 감각적 쾌락(kāma)을 즐기고 감각적 쾌락 가운데 머물러 있고 감각적 쾌락의 불에 불타고 감각적 쾌락의 생각에 휩싸이고 감각적 쾌락을 찾아 헤매는 것에 열정적이라면 그는 어리석은 장로(bāla thera)라 불립니다.

바라문이여, 사람이 비록 젊어 인생의 초반이고 머리카락이 검고 혈기가 왕성하더라도 만약 그가 감각적 쾌락을 즐기지 않고 … 감각적 쾌락을 찾아 헤매는 것에 열정적이지 않다면 그는 현명한 장로(paṇḍita thera)라 불립니다."(A2:4:7 §2)

나이가 많다고 해서 연장자이고 장로가 되는 것이 아니라 감각적 쾌락을 즐기지 않고 벗어나야 그가 진정 장로로 불리게 된다는 답변이다.

그러자 이에 감격한 바라문은 자리에서 일어나 한쪽 어깨가 드러나게 옷을 입고 젊은 비구들의 발에 머리를 대고 절을 하고 이렇게 말하면서 삼보에 귀의하고 재가 신자가 되었다.

"존자들께서는 나이 든 어른(vuddhā)이시고 나이 든 어른의 입장(vuddha-bhūmi)에 서 계십니다. 우리는 젊은 사람(daharā)이고 성숙되지 않은 자의 입장(dahara-bhūmi)에 서 있습니다.

경이롭습니다, 깟짜야나 존자여. … 깟짜야나 존자께서는 저를 재가 신자로

받아주소서. 오늘부터 목숨이 붙어 있는 그날까지 귀의하옵니다."(A2:4:7 §3)

이외에도 장로 비구들의 오염을 말씀하시는 몇몇 경들을 더 들 수 있겠지만 「미래의 두려움 경」 3(A5:79 §6)을 인용한다. 이 경에서 세존께서는 미래에 일어날 다섯 가지 두려움을 말씀하시면서 그 다섯 번째 두려움으로 다음과 같이 장로 비구들의 오염을 들고 계신다.

"6. 다시 비구들이여, 미래세에는 몸을 닦지 않고 계를 닦지 않고 마음을 닦지 않고 통찰지를 닦지 않은 비구들이 있을 것이다. 그 장로 비구들(therā bhikkhū)은 몸을 닦지 않고 계를 닦지 않고 마음을 닦지 않고 통찰지를 닦지 않으면서 [옷 등 네 가지 필수품을] 너무 많이 가지고 [교법에] 방만하며 [다섯 가지 장애로 불리는] 퇴보에 앞장서고 한거의 임무를 내팽개쳐 버리고, 얻지 못한 것을 얻기 위해 정진을 하지 않고 증득하지 못한 것을 증득하기 위해 정진하지 않고 실현하지 못한 것을 실현하기 위해 정진하지 않는다. 그래서 그다음 세대들도 그들의 [삿된] 견해를 이어받게 된다. … 정진하지 않는다. 비구들이여, 이와 같이 법이 오염되면 율이 오염되고 율이 오염되면 법이 오염된다.

비구들이여, 이것이 아직은 일어나지 않았지만 미래에 일어날 다섯 번째 미래의 두려움이니, 그대들은 이것을 자각해야 하고 자각한 뒤 이것을 제거하기 위해서 노력해야 한다."(A5:79 §6)

(5) 가타[偈, gāthā]란 무엇인가?

4부 니까야를 중심으로 테라(thera)의 용례에 대해서 살펴보았다. 이제 니까야에 나타나는 가타(gāthā)의 용례를 살펴보자. 빠알리 gāthā(산스끄리뜨도 동일함)는 √gai(*to sing*)의 여성명사로 초기불전연구원에서는 gāthā를 주로 게송으로 옮기고 있다. 이 용어는 베다에서부터 gāthā로 나타나고 있다. 중국에서는 伽陀, 偈, 偈他, 偈經, 偈頌, 句, 四句, 孤起頌, 攝, 法頌, 諷頌, 頌(가타, 게, 게타, 게경, 게송, 구, 사구, 고기송, 섭, 법송, 풍송, 송) 등으로 다양하게 옮겼다. 『금강경』에서 구마라집 스님은 偈(게)로 옮겼고 현장 스님은 伽陀(가타)로 음역하였다. VRI본 삼장과 주석서들과 복주서들을

Foxpro를 이용하여 역자가 정리하여 만든 '빠알리 원전 데이터 베이스' 자료들 가운데서 '∪gātha∪'와 '∪gāthā∪'로 검색을 해보니(∪는 빈칸을 나타냄) 경장과 율장에서만 442번이 나타났는데 VRI본에서 반복되는 부분(뻬얄라, peyyāla)을 생략한 것을 감안하면 적어도 1,000번 이상이 쓰이고 있다고 판단된다. 논장에서는 3번 정도에 그쳤다. 이처럼 초기불전 경장과 율장의 많은 곳에 이 용어는 나타나고 있는데 경장에서는 주로 다음 문맥에서 나타나고 있다.

① 가타는 게송이다.

위의 해제 II-(2) 삼장에서 『테라가타』의 위치에서 보았듯이 구분교 가운데 네 번째인 이 가타(게송)는 "④ 『법구경』과 『장로게』와 『장로니게』와 『숫따니빠따』에서 경이라는 이름이 없는 순수한 게송(suddhika-gāthā)이 바로 게송(偈頌, gāthā)이라고 알아야 한다."(DA.i.24)라고 설명되었다. 이처럼 게송으로 옮긴 가타는 구분교 가운데 네 번째로 나타나는데 이때 가타는 운율을 가진 모든 게송, 즉 시(詩)를 의미한다. 『테라가타』의 가타도 운율(dhando, Sk. chandas)을 가진 시구를 의미한다. 이처럼 가타(게송)의 핵심은 운율(chando)이다. 『테라가타』에 나타나는 운율들에 대해서는 본 해제 IV. 『테라가타』에 나타나는 운율(chando)을 참조하기 바란다.

PED의 설명16)에서 보듯이 빠알리 가타, 즉 게송은 아눗툽바(아누슈뚭)와 같은 사구게17)로 설명이 된다. 여기서 아눗툽바(Pāli: Anuṭṭhubba), 즉 아누슈뚭(Sk: Anuṣṭubh) 운율(chandas)은 한 구절(pāda)에 8개의 음절이 들어있는 네 개의 구절로 구성되어 있으며 그래서 8×4=32음절로 이루어진 것이다. 이 아누슈뚭 운율은 모든 산스끄리뜨 운문의 가장 기본이 되는 운율로 베다에서부터 나타나고 있다. 이런 아누슈뚭 운율을 위시한 운율을 가진 모든 시(詩)들을 불교에서는 이렇게 가타(gāthā)라고 부른다. 그리고 불

---

16) gāthā: a verse, stanza, line of poetry, usually referring to an Anuṭṭhubbaṁ or a Tuṭṭhubbaṁ, & called a catuppādā gāthā, a stanza (śloka) of four half-lines

17) 아래 ②-ⓒ '네 구절로 된 게송[四句偈]'을 참조할 것.

교뿐만 아니라 대부분의 인도 고전 문헌에서도 이 아누슈뚭(아눗툽바) 운율을 실로까(Pāli: Siloka, Sk: Śloka)라고 부르기도 한다. 이처럼 일반적으로는 불교 경전의 모든 시구를 가타라고 부르고 있다. 그러나 베다와 고전 산스끄리뜨에서 엄밀히 말하면 가타와 아누슈뚭은 다른 운율이다[18].

노만 교수는 『테라가타』에 포함된 게송들이 가지는 운율을 9가지 정도로 정리하고 있으며 이 9가지 운율이 혼합된 게송으로 '뜨리슈뚭 운율과 자가띠 운율이 혼합된 것' 등의 10개를 소개하여 1,279개 게송들에는 모두 19 종류의 운율이 나타나는 것으로 정리하고 있다.(본 해제 IV. 참조)

② 주석서에 나타나는 가타(gāthā)에 대한 설명

그러면 니까야의 주석서들은 gāthā를 어떻게 설명하는지 살펴보자.

ⓐ 구분교와 가타(gāthā)

위에서도 살펴보았듯이(II-(5)-① 참조) 『디가 니까야 주석서』는 구분교(九分敎)를 ① 경(經, sutta) … ⑨ 문답(方等, vedalla)의 아홉 가지로 분류한 뒤 "④ 『법구경』과 『장로게』와 『장로니게』와 『숫따니빠따』에서 경이라는 이름이 없는 순수한 게송(suddhika-gāthā)이 바로 게송(偈頌, gāthā)이라고 알아야 한다."(DA.i.24, 본 해제 II-(2))로 설명하였다.

ⓑ 주석서들에 나타나는 가타(gāthā)에 대한 설명

『숫따니빠따 주석서』는 "여기서 게송(gāthā)이란 음절(音節)과 구절[句]로 정해져 있는[19] 말(akkhara-pada-niyamita vacana)"(SnA.i.141)로 설명하고 있다.

---

18) 산스끄리뜨에서 gāthā는 베다와 고전 산스끄리뜨에서 전승되어 오는 아주 많은 운율(chandas) 가운데 하나이며 Mātrāvṛta라는 운율의 계열에 속한다고 한다. 그러나 빠알리 운율에서는 gāthā라는 특별한 운율을 언급하지는 않는 듯하다. 대신에 빠알리 문헌에서 gāthā는 운율을 가진 모든 게송들을 뜻한다.

19) 여기서 niyamita는 ni+√yam의 과거분사이다. 여기서 파생된 명사 niyama는 *limitation; certainty; definiteness* 등으로 영역되며 초기불전연구원에서는 아비담마의 문맥에서 '정해진 법칙'으로 옮기고 있다. 이런 배경에서 과거분사인 niyamita를 문맥에 맞추어 '정해져 있는'으로 옮겨보았다.

『쿳다까빠타 주석서』도 게송을 "음절과 구절[句]로 정해져서 연결된 말(akkhara-pada-niyamita-ganthita-vacana)"(KhA.117)로 정의한다. 같거나 비슷한 설명이 『닛데사 주석서』(Nd1A.ii. 270)에는 "음절과 구절[句]로 정해져서 연결된 말을 통해서 읊어진 것(akkhara-pada-niyamita-ganthitena vacanena abhāsi)"으로 나타난다.

한편 『디가 니까야 주석서』는 『디가 니까야』 제2권 「대회경」(大會經, D20) §5를 주석하면서 가타와 동의어인 실로까(Siloka)를 위에서 언급한 주석서들과 같은 방법으로 이렇게 설명한다.

"여기서 '나는 게송으로 밝히리라(silokam anukassāmi).'라는 것은 음절과 구절[句]로 정해진 표현 방법의 모음(akkhara-pada-niyamita vacana-saṅghā-ta)을 전개할 것이라는 말씀이다."(DA.ii.684)

『디가 니까야 주석서』는 이처럼 실로까를 가타와 동일하게 설명하고 있는데 이것도 실로까와 가타가 동의어임을 보여주는 것이다. 한편 빠알리 문법서인 『삿다니띠』(Saddanītippakaraṇa)도 이와 똑같이 "음절과 구절[句]로 정해진 표현 방법의 모음이 실로까(게송)이다."(Sdnt.16)라고 밝히고 있다.

이처럼 여러 주석서들은 가타와 실로까를 '음절(akkhara)'과 '구절[句, pada]'이라는 게송의 중심이 되는 용어를 사용하여 설명하고 있다.

ⓒ 네 구절로 된 게송[四句偈, catuppadikā gāthā]

주석서와 복주서의 여러 곳에는 '네 구절로 된 게송[四句偈, catuppadikā gāthā]이라는 용어'(MA.iii.331)가 적지 않게 나타난다. 주석서는 가타를 '음절과 구절[句]로 정해진 표현 방법'이라고 정의하였다. 기본적으로 가타는 네 개의 구절로 정해져 있다. 그래서 가타는 기본적으로 네 구절로 된 게송, 즉 사구게(四句偈, catuppadikā gāthā)라 부른다. 한국불교의 소의경전인 『금강경』의 제8품(依法出生分 第八) 등의 몇 군데에서도 catuppadikā gāthā의 산스끄리뜨인 catuṣpādikā gāthā로 나타나는데 구마라집 스님은 四句偈(사구게)로, 현장 스님은 四句伽陀(사구가타)로 옮겼다.

그리고 이러한 네 구절 모두가 8음절로 제한된 것을 아누슈뚭(아눗툽바)

운율이라 하며 이것이 가타와 실로까의 기본 운율이 된다. 이렇게 하여 가타, 즉 게송 혹은 사구게는 기본적으로 8×4=32음절로 구성된다.

한편 『디가 니까야 주석서』는 부처님께서 말씀하신 "시작도 훌륭하고 중간도 훌륭하고 끝도 훌륭하게 [법을 설하고]"(D2 §40 등등)라는 구절을 설명하면서 이 네 구절로 된 게송(사구게)을 보기로 하여 다음과 같이 시작과 중간과 끝을 설명하고 있다.

"네 구절로 된 게송(사구게)에서 첫 번째 구절(paṭhama-pāda)은 시작(ādi)이라 하고 그다음의 두 구절은 중간(majjha)이라 하며 마지막의 한 구절은 끝(pariyosāna)이라 한다."(DA.i.175)

ⓓ 가타(게송)에 대한 『테라가타 주석서』의 설명

이제 『테라가타』를 설명하면서 『테라가타 주석서』의 저자 담마빨라 스님은 가타를 어떻게 설명하는가를 알아보자.

본 『테라가타 주석서』에서 담마빨라 스님은 "노래한다(읊어진다, gīyati)고 해서 게송(gāthā)이다. 아누슈뚭(아눗툽바) 등(Anuṭṭhubhādi)을 통해서 선인들(isī)에 의해서 전개된(굴려진) 네 개의 구절[句, pada]을 가졌거나 여섯 개의 구절을 가진 표현 방법(catuppada chappada vā vacana)이다."(ThagA.i.8)라고 설명하고 있다.

여기서 보듯이 가타에 대한 『테라가타 주석서』의 설명은 위에서 살펴본 다른 주석서의 설명과는 자못 다르다. 다른 주석서들에서는 모두 '음절과 구절[句]로 정해진 표현 방법(akkhara-pada-niyamita vacana)'을 가타에 대한 설명의 기본 용어로 하였는데 여기서는 '네 개의 구절[四句, catuppada]'과 '여섯 개의 구절[六句, chappada]'이라는 용어를 사용하고 있다. 다른 말로 하면 『테라가타 주석서』의 저자 담마빨라 스님은 『테라가타』에 실려 있는 게송의 가장 큰 특징을 네 구절로 된 게송과 여섯 구절로 된 게송으로 파악하고 있는 것이다. 게송은 기본적으로 네 구절로 되어 있다. 이것이 불교의 게송 뿐만 아니라 베다부터 시작하여 모든 산스끄리뜨 게송과 자이나교나 쁘라끄리뜨로 된 게송의 기본이다.

그러면 여섯 구절로 된 게송은 무엇인가? 이러한 정해진 음절로 구성된

6개의 구절[句, pada]로 되어 있는 게송을 말한다.

역자는 1,279개 게송을 모두 담은, 역자가 만든 '테라가타 데이터 베이스'의 빠알리 원문을 Foxpro로 하나하나 조사하였는데 역자가 조사한 바로는 본서에 포함된 1,279개 게송들 가운데 61개 정도는 네 구절로 구성된 사구게(四句偈)가 아니라 여섯 구절로 구성된 육구게(六句偈)로 되어 있었다. 이것을 도표로 정리해 보면 다음과 같다.

<도표1> 『테라가타』의 육구게

모음	육구게 숫자	모음	육구게 숫자
하나의 모음	13곳	열둘의 모음	1곳
둘의 모음	7곳	열셋의 모음	2곳
셋의 모음	1곳	열여섯의 모음	1곳
다섯의 모음	2곳	스물의 모음	13곳
여섯의 모음	3곳	서른의 모음	2곳
일곱의 모음	3곳	마흔의 모음	3곳
여덟의 모음	1곳	예순의 모음	6곳
열의 모음	2곳	큰 모음	1곳

예를 들면 아누슈뚭 운율, 즉 실로까 운율은 기본적으로 8개의 음절(akkhara)로 된 4개의 구절로 정해져 있다. 그래서 모두 8×4=32음절로 구성되어 있다. 그러므로 아누슈뚭 운율로 된 육구게는 8개의 음절(akkhara)로 된 6개의 구절로 정해져 있어서 모두 8×6=42개의 음절로 구성되어 있다. 물론 혼합된 운율일 경우에는 혼합된 방법대로 계산하면 될 것이다. 예를 들면 앞의 네 구절(pada)이 아누슈뚭 운율로 되어 있고 뒤의 두 구절이 한 구절에 12음절을 담고 있는 자가띠(Jagati) 운율로 되어있다면 이것은 8×4+ 12×2=56개의 음절로 구성되어 있다.

여기서 주목할 만한 점은 PTS본과 VRI본의 편집이 다른 부분이다. 사리뿟따 장로(Th30:2)의 {995}, {996}, {997} 3개 게송들을 PTS본은 이처럼 3개의 사구게로 편집하였는데 VRI본은 {995}, {996} 2개의 게송으로 편집하였다. 이 경우에 이 2개의 게송들은 당연히 육구게로 편집이 되었다. 그래서 여기서부터 PTS본과 VRI본의 게송 번호가 달라지게 된다.

수망갈라 장로(Th1:43)의 {43} 게송도 주목할 만한데 본 게송은 두 개의 게송으로 구성되어 있는 것처럼 여겨지기 때문이다. VRI본도 본 게송을 하나의 게송으로 똑같은 게송 번호를 매기고 있다. 노만 교수는 이 전체 게송을 가나 운율(Gaṇa-cchandas)이라고 적고 있다.(K. R. Norman, 132쪽 §43의 주해 참조) 그러면서 이것은 오래된 아랴(Āryā) 운율이라는 Alsdorf의 견해를 소개한 뒤 만일 본 게송을 아랴 운율이라고 한다면 두 개의 게송으로 봐야 한다고 적고 있다.(Ibid)

그런데 이 수망갈라 장로의 어머니인 『테리가타』 둘의 모음에 담겨있는 수망갈라마따 장로니(Thi2:3 {23} 【설명】 참조)의 게송은 『테리가타』 둘의 모음 {23}과 {24}의 두 개 게송으로 나타난다. 이 두 게송도 오래된 아랴(Āryā) 운율로 되어 있다. VRI본에도 {23}과 {24} 두 개의 게송으로 나타난다.

그리고 역자가 조사해 본 바로는 『테라가타』에는 세 구절로 구성된 삼구게[三句偈], 즉 8×3=24음절로 된 사위뜨리(Sk: Sāvitrī, Pāli: Sāvittī) 운율은 나타나지 않는다. 예를 들면 마하목갈라나 장로(Th60:1)의 {1188}게송은,

> "백 개나 되는 쇠못이 있고 모두 스스로 고통을 받네.
> 제자인 위두라와 까꾸산다 바라문을 공격하여
> 둣시가 고통받은 그 지옥은 이와 같다네."({1188})

라고 삼구게처럼 옮겼지만 원문은 다음과 같다.

> satarh āsi ayosaṅkū, sabbe paccattavedanā|
> īdiso nirayo āsi, yattha dussī apaccatha|
> vidhurarh sāvakamāsajja, kakusandhañca brāhmaṇarh||

이처럼 이 게송은 8+8, 8+8, 8+8, 8+8, 8+8, 9+8의 아누슈뚭 운율로 된

육구게이다. 특정 게송이 8+8+8=24개의 음절로 되어 있어야 그것이 사위뜨리 운율이다.

이런 사정을 파악한다면 담마빨라 스님이 『테라가타 주석서』에서 가타(게송)를 '네 개의 구절[句, pada]을 가졌거나 여섯 개의 구절을 가진 표현 방법(catuppada chappada vā vacana)'이라고 설명한 것을 이해할 수 있을 것이다. 『테라가타』에 담긴 1,279개 게송은 사구게이거나 육구게라는 것이 『테라가타』가 가지는 두드러진 특징이므로 담마빨라 스님은 『테라가타 주석서』에서 이렇게 게송(가타)을 설명하였다고 역자는 파악한다.

그리고 부처님께서 말씀하신 "시작도 훌륭하고 중간도 훌륭하고 끝도 훌륭하게 [법을 설하고]"(D2 §40 등등)라는 구절을 설명하면서 『디가 니까야 주석서』는 네 구절로 된 게송(사구게)을 보기로 하여 시작과 중간과 끝을 설명하고 있음을 위에서 보았다.(②-ⓒ) 같은 주석서는 이 여섯 구절로 된 게송(육구게)을 보기로 들면서 "다섯 구절로 된 게송(오구게)이나 여섯 구절로 된 게송(육구게)의(pañcapadachappadānaṁ) 첫 번째 구절(paṭhama-pāda)은 시작(ādi)이라 하고 마지막의 한 구절은 끝의 구절(pariyosāna-pada)이라 하며 [가운데 있는] 나머지들(avasesā)은 중간(majjha)이라 한다."(DA.i.172)라고 설명하고 있다.

③ 실로까(Siloka, Sk: Śloka)와 가타(gāthā)

이 게송(gāthā)이라는 단어 외에도 니까야에서는 실로까(Siloka, Sk: Śloka)라는 용어가 운율을 가진 게송을 뜻하는 단어로 나타나고 있다. 예를 들면 『디가 니까야』 제2권 「대회경」(D20) §5에는 "그들이 의지하는 영역에 따라 / 나는 게송으로 밝히리라.(silokamanukassāmi, yattha bhummā tadassitā)"라는 문장이 나타난다. 『디가 니까야 주석서』는 이 실로까를 "음절과 구절[句]로 제한된 표현 방법의 모음(akkharapadaniyamitaṁ vacana-saṅghāta)"(DA.ii.685)으로 설명하고 있다.

12세기에 만들어진 빠알리 문법서인 『삿다니띠』도 "음절과 구절[句]로 제한된 표현 방법의 모음이기 때문에 실로까라 한다(akkharapadaniyamito vacanasaṅghāto siloko)."(Saddanītippakaraṇa 16)라고 『디가 니까야 주석서』의 설명을 그대로 가져와서 실로까를 설명하고 있다.

여기서 보듯이 이 설명은 위에서 밝힌 게송(gāthā)에 대한 주석서들의 설명과 대동소이하다. 그래서 전통적으로 이 가타와 실로까는 동의어로 여겨진다.(sasilokaṁ sagāthakaṁ cuṇṇiya-ganthaṁ — DAṬ.i.41, NetA.13)

(6) 니까야에 나타나는 가타(gāthā)의 용례

앞의 '(4) 니까야에 나타나는 thera의 용례'에서 4부 니까야를 중심으로 테라(thera)의 용례에 대해서 살펴보았고 (5)-② 등을 통해서 주석서에서는 가타(gāthā)를 어떻게 설명하고 있는가를 살펴보았다. 이제 니까야에 나타나는 가타(gāthā)의 용례를 살펴보자.

먼저 역자는 Foxpro로 만든 '빠알리 원전 데이터 베이스' 자료들에서 '∪gātha'와 '∪gāthā∪'로 검색을 해보았다. 합성어를 제외한 gāthā라는 용어는 경장과 율장에서만 442번이 나타나는 것으로 검색되었는데, VRI본에서 반복되는 부분(뻬알라, peyyāla)을 생략한 것을 감안하면 이것보다 훨씬 더 많이 쓰이고 있다고 판단된다. 논장에서는 3번 정도에 그쳤다. 이처럼 초기불전 경장과 율장의 많은 곳에 이 용어는 나타나고 있는데 여기서는 경장의 니까야들을 중심으로 살펴보고자 한다. 니까야에서 gāthā는 주로 다음 문맥에서 나타나고 있다.

① 구분교의 가타(gāthā)

앞에서 본 것처럼 가타는 구분교의 네 번째 구성요소의 정형구로 초기불전의 여러 곳에 나타나고 있다.(본 해제 II-(2)와 II-(5)-① 참조) 예를 들면 『맛지마 니까야』 제1권 「뱀의 비유 경」(M22) §10 등에서 세존께서는 이렇게 말씀하신다.

"비구들이여, 여기 어떤 좋은 가문의 아들[善男子]들이 경·응송·수기·게송·감흥어·여시어·본생담·미증유법·문답과 같은 법을 배운다. 그들은 그 법을 배워 통찰지로써 그 법들의 뜻을 자세히 살펴본다. …"(M22 §10 등등)

구분교를 드러내는 이 정형구는 니까야의 14개 정도의 경들에서 나타나고 있다.

② 동사 bhāsati와 함께 나타나는 경우

ⓐ 접두어 없는 bhāsati와 함께 쓰인 경우

gāthā는 동사 bhāsati(√bhāṣ, 말하다, *to speak*, Sk:bhāṣate, +ti, 1류)의 다양한 형태와 함께 쓰여 4부 니까야 안에서만 검색해 봐도 '게송을 읊다(gāthaṁ bhāsati)'로 10곳 정도에, '게송을 읊었다(gāthaṁ abhāsi)'로 73곳 정도에, '게송을 읊어야겠다(gathaṁ bhāseyyāma)'로 2곳 정도에, '게송이 읊어졌다(gāthā bhāsitā)'로 7곳 정도에 — 이처럼 아주 많이 나타나고 있다. 이제 이들 가운데 경전의 출처를 몇 가지만 살펴보자.

ⓐ-1. 게송을 읊는다(gāthaṁ bhāsati)

이 표현은 「비구니 상윳따」(S5)에 포함된 10개의 경들의 §4에서 각 경에 두 번씩 아래 문맥에 나타난다. 예를 들면 이 상윳따의 첫 번째 경인 「알라위까 경」(S5:1 §4)에는 다음과 같다.

"그러자 알라위까 비구니에게 이런 생각이 들었다.

'게송을 읊는(gāthaṁ bhāsati) 자는 인간인가 비인간인가?'

그때 알라위까 비구니에게 이런 생각이 들었다.

'이 자는 마라 빠삐만이로구나. 그는 내게 두려움과 공포를 일으키고 털이 곤두서게 하여 한거를 내팽개치게 하려고 게송을 읊는구나(gāthaṁ bhāsati).'"(S5:1 §4)

이렇게 하여 「비구니 상윳따」(S5)에 포함된 10개의 경들에서 gāthaṁ bhāsati는 20번 정도 나타나고 있다.

그리고 4부 니까야 안에서만 검색해 보면 과거분사를 사용하여 gāthā bhāsitā(게송이 읊어진)으로 나타나는 곳이 다섯 군데 정도 되고 절대분사를 사용하여 gāthā bhāsitvā(게송을 읊은 뒤)로 나타나는 곳도 두 군데 정도가 된다.

ⓐ-2. 게송을 읊었다(gāthaṁ abhāsi)

여기서 '읊었다'로 옮긴 abhāsi는 √bhāṣ(*to speak*)의 아오리스트 과거 3인칭 단수(Aor.3P.Sg.)이다. '게송을 읊었다.'로 옮긴 gāthaṁ abhāsi는 4부 니까야에서 73번 정도가 나타나는 것으로 검색되는데, 이 가운데 68번 정도가 『상윳따 니까야』 제1권 「게송을 포함한 가르침」(Sagātha-vagga)에 실린 「천신 상윳따」(S1)부터 「삭까 상윳따」(S11)에 실린 경들에서 나타나고 있다.

『상윳따 니까야』 제1권 「게송을 포함한 가르침」(Sagātha-vagga)에 실린 「천신 상윳따」(S1)의 「휩쓸려감 경」(S1:3) §2를 예로 들어본다.

"한 곁에 선 그 천신은 세존의 면전에서 이 게송을 읊었다.

"삶은 휩쓸려가고 생명은 덧없고
늙음에 휩쓸린 자에게 보호란 없으니
죽음의 두려움을 직시하면서
행복을 가져올 공덕 지어야 합니다.""(S1:3 §2 {3})

여기서 '이 게송을 읊었다.'는 imaṁ gāthaṁ abhāsi를 옮긴 것이다.

『테라가타』에는 VRI본으로 12번 정도 gāthaṁ abhāsittha(게송을 읊었다.)로 나타난다. 이 구문은 하나의 모음 첫 번째 품에 포함된 장로들의 게송 마지막에만 생략되지 않고 쓰여있으며 나머지 장로들의 경우에는 생략되었다. 생략하지 않으면 모두 264번이 나타나는 것이 된다.

그런데 PTS본에는 게송 {3}까지에만 'itthaṁ sudaṁ āyasmā Subhūti-tthero gāthaṁ abhāsitthāti.'로 생략 없이 나타나고 {4} 이하에서는 점진적으로 생략되어서 {8} 이하에서는 장로의 이름만이 언급되고 있다. VRI본으로는 첫 번째 품인 10까지 'itthaṁ sudaṁ āyasmā Subhūtitthero gāthaṁ abhāsitthāti.'로 생략 없이 나타나고 {11} 이하에서는 거의 대부분이 장로의 이름만 언급되고 있다. 『테라가타 주석서』는 여기서 읊었다로 옮긴 abhāsittha를 kathesi(말하였다, kathesi, Aor.3P.Sg.)로 설명하고 있다.

ⓑ 동사 bhāsati에 접두어가 첨가된 경우

ⓑ-1. gāthāya ajjhabhāsi(게송으로 물었다)

그리고 gāthā와 함께 동사 bhāsati(√bhāṣ, *to speak*)에 접두어 adhi-가 첨부되어 gāthāya ajjhabhāsi(게송으로 물었다, Aor.3P.Sg. 80곳 이상)나 gāthāhi ajjhabhāsi(게송들로 물었다, 25곳 이상)라는 과거시제로 나타나는 곳도 100곳이 넘는다. 이 두 가지는 『상윳따 니까야』 제1권 게송을 포함한 가르침(Sagātha-vagga)에 실린 「천신 상윳따」(S1)부터 「삭까 상윳따」(S11)까지의 100곳 가까이에 나타나고 이 외의 4부 니까야의 10곳 이상에 나타나는 것으로 조사되었다.

ⓑ-2. 게송으로 대답하였다(gāthāya paccabhāsiṁ, gāthāya paccabhāsi)

'게송으로 물었다(gāthāya ajjhabhāsi).'와 대비가 되는 말에 '게송으로 대답하였다(gāthāya paccabhāsiṁ, gāthāya paccabhāsi).'가 있다. 여기서 paccabhāsiṁ은 prati+√bhāṣ(*to speak*)의 아오리스트 과거 1인칭 단수(Aor.1P.Sg.)이고 paccabhāsi는 아오리스트 과거 3인칭 단수(Aor.3P.Sg.)이다. 전자는 4부 니까야의 3곳에, 후자는 『상윳따 니까야』 제1권 게송을 포함한 가르침(Sagātha-vagga)에 실린 「천신 상윳따」(S1)부터 「삭까 상윳따」(S11)까지의 7곳에 나타나는 것으로 조사되었다.

③ 동사 paṭibhāti와 함께 쓰인 경우

gāthā는 동사 paṭibhāti와 함께 쓰여 '게송들이 떠올랐다(gāthāyo paṭibhaṁsu)'로 나타나기도 하는데 D14 §3.2 등 5곳을 들 수 있다. 여기서 paṭibhaṁsu는 동사 paṭibhāti(prati+√bhā, *to shine*)의 아오리스트 과거 3인칭 복수(Aor.3.Pl.)이다. S3:12 §7와 S8:5 §5 등에서는 '영감이 떠오르다'로 옮겼다.

게송들이 떠올랐다(gāthāyo paṭibhaṁsu)로 나타나는 이 다섯 곳은 세존께서 법을 설하기를 주저하시는 사유를 하시는 경들의 문맥에서 나타나고 있다. S8:8 §6에는 gāthāyo paṭibhantu(게송들을 떠올려 보라)로 나타나고 M12 §50에서는 gāthā paṭibhāsi(게송이 떠올랐다)로 나타난다. 여기서 paṭibhāsi는 prati+√bhā(*to shine*)의 아오리스트 과거 3인칭 단수(Aor.3P.

Sg.)이다.

④ gāthā가 들어간 합성어

gāthā가 들어간 합성어는 많이 나타나지는 않아 보이는데 gāthā와 abhigīta가 합성된 gāthābhigīta(게송을 읊은)를 들 수 있다. 이 용어도 4부 니까야 가운데는 『상윳따 니까야』 제1권의 다섯 곳 정도에 나타나는데 우리에게 잘 알려진 「순다리까 경」(S7:9 §6)의 게송을 들 수 있다. 여기서 세존께서는 이렇게 읊으신다.

> "게송을 읊어 생긴 것을 나는 먹지 않노라.
> 바라문이여, 그것은 바르게 보는 자들의 법이 아니니라.
> 게송을 읊어 생긴 것을 깨달은 자들은 거부하나니
> 바라문이여, 이런 법이 있나니 그분들의 품행이라.({641})
>
> 독존(獨尊)이요 대성자요 번뇌 다한 자
> 후회가 가라앉아 버린 자에게는
> 다른 음식과 마실 것을 받들어 공양하라.
> 공덕 구하는 자에게 그가 복밭이 되기 때문이라.({642})"

이상으로 『테라가타』에 대한 언어적인 설명을 니까야와 주석서들의 설명을 토대로 살펴보았다. 『테라가타』라는 합성어는 빠알리 삼장 전체에서 『테라가타』와 『테리가타』를 제외하고는 나타나지 않는 것으로 조사되었다. 그래서 thera라는 용어와 gāthā라는 이 두 단어의 용처를 중심으로 살펴보았다.

III. 『테라가타』의 구성

이러한 『테라가타』는 각 장로들이 읊은 게송의 개수에 따라 하나의 모음부터 큰 모음까지로 모두 21개의 모음(nipāta)으로 구성되어 있으며 하나의 모음에는 120분 장로들의 120개의 게송들이, 둘의 모음에는 49분 장로들의 98개 게송들이 … 이렇게 하여 마지막인 큰 모음에는 왕기사 장로의

71개 게송들이 담겨있어서 모두 264분의 1,279개 게송들을 담고 있다.

이제 본 『테라가타』는 어떻게 구성되어 있는지를 살펴보자.

(1) 『테라가타 주석서』에서 정리하는 『테라가타』의 구성

『테라가타』의 구성은 『테라가타 주석서』에 잘 설명되어 있다. 『테라가타』에 담긴 이 1,279개 게송들의 대부분은[20] 일차합송에서 합송되었다. 그래서 『테라가타 주석서』는 아난다 장로의 【행장】(Th30:3 {1018})에서 이렇게 말하고 있다.

"그는 육신통을 갖춘 자가 되어서 합송하는 천막(saṅgīti-maṇḍapa)으로 들어가서 법을 합송하면서 여러 곳에서 비구들에게 교계를 베풂(ovāda-dāna)을 통해서 그리고 자신의 도닦음을 밝힘 등(paṭipatti-dīpanādi)을 통해서 그동안 [자신이] 읊었던 게송들을 한 곳에 모은 뒤(ekajjhaṁ katvā) 순서대로 『쿳다까 니까야』를 합송하는 시간에(Khuddakanikāya-saṅgāyana-kāle) 『테라가타』 안에 합송하여 올리면서(theragāthāsu saṅgītiṁ āropento) 이 게송들을 읊었다."(ThagA.iii.113)

『테라가타 주석서』의 저자 담마빨라 스님은 주석서의 서문(ganth-ārambhakathā)에서 먼저 주석서를 여는 게송을 설한 뒤에 『테라가타』가 어떻게 구성되어 있는지 다음과 같이 잘 설명하고 있다. 길지만 여기에 인용해 본다.

"여기서 『테라가타』는 수부띠 장로({1}) 등에 의해서 설해졌다. 그들은 자신들이 증득한 대로 도와 과의 행복을 반조한 뒤(maggaphalasukhaṁ pacca-vekkhitvā) ① 어떤 것은 우러나온 말씀(감흥어, udāna)을 통해서, ② 어떤 것은 자신의 증득의 머묾을 반조함(samāpattivihārapaccavekkhaṇa)을 통해서, ③ 어떤 것은 질문(pucchā)을 통해서, ④ 어떤 것은 반열반할 때에 교법

20) 역자가 '대부분'이라고 표현한 이유는 2차결집 이후에 읊은 것이 분명한 위따소까 장로(Th2:25) 등의 게송들도 『테라가타』에 포함되어 있기 때문이다. 여기에 대해서는 본 해제 VII-(5) 부처님 입멸하신 뒤에 출가한 장로들을 참조하기 바란다.

(sāsana)이 출리(出離)로 인도하는 상태를 설명함(niyyānika-bhāva-vibhāva-na)을 통해서 말하였는데,[21] 그 모두는 합송할 때(saṅgītikāle) 한 곳에 모아서 『테라가타』라고 법을 합송하는 분들(dhammasaṅgāhakā)에 의해서 합송되었다. 그리고 『테리가타』(Thig)는 장로니들을 지목하여(theriyo uddissa) 읊어진 것이다.

이것은 율장·경장·논장이라는 삼장 가운데 경장에 포함되었다(suttanta-piṭaka-pariyāpannā). 『디가 니까야』·『맛지마 니까야』·『상윳따 니까야』·『앙굿따라 니까야』·『쿳다까 니까야』라는 다섯 가지 니까야들 가운데 『쿳다까 니까야』에 포함되었다. ① 경(經, sutta), ② 응송(應頌, geyya), ③ 상세한 설명[記別, 授記, veyyākaraṇa], ④ 게송(偈頌, gāthā), ⑤ 감흥어(感興語, udāna), ⑥ 여시어(如是語, itivuttaka), ⑦ 본생담(本生譚, jātaka), ⑧ 미증유법(未曾有法, abbhūtadhamma), ⑨ 문답(方等, vedalla)의 아홉 가지 교법의 구성요소들(sāsanaṅgā = 구분교) 가운데 ④ 게송(偈頌, gāthā)의 구성요소의 함께 모음(gāthaṅga-saṅgaha)에 해당한다.

> "8만 2천을 부처님으로부터 수지하였고
> 2천을 비구들로부터 [수지하였으니]
> 나는 8만 4천 가지의
> 이러한 법들을 전개합니다."(Thag. {1024})

라는 법의 창고지기(dhamma-bhaṇḍāgārika)인 [아난다 존자]가 이와 같이 명백하게 밝힌 8만4천의 법의 무더기들 가운데 어느 정도의 법의 무더기들의 함께 모음(katipaya-dhammakkhandha-saṅgaha)에 해당한다.

여기서 『테라가타』는 모음(nipāta)의 측면에서 보자면 하나의 모음(eka-nipāta)이 있고 하나씩 증가하여 열넷의 모음까지 열네 개의 모음이 있으며,

---

21) 이 네 가지 가운데 ①의 보기로는 소나 꿀리위사 장로(Th13:1)의 {632} 게송을, ②의 보기로는 쭐라가왓차 장로(Th1:11)의 {11}을, ③의 보기로는 키따까 장로(Th2:36)의 {191}을, ④의 보기로는 에까위하리야 장로(Th10:2)의 {546}을 들 수 있다.

열여섯의 모음, 스물의 모음, 서른의 모음, 마흔의 모음, 쉰의 모음, 예순의 모음, 일흔의 모음까지 모두 21가지 모음으로 함께 모았다(ekavīsati-nipāta-saṅgahā). 내려놓음(nipātana), 함께 넣음(nikkhipana)이라고 해서 '모음(nipāta)'이다. 하나인, 각각 하나로 된(ekeka) 게송들의 모음(nipāta), 함께 넣음(nikkhepa)이라고 해서 '하나의 모음(ekanipāta)'이다. 이 방법은 나머지 [모음]들에도 적용되는 뜻이라고 알아야 한다.

이 가운데 하나의 모음에는 12개의 품들(vaggā)이 있다. 각각의 품들을 열 개씩으로 만들어서 [모두] 120명의 장로들이 포함되어 그만큼의 게송들이 있다. 그래서 [하나의 모음 발문에서] 말하였다. —

> "120분의 장로들은 할 일을 다 하였고 번뇌가 없으니
> 하나의 모음에서 대선인들에 의해 잘 합송되었다."({120} 발문)

둘의 모음에는 49분의 장로들과 98개의 게송들이 있다.
셋의 모음에는 16분의 장로들과 48개의 게송들이 있다.
넷의 모음에는 13분의 장로들과 52개의[22] 게송들이 있다.
다섯의 모음에는 12분의 장로들과 60개의 게송들이 있다.
여섯의 모음에는 14분의 장로들과 84개의 게송들이 있다.
일곱의 모음에는 다섯 분의 장로들과 35개의 게송들이 있다.
여덟의 모음에는 세 분의 장로들과 24개의 게송들이 있다.
아홉의 모음에는 한 분의 장로와 아홉 개의 게송들이 있다.
열의 모음에는 일곱 분의 장로들과 70개의 게송들이 있다.
열하나의 모음에는 한 분의 장로와 11개의 게송들이 있다.
열둘의 모음에는 두 분의 장로들과 24개의 게송들이 있다.
열셋의 모음에는 한 분의 장로와 13개의 게송들이 있다.
열넷의 모음에는 두 분의 장로들과 28개의 게송들이 있다.
열다섯의 모음은 없다(pannarasanipāto natthi).

---

22) 현존하는 PTS본과 VRI에는 모두 12분의 48개 게송들이 담겨있다. 아래의 주해들도 참조할 것.

열여섯의 모음에는 두 분의 장로들과 32개의 게송들이 있다.
스물의 모음에는 열 분의 장로들과 245개의 게송들이 있다.
서른의 모음에는 세 분의 장로들과 105개의 게송들이 있다.
마흔의 모음에는 한 분의 장로와 42개의 게송들이 있다.
쉰의 모음에는 한 분의 장로와 55개의 게송들이 있다.
예순의 모음에는 한 분의 장로와 68개(PTS: 62)의 게송들이 있다.
일흔의 모음(큰 모음)에는 한 분의 장로와 71개의 게송들이 있다.
[이렇게 하여] 함께 모으면 264분의 장로들과 1,360개의 게송들이 있다.
그래서 이렇게 말하였다.

> "게송들은 1,360개이고[23)]
> 장로들은 264분[24)]임이 밝혀졌다.""(ThagA.i.2~3)

이상은 『테라가타 주석서』의 해당 부분을 직역한 것이다. 여기서 보듯이 『테라가타』(Theragāthā)는 모두 264분 장로들의 게송들로 구성되어 있다. 이처럼 주석서에서는 『테라가타』는 1,360개의 게송으로 구성되어 있고 264분의 장로들이 읊은 것이라고 밝히고 있다(ThagA.3). 현존하는 PTS

23) 『테라가타』(Theragāthā)는 모두 264분 장로들의 게송들로 구성되어 있다. 주석서는 여기서 보듯이 1,360개의 게송에 264분의 장로라고 밝히고 있다(ThagA.3). 현존하는 PTS본으로는 1,279개 게송으로 편집되어 있고 VRI본으로는 1,288개로 편집되어 있다.

『테리가타』(Therigāthā)는 73명 장로니들의 게송을 담고 있고 주석서도 73명이라고 밝히고 있다. 게송의 수는 PTS본으로는 522개, VRI본으로는 524개로 편집되어 있다.
그러므로 『테라가타』와 『테리가타』의 게송 수를 모두 합하면 PTS본에는 1,279+522=1801개로, VRI본에는 1288+524=1812로 편집되어 있다.

24) 역자의 계산으로도 264분이다. 그리고 주석서도 이처럼 264분이라고 밝히고 있다. 그러나 주석서에 열거하고 있는 대로 계산해 보면 모두 265분이 된다. 왜냐하면 넷의 모음에는 실제로는 12분이지만 주석서는 13분이라고 (catukka-nipāte terasa therā) 밝히고 있기 때문이다.

그리고 넷의 모음 마지막의 [넷의 모음에 포함된 장로들의] 목록(uddāna)에도 '게송들은 52개이고 장로들은 모두 13분이다(gāthāyo dve ca paññā-sa, therā sabbepi terasāti)'로 나타난다.

본으로는 1,279개 게송으로 편집되어 있고 미얀마 육차결집본(VRI본)에는 1,288개로 편집되어 나타난다. PTS본과 VRI본에 다른 내용은 없으며 게송의 편집과 특히 반복되는 부분(peyyala)의 생략을 어떻게 정리하는가에 따라서 이렇게 9개 게송들의 차이가 있을 뿐이다. 편집과 생략의 처리 부분은 해당 게송의 주해에서 밝히고 있는데, 본 해제 X-(2)-④-ⓓ 반복되는 부분(빼얄라, peyyāla)을 생략한 경우를 참조하기 바란다.

그리고 『테리가타』(Thig)는 73명 장로니들의 게송을 담고 있고 주석서도 73명이라고 밝히고 있다. 『테리가타』 게송의 수는 PTS본으로는 522개, VRI본으로는 524개로 편집이 되어 있으며 내용의 차이는 없다.

그러므로 『테라가타』와 『테리가타』의 게송 수를 모두 합하면 PTS본에 의하면 1,279+522=1,801개이고 VRI본에는 1,288+524=1,812개이다.

역자가 저본으로 삼은 PTS본에 따라 『테라가타』에 실려있는 장로들과 게송들의 숫자를 적어보면 다음과 같다.

하나의 모음: 120개 게송에 120분 장로들
둘의 모음: {121}~{218}까지의 98개 게송에 49분 장로들
셋의 모음: {219}~{266}까지의 48개 게송에 16분의 장로들
넷의 모음: {267}~{314까지의 48개 게송에 12분의 장로들[25)]
이상 120+49+16+12=197분

다섯의 모음: {315}~{374}까지의 60개 게송에 12분의 장로들
여섯의 모음: {375}~{458}까지의 84개 게송에 14분의 장로들
일곱의 모음: {459}~{493}까지의 35개 게송에 5분의 장로들
여덟의 모음: {494}~{517}까지의 24개 게송에 3분의 장로들
아홉의 모음: {518}~{526}까지의 9개 게송에 1분의 장로
열의 모음: {527}~{596}까지의 70개 게송에 7분의 장로들
이상 12+14+5+3+1+7=42분

---

25) 그런데 주석서는 13분이라고 적고 있다(catukkanipāte terasa therā — ThagA.i.3).

열하나의 모음: §§597~607까지의 11개 게송에 1분의 장로
열둘의 모음: §§608~631까지의 24개 게송에 2분의 장로들
열셋의 모음: §§632~644까지의 13개 게송에 1분의 장로
열넷의 모음: §§645~672까지의 28개 게송에 2분의 장로들
열여섯의 모음: §§673~704까지의 32개 게송에 2분의 장로들
스물의 모음: §§705~948까지의 244개 게송에 10분의 장로들
서른의 모음: §§949~1050까지의 102개 게송에 3분의 장로들
마흔의 모음: §§1051~1090까지의 40개 게송에 1분의 장로
쉰의 모음: §§1091~1145 까지의 55개 게송에 1분의 장로
예순의 모음: §§1146~1208까지의 62개 게송에 1분의 장로
큰 모음: §§1209~1,279까지의 71개 게송에 1분의 장로
이상 8+10+7=25분(1+2+1+2+2+10+3+1+1+1+1=25)

총합 197+42+25=264분

그런데 지금 유통되는 PTS본의 게송의 개수는 VRI본과 차이가 난다. 이를 도표로 나타내면 다음 쪽의 <도표2>와 같다.

⑵ 『테라가타』의 전개 방법

이제 『테라가타』가 어떤 방법으로 264분 장로들의 1,279개 게송들을 정리하여 후대로 전승하고 있는지를 정리해 보자.

1. 264분 장로들의 게송을 하나의 모음부터 큰 모음까지 21가지 모음으로 나눈다.

2. 여기서 중요한 사실은 스물의 모음 이하의 특정 모음에 포함된 장로들의 게송은 열 개씩을 하나의 단위로 계산해서 그 모음에 포함시켰다는 점이다. 즉 스물의 모음이라고 해서 게송 스무 개만을 포함하고 있는 모음이 아니라 스무 개부터 스물아홉 개까지의 게송을 담고 있는 장로들의 게송들을 모두 이 스물의 모음에 넣었다는 뜻이다.

<도표2> PTS본과 VRI본의 게송의 수

번호	모음	장로의 수	PTS	주석서	VRI
1	1	120	120		
2	2	49	98		
3	3	16	48		
4	4	12	48	13분 52게송	48
5	5	12	60		
6	6	14	84		
7	7	5	35		
8	8	3	24		
9	9	1	9		
10	10	7	70		
11	11	1	11		
12	12	2	24		
13	13	1	13		
14	14	2	28		
15	16	2	32		
16	20	10	244	245	244
17	30	3	102	105	105
18	40	1	40	42	40
19	50	1	55		
20	60	1	62	68	69
21	70	1	71		
합계		264/265	1,279		1,288

예를 들면 스물의 모음에는 아디뭇따 장로(Th20:1 {705}~{725})부터 빠라빠리야 장로(Th20:10 {920}~{948})까지 모두 열 분의 게송들이 포함되어 있는데, 첫 번째로 {705}부터 {725}까지 아디뭇따 장로(Th20:1)의 21개 게송이, 두 번째로는 {726}부터 {746}까지의 빠라빠리야 장로(Th20:2)의 21개 게송이, 세 번째로는 {747}부터 {768}까지의 뗄라까니 장로(Th20:3)의 22개 게송이 … 마지막으로 {920}부터 {948}까지의 빠라빠리야 장로(Th20:10)의 29개 게송이 포함되어 있다. 이 열 분 장로들의 게송들은 모두 20단위의 게송들을 포함하고 있기 때문에 스물의 모음에 넣은 것이다.

그리고 쉰의 모음에 포함된 딸라뿌따 장로(Th50:1)의 {1091}부터 {1145}까지의 55개 게송들은 50단위의 게송들로 구성되어 있기 때문에 쉰의 모음에 넣은 것이다.

3. PTS본과 VRI본 『테라가타』의 편집 방법은 조금 다르다. 역자가 저본으로 삼은 것은 PTS본과 VRI본 둘 다이다. 그렇지만 본서의 편집은 VRI본을 많이 따랐다. 여기에 대해서는 바로 아래의 '4. VRI본과 PTS본의 편집 방법'을 보기 바란다.

그리고 이 두 본에서 장로들의 명칭이 다른 경우가 적지 않았다. 역자는 다른 번역들에서 하던 대로 본서를 번역하면서도 PTS본의 명칭과 철자를 기본으로 하였고, PTS본과 VRI본의 표기가 다른 경우에는 가급적이면 ( ) 안에 VRI본을 넣어서 표기하였다. 예를 들면 마하꼿티따 장로(Th1:2)는 마하꼿티따 장로(Mahākoṭṭhita thera, VRI: Mahākoṭṭhika)로, 쭐라가왓차 장로(Th1:11)는 쭐라가왓차 장로(Cūla-gavaccha thera, VRI: Cūḷa-vaccha)로 표기하였다.

그리고 본문에서 빠알리 철자가 달라서 의미까지 달라지는 경우에는 노만 교수의 제언을 수용한 경우가 적지 않다. 예를 들면 로마사깡기야 장로(Th1:27)의 게송 {27}c에서 PTS의 urasā panudahissāmi 보다 VRI의 urasā panudissāmi(pa+√nud, panudati, *to dispel, remove, push away,* 제거하다)로 읽어서 '나는 가슴으로부터 뽑아낼 것이고'로 옮겼다. PTS의 panudahissāmi는 어근도 명확하지 않다. 노만 교수는 Alsdorft의 padahessāmi(pra+√dhā, *to strive*)를 들고 있다. 역자는 『테라가타 주석서』의 설명처럼 apanessāmi로 해석해서 apaneti(apa+√nī, *to take away, remove*), 즉 뽑아내다로 이해하였다.

역자의 이번 번역에는 노만 교수의 영어번역본 'Elders' *Verses* I'이 많은 도움이 되었다. 역자는 노만 교수의 번역과 주해에서 도움이 되었던 부분들은 주해들에서 밝히고 있다.

4. VRI본과 PTS본의 편집 방법

ⓐ VRI본의 편집 방법

① VRI본은 먼저 게송을 읊은 장로를 소개한다. 예를 들면 하나의 모음 첫 번째인 수부띠 장로(Th1:1)는 "1_ Subhūtittheragāthā"로 소개하고 두 번째인 마하꼿티까 장로(Th1:2)는 "2_ Mahākoṭṭhika-ttheragāthā"로 소개한다.

② 그런 뒤에 그 장로가 읊은 게송 혹은 게송들을 나열한다.

③ 특정 장로가 읊은 게송 혹은 게송들이 끝나면 "이처럼 참으로 존자 XX 장로가 게송을 읊었다(itthaṁ sudaṁ āyasmā XXtthero gāthaṁ abhāsi-tthāti)."라는 표현으로 특정 장로 편을 마무리한다. 이 방법은 하나의 모음 첫 번째 품에 포함된 열 분의 장로들에게 똑같이 적용된다.

④ 그러나 하나의 모음 두 번째 품부터는 반복되는 부분(뻬알라, peyyāla)을 생략하는 방식을 적용하여 ③ 대신에 특정 장로의 이름만을 게송의 아래에 "__ Cūḷagavaccho thero __ ."로 표기하고 있다.

⑤ 둘의 모음의 첫 번째 장로와 두 번째 장로의 경우에는 ③과 같이 전체를 다 표기하고 있으며 셋의 모음과 넷의 모음 이하에서는 모두 ④와 같이 표기하고 있다.

⑥ 『테라가타』의 맨 마지막 게송인 {1,279}가 끝날 때에는 ③과 같이 전체를 다 표기하고 있다.

이처럼 VRI본에서는 하나의 모음은 11번째 장로(Th1:11)부터, 그리고 둘의 모음은 세 번째 장로(Th2:3)부터 게송의 말미에 "__ Cūḷagavaccho thero __" 등으로 생략하는 방법으로 편집하였다. 역자는 『테라가타』 한글 번역의 편집은 이러한 VRI본에 따랐으며 뻬알라 처리가 된 부분은 모두

"쭐라가왓차 장로 (끝)"의 방법으로 통일하여 표기하였다.

ⓑ PTS본의 편집 방법

① PTS본에는 하나의 모음이나 둘의 모음 등의 모음의 명칭만 맨 처음에 대문자와 큰 활자체로 나타나지 그 외에 품의 구분이나 게송을 읊은 장로의 이름이 처음에 나타나지 않는다. 게송을 읊은 장로의 이름은 게송 다음에만 언급된다.

② 특정 장로가 읊은 게송 혹은 게송들이 끝나면 PTS본은 오직 하나의 모음 첫 번째부터 세 번째 게송까지만 VRI본 ③의 경우처럼 반복되는 부분(빼얄라, peyyāla)의 생략 없이 모두 표기하고 있다.

③ 그리고 하나의 모음 네 번째와 다섯 번째는 각각 'i s āyasmā Puṇṇo Mantāniputto thero g a'와 'i s āyasmā Dabbo thero g a'로, 여섯 번째와 일곱 번째는 각각 'i s āyasmā Sītavaniyo thero'와 'i s āyasmā Bhalliyo thero'로 표기한 뒤에 여덟 번째 장로부터 쉰의 모음까지는 모두 'Vīro thero' 등으로 빼얄라 처리도 생략하여 표기하고 있다.

④ 예순의 모음과 큰 모음의 경우는 그 모음의 마지막에 'itthaṁ sudaṁ āyasmā Mahāmoggallāno thero gāthāyo abhāsitthāti' 등으로 모두 표기하고 있다.

ⓒ PTS본과 VRI본의 공통된 편집 방법

① 한 모음 안에 장로들이 20명이 넘는 하나의 모음과 둘의 모음은 10분의 장로들을 묶어서 품으로 나누고 있다. 그리하여 모두 120분의 장로들의 게송을 담고 있는 하나의 모음은 모두 12개 품들로 구성되어 있으며 각 품은 모두 10분의 장로들의 게송을 담고 있다. 모두 49분 장로들의 게송을 담고 있는 둘의 모음은 모두 다섯 품으로 구성되어 있다. 제1품부터 제4품까지에는 각각 10분의 장로들의 게송을 담고 있고 마지막 제5품에는 9분 장로들의 게송을 담고 있다.

VRI본은 이러한 품의 명칭을 그 품의 맨 앞에 밝히고 있지만 PTS본에는 전혀 언급이 없고 그 품의 마지막인 품의 목록(uddāna) 앞에 'Vaggo paṭhama-mo' 등으로 밝힌 뒤 목록(uddāna)으로 정리하고 있다.

② 이처럼 각각의 품들이 끝나면 그 품이 끝났음을 밝히고 목록(uddāna)을 통해서 그 품에 포함된 장로들의 이름을 게송 형식으로 밝히고 있다. 품으로 나누어지지 않은 셋의 모음부터 마지막인 큰 모음까지는 각 모음이 끝날 때 모음의 목록(uddāna)으로 그 모음에 포함된 장로들의 이름을 게송 형식으로 밝히고 있다.

③ 『테라가타』의 VRI본과 PTS본은 이러한 편집을 통하여 264분 장로의 1,279개 게송을 나열하고 있다. 이러한 게송들은 니까야의 여러 경들에 나타나는 게송들과 일치하는 경우가 적지 않은데, 게송의 개수가 많은 뒤의 모음으로 갈수록 일치하는 숫자가 늘어난다.

예를 들면 스물의 모음에 들어있는 말룽꺄뿟따 장로(Th20:5)의 {794}~{817}의 24개의 게송들은 모두 『상윳따 니까야』 제4권 「말룽꺄뿟따 경」(S35:95) §14에서 말룽꺄뿟따 존자가 읊은 게송으로도 나타나고 있다. 그리고 본서 {818}부터 {841}까지의 셀라 장로(Th20:6)와 관계된 게송들 24개는 모두 『맛지마 니까야』 제3권 「셀라 경」(M92) §16 이하에서 나타나는 게송들과 같다. 그리고 이 「셀라 경」(M92)은 『숫따니빠따』에도 「셀라 경」(Sn3:7/102ff)으로 나타나고 있다.

여기에 대해서는 본 해제 X-(2) 『테라가타』에 중복하여 나타나는 게송들이나 구절들의 도표를 참조하기 바란다.

④ 정리하면 다음과 같다. 역자는 『테라가타』를 번역하면서 PTS를 저본으로 삼아서 장로들의 이름과 단어의 철자 등의 표기는 PTS본을 주로 하였지만 『테라가타』 한글 번역의 편집은 VRI본을 따랐다. 그리고 『테라가타 주석서』는 컴퓨터용 텍스트 파일을 제공해 주는 VRI본을 주요한 저본으로 삼았다. 물론 게송들과 주석서의 설명은 PTS본 주석서와 VRI본 주석서를 대부분 대조하였지만 간혹 역자가 번역한 본서의 【행장】이나 주해 등에 나타나는 인명이나 지명이 VRI본을 따르다 보니 PTS본과 일치하지 않는 경우가 있을 수 있으므로 독자들의 양해를 바란다.

IV. 『테라가타』에 나타나는 운율(chando)

(1) 운율(chando)이란 무엇인가

장로들이 읊은 게송을 담고 있는 경전이 『테라가타』이다. 『테라가타』를 이해하는 키워드는 당연히 테라(thera)와 가타(gāthā), 즉 장로와 게송이다. 물론 『테라가타』의 1,279개 게송들에는 장로가 아닌 부처님이나 신들이나 마라나 합송자 등이 읊은 게송들도 담겨져 있지만(VII-(2) 참조) 이것들도 모두 장로들이 드러낸 것이기 때문에 여기 『테라가타』에 포함되어 있는 것이다.

테라(thera)와 가타(gāthā) 이 두 가지 용어에 대해서는 본 해제 II. 『테라가타』란 무엇인가에서 살펴보았다. 테라와 가타, 즉 장로와 게송 이 둘 가운데서 가타가 더 중요하다고 여겨진다. 장로들의 가르침은 본 『테라가타』가 아니더라도 『디가 니까야』 등 니까야의 여러 곳에 나타나기 때문이다. 그러므로 『테라가타』의 가장 큰 특징은 본서는 가타(게송)들만을 담고 있는 경전이라는 점이다. 본서에 산문으로 된 장로들의 구경의 지혜나 감흥어나 사자후나 가르침 등은 전혀 담기지 않았다.

이러한 가타, 즉 게송은 "음절(音節)과 구절[句]로 정해진 표현 방법(akkhara-pada-niyamita vacana)"(SnA.i.141 등)으로 정의되고 있음을 앞에서 살펴보았다. 이 가운데 8음절, 11음절 등으로 정해진 것(niyamita)이 정해진 음절(音節, akkhara)이고 4개의 구절 등으로 정해진 것이 정해진 구절[句, pada]이며 이렇게 정해져 있는 표현 방법이 바로 운율(chando)이다.

이제 운율에 대해서 살펴보자.

운율로 옮긴 빠알리어는 chanda 혹은 chando로 표기된다. 일반적으로 chanda는 열의[欲], 의욕, 욕망으로 옮겨지는 √chad2/chand(chādeti, Sk: chantti/chandati, 2/1류, 마음에 들다, *to please, to seem*)에서 파생된 남성명사로 많이 나타나고 있다. 예를 들면 네 가지 성취수단[四如意足, cattaro iddhipādā]의 첫 번째가 이 chanda(열의)이다. 이것과 구분하기 위해서 운율을 뜻하는 베다와 고전 산스끄리뜨 chandas의 빠알리어를 PED는 chando로 표기하고 있고 역자도 이를 따르고 있다. 학자들은 중성명사인 이 chando(Sk: chandas)도 √chad2/chand에서 파생된 것으로 여긴다. 이 운율은 기본적으로 우리의 마음을 밝히고 기쁘게 하기 때문이다.

『리그베다』, 『야주르베다』, 『사마베다』의 세 가지 베다와 『아타르와베다』를 포함한 네 가지 베다, 즉 베다 본집(Saṁhitā)은 모두 운율로 되어 있다. 그래서 베다 본집을 바르게 이해하기 위해서 이러한 운율을 연구하는 것은 불교가 태동하기 전부터 발전되어 왔는데 이 운율(Chandas) 혹은 운율학은 음운(Śikṣā), 제사(Kalpa), 문법(Vyākaraṇa), 어원(Nirukta), 점성술(Jyotiṣa)과 함께 여섯 가지 베당가(Vedāṅga)에 포함되어 있다.

초기불전에서 chanda는 대부분이 열의[欲], 의욕, 욕망의 의미로 쓰이고 운율을 뜻하는 chando는 거의 나타나지 않는다.[26] 이 용어는 베다를 생명으로 삼는 바라문들이 즐겨 사용했던 용어이다. 대신에 불교 교단에서는 게송을 뜻하는 gāthā라는 용어가 이를 대체하였다고 여겨진다. 이런 이유 때문인지 chando에 대한 빠알리 삼장에 대한 주석서들의 정의는 별도로 나타나지 않는 듯하다. 그리고 운율은 가타(게송), 즉 시(詩)의 음성적인 형식이기 때문에 가타에 대한 이해가 근본이지 가타를 구성하는 운율에 대한 관심은 주석가들에게도 큰 의미가 없었을 것이다.

(2) 『테라가타』의 운율은 장로들이 읊은 게송의 음성적 형식이다

『표준국어대사전』에서 운율은 '시문(詩文)의 음성적 형식. 음의 강약, 장단, 고저 또는 동음이나 유음의 반복으로 이루어진다.'라고 설명되고 있다. 이것을 줄여서 『테라가타』에 적용하면 '장로들이 읊은 게송의 음성적 형식'이 바로 『테라가타』에 나타나는 운율인 것이다.

---

26) 역자가 몇 가지 조건을 설정하여 검색하며 살펴보았는데 빠알리 삼장에서 chanda/ chando가 운율의 뜻으로 쓰이는 것은 아래 (3)에서 인용하는 「시인 경」(Kavi-sutta, S1:60) §3과 「셀라 경」(M92) §26(=율장 『대품』, Vin.i.246) 외에는 없는 것이 아닌가 생각된다. 주석서 문헌들에서도 이 두 곳에 대한 설명 외에는 운율에 대한 언급이 나타나지 않는 것으로 여겨진다.

『표준국어대사전』의 정의에 준해서 역자는 운율을 [장로들이 읊은] '게송의 음성적 형식'으로 이해하였다. 게송, 즉 가타(gāthā)는 "음절(音節)과 구절[句]로 정해진 표현 방법(akkhara-pada-niyamita vacana)"(SnA.i.141 등)으로 주석서에서 설명되고 있음을 앞에서 살펴보았다. 여기서 음절(音節, akkhara)과 구절[句, pada]로 정해진 표현 방법(vacana)이나 법칙(niyama)이 바로 음성적 형식이고 그것이 운율(chando)이다. 예를 들면 한 구절이 여덟 개의 '음절(akkhara)'로 '정해져 있고(niyamita)' 이런 '구절[句, pada]'이 네 개로[四句] '정해진(niyamita)' '표현 방법(vacana)'을 아누슈뚭(Anuṣṭubh, Pāli: Anuṭṭhubba) 운율(chando)이라 하고, 한 구절이 열한 개의 '음절'로 이루어져 있고 이런 '구절[句]'이 네 개로 정해진 '표현 방법'을 뜨리슈뚭(Triṣṭubh) 운율이라 한다. 역자는 위의 주석서의 설명에 나타나는 용어들로 운율을 설명하기 위해서 이 용어들을 ' ' 안에 넣어서 표기하여 보았다.

이처럼 운율을 정하는 핵심 키워드가 바로 정해진 음절(音節)과 정해진 구절[句]이다. 굳이 이를 빠알리어로 표기해 보면 각각 niyamita-akkhara와 niyamita-pada가 될 것이다. 그러나 빠알리 문헌에 이런 용어가 나타나지는 않는 것 같다. 이처럼 운율의 핵심이 되는 키워드인 음절(音節)과 구절[句]이라는 용어는 이미 주석서에 나타나는 가타(gāthā)의 기본 설명에 포함되어 있다. 그래서 주석가들은 운율(chando)에 대한 설명을 하지 않았을 것이다. 무엇보다도 운율에 더 깊이 들어가면 그 내용은 전적으로 인도 운율학의 시조라 할 수 있는 삥갈라(Piṅgala)가 지은 『운율학 수뜨라』(Chandas Sūtra)에서 정리하고 있는 바라문교 운율학의 내용과 같아져 버리기 때문이기도 할 것이다. 실제로 아래에서 인용하여 설명하고 있는 『테라가타』의 운율에 대한 노만 교수의 설명은 운율학에서 사용하고 정의하는 운율학의 용어들과 일치하는 것으로 여겨진다.

(3) 운율은 게송들의 골격이다

앞에서 살펴보았듯이 주석서들은 게송(gāthā)을 "음절(音節)과 구절[句]로 정해진 표현 방법"(SnA.i.141)으로 설명하고 있다. 게송은 요즈음의 시

(詩)를 말한다. 이러한 게송 혹은 시에서 제일 중요한 것은 운율(chando)이다. 산문과 게송이 다른 것은 운율의 유무이기 때문이다. 그래서 세존께서는 『상윳따 니까야』 제1권 「시인 경」(Kavi-sutta, S1:60) §3에서 이렇게 읊으신다.

"운율이 게송들의 골격[27]이고
음절들이 게송들을 만들며
명칭을 게송은 의지하고
시인이 게송들의 터전이로다."[28](S1:60 §3 {202})

『상윳따 니까야 주석서』는 부처님의 이 말씀을 이렇게 설명한다.

"'운율이 게송들의 골격이다(chando nidānaṁ gāthānaṁ).'라는 것은 가얏띠(Gāyatti, Sk. Gāyatri)[29] 등을 [구성하는] 운율은 게송의 골격이다. 왜냐하면 사람들은 서시(pubba-paṭṭhāpana-gāthā)부터 시작해서 '이것은 무슨 운율로 되어 있는가?'라고 하면서 시작하기 때문이다. '음절이 게송들을 만든다(akkharā viyañjanaṁ).'라는 것은 음절(akkhara)이 구절[句, pada]을 만들고 구절이 게송을 만들고 게송이 뜻을 드러내기(atthaṁ pakāseti) 때문이다. '게송은 명칭을 의지한다(nāma-saññissitā gāthā).'는 것은 바다 등의 개념(paññatti)을 의지하는 것을 말한다. 사람은 게송을 지을 때 바다나 땅과 같은 명칭을 의지하여 짓기 때문이다. '시인이 게송들의 터전(kavi gāthānam

---

27) 여기서 골격으로 옮긴 용어는 nidāna이다. nidāna는 ni(아래로)+√dā(*to give*)에서 파생된 명사로 '아래에 놓음'이라는 문자적인 뜻에서 '기초, 기본, 원천, 근원' 등의 뜻으로 쓰인다. 『청정도론』에서 "조건, 원인, 이유, 근본, 근원, 기원 등은 뜻으로는 하나이며 글자만 다를 뿐이다.(paccayo, hetu, kāraṇaṁ, nidānaṁ, sambhavo, pabhavo ti ādi atthato ekaṁ, byañja-nato nānaṁ.)"(Vis.XVII.68)라고 설명하듯이 이 단어들은 모두 동의어이다. 본 게송에서는 '어떤 사물이나 일의 기본이 되는 틀이나 줄거리'를 뜻하는 골격으로 옮겨보았다.

28) chando nidānaṁ gāthānaṁ, akkharā tāsaṁ viyañjanaṁ; nāmasannissitā gāthā, kavi gāthānamāsayo.

29) 가얏띠(Gāyatti, Sk. Gāyatri)에 대해서는 아래에 인용하고 있는 『맛지마 니까야』 제3권 「셀라 경」(M92) §26 게송의 설명을 참조할 것.

āsayo)'이라는 것은 시인(kavi)으로부터 게송은 시작되기 때문이다. 그러므로 시인은 게송들의 터전(patiṭṭhā)이다."(SA.i.94~95)

이상 역자가 옮긴 「시인 경」(S1:60)에서 인용하였다.

복주서는 주석서에서 나타나는 '음절이 구절[句]을 만들고'를 이렇게 설명한다.

"[주석서에서] '음절이 구절[句]을 만들고(akkharañhi padaṁ janeti)'라고 하였다. 음절이 모인 것(akkhara-samudāya)이 구절[句]이고 구절이 모인 것(pada-samudāya)이 게송이다. 모인 것[群集, samudāya]은 모으는 것들(samudāyī)에 의해서 특징지어지는데(vyañjīyati) 그것을 생겨나게 하기 때문이다(taṁpavattanato). 그러므로 문장 속에 있는 것(byañjana-bhāve ṭhita)이 음절이고 음절이 모인 것이 구절이며 구절은 그 [음절을] 특징짓고 알게 한다고 해서 '음절이 구절을 만들고'라고 하였다."(SAṬ.i.131)

이처럼 게송은 정해진 운율(chando)이 있고 그 운율에 맞게 음절(akkhara)을 배대하여 게송을 짓는다. 『맛지마 니까야』 제3권 「셀라 경」(M92) §26에서 세존께서는 이렇게 읊으신다, 같은 내용이 율장 『대품』(Vin.i.246)에도 나타나고 있다.

> "불에 헌공하는 것이 제사 중에 제일이고,
> 사위뜨리는 운율의 제일이다.
> 왕은 사람들 중에 제일이고,
> 바다는 강들 가운데 제일이다.
> 달은 별들 중에 제일이고,
> 태양은 빛나는 것들 중의 제일이다.
> 공덕을 바라면서 보시를 올리는 자들에게는
> 승가가 제일이다."(M92 §26 = Vin.i.246)

본 게송에서 세존께서는 '사위뜨리는 운율의 제일이다(Sāvittī chandaso mukhaṁ).'라고 하셨다. 여기서 '사위뜨리(Sk: Sāvitrī, Pāli: Sāvittī)'는 인도의 베다에서부터 나타나는 운율로 바라문교에서도 가장 신성하게 여기는 운율이다.

초기불전에서처럼 베다 등의 모든 인도의 게송도 네 구절로 된 사구게(四句偈)가 기본이다. 그리고 이러한 사구게 가운데서도 한 구(句, pāda)에 8개의 음절이 들어 있어서 네 개의 구에 모두 32음절로 되어있으며, 모든 산스끄리뜨 운문의 가장 기본이 되는 운율로는 베다에서부터 나타나는 아누슈뚭(Anuṣṭubh, Pāli: Anuṭṭhubba) 운율(chandas)이 있다. 산스끄리뜨 문헌에서는 이것을 가장 기본이 되는 운율로 취급한다.

그런데 여기서 언급되고 있는 사위뜨리는 네 구절이 아니라 세 구절로 구성되어 있는 삼구게이다. 그리고 한 구절이 8음절로 구성되어 있기 때문에 전체적으로는 24음절로 구성되어 있다. 그래서 『상윳따 니까야 주석서』도 사위뜨리를 "세 개의 구(句)에 24개의 음절로 된 것(tipada catuvīsatakkhara — SA.ii.403)"이라고 설명한다. 이러한 사위뜨리 운율을 가장 신성한 것으로 인도인들은 굳게 믿고 있다.(「셀라 경」(M92) §26의 주해에서)

그래서 『맛지마 니까야 주석서』는 "베다를 배울 때 가장 먼저 배워야 하기 때문에 '사위뜨리가 운율 가운데 제일(Sāvittī chandaso mukhaṁ)'이라고 하셨다."(MA.iii.406)라고 적고 있다.

이러한 배경을 가진 사위뜨리로 된 『리그베다』 게송들 가운데서 가장 유명한 것이 위에서 소개한 『상윳따 니까야 주석서』에서 운율의 보기로 나타나는 바로 이 가얏띠이다. 가얏띠(gāyatti, Sk: gāyatri)는 『리그베다』에 실려있는 가야뜨리 만뜨라(Gāyatri Mantra, RV.iii.62 10)이다. 『리그베다』에 들어있는 가야뜨리 만뜨라는 다음과 같다.

> "[oṁ bhūr bhuvaḥ suvaḥ]
> tat savitur vareṇyaṁ
> bhargo devasya dhīmahi
> dhiyo yo naḥ prachodayāt."(RV.iii.62 10)

이 가야뜨리 만뜨라는 태양의 신인 사위뜨르(Savitṛ)를 찬미하는 게송으로 그의 지혜가 찬미자들을 일깨워 주기를 기원하는 내용을 담고 있다. 그리고 먼저 읊는 '옴 부르 부와하 스와하(oṁ bhūr bhuvaḥ suvaḥ)'는 만뜨라에는 포함되지 않는다. 그래서 [ ] 안에 표기하였다. 인도에 여행을 가서 라디오나 스피커로 심심치 않게 듣게 되는 것이 바로 '옴 부르 부와하 스와하…'로 시작하는 이 가야뜨리 만뜨라이다.

(4) 베다의 기본 운율 7가지

인도 바라문교의 기본 교전으로는 『리그베다』를 위시한 세 가지 베다가 있다. 그래서 니까야의 여러 곳에서도 '세 가지 베다에 통달하고(tiṇṇaṁ vedānaṁ pāragū)'라는 표현이 나타난다.(D4 §5 등등) 여기서 '세 가지 베다(ti-vedā)'란 『리그베다』(Ṛgveda), 『야주르베다』(Yajurveda), 『사마베다』(Sāmaveda)인데 초기불전에서 『아타르와베다』(Atharvaveda)는 베다로 인정되지 않는다. 세 가지 베다 등에 대한 논의는 『맛지마 니까야』 제3권 「브라흐마유 경」(M91) §2의 주해 등을 참조하기 바란다.

이 세 가지 베다는 모두 게송, 즉 운율이 있는 시로 되어 있으며 이를 찬미가(sūkta)라 부르기도 하고 만뜨라(mantra, Pāli: manta)[30]라 부르기도 한다. 베다에 나타나는 찬미가에는 다양한 운율이 있지만 전통적으로 7가지 운율을 베다의 기본 운율로 인정하고 있다. 그 일곱 가지는 ① 가야뜨리(Gāyatri), ② 우슈니흐(Uṣṇih, √snih, *to be sticky*), ③ 아누슈뚭(Anuṣṭubh), ④ 브르하띠(Bṛhatī), ⑤ 빵끄띠(Paṅkti), ⑥ 뜨리슈뚭(Triṣṭubh), ⑦ 자가띠(Jāgati)이다. 이들에 대해서 간략하게 살펴보자.

① 가야뜨리(Gāyatri)는 세 구절[句, pada]로 된 게송으로 한 구절이 8개의 음절(akkhara)로 이루어져 있다. 그래서 모두 8×3=24음절로 구성되어 있다.

② 우슈니흐(Uṣṇih)는 네 구절(pada)로 된 게송으로 한 구절이 7개의 음절(akkhara)로 이루어져 있다. 그래서 모두 7×4=28음절로 구성되어 있다.

---

30) '만뜨라(manta, Sk. mantra)'는 신성하고 비밀스러운 말씀(gutta-bhāsane, Dhtp 578)이라는 뜻이다. 주로 네 가지 베다에 실려있는 게송으로 된 찬미가(sūkta, *hymn*)를 뜻하는데, 초기불전에서는 베다 자체를 만뜨라(manta)라고 칭하고 있다.(D.i.96; M.ii.166 등)

③ 아누슈뚭(Anuṣṭubh)은 네 구절로 된 게송으로 한 구절이 8개의 음절로 이루어져 있다. 그래서 모두 8×4=32음절로 구성되어 있다.

④ 브르하띠(Bṛhatī)는 네 구절로 된 게송으로 첫 번째와 두 번째와 네 번째 구절은 8개의 음절로 이루어져 있고 세 번째 구절이 12음절로 되어 있다. 그래서 모두 8×3+12=36음절로 구성되어 있다. 리그베다에 드물게 나타나며 그냥 9×4=36으로 설명하기도 한다.

⑤ 빵끄띠(Paṅkti)는 네 구절로 된 게송으로 한 구절이 10개의 음절로 이루어져 있다. 그래서 모두 10×4=40음절로 구성되어 있다. 리그베다에는 한 구절에 8개의 음절로 이루어진 다섯 구절로 된 게송으로 나타나며 그래서 8×5=40이 된다.

⑥ 뜨리슈뚭(Triṣṭubh)은 네 구절로 된 게송으로 한 구절이 11개의 음절로 이루어져 있다. 그래서 모두 11×4=44음절로 구성되어 있다.

⑦ 자가띠(Jāgati)는 한 구절(pada)이 12개의 음절(akkhara)로 이루어져 있어서 모두 12×4=48음절로 구성되어 있다.

이렇게 해서 ① 가야뜨리의 24음절부터 시작해서 4음절씩 증가하여 ② 우슈니흐는 28음절, ③ 아누슈뚭은 32음절, ④ 브르하띠는 36음절, ⑤ 빵끄띠는 40음절, ⑥ 뜨리슈뚭은 44음절, ⑦ 자가띠는 48음절이 된다.[31] 이 가운데 32음절로 된 아누슈뚭과 44음절로 된 뜨리슈뚭과 48음절로 된 자가띠의 세 개 운율은 본 『테라가타』 의 1,279개 게송들에도 80% 이상 나타

---

31) 이 이외에도 산스끄리뜨 운율학에서는 음운(akṣara)에 토대한 운율(varna-vritta akshara-chandas)로 한 구절에 13개 음절을 가진 아띠자가띠(Atijagati) 운율부터 한 구절에 26개의 음절을 가진 웃끄르띠(Utkṛti) 운율까지 14개 운율을 더 밝히고 있는데 다음과 같다.(Chandaś-śāstra.i. 15~19))

8. Atijagati (13×4); 9. Śakkarī (14×4);
10. Atiśakarī (15×4); 11. Aṣṭi (16×4);
12. Atyaṣṭi (17×4); 13. Dhṛtī (18×4);
14. Atidhṛtī (19×4); 15. Kṛti (20×4);
16. Prakṛti (21×4); 17. Ākṛti (22×4):
18. Vikṛti (23×4); 19. Śankṛti (24×4);
20. Atikṛti (25×4); 21. Utkṛti (26×4).

나는 것으로 여겨진다. 실제로 베다에도 이 세 운율로 된 게송이 가장 많다고 한다.32) 그러나 세 구절[三句偈], 즉 8×3=24음절로 구성되어 있으며 베다에서 신성하게 여기는 가야뜨리(Gayatri) 운율은 역자가 조사해 본 바로는 『테라가타』에는 나타나지 않는다.

(5) 『테라가타』의 게송들에 적용된 운율들

노만 교수는 그가 옮긴 『테라가타』 영어 번역 'The Elders' Verses'의 해제(INTRODUCTION)에서 『테라가타』에 실린 1,279개 게송들의 운율에 대해서 'VII. THE METRES OF THERAGĀTHĀ'라는 제목으로 전체 해제의 절반에 해당하는 33쪽부터 64쪽에 걸쳐서 아주 자세하게 설명하고 있다. 이제 노만 교수의 영어 번역에 실린 해제를 토대로 『테라가타』에 포함된 1,279개 게송들은 어떤 운율들로 읊어진 것인지 살펴보자.

이 VII의 앞부분(xxxiii~xxxiv)에서 노만 교수는 『테라가타』에 포함된 게송들이 가지는 운율을 9가지로 정리하고 있으며 이러한 9가지 운율이 혼합된 게송으로 '뜨리슈뚭 운율과 자가띠 운율이 혼합된 것' 등의 10개를 소개하여 1,279개 게송들에는 모두 19종류의 운율이 나타나는 것으로 정리하고 있다.

먼저 노만 교수가 정리한 이 19종류의 운율로 1,279개 게송들을 분류해 보면 다음과 같다. 역자는 노만 교수의 해제(INTRODUCTION, K.R. Norman, xxxiii~xxxiv)에서 xxxiv쪽에 실린 실로까(Siloka)를 맨 앞에 넣어서 여기에 전재하였다. 실로까가 가장 많이 나타나기도 하고 이것은 운율의 기본인 아누슈뚭33)에 해당하기 때문이다. 여기서 숫자는 게송 번호이고 이해

32) 인터넷 사전 위키피디아(Wikipedia)에 의하면 베다 문헌에는 ① 가야뜨리로 된 게송이 2,447개, ② 우슈니흐로 된 게송이 341개, ③ 아누슈뚭 855개, ④ 브르하띠 181개, ⑤ 빵끄띠 312개, ⑥ 뜨리슈뚭 4,253개, ⑦ 자가띠 1,318개가 있다고 한다. 이 자료를 인정한다면 ① 가야뜨리를 제외하고 아누슈뚭, 뜨리슈뚭, 자가띠의 세 개 운율로 된 게송들이 대부분을 이룬다. 베다의 종교적 신성함을 상징한다고 하는 가야뜨리는 고전 산스끄리뜨로 내려오면 거의 사용되지 않는다고 한다.

를 돕기 위해서 한글 음역을 표기하였다.[34]

① Śloka(슐로까, 실로까): 2, 4, 9, 11, 13-16, 18, 20, 23-34, 39-40, 44-49, 55, 58-61, 63-64, 66-67, 70, 74, 76, 78-84, 87-90, 92-97, 100, 105-108, 112-114, 116-117, 120-122, 125-141, 143-150, 153-179, 181-186, 191-198, 201-204, 208, 213-233, 236-257, 261-302, 304, 309, 311-320, 322-324, 330-355, 360-369, 375-380, 387-398, 400-410, 417-488, 491-493, 496-517, 530, 537-546, 548-550, 552-553, 557-586, 597-598, 600-723, 726-742, 744-775, 789-793, 795, 797, 799, 801, 803, 805-865, 871-873, 875-876, 878-908, 910-980, 982-1003, 1005-1008, 1010-1017, 1020-1050, 1054-1071, 1074-1088, 1090, 1146-1151, 1153-1166, 1168-1180, 1182-1183, 1185-1213, 1223-1233, 1235-1241, 1246-1251, 1254-1262, 1276-1,279.

② Triṣṭubh(뜨리슈뚭): 3, 10, 12, 17, 72, 101, 142, 151-152, 188, 303, 527-529, 532-533, 554-556, 776-783, 785-786, 866, 868-870, 1009, 1099-1100, 1263-1271, 1273-1274.

③ Jagatī(자가띠): 35, 69, 77, 86, 109, 209, 211-212, 307-308, 518-522, 524-525, 725, 1103, 1106, 1108, 1111-1112, 1114-1115, 1117-1120, 1123, 1126, 1128-1136, 1138, 1140-1145, 1184.

④ Vaitālīya(와이딸리야): 19, 41, 57, 68, 71, 75, 85, 103, 123, 180, 210, 234-235, 399, 599, 877, 1018-1019, 1051, 1167, 1234.

---

33) 한 구절(pāda)에 8개의 음절이 들어 있으며 모든 산스끄리뜨 운문의 가장 기본이 되는 운율로 베다에서부터 나타나는 아누슈뚭(Anuṣṭubh, Pāli: Anuṭṭhubba) 운율(chandas)을 후대에서는 가타(gāthā)라고 부르고 실로까(Siloka, Sk: Śloka)라고 부르기도 한다. 일반적으로 불교 경전의 모든 시구를 가타라고 부르고 있다. 그러나 베다와 클래식 산스끄리뜨에서 엄밀히 말하면 가타와 아누슈뚭은 다른 운율이다.

34) 본 자료는 초기불전연구원 윤문팀의 메따부미 박은영 법우님이 입력하고 자나난다 송영상 부회장님이 교정을 하였다. 두 분께 감사드린다.

⑤ Aupacchandasaka(아우빳찬다사까): 5-8, 51-54, 310, 325-329, 411-416, 981.

⑥ Rathoddhatā(라톳다따): 258-260.

⑦ Vegavatī(웨가와띠): 1214-1217. 1221.

⑧ Gaṇacchandas(가낫찬다스): 22, 36, 42-43, 50, 65, 91, 104, 118, 189-190, 199-200, 321, 357-358, 386, 489, 588-589, 595-596, 1242-1245.

⑨ 이름이 없는 운율: Ⅲ 381, 382-384.

혼합된 운율

① Triṣṭubh/Jagatī: 38, 73, 110, 187, 205-206, 305, 370-374, 490, 523, 526, 531, 534-536, 547, 724, 784, 787-788, 867, 874, 1091-1098, 1101-1102, 1104-1105, 1107, 1109-1110, 1113, 1116, 1121-1122, 1124-1125, 1127, 1137, 1139, 1252, 1272, 1275.

② Triṣṭubh/Śloka: 98-99, 743, 794, 796, 798, 800, 802, 804, 1253.

③ Jagatī/Śloka: 306, 1089.

④ Vaitālīya/Aupacchandasaka: 124, 207, 494-495, 909, 1052-1053, 1072-1073, 1181.

⑤ Vaitālīya/Śloka: 21, 37, 551.

⑥ Vaitālīya/Gaṇacchandas: 356.

⑦ Vaitālīya/Vegavatī: 62, 119, 1218-1220, 1222.

⑧ Vaitālīya/Vegavatī/Śloka: 1004.

⑨ Aupacchandasaka/Śloka: 1.

⑩ Gaṇacchandas/Śloka: 56, 102, 115, 359, 385, 587, 590-594, 1152.

이상의 인용에서 보듯이 『테라가타』에 담긴 1,279개 게송들 가운데 거의 95% 정도가 실로까(아누슈뚭)와 뜨리슈뚭과 자가띠와 와이딸리야 네 개의 운율로 되어 있고 전체의 5분의 3, 즉 60% 정도가 실로까로 되어 있는 것으로 여겨진다.

(6) 『테라가타』에 나타나는 운율의 보기

이제 『테라가타』의 대부분을 차지하는 실로까와 뜨리슈뚭과 자가띠와 와이딸리야 운율에 대한 보기를 몇 가지 들어보자. 먼저 실로까 혹은 아누슈뚭 운율부터 살펴보자.

① 아누슈뚭(Anuṣṭubh, 실로까, Śloka, Siloka)

베다 산스끄리뜨의 운율 가운데 가장 많이 나타나고 기본적인 운율은 아누슈뚭 운율이다. 이것이 대문법가 빠니니 이후의 산스끄리뜨 시대인 고전 산스끄리뜨 혹은 표준 산스끄리뜨에서는 Śloka(슐로까)라 불리게 되었고 빠알리어에서는 Siloka(실로까)로 불리게 되었다. 그래서 아누슈뚭 운율과 실로까 운율은 같은 것으로 봐도 무방하다. 운율을 결정하는 기본은 음절(akkhara)과 구절[句, pada]인데 둘 다 한 구절에 8음절씩, 전체 4구절, 즉 8×4=32음절로 구성된 게송이다. 이것을 불교 문헌에서는 사구게(四句偈, catuppadikā gāthā, Sk: catuṣpādikā gāthā)라 부른다. 여기에 대해서는 『테라가타』에서 맨 먼저 나타나는 실로까 운율이라 할 수 있는 마하꿋티까 장로(Th1:2)의 게송을 예로 들 수 있다.

upasanto uparato,
mantabhāṇī anuddhato|
dhunāti pāpake dhamme,
dumapattaṁva māluto ||2||

이해를 돕기 위해서 이 빠알리 음가를 한글로 적어보면 다음과 같다. ( ) 안은 음절의 개수이다.

우빠산또 우빠라또 (8)
만따바니 아누닷또 (8)

두나띠 빠빠께 담메 (8)
두마빳땀 와 말루또 (8)

"고요하고 제어되고
지혜롭게 말을 하고 들뜨지 않은 사람은
사악한 법들을 흔들어 날려버리나니
마치 바람이 나무의 잎사귀를 그리하듯이." ({2})

이처럼 이 게송의 1/2/3/4구절[句, pada]이 각각 여덟 음절(akkhara)씩을 포함하여 전체는 32음절로 구성되어 있다. 그러므로 이것은 8×4=32음절의 전형적인 실로까 혹은 아누슈뚭 운율로 된 게송이다.

② 뜨리슈뚭(Triṣṭubh)

그리고 『테라가타』의 세 번째 게송인 깡카레와따 장로(Th1:3)의 아래 게송은 44음절로 된 뜨리슈뚭(Triṣṭubh) 운율로 되어 있다.

paññaṁ imaṁ passa tathāgatānaṁ,
aggi yathā pajjalito nisīthe |
ālokadā cakkhudadā bhavanti,
ye āgatānaṁ vinayanti kaṅkhaṁ ||3||

빤남 이맘 빳사 따타가따남 (11)
악기 야타 빳잘리또 니시테 (11)
알로까다 짝쿠다다 바완띠 (11)
예 아가따남 위나얀띠 깡캄 (11)

"여래들의 이 통찰지를 보라.
마치 한밤에 불이 타오르듯이
그분들은 광명을 주시고 눈을 주시나니
찾아온 자들의 의심을 길들이신다." ({3})

이처럼 본 게송은 한 구절(pada)에 11개의 음절(akkhara)이 들어있어 모두 11×4=44개의 음절로된 전형적인 뜨리슈뚭 운율이다.

③ **자가띠(Jagatī)**

그리고 사만냐까니 장로(Th1:35)의 아래 게송은 48음절로 구성된 자가띠(Jagatī) 운율의 보기가 된다.

sukhaṁ sukhattho labhate tadācaraṁ,
kittiñca pappoti yasassa vaḍḍhati |
yo ariyamaṭṭhaṅgikamañjasaṁ ujuṁ,
bhāveti maggaṁ amatassa pattiyā ||35||

수캄 수캇토 라바떼 따다짜람 (12)
낏띤짜 빱뽀띠 야삿사 왓다띠 (12)
요 [아]리얌 앗탕기깜 안자삼 우줌 (12)
바웨띠 막감 아마땃사 빳띠야 (12)

"행복을 추구하는 [사람은] 이것을 실천하여
행복을 얻고 찬탄을 받고 평판을 증가시킵니다.
그것은 성스럽고 여덟 가지 구성요소를 가졌고
올곧고 반듯하나니
죽음 없음[不死]을 얻기 위해서
그는 그 도를 수행합니다." ({35})

이 게송은 한 구절(pada)이 12개의 음절(akkhara)로 이루어져 있어서 모두 12×4=48 음절로 구성되어 있기 때문에 자가띠(Jagatī) 운율의 보기가 된다. 셋째 구절[句]의 처음에 나타나는 yo ariyam의 발음은 요리얌이 된다. 두 개의 모음 즉 o와 a는 연음이 되어 하나의 음절로 발음이 되기 때문이다. 그래서 셋째 구절도 12음절이 된다.

④ **와이딸리야(Vaitālīya)**

그리고 아래 시리왓다 장로(Th1:41)의 게송은 와이딸리야(Vaitālīya) 운율의 보기가 된다.

vivaramanupatanti vijjutā,
vebhārassa ca paṇḍavassa ca |
nagavivaragato ca jhāyati,
putto appaṭimassa tādino ||41||

위와람 아누빠떤띠 윗주따 (11)
웨바랏사 짜 빤다왓사 짜 (10)
나가위와라가또 짜 자야띠 (11)
뿟또 압빠띰 앗사 따디노 (10)

"웨바라와 빤다와 사이의 갈라진 틈으로
번개들이 떨어진다.
비견(比肩)할 수 없고 여여한 분의 아들은
산 사이의 갈라진 틈으로 가서 참선을 한다." ({41})

이 게송은 한 구절(pada)에 10개나 11개씩의 음절(akkhara)이 들어있어 전체 11+10+11+10=42개의 음절로 구성되어 있다.

(7) 역자의 변

노만 교수의 정리에 의하면 여기서 언급한 실로까(아누슈뚭), 뜨리슈뚭, 자가띠, 와이딸리야 운율이 『테라가타』에서 순서대로 가장 많이 나타나는 운율이다. 그리고 이 운율들이 혼합된 운율을 합하면 이 네 개 운율로 된 것이 1,279개 게송의 거의 95%는 되는 듯하다.

운율은 엄격히 말하면 장음과 단음, 그리고 장음과 단음의 배열 순서 등도 따져서 봐야 한다. 노만 교수는 이런 사실을 표기하고 있다. 역자는 여기서 보기로 들면서 장음·단음은 무시하고 음절의 숫자만을 가지고 예를 들었다.

여기에서 인용한 역자의 한글 번역에서 보듯이 역자는 운율에는 개의치 않고 게송의 정확한 뜻을 전하는 데에 초점을 맞추고 있다. 이것은 노만 교수 자신도 그러하다고 노만 교수의 서문(Introduction)에서 밝히고 있다.(K. R. Norman, xxxii)

그리고 앞에서 밝혔듯이 역자가 조사해 본 바로는 본서에 포함된 1,279개 게송들 가운데 61개 정도는 네 구절로 구성된 사구게[四句偈]가 아니라 여섯 구절로 구성된 육구게[六句偈]로 되어 있다. 그래서 『테라가타 주석서』의 저자 담마빨라 스님도 『테라가타 주석서』에서 가타를 "네 개의 구절[句, pada]을 가졌거나 여섯 개의 구절[句]을 가진 표현 방법(catuppada chappada vā vacana)"(ThagA.i.8)이라고 설명하였다.(해제 II-(5)-②-ⓒ와 ⓓ 참조) 육구게일지라도 운율의 적용은 같다. 여섯 구절 전체가 실로까 운율로 되어 있으면 이 게송은 실로까이고 여섯 구절 가운데 네 구절이 뜨리슈뚭 운율로 되어 있고 두 구절이 자가띠로 되어 있다면 이것은 뜨리슈뚭과 자가띠가 혼합된 운율로 보면 될 것이다.

역자는 4구게는 네 구절의 한글로 옮기고 6구게는 여섯 구절의 한글로 옮기는 기본 원칙은 고수하려고 노력하였다. 그러나 위 ③ 자가띠(Jagatī)의 예문으로 인용한 사만냐까니 장로(Th1:35)의 {35}에서처럼 한 구절에 다 넣으면 편집의 한계를 넘어서는 경우에는 4구게도 여섯 구절 등으로도 옮겼고 6구게를 다섯 구절이나 네 구절로 옮긴 곳도 있다.

V. 『테라가타 주석서』와 저자 담마빨라 스님

(1) 들어가는 말

『테라가타』는 『테라가타 주석서』가 없이 읽어내기가 힘들다. 특히 『테라가타』의 1,279개의 게송을 읊은 264분 장로들은 그 이름만이 함께 실려서 전승되고 있기 때문에 『테라가타 주석서』의 도움 없이 『테라가타』 자체로서는 이분들에 대해서 알 수가 없다. 『테라가타 주석서』의 중요성에 대해서는 본 해제의 본 장 (6) 『테라가타 주석서』의 중요성을 참조하기 바란다.

이제 이처럼 중요한 『테라가타 주석서』와 저자인 담마빨라 스님에 대해서 간략하게 살펴보고자 한다. 대주석가 담마빨라 스님은 방대한 주석서와 복주서를 지은 분이며 그래서 그는 상좌부 불교에서 아짜리야 담마빨라(Ācariya Dhammapāla)로, 즉 스승(ācariya)으로 호칭되고 있다.

담마빨라 스님에 대해서는 역자가 번역하여 초기불전연구원에서 출판한 『우다나』의 해제와 『이띠웃따까』의 해제에서 이미 설명하였기 때문에 여기서는 간략하게 적고자 한다.

『우다나』 해제의 10. 『우다나 주석서』의 저자 담마빨라 스님에 대해서와 『이띠웃따까』 해제의 6. 『이띠웃따까 주석서』와 저자 담마빨라 스님에 대해서는 대림 스님의 박사학위 청구 논문인 'A Study in Paramattha-mañjūsā'의 제1장 서문의 'Dhammapāla — the author of Pm'을 전적으로 의지하여 『우다나 주석서』와 『이띠웃따까 주석서』의 저자인 담마빨라 스님에 대해서 적은 것이다. 그리고 『우다나』 해제에서 적은 것을 요약하여 여기 『테라가타』 해제에도 싣고 있음을 밝힌다.

상좌부 불교 역사에서 중요한 두 분을 들라면 바로 서기 400~450년쯤에 생존하셨던 대주석가 붓다고사 스님과 그로부터 150년쯤 후인 서기 550~600년쯤에 사셨던 것으로 여겨지는 아짜리야 담마빨라 스님을 들 수 있다. 붓다고사 스님은 빠알리 삼장에 대한 대부분의 주석서들을 완성한 분이며 담마빨라 스님은 나머지 주석서들과 특히 대부분의 복주서들을 완성하여 상좌부 불교의 삼장-주석서-복주서 전통을 완결한 분이다.

상좌부의 빠알리 삼장에 대한 주석서는 대부분이 붓다고사 스님이 지은 것으로 전승되어 온다. 『마하왐사』와 『간다왐사』 등에 의하면 전통적으로 붓다고사 스님은 빠알리 삼장에 대한 13가지 주석서들을 지은 것으로 인정되고 있다. 붓다고사 스님이 남긴 주석서 13권과 이들에 대한 논의는 『청정도론』 역자 서문 §5. 붓다고사 스님이 지은 주석서들을 참조하기 바란다.

(2) 담마빨라 스님의 저작 18권

17세기에 미얀마에서 난다빤냐(Nandapañña) 스님이 지은 상좌부 불교 문헌에 대한 역사서라 할 수 있는 『간다왐사』(Gandhavaṁsa)를 토대로 정리해 보면 담마빨라 스님은 모두 18개의 주석서와 복주서를 지은 것으로 인정되고 있다. 이 18개는 아래의 다섯 종류로 나누어진다.

I. 『빠라맛타디빠니』(Paramatthadīpanī) - 『쿳다까 니까야』에 포함된 『우다나』 등 7개의 경들에 대한 주석서

II. 『빠라맛타만주사』(Paramatthamañjūsā, Pm) - 『청정도론 복주서』 1권

III. 『리낫탑빠까시니』(Līnatthappakāsinī, 숨은 뜻을 밝힘) - 경장의 복주서 - 4권

IV. 『리낫타완나나』(Līnatthavaṇṇanā, 숨은 뜻을 설명함) - 논장의 복주서 - 3권

V. 『넷띱빠까라나』(Nettippakaraṇa) 등에 대한 주석서(aṭṭhakathā) - 3권

이렇게 하여 18개의 주석서와 복주서 문헌들이 담마빨라 스님의 저술로 전해온다.

『테라가타 주석서』는 이 가운데 첫 번째인 『빠라맛타디빠니』(Parama-tthadīpanī)에 포함되어 있다. 『빠라맛타디빠니』에는

① 『우다나 주석서』(UdA)
② 『이띠웃따까 주석서』(ItA)
③ 『위마나왓투 주석서』(VvA)
④ 『뻬따왓투 주석서』(PvA)
⑤ 『테라가타 주석서』(ThagA)
⑥ 『테리가타 주석서』(ThigA)
⑦ 『짜리야삐따까 주석서』(CpA)가 포함되어 있는데 이들은 『쿳다까 니까야』에 포함된 『우다나』 등 7개의 경들에 대한 주석서이다.[35]

(3) 『테라가타 주석서』

여기서 보듯이 『테라가타 주석서』는 『빠라맛타디빠니』(Paramatthadīpa

---

35) 역자가 번역한 『우다나』의 해제 '10. 『우다나 주석서』의 저자 담마빨라 스님에 대해서'의 '(1) 담마빨라 스님의 저술 18가지'에서 적었던 『빠라맛타디빠니』(Paramatthadīpanī)의 7개 경들에 대한 주석서의 명칭에는 오류가 있다. 여기에 적고 있는 이 7개 주석서로 수정하여야 한다.

-nī)에 포함되어 『쿳다까 니까야』의 다른 여섯 개 경들의 주석서와 함께 전해온다. 역자는 VRI본 삼장과 주석서들과 복주서들을 Foxpro를 이용하여 컴퓨터로 정리한 '빠알리 원전 데이터 베이스' 자료들을 통해서 이 『테라가타 주석서』를 읽고 검색과 인용을 하고 있다. 『우다나 주석서』는 1995년에 Masefield 교수에 의해서 'The Udāna Commentary'(Vol. I, II)로 영역되어 PTS에서 출간되었지만, 이 『테라가타 주석서』는 아직 영어로 번역・출간이 되지 않았다.

역자는 본서의 주해에서 인용하고 있는 주석서의 설명은 가급적이면 모두 『테라가타 주석서』에서 인용하여 한글로 옮겨서 실은 뒤 출처를 밝혔다. 더 정확한 뜻을 전달하기 위해서 ( )안에 빠알리 용어들을 많이 넣었다. 물론 기존의 초기불전연구원에서 번역한 4부 니까야의 주해를 그대로 가져온 곳도 적지 않다. 이런 주해들은 붓다고사 스님이 지은 4부 니까야의 주석서들을 인용한 것이다.

(4) 담마빨라 스님은 한 명으로 보는 것이 타당하다

대림 스님도 박사학위 청구 논문에서 밝혔고 역자가 번역한 『우다나』 역자 서문에서도 인용하였지만 현대에 들어와서 담마빨라 스님에게는 다음의 세 가지 문제가 따라다닌다.

첫째, 담마빨라 스님은 한 명인가 두 명인가 아니면 여러 명인가?
둘째, 담마빨라 스님과 북방불교의 대논사 다르마빨라 스님은 같은 분인가 다른 분인가?
셋째, 담마빨라 스님은 어느 때 사람인가?
이 가운데 제일 중요한 문제가 담마빨라 스님은 한 명인가 두 명인가, 아니면 더 많을 수 있는가이다. 그리고 이 세 가지 질문에 대한 대답은 다섯 가지 자료에 바탕을 두고 있다. 여기에 대해서는 『우다나』 역자 서문을 참조하기 바란다.

히뉘버 교수는 『우다나 주석서』(UdA.94)에 나타나는 "Kathāvatthu-pakaraṇassa ṭīkāyaṁ gahetabbo(『까타왓투』 논서의 복주서에서 취해야 한다).”36)를 예로 들어서, “이처럼 [『쿳다까 니까야』의 주석서인] 『빠라맛타디빠니』와 아비담마의 복주서인 『리낫타완나나』가 상호 참조에 의해서 서로 연결되어 있기 때문에 두 명의 담마빨라가 존재한다는 주장과 이 주석서들과 복주서들의 통일성 문제에 대한 새로운 논의가 있어야만 한다.”37) 라고 적고 있다. 역자는 릴리 드 실바(Lily de Silva) 교수나 피어리스(A. Pieris)나 대림 스님이나 특히 히뉘버 교수의 이 의견에 동의하며 그래서 담마빨라 스님은 한 명으로 보는 것이 타당하다고 생각한다.

그러므로 대림 스님의 제언처럼 담마빨라 스님은 ① 먼저 아비담마 칠론의 아누띠까(복복주서)인 『리낫타완나나』를 짓고 ② 다음에 『쿳다까 니까야』의 시로 된 7개 경전들의 주석서인 『빠라맛타디빠니』를 짓고 ③ 그다음에 『청정도론』의 복주서인 Pm과 『디가 니까야』와 『맛지마 니까야』와 『상윳따 니까야』의 복주서를 지었다고 말할 수 있다. 왜냐하면 대림 스님의 언급처럼 Pm에 『쿳다까 니까야』의 『짜리야삐따까 주석서』(CpA)를 참조하라는 언급이 나타나기 때문에 7개 주석서들이 Pm보다는 먼저 쓰여졌다고 해야 하기 때문이다.38)

(5) 담마빨라 스님의 연대

담마빨라 스님은 붓다고사 스님(서기 5세기)보다는 후대이고 『앙굿따라 니까야 복주서』를 지은 사리뿟따 스님(서기 12세기)보다는 이전이라는 사실 외에는 알려진 것이 없다.

히뉘버 교수는 Porāṇagaṇṭhipada – Dhammasirigaṇṭhipada – Ānanda – Vajirabuddhi의 연표를 제시하면서 이 와지라붓디 스님과 담마빨라 스

---

36) “vitthāro pana paṭibimbassa udāharaṇabhāvasādhanādiko antarābhavakathāvicāro kathāvatthupakaraṇassa ṭīkāyaṁ gahetabbo.” (UdA.94)

37) Ibid, 169.

38) “ayamettha saṅkhepo, vitthārato pana pāramitāsu yaṁ vattabbaṁ, taṁ **paramatthadīpaniyaṁ cariyāpiṭakavaṇṇanāyaṁ** vuttanayeneva veditabbaṁ, ativitthārabhayena na vitthārayimha.”(Pm.i.392)

님은 동시대 사람이고 남인도 출신이라고 결론짓고 이 연표에 나타나는 스님들은 서기 450년부터 서기 600년 사이에 살았을 것이라고 말한다. 그래서 그는 담마빨라 스님은 서기 550~600년의 어느 때의 인물이라고 제시한다.[39]

『청정도론』 등의 13개의 주석서들을 지은 붓다고사 스님과 아비담마 칠론에 대한 『물라띠까』 (근본복주서)를 지은 아난다 스님과 『빠라맛타만주사』 를 비롯한 18개의 주석서들과 복주서들을 지은 담마빨라 스님이 활동한 서기 5~6세기는 상좌부 불교의 교학이 정리되고 체계화되고 심화되고 전파된 가장 역동적인 시대였다고 할 수 있다.

간추리면, 18개의 주석서들과 복주서들을 지은 담마빨라 스님은 한 분이며, 6세기 후반부(서기 550~600년)에 실존했던 분이고 남인도 출신이며 아난다 스님의 제자였고, 북방의 다르마빨라(法護) 스님과는 동일인이 아니다.

(6) 『테라가타 주석서』 의 중요성

『테라가타』 에는 1,279개 게송들과 이 게송들을 읊은 장로들의 이름만 실려서 전승되고 있기 때문에 이 1,279개 게송을 읊은 264분의 장로들에 대한 설명은 나타나지 않는다. 이 264분, 줄여서 259분 장로들에 대한 모든 행장과 일화 등은 모두 『테라가타 주석서』 에서 밝히고 있다. 그러므로 『테라가타 주석서』 가 아니면 『테라가타』 의 게송을 읊은 장로들의 행장이나 게송을 읊게 된 배경이나 인연 등의 사항을 알 수 없다.

그러므로 『테라가타 주석서』 의 도움이 없이 『테라가타』 만으로 여기에 실려있는 게송을 읊은 장로들을 안다는 것은 불가능에 가깝다. 물론 각 게송의 말미나 일군의 게송들의 말미에 게송을 읊은 장로의 이름이 언급되고 있고 게송 안에서 장로들이 자신에 대해서 읊은 경우도 간혹 있지만[40] 이

---

39) Hinüber, pp. 170-171.

40) 예를 들면 삽빠다사 장로(Th6:6)는 {405}에서

"내가 출가한 지
25년이 되었지만

것만으로 게송을 읊은 장로들을 제대로 안다는 것은 불가능에 가깝다. 그래서 서기 550~600년의 어느 때의 인물로 추정되는 담마빨라 스님이 지은 것으로 전승되어 오는 『테라가타 주석서』는 『테라가타』에 나타나는 1,279개의 게송을 읊은 264분(중복되는 장로들을 한 분으로 계산하면 259분)의 장로들을 이해하는 가장 중요한 자료이다.

이제 『테라가타 주석서』의 중요성을 몇 가지로 정리해 보자.

첫째, 『테라가타 주석서』에는 259분 장로들의 행장이 모두 상세하게 나타난다. 『테라가타 주석서』는 259분 장로들의 전생의 인연과 금생에 태어난 지역과 가문 등을 자세하게 밝히고 있다. 그리고 259분 장로 스님들이 게송들을 읊은 배경을 밝히고 있다. 그러므로 주석서가 없이는 게송을 읊은 분들과 이들이 특정 게송을 읊은 배경에 대한 이해를 할 수 없다.

『테라가타 주석서』는 259분 장로들의 전생의 인연과 금생에 태어난 지역과 가문 등을 자세하게 밝히고 있지만 역자는 전생의 인연들에 대해서는 본서에 옮겨 싣거나 소개하지 않았다. 각 장로들의 금생의 인연인 태어난 지역과 가문과 출가한 인연과 수행한 일화와 깨달음을 얻은 인연과 특정 게송 혹은 게송들을 읊은 인연 등에 대해서는 주석서를 인용하여 밝힘으로써 주석서에 나타나는 금생의 인연을 중시하였다.

둘째, 『테라가타 주석서』의 또 다른 큰 특징으로는 이 259분들이 언급되는 『쿳다까 니까야』에 포함되어 있는 『아빠다나』(Apadāna)의 구절들을 아주 많이 인용하고 있는데 길게는 몇 페이지에 달하는 분량이 되기도 한다.41) 역자가 『테라가타 주석서』를 'apadān'으로 검색하면서 살펴본 바

손가락 한 번 튀기는 정도만큼도
마음의 평화를 얻지 못하였다."({405})

라고 읊고 있다.

41) 이것은 VRI본 『테라가타 주석서』에 의한 것이다. PTS본 『테라가타 주석서』는 이 『아빠다나』의 인용을 대부분 반복되는 부분(Peyyala)의 생략으로 처리하고 PTS본 『쿳다까 니까야』의 『아빠다나』의 페이지를 밝히고 있을 뿐이다.
예를 들면, 주석서는 마하꿋티따 장로(Th1:2)의 행장을 설명하면서, "Vuttaṁ

에 의하면, 주석서는 싱갈라삐따 장로(Th1:18), 소빠까 장로(Th1:33), 왁다 장로(Th5:5)와 여섯의 모음 꿀라 장로(Th6:4)부터 삽바까미 장로(Th6:14)까지와 그 외 딸라뿌따 장로(Th50:1 {1091}) 등 대략 35분 장로들을 제외한 224분 정도의 『아빠다나』를 인용하여 언급하고 있는 것으로 여겨진다.

역자는 『테라가타 주석서』에 나타나는 이들 출처들을 거의 대부분 "[장로의 일화는] 『아빠다나』에도 나타나고 있다. …"(깡카레와따 장로(Th1:3)의 행장 등등)라고 언급하는 것으로 『테라가타 주석서』에서 자세히 언급하고 있는 각 장로들의 『아빠다나』에 대한 설명은 생략하여 소개하였다.

셋째, 『테라가타 주석서』는 『테라가타』에 나타나는 게송들을 읊은 배경도 대부분 밝히고 있다. 장로들이 게송들을 읊은 배경에 대해서는 본 해제 IX. 장로들이 아라한이 된 인연과 X. 장로들이 『테라가타』의 게송들을 읊은 배경 등을 참조하기 바란다.

넷째, 『테라가타』의 특정 게송이 구경의 지혜인지 감흥어인지 사자후인지 특히 누구를 위해서 무엇 때문에 읊었는지 등의 게송의 성격도 밝히고 있다. 예를 들면 『테라가타 주석서』의 모두(冒頭) 부분(ThagA.i.2)을 들 수 있다.(본 해제 IX.-(1) 참조)

주석서의 이런 설명을 토대로 역자는 『테라가타 주석서』에서 장로들이 게송들을 읊은 이유나 배경 등을 11가지 정도로 요약해 보았다. 그것은,

① 구경의 지혜를 천명한 것 ② 감흥어로 읊은 것 ③ 사자후를 토한 것 ④ 비구들의 요청이나 질문에 대한 대답으로 읊은 것 ⑤ 비구들을 경책하기 위해서 읊은 것 ⑥ 반열반을 알리는 것 ⑦ 특별한 일화를 배경으로 한 것 ⑧ 부처님을 찬탄하는 것 ⑨ 장로가 직접 짓지 않은 것 ⑩ 자연을 노래하거나 자연의 현상을 읊은 것 ⑪ 가족이나 친지들에게 읊은 것 등이다.

이 열한 가지는 모두 본 해제 X-(1) 게송들을 읊은 이유에서 정리하여 보았는데 이 가운데 ⑨ 장로가 직접 짓지 않은 것은 본 해제 VII-(2) 세존께

-pi c ʹetaṁ Apadāne(Ap.ii.479) Padumuttaro nāma jino sabba-loka-vidū muni … pe …"(ThagA.i.32)로 『아빠다나』의 부분을 이렇게 반복되는 부분의 생략으로 처리하고 있다. 그러나 VRI본은 『아빠다나』에 나타나는 전문을 생략하지 않고 모두 싣고 있다.

서 읊으신 게송들과 다른 장로나 존재가 읊은 게송들에서 더 자세히 설명하였고 출처를 밝히면서 도표로 정리하였다.

다섯째, 『테라가타』는 게송으로 되어 있기 때문에 뜻이 함축적이고 축약적이다. 그 함축적인 뜻을 파악하기 위해서 『테라가타 주석서』는 주석서의 도처에서 특정 단어나 특정 구절이나 특정 문장이나 특정 게송 전체에 대한 의미를 파악하여 특히 산문으로 전달하려 하고 있다. 물론 이것은 본 주석서뿐만 아니라 산문으로 된 경들에 대한 주석서 문헌들의 공통된 역할이기도 할 것이다. 여기에 대해서는 아래 VI. 『테라가타 주석서』의 구성 및 전개 방법을 참조하기 바란다.

VI. 『테라가타 주석서』의 구성 및 전개 방법

이처럼 몇 가지로 살펴본 『테라가타 주석서』의 중요성을 이해하기 위해서 그리고 『테라가타』와 여기에 등장하는 장로들을 이해하기 위해서는 『테라가타 주석서』의 구성 및 그 전개 방법 등을 간략하게나마 정리해 보아야 할 것이다. 이제 『테라가타』의 1,279개 게송들과 이를 읊은 장로들을 이해하는 데 중요한 역할을 하는 『테라가타 주석서』의 구성과 그 전개 방법 등에 대해서 간략하게 살펴보자.

『테라가타 주석서』는 264분 혹은 259분의 장로들과 이분들이 읊은 게송들을 설명하는 것이 기본골격이 될 수밖에 없기 때문에 『테라가타 주석서』 전체는 그 구조와 전개 방법이 명료할 수밖에 없다. 그러므로 『테라가타 주석서』는 하나의 정해진 틀을 264곳에 똑같이 전개하는 방법으로 구성되어 있다. 각각의 장로들과 그들이 읊은 게송들을 설명하면서 『테라가타 주석서』는 (1) 게송을 읊은 장로의 행장, (2) 게송을 읊은 배경, (3) 게송의 성격, (4) 게송에 대한 자세한 주석이라는 방법을 꼭 같이 적용시키고 있다고 역자는 정리한다. 그리고 이 가운데 (1) 게송을 읊은 장로의 행장은 다시 ① 전생담, ② 금생의 인연, ③ 출가한 계기와 인연, ④ 아라한이 된 인연 ⑤ 해당 『아빠다나』의 인용이라는 다섯으로 구성된다. 이제 이 각각에 대해서 살펴보자.

(1) **게송을 읊은 장로들의 행장**

첫째, 주석서는 특정 장로가 읊은 게송 혹은 게송들을 설명하기 전에 먼저 그 장로의 행장부터 소개하고 있다. 이러한 장로들의 행장을 소개하는 것도 같은 방식에 의해서 진행하는데 이것은 다시 아래의 다섯 가지 방법(① 전생담, ② 금생의 인연, ③ 출가한 계기와 인연, ④ 아라한이 된 인연 ⑤ 해당 『아빠다나』의 인용)으로 구성된다고 할 수 있다.

① 장로들의 행장을 소개하면서 먼저 장로들의 전생담 혹은 전생 인연을 밝히고 있다. 거의 대부분 장로들의 행장을 설명하면서 주석서는 먼저 '무엇이 [장로의] 기원(起源)인가(kā uppatti)?'[42]라고 문제를 제기한 뒤 각 장로들의 전생담을 소개한다. 예를 들면 『테라가타』의 첫 번째 게송을 읊은 수부띠 장로(Th1:1)의 행장을 소개하면서 '무엇이 [장로의] 기원인가(kā uppatti)?'라고 한 뒤 '지금부터 십만 겁 정도 이전에 세상의 지도자이신 빠두뭇따라 세존이 태어나시기 이전에 항사와띠라는 도시에서(ito kira kappa-sata-sahassa-matthake anuppanneyeva Padumuttare bhagavati lokanāthe Haṁsavatīnāmake nagare) …'라고 아주 오래전 전생의 일화를 소개하기 시작한다. 그리고 두 번째 장로인 마하꼿티따 장로(Th1:2)의 행장을 시작하면서도 역시 'kā uppatti(무엇이 장로의 기원인가)?'라고 한 뒤 '이 장로도 역시 빠두뭇따라 세존의 시대에 항사와띠 도시에서 큰 재산을 가진 가문에 태어나서(ayampi thero Padumuttarassa bhagavato kāle haṁsavatīnagare mahābhogakule nibbattitvā) …'라고 설명을 시작한다. 이 방법은 거의 모든 장로들의 행장에도 그대로 적용되고 있다.

② 이렇게 전생의 인연을 밝힌 뒤에는 각 장로들의 금생의 인연을 밝히고 있다. 사리뿟따 장로나 아난다 장로 등의 유명한 장로들의 경우에는 아

---

42) 역자가 만든 '빠알리 원전 데이터 베이스' 자료들 가운데서 Foxpro로 'kā upapatti'를 검색하여 보면 『테라가타 주석서』에서만 255번이 나타나고 있다. 『테라가타 주석서』는 264분 혹은 259분 장로들의 행장을 소개하면서 255분 장로들의 행장을 이 질문으로 시작하고 있는 것으로 여겨진다.

주 소상하게 밝힌다. 특히 많은 장로들의 경우에 '천상과 인간에서 윤회하고 이 [석가모니] 부처님이 탄생하셨을 때 사왓티에서 부유한 바라문 가문에 태어났다.'(마하꼿티따 장로(Th1:2))라는 문장으로 시작하면서 밝히고 있다. 여기서 '천상과 인간에서 윤회하고 이 [석가모니] 부처님이 탄생하셨을 때(devamanussesu saṁsaranto imasmiṁ Buddhuppāde)'로 검색을 해보면 134곳 정도에 이렇게 나타나고 있다.

③ 그리고 어떤 인연과 어떤 계기로 부처님의 가르침을 만나서 어떤 계기로 출가를 감행하였는가 하는 출가한 계기나 인연을 드러낸다. 예를 들면 답바 장로(Th1:5)는 그가 모태에 있을 때 그의 어머니가 죽어서 화장을 하였는데 그는 나무 장작 위로 떨어져서 생명을 건졌으며 일곱 살에 스승님을 뵙고 청정한 믿음이 생겨 출가하였다. 그는 피부의 오개조(五個組)의 명상주제를 받았으며 첫 번째 머리카락 뭉텅이가 떨어지는 순간에 예류과에 확립되고 두 번째 머리카락 뭉텅이가 떨어질 때에는 일래과에, 세 번째에는 불환과에, 전도 후도 아닌 모든 머리카락이 다 떨어질 때에 아라한과를 실현하였다고 한다.(ThagA.i.43)

④ 여기에 더하여 특정 장로가 어떤 계기로 혹은 어떻게 절박함을 일으켜 아라한이 되었는가 하는 아라한이 된 인연을 간결한 문체로 밝히고 있다.

예를 들면 ② 금생의 인연에서 '천상과 인간에서 윤회하고 이 [석가모니] 부처님이 탄생하셨을 때(devamanussesu saṁsaranto imasmiṁ Buddhuppā-de)'로 검색하면 134곳 정도가 나타났지만 '천상과 인간에서 윤회하고(deva-manussesu saṁsaranto)'를 빼고 '이 [석가모니] 부처님이 탄생하셨을 때(imasmiṁ Buddhuppāde)'라는 표현을 키워드로 검색을 해보면 『테라가타 주석서』 가운데에서 217곳에 나타나고 있다.

이런 방법으로 주석서는 각 장로들이 금생에 어느 곳에서 어느 가문에 태어났는가를 밝히고 있는데 만일 특정 장로에게 특별한 행적이 있으면 그것을 드러낸 뒤 특정 장로가 어떤 인연으로 부처님이나 부처님 가르침을 만나서 어떤 계기로 출가하였는지 그리고 어떤 인연으로 아라한이 되었는지를 설명하고 있다. 이런 설명이 대략 259분 장로들의 행장에 거의 같은 패

턴으로 드러나고 있다.

예를 들면 뿐나마사 장로(Th1:10)는 사왓티에서 사밋디라는 바라문의 아들로 태어났으며 태어날 때 집에 있는 모든 항아리가 황금 동전으로 가득 찼다(puṇṇā)고 해서 이름이 뿐나마사(Puṇṇamāsa)가 되었다고 한다. 그리고 결혼하여 아들을 한 명 두었지만 재가 생활을 혐오하여 세존의 설법을 듣고 출가하였다고 하며 네 가지 진리의 명상주제에 몰두하고 몰입하여 위빳사나를 열성적으로 행한 뒤 아라한과를 증득하였다고 한다.

⑤ 그런 뒤에 '『아빠다나』에 이렇게 설명하였다(vuttampi cetaṁ Apadāne)'라는 구문으로 『아빠다나』의 설명을 가져와서 싣고 있다. 이러한 『아빠다나』(전기)의 게송은 259분 장로들 가운데 대략 35분 장로들을 제외한 224분 정도의 『아빠다나』가 주석서에 인용되고 있는 것으로 여겨진다. 역자는 각 장로의 행장을 설명하면서 '장로의 일화는 『아빠다나』에도 나타나고 있다. …'라고 간단하게 언급만 하였다. 그러므로 『테라가타 주석서』는 224분 장로들의 행적과 이분들의 『아빠다나』를 연결시켜주고 있다.(Hinüber, 147쪽도 참조할 것)

그리고 여기서 언급해야 할 것으로는 『앙굿따라 니까야』 제1권 하나의 모음 「으뜸 품」(A1:14)이 있다. 여기 『테라가타』에 나타나는 40분 정도의 장로들은 『앙굿따라 니까야』 하나의 모음 「으뜸 품」(A1:14)에도 나타나고 있는데 예를 들면 『테라가타』 둘의 모음에 나타나는 삔돌라 바라드와자 장로(Th2:2)는 『앙굿따라 니까야』 「으뜸 품」(A1:14)에서 "사자후를 토하는 자들(sīhanādikā) 가운데 으뜸이다."(A1:14:1-8)라고 언급이 되고 있다. 그래서 『테라가타 주석서』는 이러한 사실도 드러내어 싣고 있다.

『앙굿따라 니까야』 「으뜸 품」(A1:14)에는 모두 47분의 으뜸가는 장로들이 언급되고 있는데 이 가운데 수부띠 장로(Th1:1)는 A1:14:2-4와 A1:14:2-5로 두 번이 나타나고 쭐라빤타까 장로(Th10:4 {557})도 A1:14:2-1과 A1:14:2-2로 두 번이 나타나며 아난다 장로(Th30:3 {1018})는 A1:14:4-1, A1:14:4-2, A14:4-3, A14:4-4, A14:4-5로 다섯 번이 나타난다. 그러므로 이 세 분 장로들의 경우에 중복되는 여섯 번(1+1+4=6)을 빼면 「으뜸 품」에는 모두 41분의 서로 다른 장로들이 나타나고 있다.

그런데 이 가운데 "빠르게 최상의 지혜를 얻은 자들 가운데서 나무껍질로 만든 옷을 입은 바히야가 으뜸이다."(A1:14:3-8)로 나타나는 바히야 장로와, "불의 요소에 능숙한 자들 가운데서 사가따가 으뜸이다."(A1:14:4-14)로 나타나는 사가따 장로는 『테라가타』에는 나타나지 않는다. 그러므로 「으뜸 품」에 실린 41분의 각각 다른 장로들 가운데 39분이 이 『테라가타』에 나타나고 있다.[43] 그리고 바로 앞의 주해의 말미에서 언급한 발리야

---

43) 이를 정리해 보면 다음과 같다.

1. 수부띠 장로(Th1:1) — A1:14:2-4 평화롭게 머무는 자들 가운데 으뜸 — A1:14:2-5. 공양받을 만한 자들 가운데 으뜸
2. 마하꼿티따 장로(Th1:2) — A1:14:3-10 무애해를 얻은 자들 가운데 으뜸
3. 깡카레와따 장로(Th1:3) — A1:14:2-7 禪을 얻은 자들 가운데 으뜸
4. 뿐나 장로(Th1:4) — A1:14:1-9 법을 설하는 자들 가운데 으뜸
5. 답바 장로(Th1:5) — A1:14:3-6. 거처를 배당하는 자들 가운데 으뜸
6. 삘린다왓차 장로(Th1:9) — A1:14:3-7 신들이 좋아하고 마음에 들어 하는 자들 가운데 으뜸
7. 꾼다다나 장로(Th1:15) — A1:14:3-3 가장 처음으로 식권을 받은 자들 가운데 으뜸
8. 카디라와니야[레와따] 장로(Th1:42) — A1:14:2-6 숲속에 머무는 자들 가운데 으뜸
9. 시왈리 장로(Th1:60) — A1:14:2-10 공양을 얻는 자들 가운데 으뜸
10. 삔돌라 바라드와자 장로(Th2:2 {123}) — A1:14:1-8. 사자후를 토하는 자들 가운데 으뜸
11. 라다 장로(Th2:7 {133}~{134}) — A1:14:4-15 [스승으로 하여금 법을 설할] 영감을 일으키게 하는 자들 가운데 으뜸
12. 난다 장로(Th2:19 {157}~{158}) — A1:14:4-12 감각기능들의 문을 잘 보호하는 자들 가운데 으뜸
13. 소비따 장로(Th2:23 {165}~{166}) — A1:14:4-9. 전생을 기억하는 자들 가운데 으뜸
14. 꾸마라깟사빠 장로(Th2:41 {201}) — A1:14:3-9. 다양하게 설법하는 자들 가운데 으뜸
15. 모가라자 장로(Th2:44 {207}) — A1:14:4-16. 남루한 옷을 입는 자들 가운데 으뜸
16. 박꿀라 장로(Th3:3 {225}) — A1:14:4-8. 병 없이 [장수하는] 자들 가운데 으뜸
17. 우빨리 장로(Th3:11 {249}) — A1:14:4-10. 율을 호지하는 자들 가운

데 으뜸
18. 난다까 장로(Th4:4 {279}) — A1:14:4-11. 비구니들을 교계하는 자들 가운데 으뜸
19. 라훌라 장로(Th4:8 {295}) — A1:14:3-1. 배우기를 좋아하는 자들 가운데 으뜸
20. 왁깔리 장로(Th5:8 {350}) — A1:14:2-11. 신심이 깊은 자들 가운데 으뜸
21. 소나 꾸띠깐나 장로(Th5:11 {365}) — A1:14:2-9. 감미로운 목소리로 말하는 자들 가운데 으뜸
22. 우루웰라깟사빠 장로(Th6:1 {375}) — A1:14:4-6. 큰 회중을 가진 자들 가운데 으뜸
23. 라꾼따까 밧디야 장로(Th7:2 {466}) — A1:14:1-7. 감미로운 목소리를 가진 자들 가운데 으뜸
24. 마하깟짜나 장로(Th8:1 {494}) — A1:14:1-10. 간략하게 설한 것에 대해 상세하게 그 뜻을 설명하는 자들 가운데 으뜸
25. 마하빤타까 장로(Th8:3 {510}) — A1:14:2-3. 인식의 전개에 능숙한 자들 가운데 으뜸
26. 깔루다이 장로(Th10:1 {527}) — A1:14:4-7. 자기 가문에게 청정한 믿음을 가지게 하는 자들 가운데 으뜸
27. 마하깝삐나 장로(Th10:3 {547}) — A1:14:4-13. 비구들을 교계하는 자들 가운데 으뜸
28. 쭐라빤타까 장로(Th10:4 {557}) — A1:14:2-1. 마음으로 만들어진 몸을 창조하는 자들 가운데 으뜸

— A1:14:2-2. 마음의 전개에 능숙한 자들 가운데 으뜸

29. 왕간따의 아들 우빠세나 장로(Th10:6 {577}) — A1:14:3-5. 모든 면에서 청정한 믿음을 내게 하는 자들 가운데 으뜸
30. 소나 꼴리위사 장로(Th13:1 {632}) — A1:14:2-8. 열심히 정진하는 자들 가운데 으뜸
31. 안냐꼰단냐 장로(Th16:1 {673}) — A1:14:1-1. 나의 구참(久參) 비구들 가운데 으뜸
32. 랏타빨라 장로(Th20:4 {769}) — A1:14:3-2. 믿음으로 출가한 자들 가운데 으뜸
33. 깔리고다의 아들 밧디야 장로(Th20:7 {842} — A1:14:1-6. 고귀한 가문 출신인 자들 가운데 으뜸
34. 아누룻다 장로(Th20:9 {892}) — A1:14:1-5. 천안을 가진 자들 가운데 으뜸
35. 사리뿟따 장로(Th30:2 {981}) — A1:14:1-2. 큰 통찰지를 가진 자들 가운데 으뜸

(발리까) 장로(Th1:7)를 포함시키면 40분이 된다.

(2) 게송을 읊은 배경

둘째, 그런 뒤에 『테라가타 주석서』는 각 장로들의 게송 혹은 게송들이 읊어지게 된 배경을 밝히고 있다.

예를 들면, 앞에서 예를 든 뿐나마사 장로(Th1:10)의 경우에 주석서는 "그의 전 아내가 그를 유혹하려고 멋지게 치장하고 아들과 함께 그에게 가서 아름다운 말 등으로 자신을 드러내는 행동을 하기 시작하였다. 장로는 그녀의 행동을 보고 자신이 어디에도 빠지지 않았음(alaggabhāva)을 설명하면서 본 게송을 읊었다."(ThagA.i.56)라고 본 게송을 읊은 배경을 설명하고 있다.

(3) 게송의 성격

셋째, 그리고 여러 게송들의 성격을 밝히고 있다. 주석서는 많은 경우에 특정 장로의 특정 게송이 구경의 지혜(aññā)로 읊은 것이라고 설명하고 있

---

36. 아난다 장로(Th30:3 {1018}) — A1:14:4-1. 많이 들은[多聞] 자들 가운데 으뜸
— A1:14:4-2. 마음챙김을 갖춘 자들 가운데 으뜸
— A1:14:4-3. 총명한 자들 가운데 으뜸
— A1:14:4-4. 확고함을 가진 자들 가운데 으뜸
— A1:14:4-5. 시자들 가운데 으뜸
37. 마하깟사빠 장로(Th40:1 {1051}) — A1:14:1-4. 두타행을 하는 자들 가운데 으뜸
38. 마하목갈라나 장로(Th60:1 {1146}) — A1:14:1-3. 신통을 가진 자들 가운데 으뜸
39. 왕기사 장로(Th70:1 {1209}) — A1:14:3-4. 영감을 가진 자들 가운데 으뜸
한편 발리야(발리까) 장로(Th1:7)는 A1:14:6-1에서 비구들 가운데서가 아니라 남자 신도[淸信士] 제자들 가운데서 다음과 같이 언급되어 "A1:14:6-1. 먼저 나의 가르침에 귀의한 남자 신도[淸信士] 제자들 가운데서 따빳수와 발리까 상인이 으뜸이다."로 언급되고 있다. 그는 나중에 출가하여 아라한이 되었다.

는데 158분 정도에 해당한다. 그 외에도 감흥어(우러나온 말씀, udāna)로 읊은 것이라고 설명하는 경우가 29분 정도가 된다.[44] 그리고 사자후(sīhanāda)를 토하였다는 표현도 15곳 정도에 등장하고 있다. 예를 들면, 웃따라 빨라 장로(Th3:12 {252}~{254})의 게송을 설명하면서 "아라한됨을 얻은 뒤 자신의 도닦음을 반조하여 사자후를 토하면서 본 게송 세 개를 읊었다." (ThagA.ii.102~103)라고 표현하고 있다. 여기에 대해서는 본 해제 X. 장로들이 『테라가타』의 게송들을 읊은 배경을 참조하기 바란다.

주석서는 이렇게 장로들이 금생에 특정 지역의 특정 가문에 태어나서 특정한 조건에서 출가하여 부처님의 가르침을 듣거나 절박함을 일으켜 아라한과를 얻어서 특정한 게송을 읊게 되었음을 설명한다.

(4) 게송에 대한 자세한 주석

넷째, 주석서는 특정 장로의 특정한 행장이나 게송을 읊은 배경 등을 설명한 뒤에 이런 배경에서 탄생하게 된 『테라가타』의 게송들에 대한 주석을 자세하게 달고 있다. 그런 주석에는 문법적인 측면에 대한 설명도 담겨있고 특히 특정 단어의 동의어들을 나열하면서 단어와 문장을 설명한다. 그리고 교학적인 설명과 배경을 간단하면서도 명쾌하게 설명한 뒤 이본(異本)이 있으면 그것을 제시하고 있다.

담마빨라 스님은 주석을 하면서 합성어를 통해서 간단하지만 쉽지 않은 주석을 다는 곳이 많다. 그리고 특정 게송의 의미를 전체적으로 설명해야 할 필요가 있을 경우에는 '여기서 이것이 그 뜻이다(ayaṁ panettha attho).' (ThagA.i.57 등)라고 하면서 게송의 의미를 명료하게 드러내기도 한다.

이렇게 『테라가타 주석서』는 264분, 중복되는 장로들을 한 분으로 계산하면 259분 장로들의 행장과 이분들이 읊은 1,279개 게송들을 거의 같은 패턴으로 설명해 나가고 있다.

---

44) 감흥어를 읊었다는 설명은 45분 정도의 행장에 나타나는데 이 가운데 16분 정도는 구경의 지혜로도 언급이 되고 있어서 구경의 지혜로 읊은 분들에도 포함시켰다.

역자는 이들 가운데 각 장로들의 (1)-① 전생담에 대한 소개는 생략하고 (1)-② 금생의 인연부터 (1)-③/④ 출가하여 아라한이 되기까지의 인연과 (1)-⑤ 게송을 읊은 배경 가운데 중요한 부분에 해당하는 주석서의 주요 내용을 한글로 번역하여 【행장】 이라는 표제어를 달아서 소개하고 있다. 이처럼 역자는 259분 장로들의 행장을 대부분 『테라가타 주석서』 에 의지하여 적었음을 밝힌다.

VII. 『테라가타』 를 읊은 장로들에 대한 고찰 — 『테라가타 주석서』 를 중심으로

이제 『테라가타 주석서』 의 설명에 따라 『테라가타』 를 읊은 259분 장로들에 대해서 살펴보자. 거듭 밝히지만 역자는 각 장로들의 행장을 전적으로 『테라가타 주석서』 에 의존하여 적었다. 그리고 이렇게 하면서 『테라가타 주석서』 에서 드러내고 있는 장로 스님들의 전생담 혹은 전생의 인연에 대한 설명은 모두 생략하여 본서에 옮겨 넣지 않았고 요약도 하지 않았으며 꼭 필요한 경우에는 간단한 언급만을 하였다.

본 해제 III. 『테라가타』 의 구성에서 살펴보았듯이 본서 『테라가타』 에는 PTS본으로 1,279개의 게송이 21개의 모음으로 정리되어 포함되어 있고 이를 읊은 분들은 모두 264분이다. 그런데 역자는 모두 259분이라고 하였다. 이제 그 이유부터 밝히면서 장로들에 대한 고찰을 하고자 한다.

(1) 『테라가타』 에서 게송을 읊은 장로들은 몇 분인가

주석서에 의하면 본서에 실린 1,279개 게송들을 읊은 장로들은 모두 264분이다.(ThagA.i.3) 그런데 주석서의 설명에 의하면 같은 장로가 다른 모음의 다른 게송을 읊은 경우(동명이송)로 세 분이 있고 이름은 다른데 같은 분(이명동인)이 한 분이 있다. 빠라빠리야 장로가 읊은 게송은 모두 세 곳에 나타나기 때문에 『테라가타』 를 읊은 장로들은 모두 264-2-1-1-1=259분이 된다.

역자는 『테라가타』 에 나타나는 장로들을 ① 동명이인(同名異人, 같은 이름인데 다른 장로인 경우), ② 동명이송(同名異頌, 한 장로가 여러 게송을 읊은 경우), ③ 이명동인(異名同人, 다른 이름인데 같은 장로인 경우), ④ 이명동송(異名同頌, 다른 장로가 같은 게송들을 읊은 경우)이라는 용어를 사용해서 나누어 보았다.

① 동명이인(同名異人, 같은 이름인데 다른 장로인 경우)

본서에는 이름은 같은데 다른 장로인 경우가 적지 않다. 정리해 보면 모두 다음과 같이 21분 정도가 있는 것으로 여겨진다.

1. 뿐나 장로(Th1:4) — {70}과는 다른 분
2. 뿐나마사 장로(Th1:10) — 2:26 {171}과는 다른 분
3. 와나왓차 장로(Th1:13) — {113}과 다른 분
4. 아바야 장로(Th1:26) — {98}과는 다른 분
5. 하리따 장로(Th1:29) — 3:15 {261}과 다른 분
6. 웃띠야 장로(Th1:30) — 3명. {54}, {99}와는 다른 분
7. 소빠까 장로(Th1:33) — 7:4 {480}과는 다른 분
8. 띳사 장로(Th1:39) — 3명. {97}, 2:17 {153}과는 다른 분
9. 위말라 장로(Th1:50) — 3:16 {264}와는 다른 분
10. 왈리야 장로(Th1:53) — 3명. 2:3 {125}, 2:24 {167}과는 모두 다른 분
11. 꾸띠위하리 장로(Th1:56) — {57}과는 다른 분
12. 왓지뿟따 장로(Th1:62) — {119}와는 다른 분
13. 데와사바 장로(Th1:89) — 두 번째로 불리는 {100}과는 다른 분
14. 띳사 장로(Th1:97) — 3명. {39}, 2:17과는 모두 다른 분
15. 키따까 장로(Th1:104) — 2:36 {191}과는 다른 분
16. 우사바 장로(Th1:110) — 2:39 {197}과는 다른 분
17. 아디뭇따 장로(Th1:114) — 20:1 {705}와 다른 분
18. 웃따라 장로(Th2:1 {121}~{122}) — 2:21 {161}과는 다른 분
19. 고따마 장로(Th2:9 {137}~{138}) — 3명. 3:14 {258}, 10:7 {587}과는 모두 다른 분들임
20. 난다까 장로(Th2:27 {173}~{174}) — 4:4 {279}와는 다른 분
21. 수마나 장로(Th5:4 {330}~{334}) — 6:10 {429}와는 다른 분

한편 시와까 사미(Th1:14)와 시와까 장로(Th2:32 {183})는 다른 분이다. 수부띠 장로(Th1:1)와 수부따 장로(5:2 {320})는 당연히 다른 분이다. 그리고 꿀라 장로(Kuḷa, Th1:19)와 꿀라 장로(Kulla, Th6:4 {393})는 철자가 다르며 서로 다른 분이다. 나아가서 시따와니야 장로(Th1:6)의 이름은 삼부따인데 삼부따 장로(Th4:7 {291})와는 다른 분이다. 그래서 이 네 경우는 언급하지 않았다.

② 동명이송(同名異頌, 같은 장로가 여러 게송을 읊은 경우)

동명이송(같은 장로가 여러 게송을 읊은 경우)인 경우는 모두 3명인데 다음과 같다.

1. 빠라빠리야 장로(Th1:116) — 3곳, 20:2 {726}과 20:10 {920}과 동일한 분
2. 낌빌라 장로(Th1:118) — 2:18 {155}와 동일한 분
3. 말룽꺄뿟따 장로(Th6:5 {399}~{404}) — 20:5 {794}와 동일한 분

③ 이명동인(異名同人, 다른 이름인데 같은 장로인 경우)

이명동인(다른 이름인데 같은 장로인 경우)의 경우는 한 분인데 레와따 장로이다. 사리뿟따 존자의 막냇동생인 레와따 장로(Th14:1 {645}~{658})는 하나의 모음 {42}를 읊은 카디라와니야 장로와 동일한 분이다. 여기에 대해서는 본서 제1권 {42}의 해당 주해를 참조하기 바란다.

④ 이명동송(異名同頌, 다른 장로가 같은 게송들을 읊은 경우)

똑같은 게송들이 다른 장로의 게송으로 나타나는 경우가 있다. 이를 이명동송(다른 장로가 같은 게송들을 읊은 경우)이라 표현하였다. 이명동송으로는 박꿀라 장로(Th3:3 {225}~{227})와 하리따 장로(Th3:15 {261}~{263})의 3개의 게송을 들 수 있다. 똑같은 게송들 3개가 두 분 장로의 게송들로도 나타나고 있으며 주석서도 이를 인정하고 있다.

이 가운데 ② 동명이송인 경우가 세 분이고 ③ 이명동인인 경우가 한 분이고 ② 동명이송에 포함되는 빠라빠리야 장로는 Th1:116과 Th20:2와

Th20:10의 세 곳에 나타나기 때문에 264-4가 아니라 264-4-1이 되어 모두 259명이 된다. 이렇게 하여 『테라가타』에서 게송을 읊은 분들은 모두 259분으로 결론지을 수 있다.

(2) 세존께서 읊으신 게송들과 다른 장로나 존재가 읊은 게송들

『테라가타』는 이러한 259분의 장로들이 읊은 게송들을 게송의 숫자에 초점을 맞추어 이처럼 모두 21개의 모음으로 분류하여 싣고 있다. 그래서 하나의 모음에는 120분 장로들의 게송 120개가 {1}부터 {120}까지에 실려 있고 둘의 모음에는 49분 장로들의 게송 98개가 {121}부터 {218}까지에 실려있다. 이렇게 하여 21번째 마지막 모음인 큰 모음에는 1분 장로의 게송 71개가 {1209}부터 {1279}까지에 실려서 모두 259분 장로의 1,279개 게송이 담겨 있다.

그러면 『테라가타』에 실려있는 1,279개 게송들은 모두 이 259분 장로들이 직접 읊은 것인가? 주석서에 의하면 그렇지 않다. 적지 않은 게송들은 세존께서 특정 장로에게 설하신 것이며 합송자들이 읊은 게송들도 있고 다른 장로들이나 신들과 같은 다른 존재들이 특정 장로에게 읊은 것도 있다고 주석서는 밝히고 있다. 주석서의 설명을 정리해 보면 1,279개 가운데 모두 104개 정도는 그 게송을 읊은 자로 명시된 특정 장로가 읊은 것이 아니다. 이러한 104개 게송을 읊은 분이나 읊은 존재와 게송 번호를 나열해 보면 다음 쪽의 <도표3>과 같다.

① 세존께서 읊으신 게송들

주석서에 의하면 여기서 둘의 모음에 포함된 깝빠따꾸라 장로(Th2:40 {199}~{200})의 게송 둘 모두와, 셋의 모음에 포함된 와라나 장로(Th3:7 {237}~{239})의 게송 셋 모두와, 다섯의 모음에 속하는 야사닷따 장로(Th5:10 {360}~{364})의 게송 다섯 개 모두와, 여섯의 모음에 속하는 까띠야나 장로(Th6:7 {411}~{416})의 게송 여섯 개 모두와 특히 열의 모음에 포함된 깝빠 장로(Th10:5 {567}~{576})의 게송 열 개 모두는 세존께서 읊으신 것이다.

<도표3> 게송을 읊은 다른 분들이나 존재들

번호	읊은 분	게송
1	세존	하나의 모음: {17} {29} {38} {39} {40} {68} {83} {84} {93} {101} 둘의 모음: {193} {199} {200} {207} 셋의 모음: {237} {238} {239} {243} 넷의 모음: {303} {304} {305} 다섯의 모음: {350} {360} {361} {362} {363} {364} 여섯의 모음: {394} {411} {412} {413} {414} {415} {416} {431} {432} {433} {434} {435} 열의 모음: {567} {568} {569} {570} {571} {572} {573} {574} {575} {576} 열둘의 모음: {631} 스물의 모음: {824} {827} {828} {829} {830} {831} {837} {867} 서른의 모음: {1037} 큰 모음: {1275} — 모두 60곳
2	사리뿟따	{1178} {1179} {1180} {1181}
3	아난다	{1224} {1225} {1226}
4	합송자들	{720} {724} {869} {920} {948} {949} {1047} {1048} {1049}
5	천신	{18} {57} {187} {235}
6	범천들	{1084} {1085}
7	대범천	{1023}
8	신들의 왕 삭까	{673}
9	마라	{381} {385}
10	기녀	{461} {1154}
11	빤다라 선인	{950}
12	아버지	{28}
13	어머니	{82}
14	청신사	{597}
15	도둑 두목	{705}
16	도둑들	{721}
17	코끼리 왕	{969} {970}

주석서에 의하면 열의 모음에 포함된 깝빠 장로(Th10:5)는 마가다 지역에서 작은 지역의 왕의 가문에 태어났다. 그는 아버지가 임종하자 왕위에 책봉되어 감각적 쾌락들에 지나치게 빠지고 탐하면서 머물렀다. 부처님께서는 그가 더러움[不淨]에 대한 가르침(asubha-kathā)을 듣고 마음이 감각적 쾌락들에 대해서 탐욕이 빛바래어 출가한 뒤 아라한이 될 것이라고 아신 뒤 허공으로 그곳에 가셔서 본 게송 10개를 읊으셨다고 한다.

더러움에 대한 말씀을 부처님의 면전에서 듣고 그것을 자신의 몸에 [적용시켜] 절박한 가슴으로(saṁvigga-hadaya) 출가를 원하였으며 세존께서는 그에게 피부의 오개조(五個組)의 명상주제를 준 뒤 출가하게 하였다. 그는 삭발을 할 때 무애해체지와 더불어 아라한됨을 얻었다고 한다. 그는 아라한됨을 얻으면서 구족계를 받고 부처님께 가서 구경의 지혜를 천명하면서 세존께서 먼저 그에게 읊어주신 그 게송들을 읊었다. 그래서 그 게송들은 장로의 게송(theragāthā)이 되었다고 주석서는 밝히고 있다.(ThagA.ii.242~243)

여섯의 모음의 까띠야나 장로(Th6:7 {411}~{416})도 용맹정진할 때 세존께서 설해주신 여섯 개의 게송을 듣고 설법의 마지막에 위빳사나를 증장시켜 아라한됨을 얻었다고 한다. 그래서 이 게송들은 장로의 구경의 지혜를 천명하는 것이 되었다고 주석서는 밝히고 있다.(ThagA.ii.176)

세존께서는 두 개의 게송으로 깝빠따꾸라 장로(Th2:40 {199}~{200})를 엄하게 꾸짖으시면서 질책하셨는데 뼈 속을 파고드는 충격처럼, 사나운 코끼리가 길을 달려 내려오는 것처럼 그에게 절박함이 생겨(sañjāta-saṁvega) 위빳사나를 확립한 뒤 오래지 않아 아라한됨을 얻었고 그래서 이 두 개의 게송은 그의 구경의 지혜를 천명함이 되었다고 한다.(ThagA.ii.66~67)

한편 하나의 모음 {17} 게송을 읊은 다사까 장로(Th1:17)는 게으르고 나태하여서 법문을 듣는 시간에도 한 모퉁이에 들어가 회중의 끝(parisa-pariyanta)에 앉아서 코고는 소리를 내며 잠을 잤다고 한다. 그러자 세존께서 이 게송을 읊으셨고 그는 이 게송을 듣고 절박함이 생겨 위빳사나를 확립하여 오래지 않아 아라한됨을 실현하였다고 한다. 아라한됨을 얻은 뒤 그는 이 게송이 자신에게 갈고리(aṅkusa)가 되었다고 하면서 이 게송을 암송하였고 이것은 그에게 구경의 지혜를 천명하는 [게송]이 되었다고 주석서는 설명하고 있다.(ThagA.i.73~74)

이처럼 세존께서 특정 장로들을 위해서 설해주신 위의 게송들은 그 장로가 아라한과를 체득하는 가장 중요한 발판이 되었다. 그래서 이 장로들은 자신이 아라한과를 체득하도록 세존께서 설해주신 그 게송을 자신의 구경의 지혜를 천명하는 게송으로 삼아 평생을 간직하였으며 그래서 이 『테라가타』에도 특정 장로의 게송으로 실린 것이다.

② 합송자들이 읊은 게송들

여기서 주목해야 할 것이 세존이 읊으신 이외의 게송들 가운데 특히 합송자들(saṅgītikārā)이 읊은 게송이 9개가 실려있다는 점이다. 그러면 합송자는 누구인가? 1·2·3차 결집을 주도한 분들인가, 아니면 더 늦은 시기일지도 모르는 이 『테라가타』를 합송하고 있는 분들인가? 『테라가타』에 나타나는 9개의 합송자들이 읊은 게송들 가운데 {1047}~{1049}의 세 개의 게송은 일차결집의 핵심 인물인 아난다 장로 편에 나타난다. 그러므로 이 합송자들은 적어도 이차결집이나 그 이후인 삼차결집 때 본 『테라가타』를 읊은 것으로 보는 것이 합리적이다. 그리고 떼낏차까리 장로나 아소까 왕의 동생인 위따소까 장로(Th2:25 {169}~{170})의 게송들도 『테라가타』에 포함되어 있기 때문에 삼차결집 때 『테라가타』가 최종적으로 『쿳다까 니까야』에 포함된 것으로 보는 것이 좋을 듯하다.

노만 교수는 기원전 6세기부터 기원전 3세기에 걸쳐서 본 게송들을 모으고 합송한 분들로 보고 있다. 노만 교수는 여기서 합송자들은 일차합송과 이차합송과 삼차합송에 참석한 합송자들로 여기고 있다.(K. R. Norman, xxix)

(3) 『테라가타』를 읊은 장로들의 출생 지역

『테라가타 주석서』에서 담마빨라 스님은 게송을 읊은 259분 장로 스님들 가운데 대부분의 출생 지역을 밝히고 있다. 이 자료들을 통해서 장로들의 출생 지역을 정리해 보면 다음과 같다.

첫째, 259분 가운데에서 꼬살라의 수도인 사왓티 출신은 맨 처음에 실려

있는 수부띠 장로(Th1:1)부터 맨 마지막에 나타나는 왕기사 장로(Th70:1 {1209})까지 77분 정도가 되었다.

둘째, 사왓티를 제외한 꼬살라국 출신은 에까담마사와니야 장로(Th1:67)부터 브라흐마닷따 장로(Th6:12 {441})까지 18분이었다. 그래서 수도 사왓티를 포함한 꼬살라국 출신은 259분 가운데 모두 95명 정도가 된다.

셋째, 259분 가운데에서 마가다의 수도인 라자가하(왕사성) 출신이 시따와니야 장로(Th1:6)부터 딸라뿌따 장로(Th50:1 {1091})까지 36분이었다.

넷째, 라자가하를 제외한 마가다국 출신은 마하가왓차 장로(Th1:12)부터 마하목갈라나 장로(Th60:1 {1146})까지 34분이었다. 그래서 마가다국 출신은 259분 가운데 모두 70명 정도이다.

다섯째, 259분 가운데 세존의 고향인 까삘라왓투 출신이 뿐나 장로(Th1:4)부터 아누룻다 장로(Th20:9 {892})까지 31분이었다. 까삘라왓투 인근인 도나왓투(2명)와 데와다하(2명)도 여기에 포함하였다. 까삘라왓투는 꼬살라에 점령된 작은 나라이지만 세존께서 탄생하신 나라이고 세존을 따라 많은 사람들이 출가하였기 때문에 『테라가타』에 장로 아라한 스님들이 많이 등장하는 것은 당연한 이치일 것이다.

여섯째, 릿차위와 수도인 웨살리 출신은 왓다마나 장로(Th1:40)부터 삽바까미 장로(Th6:14 {453})까지 14분이다.

일곱째, 말라와 그곳의 수도인 빠와 출신으로는 답바 장로(Th1:5) 등의 여덟 분이 있고, 아완띠 출신으로는 마하깟짜나 장로(Th8:1 {494}) 등 여섯 분, 꼬삼비는 박꿀라 장로(Th3:3 {225}) 등의 네 분, 짬빠는 소나 꼴리위사 장로(Th13:1 {632}) 등의 네 분, 사께따도 멘다시라 장로(Th1:78) 등의 네 분이다. 이렇게 하여 이들 지역에서는 26분 정도이다.

그리고 그 외에도 여러 지역이 언급되고 있으며 출생지를 언급하지 않고 있는 분들도 10분 정도가 된다.

(4) 『테라가타』를 읊은 장로들의 태생

인도는 이미 부처님 시대에도 태생(jāti)의 문제가 강하게 대두되었고 이것은 카스트 문제와 직결된다. 당연히 세존께서는 태생으로 사람을 구분하고 차별짓는 것을 강하게 반대하셨다. 그래서 세존께서는 「와셋타 경」

(M98) §12 등에서,

> "태생(jāti)에 의해 바라문이 되는 것도 아니고
> 태생에 의해 비바라문이 되는 것도 아니다.
> 행위(kamma)에 의해 바라문도 되고
> 행위에 의해 비바라문도 된다."(M98 §12 {57})

라고 강조하신다.

그렇지만 경들과 특히 주석서들은 특정 인물이나 스님들의 태생을 밝히고 있다. 그것이 인도의 전통이기 때문이다. 초기불전의 니까야에서도 인도의 태생은 바라문 · 끄샤뜨리야 · 와이샤 · 수드라(brāhmaṇa, kṣatriya, vaisya, śūdra)의 사성계급으로 나누어진다.(cattārome vaṇṇā — khattiyā, brāhmaṇā, vessā, suddā, D3 §1.15, Vin.ii.239) 당연히 주석서도 도처에서 스님들의 태생을 밝히고 있다(brāhmaṇo khattiyo vessā ca suddā, ThagA.iii.148 등). 그리고 이러한 사성계급에 들지 못하는 천민의 가문(caṇḍāla-kula, M93 §11; S3:21 §4 등) 등도 경에 나타나고 있다.

우리의 스승이신 석가모니 부처님은 당연히 끄샤뜨리야 태생이고 두 상수 제자를 비롯한 많은 부처님 제자들은 바라문 출신이었다.

『테라가타 주석서』는 특정 장로를 설명할 때 vessa(Sk: vaisya)라는 용어를 사용하지 않는 것으로 여겨진다. 대신에 장자(gahapati)나 장자의 가문(gahapati-kula), 상인(seṭṭhi, 금융업)이나 대상(sattha)이나 대상의 우두머리(satthavāha)라는 표현이 자주 나타나는데 이렇게 표현되는 가문이 와이샤(vaisya)에 속한다고 볼 수 있다. 이러한 가문에 속하는 장로들도 적지 않았다.

그리고 당연히 하천한 가문(ibbhakula)이나 천민(caṇḍāla) 출신 장로들도 있었다.

그러므로 『테라가타』의 게송들을 읊은 259분의 태생에 대해서 살펴보는 것도 장로들을 이해하는 데 하나의 단초는 될 수 있을 것이다. 당연히 『테라가타』 게송만으로는 장로들의 태생을 이해할 수 있는 경우는 매우 드

물다.45) 『테라가타 주석서』는 장로들의 행장과 행적을 설명하면서 259분 장로들의 태생을 대부분 밝히고 있다. 『테라가타 주석서』를 통해서 259분 장로들의 태생을 구분해 보면 다음과 같다.

① 바라문 태생

첫째, 바라문 태생이다. 학자나 지식인이나 교육자의 역할을 하였던 바라문들은 3베다를 공부하고 학문과 기술을 익히는 것이 그들의 중요한 일이었다. 당시 인도인들 가운데 가장 학구적이고 그래서 부처님 가르침을 누구보다도 빨리 정확하게 이해한 집단이기도 하다. 물론 많은 바라문들은 베다의 계급주의나 아뜨만이나 브라흐만과 같은 절대아나 초월적인 신을 인정하였기 때문에 이것을 부정하시는 부처님께 대한 반감도 컸던 집단이다. 259분의 태생을 분류해 보면 마하꼿티따 장로(Th1:2)부터 왕기사 장로(Th70:1 {1209})까지 바라문 출신 장로들이 116명 정도가 되었다. 역시 큰 비중이다. 여기에는 당연히 사리뿟따 장로(Th30:2 {981}), 마하깟사빠 장로(Th40:1 {1051}), 안냐꼰단냐 장로(Th16:1 {673}), 앙굴리말라 장로(Th20:8 {866})도 포함된다. 이 가운데는 부유한 바라문(brāhmaṇa-mahāsāla)으로 언급된 분들도 15명 정도 포함된다.

바라문 태생인 경우에는 베다에 능통하였던 분들이 적지 않다. 주석서를 살펴보면 세 가지 베다 혹은 삼베다, 즉 『리그베다』(Ṛgveda), 『야주르베다』(Yajurveda), 『사마베다』(Sāmaveda)에 능통하였던 분들로 마하꼿티따 장로(Th1:2), 꾼다다나 장로(Th1:15), 아지따 장로(Th1:20), 웃자야 장로(Th1:47), 수야마나 장로(Th1:74), 왓차곳따 장로(Th1:112), 빠라빠리야 장로(Th1:116; Th20:2 {726}; Th20:10 {920}), 삔돌라 바라드와자 장로(Th2:2

45) 물론 알 수 있는 게송들도 있다. 수니따 장로(Th12:2)의 {620}을 들 수 있다. 장로는,

> "나는 낮은 가문에 태어났고
> 가난하였으며 음식도 적었습니다.
> 저열한 일은 나의 것이었으니
> [시든] 꽃과 [같은 오물을] 치우는 자였습니다."({620})

라고 읊고 있다.

{123}), 소마밋따 장로(Th2:14 {147}), 띳사 장로(Th2:17 {153}), 앙가니까바라드와자 장로(Th3:1 {219}), 왁깔리 장로(Th5:8 {350}), 우루웰라깟사빠 장로(Th6:1 {375}~{380})와 그의 동생인 나디깟사빠 장로(Th5:6, {340})와 막냇동생인 가야깟사빠 장로(Th5:7, {345}), 느하따까무니 장로(Th6:11 {435}), 마하깟짜나 장로(Th8:1 {494}), 사리뿟따 존자의 동생인 왕간따의 아들 우빠세나 장로(Th10:6 {577}), [다른] 고따마 장로(Th10:7 {587}), 셀라 장로(Th20:6 {818}), 왕기사 장로(Th70:1 {1209}) 등의 21분을 들고 있다. 물론 이 외에도 마하깟사빠 장로(Th40:1 {1051}), 사리뿟따 장로(Th30:2 {981}), 마하목갈라나 장로(Th60:1 {1146}) 등도 여기에 포함시켜야 한다.

젊었을 때 바라문의 명지에 통달하였지만 거기서는 심재(sāra)를 보지 못하고 출가하여 아라한이 된 분으로 뿐나마사 장로(Th1:10), 위자야 장로(Th1:92), 왓차곳따 장로(Th1:112), 아디뭇따 장로(Th1:114), 웃따라 장로(Th2:1 {121}) 등을 들고 있다.

이처럼 바라문 태생인 경우에는 베다에 능통하였던 분들이 적지 않았다. 베다나 바라문의 명지 등으로 장로들의 행장을 검색해 보면 위에서 밝혔듯이 마하꼿티따 장로(Th1:2)부터 왕기사 장로(Th70:1 {1209})까지 대략 21분 정도가 해당되고 여기에 바라문의 명지에 통달한 분으로 언급되는 뿐나마사 장로(Th1:10) 등 다섯 분을 포함시키면 모두 29분 정도의 장로가 출가 전에 베다에 능통하였거나 바라문의 명지를 섭렵하였다고 나타난다.

② 끄샤뜨리야 태생

둘째, 끄샤뜨리야 태생이다. 『테라가타 주석서』에서 캇띠야(khattiya, 끄샤뜨리야)라는 용어로 장로들의 태생을 밝힌 경우는 두 군데 정도인 것으로 여겨진다. 대신에 왕의 가문(rājagaha)이나 왕, 왕자, 지역의 왕(maṇḍalika-rāja) 등의 용어로 설명되고 있는 장로들은 모두 이 끄샤뜨리야 태생에 넣었다. 이런 조건으로 검색해 보니 259명 가운데 난디야 장로(Th1:25)부터 아난다 장로(Th30:3 {1018})까지 대략 55분 정도가 왕족, 즉 끄샤뜨리야 출신이었다. 그리고 주석서에서 끄샤뜨리야 가문이라고 밝히고 있는 멜라지나 장로(Th2:6 {131}) 등의 3분을 포함하면 모두 58분 정도가 된다. 여기에는 어떤 작은 지역의 왕의 아들(maṇḍalika-rañño putta)로 표기되는 데와사바 장로(Th1:89) 등도 포함시켰고 후대 아소까 대왕의 동생이었던 위따소까 장로(Th2:25 {169})도 넣었다.

빔비사라 왕의 아들이었다가 출가한 두 왕자가 있는데 아바야 장로(Th1:26)와 실라와 장로(Th12:1 {608})이다. 이 두 분도 여기에 포함시켰다. 실라와 장로는 아자따삿투가 두 번이나 죽이려고 하였다고 한다.(ThagA.ii. 257~258)

한편 왕이었다가 왕위를 버리고 출가하여 아라한이 된 장로들도 6분 정도 되는데 여기에 포함시켰다. 어떤 작은 지역의 왕이었던 [첫 번째] 데와사바 장로(Th1:89), 로루와(Roruva) 도시의 왕이었던 띳사 장로(Th1:97), 로히따 도시의 왕이었던 빳짜야 장로(Th3:2 {222}), 웨타뿌라 도시의 왕이었던 아비부따 장로(Th3:13 {255}), 사왓티에서 120요자나 정도 떨어진 곳에 있는 꾹꾸따와띠라는 나라의 왕이었던 마하깝삐나 장로(Th10:3 {547}), 마가다 지역에서 작은 지역의 왕이었던 깝빠 장로(Th10:5 {567})가 그분들이다. 그리고 여기에 포함시킨 세뚜차 장로(Th1:102)는 어떤 작은 지역의 왕(maṇḍalika-rājā)의 아들이었지만 왕위에 오르지 못하고 절박함으로 출가하였다고 한다.

이 가운데 사꺄의 왕자였다가 출가한 분들로는 난디야 장로(Th1:25), 로마사깡기야 장로(Th1:27), 낌빌라 장로(Th2:18 {155}), 바구 장로(Th4:2 {271}), 깔리고다의 아들 밧디야 장로(Th20:7 {842}), 아누룻다 장로(Th20:9 {892}), 아난다 장로(Th30:3 {1018})가 있고 데와다하 출신인 사꺄의 왕자였던 빡카 장로(Th1:63)와 락키따 장로(Th1:79)도 있다.

그리고 여기에 포함시킨 안자나와니야 장로(Th1:55), 꾸띠위하리 장로(Th1:56), 두 번째 꾸띠위하리 장로(Th1:57), 라마니야 꾸띠까 장로(Th1:58), 꼬살라위하리 장로(Th1:59)는 릿차위의 왕자들(Licchavi-rājakumārā), 즉 웨살리에서 왓지의 왕의 가문(Vajji-rājakula)에 태어났는데 모두 함께 출가하여 아라한이 되었다.

그리고 위말라꼰단냐 장로(Th1:64)는 빔비사라 왕과 암바빨리 사이에서 태어났고 실라와 장로(Th12:1 {608})는 빔비사라 왕의 아들이었으며 에까위하리야 장로(Th10:2 {537})는 아소까왕의 동생이었고 풋사 장로(Th30:1 {949})는 작은 지역 왕의 아들이었는데 여기에 포함시켰다.

③ 와이샤(평민) 태생

셋째, 와이샤(vaisya, Pali: vessā), 즉 평민 태생이다. 앞에서도 밝혔듯이 『테라가타 주석서』는 장로들의 행장을 설명하면서 일반적으로 평민을 뜻하는 빠알리어 웻사(vessā, Sk: vaisya, 와이샤)라는 용어를 사용하지 않는 것으로 보인다. 대신에 장자(gahapati)나 장자의 가문(gahapatikula), 상인(seṭṭhi, 금융업)이나 대상(sattha)이나 대상의 우두머리(satthavāha)라는 표현이 자주 나타나는데 이렇게 표현되는 가문이 와이샤에 속한다고 볼 수 있어서 이런 용어들로 조사를 해보았다.

먼저 '장자(gahapati)'로 검색을 해보면 뿐나 장로(Th1:70)를 위시한 14분 정도가 장자 가문 출생이다. 그리고 '상인(setthi)'으로 조사를 해보면 수부띠 장로(Th1:1)를 비롯하여 대략 21분 정도가 되었다. 지주의 아들(kuṭumbi-kassa putta)로 태어나거나 지주의 가문(kuṭumbiya-kula)에 태어나서 출가하여 아라한이 된 분들도 에라까 장로(Th1:93) 등 여섯 분 정도가 된다. 이들도 여기 장자나 상인처럼 와이샤에 속한다고 여겨진다. 그리고 꾸마라깟사빠 장로(Th2:41 {201})는 출가한 어머니가 낳아서 사원에서 자랐지만 어머니가 상인의 딸이었기 때문에 여기에 포함시켰다. 그러므로 모두 42분 정도가 와이샤 태생이라 봐도 무방할 듯하다.

④ 하천한 가문(ibbhakula) 태생

넷째, 『테라가타 주석서』에서 장로의 행장을 설명하면서 sudda(Sk: śūdra, 수드라)라는 용어로 특정 장로를 설명한 경우는 없는 것으로 여겨진다. 대신에 하천한 가문(ibbhakula)이라는 표현을 사용하고 있는 것으로 여겨진다. 그래서 이 용어로 검색을 해보면 고살라 장로(Th1:23) 등 대략 8분 정도가 나타난다. 처참한 가문(duggata-kula)에 태어난 깝빠따꾸라 장로(Th2:40 {199}), 처참한 가문에 태어나서 똥만을 먹고 살았던 잠부까 장로(Th4:5 {283}), 분뇨 치우는 일을 했던 수니따 장로(Th12:2 {620})도 여기에 넣을 수 있겠다. 이렇게 하면 대략 11분 정도가 수드라 태생이라 여겨도 될 듯하다. 천민 출신으로 옮길 수 있는 짠달라(caṇḍāla)라는 용어는 『테라가타 주석서』에 한 번 나타나는데 특정 장로의 태생을 뜻하는 문맥에서는 나타나지 않는다.

⑤ 유행승(遊行僧, paribbājaka) 출신 등

이렇게 분류해 보면 태생이나 계급으로는 바라문 태생 116분, 끄샤뜨리야 혹은 왕족 태생 58분, 장자나 상인 가문 태생이 42분, 하천한 가문 태생이 11분 정도가 되어 227분 정도를 사성계급으로 분류할 수 있겠다. 남은 32분 가운데는 코끼리 조련사 가문 출신 2분, 대신 가문 3분 등도 나타나고 있다. 그리고 가문의 언급이 없이 먼저 유행승이 되었다가 세존을 뵙고 세존 문하로 출가하여 아라한이 된 분들도 웃띠야 장로(Th1:30) 등 11분 정도가 된다.

(5) 부처님 입멸 후 출가한 장로들

『테라가타』를 읊은 장로들의 태생을 살펴보는 이 문맥에서 부처님께서 반열반하신 뒤에 출가한 장로들을 살펴보자. 『테라가타 주석서』에 의하면 삼부따 장로(Th4:7 {291}~{294}), 떼낏차까리 장로(Th6:2 {381}~{386}), 위따소까 장로(Th2:25 {169}~{170}), 에까위하리 장로(Th10:2 {537}~{546}) 네 분이 부처님께서 반열반하신 뒤에 출가한 장로들이다.

이 가운데 삼부따 장로(Th4:7 {291}~{294})는 세존께서 반열반에 드신 뒤에 법의 창고지기인 아난다 존자의 곁에서 법을 듣고 믿음을 얻어 출가하여 아라한이 되었다고 한다. 세존께서 반열반하신 후 100년이 되었을 때 웨살리의 왓지뿟따들(Vajjiputtakā)이 10가지 비법을 거머쥐고 공공연히 행하게 되자 까깐다까뿟따 야사 장로와 7백 명의 번뇌 다한 분들이 그 견해를 척파하였다. 그때 장로는 법에 대한 절박함(dhamma-saṁvega)으로 이 게송 네 개를 읊었다고 한다.(ThagA.ii.122~123) 『테라가타 주석서』의 이러한 설명으로 볼 때 삼부따 장로의 이 게송들은 세존께서 반열반하신 지 100년 뒤에 있었던 이차합송 후에 읊은 것이라 여겨진다.

떼낏차까리 장로(Th6:2 {381}~{386})는 마우리야 왕조의 시조 짠다굿따(Candagutta, 짠드라굽따) 왕의 아들이면서 제3대 아소카 대왕의 부친이요

28년간(기원전 298~273) 왕으로 재위했던 빈두사라 왕(Bindusāra rājā)의 시대에 태어났다고 한다.(ThagA.ii.165) 그는 짠다굿따(짠드라굽따) 왕의 대신인 짜낙까(Cāṇakka) 때문에 그의 부친이 감옥에 갔다는 사실을 듣고 두려움으로 출가하였으며 여러 가지 수행을 하고 위빳사나를 증장시켜 아라한이 되었다고 한다.

그리고 위따소까 장로(Th2:25 {169}~{170})와 에까위하리 장로(Th10:2 {537}~{546})는 마우리야 왕조의 제3대 왕인 아소까 대왕의 동생들이었다. 주석서는 "아소까 대왕은 스승님께서 반열반하신 후 218년 뒤에 전 인도를 하나의 왕국으로 통일하여 즉위한 뒤 자신의 동생인 띳사꾸마라(Tissa-kumāra)를 부왕(副王)의 위치(oparajja)에 놓았다."(ThagA.ii.227)라고 적고 있는데 이 띳사꾸마라가 바로 에까위하리 장로이다.

그리고 이 문맥에서는 세존께서 입멸하시기 20년 전에 구족계를 받았고 계를 받은 지 120년 만에 2차결집에서 중요한 역할을 한 삽바까미 장로(Th6:14 {453}~{458})와 부처님 계실 때 출가하였지만 입멸 후에 읊은 게송들도 실려있는 빠라빠리야 장로({920} 등)도 언급할 수 있다. 『테라가타』 하나의 모음에 한 번(Th1:116), 스물의 모음에 두 번(Th20:2; Th20:10), 모두 세 곳의 모음에 게송이 실려서 전승되어 오는 빠라빠리야 장로(Pārāpariya thera)에 대해서는 본 해제 X-(1)-⑤ 비구들을 경책하기 위해서 읊음의 13을 참조하기 바란다.

이처럼 마우리야 왕조의 빈두사라 왕의 시대에 태어난 떼낏차까리 장로(Th6:2)와 아소까 왕의 동생들인 위따소까 장로(Th2:25)와 에까위하리 장로(Th10:2)의 게송들이 포함되어 있기 때문에 이 『테라가타』는 삼차결집이나 더 늦게는 사차결집에서 지금 형태로 최종적으로 합송되었다고 할 수 있다. 그래서 떼낏차까리 장로(Th6:2 {381})의 행장을 설명하면서 『테라가타 주석서』도 "빈두사라 왕의 시대에 이 장로가 태어났기 때문에 삼차합송(tatiya-saṅgīti)에서 이 게송들이 합송되었다고 알아야 한다."(ThagA.ii.165)라고 적고 있다.

VIII. 『테라가타』의 게송들을 읊은 장로들의 출가

『테라가타』를 읊은 259분 장로들의 출가 시기와 출가 동기 등을 점검해 보는 것은 2,600년 후에 부처님 가르침을 만난 우리들, 더군다나 역자와 같은 출가자들에게는 큰 감동을 주고 큰 귀감이 된다. 그래서 259분의 아라한 장로들은 어떻게 출가하였는지 정리해 보고자 한다. 먼저 『테라가타』에 나타나는 장로들의 출가 시기부터 살펴보자.

(1) 『테라가타』의 게송들을 읊은 장로들의 출가 시기

① 적당한 나이가 되어(vayappatta) 출가함

『테라가타 주석서』에는 스님들의 행장을 설명하면서 '적당한 나이가 되어(vayappatta)'라는 표현이 많이 등장한다. 예를 들면 마하가왓차 장로(Th1:12)의 행장에 언급되는 '그는 적당한 나이가 되어 사리뿟따 존자로부터 세존의 제자의 모습에 대해서 듣고 … 세존께 믿음이 생겨 출가하여'(ThagA.i.59)로 언급되는 경우를 들 수 있다.

이처럼 적당한 나이가 되어 출가하는 것이 구체적으로 몇 살을 뜻하는지, 이 적당한 나이가 대략 어느 정도인지를 설명하는 주석서나 복주서는 아직 찾지 못하였다. 그러나 수십 군데의 문맥을 보면 이 적당한 나이는 출가하기 적당한 나이이고 비구계를 받을 수 있는 나이이면서 성인이 되는 나이인 20살쯤으로 여기면 무방할 듯하다. 물론 이 '적당한 나이가 되어'라는 표현이 마하꿋티따 장로(Th1:2)의 경우에는 '삼베다(tayo vedā)를 익힌 뒤 바라문의 기술(brāhmaṇa-sippa)에 통달하였다.'로 나타나고, 시따와니야 장로(Th1:6)의 경우에는 '적당한 나이가 되어 바라문의 기술에 통달하였다.'로 나타난다. 바라문들은 8살에 베다 학교에 들어가서 20살 정도까지 공부를 하기 때문에 이 경우도 20살쯤으로 보는 것도 무방할 것이다.

② 사리를 분별하는 나이가 되어(viññutaṁ patta) 출가함

그리고 『테라가타 주석서』의 여러 곳에 나타나는 다른 표현으로 '사리를 분별하는 나이가 되어(viññutaṁ patta)'가 있다. 이 표현은 숩삐야 장로(Th1:32)부터 딸라뿌따 장로(Th50:1 {1091}까지 대략 38분의 행장에서 나타나고 있다.

여기서 '사리를 분별하는 나이가 되어(viññutaṁ patta)'라는 표현도 역시 스무 살이라고 보는 것이 상식적이면서 합리적이다. 예를 들면 숩삐야 장로(Th1:32)의 행장을 설명하면서 주석서는 '그는 사리를 분별하는 나이가 되어 스승님의 쌍신변을 보고 마음에 청정한 믿음이 생겨 교법에 출가하였다.'라고 설명하고 있다.

그래서 '적당한 나이가 되어(vayappatta)'라는 용어와 '사리를 분별하는 나이가 되어(viññutaṁ patta)'라는 키워드로 『테라가타 주석서』를 검색해 보았다. 이 두 구절이 언급되는 장로들은 결혼을 하지 않고 스무 살이나 스무 살이 조금 지난 나이, 즉 20대 초반에 출가한 것으로 받아들이면 결코 무리한 해석이 아니라고 생각되었다. 마하꼿티따 장로(Th1:2)부터 깔리고다의 아들 밧디야 장로(Th20:7 {842})까지 대략 66분의 장로의 행장에서 '적당한 나이가 되어(vayappatta)'라는 용어가 나타났다. 그리고 숩삐야 장로(Th1:32)부터 딸라뿌따 장로(Th50:1 {1091}까지 대략 38분의 행장에서는 '사리를 분별하는 나이가 되어(viññutaṁ patta)'라는 구절이 나타났다.

이를 통해서 104분 정도의 장로들은 결혼을 하지 않고 20대 초반의 나이에 출가한 것으로 받아들일 수 있겠다. 이렇게 적었다고 해서 나머지 장로들은 다 결혼한 뒤에 출가했다는 말은 결코 아니다. 사리뿟따, 목갈라나, 아난다, 아누룻다 등등의 대장로들은 결코 결혼을 하지 않았다. 그러나 이분들은 20살이나 그즈음의 나이에 출가한 것은 아니라고 봐야 한다는 뜻이다.

③ 결혼 여부

출가 전의 결혼 여부를 알아보기 위해서 '아내(dāra, dutiyikā)'와 '아들(putta)' 등의 단어를 키워드로 검색을 해보면 위라 장로(Th1:9) 등 대략 열다섯 분은 결혼을 한 뒤 출가를 하여 세속에 아내나 아들도 있었다. 아라한이 된 뒤 이들과 만나서 벌어진 일화도 몇 분의 행장에 나타나고 있다. 그리고 마하깟사빠 장로(Th40:1 {1051})도 결혼을 한 경우에 포함되어야 한다. 부부생활은 하지 않았지만 부모를 거역할 수 없어서 밧다 까삘라니를 아내로 맞았기 때문이다. 밧다 까삘라니도 출가하여 비구니 아라한으로 이름을 떨쳤다.

④ 사미로 출가한 경우

259분 가운데 20세 전에 사미로 출가한 경우는 모두 17분 정도인 것으로 여겨진다. 이 가운데 일곱 살에 출가한 분들은 열 분 정도인데 ① 답바 장로(Th1:5), ② 소빠까 장로(Th1:33), ③ 카디라와니야 장로(Th1:42 = 레와따 장로(Th14:1)) ④ 사누 장로(Th1:44), ⑤ 마나와 장로(Th1:73), ⑥ 꾸마라깟사빠 장로(Th2:41), ⑦ 수마나 장로(Th6:10), ⑧ 밧다 장로(Th7:3), ⑨ 소빠까 장로(Th7:4), ⑩ 상낏짜 장로(Th11:1)이다. 이분들은 모두 출가한 일곱 살에 아라한이 된 것으로 여겨진다. 어머니의 배 속에 7년을 있었고 태어날 때도 7일을 난산(難産)의 고초를 겪었었으며(Ud2:8 §1) 난산 끝에 칠 일 만에 태어나자 바로 사리뿟따 존자와 말을 하였고(Ud2:8 §11) 사리뿟따 존자는 그를 데리고 가서 출가를 시켰으며 머리카락이 모두 다 잘랐을 때 아라한됨을 실현하였다고 하는(ThagA.i.148) 시왈리 장로(Th1:60)를 여기애 포함하면 모두 11분이 된다.

그 외 사미로 출가한 분들은 6분이 나타나는 것으로 여겨진다. 그 가운데 ① 시와까 사미(Th1:14)는 와나왓차 장로(Th1:14)의 여동생의 아들이었으며 사미 때 아라한이 되었다고 한다. ② 웃따라 장로(Th2:1)는 사리뿟따 존자를 시봉하였는데 『테라가타 주석서』에서 웃따라 사미(Uttara sāmaṇera, Thag.ii.i)로 언급이 되고 있다. ③ 고따마 장로(Th2:9)는 16살에서 17살이 되던 때에 그가 모은 천 [냥]의 돈을 모두 탕진하고 청정범행을 파하고 살다가 스승님을 뵙고 마음에 청정한 믿음이 생겼고 세존이 설하시는 법을 듣고 믿음을 얻어 출가하면서 삭발을 할 때 바로 아라한과를 얻었다고 한다. ④ 마하쭌다 장로(Th2:11)는 사리뿟따 존자의 동생인데 쭌다 사미(Cunda samaṇuddesa)로도 불리었다. ⑤ 밧다지 장로(Th2:22 {163})는 소년(kumāra)이었을 때 부처님의 법문을 듣고 아라한이 된 뒤에 아버지의 동의를 받아 출가하였다.(ThagA.ii.39~40) ⑥ 아디뭇따장로(Th20:1)는 사미 때 출가하여 아라한과를 얻었다고 나타난다.(ThagA.iii.12)

⑤ 아주 늦은 나이에 출가한 경우

이와는 대조적으로 아주 늦은 나이에 출가하여 아라한이 된 장로로는 두 분이 주목되는데 한 분은 박꿀라 장로(Bakkula/Bākula thera, Th3:3)이고 또 한 분은 담마사와삐뚜(담마사와의 아버지) 장로(Th1:108)이다.

박꿀라 장로(Th3:3)는 80세에 출가하여 80년을 출가 생활을 하였으니 160세까지 살았다. 그래서 『앙굿따라 니까야 복주서』는 "박꿀라 장로는 160세를 살았는데 이분이 모두 가운데 가장 긴 수명을 가진 분(sabba-dīgh-āyuka)이지만 그도 200세는 살지 못했다."(AAṬ.iii.183)라고 적고 있다.

담마사와삐뚜(담마사와의 아버지) 장로(Th1:108)는 120살에 출가하였다. 그는 담마사와라는 아들이 출가하고 나서 자신은 120살(vīsa-vassa-satika)이 되었다. 그는 '내 아들은 저렇게 젊었을 때 출가하였다. 그런데 왜 나는 출가하지 못한단 말인가?'라고 절박함이 생겨(sañjāta-saṁvega) 스승님의 곁으로 가서 법을 듣고 출가하여 위빳사나를 확립한 뒤 오래지 않아 아라한됨을 실현하였다. 그래서 본 『테라가타』에서 장로는 스스로 이렇게 읊고 있다.

> "그런 나는 120살이 되어서
> 집 없이 출가하였다.
> 세 가지 명지를 얻었고
> 부처님의 교법을 실천하였다."({108})

이 문맥에서 잠부까 장로(Th4:5 {283})도 언급할 수 있어 보인다. 잠부까 장로는 55년을 똥만 먹고 살았고 많은 사람들이 그를 '위대한 고행자(mahā-tapa)요 최고로 바라는 것이 적은 자(param-appiccha)'라고 생각하여 그에게로 향하고 그에게로 기울게 되었다. 그러자 부처님께서는 그의 가슴 깊은 항아리(haday-abbhantara ghaṇa)에서 밝게 타오르는 것처럼(padīpaṁ viya) 아라한됨의 강하게 의지하는 [조건]이 불타오르는 것(arahattāpanissaya pajjalanta)을 보시고 직접 그곳으로 가서 법을 설하신 뒤에 그가 예류과(sotāpatti-phala)에 확립되게 하셨다. 그런 뒤 '오라, 비구여.'라는 말씀으로 구족계를 받게 하셨으며(ehibhikkhu-upasampadāya laddhūpasampadaṁ) 위빳사나를 열성적으로 행하게 하시어 아라한됨에 확립되게 하셨다고 한다. (ThagA.ii.119)

나이가 들어 아들과 아내로부터 천대를 받자 출가하였고 비구들은 나이가 많다고 거절을 하였지만 세존께서 사리뿟따 존자의 제자로 출가하게 하신(ThagA.ii.12) 라다 장로(Th2:7)도 여기에 포함시킬 수 있을 것이다. 장로는 스승으로 하여금 법을 설할 영감을 일으키게 하는 자들 가운데서 으뜸으로 꼽히는 분이다.(A1:14:4-15)

(2) 장로들의 출가 동기와 계기

『테라가타』에 나타나는 장로들의 출가 시기에 대해서 살펴보았다. 이제는 장로들이 어떤 동기나 계기로 출가하였는지를 살펴보자. 『테라가타』에 나타나는 259분 장로들 가운데 대부분은 부처님 계실 때 태어났기 때문에 부처님을 직접 뵙고 법문을 듣고 믿음이 생겨 출가하였거나 부처님의 위신력(anubhāva)을 보고 출가한 경우가 아주 많다.[46] 이것은 부처님의 법문을 듣고 출가하고 그대로 실천하는 사와까(sāvaka), 즉 성문(聲聞)의 본보기가 되는 대표적인 경우들에 해당한다. 그래서 이분들은 상좌부 불교의 부동의 표본이 된다고 할 수 있다. 그리고 부처님이 아니라 사리뿟따 장로 등의 장로들을 보고 법문을 듣고 출가한 경우(수나가 장로(Th1:85) 등)도 있다.

주석서에 나타나는 장로들이 출가한 계기를 살펴보면 다음과 같이 크게 세 가지 문맥에서 나타난다. 그것은 ① 부처님의 설법을 듣고 출가한 경우와 ② 부처님의 위신력을 보고 출가한 경우와 ③ 사리뿟따 존자 등 다른 장로들의 설법을 듣고 출가한 경우이다.

① 부처님의 설법을 듣고 출가한 경우

첫째, 부처님의 설법을 듣고 출가한 경우는 대부분 '부처님의 설법을 듣고 믿음을 얻어 출가하였다(dhammaṁ suṇanto saddhaṁ paṭilabhitvā pabbaji — ThagA.i.24).'라거나 '부처님의 설법을 듣고 출가하였다(dhammaṁ sutvā pabbajitvā — ThagA.i.85).'라거나 '부처님의 설법을 듣고 믿음이 생겨서 출가하였다(dhammaṁ sutvā paṭiladdhasaddho pabbajitvā — ThagA.i.32; dhammadesanaṁ sutvā paṭiladdhasaddho pabbaji — ThagA.i.47 등).'라는 표현으로 나타나고 있다.

---

46) 이 경우는 제따와나 등을 수용하실 때(니그로다 장로(Th1:21) 등)가 12분 정도 되었고 친지들의 모임(우사바 장로(Th2:39) 등)과 물 분쟁(두 번째 데와사바 장로(Th1:100)) 등도 있다.

이러한 표현이 나타나는 곳은 수부띠 장로(Th1:1)부터 딸라뿌따 장로(Th50:1 {1091})까지 모두 91분 정도의 장로들의 행장을 들 수 있다.

② 부처님의 위신력을 보고 믿음이 생겨 출가한 경우

둘째는 부처님의 위신력을 보고 믿음이 생겨 출가한 경우이다. 이 경우는 대부분 '부처님의 위신력(Buddhānubhāva)을 보고 청정한 믿음이 생겨서 출가한 뒤'(니그로다 장로(Th1:21)부터 우다이 장로(Th16:2 {689})까지)라고 23분 정도의 행장에 나타나고 있다. 그리고 '부처님께서 나투신 쌍신변을 보고 청정한 믿음이 생겨서'라는 표현으로 나타나고 있듯이 부처님의 쌍신변을 보고 믿음을 얻어 출가한 경우도 고디까 장로(Th1:51) 등 6분 정도가 된다. 이렇게 하여 부처님의 위신력을 보고 믿음이 생겨 출가한 경우는 29분 정도의 행장에 나타나고 있다.

③ 다른 장로들의 설법을 듣고 출가한 경우

셋째는 사리뿟따 존자 등 다른 장로들의 설법을 듣고 출가한 경우로 모두 20군데 정도가 나타나는 것으로 조사가 되었다.

예를 들면, 라다 장로(Th2:7 {133})는 법의 대장군 사리뿟따 존자에 의해 출가하였고 위빳사나를 확립한 뒤 오래지 않아 아라한됨을 증득하였다. 그리고 이시닷따 장로(Th1:120)는 서로 본 적은 없지만 서신으로 맺은 친구인 찟따 장자로부터 부처님의 덕행을 적은 교법에 대한 [서신]을 받아 보고 교법에 청정한 믿음이 생겨 마하깟짜나 장로의 곁에서 출가하여 오래지 않아 육신통을 갖춘 분이 되었다고 한다.

이처럼 부처님을 직접 뵙거나 부처님의 위신력을 보고 출가한 장로들이 120분이고 사리뿟따 존자 등의 부처님의 오래된 직계 제자들의 문하로 출가한 경우도 20군데 정도가 된다.

이처럼 140분에 달하는 축복받은 장로들은 부처님과 뛰어난 직계 제자를 직접 뵙고 믿음을 얻어 출가하였다. 그렇기 때문에 당연히 아라한이 될 수 있었을 것이다. 이러한 140분들이야말로 사와까(sāvaka), 즉 성문(聲聞)의 진수를 보여주는 분들이다.

<도표4> 친인척관계에 있는 장로들

번호	장로	친인척관계	관련 게송
1	수부띠	아나타삔디까 장자의 동생.	Th1:1
2	뿐나	꼰단냐 장로의 조카.	Th1:4
3	다사까	아나타삔디까 장자의 하인의 아들.	Th1:17
4	아바야	빔비사라왕의 아들. 어머니 빠두마와띠도 출가하여 아라한이 됨.	Th1:26
5	뽀시야	상가마지 장로의 동생.	Th1:34
6	띳사	세존의 고모의 아들.	Th1:39
7	카디라와니야 = 레와따	사리뿟따 장로의 동생. 레와따 장로(Th14:1)의 다른 이름임.	Th1:42; Th14:1 {645}~{658}
8	시왈리	숩빠와사 청신녀의 아들.	Th1:60
9	위말라꼰단냐	암바빨리 기녀와 빔비사라 왕의 아들.	Th1:64
10	찬나	숫도다나 왕의 하녀의 아들. 세존과 같은 날 태어남.	Th1:69
11	수나가	사리뿟따 장로의 친구의 아들.	Th1:85
12	라다	아래 수라다 장로의 형임.	Th2:7 {133}~{134}
13	수라다	라다 장로의 동생. 뒤따라 출가함.	Th2:8 {135}~{136}
14	마하쭌다	사리뿟따 장로의 동생.	Th2:11 {141}~{142}
15	난다	숫도다나 대왕의 아들. 세존의 이복동생.	Th2:19 {157}~{158}
16	시리마	시리왓다 비구의 형.	Th2:20 {159}~{160}
17	위따소까	아소까 대왕의 동생.	Th2:25 {169}~{170}

18	난다까	바라따 장로의 동생.	Th2:27 {173}~{174}
19	바라드와자	다음 깐하딘나 장로의 아버지.	Th2:29 {177}~{178}
20	깐하딘나	위 바라드와자 장로의 아들.	Th2:30 {179}~{180}
21	세나까	우루웰라깟사빠 장로의 여동생의 아들.	Th4:6 {287}~{290}
22	라훌라	세존의 아들.	Th4:8 {295}~{298}
23	수마나	외삼촌 문하로 출가함.	Th5:4 {330}~{334}
24	나디깟사빠	우루웰라깟사빠 장로의 동생.	Th5:6 {340}~{344}
25	가야깟사빠	우루웰라깟사빠 장로의 막냇동생.	Th5:7 {345}~{349}
26	위지따세나	두 외삼촌(세나, 우빠세나)도 출가하여 아라한이 됨.	Th5:9 {355}~{359}
27	미가잘라	녹자모 강당을 지은 위사카 청신녀의 아들.	Th6:8 {417}~{422}
28	브라흐마닷따	꼬살라 왕의 아들.	Th6:12 {441}~{446}
29	시리밋따	시리굿따 장로의 조카.	Th8:2 {502}~{509}
30	깔루다이	까삘라왓투 대신의 아들. 세존과 같은 날 태어남.	Th10:1 {527}~{536}
31	에까위하리야	아소까 대왕의 동생.	Th10:2 {537}~{546}
32	왕간따의 아들 우빠세나	사리뿟따 장로의 동생.	Th10:6 {577}~{586}
33	상낏짜	아디뭇따 장로의 외삼촌.	Th11:1 {597}~{807}
34	실라와	빔비사라 왕의 아들.	Th12:1 {608}~{619}
35	아디뭇따	상낏짜 장로(Th11:1)의 조카.	Th20:1 {705}~{725}
36	아누룻다	세존의 사촌.	Th20:9 {892}~{919}
37	아난다	세존의 사촌.	Th30:3 {1018}~{1050}

④ 세존이나 장로들과 친인척관계가 있는 경우

넷째, 장로들이 출가한 계기를 살펴보면서 언급해야 할 분들에는 먼저 출가한 장로 스님들과 친인척관계가 있는 경우도 포함시킬 수 있을 것이다. 즉 가족이나 친지들 가운데 먼저 출가하여 아라한이 된 분들을 인연으로 하여 동생이나 조카나 아들 등이 되는 분들이 출가하여 아라한이 된 경우도 적지 않다. 『테라가타』에 나타나는 친인척관계를 여기 모아보면 다음과 같이 37분 정도가 된다.

당연히 부처님의 아들이나 친지들도 여기에 포함시켜야 하며 그래서 부처님의 아들인 라훌라 장로(Th4:8 {295})와 동생인 난다 장로(Th2:19 {157}), 그리고 마부였던 찬나 장로(Th1:69)까지 이 영역에 넣을 수 있다. 그리고 사리뿟따 존자의 동생인 세 분의 장로들 즉 마하쭌다 장로(Th2:11 {141})와 왕간따의 아들 우빠세나 장로(Th10:6 {577})와 레와따 장로(Th14:1 {645} = 카디라와니야 장로(Th1:42))도 여기에 넣을 수 있고 그 외 여러 장로들을 넣을 수 있는데 이런 조건으로 검색해 보면 대략 37분 정도를 이 영역에 포함시킬 수 있을 것 같다. 이렇게 정리해 보면 본서에 나타나는 259명 장로들 가운데 대략 37분 정도가 친인척관계에 있는 것으로 파악된다.

친인척관계에 있는 장로들을 정리하면 <도표4>과 같다.

⑤ 그 외의 인연으로 출가한 경우

앞에서 언급한 180여 분(90+30+20+40)을 제외한 나머지 80분 정도의 장로들도 여러 가지 인연이나 계기로 출가를 하여 아라한이 되었다.

예를 들면 해골을 두드려 죽은 자들의 태어나는 곳을 알아내었던 왕기사 장로(Th70:1 {1209}~{1,279})와 미가시라 장로(Th2:31 {181}~{182})는 아라한들의 태어나는 곳을 아는 주문을 얻기 위해서 출가하였고 뻴린다왓차 장로(Th1:9)는 자신이 호지하고 있던 쭐라간다라 주문이 듣지 않자 마하간다라(Mahā-Gandhāra) 주문을 얻기 위해서 출가하였다.

IX. 장로들이 아라한이 된 인연

이상으로 259분 아라한 스님들이 출가하게 된 인연을 정리하여 보았다. 이제 이분들은 어떤 인연으로 깨달음을 실현하여 아라한이 되었는가를 『테라가타 주석서』를 통해서 정리해 보고자 한다.

(1) 절박함(saṁvega)

① 절박함(saṁvega)이란 용어의 빈도수

『테라가타』가 아닌 『테라가타 주석서』 전체에서 가장 주목해야 할 키워드를 하나만 들라면, 그리고 역자의 마음에 가장 큰 감동을 준 단어를 하나만 들라면 역자는 '절박함(saṁvega)'을 들고 싶다. 역자의 마음을 가장 움직인 키워드가 절박함(saṁvega)과 절박함이 생겼음(saṁvega-jāta)이다. 『테라가타 주석서』에서 'saṁveg'로 단순 조회를 해보면 『테라가타 주석서』 전체에서 saṁvega라는 술어는 대략 120번 정도가 나타나는 것으로 조회되었다. 이 가운데 34번 정도는 '절박함이 생긴'으로 옮겨지는 saṁvega-jāta로 나타났다. 그리고 '절박함이 생김'으로 옮기는 sañjāta-saṁvega로도 27번 정도 검색이 되었다. 나아가서 saṁvejanīya(절박함을 일으켜야 하는)나 saṁvejetukāma(절박함을 일으키기 위한)나, saṁvejita(절박함을 일으킨)이나 동사 saṁvejeti(절박함을 일으키다)를 염두에 두고 'saṁvej'로 검색하면 16번 정도가 조회된다. 역자가 인용하여 옮긴 주석서에서 담마빨라 스님은 대략 87분 장로들의 행장을 설명하면서 이 절박함이란 용어를 사용하고 있는 듯하다.

② '절박함'이란 무엇인가

'절박함'으로 옮긴 saṁvega는 saṁ+√vij(떨다, *to tremble*, vijjati, Sk: vijate/ti, 6류)의 사역 동사 saṁvejeti의 남성명사이다. 이 용어는 삼장의 여러 곳에서 나타나고 있다. PED는 '*agitation, fear anxiety; thrill; religious emotion caused by contemplation of the miseries of this world*'로, NMD와 『청정도론』은 '*sense of urgency*'로, BDD는 '*anxiety; agitation; religious emotion*'으로 설명하고 있으며 초기불전연구원에서

는 '절박함'으로 정착시키고 있다. saṁvejeti의 과거분사인 saṁvigga(절박해진, 절박한), saṁvejita(절박함을 일으킨)와 가능법 분사(*potential participle*)인 saṁvejanīya(절박함을 일으켜야 하는)와 saṁvejetukāma(절박함을 일으키기 위한)도 삼장에 나타나고 있다.

부처님께서는 『이띠웃따까』 「기쁨 경」(It2:10)에서 번뇌를 멸진하기 위해서 갖추어야 하는 것으로 절박함을 들고 계신다.

"비구들이여, 두 가지 법을 갖춘 비구는 지금 · 여기에서 많은 행복과 기쁨을 누리면서 머물고 번뇌들을 멸진하기 위한 원인을 충족하였다. 무엇이 둘인가?

① 절박함을 일으키는 토대들에 대한 절박함과 ② 절박함을 가진 자의 지혜로운 노력이다. 비구들이여, 이러한 두 가지 법을 갖춘 비구는 지금 · 여기에서 많은 행복과 기쁨을 누리면서 머물고 번뇌들을 멸진하기 위한 원인을 충족하였다."(It2:10 §1)

이 경에 해당하는 『이띠웃따까 주석서』는 "태어남, 늙음, 병듦, 죽음, 악처의 괴로움(apāya-dukkha), 과거의 윤회에 뿌리박은 괴로움(anāgate vaṭṭamūlaka dukkha), 미래의 윤회에 뿌리박은 괴로움, 현재의 음식을 구함에 뿌리박은 괴로움(paccuppanne āhārapariyeṭṭhimūlaka dukkha)이라는 이 [여덟 가지] 절박함의 토대들(saṁvega-vatthūni)이 '절박함을 일으키는 토대들(saṁvejanīyaṭṭhānāni)'이 된다."(ItA.i.115~116)라고 설명하고 있다.

『담마상가니』 제3편 「간결한 설명 편」(nikkhepa-kaṇḍa)은 "1376. '절박함(saṁvega)'이란 태어남에 대한 두려움, 늙음에 대한 두려움, 병에 대한 두려움, 죽음에 대한 두려움이다. '절박함을 일으키는 토대(saṁvejanīya ṭhāna)'(ma2-139-a)란 태어남, 늙음, 병, 죽음이다."로 절박함과 절박함을 일으키는 토대들을 설명하고 있다.

그리고 『디가 니까야 주석서』도 생 · 노 · 병 · 사에 대한 두려움(bhaya)이 절박함(saṁvega)이라고 설명하고 있다.(DA.iii.984)

한편 생 · 노 · 병 · 사가 거듭되는 것을 부처님께서는 오도송에서 '아네까자띠 삼사라(많은 생을 윤회하면서, anekajāti-saṁsāraṁ)'로 말씀하신다.(본서 제2권 {184}의 해당 주해 참조) 이렇게 수많은 생을 윤회하면서 치달려 온 것에 대한 두려움(bhaya)을 내는 것이 바로 니까야와 주석서들에서 말하는 이 절박함이다. 우리가 부처님의 4대 성지를 순례하는 것은 이러한 절박함을 일으키고 더 확고하게 하기 위해서이다. 그래서 이 4대 성지를 절박함을 일으켜야 하는 장소(saṁvejanīya ṭhāna)라고 「대반열반경」(D16)은 강조하고 있다.(D16 §5.8)

그리고 이것은 비구를 윤회에서 두려움을 보는 자(saṁsāre bhayaṁ ikkha-tī ti bhikkhu, Vis.I.7; saṁsāre bhayassa ikkhanakā, ThagA.i.81)로 정의하는 상좌부 주석서 전통과도 연결되어 있다. 윤회에서 두려움을 보는 것이야말로 생노병사에 대한 두려움을 보는 것이요 그것이 바로 절박함을 일으키는 것이며 그런 사람이 바로 진정한 비구이기 때문이다. 장로들의 오도송, 즉 구경의 지혜를 담은 게송들을 모은 이 『테라가타』가 우리에게 일깨움을 주는 것도 바로 이 윤회와 생사에 대한 절박함을 일으키게 하기 위함임을 담마빨라 스님은 많은 게송을 주석하고 많은 장로들의 행장을 정리하여 드러내면서 이 절박함을 키워드로 제시하고 있다. 이것이 역자가 파악한 담마빨라 스님의 가장 큰 뜻이라고 생각한다.

③ 『테라가타』에 나타나는 '절박함'

『테라가타 주석서』가 아닌 『테라가타』의 게송 안에서 saṁvega라는 용어는 난다까 장로(Th2:27)의 {173} 게송 등 모두 5곳에 나타난다. 그리고 동사 saṁvejesi로 한 곳에 나타나고 있다. 예를 들면 우사바 장로(Th2:39)는 이렇게 읊고 있다.

> "코끼리의 몸통에서 내려오자
> 그때 나에게 절박함이 생겼다.
> 그런 나는 그때 오만하였다가 곧 고요해졌나니
> 나는 번뇌의 멸진을 얻었다."({198})

그리고 마하빤타까 장로(Th8:3 {510}~{517})의 {510}을 설명하면서 주석서는 "나에게는 '절박함이 있었다(saṁvego ahu).'는 말은 수치심과 함께 하는(sahottappa) 지혜가 생겼다는 말이다."(ThagA.ii.215)라고 설명하고 있다. 랏타빨라 장로(Th20:4 {769}~{793})의 {791}을 설명하면서 주석서는 "'그때 나는 절박함을 얻었습니다(saṁvegaṁ alabhiṁ tadā).'라고 하였다. 스승님의 곁에서 법을 듣는 시간에 존재 등(bhavādika)에 대해서 절박함을 얻었다는 말이다."(ThagA.iii.41)라고 설명하고 있다.

나아가서 낌빌라 장로(Th2:18)의 {155}를 설명하면서 『테라가타 주석서』는 절박함이 생겨서 출가하여 수행을 하는 비구들이 진정한 도반들(sahāyakā)이라고 설명하고 있다. 이처럼 절박함이 없는 비구는 진정한 출가자라 할 수 없을 것이다. 주석서는 설명한다.

"절박함이 생겨 출가하여(saṁveguppatti-pabbajjā) 사문의 법을 실천하며(samaṇa-dhamma-karaṇa) 함께 머무는 자들(saṁvāsā)과 함께 길을 가기 때문에(ayanato), 나아가기 때문에(pavattanato) '도반들(sahāyakā)'이다."(ThagA.ii.31)

④ 절박함으로 출가함과 절박함으로 깨달음을 실현함

『테라가타 주석서』 전체에서 대략 120번 정도 나타나는 이 saṁvega(절박함)라는 용어는 크게 두 가지 문맥으로 나누어 볼 수 있다. 하나는 출가할 때의 절박함으로 절박함을 얻어 출가한 경우이고 둘째는 절박함에 사무쳐서 깨달음을 얻어 아라한이 된 경우이다.

첫째, 담마빨라 스님이 서술하고 있는 259분 장로 스님들의 행장을 통해서 보면 절박함을 얻어 출가한 스님들이 적지 않다. 물론 부처님 말씀을 듣고 절박함을 얻어 출가한 경우도 적지 않지만 직접 삶에서 절박함을 얻어 출가한 경우도 많다. 이처럼 출가할 때 절박함을 얻어 출가한 경우는 대략 35분 정도가 되는 것 같다. 예를 들면 위라 장로(Th1:8)는 감각적 쾌락들(kāmā)과 윤회(saṁsāra)에서 위험(ādīnava)을 보고 절박함이 생겨(saṁvega-jāta) 출가하였다.(ThagA.i.52) 그리고 빔비사라 왕의 아들이었던 아바야 장로(Th1:28)는 아버지 빔비사라 왕이 시해되자 절박함이 생겨(sañjāta-saṁvega) 출가하였다.(ThigA.39)

둘째, 절박함에 사무쳐서 깨달음을 얻어 아라한이 된 경우는 대략 27분 정도인 듯하다. 예를 들면 수망갈라 장로(Th1:43)는 환속하려고 친척들의 마을로 가는 도중에 갈대를 묶고 들판을 경작하면서 더러운 옷을 입고 먼지를 덮어쓴 채 바람과 열기에 메마른 농부들을 보고 '이들은 생계 때문에 고통을 겪고 있구나.'라고 절박함을 얻게 되었고 어떤 나무 아래에 가서 멀리 여읨(한거, viveka)을 얻은 뒤 지혜롭게 마음에 잡도리하면서 위빳사나를 증장시켜 도의 순서(maggapaṭipāṭi)대로 아라한됨을 얻었다고 한다.(ThagA.i.118)

깝빠따꾸라 장로(Th2:40 {199}~{200})는 처참한 가문(duggata-kula)에 태어났으며 넝마 조각을 옷으로 삼고 거지처럼 살다가 어떤 번뇌 다한 장로의 법문을 듣고 출가하였다. 그는 일곱 번을(sattakkhattuṁ) 환속하였다(uppabbaji). 비구들은 그의 그런 행동을 세존께 말씀드렸고 그러던 어느 날 깝빠따꾸라 비구는 법의 회합(dhamma-sabhā)에서 회중(會衆)의 가장자리에 앉아서 졸고 있었다. 세존께서는 그런 그를 호되게 꾸짖으시는 게송 두 개({199}~{200})를 읊으셨다. 세존의 질책으로 뼛속을 파고드는 충격처럼, 사나운 코끼리가 길을 달려 내려오는 것처럼 절박함이 생겨(sañjāta-saṁvega) 위빳사나를 확립한 뒤 오래지 않아 아라한됨을 얻었다고 한다.(ThagA.ii.66~67)

그리고 '위빳사나의 업을 행하면서(vipassanāya kammaṁ karonta)'와 절박함(saṁvega)이 함께 나타나는 경우도 13번 정도가 되는 것으로 검색이 되었다.

이처럼 절박함으로 출가하였거나 절박함으로 수행하여 아라한이 된 장로들로 주석서는 대략 62분을 들고 있다.

그 외 25분 정도의 행장에서는 이 절박함이라는 용어가 다른 문맥들에서 사용되고 있다. 예를 들면 쭐라가왓차 장로(Th1:11)는 꼬삼비(Kosambi)의 비구들의 분쟁이 생겼을 때 그 비구들이 분쟁에 몰두하여 그들의 이로움이 파멸되는 것을 보고 법에 대한 절박함을 얻어(dhammasaṁvegappatta) {11}의 게송을 읊었다고 한다.(ThagA.i.58)

부처님을 뵙고 법문을 듣고 출가하면 제일이겠지만 부처님이 계시지 않은 후대의 출가자들에게도 절박함은 수행의 가장 크고 튼튼한 토대가 되었다. 그래서 중국 선종의 많은 조사 스님들도 간절 절(切) 자를 강조하셨다. 역자가 saṁvega를 절(切) 자를 넣어서 절박(切迫)함으로 옮긴 데는 역자가 대불련(한국대학생불교연합회) 부산지부 교화부장을 하면서 화두를 받은 이후로 항상 옆에 두고 읽었고 그래서 출가를 결단하게 된 저 『선관책진』(禪關策進)이 있었기 때문인지도 모르겠다.

(2) **마음챙김(sati)**

초기불전연구원에서 '마음챙김'으로 옮기고 있는 sati(Sk: smṛti)는[47] 바라문교나 자이나교를 포함한 외도들의 가르침이나 수행 체계에는 강조되지 않는다. 그들에게서 smṛti는 기억이나 기억을 통해서 기억해 낸 선조들의 가르침이나 법령 등을 뜻할 뿐이다. 그래서 그들에게는 우리에게 마누 법전으로 알려진 『마누스므르띠』 등이 있다. 자이나교에서도 사띠는 그들의 기본 교학이나 수행 체계에서는 등장하지 않는다.

초기불교의 핵심 수행 용어라 할 수 있는 마음챙김은 『테라가타』의 1,279개 게송 가운데서 sati나 과거분사 sata 등으로 80곳 정도에 나타나고 있다. sati를 '∪sati'로 검색하면 27번 정도가 나타나고 빈 칸(∪)을 띄우지 않고 'sati'로 검색을 하면 126번이 나타나는데 bhāsati, payirupāsati 등이 포함되기 때문이다. 그래서 한글 번역에서 폰트의 크기를 구별해서 조회하니 원문에 모두 34번이 조회되었다. 역자는 sati를 마음챙김으로만 옮기기 때문에 『테라가타』 빠알리 원문에 마음챙김을 뜻하는 sati는 34번 정도 나타나고 있다고 봐도 무방할 것이다. 그리고 여기에다 sati의 과거분사 sata의 주격인 sato 등을 포함시키기 위해서 한글 번역에서 폰트의 크기를 구분해서 '마음챙'으로 검색을 하면 80번 정도가 나타난다. 여기에다 계속해서 생각함으로 옮기는 anusati 다섯 번을 포함시키면 모두 85

---

47) 한국에서 sati를 마음챙김으로 옮기신 분은 활성 스님이시다. 초기불전연구원에서도 이를 받아들여 sati를 마음챙김으로 옮기고 있는데 여기에는 분명한 경전적 근거와 용례가 있다. 역자는 그 이유를 여덟 가지로 정리해서 밝히고 있다. 여기에 대해서는 역자가 옮긴 『담마상가니』 제1권 §14의 해당 주해를 참조하기 바란다.

번 정도가 된다.

그리고 폰트와 관계없이 한글 번역으로만 '마음챙김'으로 검색하면 83번 정도가 나타나고 '마음챙'으로 검색하면 125번 정도가 나타난다. 이것은 주석서를 주해로 옮기면서 많아진 것이다. 그리고 이 85번 가운데에는 사념처, 즉 네 가지 마음챙김의 확립[四念處]을 뜻하는 마음챙김의 확립(sati-paṭṭhāna)은 다섯 곳에 나타나는데 그 가운데 소비따 장로(Th2:23)의 {166} 한 곳에서는 네 가지 마음챙김의 확립(attāro satipaṭṭhāna)으로 나타나고 있다. 그리고 몸에 대한 마음챙김(kāyagatā sati, 혹은 kāya-gatā-sati 등)도 게송의 다섯 군데 정도에서 나타나고 있다.

아마 1,279개 게송들 가운데 가장 많이 나타나는 용어는 dhamma일 것이다. 179번이 검색되었다. 이외에 아주 많이 나타나는 용어들 가운데 sati는 몇 번째로 많이 나타나고 있음이 분명하다. 이것은 괴로움과 고통 등으로 옮겨지는 dukkha라는 단어가 모두 80곳 정도에 나타나고 있는 것과 비교해 봐도 아주 많은 빈도수이다.

이처럼 부처님의 직계 제자인 아라한 장로들은 마음챙김을 강조하고 있다. 마하가왓차 장로(Th1:12)는,

> "통찰지의 힘을 가졌고 계행과 서계를 구족하였으며
> 삼매에 들고 禪을 기뻐하고 마음챙김을 가져
> 이치에 맞는 적절한 음식을 먹으면서
> 탐욕 여읜 그는 여기서 바른 시간을 기다려야 하노라."({12})

라고 출가자의 삶과 수행의 핵심을 읊고 있다. 그리고 아지따 장로(Th1:20)는,

> "나에게는 죽음에 대한 두려움이 없고
> 삶에 대한 열망이 없다.
> 알아차리고 마음챙겨
> 나는 몸을 내려놓을 것이다."({20})

라고 읊고 있는데 주석서는 장로가 아라한됨을 얻고 사자후를 토하면서

(sīhanādaṁ nadanto) 읊은 게송이라고 설명하고 있다.(ThagA.i.78) 이 외에도 마음챙김은 장로들이 읊은 게송의 키워드로 자리매김하고 있다.

(3) 염오(nibbidā)

염오(nibbidā)는 『상윳따 니까야』 에만 500번 정도 나타나는 '해탈·열반을 실현하는 여섯 단계의 정형구'인 ① 오온으로 해체해서 보기 ② 무상·고·무아 ③ 염오 ④ 이욕 ⑤ 해탈 ⑥ 구경해탈지의 정형구의 세 번째인 염오에 해당한다. 여섯 단계의 과정에 대해서는 『초기불교 이해』 54~55, 58, 137, 139이하, 174이하, 177이하, 191~192, 209쪽 등을 참조하고, 『상윳따 니까야』 제4권 해제 §3과 제3권 해제 §3을 중심으로도 살펴볼 것을 권한다.

『상윳따 니까야 주석서』 등은 염오를 이렇게 설명한다.

"여기서 '염오(nibbidā, nis+√vid1, vedeti, *to know, to feel*)'란 염오의 지혜(nibbidā-ñāṇa)를 말하는데, 이것으로 강한 위빳사나(balava-vipassanā)를 드러내고 있다.

강한 위빳사나란 [10가지 위빳사나의 지혜 가운데] ④ 공포의 지혜(bhayatūpaṭṭhāne ñāṇa) ⑤ 위험을 관찰하는 지혜(ādīnavānupassane ñāṇa) ⑦ 해탈하기를 원하는 지혜(muñcitukamyatā-ñāṇa) ⑨ 상카라[行]에 대한 평온의 지혜(saṅkhārupekkhā-ñāṇa)의 네 가지 지혜와 동의어이다."(SA.ii.53, 『상윳따 니까야』 제2권 「의지처 경」(S12:23) §4에 대한 주석.)

한편 『앙굿따라 니까야 복주서』 는 "강한 위빳사나는 ④ 공포의 지혜(bhayat-ūpaṭṭhāne ñāṇa), ⑤ 위험을 관찰하는 지혜(ādīnava-anupassane ñāṇa), ⑦ 해탈하기를 원하는 지혜(muñcitukamyatā-ñāṇa), ③ 무너짐의 지혜(bhaṅgañāṇa)의 네 가지 지혜와 동의어이다."(AAṬ.iii.390)라고 설명하고 있다.

그리고 『테라가타 주석서』 를 지은 담마빨라 스님의 저술인 『청정도론 복주서』 는 "⑥ 염오의(역겨움을 관찰하는) 지혜(nibbidānupassanāñāṇa)부터가 강한 위빳사나(balava-vipassanā)이며 그 이전은 약한 위빳사나(dubbala-vipassanā)라고 설명하고 있다.(Pm.i.324)

즉 열 가지 위빳사나의 지혜 가운데 ⑥ 염오의 지혜(nibbidānupassanā-ñāṇa)와 ⑦ 해탈하고자하는 지혜(muñcitukamyatā-ñāṇa)와 ⑧ 깊이 숙고하여 관찰하는 지혜(paṭisaṅkhānupassanā-ñāṇa)와 ⑨ 형성된 것들(상카라, 行)에 대한 평온의 지혜(saṅkhār-upekkhā-ñāṇa)와 ⑩ 수순하는 지혜(anuloma-ñāṇa)의 다섯 가지 지혜가 강한 위빳사나이며 그 이전 단계인 ① 명상의 지혜(sammasana-ñāṇa)와 ② 생멸의 지혜(udayabbaya-ñāṇa)와 ③ 무너짐을 관찰하는 지혜(bhaṅgānupassanā-ñāṇa)와 ④ 공포로 나타나는 지혜(bhayatupaṭṭhāna-ñāṇa)와 ⑤ 위험함을 관찰하는 지혜(ādīnava-anupassanā-ñāṇa)의 다섯은 약한 위빳사나라는 말이다.

『테라가타』 빠알리 원문에서 염오는 명사 nibbidā(염오)로 7번 정도가 나타나고 동사 nibbindati(염오하다)로 세 번 정도 나타나고 있다.

나가사말라 장로(Th4:1 {267}~{270})는 탁발을 가다가 큰 도로의 한 가운데서 춤추는 여인을 보고 이렇게 읊었다.

"그 때문에 나에게는 지혜롭게
마음에 잡도리함이 생겨났다.
위험이 분명하게 드러났고
염오가 확립되었다."({269})

그리고 {270}에서 '그것 때문에 나의 마음은 해탈하였다.'라고 밝히고 있다. 주석서는 여기서 염오는 염오의 지혜(nibbidā-ñāṇa)라고 밝히고 있다.(ThagA.ii.111)

부처님의 첫 번째 출가 제자요(A1:14:1~80) 「초전법륜 경」(S56:11)을 듣고 맨 먼저 예류과를 얻은 안나꼰단냐 장로(Th16:1 {673}~{688})는 우리에게 잘 알려진 게송에서 염오를 강조하고 있다.

"모든 형성된 것들은 무상하다고 [괴로움이라고, 무아라고]
통찰지로 볼 때
괴로움을 염오하나니
이것이 청정에 [이르는] 도이다."({676}~{678}; Dhp {277}~{279})

(4) 위빳사나 수행

이상으로 출가와 깨달음과 그리고 도와 과의 실현에서 가장 중요한 절박함(saṁvega)과 마음챙김(sati)과 염오(nibbidā)에 대해서 적어보았다. 이제 259분 장로들은 어떤 수행과 어떤 인연을 통해서 깨달음을 실현하여 아라한이 되었는가를 『테라가타 주석서』를 통해서 정리해 보고자 한다.

『테라가타 주석서』는 259분의 장로들의 행장 가운데 197분 정도의 행장에서 위빳사나를 통해서 아라한이 되었다고 설명하고 있다. 역자는 이번 번역을 하면서 이 한글 번역을 토대로 Foxpro로 '테라가타 한글 번역 데이터 베이스' 자료를 만들었는데 여기서 한글 '위빳사나'로만 검색을 하면 1,279개 게송을 포함한 전체 자료에서는 280번이 나타나고, 장로들의 행장에서는 197번이 나타났다. 즉 259명 장로들 가운데 62명을 제외한 분들이 이 위빳사나 수행을 통해서 아라한이 되었다고 『테라가타 주석서』는 말하고 있다고 여겨진다.[48)]

『테라가타 주석서』에서 이 위빳사나라는 용어는 ① 위빳사나의 업, ② 위빳사나의 확립, ③ 위빳사나의 증장, ④ 위빳사나를 열성적으로 행함 등의 표현으로 나타나고 있는데 이렇게 많은 장로들이 위빳사나를 통해서 아라한이 되었음을 간략하게 밝히고 있다고 하겠다.

『테라가타 주석서』에서 담마빨라 스님은 위빳사나 수행에 대한 다음과 같은 용어들을 사용하고 있다.

① 위빳사나의 업을 행하면서(vipassanāya kammaṁ karonta)

첫 번째로 언급해야 할 용어는 '위빳사나의 업을 행하면서(vipassanāya kammaṁ karonta)'이다. '위빳사나의 업을 행하면서'는 vipassanāya kam

---

48) 그런데 위빳사나(vipassanā)라는 용어는 『테라가타 주석서』가 아닌 『테라가타』의 1,279개 게송들 가운데에는 단 한 곳에만 나타나는 것으로 검색이 되었다. 통찰하다로 옮기는 동사 vipassati는 여섯 장로의 9개 문맥에서 나타나지만 『테라가타』의 게송들 안에서 위빳사나라는 용어는 이처럼 한 번 나타나고 있다. 반면에 마음챙김은 80번 정도나 나타난다. 여기에 대해서는 본 해제 IX-(2) 마음챙김(sati)을 참조하기 바란다.

-maṁ karonto를 직역하여 옮긴 것이다. 『테라가타 주석서』에는 여기서 '위빳사나의 업을 행하면서'로 직역한 vipassanāya kammaṁ karonto/karoti라는 표현이 59번 정도가 나타나고 『테리가타 주석서』에도 20번 정도가 나타나고 vipassanākammaṁ karontā라는 표현도 몇 번 나타나고 있는 것으로 조사가 되었다.

복주서에는 이 vipassanāya kammaṁ karonto/karoti에 대한 설명은 나타나지 않지만 수행의 문맥에서 나타나는 kammaṁ karontassa(업을 행하면서) 혹은 kammaṁ karoti(업을 짓는다)를 복주서는 이렇게 설명하고 있다.

"'업을 행하면서(kammaṁ karontassa)'라는 것은 수행에 몰두하는 업을 지으면서(bhāvanā-anuyoga-kammaṁ karontassa)라는 뜻이다."(MAṬ.ii.268)

"'업을 짓는다(kammaṁ karoti).'는 것은 수행하는 업을 짓는다는 뜻이다(yoga-kammaṁ karoti)."(MAṬ.ii.212)

그러므로 이 vipassanāya kammaṁ karonto는 '위빳사나 수행에 몰두하면서'로 의역할 수 있을 것이다.

② 위빳사나를 증장하여(vipassanaṁ brūhetvā)

둘째, 위빳사나를 증장하여(vipassanaṁ brūhetvā) 아라한과를 얻었거나 세 가지 명지를 얻었거나 육신통을 얻었다는 언급이 58군데 나타나고 있다. 예를 들면 쭐라가왓차 장로(Th1:11)와 여러 장로들의 행장에는 '위빳사나를 증장하여 아라한과를 얻었다(vipassanaṁ brūhetvā arahattaṁ pāpuṇi, ThagA.i.58)'라고 나타나며, 시따와니야 장로(Th1:6)의 행장에서는 '위빳사나를 증장시켜 세 가지 명지(vijjāttaya)를 실현하였다(vipassanaṁ vaḍḍhetvā vijjā-ttayaṁ sacchākāsi, ThagA.i.47).'라고 나타난다.

③ 위빳사나를 확립하여(vipassanaṁ paṭṭhapetvā)

셋째, 위빳사나를 확립하여(vipassanaṁ paṭṭhapetvā) 아라한과를 얻었다는 언급은 38번 정도 나타나고 있다. 예를 들면 다사까 장로(Th1:17)의 행장과 여러 장로들의 행장에서 '위빳사나를 확립하여 오래지 않아 아라한됨을 실현하였다.'(ThagA.i.74)라고 언급하고 있다.

④ 위빳사나를 열성적으로 행하여(vipassanaṁ ussukkāpetvā)

그리고 위빳사나를 열성적으로 행하여(vipassanaṁ ussukkāpetvā)라고 언급하는 곳도 29군데 정도 된다. 예를 들면 뿐나 장로(Th1:4)와 여러 장로들의 행장에서 '위빳사나를 열성적으로 행하여 아라한됨을 얻었다(vipassanaṁ ussukkāpetvā arahattaṁ pāpuṇi, ThagA.i.74).'라고 나타나고 있다.

그 외 웃띠야 장로(Th1:30)와 사미닷따 장로(Th1:90) 등 8분 정도도 위빳사나 수행을 하여 아라한이 되었다고 주석서는 밝히고 있다.

(5) 禪 수행과 사마타 수행

불교 수행, 특히 초기불교 수행도 禪으로 음역을 한 jhāna, 즉 禪 수행을 뺄 수 없다. 역자가 인용하여 옮긴 『테라가타 주석서』를 포함하여 『테라가타』 1/2/3권 전체에서 '禪'이라는 번역어로 검색하면 67번이 쓰인 것으로 조회가 되고, 한글로 옮긴 『테라가타』 1/2/3권 전체에서 빠알리어 jhān(a)를 키워드로 하여 검색하면 59번 정도가 나타났다. 그리고 사마타로 옮기는 'samath'로는 17번이, 증득이나 등지로 옮기는 'samāpatti'로는 44번이, 'bhāvan(ā)'로는 58번이 쓰인 것으로 검색이 되었다. 그리고 명상주제로 옮기는 'kammaṭṭhān(a)'로 검색을 하면 30군데 정도에 나타나고 있다. 이것은 주석서를 인용한 것까지 포함한 것이다. samāpatti나 kammaṭṭhāna 등은 『테라가타』 원문에는 나타나지 않는다.

그런데 이것을 장로들의 행장 안에서만 검색하면 禪으로는 40번, 빠알리어 jhān(a)로는 33번이 나타났다. samath로는 10번, samāpatti로는 27번, bhāvanā로는 25번, kammaṭṭhāna로는 20군데 정도가 된다. 그러나 거듭 밝히지만 이것을 『테라가타』 빠알리 원문 안에서만 검색하면 jhāna나 jhāne로는 8번이 나타났고 samath로는 9번, bhāvanā로는 1번이 나타났으며 samāpatti나 kammaṭṭhāna는 게송 안에서는 나타나지 않았다. 그만큼 이러한 수행 용어에 대한 주석서의 언급이 많다는 의미이기도 하다.

물론 이 용어들이 함께 나타나는 경우도 드물지 않다. 예를 들면 jhāna와 samatha가 특정 장로의 행장에 함께 나타나는 경우가 5번 정도 있으며 주석서의 행장들 가운데 vipassanā와 samāpatti가 함께 나타나는 장로들의 경우도 9번이 되었다. 주석서에서 vipassanā와 jhāna가 함께 나타나는 장로들의 경우도 10번이 되었다. 물론 마음챙김(sati)도 주석서의 장로들의 행장에 41번 정도 나타나고 알아차림(sampajāna)도 6번 정도 언급되고 있다.

그리고 피부의 오개조(五個組)의 명상주제(taca-pañcaka-kammaṭṭhāna)라는 용어도 주석서에 나타나는 세 분의 장로들 행장에 있고, 더러움[不淨]의 명상주제(asubha-kammaṭṭhāna)라는 용어도 세 분의 행장에 나타나고 있다.

이 정도로만 살펴보아도 장로들이 아라한이 된 데는 위빳사나 수행과 禪이나 사마타나 명상주제 등의 수행을 통해서라고 주석서는 강조하면서 설명하고 있음을 알 수 있다.

이제 여기서 언급한 주석서의 수행을 통한 문맥의 사례를 몇 가지만 들어보자.

① 禪(jhāna)의 문맥

급고독 장자의 동생인 수부띠 장로(Th1:1)는 자애와 함께하는 禪(mettā-jhāna)을 닦아서 아라한이 되었다.(ThagA.i.24) 그는 주로 숲에서 머물면서 평화롭게 지냈다고 한다.

소빠까 장로(Th1:33)는 공동묘지(susāna)의 장작더미(citaka) 위에서 태어났고 바로 어머니는 죽었으며 일곱 살이 되었을 때 부처님을 뵙고 출가하였다. 세존께서는 그에게 특별히 자애 수행(mettā-bhāvanā)에 몰두하게 하셨고 그는 자애의 명상주제(mettā-kammaṭṭhāna)로 묘지에서 살면서 자애와 함께한 禪(mettā-jhāna)을 얻은 뒤 그 禪을 기초로 하여(pādakaṁ katvā) 위빳사나를 증장하여 아라한과를 얻었다고 한다. 그는 아라한이 되어서 공동묘지에 사는 비구들에게 자애 수행의 방법(mettā-bhāvanā-vidhi)을 보여주면서 {33} 게송을 말하였다고 한다.(ThagA.i.99~100)

깡카레와따 장로(Th1:3)도 禪을 기초로 하여(pādakaṁ katvā) 아라한됨을 얻었다고 한다.(ThagA.i.37)

마하빤타까 장로(Th8:3 {510})는 네 가지 무색계 禪(arūpajjhāna)을 얻은 자가 되어 거기서 출정하여 위빳사나를 열성적으로 행하여 아라한됨을 얻었다고 한다.

② samatha의 문맥

주석서에서는 뿐나 장로(Th1:70), 멘다시라 장로(Th1:78), 키따까 장로(Th1:104), 왓차곳따 장로(Th1:112), 시리마 장로(Th2:20 {159}), 미가시라 장로(Th2:31 {181})의 여섯 분의 장로의 행장을 설명하면서 사마타 수행을 하였음을 밝히고 있다. 물론 이분들은 위빳사나 수행도 당연히 하였고 이러한 위빳사나 수행을 통해서 아라한이 된 분들이다. 여기서 주목할 점은 이 여섯 분들은 모두 육신통을 구족한 분들이라고 언급되고 있다. 사마타 수행을 통해서 제4선에 능통해야 신통의 지혜가 완성되기 때문일 것이다. 그리고 소나 꼴리위사 장로(Th13:1)는 {639}에서 자신이 사마타를 닦았고 삼명을 갖추었음을 이렇게 밝히고 있다.

> "나는 그분의 말씀을 듣고
> [그분의] 교법에 기뻐하며 머물렀다.
> 가장 높은 이치를 증득하기 위해서
> 사마타를 닦았다.
> 세 가지 명지를 얻었고
> 부처님의 교법을 실천하였다."({639})

③ samāpatti의 문맥

『테라가타』의 1,279개 게송 안에는 증득[等至, 等持]으로 옮기는 samā-patti라는 술어가 나타나지 않는다. 『테라가타 주석서』에는 과의 증득(phala-samāpatti)이 15번 정도 언급되고 있고 여덟 가지 증득[八等至, 八等持, aṭṭha samāpattiyo]이라는 문맥으로 다섯 군데 정도에 나타나며 증득의 행복(samāpatti-sukha)으로도 나타나는 등 대부분이 수행을 통한 예류과부터 아라한과까지의 증득이나 삼매를 통한 초선부터 비상비비상처까지의 여덟 가지 본삼매의 증득 등의 문맥에서 쓰이고 있다.

(6) **삼명(三明, te-vijjā)과 육신통(六神通, chaḷ-abhiññā)**

이 문맥에서 언급할 수 있는 것은 육신통에 대한 것이다. 『청정도론』 등 주석서 문헌에 의하면 신통은 제4선의 증득을 토대로 나투게 된다. 그래서 제4선을 [신통지의] 기초가 되는 禪(pādaka-jjhāna)이라 부른다.(『청정도론』 XII.57 이하 참조)

육신통(六神通, chaḷ-abhiññā)은 신족통, 천이통, 타심통, 숙명통, 천안통, 누진통의 여섯 가지 신통을 말하고, 삼명 즉 세 가지 명지[三明, te-vijjā]는 이 가운데 숙명통, 천안통, 누진통의 셋을 말한다. 『청정도론』은 "'명지(vijjā)'란 세 가지 명지[三明, te-vijjā]도 있고 여덟 가지 명지[八明, aṭṭha vijjā]도 있다. 세 가지 명지는 『맛지마 니까야』 「두려움과 공포 경」(M4)에서 설한 방법대로 알아야 하고 여덟 가지는 『디가 니까야』 「암밧타 경」(D3 §2.2 = D2 §§83~98)에서 설한 대로 알아야 한다. 이처럼 위빳사나의 지혜(vipassanā-ñāṇa, D2 §83)와 마음으로 [만드는 몸의] 신통(manomay-iddhi, D2 §85)과 함께 여섯 가지 신통지[六神通]를 더하여 여덟 가지의 명지를 설하셨다."(『청정도론』 VII.30)라고 정리하고 있다.

『청정도론』의 설명처럼 초기불전의 여러 곳에 나타나는 신족통, 천이통, 타심통, 숙명통, 천안통, 누진통의 육신통(六神通, chaḷ-abhiññā) 가운데 숙명통, 천안통, 누진통의 셋을 세 가지 명지(te-vijjā) 즉 삼명(三明)이라 하며(M4 §28 등), 이 육신통에다 위빳사나의 지혜와 마음으로 [만든 몸의] 신통을 포함시키면 여덟 가지 명지(aṭṭha vijjā), 즉 팔명(八明)이 된다. 이 여덟 가지 명지는 『디가 니까야』 제1권 「사문과경」(D2) §83 이하와 『맛지마 니까야』 제3권 「사꿀루다이 긴 경」(M77) §§29~36에 비유와 함께 나타난다.

육신통(chaḷabhiññā)이라는 용어는 『테라가타 주석서』에는 117번 정도가 언급되는 것으로 검색이 되었지만 『테라가타』 게송 안에서는 나타나지 않는 것으로 조사되었다. 대신에 게송 안에서는 천안통, 숙명통, 누진통의 세 가지 명지, 즉 삼명(三明, te-vijjā)이라는 용어로 나타나고 있다. 이 가운데 삼명을 뜻하는 tisso vijjā로는 23번 정도가 조회되었고 세 가지 명지를 가진 자를 뜻하는 tevijja로는 10번 정도가 언급이 되고 있다. 이처럼 삼명은 33번 정도가 나타나고 있는데 이것은 아라한 장로들이 스스로 삼명을 구족하였음을 밝히는 사자후인 것이다.

이 가운데 삼명을 뜻하는 tisso vijjā(세 가지 명지)는 20번 정도가 "세 가지 명지를 얻었고 / 부처님의 교법을 실천하였다(tisso vijjā anuppattā, kataṁ Buddhassa sāsanaṁ)."라는 정형구로 나타나고 있다.

예를 들면 수간다 장로(Th1:24)는 출가하여 위빳사나 수행을 통해 7일 만에 삼명을 얻고 구경의 지혜를 천명하면서(ThagA.i.84~85) 이렇게 읊었다.

"출가하여 안거를 하였나니
법이 수승한 법임을 보라.
세 가지 명지[三明]를 얻었고
부처님의 교법을 실천하였다."({24})

한편 여기서 '세 가지 명지[三明]를 얻었고 / 부처님의 교법을 실천하였다(tisso vijjā anuppattā, kataṁ Buddhassa sāsanaṁ).'라는 이 정형구는 『테라가타』 안에서 원문으로 확인해 보면 20번 정도가 나타나고 있고, "나는 스승님을 섬겼고 / 부처님의 교법을 실천하였다(pariciṇṇo mayā satthā, kataṁ Buddhassa sāsanaṁ)."는 10번 정도가 나타나며 "나는 참된 목적을 성취하였고 / 부처님의 교법을 실천하였다(sadattho me anuppatto, kataṁ Buddhassa sāsanaṁ)"는 3번 정도가 나타난다. 여기에 대해서는 본서 제1권 하나의 모음 수간다 장로(Th1:24) {24}의 해당 주해를 참조하기 바란다.

(7) 명상주제(kammaṭṭhāna)를 통한 수행의 언급

그리고 『테라가타 주석서』에서 명상주제(kammaṭṭhāna)를 통한 수행의 언급은 20분 정도에 나타난다. 물론 명상주제를 통해서 위빳사나를 한 경우가 13곳에 나타나므로 이 경우에는 모두 위의 위빳사나에 대한 검색에 포함된다. 위빳사나의 언급 없이 명상주제를 가지고 수행하였다는 언급은 『테라가타 주석서』에서 7군데가 된다. 그러나 『테라가타』 안에서 명상주제로 옮기는 kammaṭṭhāna라는 용어는 나타나지 않는 것으로 검색이 된다.

(8) 수행에 대한 언급이 없는 경우

한편 『테라가타 주석서』에는 위빳사나 수행 등에 대한 언급이 없이 열심히 정진하여서 아라한이 된 것으로 정진이라는 표현을 사용하고 있는 경우는 위라 장로(Th1:8) 등의 여섯 분 정도가 나타나는 듯하다.

그리고 위빳사나 등의 수행에 대한 언급 없이 세존의 법문을 듣거나 세존을 뵙거나 세존의 자애로우신 설법 등의 힘으로 아라한이 된 경우도 11번 정도가 있다. 이 가운데 7분은 경의 가르침을 듣고 아라한이 되었다. 우루웰라깟사빠 장로(Th6:1 {375})와 두 동생 장로와 벨랏타시사 장로(Th1:16)는 「불타오름 경」(S35:28)을 듣고 아라한이 되었으며 안냐꼰단냐 장로(Th16:1 {673})는 「무아의 특징 경」(S22:59)을 듣고 아라한이 되었다.

그런데 9분 정도의 장로들의 경우에는 수행에 대한 언급이나 세존을 친견함 등의 언급이 없이 그냥 아라한이 되었다고 『테라가타 주석서』는 말하고 있다. 예를 들면 발리야(발리까) 장로(Th1:7)가 여기에 해당한다. 그와 그의 형 따뿟사(Tapussa)는 부처님과 법에 귀의를 하여(그때는 아직 승가가 없었음) 첫 번째로 재가 신도(upāsakā)가 된 분들이다.

세존께서 깨달음을 실현하신 뒤 여덟 번째 칠 일에 라자야따나 나무 아래(Rājāyatana-mūla)에서 머물고 계실 때에 발리야(발리까) 장로(Th1:7)는 아직 출가하기 전에 상인이었을 때 그의 형 따뿟사(Tapussa)와 함께 오백 대의 수레에 물품을 싣고 장사(vāṇijjā)를 하기 위해서 그곳에서 멀지 않은 곳에 있는 대로를 지나가고 있었다. 그들은 세존께 공양을 올렸고 부처님과 법에 귀의를 하여 첫 번째로 재가 신도(upāsakā)가 되었다. 그들 가운데 따뿟사(따빳수)는 예류과에 확립되어 재가 신도가 되었고 발리야(발리까)는 출가하여 육신통을 갖춘 분이 되었다(ThagA.i.50~51)라고 주석서에 설명이 되어있다.

아바야 장로(Th1:26)도 아버지 빔비사라 왕이 형인 아자따삿뚜에 의해서 시해되자 절박함이 생겨(sañjātasaṁvega) 출가하여 아라한이 되었다고 설명하고 있는데 수행에 대한 언급은 나타나지 않는다.(ThagA.i.88)

(9) 삭발할 때 아라한과를 얻은 장로들

그런데 『테라가타 주석서』에 나타나는 각 장로들의 행장에 의하면 출가하면서 삭발을 할 때(khuraggeyeva) 아라한과를 얻은 장로들도 일곱 분이 된다. 그들은 답바 장로(Th1:5), 산자야 장로(Th1:48), 수야마나 장로(Th1:74), 고따마 장로(Th2:9 {137}, [다른] 고따마 장로(Th10:7 {587}), 깝빠 장로(Th10:5 {567}), 상낏짜 장로(Th11:1 {597})이다. 이 가운데 답바 장로(Th1:5)와 깝빠 장로(Th10:5 {567})와 상낏짜 장로(Th11:1 {597})는 피부의 오개조(五個組)의 명상주제(taca-pañcaka-kammaṭṭhāna)를 먼저 받았으며 삭발할 때 아라한이 되었다고 행장에 나타나고 있다. 모태에서 7년을 머무른 뒤 태어나서 바로 사리뿟따 존자와 대화를 하고 사리뿟따 존자가 출가를 하게 하였다는 신비한 인물인 시왈리 장로(Th1:60)까지 여기에 포함시키면 모두 8분이 된다. 이들은 바로 아라한이 된 경우가 대부분이다.

일곱 살에 출가한 장로들도 답바 장로(Th1:5)와 상낏짜 장로(Th11:1 {597}) 등의 11분이 된다. 여기에 대해서는 본 해제 VIII-(1)-④ 사미로 출가한 경우를 참조하기 바란다. 수마나 장로(Th6:10)는 {429}에서 '태어난 지 일곱 살이었던 내가 신참으로 출가하였을 때 / 큰 신통을 가진 용왕을 신통으로 이기고서'({429})라고 하여 자신이 7살에 출가하였음을 직접 밝히고 있다.

반면에 아주 늦게 출가하여 아라한이 된 장로들에 대해서는 본 해제 VIII-(1)-⑤ 아주 늦은 나이에 출가한 경우를 참조하기 바란다.

X. 장로들이 『테라가타』의 게송들을 읊은 배경

『테라가타』에는 259분의 아라한 장로들이 읊은 1,279개의 게송이 담겨있다. 이 장로들이 어떻게 해서 아라한이 되었는가 하는 것은 앞의 IX. 장로들이 아라한이 된 인연에서 살펴보았다. 부처님의 직계 제자를 대표한다고 할 수 있는 이 259분의 장로들은 어떠한 배경과 어떠한 인연과 어떠한 이유 때문에 이 게송들을 읊었을까를 살펴보는 것도 『테라가타』를 이해하는 데 매우 중요하다고 여겨진다. 그러면 먼저 『테라가타 주석서』의 입장을 살펴보자.

(1) 게송들을 읊은 이유

『테라가타 주석서』는 모두(冒頭)에서 서문(ganthārambhakathā)을 읊은 뒤 장로들이 게송들을 읊은 분명한 이유(pākaṭa-karaṇattha)를 이렇게 설명하고 있다.

"여기서 『테라가타』는 수부띠 장로 등에 의해서 설해졌다. 그들은 자신들이 증득한 대로 도와 과의 행복(maggaphalasukha)을 반조한 뒤(paccavekkhitvā) 어떤 것은 ⓐ 감흥어(udāna)를 통해서, 어떤 것은 ⓑ 자신의 증득에 머묾을 반조함(samāpatti-vihāra-paccavekkhaṇa)을 통해서, 어떤 것은 ⓒ 질문(pucchā)을 통해서, 어떤 것은 ⓓ 반열반할 때에(parinibbāna-samaye) 교법(sāsana)이 출리(出離)로 인도하는 상태를 설명함(niyyānika-bhāva-vibhāvana)을 통해서 말하였는데 그 모두는 합송할 때에(saṅgīti-kāle) 한 곳에 모아서 『테라가타』라고 법을 합송하는 분들(dhammasaṅgāhaka)[49]에 의해서 합송되었다."(ThagA.i.2)

이처럼 주석서는 여기 『테라가타』에 실린 259분의 장로들이 이 1,279개 게송들을 읊은 배경을 4가지로 정리하여 설명하고 있다.

역자는 본 해제 V-(6) 『테라가타 주석서』의 중요성의 넷째에서 주석서를 참조하여 장로들이 게송을 읊은 배경 등을 아래의 11가지 정도로 요약해 보았다.

그것은 ① 구경의 지혜를 천명한 것 ② 감흥어로 읊은 것 ③ 사자후를 토한 것 ④ 비구들의 요청이나 질문에 대한 대답으로 읊은 것 ⑤ 비구들을 경책하기 위해서 읊은 것 ⑥ 반열반을 알리는 것 ⑦ 특별한 일화를 배경으로 한 것 ⑧ 부처님을 찬탄하는 것 ⑨ 장로가 직접 짓지 않은 것 ⑩ 자연을 노래하거나 자연의 현상을 읊은 것 ⑪ 가족이나 친지들에게 읊은 것 등이다.

이 가운데 ① 구경의 지혜를 천명한 것은 위에서 인용한 주석서(ThagA.i.2)의 ⓑ 자신의 증득에 머묾을 반조함을 통해서와 ③ 사자후를 토한 것에 배대가 되고 ④ 비구들의 요청이나 질문에 대한 대답으로 읊은 것과 ⑪ 가족이나 친지들에게 읊은 것은 바로 위에서 인용한 『테라가타 주석서』의

49) '법을 합송하는 분들(dhammasaṅgāhakā)'은 『테라가타』를 합송한 분들(saṅgāhakā)을 말한다.

'ⓒ 질문(pucchā)을 통해서'에 배대가 될 것이다. 그리고 ⑨ 장로가 직접 짓지 않은 것 은 본 해제 VII-(2) 세존께서 읊으신 게송들과 다른 장로나 존재가 읊은 게송들에서 도표로 정리하였다. ⑩ 자연을 노래하거나 자연의 현상을 읊은 것은 위 주석서의 ⓐ 감흥어나 ⓑ 자신의 증득에 머묾을 반조함 등과 배대할 수 있을 것이다.

이제 역자가 정리해 본 이 열한 가지 정도에 대해서 여기서 살펴보고자 한다.

① 구경의 지혜를 천명하여 읊음

역자는 Foxpro에서 만든 '테라가타 데이터 베이스'에서 새로운 필드를 만들어 '구경의 지혜'와 '감흥어'와 '사자후' 등의 키워드로 259분 장로들에 대한 『테라가타 주석서』의 설명들을 분류하여 보았다. 이렇게 하여 분류해 보니 주석서는 259분 아라한 장로들의 게송들 가운데 168분 정도의 게송을 구경의 지혜를 천명한 게송으로 언급하고 있다.

예를 들면 『테라가타 주석서』는 『테라가타』의 첫 번째 게송인 수부띠 장로(Th1:1)의 게송을 충분히 설명한 뒤에 "이것은 장로가 구경의 지혜를 천명하는 게송(aññā-vyākaraṇa-gāthā)이 되었다."(ThagA.i.30~31)라고 하면서 수부띠 장로의 게송에 대한 설명을 마무리 짓는다. 이런 방법으로 주석서는 168분 정도의 장로들의 게송을 구경의 지혜를 천명한 게송으로 설명하고 있고 서른의 모음의 풋사 장로(Th30:1 {949}~{980})의 마지막 게송({980})을 설명한 뒤에도 "이와 같이 장로는 모인 회중(sampattaparisa)에게 교계하였다. 이것은 이 장로의 구경의 지혜를 천명하는 게송들(aññā-vyā-karaṇa-gāthā)이 되었다."(ThagA.iii.90)라고 설명을 마무리하고 있다.

그리고 세존께서 특정 장로의 발심과 정진을 위해서 읊어주신 게송들은 그 장로가 아라한과를 얻은 뒤에 자신의 구경의 지혜로 받아들인 경우가 대부분이다. 예를 들면 다사까 장로(Th1:17)는 세존께서 자신을 위해서 읊어주신 게송을 듣고 절박함이 생겨(saṁvega-jāta) 위빳사나를 확립하여 오래지 않아 아라한됨을 실현하였고, 아라한됨을 얻은 뒤 그는 이 게송이 자신에게 갈고리(aṅkusa)가 되었다고 하면서 이 게송을 암송하였으며, 그래서 이것은 장로에게 변화를 가져오는 방법(parivattāhāra-naya)을 통해서 구경의 지혜를 천명하는 [게송]이 되었다(ThagA.i.73~74)라고 주석서는 밝히고 있다.

특히 세존께서는 깝빠 장로(Th10:5 {567}~{576})에게 더러움[不淨]에 대한 게송 10개를 통해서 가르침을 주셨는데 그 게송을 듣고 그는 절박한 가슴으로(saṁvigga-hadaya) 출가를 하였으며 어느 장로를 통해서 피부의 오개조(五個組)의 명상주제를 듣고 삭발을 할 때(khuraggeyeva) 무애해체지와 더불어 아라한됨을 얻었다고 한다. 주석서는 "그는 아라한됨을 얻은 뒤 구족계를 받고 스승님께 다가가서 절을 올리고 한 곁에 앉아서 구경의 지혜를 천명하면서 [세존께서 먼저 그에게 읊어주신] 그 게송들을 읊었다. 그래서 그 게송들은 장로의 게송(theragāthā)이 되었다."(ThagA.ii.243)라고 설명을 하고 있다.

나아가 미가잘라 장로(Th6:8 {417}~{422})의 게송 여섯 개에 대해서 주석서는 "그는 승원에 가서 끊임없이 법문을 듣고 믿음을 얻어 출가하였으며 위빳사나를 증장시켜 아라한됨을 얻은 뒤에 구경의 지혜를 천명하면서 본 게송 여섯 개를 읊었다."(ThagA.ii.177)라고 밝히고 있는데 이 여섯 개의 게송들은 장로의 구경의 지혜를 천명하는 오도송도 되겠지만 전체가 잘 조직되어 문법적으로 정확한 이해를 하지 않으면 파악하기가 쉽지 않은 교학적인 게송들을 담고 있다. 이 여섯 개 게송은 '눈을 가지신 분에 의해서 잘 설해진({417}) 이 팔정도는({421}) 귀결점이 경사스러운 것이다.({422})'로 이해해야 한다고 주석서는 밝히고 있다.(ThagA.ii.179)

② 감흥어로 읊음

그리고 주석서는 45분 정도의 장로들은 감흥어(udāna)로 자신에 속하는 게송들을 읊은 것이라고 밝히고 있다. 예를 들면, 꼬살라위하리 장로(Th1:59)는 아라한됨을 얻어서 해탈의 행복을 체득한 희열의 감동이 생겨 감흥어로(ThagA.i.143) 본 게송을 읊었다고 한다.

> "믿음으로 나는 출가하였고
> 숲속에 나의 초막이 지어졌습니다.
> 나는 방일하지 않고 근면하며

알아차리고 마음챙깁니다."({59})

그리고 구경의 지혜를 천명한 게송이라고 설명하는 것과 감흥어를 통해서 읊었다는 설명이 겹치는 경우도 14분이 된다. 위빳사나의 업을 행하면서 무애해체지와 더불어 아라한됨을 얻은 마하꼿티따 장로(Th1:2)의 경우와 뿐나 장로(Th1:4) 등을 들 수 있다. 이 경우는 여기 감흥어를 읊은 45분 장로들에도 포함시켰고 앞의 구경의 지혜를 읊은 168분에도 포함시켜서 계산을 하였다.

③ 사자후를 토하여 읊음

그리고 주석서에서 자신에 찬 우렁찬 선언을 담고 있는 특정 장로들의 게송을 사자후(sīhanāda)라고 표현하는 곳도 10곳이 된다. 예를 들면, 아지따 장로(Th1:20)는

"나에게는 죽음에 대한 두려움이 없고
삶에 대한 열망이 없다.
알아차리고 마음챙겨
나는 몸을 내려놓을 것이다."({20})

라고 당당하게 읊고 있다. 주석서는 이러한 아지따 장로의 행장을 간략하게 밝히면서 "그는 아라한됨을 얻고 사자후를 토하면서(sīhanādaṁ nadan- to) 본 게송을 읊었다."(ThagA.i.78)라고 적고 있다.

그리고 멜라지나 장로(Th2:6)의 게송 {131}~{132}을 설명하면서 "아라한됨을 얻은 뒤 나중에 비구들이 '도반이여, 그대는 인간을 초월한 법(uttari -manussa-dhamma)을 증득하였습니까?'라고 질문을 하자 사자후를 토하면서(sīhanādaṁ nadanto) 본 게송 두 개를 읊었다."(ThagA.ii.11)라고 밝히고 있다. 그리고 마하깟사빠 장로(Th40:1)의 {1087} 게송을 설명하면서도 "본 게송은 장로가 자신을 두고 사자후를 토하면서 설하였다."(ThagA.iii.142)라고 밝히고 있다.

한편 『테라가타』는 1,279개 게송을 모두 합송하여 마친 뒤 맨 마지막에서 [259분의 이 모든 장로들이] '사자후를 토한 뒤(sīhanādaṁ naditvāna)'라

고 표현하면서 다음과 같이 마무리를 짓는다.

> "게송들은 1,360개이고
> 장로들은 264분으로 드러났다.
> 사자후를 토한 뒤 부처님의 번뇌 다한 아들들은
> 안은함을 증득한 뒤 불의 무더기처럼 멸진하였다."[50)]

이처럼 『테라가타』를 합송한 분들은 여기에 실린 모든 게송들을 아라한 장로들의 사자후라고 표현하면서 본서를 마무리하고 있는 것이다.

④ 요청이나 질문에 대한 대답으로 읊음

『테라가타』에서 특정 장로에 속하는 게송들 가운데 전부나 혹은 일부는 특정 장로가 부처님이나 비구들에게 요청을 하여 읊은 것도 있고 비구들 등의 질문이나 요청에 대한 대답으로 읊은 것도 있다. 『테라가타』 본문과 『테라가타 주석서』를 통해서 살펴보면 대략 22분 정도의 장로가 읊은 게송들의 전부나 혹은 일부는 부처님이나 비구들에게 요청을 하거나 비구들 등의 질문이나 요청에 대한 대답으로 읊은 것으로 여겨진다.

예를 들면 와나왓차 장로(Th1:13)의 게송은 "아라한됨을 얻은 뒤 세존께서 까삘라왓투에 계실 때 찾아가서 스승님께 절을 올리고 비구들과 함께하면서 비구들이 '도반이여, 숲에서 편안하게 머무셨습니까?'라고 묻자 본 게송을 읊었다."(ThagA.i.61~62)라고 주석서는 밝히고 있다.

무디따 장로(Th4:12 {311}~{314})도 여기에 포함된다. "그는 아라한됨을 얻은 뒤 해탈의 행복을 누리면서 동료 비구들이 그가 증득한 것(adhigata)에 대해서 질문을 하자 자신의 도닦음을 위한 행위(paṭipannākāra)를 설명하면서 본 게송 네 개를 읊었다."(ThagA.ii.132~133)라고 주석서는 설명한다.

특히 부처님과 같은 날에 까삘라왓투에서 대신의 아들로 태어난 깔루다이 장로(Th10:1 {527}~{536})의 게송 10개는 부처님께서 까삘라왓투를 방

---

50) sahassaṁ honti tā gāthā, tīṇi saṭṭhisatāni ca
therā ca dve satā saṭṭhi, cattāro ca pakāsitā|
sīhanādaṁ naditvāna, Buddhaputtā anāsavā|
khemantaṁ pāpuṇitvāna, aggikhandhāva nibbutāti||(Thag.115)

문해 주시기를 요청하면서 읊은 게송들이다. 그는 숫도다나 대왕이 세존께서 까삘라왓투를 방문하게 하시려고 보낸 사람들 가운데 마지막 사람이었는데 다른 사람들처럼 그도 세존의 법문을 듣고 아라한이 되어 세존의 곁에 머물렀지만 세존을 까삘라왓투로 초청하는 소임은 잊지 않고 있었다. 주석서가 "그는 봄이 되었을 때 스승님께서 가족들이 있는 도시로 가시게 하기 위해서 가는 길의 모습을 칭송하면서 이 게송들을 읊었다."(ThagA.ii.221~223)라고 설명하고 있듯이 장로는 본서 10개의 게송({527}~{536})으로 부처님께서 까삘라왓투를 방문해 주시기를 간청드리고 있다. {529}에서 그는 이렇게 읊는다.

> "너무 춥지도 않고 너무 덥지도 않으며
> 여행하기에 적합한 계절입니다, 존귀한 분이시여.
> 서쪽을 향하여 로히니 강을 건너서
> 사끼야들과 꼴리야들이 당신을 보게 하십시오."({529})

⑤ 비구들을 경책하기 위해서 읊음

주석서에 의하면 비구들을 경책하기 위해서 읊은 게송으로는 다음 15분 장로들의 경우를 들 수 있다. 물론 이 외에도 더 사례를 들 수 있을 것이다. 주석서의 설명과 함께 모아본다.

1. 꾸마뿟따 장로(Th1:36) — "그는 아라한됨을 얻은 뒤 숲에서 몸을 강골로 만들기에 급급한(kāya-daḷhi-bahulā) 비구들을 본 뒤 그들을 교계하면서 교법이 출리(出離)로 인도하는 상태(niyyānika-bhāva)를 설명하면서 본 게송을 읊었다."(ThagA.i.105~106)

2. 아디뭇따 장로(Th1:114) — "아라한됨을 얻은 뒤 자신과 함께 사는 몸을 강골로 만들기에 급급한(kāya-daḷhi-bahulā) 비구들을 교계하면서 본 게송을 읊었다."(ThagA.i.238~239)

3. 아지나 장로(Th2:5 {129}~{130}) — "장로는 그 비구들을 절박하게 하면서(saṁvejenta) 본 게송 두 개를 읊었다."(ThagA.ii.9~10)

4. 키따까 장로(Th2:36 {191}~{192}) — "장로는 그 숲의 [수행] 장소에 가서 거기에 거주하고 있는 비구들을 섭수(攝受)하기 위해서(pariggaṇhan-attha) 첫 번째 게송을 말했다."(ThagA.ii.60~61)

5. 니사바 장로(Th2:38 {195}~{196}) — "그는 아라한됨을 얻은 뒤 자신의 동료 비구들이 방일하게 머물면서 [시간을] 보내는 것을 보고 그들을 교계하면서 첫 번째 게송을 읊었다."(ThagA.ii.63)

6. 브라흐말리 장로(Th2:43 {205}~{206}) — "장로는 어느 날 그 숲의 [수행] 처소(araññāyatana)에 있는 비구들을 지목하여 그들이 [바른] 노력에 몰두함을 파악하도록(pariggaṇhanto) 본 게송 두 개를 읊었다."(ThagA.ii.71~72)

7. 다니야 장로(Th3:4 {228}~{230}) — "두타행(dhutaṅga)을 수지함에 의해서 자신들을 최고로 여겨 승가의 공양 등을 즐기면서 다른 비구들을 비난하는 비구들에게 교계하는 방법을 통해 구경의 지혜를 천명하면서 본 게송 세 개를 읊었다."(ThagA.ii.89~90)

8. 우빨리 장로(Th3:11 {249}~{251}) — "그는 나중에 어떤 포살일에 빠띠목카[戒目] 개요의 시간(pātimokkh-uddesa-samaya)에 비구들을 교계하면서 … 본 게송 세 개를 읊었다."(ThagA.ii.101~102)

9. 위말라 장로(Vimala thera, Th3:16 {264}~{266}) — "아라한됨을 얻은 뒤 자신의 동료 비구(sahāya bhikkhu)에게 교계를 주면서 본 게송 세 개를 읊었다."(ThagA.ii.109)

위말라 장로를 의지하여 출가한 소마밋따 장로(Somamitta thera, Th2:14)는 위말라 장로가 게으르고 혼침이 많은 상태로 밤낮을 보내는 것을 보고 그를 버리고 마하깟사빠 장로를 의지하여 아라한이 되었다고 한다.(ThagA.ii.24) 그는 아라한됨을 얻은 뒤 위말라 장로를 교계로써 경책하면서 본서 {147}~{148}을 읊었는데 그것은 위말라 장로의 {265}~{265}와 동일하다. 이 게송들을 듣고 위말라 장로도 아라한이 되었다고 한다.(ThagA.ii.25)

10. 마하깟짜나 장로(Th8:1 {494}~{501}) — 마하깟짜나 장로의 여덟 개의 게송 가운데 처음의 두 개({494}~{495})는 비구들을 교계하기 위해서 설한 것이고(ThagA.ii.207) 나머지 여섯 개 게송({496}~{501})은 아완띠의 빳조따 왕을 교계하기 위해서 읊은 것이라고 한다.(ThagA.ii.209)

11. 마하깝삐나 장로(Th10:3 {547}~{556}) — "어느 날 장로는 비구니들을 교계하면서 본 게송들을 읊었다."(ThagA.ii.232)

12. 안냐꼰단냐 장로(Th16:1 {681}~{688}) — 어느 날 장로는 자신과 함께 사는 한 비구가 좋지 않은 도반과 교제하여 게으르고 정진하지 않고 경솔하고 거들먹거리며 머무는 것을 본 뒤 신통으로 그곳에 가서 그에게 교계를 하였지만 그 비구는 장로의 말에 유념하지 않았다. 그러자 장로는 그의 그릇된 도닦음을 꾸짖고 바른 도닦음(sammā-paṭipatti)과 한거하여 머묾(viveka-vāsa)을 칭송하면서 나머지 8개 게송들({681}~{688})을 읊었다고 한다.(ThagA.iii.6)

13. 마하깟사빠 장로(Th40:1 {1051}~{1090}) — "여기 처음 3개의 게송들({1051}~{1053})은 무리들(gaṇā)과 가문들(kulā)에 섞여(saṁsaṭṭha) 지내는 비구들을 보고 그들에게 교계를 베풂(ovādadāna)을 통해서 말했다."(ThagA.iii.138)

14. 빠라빠리야 장로(Th1:116 등)의 게송들은 모두 세 곳(Th1:116; Th20:2; Th20:10)에 나타난다. 그가 아라한됨을 얻은 뒤 자신의 도닦음을 반조하고 기쁨이 생겨 감흥어를 통해서 읊은 게송이 하나의 모음 {116}이다. 그리고 스물의 모음 두 번째에 포함된 21개 게송들(Th20:2 {726}~{746})은 부처님 재세 시에 읊은 것이고, 같은 스물의 모음의 열 번째로 들어있는 29개 게송들(Th20:10 {920}~{948})은 부처님 입멸 후에 읊은 것이라 한다.(ThagA.iii.73) 부처님께서 반열반하신 뒤에 읊은 이 게송들에서 장로는 비구들을 엄하게 경책하고 있다. 주석서는 "미래의 비구들이 거짓된 법을 닦음(ud-dhamma-paṭipatti)을 드러냄을 통해서 [합송자들이 읊은 두 개를 제외한 27개 게송들을] 설하였다."(ThagA.iii.73)라고 밝히고 있다.

15. 풋사 장로(Th30:1 {949}~{980})의 게송들도 미래세의 비구들을 경책하기 위한 것이다.(ThagA.iii.82) "어느 날 빤다라 족성을 가진(Paṇḍara-gotta) 어떤 고행자(tāpasa)가 … '존자시여, 미래세의 비구들은 어떻게 도닦음을 행하겠습니까?'라고 장로에게 물었고 장로는 여기에 대해서 이 게송들로 대답을 하였다."(ThagA.iii.82)

⑥ 반열반할 때에 읊음

『테라가타』에 실린 게송을 읊고 반열반에 든 장로들도 다섯 분 정도 된다고 할 수 있다. 아지따 장로(Th1:20), 뿐나 장로(Th1:70), 에까위하리야 장로(Th10:2 {537}~{546}), 레와따 장로(Th14:1 {645}~{658})에 답바 장로(Th1:5)[51]를 포함시키면 다섯 분이 된다.

주석서에 의하면 아지따 장로(Th1:20)는,

> "나에게는 죽음에 대한 두려움이 없고
> 삶에 대한 열망이 없다.
> 알아차리고 마음챙겨
> 나는 몸을 내려놓을 것이다."({20})

라는 게송을 읊고 반열반에 들었다고 한다. 주석서는 이렇게 설명한다. "장로는 이 게송을 읊은 뒤 禪에 들어(jhānaṁ samāpajjitvā) 그 바로 다음에(tad-anantaraṁ) 반열반에 들었다(parinibbāyi)."(ThagA.i.79)

사리뿟따 존자의 막냇동생인 레와따 장로 혹은 카디라와니야 레와따 장로(Th14:1)가 반열반할 때 읊은 게송에 대해서는 바로 다음 ⑦의 해당 부분을 참조하기 바란다.

---

51) 본서 {5}에 나타나는 답바 장로의 반열반은 오염원의 완전한 열반이라고 주석서는 설명하고 있기 때문에 본 게송으로 답바 존자를 여기에 포함시키기에는 조금 무리가 있지만 『우다나』 「답바 경」 1/2(Ud8:9~10)의 두 개의 경에서 답바 존자는 허공에 올라가서 화광삼매로 반열반하였음을 드러내고 있기 때문에 여기에 포함시켜 보았다.

⑦ 특별한 사례를 배경으로 하여 읊음

『테라가타 주석서』를 살펴보면 『테라가타』에 실린 많은 게송은 특별한 일화 혹은 사례를 배경으로 하여 읊어진 경우가 많다. 주석서는 특정 장로가 특정 게송을 읊게 된 데는 특별한 일화가 있다고 소개하는 경우가 많이 나타나기 때문이다. 여기서 일화로 표현한 용어는 『테라가타 주석서』의 10곳 정도에서 '사례(事例, aṭṭhuppatti)'라는 용어로 나타나고 있다. 이제 그 일화 혹은 사례들 가운데 몇 가지를 그 보기로 들고자 한다.

먼저 사리뿟따 존자의 막냇동생인 카디라와니야 장로(Khadiravaniya thera, Th1:42) 즉 레와따 장로(Revata thera, Th14:1 {645}~{658})의[52] 일화 혹은 사례를 들 수 있다. 열넷의 모음에 나타나는 레와따 장로의 게송들을 설명하면서 『테라가타 주석서』는 이렇게 적고 있다.

그는 어느 날 부처님의 시중을 들러 가면서 도중에 사왓티에서 멀지 않은 곳의 숲에 머물렀다. 그때 도둑들(corā)이 장로의 곁에 포획한 장물(gahita-bhaṇḍa)을 버리고 달아나버려 장로는 도둑으로 몰려 왕에게 잡혀갔다.

장로는 풀려난 뒤 왕에게 태어나서부터 자신이 그러한 짓을 한 적이 없다고 하였다. 더군다나 출가하여 오염원들(kilesā)을 다 잘라버렸기 때문에 그런 짓을 하는 것은 있을 수 없음을 설명하면서 근처에 서있는 비구들과 왕에게 법을 설하면서 {645}~{672}의 게송들을 읊었다고 한다.(ThagA,ii.272~273)

장로는 마지막 게송({658})을 읊은 뒤 "허공에서 가부좌를 하고 앉아서 불의 요소(tejo-dhātu)를 생기게 하여 타오르면서 무여열반의 요소로 완전한 열반에 들었다(parinibbāyi)."(ThagA.ii.276)라고 한다.

이처럼 레와따 장로의 게송 14개는 그가 도둑으로 몰려 붙잡혀서 왕에게 끌려간 일화에 바탕을 두고 있다.

그리고 라마니야위하리 장로(Th1:45)는

---

52) 니까야에서 레와따 장로는 네 가지로 표기되어 나타난다. 여기에 대해서는 본서 제1권 카디라와니야 장로(Th1:42)의 【행장】의 해당 주해를 참조하기 바란다.

“마치 상서로운 준마가
비틀거리다가 확고하게 서는 것처럼
그와 같이 봄[見]을 구족한 [나를]
정등각자의 제자로 [호지하십시오.]”({45})

라고 읊었다. 주석서에 의하면 그는 출가하여 승잔죄를 범한 뒤 환속을 하리라라고 하면서 가다가 짐수레를 끄는 황소(goṇa) 한 마리가 나쁜 길에 들어서 피곤에 지쳐 쓰러지자 마차꾼(sākaṭikā)이 소의 멍에를 풀어주고 풀과 물을 주면서 피곤함(parissama)을 제거한 후 다시 짐수레를 끌고 가는 것을 보았다. 그는 ‘나도 오염원(kilesa) 때문에 넘어졌지만 다시 일어나 사문의 법을 행할 수 있다.’라고 생각하면서 다시 승원으로 되돌아 와서 우빨리 장로가 말해준 방법으로 범계(āpatti)에서 벗어나 위빳사나를 확립한 뒤 곧 아라한됨을 얻었다. 그는 아라한됨을 얻어서 해탈의 행복을 누리면서 본 게송을 읊었다고 한다.(ThagA.i.123~124)

환속을 하려고 친척들의 마을로 가는 도중에 더러운 옷을 입고 먼지를 덮어쓴 채 바람과 열기에 메마른 농부들을 보고 절박함이 생겨 어떤 나무 아래에 가서 위빳사나를 증장시켜 아라한됨을 얻은(ThagA.i.118) 수망갈라 장로(Th1:43)도 여기에 포함시킬 수 있다.(본 해제 IX-(1)-④ 참조)

한편 다사까 장로(Th1:17)는 역자를 너무 부끄럽게 만드는 분이시다. 주석서에 의하면(ThagA.i.73~74) 장로는 출가할 때부터 시작해서 게으르고 정진이 저열하여 어떤 의무도 행하지 않았으며 오직 되는대로 먹은 뒤 잠을 많이 자면서 머물렀다고 한다. 어느 날 그는 법문을 듣는 시간에도 한 모퉁이에 들어가 회중의 끝에 앉아서 코고는 소리를 내며 잠을 잤다. 그러자 세존께서 그가 절박함을 생기게 하기 위해서 이 게송을 읊으셨다고 한다.

“혼침에 빠지고 많이 먹고
잠잘 때는 뒤척이며 누워 자나니
마치 큰 돼지가 던져준 먹이로 살이 찌듯이
아둔한 이는 거듭거듭 모태에 든다.”({17})

그는 이 게송을 듣고 절박함이 생겨(saṁvega-jāta) 위빳사나를 확립하여 오래지 않아 아라한됨을 실현하였고 아라한됨을 얻은 뒤 그는 이 게송이 자신에게 갈고리(aṅkusa)가 되었다고 하면서 이 게송을 암송하였다고 한다. (ThagA.i.73~74)

⑧ 부처님을 찬탄하여 읊음

부처님의 직계 제자인 아라한 장로들의 게송이 담겨있는 본 『테라가타』에는 부처님에 대한 언급이 많을 수밖에 없다. 때로는 찬탄을 위해서이고, 때로는 그분의 직계 제자임이 자랑스러워서일 것이다. 이참에 『테라가타』에서 아라한 장로 스님들은 부처님을 어떻게 칭하고 있는지도 살펴보자. 『테라가타』의 게송들에서 장로들은 '부처님(Buddha)', '대영웅(mahāvīra)', '대선인/위대한 선인(大仙人, mahesi)', '정등각자(sammā-sambuddha)', '스승님(satthā)' '여래(tathāgata, 복수로도 나타남)', '대성인(mahāmuni)', '여여한 [분](tādi)' 등으로 부처님을 칭하고 있다.

ⓐ 부처님(Buddha)

부처님(Buddha)이라는 용어는 『테라가타』 안에서만 70곳 정도에 나타나는데 이 가운데 소유격인 Buddhassa로 52군데가 나타난다. 그리고 이 소유격 가운데 32곳 정도는 kataṁ Buddhassa sāsanaṁ(부처님의 교법을 실천하였다.)로 정형화되어 나타난다.(본 해제 IX-(6)의 해당 부분 참조) 그리고 주격인 Buddho로 9군데, 도구격 Buddhena로 8군데, 호격 Buddha로 한 군데 정도가 있다. 소유격 복수인 Buddhānaṁ으로는 세 곳에 나타난다.

ⓑ 대영웅(mahāvīra)

대영웅으로 옮기는 mahāvīra는 8분 장로의 9개 게송에 나타나고 있다. 멜라지나 장로(Th2:6)는 이렇게 읊는다.

> "대상(隊商)의 우두머리요 대영웅이시며
> 마부들 가운데 고귀하고 가장 높으신 [그분에] 대해서
> 혹은 도나 도닦음에 대해서
> 나에게는 의심이 존재하지 않습니다."({132})

ⓒ 위대한 선인(mahesi)

'위대한 선인'으로 옮긴 mahesi는 6분 장로의 12개 게송에 나타나고 있다. 이 12개 가운데 앙굴리말라 장로(Th20:8)의 {870}과 아난다 장로(Th30:3)에 속하는 두 개의 게송({1047}~{1048})은 합송자들이 읊은 것이다. 이 12개 게송들은 모두 부처님을 위대한 선인으로 부르고 있다. 딸라뿌따 장로(Th50:1)는 출가하기 전에 출리에 대한 생각을 일으키면서(ThagA.iii.154) 이렇게 읊고 있다.

"위대한 선인이 체득하신 보기 어려운 네 가지 진리들을
나 자신이 삼매에 들고 마음챙김을 갖추게 되어
언제 참으로 나는 얻게 될까?
이러한 것은 언제 이루어질까?"({1098})

ⓓ 정등각자(sammāsambuddha)

정등각자로 옮기는 sammāsambuddha는 10분의 장로의 10개 게송에 나타나고 있다.

『맛지마 니까야 주석서』는 "'정등각자(sammāsambuddha)'란 바른 원인으로 바른 방법으로(sahetunā nayena) 네 가지 진리를 스스로 깨달은 자(sayaṁ buddho)를 말하고, '[모든 번뇌가] 꺼졌다(sīti-bhūta).'는 것은 모든 오염원의 불길이 꺼짐(sabba-kiles-aggi-nibbāpana)으로써 꺼진 것이고, '적멸을 이루었다(nibbuta).'는 것은 오염원들(kilesā)이 적멸했다는 말이다."(MA.ii.189)라고 설명한다. 셋의 모음에서 박꿀라 장로(Th3:3)는 다음과 같이 읊는다.

"정등각자께서 설하신
열반은 참으로 지극한 행복이니
슬픔 없고 티 없고 안은하여
거기서 괴로움은 소멸합니다."({227})

ⓔ 스승님(satthā)

스승님으로 옮기는 satthā도 39군데 정도에 나타난다. 아라한 장로들에

게 스승님은 바로 부처님을 뜻한다. 이 가운데 10곳은 paricinno mayā satthā(나는 스승님을 섬겼다)라는 정형구로 나타난다. 여기서 paricinna는 섬김을 뜻한다. 그리고 이 가운데 8곳에는

"나는 스승님을 섬겼고
부처님의 교법을 실천하였습니다.
무거운 짐을 내려놓았고
존재에 [묶어두는] 사슬은 뿌리 뽑혔습니다."({604} 등)

로 정형화되어 나타나고, 두 곳({1050}, {1088})은 마지막 구절만 다르게 '이제 다시 존재함이란 없습니다.'로 나타난다. 다른 한 곳에는 'satthā ca pari-cinno me(그리고 나는 스승님을 섬기노라.)'({178})로 나타나기도 한다.

이처럼 많은 곳에서 우리의 스승이신 부처님은 아라한 장로들에 의해서 직접 부처님으로도 여래로도 정등각자로도 그리고 스승님으로도 불리면서 섬겨지고 있다.

ⓕ 여래(tathāgata)

여래로 옮기는 tathāgata는 8분 장로의 11개 게송에 나타나고 있다. 그리고 깡카레와따 장로(Th1:3)의 {3}과 왕기사 장로(Th70:1)의 {1256} 등의 4곳에서는 복수 tathāgatā(여래들)로도 나타나고 있다.

ⓖ 대성인(mahāmuni)

한편 대성인 혹은 대성자로 옮기는 mahāmuni는 5곳 정도에 나타나는데 4곳에서는 부처님을 뜻하고 한 곳에서는 부처님께서 가왐빠띠 장로(Th1:38)를 칭찬하시는 용어로 사용하셨다. 세존께서는 읊으신다.

"신통으로 사라부 강을 서게 만들었던
그 가왐빠띠는 집착이 없고 동요가 없다.
모든 결박을 극복하고
존재의 저 언덕[彼岸]에 도달한
그런 대성자를 신들은 예배한다."({38})

ⓗ 여여한 [분](tādi)

한편 여여한 [분]으로 옮기는 tādi는 『테라가타』 게송의 17곳 정도에 나타나고 있다. 니까야에서도 부처님(D16 §6.10 등)과 번뇌 다한 아라한(It3:13 §2 등)은 여여한 분으로 묘사된다. 여기 『테라가타』에서도 그러하여 역자가 살펴본 바로는 이 여여한 [분] 가운데 6곳 정도는 부처님을 칭하고 11곳 정도에서는 아라한이나 부처님 제자를 지칭하는 용어로 쓰이고 있는 듯하다.

{1067}에서 마하깟사빠 장로(Th40:1)는 "수행하며 지내기를 바라고 열심인 / 여여한 나에게 [이곳은] 충분합니다(alaṁ me yogakāmassa, pahitatta-ssa tādino)."({1067})라고 스스로를 여여하다고 표현하고 있다. 그리고 이 용어는 {41} 등의 10곳 정도에서 여기서처럼 tādino로 소유격 단수 형태로 나타나고 있다.

⑨ 장로가 직접 지어서 읊지 않음

『테라가타』에는 259분 장로들이 읊은 1,279개 게송들이 실려있다. 그러나 본 해제 VII-(2)에서 정리해 보았듯이 104개 정도의 게송들은 읊은 분으로 명시되어 있는 바로 그 장로가 직접 지어서 읊은 것은 아니다. 이 104개 정도의 게송들은 세존께서 읊으신 게송들이거나 다른 장로나 존재가 읊은 게송들이다. 물론 그 특정 장로와 직접적인 연관이 있기 때문에 특정 장로의 게송[들]로 전해오는 것이다. 장로가 직접 짓지 않은 게송들은 본 해제 VII-(2) 세존께서 읊으신 게송들과 다른 장로나 존재가 읊은 게송들에서 도표로 정리하였으므로 참조하기 바란다.

⑩ 자연을 노래하거나 자연의 현상을 읊음

『테라가타』에는 자연을 노래하거나 자연의 현상을 읊은 게송들도 눈에 띈다. 대략 10분 정도가 읊은 25개 정도의 게송들은 자연을 노래하고 있는 것으로 여겨진다. 물론 이 게송들도 ① 구경의 지혜를 천명하여 읊은 것이거나 ② 감흥어로 읊은 것 등이어서 이 둘의 영역 등에 넣을 수 있지만 여기에 독립해서 정리해 보았다.

특히 10번째로 정리하고 있는 삽빠까 장로(Th4:11)가 읊은 {307}~{310}의 네 개의 게송들은 모두가 다 자연의 현상을 노래하고 있다. 삽빠까 장로의 이러한 게송들을 위시한 본 『테라가타』의 적지 않은 게송들은 중국 선불교에서 발달된 선시(禪詩)와 비교해 볼 수 있는 아름다운 시라고 여겨진다.

1. 와나왓차 장로(Th1:13)

"푸른 구름의 색깔, 아름다움,
차가운 물, 깨끗한 개울,
인다고빠까 곤충으로 덮인
저 바위산들은 나를 기쁘게 합니다."({13})

주석서는 이렇게 설명한다.

"이와 같이 장로는 자신이 오랫동안 머물며 수행한(cirakāla-paribhāvita) 숲에 머무는 기쁨(araññābhirati)을 드러내면서 세 가지 떨쳐버림을 기뻐함(vivekābhirati)을 밝히고 있다. 여기서는 재생의 근거를 떨쳐버림(upadhi-viveka)에 의해서 구경의 지혜를 밝힌 것이다."(ThagA.i.62)

"세 가지 떨쳐버림은 몸으로 떨쳐버림(kāya-viveka), 마음으로 떨쳐버림(citta-viveka), 재생의 근거를 떨쳐버림이다."(DA.iii.1002 등)

2. 찟따까 장로(Th1:22)

"푸르고 아름다운 목을 하고 관모를 가진
공작새들은 까람위에서 울음소리를 냅니다.
그들은 차가운 바람과 놀고 있나니
禪을 하도록 잠든 자를 일깨웁니다."({22})

주석서는 "사마타와 위빳사나의 禪(samatha-vipassanā-jhānā)으로 禪에 드는 습관을 가지도록, 그것을 닦음에 전념하도록(bhāvanānuyutta) 잠에서 깨어나게 한다는 뜻이다."(ThagA.i.82)라고 설명한다.

3. 위말라 장로(Th1:50)

"대지는 촉촉하게 젖어있고
바람은 솔솔 불고 하늘에서 번개는 번쩍인다.

나의 생각은 고요하게 되었고
마음은 잘 삼매에 들어있다."({50})

"계절에 맞는 [수행의] 성취로(utu-sappāya-siddha) 사마타와 위빳사나를 증득(adhigama)하여, 예비단계(pubbabhāga)에서 대체함 등(tadaṅgādi)을 통해서 [생각이] 가라앉은 뒤(vūpasantā hutvā) 감각적 쾌락에 대한 사유 등의 모든 아홉 가지 큰 생각들(nava mahā-vitakkā)이 성스러운 도의 증득으로 고요하게 되었다(upasamanti)는 말이다.

'나의 마음은 잘 삼매에 들어있다(cittaṁ susamāhitaṁ mama)'는 것은 출세간의 삼매(lokuttara-samādhi)에 의해서 나의 마음은 잘 삼매에 들었다(suṭṭhu samāhita)는 말이다. 이제 그것을 안정시키는 데 있어서(samādhāne) 해야 할 어떤 일도 남아있지 않다고 장로는 구경의 지혜를 천명하였다."(ThagA.i.132)

4. 우사바 장로(Th1:110)

"나무들은 산꼭대기마다 쑥쑥 자라고
활발발한 비구름으로 적셔진다.
떨쳐버림을 갈구하고
숲에 대한 다정다감함을 가진 우사바를 위해서
그들 [각각은] 더욱 멋진 [풍광]을 만들어 낸다."({110})

5. 와나왓차 장로(Th1:113)

"맑은 물을 가졌고 크고 험한 바위들이 있으며
원숭이들과 사슴들이 다니고
물이 스미어 나오는 이끼를 가진
저 바위산들이 나를 기쁘게 합니다."({113})

"이것은 장로의 구경의 지혜를 천명하는 것이었다."(ThagA.i.238)

6. 왈리야 장로(Th2:3)

"원숭이가 다섯 개의 문을 가진
작은 초막에 다가가서
문에서 [문으로] 돌아다니면서
계속해서 두드린다.[53]"({125})

7. 삼불라깟짜나 장로(Th2:35)

"[비의] 신은 비를 내리고 [비의] 신은 천둥을 치는데
나는 혼자 무서운 동굴에 머물고 있다.
그런 나는 혼자 무서운 동굴에 머물고 있지만
두려움이나 당혹함이나 털이 곤두섬은 없다."({189})

"혼자 두려운 동굴에서
두려움이나 무서움이나
털이 곤두섬이 없이 머무는
이런 것은 나에게는 법다운 것이다."({190})

"철저하게 알지 못하였던 토대(apariññāta-vatthuka)에 대해서 욕탐을 제거하지 못하였기 때문에(appahīna-cchanda-rāgatāya) [전에는] 두려움 등이 존재해야 했지만 이제 나는 모든 곳에서 철저하게 알았고 욕탐도 뿌리 뽑았다. 그러므로 두려움 등은 존재하지 않는다. 그래서 이런 것은 나에게 법다운 것이다라고 구경의 지혜를 천명하고 있다."(ThagA.ii.60)

---

53) "'계속해서 두드린다(ghaṭṭayanto muhuṁ muhuṁ).'고 하였다. 자신의 게걸스러움(lola-bhāva)으로 나무의 어떤 가지를 떠나 다른 가지를 잡으며 여러 번을 거기서 나무를 돌아다니면서(cālenta) 열매를 즐기는 원숭이(phalūpabhoga-makkaṭa)와 같아서 [마음도] 눈 등의 이런저런 문을 통해서 형색 등의 대상들 가운데 어떤 것을 떠나 다른 것을 거머쥐면서 돌아다닌다는 말이다. [마음은] 마음의 흐름(citta-santāna)을 받들어 행함(samā-dāna)을 통해서 움직임 없이 서있지 않고 [원숭이처럼] 계속적으로 두드리고 돌아다니면서 그 형색 등의 대상에서 계속해서 움직이고(anuparivatta-ti) 순서대로 돌아다닌다(vicarati)는 뜻이다."(ThagA.ii.7)

8. 쭐라까 장로(Th2:46)

"멋진 관모와 멋진 꼬리 깃털과 짙고 푸른 목을 가졌으며
잘생긴 얼굴로 아름다운 노래를 하는 공작들이 울고
풀이 무성한 이 대지는 물이 풍부하며
하늘은 좋은 먹구름으로 [덮여] 있다."({211})

"좋은 마음을 가진 자에게 어울리는 정경이니
그것을 명상하라.
훌륭한 부처님의 교법에 잘 출가하는 것은 좋은 일이다.
희디희고 미묘하고 보기 어려운
그 가장 높고 떨어지지 않는 경지에 닿아야 한다."({212})

9. 담미까 장로(Th4:10)

"종기의 뿌리는 산산조각이 났고
갈애의 그물은 뿌리 뽑혔습니다.
그에게는 윤회가 멸진되어 그 어떤 것도 있지 않나니
마치 휘영청 밝은 보름밤의 달과도 같습니다."({306})

"마치 달(canda)이 구름이나 안개 등의 결점이 없이(abbha-mahikādi-dosa-rahita) 보름밤에 [원반의] 각 부분들이 가득 찬 것(paripuṇṇa-kāla)처럼 그와 같이 저도 역시 아라한됨을 증득함에 의해서 탐욕 등의 그 어떤 것도 남아있지 않아서 법의 모든 부분을 구족하였습니다(paripuṇṇa-dhamma-koṭṭhāsa)라는 뜻이다."(ThagA.ii.129)

10. 삽빠까 장로(Th4:11)

"학이 깨끗하고 빛나는 날개를 가졌지만
검은 구름에 대한 두려움으로 무서워하여
은신처를 찾아서 은신처로 도망가면
그때 아자까라니 강은 나를 기쁘게 합니다."({307})

"아주 청정하고 빛나는 학이
검은 구름에 대한 두려움으로 무서워하여
피난처를 찾지 않았지만 [이제는] 피난처를 찾으니
그때 아자까라니 강은 나를 기쁘게 합니다."({308})

"거기 잠부 나무들은 양쪽 기슭에서
누구인들 기쁘게 하지 않겠습니까?
그들은 내 피난처의 뒤에서
강기슭을 아름답게 만듭니다."({309})

"죽지 않음을 빼기는 [뱀의] 무리들을 잘 피하여
개구리들은 깊은 소리로 개골개골 우나니
'오늘은 산의 개울로부터 떨어져 머물 때가 아닙니다.
아자까라니 강은 안은하고 안전하며 큰 기쁨 줍니다.'라고."({310})

이 외의 다른 게송들도 더 들 수 있겠지만 역자는 이 열 분의 게송들을 여기에 모아보았다.

⑪ 가족이나 친지들에게 읊음

본 해제 VIII-(2)-④ '세존이나 장로들과 친인척관계가 있는 경우'에서 살펴보았듯이 장로들이 출가한 계기를 살펴보면 가족이나 친지들 가운데 먼저 출가하여 아라한이 된 분들을 인연으로 출가하여 아라한이 된 경우가 적지 않다. 『테라가타』에 나타나는 친인척관계를 모아보면 대략 37분 정도가 되는 것으로 조사 되었다. 이와는 달리 『테라가타 주석서』에 의하면 『테라가타』에는 부모나 특히 아내와 같은 가족들을 뿌리치고 출가하여 아라한이 된 뒤 그를 찾아오거나 혹은 인연이 닿은 가족들이나 친지들에게 법문으로 읊은 게송들도 담겨있다. 더 많을 수도 있겠지만 대략 아래의 17분 정도를 들 수 있을 것이다.

여기서 인용하는 사례들을 통해서 보듯이 장로들은 재가의 친지들에게 기본적으로 삼귀의계와 오계를 설하였으며 선업을 닦아 선처에 태어나는 선업 공덕을 지을 것을 강조하고 있다.

1. 잠부가미까뿟따 장로(Th1:28)

『테라가타 주석서』에 의하면 그는 출가하여 미리 해야 할 일을 하고 명상주제를 받아서 사께따의 안자나 숲(Sāketa Añjanavana)에 머물렀다. 그러자 그의 아버지는 '나의 아들이 교법에서 기뻐하면서 머무는가, 아닌가?' 라고 검증할 목적으로,

> "그대는 의복에 몰두하지 않는가?
> 그대는 꾸미는 것을 기뻐하지 않는가?
> 다른 사람들이 아니라 바로 그대가
> 계행으로 이루어진 향기를 내뿜는가?"({28})

라는 게송을 적어서 보냈다. 그는 그것을 읽은 뒤 절박함이 생겨서(saṁvega-jāta) 애를 쓰고 정진하여 오래지 않아 육신통을 갖춘 분이 되었다.

그는 아라한됨을 얻은 뒤 친지들이 거주하고 있는 도시로 가서 교법이 출리(出離)로 인도함(niyyānika-bhāva)을 설명하면서 신통의 기적을 보여주었다. 그것을 보고 친지들은 깨끗한 믿음을 가진 마음으로 많은 승원[伽藍]을 지었다. 그는 구경의 지혜를 천명하면서도 아버지를 공경하기 위해서 아버지가 보낸 이 게송 {28}을 말하였다고 한다.(ThagA.i.91~92)

2. 가흐와라띠리야 장로(Th1:31)

장로는 출가하여 명상주제를 받아서 가흐와라 강 언덕(Gahvaratīra)에 있는 숲의 장소에 머물렀다. 그래서 그는 가흐와라띠리야(Gahvaratīriya)라는 일반적 호칭을 가지게 되었다.

그는 아라한됨을 얻고 나서 세존께 절을 올린 뒤 사왓티로 갔고 그가 온다는 소식을 듣고 친지들이 모여들어 큰 보시를 하였다. 그는 그곳에 계속 머물러 달라는 친지들에게 한거를 기뻐함을 찬탄하는 방법을 통해 구경의 지혜를 천명하면서 본 게송을 읊었다고 한다.(ThagA.i.96~97)

3. 뽀시야 장로(Th1:34)

그는 적당한 나이가 되어 젊은 여인과 결혼하여 아이를 하나 낳았지만 태어남 등을 조건으로 하여 절박함(saṁvega)이 생겨 출가하였고 수행에 몰

두하여 오래지 않아 위빳사나를 열성적으로 행하여 아라한됨을 얻었다.

그는 아라한과를 얻은 뒤 세존께 절을 올리기 위해서 사왓티를 갔다가 친지들에 대한 연민으로 집에 들렀다. 거기서 전처를 만났고 전처가 처음에는 신도처럼 하다가 나중에는 여인처럼 처신하며 그를 유혹하려고 하였다. 장로는 '오, 눈먼 어리석은 여인이 나와 같은 사람에게도 이와 같이 처신을 하는구나.'라고 생각한 뒤 아무 말도 하지 않고 자리에서 일어나 숲으로 되돌아갔다. 숲속에 머무는 비구들이 사정을 묻자 설명하면서 {34}를 읊었다고 한다.(ThagA.i.102)

4. 와나왓차 장로(Th1:113)

장로는 아라한됨을 얻은 뒤 한거를 기뻐하여 숲(vana)에서 살았고 그래서 와나왓차(Vanavaccha)라는 호칭이 생겼다. 그러던 어느 때 친척들에게 도움을 주기 위해서 라자가하에 갔고 거기서 친척들의 시중을 받으면서 며칠 동안 머문 뒤 떠나려 하자 친척들이 그들을 위해서 가까운 승원에 머물러 달라고 요청하였다. 장로는 그들에게 산에 사는 즐거움을 찬탄하는 권위 있는 말로 한거를 기뻐함을 알려주면서 본 게송을 읊었고(본 해제 X-(1)-⑩-5 참조) 이것은 장로의 구경의 지혜를 천명하는 것이 되었다고 한다.(ThagA.i.237~238)

5. 조띠다사 장로(Th2:12 {143}~{144})

부유한 바라문의 아들로 태어난 장로는 마하깟사빠 장로의 법문으로 절박함을 얻어(paṭiladdha-saṁvega) 출가하였고 육신통을 갖춘 아라한이 되었다. 어느 날 장로는 자신이 태어난 곳으로 가서 그를 보기 위해서 온 친지들 가운데서 제사의 청정함을 주장하는 자들(yañña-suddhikā)에게 본 게송 두 개를 읊었다고 한다.(ThagA.ii.20~21) 그 가운데 {144}에서,

"그것이 선하거나 사악하거나 간에
사람이 업을 지으면
그가 무슨 업을 짓든 간에
그는 그것의 상속자가 됩니다."({144})

라고 읊었고 이 게송들을 듣고 장로의 친척들은 업이 자신의 주인임(kamm-assakatā)에 확립되었다고 한다.(ThagA.ii.22)

6. 뿐나마사 장로(Th2:26 {171}~{172})

그는 출가하여 육신통을 갖춘 뒤 사왓티에 가서 스승님께 절을 올리고 공동묘지에 머물렀다. 그가 온 지 오래되지 않았을 때 그의 아들이 죽었다. 아이의 어머니, 즉 장로의 이전의 아내는 장로가 왔다는 것을 듣고 '아들이 없는 이 유산(sāpateyya)을 왕에게 빼앗기지 않으리라.'라고 하면서 그를 환속시키려고(uppabbājetu-kāmā) 많은 측근들과 함께 장로 가까이에 가서 호의를 베푼 뒤 그를 유혹하기 시작하였다. 장로는 자신이 탐욕을 여의었음을 알리기 위해서 허공에 서서 자신의 도닦음을 찬탄하는 방법을 통해 그녀에게 법을 설하면서 두 개의 게송({171}~{172})을 읊었다. 이 게송들을 통해서 이전의 아내에게 법을 설하여 그녀를 삼귀의와 오계에 확고하게 만든 뒤 떠나보냈다고 한다.(ThagA.ii.46~47) 이분은 하나의 모음 뿐나마사 장로(Th1:10)와는 다른 분이다.

7. 앙가니까바라드와자 장로(Th3:1 {219}~{221})

욱깟타라는 도시에서 위력이 있는 바라문 가문에서 태어난 장로는 유행승으로 출가하여 죽음 없음[不死]을 위한 고행(amara tapa)을 행하면서 여기저기를 유행하다가 지방을 유행하시는 부처님을 뵙고 마음에 청정한 믿음이 생겨 부처님 제자로 출가하였다. 장로는 출가하여 육신통을 갖춘 뒤 해탈의 행복으로 머물면서 친척들을 연민하여 자신의 태어난 곳에 가서 많은 친척들을 [삼]귀의(saraṇa)와 [오]계(sīla)에 확립되게 하였다. 장로는 이렇게 읊는다.

> "전에는 나는 범천의 친척이었지만
> 이제 나는 참으로 바라문이 되었습니다.
> 나는 세 가지 명지를 가졌고 목욕을 마친 자이며
> 깨끗한 자요 베다를 구족한 자입니다."({221})

8. 빳시까 장로(Th3:8 {240}~{242})

꼬살라 지역에서 바라문 가문에 태어난 장로는 세존의 쌍신변을 보고 믿음을 얻어 출가하였는데 사문의 법을 행하면서 병을 얻었다. 그러자 친지들이 그를 의사에게 데려가고 약을 써서 간호하여 건강을 회복하였고 절박함이 생겨 수행을 열성적으로 행하여 육신통을 갖춘 분이 되었다.

그는 육신통을 갖춘 자가 되어 허공으로 친지들에게 가까이 가서 허공에 서서 법을 설하여 그들이 삼귀의와 오계에(saraṇesu sīlesu ca) 확립되게 하였다. 그들 가운데 어떤 자들은 삼귀의와 오계에 확립되었기 때문에 임종한 뒤 천상에 태어났다.

그때 스승님께서는 부처님을 시중들기 위해서 온 그에게 '빳시까여, 그대의 친지들은 무탈한가?'라고 물으셨다. 그는 친지들이 자신에게 행한 도움을 스승님께 말씀드리면서 세 개의 게송을 읊었다고 한다.(ThagA.ii.95~96) 여기에 인용한다.

"여기 믿음이 없는 친척들 가운데
[저] 혼자만 믿음을 가졌고 슬기롭지만
[제가] 법에 서있고 계행을 구족한 것은
친족들에게 이로움이 됩니다."({240})

"저는 연민으로 저의 혈족들을 꾸짖었고
그들을 질책하였으니
친척들과 친족들에 대한 애정에 의해서였습니다.
[그들은] 비구들에게 [공양 등으로] 공경을 베풀었습니다."({241})

"그들은 생을 마치고 임종하여
삼십삼천의 행복을 얻었습니다.
저의 형제들과 어머니는
감각적 쾌락들을 향유하면서 기뻐하였습니다."({242})

9. 아비부따 장로(Th3:13 {255}~{257})

장로는 웨타뿌라 도시에서 왕의 가문에 태어났다. 그는 부친이 서거하자 왕위에 올랐다. 그는 그곳을 방문하신 세존의 법을 듣고 청정한 믿음을 가져 왕위를 버리고 출가하여 아라한됨을 실현하였다.

그러나 그의 친지들과 대신들과 회중들과 도시민들과 지역민들은 모두가 '존자시여, 왜 당신은 우리를 주인 없게 만들고 출가하셨습니까?'라고 탄식을 하였다. 장로는 친지들을 상수로 한 그 사람들이 탄식하는 것을 보고 그들에게 자신이 출가한 이유를 설명하는 방법을 통해 법을 설하면서 세 개의 게송을 읊었다고 한다.(ThagA.ii.105～106))

10. 고따마 장로(Th3:14 {258}～{260})

사꺄의 왕의 가문에서 태어난 장로는 부처님의 친지들의 모임에서 믿음을 얻어 출가하여 육신통을 갖춘 뒤 해탈의 행복으로 머물렀다. 어느 날 친척들이 '존자시여, 왜 우리를 버리고 출가하였습니까?'라고 묻자 윤회에서 자신이 체험한 괴로움과 지금 증득한 열반의 행복을 분명하게 하면서 게송 세 개를 읊었다고 한다.(ThagA.ii.106)

> "윤회하면서 나는 지옥에 갔었고 …
> 이러한 존재들은 심재가 없고 형성되었고
> 변하기 쉽고 늘 흔들리는 것으로 잘 체득되었습니다.
> 이러한 것은 [나] 자신을 근원으로 함을 나는 체득하고서
> 마음챙김을 가져 평화를 얻었습니다."({258}～{260})

11. 짠다나 장로(Th4:9 {299}～{302})

장로는 사왓티에서 부유한 가문에 태어났다. 그는 아들 한 명을 얻은 뒤 출가하여 위빳사나의 명상주제를 받아서 숲에서 머물렀다. 그러던 중 그는 사왓티에 가서 공동묘지(susāna)에 머물렀다. 그가 왔다는 것을 듣고 이전의 아내는 온갖 치장을 하고 아이를 데리고 많은 사람들과 장로의 곁으로 갔다. 장로는 그녀가 오는 것을 멀리서 본 뒤 위빳사나를 열성적으로 행하여 육신통을 갖춘 분이 되었다.

그는 육신통을 갖춘 뒤 허공에 서서 그녀에게 법을 설하고 삼귀의와 오계에 확립되게 한 다음 스스로 자신이 전에 머물던 장소로 가서 질문을 하는 동료 비구들에게 게송 네 개로 자신의 도닦음을 말한 뒤 구경의 지혜를

천명하였다고 한다.(ThagA.ii.127)

12. 삽빠까 장로(Th4:11 {307}~{310})

사왓티의 바라문 가문 태생인 장로는 출가하여 명상주제를 받은 뒤 아자까라니(Ajakaraṇī)라는 강의 언덕에 있는 레나기리 승원(Leṇagiri-vihāra)에서 머물면서 오래지 않아 아라한됨을 얻었다.

그는 아라한됨을 얻은 뒤 스승님께 절을 올리기 위해서 사왓티로 와서 친지들의 시중을 받게 되었다. 장로는 그들에게 법을 설하여 친지들로 하여금 삼귀의와 오계에 확립되도록 하고 나서 레나기리 승원으로 가고자 하였다. 그러자 더 머물러주기를 바라는 친지들에게 가야 하는 이유를 밝히면서 게송 네 개({307}~{310})를 읊었다고 한다.(ThagA.ii.130~132)

13. 말룽꺄뿟따 장로(Th6:5 {399}~{404})

장로는 사왓티에서 꼬살라 왕의 핵심 보좌관의 아들로 태어났고 어머니가 말룽꺄였으며 그래서 말룽꺄의 아들, 즉 말룽꺄뿟따로 불리게 되었다. 그는 적당한 나이가 되어 외도 유행승으로 출가하여 유행하다가 스승님의 곁에서 법을 듣고 교법에 믿음을 얻어서 출가하였다. 그는 위빳사나의 업을 행하여 오래지 않아 육신통을 갖춘 분이 되었다.

그는 친척들에 대한 연민으로 친지의 집에 갔다. 친척들은 재물로 유혹하려고 '이 재물을 당신의 곁으로 가져가십시오. 유행을 하신 뒤 이 재물로 아들과 아내를 부양하시면서 공덕들을 지으십시오.'라고 요청하였다. 장로는 그들의 성향(ajjhāsaya)을 바꾸게 하면서 허공에 서서 게송 6개로 법을 설하였다.(ThagA.ii.170) 그 가운데 마지막 {404}를 여기에 인용한다.

> "방일함은 먼지이니
> 방일함으로부터 먼지는 일어납니다.
> 불방일과 명지를 통해서
> 자신의 쇠살을 뽑아야 합니다."({399})

14. 삽바까미 장로(Th6:14 {453}~{458})

장로는 아직 세존께서 반열반에 들지 않으셨을 때 웨살리에서 끄샤뜨리야 가문에 태어났고 아난다 존자의 곁으로 출가하여 사문의 법을 행하면서 은사 스님과 함께 웨살리에 가서 속가(俗家)에 들르게 되었다.

거기서 이전의 아내는 헤어짐 때문에 고통을 받아 마르고 창백해져서 치장도 하지 않고 더러운 옷을 입고 그에게 인사를 한 뒤 울면서 한 곁에 서있었다. 그녀를 보고 장로는 연민을 앞세운 자애를 확립하였다. 그러자 [괴로움]을 겪는[忍苦] 대상에 대한 지혜 없이 마음에 잡도리함을 통해서 그에게 갑자기 오염원이 생겼다.

그는 채찍에 맞은 준마처럼 절박함이 생겨 바로 공동묘지로 가서 더러움의 표상을 취한 뒤 거기서 얻은 禪을 기초로 삼아서 위빳사나를 증장시켜 아라한됨을 얻었다.

그때 그의 장인이 치장을 하고 잘 차려입은 딸을 데리고 많은 일행들과 함께 그를 환속시키려고 승원으로 갔다. 장로는 자신이 감각적 쾌락들에 대한 탐욕이 빛바랬음(viratta-bhāva)과 모든 곳에 물들지 않았음(anupalittatā)을 밝히면서 게송 여섯 개를 읊었고 장인은 '이분을 감각적 쾌락들에 떨어뜨릴 수가 없다.'라고 하면서 온 길로 되돌아갔다고 한다.(ThagA.ii.191~193)

『테라가타 주석서』를 통해서 유추하면 그가 입적하였을 때 그는 적어도 140세는 되었을 것이다. 부처님께서 반열반 하신 뒤 교단의 최고의 권위라 할 수 있는 아난다 존자가 120세까지 사셨고『앙굿따라 니까야 복주서』에 의하면 아누룻다 장로는 150세까지 사셨다고 하므로(AAṬ.iii.183) 이것은 불가능한 일은 아니라고 여겨진다. 아무튼 삽바까미 장로처럼 아난다 존자로부터 구족계를 받은 지 120년이 된 이런 대장로들이 계셨기 때문에 부처님 원음은 2,600년 동안 단절 없이 전승되어 왔음이 틀림없다.

15. 부따 장로(Th9:1 {518}~{526})

사께따 도시에서 아주 부유한 상인의 아들로 태어난 장로는 출가하여 아라한됨을 얻었다. 그 후에 친지들에 대한 연민으로 사께따에 가서 며칠을 그들의 시중을 받으면서 안자나 숲에 머문 뒤 다시 자신이 머무르던 곳으로 가고자 하였다. 친지들은 '존자시여, 여기에 머무십시오. 당신을 피곤하게 하지 않을 것입니다. 우리도 공덕으로 향상할 것입니다.'라고 장로에게 요청하였다. 장로는 자신이 한거를 기뻐함과 거기에 편안하게 머묾을 설명하면

서 [아홉 개의] 게송들을 읊었다고 한다.(ThagA.ii.217~218)

16. [다른] 고따마 장로(Th10:7 {587}~{596})

그는 세존보다 먼저 사왓티에서 우딧짜 바라문 가문에서 태어났다고 한다. 그는 삼베다에 능통하였고 논쟁의 도를 섭렵하여 이런저런 논쟁의 소지가 있는 말에 몰두하여 유행을 하였다. 그는 세존께서 제따와나를 수용하실 때 믿음을 얻어 스승님께 다가가서 법을 듣고 출가하기를 간청하였고 출가하면서 삭발을 할 때 아라한됨을 얻었다.

그는 꼬살라 지방에 가서 거기서 오래 산 뒤에 다시 사왓티로 돌아왔고 많은 친지들과 유력한 바라문들이 그에게 다가와서 '어떤 사람들의 주장이 출리(出離)로 인도하는 것(niyyānika)이고 어떻게 도를 닦으면 윤회로부터 청정하게 됩니까?'라고 물었다. 장로는 그들에게 그 뜻을 밝히면서 [10개의] 게송들을 읊었다고 한다.(ThagA.ii.250~251)

다른 두 분의 고따마 장로(Th2:9와 Th3:14)가 각각 본서 제1권 둘의 모음 {137}~{138}과 셋의 모음 {258}~{260}을 읊은 분들로 나타나고 있다.

17. 랏타빨라 장로(Th20:4 {769}~{793})

장로는 꾸루 지역에서 툴라꼿티까 성읍(Thullakoṭṭhika-nigama)의 랏타빨라 상인(금융업자)의 가문 출신이다.

장로는 아라한됨을 얻은 뒤 스승님의 허락을 받고 부모를 뵙기 위해서 툴라꼿티까로 가서 거기서 집집마다 차례대로 탁발을 하면서 아버지의 거처에서 지난밤에 만든 죽을 얻어서 그것을 감로인 것처럼 먹었다. 아버지가 초청하자 내일 아침으로 약속을 하고 그다음 날에 아버지 곁에서 탁발을 하여 공양을 한 뒤 여인들의 처소에 있는 치장을 한 [그의 전 아내들]에게 다가갔다. 그들은 '서방님, 어떤 요정들이 있기에 그들을 위해 당신은 청정범행을 닦으십니까?'(M82 §23)라는 등으로 말을 하면서 그를 유혹하는 업(palobhana-kamma)을 짓기 시작하였다. 그는 그의 의향을 드러낸 뒤 무상함 등과 관계된 법을 설하면서 게송들을 읊었다고 한다.(ThagA.iii.33~35)

여기 『테라가타』 스물의 모음 {769}~{793}으로 나타나는 랏타빨라 장로의 25개 게송 가운데 처음 {769}~{774}의 6개 게송은 「랏타빨라 경」(M82) §25에 나타나는 6개의 게송과 일치한다. 그리고 {776}~{788}의 13

개 게송은 「랏타빨라 경」(M82) §42의 게송들과 같다. 장로의 게송으로 실린 25개 가운데 두 개를 인용한다.

"보라, 잘 치장했고 상처덩이이고
잘 세워진 저 꼭두각시를.
그것은 고통스럽고 많은 관심의 대상이고
견고하게 머물지 않는다."({769}=M82 §25 {1})

"사냥꾼이 올가미를 놓았으나
사슴은 덫에 걸리지 않고
미끼를 먹고서 떠나버리나니
사슴 사냥꾼을 슬피 울게 한다."[54]({774}=M82 §25 {6})

(2) 『테라가타』에 중복하여 나타나는 게송들이나 구절들

이제 『테라가타』의 1,279개 게송들 가운데 『테라가타』 안에서나 니까야 전체 안에서 특정 게송 전체가 중복되어 나타나는 것과 특정 게송 안의 특정 구절[句]들만이 중복되어 나타나는 게송들을 정리해 보자.

역자는 『테라가타』에 중복하여 나타나는 게송들이나 구절들을 ① 여러 장로들에게 공통적으로 나타나는 게송들, ② 니까야의 경들에 나타나는 것과 같은 게송들, ③ 특정 게송 안의 특정 구절[句]들이 중복되어 나타나는 경우, ④ 같은 장로의 게송들에서 특정 구절[句]들이 후렴구로 나타나는 경의 넷으로 분류하여 보았다.

---

54) "이 구절을 통해 장로는 부모님을 사슴 사냥꾼(miga-luddaka)에 비유하고, 나머지 친척들은 사슴 사냥꾼의 일행들에, 금화와 황금(hiraññа-suvaṇṇa)은 덫의 그물(vākarā-jāla)에, 자신이 먹은 밥(bhutta-bhojana)은 미끼로 준 풀(nivāpa-tiṇa)에, 자신은 큰 사슴(mahā-miga)에 비유하여 보여 주었다. 마치 큰 사슴이 미끼로 놓은 풀을 원하는 만큼 먹고 물을 마시고 목을 들어 사방을 둘러본 뒤 '이곳으로 가면 안전할 것이다.'라고 생각하면서 사슴 사냥꾼을 슬픔에 빠트리고 숲으로 되돌아가듯이 장로도 이 게송을 읊은 뒤에 허공(ākāsa)으로 날아서 미가찌라 정원(Migacīra uyyāna)으로 되돌아갔다."(MA.iii.303)

① 여러 장로들에게 공통적으로 나타나는 게송들

『테라가타』에는 여러 장로들에게 공통적으로 나타나는 게송들이 적지 않다. 여기에 대해서는 아래 도표5를 참조하기 바란다. 예를 들면,

> "그 때문에 나에게는 지혜롭게
> 마음에 잡도리함이 생겨났다.
> 위험이 분명하게 드러났고
> 염오가 확립되었다."({269})

라는 나가사말라 장로(Th4:1)가 읊은 {269}은 본서 {273}, {301}, {318}, {409}, {464}에서 다른 장로들도 읊은 것으로 모두 6곳에 나타나고 있다.

노만 교수는 특정 장로가 특정 게송을 읊어서 전승되어 왔다고 해서 그 장로가 그 게송을 직접 지은 것으로만 볼 수는 없다고 적고 있다.(K.R. Norman, xxi~xxii) 다른 장로들이 읊었거나 승가에서 유통되고 있는 게송들도 특정 장로가 많이 읊으면서 법문을 하고 유통시키면 그 장로의 게송으로 여기에 등재된 것으로도 봐야 할 것이다. 특히 세존께서 읊으신 게송을 자신의 게송으로 삼아 평생을 호지한 장로들의 경우는 더욱 그러하다.

예를 들면 열의 모음에 포함된 깝빠 장로(Th10:5 {567}~{576})의 게송 열 개 모두는 세존께서 읊으신 것이다. 그는 마가다 지역에서 작은 지역의 왕의 가문에 태어났고 아버지가 임종하자 왕위에 책봉되어 감각적 쾌락들에 지나치게 빠지고 탐하면서 머물렀는데 그가 아라한이 될 인연이 있는 것을 아신 세존께서 허공으로 그곳에 가셔서 본 게송 10개를 읊으셨다고 한다. 그는 부처님의 면전에서 듣고 그것을 자신의 몸에 [적용시켜] 절박한 가슴으로(saṁvigga-hadaya) 출가를 원하였으며 그는 삭발을 할 때 무애해체지와 더불어 아라한됨을 얻었다고 한다. 그는 아라한됨을 얻으면서 구족계를 받고 부처님께 가서 구경의 지혜를 천명하면서 세존께서 먼저 그에게 읊어 주신 그 게송들을 읊었고 그래서 그 게송들은 장로의 게송(theragāthā)이 되었다고 주석서는 밝히고 있다.(ThagA.ii.242~243)

그리고 세존께서 읊으신 게송을 특정 장로가 자신의 구경의 지혜로 따라

읊어서 이것이 여러 사람들에게 퍼져 합송자들이 그 게송을 여기 『테라가타』 에서 특정 장로의 게송으로 모아 전승하고 있기도 하였다. 여기에 대해서는 본 해제 VII-(2) 세존께서 읊으신 게송들과 다른 장로나 존재가 읊은 게송들도 참조하기 바란다.

② 니까야의 경들에 나타나는 것과 같은 게송들

삼장, 특히 경장에 포함된 각 장로의 게송들이 여기 이 『테라가타』 에 모아져서 전승되어 오는 것도 이 『테라가타』 의 특징 가운데 하나라 할 수 있다. 여기에 대해서도 아래 도표5를 참조하기 바란다. 예를 들면 앞의 말룽꺄뿟따 존자의 게송 {794}~{817}의 24개의 게송들은 모두 『상윳따 니까야』 제4권 「말룽꺄뿟따 경」 (S35:95) §14에서 말룽꺄뿟따 존자가 읊은 게송으로도 나타나고 있다.

그리고 본서 {818}부터 {841}까지의 셀라 장로(Th20:6)와 관계된 게송들 24개는 모두 『맛지마 니까야』 제3권 「셀라 경」 (M92) §16 이하에서 나타나는 게송들과 같다. 그리고 이 「셀라 경」 (M92)은 『숫따니빠따』 에도 「셀라 경」 (Sn3:7/102ff)으로 나타나고 있다.

사리뿟따 장로(Th30:2 {981}~{1017})의 37개 게송들 가운데는 본 『테라가타』 의 다른 곳이나 『상윳따 니까야』 나 『앙굿따라 니까야』 나 『우다나』 에 나타나는 게송들이 적지 않다. 왕기사 장로(Th70:1 {1209}~{1,279}) 의 게송들은 『상윳따 니까야』 제1권 왕기사 상윳따(S8)에 들어있는 「출가 경」 (S8:1)부터 「왕기사 경」 (S8:12)까지에 나타나는 대부분의 게송들을 담고 있다.

③ 특정 게송 안의 특정 구절[句]들이 중복되어 나타나는 경우

도표5에서 보듯이 이 경우의 보기로는 이시닷따 장로(Th1:120)의 {120}을 들 수 있다. 장로는 읊는다.

> "다섯 가지 무더기[五蘊]는 철저하게 알아져서
> 뿌리가 잘린 채로 서있을 뿐입니다.
> 괴로움의 멸진은 성취되었고
> 나는 번뇌의 멸진을 얻었습니다."

<도표5> 니까야의 다른 곳과 같은 게송들

모음	게송번호	참고 게송
하나의 모음	{2}	={1006}
	{9}	={885}; M86 §18 {15}
	{24}	bcd={286}bcd [55)]
	{25}	=cf. {1189}
	{27}	={233}
	{31}	={244}; {684}
	{39}	={1162}
	{40}	={1163}
	{41}	={1167}
	{44}	S10:5 §4 {822}
	{46}	S4:22 §6 {489}
	{51}	={1}ab
	{62}	cf. S9:9 {784}
	{68}	Ud4:7 §2; Vin.iv.54; DhpA.iii.384
	{77}	={1130}
	{87}	cf. cd{90cd}
	{90}	ab={120ab}, cf.{87}. abd={440}abd
	{97}	={862}
	{98}	={794}+ef
	{99}	={796}+ef
	{113}	={601}; {1070}
	{114}	=cf. {1033}
	{119}	S9:5 {772}
	{120}	abc={440}abc; ab={90ab}
둘의 모음	{124}	={495}; {1053}
	{145}	S4:10 §5 {466}
	{147}	={265}; cf. S14:16 §7 {1}; cf. It3:29 §78 {1}
	{148}	={266}; S14:16 §7 {2}; It3:29 §78 {2}
	{176}	=cf. {136}
	{185}	S7:13 §4 {674}
	{186}	S7:13 §4 {675}
	{196}	=cf. {606}, {1002}
	{204}	={509}; S11:14 §6 {912}
	{210}	={71}

모음	게송번호	참고 게송
셋의 모음	{220}	bcd={24}bcd
	{221}	=Thig. {251}
	{233}	={27}
	{239}	S2:1 {255}
	{244}	={31}; {684}
	{256}	S6:14 §9 {604}
	{257}	S6:14 §9 {605}
	{261}	={225}[56]
	{262}	={226}
	{263}	={227}
	{265}	={147}
	{266}	={148}
	{269}	={273}; {301}; {318}; {409}
넷의 모음	{270}	bcd={24}bcd
	{273}	={269}
	{274}	={270}, cf. {220}
	{278}	={1078}
	{286}	bcd={24}bcd
	{298}	=cf. Thig {15}
	{301}	={269}; {273}
	{302}	={270}; {274}
	{313}	={223}
	{314}	={224} 등, cf. {220}
다섯의 모음	{318}	={269}; {273}; {301}
	{319}	={270}; {274}; {302}, cf. {220}
	{322}	={226}; {262}
	{332}	=cf. {112}
	{337}	={439}
	{350}	={435}
	{351}	={436}
여섯의 모음	{388}	={363}
	{388}	=cf. {315}
	{403}	=cf. {1005}
	{409}	={269}
	{410}	={270}; {274}; {302); {319}

모음	게송번호	참고 게송
	{435}	={350}
	{436}	={351}
	{439}	={337}
	{440}	abd={90}abd; abc={120}abc
	{441}	S7:2 §5 {615}
	{442}	S7:2 §5 {616}
	{443}	S7:2 §5 {617}
	{444}	S7:2 §5 {618}
일곱의 모음	{464}	={269}; {409} 등
	{465}	={270} 등
	{469}	A4:65 §2 {1}
	{470}	A4:65 §2 {2}
	{471}	A4:65 §2 {3}
	{472}	A4:65 §2 {4}
	{486}	=cf. {479}
여덟의 모음	{494}	={1072}
	{495}	={124}, {1053}
	{498}	M128 §6
	{507}	S11:14 §6 {910}
	{508}	S11:14 §6 {911}
	{509}	S11:14 §6 {912}
	{515}	cd={107}cd 등 - 전체, {465} 주해 참조
열의 모음	{550}	={499}
	{562}	ab={332}ab 등, cd={270}cd 등
	{562}	Vis.XII.65
열하나의 모음	{601}	={113}; {1070}
	{604}	={656} 등
	{605}	={136}; {380} 등
	{606}	=cf. {196}
	{607}	={196}
열둘의 모음	{628}	ab={517}ab
	{629}	={1179}
	{631}	M98 §13 {62}
열셋의 모음	{643}	ab=Dhp. {81}ab

모음	게송번호	참고 게송
열넷의 모음	{646}	=cf. {603}
	{650}	={999}
	{651}	={1000}; Ud3:4 §2 {24}
	{652}	={1001}; S9:14 §5 {799}
	{654}	={606}, cf. {196}
	{655}	={196}; {607}
	{656}	={604}; {687} 등
	{657}	abc={136}abc; {380}abc 등
	{658}	={1017}
열여섯의 모음	{676}	Dhp {277}
	{676}	Dhp {278}
	{676}	Dhp {279}
	{676}	ab=S8:9 §5; {746}ab
	{684}	={31}; {244}
	{685}	={606} 등
	{686}	={196}; {607}; {655}
	{687}	={604}; {656} 등
	{688}	cf. {136}, {605}, {657}
	{689}	A6:43 §3 {1}
	{690}	A6:43 §3 {2}
	{691}	A6:43 §3 {3}
	{692}	A6:43 §3 {4}
	{693}	A6:43 §3 {5}
	{694}	A6:43 §3 {6}
	{695}	A6:43 §3 {7}
	{696}	A6:43 §3 {8}
	{697}	A6:43 §3 {9}
	{698}	A6:43 §3 {10}
	{699}	A6:43 §3 {11}
	{700}	A6:43 §3 {12}
	{701}	A6:43 §3 {13}
	{702}	A6:43 §3 {14}
	{703}	A6:43 §3 {15}
	{704}	A6:43 §3 {16}
	{769}	M82 §25 {1}
	{770}	M82 §25 {2}

모음	게송번호	참고 게송
스물의 모음	{771}	M82 §25 {3}
	{772}	M82 §25 {4}
	{773}	M82 §25 {5}
	{774}	M82 §25 {6}
	{776}	M82 §42 {1}
	{777}	M82 §42 {2}
	{778}	M82 §42 {3}
	{779}	M82 §42 {4}
	{780}	M82 §42 {5}
	{781}	M82 §42 {6}
	{782}	M82 §42 {7}
	{783}	M82 §42 {8}
	{784}	M82 §42 {9}
	{785}	M82 §42 {10}
	{786}	M82 §42 {11}
	{787}	M82 §42 {12}
	{788}	M82 §42 {13}
	{792}	={604}; {656} 등
	{793}	={136} 등
	{794}	S35:95 §14 {1}ab
	{795}	S35:95 §14 {1}cde
	{796}	S35:95 §14 {2}ab
	{797}	S35:95 §14 {2}cde
	{798}	S35:95 §14 {3}ab
	{799}	S35:95 §14 {1}cde
	{800}	S35:95 §14 {4}ab
	{801}	S35:95 §14 {4}cde
	{802}	S35:95 §14 {5}ab
	{803}	S35:95 §14 {5}cde
	{804}	S35:95 §14 {6}ab
	{805}	S35:95 §14 {6}cde
	{806}	S35:95 §14 {7}ab
	{807}	S35:95 §14 {7}cde
	{808}	S35:95 §14 {8}ab
	{809}	S35:95 §14 {8}cde
	{810}	S35:95 §14 {9}ab

모음	게송번호	참고 게송
	{811}	S35:95 §14 {9}cde
	{812}	S35:95 §14 {10}ab
	{813}	S35:95 §14 {10}cde
	{814}	S35:95 §14 {11}ab
	{815}	S35:95 §14 {11}cde
	{816}	S35:95 §14 {12}ab
	{817}	S35:95 §14 {12}cde
	{818}	M92 §16 {1}
	{819}	M92 §16 {2}
	{820}	M92 §16 {3}
	{821}	M92 §16 {4}
	{822}	M92 §16 {5}
	{823}	M92 §16 {6}
	{824}	M92 §17
	{825}	M92 §18 {1}
	{826}	M92 §18 {2}
	{827}	M92 §19 {1}
	{828}	M92 §19 {2}
	{829}	M92 §19 {3}
	{830}	M92 §19 {4}
	{831}	M92 §19 {5}
	{832}	M92 §20 {1}
	{833}	M92 §20 {2}
	{834}	M92 §20 {3}
	{835}	M92 §21
	{836}	M92 §22
	{837}	M92 §23
	{838}	M92 §28 {1}
	{839}	M92 §28 {2}
	{840}	M92 §28 {3}
	{841}	M92 §28 {4}
	{862}	={97}
	{866}	M86 §6 {1}
	{867}	M86 §6 {2}
	{868}	M86 §6 {3}
	{869}	M86 §6 {4}

모음	게송번호	참고 게송
	{870}	M86 §6 {5}
	{871}	M86 §18 {1}
	{872}	M86 §18 {2}
	{873}	M86 §18 {3}
	{874}	M86 §18 {4}
	{875}	M86 §18 {5}
	{876}	M86 §18 {6}
	{877}	M86 §18 {7}; = Thag {19}
	{878}	M86 §18 {8}
	{879}	M86 §18 {9}
	{880}	M86 §18 {10}
	{881}	M86 §18 {11}
	{882}	M86 §18 {12}
	{883}	M86 §18 {13}
	{884}	M86 §18 {14}
	{885}	M86 §18 {15}
	{886}	M86 §18 {16}
	{891}	={604; {656} 등
	{903}	cd={24}cd 등
	{906}	S6:15 §8 {612}
	{908}	S9:6 §6 {777}
	{909}	={1181}
	{918}	={604}; {656} 등
서른의 모음	{989}	A6:14 §6; A6:15 §5
	{990}	A6:14 §6; A6:15 §5
	{991}	S11:15 §3 {914}
	{999}	={650}
	{1000}	={651}; Ud3:4 {24}
	{1001}	={652}; S9:14 §5 {799}
	{1002}	=cf. {196}
	{1003}	={606} 등
	{1005}	={403}
	{1006}	={2}
	{1016}	={604} 등
	{1017}	={658} 등
	{1020}	={769}; M82 §25 {1}

모음	게송번호	참고 게송
	{1032}	It3:37 §2 {1}
	{1033}	=cf. {114}
	{1046}	D16 §6.10; S6:15 {610}
	{1050}	={1088}, cf. {604} 등
마혼의 모음	{1052}	={494}
	{1053}	={124}; {495}
	{1070}	={113}; {601}
	{1072}	={494}
	{1078}	={278}
	{1088}	={1050}; cf. {604}; {1016}
쉰의 모음	{1130}	={77}
예순의 모음	{1157}	={769}; M82 §25
	{1158}	=cf. {1046}
	{1162}	={39}
	{1163}	={40}
	{1164}	cf. S51:14 §3; §6
	{1165}	cf. S21:4 §7
	{1166}	S21:4 §7
	{1167}	={41}
	{1179}	={629}
	{1181}	={909}
	{1182}	M143 §17 등
	{1185}	={604}
	{1186}	={136}; {605} 등
	{1187}	M50 §24 {1}
	{1188}	M50 §24 {2}
	{1189}	M50 §24 {3}
	{1190}	M50 §24
	{1191}	={1189}
	{1192}	M50 §24
	{1193}	={1189}
	{1194}	M50 §27
	{1195}	={1189}
	{1196}	M50 §28
	{1197}	={1189}

모음	게송번호	참고 게송
	{1199}	M50 §29 {2}
	{1200}	M50 §29 {3}
	{1201}	={1189}
	{1202}	M50 §30
	{1203}	={1189}
	{1204}	M50 §31 {1}
	{1205}	M50 §31 {2}
	{1206}	M50 §31 {3}
	{1207}	M50 §31 {4}
	{1208}	M50 §31 {5}
큰 모음	{1209}	S8:1 §4 {707}
	{1210}	S8:1 §4 {708}
	{1211}	S8:1 §4 {709}
	{1212}	S8:1 §4 {710}
	{1213}	S8:1 §4 {711}
	{1214}	S8:1 §4 {712}
	{1215}	S8:1 §4 {713}
	{1216}	S8:1 §4 {714}
	{1217}	S8:1 §4 {715}
	{1218}	S8:1 §4 {716}
	{1219}	S8:3 §3 {717}
	{1220}	S8:3 §3 {718}
	{1221}	S8:3 §3 {719}
	{1222}	S8:3 §3 {720}
	{1223}	S8:4 §3 {721}
	{1224}	S8:4 §3 {722}
	{1225}	S8:4 §3 {724}
	{1226}	S8:4 §3 {725}; Thig {20}
	{1227}	S8:5 §6 {727}
	{1228}	S8:5 §6 {728}
	{1229}	S8:5 §6 {729}
	{1230}	S8:5 §6 {730}
	{1231}	S8:6 §5 {731}
	{1232}	S8:6 §5 {732}
	{1233}	S8:6 §6 {733}
	{1234}	S8:7 §8 {734}

모음	게송번호	참고 게송
	{1235}	S8:7 §8 {735}
	{1236}	S8:7 §8 {736}
	{1237}	S8:7 §8 {737}
	{1238}	S8:8 §5 {738}
	{1239}	S8:8 §5 {739}
	{1240}	S8:8 §5 {740}
	{1241}	S8:8 §5 {741}
	{1242}	S8:8 §7 {742}
	{1243}	S8:8 §7 {743}
	{1244}	S8:8 §7 {744}
	{1245}	S8:8 §7 {745}
	{1246}	S8:9 §5 {746}
	{1247}	S8:9 §5 {747}
	{1248}	S8:9 §5 {748}
	{1249}	S8:10 §4 {749}
	{1250}	S8:10 §4 {750}
	{1251}	S8:10 §4 {751}
	{1252}	S8:11 §3 {752}
	{1254}	=cf. S8:12 §2 {754}
	{1255}	=cf. S8:12 §2 {754}
	{1256}	S8:12 §2 {755}
	{1258}	=cf. {417}; {492}
	{1259}	=Thig {186} 등
	{1261}	cdef={9}; abS8:12 §2 {756}; M86 §18

55) 본 도표에서 a/b/c/d/e/f 등은 각각 게송의 첫째/둘째/셋째/넷째/다섯째/여섯째 연(聯)을 뜻한다. 예를 들면 여기서 표기한 '{24} (bcd={286}bcd)'는 {24}의 둘째/셋째/넷째 연(bcd)은 {286}의 둘째/셋째/넷째 연(bcd)과 동일하다는 뜻이다.(174쪽 {24}의 주해임)

56) 또 다른 하리따 장로(Th3:15)의 게송이 본서 셋의 모음 {261}~{263}으로 나타난다. 그런데 이 세 개의 게송은 {225}~{227}의 박꿀라 장로(Th3:3)의 게송 3개와도 동일하다.(175쪽 {261}의 주해임)

한편 느하따까무니 장로(Th6:11)는 {440}에서

"다섯 가지 무더기[五蘊]는 철저하게 알아져서
뿌리가 잘린 채로 서있을 뿐입니다.
괴로움의 멸진은 성취되었고
이제 다시 존재함이란 없습니다."

라고 읊었고, 사미닷따 장로(Th1:90)는 {90}에서

"다섯 가지 무더기들[五蘊]은 철저하게 알아져서
뿌리가 잘린 채로 서있을 뿐이로다.
태어남의 윤회는 멸진하였고
이제 다시 존재함이란 없도다."

라고 읊었다. 이처럼 이시닷따 장로(Th1:120) {120}의 첫째 둘째 셋째 구절은 느하따까무니 장로(Th6:11) {440}의 첫째 둘째 셋째와 같다. 그리고 이시닷따 장로의 첫째 둘째 구절은 사미닷따 장로(Th1:90) {90}의 첫째 둘째와 같다. 그래서 아래 도표에서는 {120} (abc ={440}abc; ab={90ab})로 표기하였다.

④ 같은 장로의 게송들에서 특정 구절[句]들이 후렴구로 나타나는 경우

그리고 스물의 모음 이하에 나타나는 장로들과 같이 많은 게송을 읊은 장로들의 게송들에는 앞의 특정 구절[句]들이 뒤의 게송들에서 후렴구로 나타나는 경우가 있는데 여기서 정리해 보면 다음과 같다.

ⓐ 말룽꺄뿟따 장로(Th20:5)의 24개 게송들

먼저 말룽꺄뿟따 장로(Th6:5)의 게송들을 살펴보자. 장로가 읊은 {794}~{817}의 24개 게송들은 조직화가 잘 되어 있다. 이 게송들은 여섯 가지 밖의 감각장소[六外處]인 형색·소리·냄새·맛·감촉·법(색·성·향·미·촉·법)을 차례대로 다루고 있다. 이 가운데 전반부의 12개 게송들은 순서대로 형색을 보는 등에 '마음챙김을 놓아버리고 / 사랑스러운 표상을 마음에 잡도리하는 자'에 대해서 읊은 것이다. 후반부의 12개 게송들은 같은

순서대로 형색을 보는 등에서 '마음챙기면서 형색을 보고 / 형색들에 물들지 않는 자'에 대해서 읊은 것이다.

전자의 경우에는 '애욕에 물든 마음으로 그것을 경험하고 / 거기에 묶여 있습니다.'라고 읊은 뒤 다음의 게송에서 아울러 '이처럼 괴로움을 쌓는 자에게 / 열반은 아주 멀다고 말합니다.'라고 강조한다. 후자의 경우에는 반대로 '애욕에 물들지 않은 마음으로 그것을 경험하고 / 거기에 묶여 있지 않습니다.'라고 읊은 뒤 다음의 게송에서 '이처럼 괴로움을 쌓지 않는 자에게 / 열반은 가깝다고 말하나이다.'라고 강조한다.

이처럼 24개의 게송들 가운데 전반부의 12개는 부정적인 입장을, 후반부의 12개는 긍정적인 입장을 드러내고 있다. 그러면서 {794}부터 짝수 번호의 게송들과 {795}부터 홀수 번호의 게송들은 이 게송들에 들어있는 형색·소리·냄새·맛·감촉·법과 관계된 용어들 외의 모든 구절들은 모두 같은 내용으로 구성되어 있다. 그리고 이 가운데 {794}부터의 짝수 번호 게송들 12개는 모두 사구게로 되어 있고 {795}부터의 홀수 번호 게송들 12개는 모두 육구게로 되어 있다.

ⓑ 딸라뿌따 장로(Th50:1)의 55개 게송들

다음으로는 쉰의 모음에 실려있는 딸라뿌따 장로(Th50:1 {1091}~{1145})가 읊은 55개의 게송들을 예로 들 수 있다.

쉰의 모음에 실려있는 딸라뿌따 장로가 읊은 이 55개의 게송들은 출가하기 이전에 대한 게송들({1091}~{1106}) 16개와 출가한 후에 대한 게송들({1107}~{1145}) 39개로 크게 둘로 나누어진다. 이 가운데 앞의 16개의 게송들은 모두 '이러한 것은 언제 이루어질까?'({1093} 등)라거나 '언제 이런 것이 나에게 있게 될 것인가?'({1099} 등)라는 등의 '언제(kadā)'라는 의문사를 가진 문장으로 되어 있다.

그리고 후반부의 게송들 39개({1107}~{1145})는 대부분 자신의 마음(citta)을 호격으로 불러서 꾸짖고 격려하는 형식으로 전개되고 있다. 즉, 이 후반부의 39개 게송 가운데 앞의 28개 게송들({1107}~{1134})은 마음을 꾸짖는 방법으로 교계하고 뒤의 11개 게송들({1135}~{1145})은 마음을 격려하는 방법으로 읊고 있다. 그래서 주석서는 "이와 같이 28개 게송들로

({1107}~{1134}) 꾸짖음(niggaṇhana)을 통해서 마음을 교계한 뒤 이제 한거하는 장소를 묘사함 등을 통해서 격려하면서(sampahaṁsenta) 본 게송 등을 말하였다."(ThagA.iii.159)라고 설명한다. 뒤의 39개 게송들 가운데 '마음이여, 이처럼 그대는 전부터 나에게 재촉하였다.'라는 마지막 구절을 가진 게송들이 8개 정도가 된다.

ⓒ 마하목갈라나 장로(Th60:1)의 게송들

예순의 모음에 실려있는 마하목갈라나 장로(Th60:1 {1146}~{1208}) 63개 게송들 가운데 {1189} 게송도 {1191} 등의 여섯 곳에 반복해서 나타나고 있다.

ⓓ 반복되는 부분(뻬얄라, peyyāla)을 생략한 경우

스물의 모음에 실려있는 깔리고다의 아들 밧디야 장로(Th20:7)의 24개의 게송들({842}~{865}) 가운데 {844}부터 {856}까지의 13가지 두타행에 대한 게송과 {857}부터 {861}까지의 5개를 더한 모두 18개의 사구게 게송들도 언급해야 한다. 여기서 {843}부터 {861}까지의 19개 게송들은 첫 번째 구절[句]만 '분소의를 입는 자는 참을성 있게' 등으로 다르고 나머지 3개의 구절들은 같은 구절들이 반복된다. PTS본과 VRI본은 모두 '___pe___'로 반복되는 부분(뻬얄라, peyyāla)을 생략하였다. 역자도 생략 부호 '…'로 생략하여 번역하였다.

이처럼 반복되는 부분(뻬얄라, peyyāla)을 생략한 경우는 기리마난다 장로(Th5:3 {325}~{329}), 순다라사뭇다 장로(Th7:1 {459}~{465}), 안냐꼰단냐 장로(Th16:1 {673}~{688}) 등의 게송들을 들 수 있다.

ⓔ 랏타빨라 장로(Th20:4)의 게송들

그리고 언급해야 할 게송들로는 랏타빨라 장로(Th20:4 {769}~{793})의 24개 게송들 가운데 {769}~{775}의 7개 게송들이 있다. 이 일곱 개 게송들은 아난다 장로(Th30:3 {1018}~{1050})의 게송 가운데 {1020}으로, 마하목갈라나 장로(Th60:1 {1146~1208})의 게송 가운데 {1157}로 편집되어 나타난다. 이처럼 PTS본에서는 랏타빨라 장로(Th20:4)의 첫 번째 게송인 {769}번 하나의 게송만을 가져와서 'passa cittakataṁ bimbaṁ __pa__'

({1020}; {1157})로 반복되는 부분(뻬얄라, peyyala)의 생략으로 편집하고 있다. PTS본을 저본으로 삼아서 PTS본의 경 번호를 따르고 있는 역자는 {1020}과 {1157}의 한글 번역만을 각각 싣고 주해에서 이러한 사실을 밝히고 있다.

XI. 맺는말

이상으로 역자는 본 해제에서 I부터 X까지 전체를 10장으로 나누어서 『테라가타』를 살펴보았다. 각 장의 주제를 다시 정리해 보면 다음과 같다.

I. 들어가는 말: 한국의 웬만큼 큰 절에 다 있는 응진전(應眞殿)이나 나한전으로부터 글을 시작하였다.

II. 『테라가타』란 무엇인가: '테라가타(theragāthā)'라는 용어는 담마빨라 스님에 의해서 "therehi bhāsitā gāthā"(ThagA.i.1), 즉 '장로들에 의해서(therehi) 읊어진(bhāsitā) 게송들(gāthā)'로 정의되는데 여기 제2장에서는 테라의 의미와 가타의 의미를 경전과 주석서들을 통해서 살펴보았다.

III. 『테라가타』의 구성: 259분 장로들의 게송 1,279개를 하나의 모음부터 큰 모음까지 모두 21개의 모음 안에 담고 있는 『테라가타』는 어떻게 구성되어 있는가를 살펴보았다.

IV. 『테라가타』에 나타나는 운율(chando): 장로들이 읊은 게송들의 '음성적 형식'이 『테라가타』의 운율이다. 1,279개의 게송이 담겨있는 『테라가타』에는 기본 운율 9개와 혼합된 운율 10개, 모두 19종류의 운율이 나타나는데 이러한 운율에 대해서 살펴보았다.

V. 『테라가타 주석서』와 저자 담마빨라 스님: 『테라가타』에는 게송 1,279개와 읊은 장로들의 이름만 나타나고 있다. 259분 장로들의 행장, 즉 장로들의 전생의 인연과 금생에 태어난 지역과 가문과 출가와 아라한이 됨과 게송을 읊은 배경 등을 밝히는 것은 『테라가타 주석서』이다. 그러므로 주석서가 없이는 이러한 기본 사항들을 알 수 없다. 본 장에서는 『테라가타 주석서』와 저자에 대해서 정리해 보았다.

VI. 『테라가타 주석서』의 구성 및 전개 방법: 이렇게 중요한 『 테라가타 주석서』는 어떻게 구성되어 있으며 어떤 방법으로 259분의 장로들과 게송들을 설명하는지를 살펴보았다.

VII. 『테라가타』를 읊은 장로들에 대한 고찰: 『테라가타 주석서』에서 정리하는 259분 장로들의 출생 지역, 태생 등을 분류해 보았다. 그리고 게송을 읊은 자로 명시된 장로가 직접 지은 것이 아니라 세존이나 다른 존재들이 읊은 것 등과 부처님이 입멸하신 뒤에 출가한 장로들이 읊은 것에 대해서도 살펴보았다.

VIII. 『테라가타』의 게송들을 읊은 장로들의 출가: 장로들은 출가자이다. 이분들은 어떤 인연으로 출가하였는지를 분류하여 정리해 보았다.

IX. 장로들이 아라한이 된 인연: 『테라가타』에 게송이 실린 259분 장로들은 모두 아라한들이다. 이분들은 어떤 인연으로 깨달음을 성취하고 번뇌가 다하여 아라한이 되었는지를 살펴보았다.

X. 장로들이 『테라가타』의 게송들을 읊은 배경: 본 해제에서 가장 많은 내용을 담고 있다. 259분 장로들이 어떤 이유와 어떤 배경 등에서 이 게송들을 읊었는지를 11가지 측면에서 살펴보았고 『테라가타』에 중복하여 나타나는 게송들이나 구절들도 넷으로 분류하여 살펴보았으며 도표로도 정리해 보았다.

『테라가타 주석서』의 저자 담마빨라 스님은 주석서를 마무리하면서 『테라가타』에 실린 게송들을 읊은 장로들을 여러 가지 측면에서 분류하여 설명하고 있다. 『테라가타 주석서』는 6쪽 정도의 분량으로(ThagA.iii.203~209) 264분(중복되는 장로들을 한 분으로 계산하면 259분)인 장로들의 여러 가지 특징들을 한 가지 방법부터 10가지 방법까지로 분류하여 설명한 뒤 그것을 다시 20가지, 40가지, 80가지, 240가지, 1,200가지로 확장하여 언급하면서 마무리 짓고 있다. 역자는 『테라가타 주석서』의 이 부분을 모두 번역하여 20장 정도의 분량으로 'XI. 『테라가타 주석서』에서 정리하는 장로들에 대한 다양한 분류'로 편집까지 마쳤지만 해제의 분량이 너무 많아져서 최종 단계에서 제외하였다. 이 번역의 전문은 본서를 출판한 뒤에 초기불전연구원 홈페이지에 실을 예정이다.

그리고 역자는 259분 아라한 장로들이 읊은 1,279개 게송들의 주제나 사상이나 내용을 무엇을 기준으로 파악할까를 두고 나름대로 고심을 하다가 이 1,279개 게송들에 많이 나타나는 빠알리 용어들을 모두 분류하고 분석해서 살펴보는 것이 가장 객관적으로 주제와 내용을 파악하는 방법일 것이라고 생각하였다. 그래서 며칠에 걸쳐서 1,279개 게송의 한글 번역에 나타나는 주요 용어들을 폭스프로로 입력해서 분류하여 빈도수가 많고 중요하다고 여겨지는 용어들을 대략 110개 정도 뽑았다. 그리고 이것을 다시 주제별로 모아서 전체를 10가지 대주제로 나누어 보았다. 그래서 'XII. 『테라가타』의 주요 주제에 대한 고찰 — 『테라가타』에 나타나는 용어들을 중심으로'라는 주제로 본 해제에 실을 생각을 하였다. 그러나 이렇게 하여 적어본 것은 A4 용지로 60장 분량이었으며 지금의 해제와 같은 신국판의 편집으로는 100페이지가 넘는 많은 분량이어서 해제에는 싣지 않기로 하였다. 독자님들의 요구가 있으면 이 부분도 초기불전연구원 홈페이지에 올리려고 한다.

이제 역자는 '순간이 그대들을 지나가게 하지 말라(khaṇo vo mā upaccagā).'라고 역자를 경책시켜 주신 사리뿟따 장로(Th30:2)의 말씀을 적으면서 『테라가타』의 해제를 마무리하고자 한다.

> "뒤에든 앞에든 양쪽으로 이것은
> 오직 죽음이니 죽음이 아님이 아닙니다.
> 도를 닦으십시오, 멸망하지 마십시오.
> 순간이 그대들을 지나가게 하지 마십시오.({1004})
>
> 마치 변방에 있는 도시를
> 안팎으로 잘 보호하듯이
> 그와 같이 자신들을 보호해야 합니다.
> 순간이 그대들을 지나가게 하지 마십시오.
> 순간을 놓친 자들은 지옥으로 인도되어
> 참으로 슬퍼하기 때문입니다."({1005})

namo tassa bhagavato arahato sammāsambuddhassa
그분 부처님, 공양받아 마땅한 분, 바르게 깨달으신 분께 귀의합니다

테라가타

기원을 밝히는 게송57)

Nidāna-gāthā

"자신을 잘 수행한 분들은
산의 동굴에서 [1] 포효하는
엄니를 가진58) 사자들과 같으니59) 60)

---

57) "이 ['기원을 밝히는 게송(nidānagāthā)'은] 일차대합송 때(paṭhama-mahā-saṅgītikāle) 아난다 장로가 그 장로들을 찬탄할 목적으로 읊기 시작한 것이다."(ThagA.i.4)

58) 『테라가타 주석서』는 사자들(sīhā)이 '엄니를 가진 것(dāṭhīnaṁ)'을 성자들이 네 가지 성스러운 도의 엄니(ariyamagga-dāṭhā)의 힘으로 시작이 없는 윤회(anādimati saṁsāra)에서 이전에는 제압하지 못했던, 반대가 되는 것을 정복한 뒤 자신의 바람(manoratha)을 성취하여 정수리(matthaka)를 얻은 것으로 설명하고 있다.(ThagA.i.6~7)

59) '산의 동굴에서 포효하는 / 엄니를 가진 사자들과 같으니'는 sīhānaṁva nadantānaṁ, dāṭhīnaṁ girigabbhare를 옮긴 것이다. 주석서는 이렇게 정리한다.

"마치 사자들은 일반적으로 다른 존재들이 공격하기 어렵기 때문에 산의 동굴에서 사람들이 없는 곳에 살면서(janavivitte vasantā), 다가오다가 자신을 보고 두려워하는 작은 짐승들을 피하기 위해 자신의 영역에서 사자후(sīhanāda)를 하는 것과 같다. 그와 같이 [장로들은] 남들로부터 멀리 떨어진 산의 동굴과 같은 빈 거처에 머무르면서(suññāgārevasantā) 덕스러움이 적은 범부들의 갈애와 사견의 안절부절못함을 피하기(taṇhā-diṭṭhi-

이로움으로 인도하는[61] 그분들의 게송들을 들으라.[62] ||1||

이름에 따라서, 족성에 따라서,

---

pari-ttāsa-parivajjana) 위해서 [여기서] 읊고 있는 게송을 통해 두려움 없는 사자후를 내었다. 그래서 '산의 동굴에서 포효하는 / 엄니를 가진 사자들과 같으니'라고 하였다."(ThagA.i.6)

60) 계속해서 주석서는 여기서 장로들이 사자들과 같은 이유를 네 가지 특징을 들어서 설명하는데 간추리면 다음과 같다.
동물의 왕인 사자는 ① 특별한 힘(bala-visesa)을 가졌기 때문에 사슴과 같은 짐승이나 취기 오른 코끼리 등에 대해서도 어떤 위험(parissaya)이란 것이 없다. ② 바람이나 뜨거움 등의 위험(vātātapādi-parissaya)도 참는다. ③ 취기 오른 코끼리나 거센 물소 등이 오더라도 두려움이 없고 놀람이 없이(abhīrū achambhī) 그들을 제압한다. ④ 오히려 그들을 죽여서 부드러운 고기를 먹고 행복하게 머문다(sukheneva viharati).
그와 같이 대장로들도 ① 성자의 힘이라는 특별함을 가져(ariyabalavisesa-yoga) 모든 위험들(parissayā)을 견뎌낸다. ② 탐욕 등의 오염원의 힘(rāgādi-saṁkilesa-bala)을 제압하고 제거한다. ③ 그래서 어디서도 두려움이 없고(abhīrū) 놀람이 없다(achambhī). ④ 禪 등의 행복(jhānādi-sukha)으로 머문다.(ThagA.i.6)

61) "'이로움으로 인도하는(atthūpanāyikā)'이라고 하였다. 자신에게 이로운 것 등으로 구분되는 이로움으로 인도한다(attatthādi-bhede atthe upanenti). 혹은 그런 것들로 인도된다(upaniyyanti)고 해서 '이로움으로 인도하는'이라고 하였다."(ThagA.i.8)

한편 본서 하나의 모음 {4}에 나타나는 '이로움을 보는 자들(atthadassino)'을 『테라가타 주석서』는 다음과 같이 설명하고 있다.
"자신에게 이로운 것 등으로 구분되는 이로움(attatthādibheda attha)을 전도됨이 없이 본다(aviparītato passanti)고 해서 '이로움을 보는 자들(attha-dassino)'이다."(ThagA.i.41)

62) "본 게송은 이것을 말하고 있다. — 사자후(sīhanāda)를 토하는 사자들은 동물의 왕들(migarājā)이기 때문에 어디서도 두려움이 없다(bhayābhāva). 그래서 그 두려움 없는 소리(abhītanāda)는 그 외 다른 짐승들을 떨게 한다. 그와 같이 자신을 잘 수행하여(bhāvitattā) 방일하지 않는 장로들도 이와 같아서 모든 곳에서 두려움의 원인들(bhayahetū)을 잘 제거하였기 때문에 두려움 없이 사자후를 토한다(abhīta-nādabhūtā). 방일한 사람들을 떨게 하는(pamattajana-santāsakarā) [이러한] 게송들을 들으라는 말이다." (ThagA.i.7)

법에 머묾에 따라서, 의향에 따라서[63]
통찰지를 가진 그분들은
게으름 없이 머물렀다네.[64] ||2||

---

63) "'의향에 따라서(yathādhimuttā)'라고 하였다. 이것은 믿음의 의향(saddhā-adhimutti)과 통찰지의 의향(paññādhimutti) 가운데서 어떤 의향을 가진 분들을 말한다. 혹은 공함의 방법 등(suññatamukhādi) 가운데서 어떤 것을 통해서 열반에 대한 의향을 가진 것을 말한다."(ThagA.i.15)

여기서 공함의 방법 등은 공한 해탈[空解脫, suññata vimokkha]과 표상 없는 해탈[無相解脫, animitta vimokkha]과 원함 없는 해탈[無願解脫, appaṇihita vimokkha]을 말한다. 이 세 가지 해탈은 『청정도론』 XXI.67; 89에 설명되어 있으므로 참조하고 『초기불교 이해』 제27장 해탈이란 무엇인가 426~429쪽도 참조하기 바란다.

64) 이 게송 {2}는,

"yathānāmā yathāgottā, yathādhammavihārino
yathādhimuttā sappaññā, vihariṁsu atanditā." ({2})

를 옮긴 것이다. 『테라가타 주석서』는 이렇게 설명한다.

"그런데 여기서 '이름(nāma)'과 '족성(gotta)'을 취하여 이 장로들의 드러나서 알려진 상태(pakāsa-paññāta-bhāva)를 보여준다. '법에 머묾(dhamma-vihāra)'을 취하여서는 계행[戒]의 구족(sīlasampadā)과 삼매[定]의 구족(samādhisampadā)을 보여준다. '의향에 따라서 [잘 알려진] 통찰지를 가진(yathādhimuttā sappaññā)'이라는 것으로는 통찰지[慧]의 구족(paññāsampadā)을 보여준다. '게으름 없이(atanditā)'라는 것으로는 계행의 구족 등의 이유가 되는(kāraṇabhūta) 정진의 구족(vīriyasampadā)을 보여준다.
다시 '이름에 따라서(yathānāmā)'라는 것으로는 그들의 드러난 이름(pakāsana-nāmata)을 보여준다. '족성에 따라서(yathāgottā)'라는 것은 [깟사빠 등]의 믿음을 따르는 자들과 법을 따르는 자들의 족성을 증득함으로부터 시작하는 것(saddhānusārī-dhammānusārī-gotta-sampatti-samudāgama)이다. '법에 머묾에 따라서(yathādhammavihārino)'라는 것 등으로는 계행과 삼매와 통찰지와 해탈과 해탈지견(sīla-samādhi-paññā-vimutti-vimuttiñāṇadassana)을 증득함으로부터 시작하는 것이다. '게으름 없이(atanditā)'라는 것으로는 이와 같이 자신의 이로움을 증득하여(attahita-sampatti) 머무는 자들이 남을 이롭게 하는 도닦음(parahita-paṭipatti)을 보여주고 있다."(ThagA.iii.16)

그분들은 여기저기에서 통찰하여[65]

떨어지지 않는 경지[66]에 닿은 뒤

[다] 해 마친 것을 반조하면서[67]

---

65) "'통찰하여(vipassitvā)'라는 것은 관찰하여(sampassitvā)라는 말이다. 정신·물질을 구분함과 조건을 파악함(nāmarūpa-vavatthāpana-paccaya-pariggahā)으로써 [세 번째 청정인] 견해의 청정[見淸淨, diṭṭhivisuddhi]과 [네 번째 청정인] 의심을 극복함의 청정[度疑淸淨, kaṅkhā-vitaraṇa-visuddhi]을 구족한 깔라빠의 명상 등의 순서(kalāpa-sammasanādi-kkama)에 의해서 다섯 번째 청정(pañcama visuddhi, 즉 도와 도 아님에 대한 지와 견에 의한 청정, 道非道知見淸淨, maggāmagga-ñāṇadassana-visuddhi)을 증득하고 [여섯 번째 청정인] 도닦음의 지견청정[行道知見淸淨, paṭipadā-ñāṇadassana-visuddhi]으로 정수리(matthaka)를 증득함을 통해서 위빳사나를 열성적으로 행하여(ussukkāpetvā) [떨어지지 않는 경지에] '닿은 뒤(phusitvā)', 즉 얻은 뒤(patvā), 실현한 뒤(sacchi-katvā)라는 말이다."(ThagA.i.18)

66) "'떨어지지 않는 경지(accutaṁ padaṁ)'란 열반이다. 이것은 스스로가 떨어지지 않는 성질(acavana-dhammatta)을 가졌고 증득한 자들에게 떨어지지 않는 원인이 되기(accuti-hetu-bhāva) 때문에 여기에 떨어짐이란 없다. 그래서 '떨어지지 않음(accuta)'이라 한다. 유위법들(saṅkhatadhammā)과 섞이지 않고 이것을 원하는 자들은 도닦음으로 성취해야 하기 때문에(paṭipajjitabbatā) '경지(pada)'라고 불린다."(ThagA.i.18)

67) '[다] 해 마친 것을 반조하면서'는 katantaṁ paccavekkhantā를 주석서를 참조하여 옮긴 것이다. 주석서는 이렇게 설명한다.

"'[다] 해 마친 것(katantaṁ)'은 행한 것의 끝(katassa anta)을 뜻한다. ① 그 [장로]들에 의해서 증득된(adhigata) 성스러운 도(ariya-magga)는 자신의 조건들에 의해서 생긴 것이기 때문에 행하였다(kata)고 한다. 그것으로 귀결되는 결과(pariyosāna-bhūta phala)를 행하여서 마쳤다(katanta)는 뜻이다. [다] 해 마친 것(katanta)은 으뜸가는 결실(agga-phala)을 뜻한다. ② 혹은 조건들에 의해서 행하여졌기 때문에(paccayehi katattā) 즉 생겨났기 때문에(nipphāditattā) 행하여진 것들(katā)은 형성된 것들(유위법들, saṅkhatadhammā)이다. 이런 것들로부터 벗어난 상태이기 때문에(tan-nissaraṇabhāvato) [다] 해 마친 것은 열반이다(katanto nibbānaṁ). 그것을 [다] 해 마쳤다(taṁ katantaṁ)는 뜻이다.

'반조하면서(paccavekkhantā, prati+ava+√īkṣ, *to see*)'라고 하였다. ①

이러한 의미를[68] 말하였노라." ||3||

'성스러운 도를 증득한 나에 의해서 이 성스러운 결실은 증득되었고 형성되지 않은(무위) 요소가 증득되었다(adhigatā asaṅkhatā dhātu).'라고 성스러운 과와 열반(ariya-phala-nibbānāni)과 해탈지견에 의한 도닦음을 반조하면서(avekkhamānā, ava+√īkṣ)라는 뜻이다.
② 혹은 진리에 정통함(sacca-sampaṭivedha)을 통해서 성자가 행해야 할 철저하게 앎 등의 16가지 방법의 역할(pariññādi-soḷasa-vidha kicca)이 으뜸가는 결실에 섬(aggaphale ṭhita)에 의해서 생겨났기 때문에(nipphādita-ttā) 즉 귀결되게 하였기 때문에(pariyosāpitattā) [행하여] 마친 것이라 한다. 이와 같이 [행하여] 마친 것을 반조하면서이다. 이것에 의해서는 제거된 염원들을 반조함(pahīna-kilesa-paccavekkhaṇa)이 보여졌다. 그러나 이 이전의 방법을 통해서 다른 것들을 반조함이라는 19가지 반조들(ekūna-vīsati paccavekkhaṇāni)이 보여졌다."(ThagA.i.18)

16가지 방법의 역할(pariññādi-soḷasa-vidha kicca)에 대해서는 본서 제2권 다섯의 모음 수마나 장로(Th5:4)의 게송 {330}의 해당 주해를 참조하고 19가지 반조 혹은 반조의 지혜(paccavekkhaṇa-ñāṇa)는 『청정도론』 XXII.19~21과 『아비담마 길라잡이』 9장 §34의 해설을 참조할 것.
그리고 여기 '[다] 해 마친 것을 반조하면서'는 초기불전의 도처에 정형화되어 나타나는 "해탈했을 때 해탈했다는 지혜가 생긴다. '태어남은 다했다. 청정범행은 성취되었다. 할 일을 다 해 마쳤다. 다시는 어떤 존재로도 돌아오지 않을 것이다.'라고 꿰뚫어 안다."(M4 §32 등등)는 정형구와도 관계가 있다. 여기에 대해서는 『맛지마 니까야』 제1권 「두려움과 공포 경」(M4 §32)의 주해를 참조하기 바란다.

68) "'이러한 의미를(imamatthaṁ)'이라고 하였다. 여기서 '이러한(imaṁ)'은 전체(sakala) 장로와 장로니들의 게송들(theratherīgāthā)의 의미를 말한다. 이것은 [합송에서 이 게송들을 읊은 아난다 장로] 자신과 거기 함께 모여서 법을 결집하는 다른 대장로들(dhamma-saṅgāhaka-mahātherā)의 지성(buddhi)을 통해서 [자칫] 바꾸어질 수 있기 때문에(viparivattamāna-tāya) 함께 모여 앉아서(āsanna) 직접(paccakkha) 말한 것이다.
'의미를(atthaṁ)'이라는 것은 '나의 초막은 잘 덮여있고 …'({1})라는 등의 게송들을 통해서 설해진, 자신을 보기로 들거나(attūpanāyika) 남들을 보기로 든(parūpanāyika) 세간적이거나 출세간적인 것과 연결된(lokiya-lok-uttara-paṭisaṁyutta) 의미를 말한다."(ThagA.i.18~19)

테라가타

하나의 모음

Eka-nipāta

첫 번째 품

Paṭhama-vagga(Thag. {1}~{10})

1. 수부띠 장로(Th1:1)

【행장】

『테라가타 주석서』는 먼저 수부띠 장로(Subhūti thera)에 대한 전생의 인연을 밝히고 『아빠다나』에 나타나는 게송들을 인용한 뒤(ThagA.i.20~24) 장로의 금생의 인연을 다음과 같이 적고 있다.

"그는 우리 세존의 시대에 사왓티(Sāvatthi)에서 수마나 상인(Sumana-seṭṭhi)의 가문에서 아나타삔디까(급고독, Anāthapiṇḍika) 장자의 동생(kaniṭṭha)으로 태어나서 수부띠(Subhūti)라는 이름을 가지게 되었다."(ThagA.i.24)

계속해서 『테라가타 주석서』는 "그는 아름다운 몸의 부분들을 구족한 위엄(sarīrāvayava-vibhūti)과 계행의 구족 등의 위엄(sīla-sampattiyādi-vibhūti)을 갖추었기 때문에 수부띠(Subhūti, 고귀한 품성을 가진 자)라고 알려졌고, 계행의 심재 등의 굳건한 덕과 결합되었기 때문에(sīlasārādi-thiraguṇa-yogato) '장로(thera)'이다." (ThagA.i.30)라고 설명하고 있다.

수부띠 장로(Subhūti thera)는 『금강경』을 통해서 수보리 존자로 우리에게 잘 알려져 있다. 그는 급고독원의 개원식 때 부처님의 설법을 듣고 믿음을 얻어 출가하였으며(dhammaṁ suṇanto sad-dhaṁ paṭilabhitvā pabbaji) 자애와 함께하는 禪(mettā-jhāna)을 닦아서 아라한이 되었다.(ThagA.i.24) 그는 주로 숲에서 머물면서 평화롭게 지냈다고 한다. 그래서 세존께서는 『맛지마 니까야』 제4권 「무쟁(無諍)의 분석 경」(M139)에서 "수부띠 선남자는 다툼 없는[無諍] 평화로운 도(araṇa-paṭipada)를 닦았다." (M139 §14)라고 하셨고 『앙굿따라 니까야』 제1권 하나의 모음 「으뜸 품」(A1:14)에서도 "다툼 없이 평화롭게 머무는 자들[無諍住, araṇa-vihāri] 가운데서 수부띠(수보리)가 으뜸이다."(A1:14:2-4)라고 나타난다.(ThagA.i.25)

『맛지마 니까야 주석서』는 이렇게 말한다.

"수부띠 장로는 법을 설할(dhamma-desana) 때 '이 사람은 도를 닦지 않는 자(appaṭipannaka)로구나, 정진을 열심히 하지 않는 자(anārādhaka)로구나.'라거나 '이 사람은 계를 지녔고, 공덕을 쌓았고, 양심 있고, 교양 있고, 바른 행실을 갖추었다.'라고 생각하지 않고, '이것은 그릇된 도닦음(micchā-paṭipadā)이다, 이것은 바른 도닦음(sammā-paṭipadā)이다.'라고 오직 가르침을 설한다. 그러므로 세존께서는 '비구들이여, 나의 제자(sāvaka) 비구들 가운데 다툼 없이 평화롭게 머무는 자들 가운데 수부띠가 으뜸이다.'(A1:14:2-4)라고 말씀하셨다."(MA.v.31)

『앙굿따라 니까야 주석서』는 "'다툼 없이[無諍] 평화롭게 머무는 자(araṇa-vihāri)'란 오염원이 없이 머무는 자이다. 다툼(raṇa)이란 탐욕(rāga) 등의 오염원(kilesa)들을 말한다. 이런 것들이 없기 때문에 오염원이 없이 머문다, 평화롭게 머문다고 한다."(AA.

ii.220)로 설명하고 있다.
『상윳따 니까야 주석서』는 "'다툼을 버린 자들(raṇañ-jahā)'은 오염원들을 버린 자들(kilesañ-jahā)을 말한다. 禪의 경지들을 얻어 방일하지 않는 자들은 오염원들을 버린다. 그들은 그물을 자른 물고기들처럼 열반으로 갈 것이라고 말씀하시는 것이다." (SA.i.105)라고 설명한다.

범어 문헌 일반에서 raṇa는 전쟁이나 다툼[爭]을 뜻한다. 빠알리 문헌에서는 먼지(raja)나 오염원(kilesa)으로 설명한다.(MA.v.32) 한편 대승 경전인 『금강경』(제9품)에서도 수부띠 존자를 평화롭게 머무는 자들 가운데 으뜸이라고 밝히고 있다.(得無諍三昧人中 最爲第一 是第一離欲阿羅漢) 구마라집 스님은 무쟁삼매(無諍三昧)와 아란나행자(阿蘭那行者)라고 옮겼고 현장 스님은 무쟁주(無諍住)라고 직역하고 있다. 그러나 북방불교에서 수부띠 존자는 해공제일(解空第一)이라 불리는데 이것은 아마 공의 이치를 잘 드러낸다는 『금강경』이 세존과 수부띠 존자와의 대화로 이루어져 있기 때문일 것이다.

그리고 수부띠 존자는 『앙굿따라 니까야』 제1권 하나의 모음 「으뜸 품」(A1:14)의 다른 곳에서는 "공양받을 만한 자들 가운데서 수부띠가 으뜸이다."(A1:14:2-5)라고도 나타난다. 주석서들은 수부띠 존자는 탁발할 때 집집마다 자애와 함께하는 禪(mettā-jhāna)에 든 뒤 여기서 출정하여 공양을 받았기 때문에 이렇게 불린다고 설명하고 있다.(MA.v.32; AA.i.221)
이처럼 그는 『앙굿따라 니까야』 제1권 하나의 모음 「으뜸 품」(A1:14)의 두 곳에 언급되고 있다. 그래서 주석서는 "이 [수부띠] 존자는 두 곳에서 으뜸의 위치에 올랐으니 다툼 없이 머무는 자들[無諍住] 가운데 으뜸이요(A1:14:2-4), 공양받을 만한 자들 가운데 으뜸이다(A1:14:2-5)."(MA.v.32)라고 설명하고 있다.

『테라가타 주석서』는 먼저 수부띠 장로의 전생담 등을 드러낸 뒤 『아빠다나』에[69] 나타나는 수부띠 장로에 대한 긴 게송들을 소개하고 수부띠 장로가 아나타삔디까(급고독) 장자의 동생이라는 사실 등으로 장로를 설명한 뒤(ThagA.i.20~25) 수부띠 장로가 본 게송을 읊은 인연을 이렇게 설명하고 있다.

"이와 같이 이 대장로는 아라한됨에 확립되어 자신에 의해서 완성된 바라밀들의 결실의 정점(pūritapāramīnaṁ phalassa matthaka)을 얻은 뒤 세상에 널리 알려지고 잘 알려지게 되어 많은 사람의 이익을 위해서(bahujanahitāya) [여러] 지방으로 유행을 하면서(janapadacārika) 차례대로 라자가하에 갔다.
빔비사라 왕은 장로가 왔다는 것을 듣고 다가가서 절을 올린 뒤 '존자시여, 여기에 머무십시오. 거주하실 장소(nivāsanaṭṭhāna)를 만들겠습니다.'라고 말한 뒤 떠났다. 장로는 거처를 얻지 못하여 노지(abbhokāsa)에서 머물렀다. 그러자 장로의 위력(ānubhāva) 때문에 비가 오지 않았다. 사람들은 비가 오지 않아 고통스러워하며 왕의 거처에 있는 문에서 소리를 질렀다. 왕은 '무슨 이유 때문에 비가 오지 않는가?'라고 검증을 해보면서 '장로가 노지에서 머물고 있어서 비가 오지 않는구나.'라고 생각한 뒤 그에게 나뭇잎으로 초막(paṇṇakuṭi)을 만들어 드리게 하고 '존자시여, 이 초막에서 머무십시오.'라고 말하면서 절을 올리고 물러났다.
장로는 초막에 들어가서 풀로 만든 자리에 가부좌를 하고 앉았다. 그러자 비는 조금씩 내렸고 충분하게 내리지 않았다. 그때 장로는 비가 오지 않아서 생긴 세상의 두려움(lokassa avuṭṭhika-bhaya)을 가라앉히기 위해서 자신의 거처 안팎에 [비가 샐] 위험(parissaya)이 없음을 알리면서 본 게송을 읊었다."(ThagA.i.25)

『테라가타 주석서』는 본 게송을 충분히 설명한 뒤에 "이것은

69) 『아빠다나』에 대해서는 본서 하나의 모음 {3}의 【행장】의 해당 주해를 참조할 것.

장로가 구경의 지혜[70]를 천명하는 게송(aññā-vyākaraṇa-gāthā)이 되었다."(ThagA.i.30~31)라고 하면서 수부띠 장로의 게송에 대한 설명을 마무리 짓는다.

니까야에서 수부띠 장로와 관계된 경으로는 『맛지마 니까야』 제4권 「무쟁의 분석 경」(M139)과 특히 『앙굿따라 니까야』 제6권 「수부띠 경」(A11:15)을 들 수 있다. 「무쟁(無諍)의 분석 경」(M139)에서 세존께서 분쟁의 법과 무쟁의 법을 알아서 무쟁의 도를 닦으라고 강조하신 뒤 마지막으로 "수부띠 선남자는 무쟁의 도를 닦은 자이다."라고(§14) 칭찬하신다. 「수부띠 경」(A11:15)은 세존께서 믿음을 가진 자들에게서 발견되는 믿음의 특징 11가지를 열거하여 자세하게 설하시는 가르침을 담고 있다.

---

70) '구경의 지혜'는 aññā(ā+√jñā)를 옮긴 것이다. "'구경의 지혜(aññā)'란 아라한과(arahatta)를 뜻한다."(AA.iv.200)라거나 "네 번째 도(아라한도)의 지혜 바로 다음에 구경의 지혜(aññā)가 생긴다. 즉 아라한과가 생긴다는 뜻이다."(AA.ii.348)라는 주석서의 설명처럼 이것은 아라한과를 얻었을 때 생기는 지혜를 나타낸다.
그리고 초기불전의 여러 곳에서 아라한과를 성취한 뒤에 "'태어남은 다했다. 청정범행은 성취되었다. 할 일을 다 해 마쳤다. 다시는 어떤 존재로도 돌아오지 않을 것이다.'라고 꿰뚫어 안다.(khīṇā jāti vusitaṁ brahmacariyaṁ kataṁ karaṇīyaṁ nāparaṁ itthattāyāti pajānāmi)"(D02 §97, M4 §32, S6:3 §2, A3:58 §5 등등)는 구문으로 자신의 깨달음을 드러내는 것을 '구경의 지혜를 천명한다(aññaṁ vyākaroti).'(M112 §2, S12:32 §5 등)고 표현하고 있다.

초기불전에는 √jñā(*to know*)에서 파생된 중요한 술어들이 많이 나타난다. 지혜로 옮기는 냐나(ñāṇa), 통찰지로 옮기는 빤냐(paññā), 초월지 혹은 신통의 지혜(신통지)로 옮기는 아빈냐(abhiññā), 통달지로 옮기는 빠린냐(pariññā), 구경의 지혜로 옮기는 바로 이 안냐(aññā), 알아차림으로 옮기는 삼빤냐(sampaññā), 인식으로 옮기는 산냐(saññā), 알음알이로 옮기는 윈냐나(viññāṇa)가 대표적이다. 그리고 개념으로 옮기는 빤낫띠(paññatti), 허용이나 허락을 뜻하는 아눈냐(anuññā), 명제, 맹세, 약속, 서원 등으로 옮기는 빠띤냐(paṭiññā)도 들 수 있다. 여기에 대해서는 『청정도론』 해제 §16-(2) 지혜(ñāṇa)와 관련된 술어 및 단어들을 참조하기 바란다.

1. "나의 초막[71]은 잘 덮여있고[72]
행복하고[73] 바람을 막아준다.
[비의] 신이여,[74] 원하는 대로[75] 비를 내리기를.

---

71) 여기서 '초막'은 kuṭikā를 옮긴 것이다. 주석서는 kuṭi가 바로 kuṭikā라고 설명하고 있다. 계속해서 주석서는 kuṭikā 용처의 출처를 밝히면서 ① 모태(mātukucchi) ② 육체적인 몸(karaja-kāya) ③ 풀 등의 덮개가 있는 의지처(tiṇādicchadana-patissaya)의 셋으로 설명한 뒤 여기서는 풀 등의 덮개가 있는 의지처를 뜻한다고 설명한다.(ThagA.i.26~27)

72) '잘 덮여있고'는 channā를 옮긴 것이다. 이 단어는 √chad(chādeti, Sk: chadati, +te, 1류, 덮다/가리다, *to cover*)의 과거분사이다. 주석서는 빠알리 삼장에 나타나는 channa의 의미를 ① 어울리는(patirūpa) ② 특별한 말(vacana-visiṭṭhe saṅkhyā-visese) ③ 거머쥠(감춤, gahaṇa) ④ 하의와 상의(nivāsana-pārupana) ⑤ 사람 이름(찬나 존자) ⑥ 풀 등으로 덮임(tiṇādīhi chādana)의 6개의 의미로 설명한 뒤 여기서는 ⑥ 풀 등으로 덮임의 뜻이라고 설명하고 있다.(ThagA.i.25~26) 계속해서 주석서는 '풀(tiṇa)이나 나뭇잎(paṇṇa)으로 덮여 있으면 비가 새지 않고 빗물이 흘러내리지 않고 떨어지지 않나니 그처럼 잘 덮여있다(chāditi)는 뜻이다.'라고 설명한다.(ThagA.i.25~26)

73) '행복하고'는 sukhā를 옮긴 것이다. 여기서도 주석서는 sukha의 의미를 경의 출처들을 밝히면서 ① 즐거운 느낌(sukha-vedanā) ② 즐거운 뿌리(sukha-mūla) ③ 즐거운 원인(sukha-hetu) ④ 즐거운 대상(sukh-āram-maṇa) ⑤ 악의 없음(abyāpajja) ⑥ 열반(nibbāna) ⑦ 즐거움의 조건이 되는 곳(sukha-ppaccaya-ṭṭhāna) ⑧ 원하고 사랑스럽고 마음에 드는 것(iṭṭha-piya-manāpa)의 8가지로 예시를 한 뒤 여기서는 ⑧ 원하는 것(iṭṭha)과 ⑦ 즐거움의 조건(sukha-ppaccaya)의 뜻이라고 설명하고 있다.(ThagA.i.27)

74) '[비의] 신이여'는 deva를 옮긴 것이다. 주석서는 일반적으로 신(神)으로 옮기는 deva의 의미를 ① 끄샤뜨리야 왕(sammuti-deve khattiya) ② [신으로] 태어난 신(upapatti-deva) ③ 청정한 신(visuddhi-deva) ④ 허공(ākāsa) ⑤ 먹구름(megha) 혹은 비구름(pajjunna)의 5가지로 든 뒤, 여기서는 먹구름이나 비구름을 뜻한다고 들고 있다.(ThagA.i.27~28)

『위방가』(Vbh18 §1021)는 다음과 같이 세 종류의 신들을 설명하고 있다. "'신(神)'이라고 하였다. 세 종류의 신들이 있다. 일상적인 표현의 신들(sammuti-devā), [신으로] 태어난 신들(upapatti-devā), 청정한 신들(visuddhi-devā)이다.

나의 마음은 잘 삼매에 들어 해탈하였고[76]

나는 근면하게[77] 머무노니

'일상적인 표현의 신들'이란 왕들, 여왕들, 왕자들이다. '[신으로] 태어난 신들'이란 사대왕천의 신들로 태어났거나 그보다 높은 신들이다. '청정한 신들'이란 번뇌 다한 아라한들이다."(Vbh18 §1021)

이 세 종류의 신들에 대한 설명은 『맛지마 니까야 주석서』(MA.i.33)에도 같은 내용으로 나타난다.(『맛지마 니까야』 제1권 「뿌리에 대한 법문 경」(M1) §8의 주해 참조)

75) '원하는 대로'는 yathā-sukhaṁ을 옮긴 것인데 주석서는 좋아하는 대로(yathā-ruciṁ)와 바라는 대로(yathā-kāmaṁ)로 설명하고 있어서 이렇게 옮겼다.(ThagA.i.28)

76) '나의 마음은 잘 삼매에 들어 해탈하였고'는 cittaṁ me susamāhitaṁ vimuttaṁ를 옮긴 것이다. 주석서는 이렇게 설명한다.

"이제 내적인 방해물이 존재하지 않음(parissayābhāva)을 보여주면서 '마음은(cittaṁ)'이라는 등을 말하였다. 여기서 '나의 마음은 잘 삼매에 들어(cittaṁ me susamāhitaṁ)'라는 것은 나의 마음은 잘, 아주 바르게, 오직 바르게 한 끝이 됨(ekagga-bhāva)에 의해서 대상에 확립되었다는 말이다. 그리고 이것은 장애 등을 단지 억압함(nīvaraṇādi-vikkhambhana-matta)에 의해서가 아니다. 낮은 단계와 높은 단계와 결합된(orambhāgiya-uddhambhāgiya-saṅgahā) 모든 족쇄들(saṁyojanāni)로부터 해탈하였고(vimutta) 모든 오염원의 법(sabba-kilesadhamma)으로부터 특별히 해탈하였으며 근절에 의한 버림(samuccheda-ppahāna)과 편안함에 의한 버림(paṭippassaddhi-ppahāna)으로 버린 뒤 확립되었다는 뜻이다."(ThagA.i.28)

『맛지마 니까야 주석서』는 버리는 율(pahāna-vinaya)의 내용으로 다섯 가지 버림(pañcavidha pahāna)을 들고 있는데 그것은 "대체(tadaṅga)에 [illegible] 억압(vikkhambhana)에 의한 버림, 근절(samuccheda)에 의한 버림, 편안함(paṭippassaddhi)에 의한 버림, 벗어남(nissaraṇa)에 의한 버림의 다섯 가지"(MA.i.22)이다. 이 다섯 가지 버림은 『청정도론 복주서』(Pm.70, Vis.IV.82에 대한 주석)에도 나타난다. 이 다섯 가지는 다섯 가지 떨쳐버림(viveka)으로도 나타나는데 여기에 대해서는 본서 하나의 모음 {6}의 해당 주해를 참조하기 바란다.

그리고 『청정도론』은 세 가지 버림, 즉 억압에 의한 버림(vikkhambhana-ppahāna), 반대되는 것으로 대체하여 버림(tadaṅgappahāna), 근절에 의한 버림(samucchedappahāna)을 들고 있는데 이것은 『청정도론』 XXII. 110~123에 자세히 설명되어 있으니 참조하기 바란다.

[비의] 신이여, 비를 내리기를."78)

---

77) "'근면하게(ātāpi)'란 정진을 가진(vīriyavā)이란 뜻이다. 나는 [지금] 위빳사나를 시작함(vipassanārambha)을 통해서 과의 증득을 위하고(phala-samāpatti-attha) 지금·여기에서 행복하게 머묾을 위하여(diṭṭhadhamma-sukhavihārattha) 부지런히 정진하여(āraddhavīriya) 머물고 있으며 신성한 마음가짐 등(dibba-vihārādī)에 의해서 자기 존재(atta-bhāva)를 유지하고 있다. 그러나 그것은 오염원을 버리기 위해서(kilesa-ppahānattha)가 아니다. 버려야 할 것(pahātabba)이 존재하지 않기 때문인데 이것이 여기서 의미하는 것(adhippāya)이다. 이와 같이 내적인 위험이 존재하지 않음(abbhantara-parissayābhāva)을 보여주면서, 다시 "[비의] 신이여, 비를 내리기를(vassa deva)."이라고 하였다."(ThagA.i.28)
주석서는 계속해서 다른 방법의 설명들도 덧붙이고 있다.

78) 계속해서 주석서는 이 게송의 의미를 다음과 같이 세 가지 공부지음[三學, ti sikkhā]과 세 가지 머묾(tayo vihārā) 등으로 설명하고 있다.

"그리고 여기서 장로는 '나의 초막은 잘 덮여있고 / 행복하고 바람을 막아준다.'라고 세간과 출세간을 구분하는(lokiya-lokuttara-bheda) 자신의 높은 계를 공부지음[增上戒學, adhisīla-sikkhā]을 보여준다. '나의 마음은 잘 삼매에 들어'라는 이것으로 높은 마음을 공부지음[增上心學, adhicitta-sikkhā]을, '해탈하였고'라는 이것으로 높은 통찰지를 공부지음[增上慧學, adhipaññā-sikkhā]을, '나는 근면하게 머무노니'라는 이것으로는 지금·여기[現法]에서 금생에 행복하게 머묾(diṭṭhadhamma-sukhavihāra — 네 가지 禪과 네 가지 무색계 삼매의 증득 등, 「지워 없앰 경」(M8) §§4~11 등을 참조할 것.)을 보여준다.
혹은 '나의 초막은 잘 덮여있고 / 행복하고 바람을 막아준다.'라는 이것으로 표상 없는[無相] 머묾(animittavihāra)을 보여주나니 오염원의 비를 덮어 버리는 방법을 통해(kilesa-vassa-pidhāna-mukhena) 항상함 등의 표상을 버림을 밝히기 때문이다(niccādi-nimitt-ugghāṭana-dīpanato). '나의 마음은 잘 삼매에 들어'라는 이것으로는 원함 없는[無願] 머묾(appaṇihita-vihāra)을, '해탈하였고'라는 이것으로는 공(空)한 머묾(suññata-vihāra)을, '나는 근면하게 머무노니'라는 이것으로는 이들 세 가지 머묾을 증득하는 바른 방법(adhigam-upāya)을 [보여준다.]
혹은 첫 번째로는 성냄을 버림(dosa-ppahāna)을, 두 번째로는 탐욕을 버림(rāga-ppahāna)을, 세 번째로는 어리석음을 버림(moha-ppahāna)을 [보여준다.] 여기서 두 번째 혹은 첫 번째와 두 번째로는 법에 머묾을 증득함(dhamma-vihāra-sampatti)을 보여주고 세 번째로는 해탈을 증득함(vimutti-sampatti)을 [보여준다.] '나는 근면하게 머무노니'라는 이것으로는 남을 이롭게 하는 도닦음(parahita-paṭipatti)에 게으르지 않음(atandita

이처럼 참으로 존자 수부띠 장로가[79] 게송을 읊었다.[80]

-bhāva)을 보여준다고 보아야 한다."(ThagA.i.30)

79) "이와 같이 '이름에 따라서(yathā-nāmā)'라는 [앞의 기원을 밝히는] 게송({1})에서 설한, 법에 머묾에 따라서 등(dhamma-vihārādī) 가운데서 이 게송으로 보여주었기 때문에 거기서 보여주지 않은 이름과 족성(nāma-gottā) 중에서 이름을 보여주기 위해서 '이처럼 참으로(ittharin sudarin)'라는 등을 설하였다. 이름만으로 드러난(nāmamattena pākaṭā) 장로들은 그들의 이름으로, 족성만으로 드러난 분들은 족성으로, 둘 다로 드러난 분들은 둘 다로 보여줄 것이다. 그런데 이 장로는 [수부띠라는] 이름으로 잘 알려졌고 족성에 의해서가 아니다. 그래서 '이처럼 참으로 존자 수부띠 장로가'라고 말하였다."(ThagA.i.30)

80) '이처럼 참으로 존자 수부띠 장로가 게송을 읊었다.'는 itthaṁ sudaṁ āyasmā Subhūtitthero gāthaṁ abhāsitthāti를 옮긴 것이다. 주석서는 이렇게 설명한다.

"여기서 '이처럼(itthaṁ)'은 이 방법으로(idaṁ pakāraṁ), 이 형태로(iminā ākārena)라는 뜻이다. '참으로(sudaṁ)'는 su idaṁ인데 연음(sandhi)에 의해서 모음 i가 생략된 것이다. 여기서 '참으로(su)'는 불변화사이고 이 게송과 연결된다. '존자(āyasmā)'는 존칭어(piya-vacana)인데 이것은 존중과 존경과 순응하는 말(garu-gārava-sappatissa-vacana)이다.
'수부띠(Subhūti)'는 이름을 드러내는 것이다. 그는 몸을 구족함(sarīra-sampatti)에 의해서도 아름답고(dassanīya) 청정한 믿음을 내게 하고(pāsādika), 덕을 구족함(guṇa-sampatti)에 의해서도 그러하기 때문이다. 이처럼 그는 아름다운 몸의 부분들을 구족한 위엄(sarīrāvayava-vibhūti)과 계행을 증득함 등의 위엄(sīla-sampattiyādi-vibhūti)을 갖추었기 때문에 수부띠(Subhūti, 고귀한 품성을 가진 자)라고 알려졌고, 계행의 심재 등의 굳건한 덕과 결합되었기 때문에(sīlasārādi-thiraguṇa-yogato) '장로(thera)'이다. '읊었다(abhāsittha)'는 것은 말하였다(kathesi, Aor.3P.Sg.)는 뜻이다."(ThagA.i.30)

여기서 '순응'으로 옮긴 원어는 sappatissa인데 sa+patissa로 분석된다. patissā는 prati(~에 대하여) + √śru(*to hear*)에서 파생된 명사로, '잘 듣는다'는 의미에서 '순응, 복종'을 의미한다. 한편 『앙굿따라 니까야 주석서』는 "존경(gārava)이란 으뜸으로 여기고 존중하는 것(sajeṭṭhako sagāravo)" (AA.iii.363)이라고 설명하고 있다.

"그런데 왜 이 대장로들은(mahātherā) [본서의 이런 게송들을 통해서] 자신들의 덕들(guṇā)을 드러내는가(pakāsenti)? 최고로 바라는 것이 적은 성자들(paramappicchā ariyā)은 오랜 세월 동안 이전에는 증득하지 못하였

2. 마하꼿티따 장로(Th1:2)

【행장】

『테라가타 주석서』는 먼저 마하꼿티따 장로에 대한 전생의 인연을 드러내고 『아빠다나』에 나타나는 게송들을 인용한 뒤(Thag A.i.31~32) 장로의 금생의 인연을 다음과 같이 밝히고 있다.

"마하꼿티따 장로(Mahākoṭṭhita thera, VRI: Mahākoṭṭhika)는 사왓티에서 부유한 바라문 가문(brāhmaṇa-mahāsālakula)에 태어났다. 꼿티따는 그의 이름이었다. 그는 적당한 나이가 되어(vaya-ppatta) 삼베다(tayo vedā)[81]를 익힌 뒤 바라문의 기술(brāhmaṇa-sippa)에 통달하였다. 그는 어느 날 스승님(세존)의 곁에 가서 법을 듣고 믿음을 얻어서 출가하여 구족계[82]를 받은 때부터 위

고(anadhigata-pubba) 최고로 심오하며(parama-gambhīra) 아주 평화롭고(santa) 수승한(paṇīta) 자신들이 증득한 출세간법(lokuttaradhamma)을 반조한 뒤에 ① 희열의 감동으로 고무된 우러나온 말씀(감흥어)을 통해서(pīti-vega-samussāhita-udāna-vasena) ② 그리고 교법이 출리(出離)로 인도하는 상태를 설명함을 통해서(sāsanassa niyyānika-bhāva-vibhāvana-vasena ca) 자신들의 덕들을 드러낸다. 이것은 마치 세상의 주인(loka-nātha)이신 [부처님]께서 깨닫게 하시려는 의향(bodhaneyya-ajjhāsaya)을 통해 [『상윳따 니까야』 제2권 「십력 경」 1(S12:21)에서] "비구들이여, 열 가지 힘[十力]을 구족하고 네 가지 담대함[四無畏]을 구족하여 여래는 대웅의 위치를 얻었고 회중에서 사자후를 토하고 신성한 바퀴[梵輪]를 굴린다."(S12:21 §3)라는 등으로 당신의 덕을 드러내신 것과 같다. 그와 같이 이것은 장로가 구경의 지혜를 천명하는 게송(aññāvyākaraṇa-gāthā)이 되었다."(ThagA.i.30~31)

81) '삼베다(tayo vedā)' 혹은 '세 가지 베다(ti vedā)'는 『리그베다』(Ṛgveda), 『야주르베다』(Yajurveda), 『사마베다』(Sāmaveda)인데 초기불전에서 『아타르와베다』(Atharvaveda)는 베다로 인정되지 않는다. 삼베다 혹은 세 가지 베다와 인도의 베다 문헌 등에 대해서는 『맛지마 니까야』 제3권 「브라흐마유 경」(M91) §2의 주해들을 참조하기 바란다.

82) '구족계(具足戒, upasampadā, upasampanna-sīla)'는 비구계와 비구니계를 뜻한다. 『율장 복주서』는 구족계의 의미를 이렇게 설명한다. "수천 가지 단속하는 율(saṁvara-vinaya)을 받은 뒤에 이를 지킴(vattana)으로

빳사나의 업을 행하면서[83] 무애해체지[84]와 더불어 아라한됨을 얻었다. 그는 무애해체지에 통달한 자가 되어 잘 알려진 대장로들에게 다가가서 질문을 하고 열 가지 힘[十力, dasabala][85]을 갖추신 [부처님께도] 다가가서 질문을 하면서 무애해체지에 대해서 질문을 드렸다.

이와 같이 이 장로는 [전생에] 닦았기 때문에(kata-adhikārattā-ya) 그리고 자유자재함에 통달(ciṇṇavasībhāva)하였기 때문에 무

해서 높은 존재(uparibhūtā)와 최상의 존재(agga-bhūtā)를 성취(sampadā)하기 때문에 구족계(upasampadā)라 한다."(VinAṬ.iii.182)

83) '위빳사나의 업을 행하면서'는 vipassanāya kammaṁ karonto를 직역하여 옮긴 것이다. 『테라가타 주석서』에는 여기서 '위빳사나의 업을 행하면서'로 직역한 vipassanāya kammaṁ karonto/ karoti라는 표현이 59번 정도 나타나고 『테리가타 주석서』에도 20번 정도가 나타나고 vipassanā-kammaṁ karontā라는 표현도 몇 번 나타나고 있는 것으로 조사되었다. 복주서에는 이 vipassanāya kammaṁ karonto/karoti에 대한 설명은 나타나지 않지만 수행의 문맥에서 나타나는 kammaṁ karontassa(업을 행하면서) 혹은 kammaṁ karoti(업을 짓는다)를 복주서는 이렇게 설명하고 있다.

"'업을 행하면서(kammaṁ karontassa)'라는 것은 수행에 몰두하는 업을 지으면서(bhāvanā-anuyoga-kammaṁ karontassa)라는 뜻이다."(MAṬ.ii.268)

"'업을 짓는다(kammaṁ karoti).'는 것은 수행하는 업을 짓는다는 뜻이다(yoga-kammaṁ karoti)."(MAṬ.ii.212)

그러므로 이 vipassanāya kammaṁ karonto는 '위빳사나 수행에 몰두하면서'로 의역할 수 있을 것이다.

84) '무애해체지(無礙解體智, paṭisambhidā)'에 대해서는 『위방가』 제2권에 실린 제15장 무애해체지 위방가(걸림 없는 해체의 지혜에 대한 분석)의 제목에 대한 주해들을 참조하기 바란다.

85) '열 가지 힘[十力, dasa-bala]' 혹은 '열 가지 여래의 힘(tathāgata-balāni)'은 우리에게 여래십력(如來十力)으로 잘 알려져 있으며 부처님이 가지신 열 가지 힘을 뜻한다. 이러한 열 가지 힘[如來十力]은 『맛지마 니까야』 제1권 「사자후의 긴 경」(M12) §§9～19과 『앙굿따라 니까야』 제6권 「사자 경」(A10:21) §§1～10에 자세하게 정의되어 나타난다. 『청정도론』 XII.76 주해도 참조할 것.

애해체지를 얻은 분들 가운데 으뜸이 되었다. 그는 『맛지마 니까야』 제2권 「교리문답의 긴 경」(M43)에서 [사리뿟따 존자와 교학에 대한 심오한 문답을 나누고 있다.] 스승님께서도 그를 이로움을 증장시키는 자로 여기시어 무애해체지를 얻은 사람들 가운데 으뜸의 위치에 놓으시면서 [『앙굿따라 니까야』 제1권 하나의 모음 「으뜸 품」(A1:14)에서] "비구들이여, 무애해체지를 얻은(paṭisambhidāpattā) 나의 비구 제자들 가운데서 마하꼿티따가 으뜸이다."(A1:14:3-10)라고 하셨다. 그는 나중에 해탈의 행복(vimuttisukha)을 누리면서 감흥어를 통해서 본 게송을 읊었다." (ThagA.i.32~33)

마하꼿티따 장로는 『맛지마 니까야』 제2권 「교리문답의 긴 경」(M43)과 『상윳따 니까야』 제3권 「계 경」(S22:122) 등 여러 경들에서 특히 사리뿟따 존자와 담론을 나누고 있는데, 예를 들면 『상윳따 니까야』 제3권 「일어나기 마련임 경」 2(S22:127)부터 「꼿티따 경」 3(S22:135)까지의 9개 경들을 들 수 있다. 그래서 여기 『테라가타』 제3권에는 사리뿟따 존자가 마하꼿티따 존자를 찬탄하는 게송들({1006}~{1008})이 나타날 정도로 두 분은 교분이 깊었다고 DPPN은 적고 있다. 그리고 본 게송({2})은 본서 제3권의 사리뿟따 장로의 게송 가운데 {1006}번 게송으로도 나타나고 있다. 주석서는 이 {1006}번 게송은 사리뿟따 존자가 마하꼿티따 존자를 보고 그의 덕을 설명하면서 읊은 것이라고 밝히고 있다. 리스 데이비즈 여사(C.Rh.D)의 지적처럼(KS 2:79, n.1) 이 두 분은 아라한이었기 때문에 이들의 대화는 모르는 것에 대한 문답이라기보다는 제자들을 교육하기 위한 것이라고 받아들여야 할 것이다.

2. "고요하고[86)]제어되고[87)]

---

86) "여기서 '고요하고(upasanto)'라는 것은 마음[意]을 여섯 번째로 하는 감각

지혜롭게 말을 하고[88] 들뜨지 않은[89] 사람은
사악한 법들을 흔들어 날려버리나니[90]
마치 바람이 나무의 잎사귀를 그리하듯이.[91]"[92] (={1006})

기능들(mana-cchaṭṭhā indriyā)을 고요하게 하여(upasamana) 온화한 상태가 됨(nibbisevana-bhāva-karaṇa)에 의해서 고요하고라는 말이다." (ThagA.i.33)

87) "'제어되고(uparato)'라는 것은 모든 곳에서 사악함을 행하는 것(pāpa-karaṇa)으로부터 그치고(orata) 삼가는 것(virata)이다."(ThagA.i.33)

88) "'지혜롭게 말을 하고(mantabhāṇi)'라고 하였다. 여기서 지혜로움(mantā)은 통찰지(paññā)를 말한다. 이것으로 자세히 살펴본 뒤에(upaparikkhi-tvā) 말을 한다(bhaṇati)고 해서 지혜롭게 말을 함인데 적절한 시기에 말함 등(D1 §1.9 참조)의 상태(kālavādī-ādi-bhāva)를 버리지 않고 말한다는 뜻이다."(ThagA.i.33)

89) "'들뜨지 않은(anuddhato)'이라고 하였다. 태생 등을 통해서 자신을 찬탄하면서(anukkaṁsana) 들뜨지 않는다는 말이다. 혹은 ① 세 가지 몸으로 짓는 나쁜 행위(kāya-duccaritā)를 가라앉힘(vūpasamana)에 의해서, 즉 그것으로부터 제어함(paṭivirati)에 의해서 고요하고(upasanta), ② 세 가지 마음으로 짓는 나쁜 행위(mano-duccaritā)를 중지하고 버림(uparamaṇa pajahana)에 의해서 제어되고(uparata), ③ 네 가지 말로 짓는 나쁜 행위(vacī-duccaritā)를 전개하지 않고(appavatti) 자제하여 말함(parimita-bhāṇita)에 의해서 지혜롭게 말하여, [이러한] 세 가지 나쁜 행위의 표상에서 생기는(duccarita-nimitta-uppajjanaka) 들뜸(uddhacca)이 존재하지 않기 때문에 들뜨지 않았다(anuddhata)는 말이다."(ThagA.i.33)

90) "'사악한 법들을 흔들어 날려버리나니(dhunāti pāpake dhamme)'라고 하였다. 이와 같이 세 가지 나쁜 행위를 버림(pahāna)에 의해서 청정한 계행(suddha sīla)에 확립되었고 들뜸을 버림(uddhacca-ppahāna)에 의해서 삼매에 들고(samāhita) 바로 그 삼매(samādhi)를 가까운 원인으로 하여(padaṭṭhānaṁ katvā) 위빳사나를 증장시켜 도의 순서(magga-paṭipāṭi)대로 '사악한 법들을 흔들어 날려버린다(dhunāti pāpake dhamme).' 즉 저열한 목적(lāmakaṭṭha) 때문에 [생겨난] 사악한 모든 오염원의 법들(saṁ-kilesa-dhammā)을 흔들어서 날려버리고(niddhunāti) 근절(samuccheda)을 통해서 제거한다는 말이다."(ThagA.i.33)

91) "무엇과 같은가? '마치 바람이 나무의 잎사귀를 그리하듯이(duma-pattaṁ -va māluto)'라고 하였다. 마치 나무의 시들어버린 잎(patta paṇḍupalāsa)을 바람이 흔들어버리는 것과 같이(dhunāti) 가지로부터 떨어뜨려 몰아낸

이처럼 참으로 존자 마하꼿티따 장로가 게송을 읊었다.

다(nīharati). 이와 같이 도닦음에 서서 사악한 법들(pāpa-dhammā)을 자신의 흐름(santāna)으로부터 몰아낸다는 말이다. 이와 같이 이것은 장로가 구경의 지혜에 대한 권위 있는 말(aññā-apadesa)을 통해서 [자신의] 구경의 지혜를 천명하는 게송이기도 하다고 알아야 한다."(ThagA.i.33)

92) "그리고 여기서 몸과 말로 짓는 나쁜 행위를 버림이라는 용어(kāyavacī-duccarita-ppahāna-vacana)로는 노력의 청정함(payoga-suddhi)을 보여주고, 마음[意]으로 짓는 나쁜 행위를 제거함이라는 용어로는 의향의 청정함(āsaya-suddhi)을 보여준다. 이와 같이 노력과 의향의 청정함을 가진 자(payogāsaya-suddha)는 '들뜨지 않은 사람(anuddhato)'이라는 이 들뜸 없음이라는 용어(uddhaccābhāva-vacana)와 같은 뜻이기 때문에 장애를 버림(nīvaraṇa-ppahāna)을 보여준다. 그들 가운데서 ① 노력의 청정함에 의해서 계행의 구족(sīla-sampatti)이 설명되었고 ② 의향의 청정함에 의해서는 사마타를 닦기 위해서 도움이 되는 법들을 파악함(upakāraka-dhamma-pariggaha)이, ③ 장애를 제거함에 의해서는 삼매를 닦음(samādhi-bhāvanā)이, ④ '사악한 법들을 흔들어 없애버린다(dhunāti pāpake dhamme).'라는 이것으로는 통찰지를 닦음(paññā-bhāvanā)이 설명된다.

이와 같이 ⓐ 높은 계행을 공부지음[增上戒學] 등(adhisīla-sikkhādayo)의 세 가지 공부지음[三學, tisso sikkhā]과 ⓑ 세 가지 훌륭한 교법(tividha-kalyāṇa sāsana)과 ⓒ 대체하여 버림 등의(tadaṅga-ppahānādīni) 세 가지 버림(tīṇi pahānāni)과 ⓓ 양극단을 피함(antadvaya-parivajjana)과 함께 중도(中道)를 닦음(majjhimāya paṭipattiyā paṭipajjana)과 ⓔ 처참한 상태 등(apāya-bhavādī)을 넘어서는 방법(수단, samatikkaman-ūpāya)이 적절하고 분명하게 알아져서 적용되어야 한다(yojetabbā).

이러한 방법으로 나머지 게송들에서도 적절하게 의미가 적용됨(attha-yojanā)을 알아야 한다. [이 이후에는] 앞에서 설명하지 않은(apubbaṁ) 의미만(atthamatta)을 거기서 설명할 것이다."(ThagA.i.33~34)

여기서 ⓑ 세 가지 훌륭한 교법(tividha-kalyāṇa sāsana)은 시작도 훌륭하고 중간도 훌륭하고 끝도 훌륭한(ādikalyāṇa majjhekalyāṇa pariyosāna-kalyāṇa) 법(dhamma)을 말하는데 『맛지마 니까야』 제1권 「코끼리 발자국 비유의 짧은 경」(M27) §11의 주해와 『청정도론』 IV.110을 참조하기 바란다. ⓒ 세 가지 버림(tīṇi pahānāni)에 대해서는 『청정도론』 XXII.110~123을 참조하고 ⓓ 중도(中道, majjhimā paṭipadā)에 대해서는 『상윳따 니까야』 제2권 「깟짜나곳따 경」(S12:15) §6의 주해와 『초기불교 이해』 제25장 도란 무엇인가 - 팔정도(378~383쪽)를 참조할 것.

3. 깡카레와따 장로(Th1:3)

【행장】

"깡카레와따 장로(Kaṅkhārevata thera)는 사왓티 도시(Sāvatthi-nagara)에서 큰 재산을 가진 가문(mahā-bhoga-kula)에 태어났다. 그는 식사를 마치고 법을 듣기 위해서 가는 많은 사람들과 함께 승원에 가서 회중의 끝(parisa-pariyanta)에 서서 십력을 가지신 부처님의 설법을 들은 뒤 믿음을 얻어서 출가하여 구족계를 받았다.

그는 [세존께서] 명상주제를 설해주시자 禪의 준비단계(jhāna-parikamma)를 행하면서(karonto) 禪을 얻은 자(jhānalābhī)가 되었고 禪을 기초로 하여(pādakaṁ katvā) 아라한됨을 얻었다. 그는 대체적으로 열 가지 힘[十力, dasabala]과 함께 얻어지는 증득[等至, samāpatti]을 체득하면서 밤낮으로 선정에 자유자재한 자(ciṇṇavasī)가 되었다. 그래서 스승님께서는 [『앙굿따라 니까야』 제1권 하나의 모음「으뜸 품」(A1:14)에서] "비구들이여, 禪을 얻은(jhāyī) 나의 비구 제자들 가운데서 깡카레와따가 으뜸이다."(A1:14:2-7)라고 하시면서 그를 禪을 얻은 사람들 가운데 으뜸의 위치에 놓으셨다. [장로의 일화는] 『아빠다나』[93]에도

---

93) 문자적으로 '아빠다나(apadāna)'는 apa(떨어져서)+√dā(*to give*)에서 파생된 중성명사인데 불교 산스끄리뜨에서는 아와다나(avadāna)로 나타난다. 아빠다나와 아와다나는 '전기, 전설, 일대기' 등을 뜻한다.
『쿳다까 니까야』(小部)에 포함된 15개의 경들 가운데 열세 번째 경이 바로 이 『아빠다나』(Apadāna, 傳記)이다. 『쿳다까 니까야』의 『아빠다나』는 크게 네 부분으로 구성되어 있는데 ① 붓다 아빠다나(Buddha-apadāna)에는 부처님들의 전기가 들어있고 ② 빳쩨까붓다의 전기(Pacceka-buddha-apadāna)에는 벽지불들의 전기가 담겨 있다. ③ 테라아빠다나(Thera-apadāna)에는 550분에서 3분이 줄어들어 547분 장로들의 전기가 55개의 품에 담겨 있고 ④ 테리아빠다나(Therī-apadāna)에는 40분 장로니의 전기가 4개의 품에 전승되어 온다.(K. R. Norman 89~92; Hinüber 60~61 참조)

나타나고 있다. …
해야 할 일을 다 한(kata-kicca) 이 대장로는 전에는 오랜 세월 동안 자신이 자연스럽게 의심을 하는 마음을 가졌지만(kaṅkhā-pakatacittatā) 이제는 모든 곳에서 의심이 사라졌음을 반조하면서 '오, 나의 스승님의 가르침의 위신력(desanānubhāva)이란 굉장하구나. 그분에 의해서 이제는 이와 같이 의심이 사라져서 안으로 고요한 마음이 생겼구나.'라는 공경심이 생겨(sañjāta-bahu-māna) 스승님의 통찰지를 칭송하면서 본 게송을 읊었다.
이것은 장로 자신의 의심을 극복함을 밝힘(kaṅkhāvitaraṇa-ppakāsana)에 의해서 구경의 지혜를 천명하는 게송도 된다. 이 장로는 범부였을 때에 허용되었음에도 후회를 하는 자(kukkucca-ka)였는데, 의심(kaṅkhā)이 많아서 깡카레와따(Kaṅkhā-revata, 의심하는 레와따)라고 알려졌기 때문이다. 그는 나중에 번뇌가 다하였을 때에도(khīṇāsavakālepi) 이렇게 인습적으로 불리게 되었다(voharayittha)."(ThagA.i.37)

『앙굿따라 니까야 주석서』는 이렇게 적고 있다.

이처럼 『아빠다나』에는 부처님 재세 시에 생존했던 547분의 장로와 40분의 장로니의 전기가 담겨 있다. 본서 『테라가타』는 259분의 장로들이 남긴 게송들을 담고 있고 『테리가타』는 73분의 장로니들이 남긴 게송들을 담고 있기 때문에 이 『아빠다나』와 『테라가타』 · 『테리가타』는 상호 밀접한 관계가 있을 수밖에 없다.
그리고 『디가 니까야』 제2권에는 「마하빠다나 숫따」(Mahāpadāna Sutta, mahā+apadāna, D14)가 포함되어 있는데 이 경은 위빳시 부처님부터 석가모니 부처님까지 칠불을 개략적으로 소개한 뒤 위빳시 부처님의 일대기를 소개하는 경이기 때문에 본경을 [부처님들의] 위대한 전기라고 이해해서 Mahāpadāna(대전기)로 부른 듯하다. 중국에서는 「대본경」(大本經)으로 옮겨져서 『장아함』의 첫 번째 경으로 소개되었다. 『쿳다까 니까야』에 열세 번째 경으로 포함된 『아빠다나』가 장로와 장로니들의 일대기를 다룬 것이므로 칠불의 일대기를 다룬 아빠다나는 당연히 더 위대한 분들의 일대기이고 경의 길이도 길기 때문에 『디가 니까야』의 열네 번째 경을 마하-아빠다나(Mahā-apadāna, 大傳記)로 이름을 붙였을 것이다. 초기불전연구원에서는 이 경을 「대전기경(大傳記經)」(D14)으로 옮겼다.

"의심하는 성품을 지녔기 때문에(kaṅkhāyana-bhāva) 깡카레와따(Kaṅkhā-Revata)라고 부른다. 여기서 깡카(kaṅkhā)는 후회(kukkucca)를 말하고 후회하는 자(kukkuccaka)란 뜻이다. 물론 다른 사람들도 후회를 하지만 이 장로는 옳은 일에조차도 후회를 하였다. 이 장로의 후회하는 성품이 너무 잘 알려져 있기 때문에 깡카레와따라고 불리게 되었다."(AA.i.230)

3. "여래들의[94] [2] 이[95] 통찰지를[96] 보라.

---

94) "그렇게 왔음 등의 [여덟 가지] 뜻(tathā āgamanādi-attha)에서 '여래들의(tathāgatānaṁ)'라고 하였다. ① 그렇게 왔기(tathā āgato) 때문에 여래(tathāgata)라 한다. ② 그렇게 갔기(tathā gato) 때문에 여래라 한다. ③ 그렇게 특징을 알았기(tatha-lakkhaṇaṁ āgato) 때문에 여래라 한다. ④ 진실한 법들을 정확하게 깨달았기(tatha-dhamme yāthāvato abhisambuddho) 때문에 여래라 한다. ⑤ 그렇게 드러내었기(tatha-dassitāya) 때문에 여래라 한다. ⑥ 그렇게 말했기(tathā-vāditāya) 때문에 여래라 한다. ⑦ 그렇게 행했기(tathā-kāritāya) 때문에 여래라 한다. ⑧ 정복했다는 뜻에서(abhibhavanaṭṭhena) 여래라 한다."(ThagA.i.36; MA.i.45; UdA.128; ItA.i.117)

주석서는 여덟 가지 이유 때문에 여래라 한다고 이렇게 간략하게 여덟 가지를 나열한 뒤 "자세한 것은 『빠라맛타디빠니』에 담겨있는 『우다나 주석서』와 『이띠웃따까 주석서』에서 설명한 방법대로 알아야 한다(vitthāro pana Paramatthadīpaniyā Udānaṭṭhakathāya Itivuttakaṭṭhakathāya ca vuttanayeneva veditabbo)."(thagA.i.36)라고 적고 있다. 『맛지마 니까야 주석서』(MA.i.45~51)도 이 여덟 가지 이유(kāraṇa)를 자세하게 서술하고 있는데 이것은 『맛지마 니까야』 제1권 「뿌리에 대한 법문 경」(M1) §147의 해당 주해에서 잘 정리하고 있으므로 참조하기 바란다.

한편 이 『빠라맛타디빠니』는 본 『테라가타 주석서』를 지은 담마빨라 스님이 집필한 것으로 『쿳다까 니까야』에 포함된 7개의 경들에 대한 주석서이다. 그래서 빠라맛타디빠니에는 ① 『우다나 주석서』(UdA) ② 『이띠웃따까 주석서』(ItA) ③ 『위마나왓투 주석서』(VvA) ④ 『뻬타왓투 주석서』(PvA) ⑤ 『테라가타 주석서』(ThagA) ⑥ 『테리가타 주석서』(ThigA) ⑦ 『짜리야 삐따까 주석서』(CpA)의 일곱 개 주석서가 담겨있다.(Hinüber, 137) 이처럼 『테라가타 주석서』도 『빠라맛타디빠니』에 포함된다.

95) "여기서 '이(이것을, imaṁ)'라고 한 것은 스승님의 가르침의 지혜(desanāñāṇa)를 의미한다. 이것은 자신 안에서 성취된 가르침의 힘으로 방법을 터

마치 한밤에 불이 타오르듯이
그분들은 광명을 주시고[97] 눈을 주시나니[98]
찾아온 자들의 의심을 길들이신다.[99]"

득하였기 때문에(naya-ggāhato) 직접 확립된 것처럼(paccakkhaṁ viya upaṭṭhita) 얻고 나서 '이(이것을)'라고 말한 것이다."(ThagA.i.36)

96) "'통찰지를(paññaṁ)'이라고 하였다. 여기서는 ① 방법들을 안다(pakāre jānāti), ② 그리고 방법들을 통해서 알게 한다(pakārehi ñāpeti)고 해서 통찰지(paññā)라 한다.

① 인도되어야 할(veneyyā) 의향과 잠재성향과 기질과 성벽 등의 방법들(āsaya-anusaya-cariya-adhimutti-ādi-ppakārā)과 법들의 유익함 등(kusalādikā)과 무더기 등(khandhādikā)을 가르쳐야 할 방법들(desetabba-ppakārā)을 안다(jānāti), 즉 고유성질에 따라서 꿰뚫는다(yathā-sabhāva-to paṭivijjhati). ② 그리고 이들 방법들을 통해서 알게 한다는 뜻이다." (ThagA.i.36)

97) "가르침의 장엄함(desanā-vilāsa)에 의해서 중생들에게 지혜로 이루어진 광명(ñāṇamaya āloka)을 준다고 해서 '광명을 주시는 분들(ālokadā)'이다."(ThagA.i.36)

98) "통찰지로 이루어진 눈(paññāmaya cakkhu)을 주신다고 해서 '눈을 주시는 분들(cakkhu-dadā)'이다."(ThagA.i.36)

99) '의심을 길들이신다.'는 kaṅkhaṁ vinayanti를 옮긴 것이다. 본 게송에 해당하는 주석서는 『맛지마 니까야』 제1권 「모든 번뇌 경」 등(M2 §7 = S12:20 §6 = Vis.XIX.6)에 나타나는 16가지 의심과 『담마상가니』에 나타나는 8가지 의심(Dhs §1008 등) 가운데 일부를 간략하게 보기로 들고 있다.(ThagA.i.37)

16가지 의심은 과거와 현재와 미래에 대한 의문(kathaṁ-kathī)인데 『맛지마 니까야』 「모든 번뇌 경」(M2) §7과 「갈애 멸진의 긴 경」(M38)과 『상윳따 니까야』(S12:20) §6에도 나타나고 있다. 『청정도론』 XIX.5~6은 이것을 과거에 대한 5가지와 미래에 대한 5가지와 현재에 대한 6가지로 설명하여 모두 16가지 의심으로 정리하고 있다. 한편 이것의 극복은 『청정도론』 XIX.21~27에서 언급되고 있다. 이렇게 해서 이러한 16가지 의심이 말끔히 해소되는 것을 위빳사나의 7청정 가운데 4번째인 의심을 극복함에 의한 청정[度疑淸淨, kaṅkhā-vitaraṇa-visuddhi, 『아비담마 길라잡이』 제9장 §31과 『청정도론』 XIX.1 이하 참조]이라 부른다.

한편 『담마상가니』에는 다음과 같이 8가지 의심으로 정리되어 나타난다. "스승에 대해서 회의하고 의심한다. 법에 대해서 회의하고 의심한다. 승가에 이처럼 참으로 존자 깡카레와따 장로가 게송을 읊었다.

4. 뿐나 장로(Th1:4)

【행장】

"뿐나 장로(Puṇṇa thera)는 까삘라왓투 도시(Kapilavatthu-naga-ra)에서 멀지 않은 도나왓투(Doṇavatthu)라는 바라문 마을의 부유한[100] 바라문 가문에서 안냐꼰단냐 장로[101]의 조카(bhāgin-eyya)로 태어났다. 그는 스승님께서 정각을 이루시고 뛰어난 법의 바퀴를 굴리시면서 차례대로 라자가하에 가셔서 그곳을 의지하여 머무실 때에 안냐꼰단냐 장로의 곁에서 출가하였다. 그는 구족계를 받고 미리 해야 할 의무(pubba-kicca)를 모두 다 하고 정진에 몰두하면서 출가자가 해야 할 의무(pabbajitakicca)를 정수리까지 얻은 뒤에 '십력을 갖추신 부처님의 곁에 가리라.'라고 하면서 외삼촌인 장로와 함께 스승님의 곁에 가서 까삘라왓투 근처에 남았다.(ohīyitvā) 그는 지혜롭게 마음에 잡도리하여[如理作意] 수행에 몰두하면서(kammaṁ karonto)[102] 위빳사나를 열

대해서 회의하고 의심한다. 공부지음에 대해서 회의하고 의심한다. 과거에 대해서 회의하고 의심한다. 미래에 대해서 회의하고 의심한다. 과거와 미래에 대해서 회의하고 의심한다. 이것에게 조건이 됨[此緣性, idappaccayatā]과 조건 따라 일어난 법들[緣而生法, paṭiccasamuppannā dhammā]에 대해서 회의하고 의심한다."(Dhs §1008 등)

100) '부유한'은 mahā-sāla를 옮긴 것으로 니까야의 여러 곳과 주석서의 도처에 나타나고 있다. 『상윳따 니까야 주석서』는 khattiya-mahāsālā를 mahā-sārappattā khattiyā(큰 권세를 가진 끄샤뜨리야)로 설명하고 있다.(SA.i.137) 여기에 대한 『상윳따 니까야 복주서』는 mahā-sāla는 mahā-sāra의 ra음절이 la음절로 된 것이라고 밝히면서 이것을 '큰 위력의 심재를 가진(mahanta vibhava-sāra)'이라고 설명하고 있다.(SAṬ.i.153)

101) 안냐꼰단냐 장로(Añña-Koṇḍañña thera)에 대해서는 본서 제2권 열여섯의 모음의 {673}~{688} 및 {673}의 주해를 참조할 것.

102) '수행에 몰두하면서'는 '업을 지으면서'로 직역되는 kammaṁ karonto를 옮

성적으로 행하여 오래지 않아 아라한됨을 얻었다. [장로의 일화는] 『아빠다나』에도 나타나고 있다.(ThagA.i.38~39) …
그때 스승님께서는 나중에 비구 승가 가운데 앉으셔서 [『앙굿따라 니까야』 제1권 하나의 모음 「으뜸 품」(A1:14)에서] '법을 설하는 자들(dhammakathikā) 가운데서 만따니의 아들 뿐나가 으뜸이다.'(A1:14:1-9)라고 장로를 법을 설하는 자들 가운데 으뜸의 위치(aggaṭṭhāna)에 놓으셨다. 그는 어느 날 자신의 해탈의 성취를 반조한 뒤에 '스승님을 의지하여 나와 다른 많은 중생들은 윤회의 괴로움으로부터 완전히 벗어났다. 참으로 참된 사람을 섬기는 것(sappurisasaṁsevā)은 많은 도움이 되는구나(bahūpakārā).' 라고 희열과 기쁨이 생겨 감흥어를 통해서 희열의 감동을 내뿜으며(pītivegavissaṭṭha) 본 게송을 읊었다."(ThagA.i.40)

이처럼 본 게송({4})을 읊은 뿐나 장로는 뿐나 만따니뿟따 존자(āyasamā Puṇṇa Mantāṇiputta, Sk. Pūrṇa Maitrāyaṇīputra, 부루나 미다라니자, 富樓那 彌多羅尼子), 즉 만따니의 아들 뿐나 존자를 말하며 우리에게 설법제일 부루나(富樓那) 존자로 알려진 분이다. 그의 어머니 만따니는 오비구[103] 가운데 한 분인 안냐꼰단냐 존자(āyasmā Añña-koṇḍañña)의 여동생이었다. 꼰단냐 존자가 아라한이 된 후 그를 출가시켰다. 그는 까삘라왓투에서 머물면서 수행하여 아라한이 되었다. 그는 그의 동향 사람 500명을 출가하게 하여 열 가지 설법의 기본(dasa kathāvatthūni)을 가르쳤다 하며 그들은 모두 아라한이 되었다고 한다.(AA.i.199~204)
그는 세존을 뵙기 위해서 사왓티로 갔으며 사리뿟따 존자가 그의

긴 것인데 복주서의 여러 곳에서 이것을 "수행에 몰두하는 업을 행하면서(bhāvanānuyoga-kammaṁ karontassa)"(MAṬ.ii.249 등)로 설명하고 있어서 이렇게 옮겼다. 여기에 대해서는 본서 {2} 【행장】의 해당 주해를 참조할 것.

103) 오비구(五比丘, pañcavaggiyā bhikkhū)에 대해서는 본서 {61} 【행장】의 해당 주해를 참조할 것.

명성을 듣고 그를 시험한 것이 저 유명한 『맛지마 니까야』 제1권 「역마차 교대 경」(M24)이다. 이 경에서 그는 부처님 가르침을 일곱 가지 청정[七淸淨]으로 요약 설명하여 사리뿟따 존자의 감탄을 자아내게 하였으며 이것은 『청정도론』 등에서 상좌부 수행의 핵심으로 정착이 되었다.(칠청정은 『아비담마 길라잡이』 9장 §22 이하를 참조할 것.) 이런 이유 등으로 세존께서는 『앙굿따라 니까야』 제1권 하나의 모음 「으뜸 품」(A1:14)에서 그를 두고 "법을 설하는 자들(dhamma-kathikā) 가운데서 으뜸"(A1:14:1-9)이라고 칭찬하시는 것이다.

니까야에는 두 분의 잘 알려진 뿐나 존자(āyasmā Puṇṇa)가 나타난다. 한 분은 본 게송({4})을 읊은 『맛지마 니까야』 제1권 「역마차 교대 경」(M24)에 나타나는 뿐나 만따니뿟따 존자이고, 다른 한 분은 『맛지마 니까야』 제4권 「뿐나를 교계한 경」(M145 = 『상윳따 니까야』 제4권 「뿐나 경」(S35:88))에 나타나는 뿐나 존자이다. 이 후자인 뿐나 존자는 본서 하나의 모음 {70}을 읊은 분으로 나타나고 있다. 이 두 분을 구분하기 위해서 안냐꼰단냐 존자의 조카요 본 게송을 읊은 뿐나 존자를 뿐나 만따니뿟따 존자라 구분하여 부르는 듯하다.
한편 본서 하나의 모음 {70}을 읊었고 「뿐나를 교계한 경」(M145; S35:88)에 나타나는 뿐나 존자는 수나빠란따(Sunāparan-ta, 지금의 마하라쉬뜨라 주)의 숩빠라까(Suppāraka, 뭄바이 근처라고 함)에서 장자의 아들로 태어났으며 사업차 사왓티에 왔다가 부처님의 가르침을 듣고 출가하였다. 「뿐나를 교계한 경」(M145)에는 그가 세존의 허락을 받고 고향인 수나빠란따로 전법을 떠나는 것이 묘사되어 있다. 그는 수나빠란따 지방에서 크게 전법 활동을 하다가 순교하였다. 이 후자인 뿐나 존자에 대해서는 본서 하나의 모음 {70}의 【행장】을 참조하기 바란다.

4. "현명하고 이로움을 보는[104]

104) "'현명하고 이로움을 보는(paṇḍiteh'attha-dassibhi)'이라는 것은 그들을 찬탄하는 것이다(thomanā). 여기서 '현명함(paṇḍā)'은 통찰지(paññā)를 말한다. 이 [현명함이] 생긴 자들이 '현자들(paṇḍitā)'이다. 그다음에 자신에게 이로운 것 등으로 구분되는 이로움(attatthādi-bheda attha)을 전도됨이 없이 본다(aviparītato passanti)고 해서 '이로움을 보는 자들(atthadassino)'이다. 이러한 현명한 자들과 이로움을 보는 자들과 함께하라는 뜻이다."(ThagA.i.41)

여기서 인용한 『테라가타 주석서』의 설명 가운데 '자신에게 이로운 것 등으로 구분되는 이로움'은 attatthādi-bheda attha를 옮긴 것이다. 이 '자신에게 이로운 것 등'은 『상윳따 니까야』 제2권 「십력 경」 2(S12:22) §10에서 다음과 같이 나타난다.

"비구들이여, 자신에게 이로운 것(attattha)을 보는 자는 이와 같이 방일하지 말고 [해야 할 바를] 성취해야 한다. 비구들이여, 남에게 이로운 것(parattha)을 보는 자는 이와 같이 방일하지 말고 [해야 할 바를] 성취해야 한다. 비구들이여, 둘 모두에게 이로운 것을 보는 자는 이와 같이 방일하지 말고 [해야 할 바를] 성취해야 한다."(S12:22 §10)

여기에 대해서 『상윳따 니까야 주석서』는 이렇게 설명한다.
"'자신에게 이로운 것(attattha)'이란 아라한됨(arahatta)을 말한다. '남에게 이로운 것(parattha)'이란 필수품을 보시하는 자(paccaya-dāyaka)들에게 생기는 큰 결실의 이익(mahapphal-ānisaṁsa)을 말한다."(SA.ii.51)

여기서 '방일하지 말고 [해야 할 바를] 성취하라.'는 말씀은 『상윳따 니까야』 제1권 「반열반 경」(S6:15) §2와 『디가 니까야』 「대반열반경」(D22) §6.7에서 세존께서 하신 마지막 유훈이기도 하다.

그리고 문맥에 따라 여러 의미로 옮길 수 있는 빠알리 용어 가운데 하나가 attha이다. 냐나몰리 스님은 이 attha의 의미로 '① *benefit, good* ② *meaning* ③ *purpose, aim, goal, need*(MOL)의 셋을 들고 있다.
초기불전연구원에서는 이 attha를 문맥에 따라 ① 이로운 것/이로움, 이익 ② 의미, 뜻 ③ 이치, 목적, 주제, 근본, 본질 등으로 옮기고 있다. 이 가운데 세 번째 의미의 attha는 paramattha로도 많이 나타난다. 본서에서는 주로 '궁극적인 의미'로 옮겼고 '궁극의 이치, 구경의 진리' 등으로도 옮기는데 중국에서는 勝義, 眞實, 第一義(승의, 진실, 제일의) 등으로 정착이 되었다.
그리고 ④ 부사로 쓰여 주로 합성어로 '위하여, 때문에' 등의 의미로도 많이 나타나고 있다. 예를 들면 kim-atthaṁ(무엇을 위해서, M24 §10); dhanatthāya(재물을 위해서, 본서 제3권 {705}); jīvik-attho(생명을 위하여, 본 바른 분들105)과 교제하라.

[네 가지 진리는] 이롭고 위대하고 심오하며

보기 어렵고 미묘하고 미세하나니106)

서 제2권 {311}) 등이 있다.
여기 『테라가타』와 『테리가타』에도 attha는 많이 나타나고 있는데 역자는 문맥에 따라 이 넷 가운데 적당한 의미를 취하여 옮겼다. PED는 이 네 가지 용처를 6가지로 나누어 더 자세하게 설명하고 있다.

105) 여기서 '바른 분들'은 VRI의 sambhireva 대신에 PTS의 sabbhireva로 읽었다. 주석서는 sabbhireva를 sappurisehi eva, 즉 바른 사람들로 설명하고 있다.(ThagA.i.41) 그리고 BDD는 *the virtuous*로 설명하면서 'Sk. sadbhih, *with the wise. But in* Pāli *it is sometimes used as an adj.*'로 밝히고 있다.

106) '[네 가지 진리는] 이롭고 위대하고 심오하며 / 보기 어렵고 미묘하고 미세하나니'는 attham mahantaṁ gambhīraṁ, duddasaṁ nipuṇaṁ aṇuṁ을 옮긴 것이다. 이 여섯 개의 용어들을 주석서는 두 가지로 설명한다. 첫 번째 설명에 따르면 이 용어들은 열반(nibbāna)을 뜻하며 다음과 같다.

"그 평화로운 현자들이 바르게 의지해서 살고 전적으로 이익이 되고(ekanta-hita-bhāva) 도의 지혜 등에 의해서 존중받기 때문에 ① '이롭고(atthaṁ)', 크게 덕스럽고(mahā-guṇatā) 평화롭기 때문에 ② '위대하고(mahantaṁ)', 깊이를 헤아릴 수 없고 심오한 지혜의 영역(gambhīra-ñāṇa-gocara)이기 때문에 ③ '심오하며(gambhīraṁ)', 저열한 열의(의욕) 등(hīna-cchandādī)으로는 볼 수가 없고 다른 것들을 통해서도 아주 어렵게 보아지기 때문에(kicchena daṭṭhabbattā) ④ '보기 어렵고(duddasa)', 보기 어렵고 정교하고 미묘한 고유성질을 가졌고(saṇha-nipuṇa-sabhāva-ttā) 미묘한 지혜의 영역(nipuṇa-ñāṇa-gocara)이기 때문에 ⑤ '미묘하고(nipuṇa)', 미묘하여 이와 같이 미세한 고유성질을 가졌기 때문에(sukhuma-sabhāvatāya) ⑥ '미세한(aṇuṁ)' 열반이다(nibbānaṁ)."(ThagA.i.41)

주석서의 두 번째 해석은 다음과 같은데 이 여섯 가지 용어들은 네 가지 진리[四諦, catu-sacca]를 설명하는 것으로 이해하고 있다. 역자는 이 두 번째 해석을 존중하였다.

"전도되지 않음의 뜻(aviparītaṭṭha)에 의해서 궁극적인 의미[勝義]라는 고유성질을 가졌기 때문에(paramattha-sabhāvattā) ① '이로운 것(atthaṁ)'이다. 성스러운 상태를 만들어 위대한 표상을 가졌기 때문에(ariya-bhāva-karattā mahatta-nimittatāya) ② '위대한 것(mahantaṁ)'이다. 드러내지 못하는 고유성질을 가졌기 때문에(anuttāna-sabhāvatāya) ③ '심오한

방일하지 않고 주도면밀한107) 현자들은
그것을 체득하도다."

이처럼 참으로 존자 뿐나 장로가 게송을 읊었다.

5. 답바 장로(Th1:5)

【행장】

"답바 장로(Dabba thera)는 말라의 후예 답바 존자(āyasmā Dabba Mallaputta)로 불리는데 아누삐야(Anupiyā), 혹은 꾸시나라(Kusinara, Ap.473)에서 말라 족의 가문에 태어났다. 그가 모태에 있을 때 그의 어머니가 죽어서 화장을 하였는데 그는 자신의 공덕의 힘으로 나무 장작(dabba-tthambha) 위로 떨어져서 생명을 건지게 되었기 때문에 답바라고 불리게 되었다고 한다." (ThagA.i.43; AA.i.274)

것(gambhīraṁ)'이다. 괴로움으로 보아야 할 것(dukkhena daṭṭhabba)을 즐거움으로 볼 수가 없기 때문에(na sukhena daṭṭhuṁ sakkāti) ④ '보기 어려운 것(duddasaṁ)'이다. 심오하기 때문에(gambhīrattā) 보기 어렵고 보기 어렵기 때문에 심오한 것이 네 가지 진리[四諦, catusacca]이다. 특히 '⑤ 미묘하고(nipuṇaṁ) ⑥ 미세한 것(aṇuṁ)'이 소멸의 진리[滅諦, nirodha-sacca]이다.

이와 같이 이 네 가지 진리를 '현자들은 체득한다(dhīrā samadhigacchanti).' 확고함을 구족하였기 때문에(dhiti-sampannatāya) 현자들은 네 가지 진리의 명상주제 수행(catu-sacca-kammaṭṭhāna-bhāvanā)을 열성적으로 행하여(ussukkāpetvā) 바르게 증득한다는 말이다."(ThagA.i.41)

107) '방일하지 않고 주도면밀한'은 appamattā vicakkhaṇā를 옮긴 것이다. 주석서는 이렇게 설명한다.

""'방일하지 않고(appamattā)'라는 것은 모든 곳에서 영민함(알아차림)을 [수반한] 마음챙김(sati-avippavāsa)으로 불방일의 도닦음(appamāda-paṭipatti)을 성취한다는 말이다. '주도면밀한(vicakkhaṇā)'이란 위빳사나 수행으로 능숙하고 유익하다(chekā kusalā)는 말이다. … 이와 같이 이것은 장로의 꿰뚫음을 밝힘(paṭivedha-dīpana)에 의해서 구경의 지혜를 천명하는 게송도 되었다."(ThagA.i.41)

계속해서 『테라가타 주석서』는 그가 아라한과를 얻은 인연을 이렇게 묘사하고 있다.

"그가 일곱 살이 되었을 때 스승님께서는 비구 승가와 함께 말라 지역에서 유행을 하시면서 아누삐야(Anupiyā)의 망고 숲에 머무셨다. 답바 소년은 스승님을 뵈었는데 뵙는 것만으로 청정한 믿음이 생겨 출가하고자 하여 '저는 열 가지 힘[十力, dasabala]을 가지신 부처님 곁에 출가하고자 합니다.'라고 할머니에게 허락을 구했다. 할머니는 '좋구나, 얘야.'라고 하면서 답바 소년을 데리고 스승님의 곁에 가서 '세존이시여, 이 소년을 출가시켜 주십시오.'라고 말씀드렸다.

스승님께서는 어떤 비구에게 '비구여, 이 소년을 출가시켜라.'라고 생각을 말씀하셨다. 그 장로는 스승님의 말씀을 듣고 답바 소년을 출가시키면서 피부의 오개조(五個組)의 명상주제[108]를 말해 주었다. 전생의 원인을 구족하여(pubbahetusampanna) 마음을 기울인 그는 첫 번째 머리카락 뭉텅이(paṭhama-kesavaṭṭi)가 떨어지는 순간(voropanakkhaṇa)에 예류과에 확립되고, 두 번째 머리카락 뭉텅이가 떨어질 때에는 일래과에, 세 번째에는 불환과에 [확립되고], 전도 후도 아닌 모든 머리카락이 다 떨어질(oropana) 때에 아라한과를 실현하였다."(ThagA.i.43)

아라한이 된 그는 세존을 따라 라자가하로 갔으며 객스님들이나 신도들의 방을 배정하는 소임을 맡았다고 한다. 일곱 살의 아라

---

108) '피부의 오개조(五個組)의 명상주제'는 taca-pañcaka-kammaṭṭhāna를 옮긴 것이다. 이것은 [몸의] 32가지 [부위에 대한] 명상주제(dvattiṁsākāra-kammaṭṭhāna) 가운데 처음에 언급되는 머리털·몸털·손발톱·이·살갗(kesā, lomā, nakhā, dantā, taca)의 다섯 가지(pañcaka)를 뜻한다.
몸의 32가지 부위에 대해서는 『디가 니까야』 제2권 「대념처경」(D22) §5를 참조하고 몸의 32가지 부위에 대한 명상주제를 구체적으로 수행하는 방법은 『청정도론』 제8장 §44~144에서 상세하게 설명하고 있으므로 참조하기 바란다. 『청정도론』은 이것을 혐오를 마음에 잡도리함(paṭikkūla-manasi-kāra)을 통한 명상주제라고 밝히고 있다.(Vis.VIII.44)

한이 소임을 잘 본다는 소문을 듣고 각처에서 일부러 그를 보기 위해서 찾아오기도 하였다고 한다.(ThagA.i.43 이하, DhpA.iii.321 이하, AA.i.152 이하, AA.i.274 이하, Vin.ii.74 이하, Vin.iii.158 이하 등) 그래서 세존께서는 『앙굿따라 니까야』 제1권 하나의 모음 「으뜸 품」(A1:14)에서 "거처를 배당하는 자들(senāsana-paññāpa-kā) 가운데서 말라의 후예 답바가 으뜸"(A1:14:3-6; ThagA.i.42)이라고 말씀하셨다. 그리고 장로의 일화는 『아빠다나』에도 나타나고 있다고 『테라가타 주석서』는 밝히면서 그 게송들을 나열하고 있다.(ThagA.i.44)

계속해서 주석서는 장로가 이 게송을 읊은 이유를 다음과 같이 설명하고 있다.
"그러나 그에게는 이런 적이 있었다. 그는 옛적에 어떤 번뇌 다한 장로(khīṇāsavatthera)를 저열하게 내몰면서 저지른 사악한 업 때문에 수십만 년을 지옥에서 고통받았다. 그는 그러한 업의 군더더기(kammapilotikā) 때문에 질책을 받았는데 [육군비구[109] 가운데] 멧띠야와 붐마자까 비구가(Mettiya-Bhummajakā bhikkhū) '이 사람 때문에 우리는 깔랴나밧띠까 장자(Kalyāṇabhattika gahapati)의 집안에 들어가지 못하고 배척을 받았다.'라고 잘못된 것을 움켜쥐고 근거 없이 빠라지까[110]의 법으로 그를 추악하게 내몰았다.[111] 승가에 의해서 회고하는 율(sati-vinaya)[112]을

109) 육군비구(六群比丘, chabbaggiya, 여섯 무리의 비구들)는 율장에 자주 나타나는 여섯 비구를 상수로 한 행실이 나쁜 비구들의 무리를 말한다. 육군비구의 이름에 대해서는 본서 제3권 서른의 모음 {994}의 해당 주해를 참조할 것.

110) '빠라지까(pārājika)'는 중국에서 바라이죄(波羅夷罪)로 옮겼다. 비구가 범해서는 안 될 가장 중요한 계목이다. 살인, 무거운 도둑질, 성행위, 큰 거짓말의 네 가지가 여기에 해당된다. 빠라지까는 정확한 어원을 밝히기가 어려운 술어인데 일반적으로 parā(*away, over*)+√ji(*to conquer*)에서 파생된 것으로 간주한다. 이것을 범하면 승단에서 축출된다.

111) 율장 『쭐라왁가』에 의하면 그들은 멧띠야 비구니(Mettiyā bhikkhunī)를 선동하여 답바 존자가 그녀를 강제로 범하였다고 거짓 소문을 내게 하였다.

통해서 그 대중공사[113]가 가라앉았을 때 장로는 세상에 대한 연민(lokānukampā)으로 자신의 덕(guṇa)을 설명하면서 이 게송을 읊었다."(ThagA.i.45)

답바 장로는 일곱 살에 아라한이 되었을 뿐만 아니라 임종할 때에도 화광삼매(火光三昧)에 들어서 완전한 열반(반열반)에 들었다. 그가 허공에서 가부좌를 틀고 화광삼매에 들었다가 반열반에 드는 장면은 『우다나』의 말미를 장식하는 두 개의 경인 「답바 경」 1/2(Ud8:9~10)의 주제가 된다. 「답바 경」 1(Ud8:9)은 이렇

그러나 대중공사에서 그것은 사실이 아님이 판명되었고 멧띠야 비구니는 승단에서 멸빈되었다고 한다.(Vin.ii.76 이하; Vin.iii.160 이하)

112) 『디가 니까야』 제3권 「합송경」(D33) 등은 다음과 같이 '일곱 가지 대중공사를 가라앉힘(adhikaraṇa-samatha)'을 들고 있는데 이 가운데 두 번째가 '회고하는 율(sati-vinaya)'이다.

"계속해서 발생하는 대중공사를 가라앉히고 해결하기 위해서,
① 직접 대면하는 율(sammukhā-vinaya)을 행해야 합니다.
② 회고하는 율(sati-vinaya)을 행해야 합니다.
③ 미치지 않았음에 대한 율(amūḷha-vinaya)을 행해야 합니다.
④ 고백(paṭiññā)을 해야 합니다.
⑤ 다수결로 결정해야(yebhuyyasikā) 합니다.
⑥ 나쁜 습성을 가졌다고 [선언해야 합니다.](pāpiyyasikā)
⑦ 짚으로 덮어야 합니다(tiṇa-vatthāraka)."(D33 §2-3 (14))

이 일곱 가지 대중공사를 해결하는 방법은 율장 『쭐라왁가』(Cūḷavagga, 소품)의 「가라앉힘의 건도(犍度)」(Samathakkhandhaka, Vin.ii.73*ff*)에서 상세하게 설명되고 있다. 여기서 정리되어 나타나는 대중공사를 해결하는 일곱 가지 방법을 칠멸쟁법(七滅諍法, satta adhikaraṇa-dhamma)이라 한다.

113) '대중공사'는 adhikaraṇa의 역어인데 중국에서는 쟁사(諍事)로 옮겼다. 이것은 승가의 중요한 일을 대중이 모여서 토론하고 확정하는 회합을 말하기 때문에 한국 승단에서 익숙한 용어인 대중공사(大衆公事)로 옮겼다. 율장에 의하면 네 종류의 대중공사가 있다. 그것은 언쟁에 대한 대중공사(vivāda-adhikaraṇa), 교계(敎誡)를 위한 대중공사(anuvāda-adhikaraṇa), 범계(犯戒)에 대한 대중공사(āpatta-adhikaraṇa), 소임에 대한 대중공사(kicca-adhikaraṇa)이다.(Vin.iii.164 등)

게 말한다.

"말라의 후예 답바 존자는 자리에서 일어나 세존께 절을 올리고 오른쪽으로 돌아 [경의를 표한] 뒤 하늘에 올라가서 허공의 빈 공간에서 가부좌를 틀고 앉아 불의 요소를 통해서 삼매에 들었다가 출정하여 반열반에 들었다."(Ud8:9 §1)

5. "길들이기 어려운 그는[114] 길들임으로 길들여지고[115]
숙달되고[116] 만족하고[117] 의심을 건넜으며[118]

---

114) 본문은 yo ~ so라는 관계절로 되어 있다. 본 게송은 이러한 관계절로 자신을 남인 것처럼 만든 뒤에(aññaṁ viya katvā) 자신에 대해서 말을 하고 있다(attānameva vadati)고 주석서는 설명한다.(ThagA.i.45)

115) '길들이기 어려운 그는 길들임으로 길들여지고'는 yo duddamiyo damena danto를 옮긴 것이다. 주석서는 여기서 '길들이기 어려운'을 이렇게 설명한다.

"'길들이기 어려운(duddamiyo)'이란 자신이 범부였을 때 삿된 견해들(diṭṭhigatā)에 빠지고 뒤틀린 오염원들(visūkāyikā kilesā)의 취기에 빠진 마음(madālepacitta)이 요동치고 감각기능들이 고요하지 않음(avūpasamana)을 생각하고 한 말이다."(ThagA.i.45)

계속해서 주석서는 '길들임(dama)'을 가장 높고 으뜸가는 도로써 길들임(uttama agga-magga-dama)으로 설명하기도 하고 조련사(damaka)인, 사람을 잘 길들이는 분[調御丈夫, purisa-damma-sārathi]에 의해서 길들여짐(damita)으로도 설명한다.(ThagA.i.45)

116) "'숙달되고(dabba)'는 능력이 있다(bhabba)는 뜻이다."(ThagA.i.45)

117) "'만족하고(santusito)'는 ① 얻은 대로 필수품에 만족함(yathā-laddha-paccaya-santosa)과 ② 禪과 증득에 만족함(jhāna-samāpatti-santosa)과 ③ 도와 과에 만족함(magga-phala-santosa)에 의해서 만족한 것이다."(ThagA.i.45)

『상윳따 니까야』 제2권 「만족 경」(S16:1) §3을 설명하면서 『상윳따 니까야 주석서』는 세 가지 '만족(santosa)'을 들고 있다. 그것은 ① 얻은 것에 따른 만족(yathā-lābha-santosa)으로 좋은 것이든 나쁜 것이든 그가 얻은 네 가지 필수품(옷, 탁발음식, 거처, 약품)만으로 만족하는 것이고, ② 능력에 따른 만족(yathā-bala-santosa)으로 네 가지 필수품을 사용하여 자신의 건강을 유지하는 것으로 만족하는 것이고, ③ 적당한 것에 따른 만족(yathā-sāruppa-santosa)으로 사치스러운 것은 멀리하고 가장 단출한 네

[오염원들을] 정복하였고[119] 공포로부터 벗어났으니[120]
그런 답바는 완전한 열반에 들어[121] 확고하도다.[122]"[123]

가지 필수품으로 만족하는 것이다.(SA.ii.161~163)

118) "'의심을 건넜으며(vitiṇṇakaṅkho)'라고 하였다. 16가지 토대를 가진 것(soḷasavatthukā)과 8가지 토대를 가진(aṭṭhavatthukā) 의심(kaṅkhā)이 첫 번째 도로써 뿌리 뽑혔기 때문에(samugghāṭitattā) 의심을 건넜다는 뜻이다."(ThagA.i.45)

여기에 대해서는 바로 앞의 깡카레와따 장로의 게송({3}) 가운데 '의심을 길들이신다.'의 해당 주해를 참조할 것.

119) "'정복하였고(vijitāvī)'라고 하였다. 인간이 알아야 할 것(purisājānīya)에 의해서 정복해야 할 모든 오염원의 편에 있는 것(saṁkilesapakkha)을 정복하고 몰아내었기 때문에(vidhamitattā) 정복하였다는 말이다."(ThagA.i.45)

120) "'공포로부터 벗어났으니(apetabheravo)'라는 것은 25가지 두려움들(pañca-vīsati bhayā)을 모든 곳에서 벗어났기 때문에 공포가 사라졌고(apagata-bherava) 두려움 없이 제어한다(abhayūparata)는 말이다."(ThagA.i.45)

'25가지 두려움(pañcavīsatimahābhaya)'이라는 용어는 주석서의 두 군데 정도에서 나타난다(DA.ii.473; MA.ii.116). 복주서는 "이런저런 경들에 전승되어 오는 방법에 의해서 알아야 한다(tattha tattha sutte āgata-naye-na veditabbāni)."(DAṬ.ii.73, cf. SAṬ.ii.38)라고 설명하고 있는데 25가지가 무엇인지는 분명하지 않다. 『닛데사』에는 생노병사의 네 가지 두려움부터 취하는 두려움까지 20가지 두려움이 나열되기도 하고(Nd1.ii.371, Nd2.219 등) 여기에 악처에 대한 두려움(duggatibhaya, Nd1.ii.371)을 넣어서 21가지 두려움이 열거되기도 한다.

한편 『맛지마 니까야 주석서』는 『맛지마 니까야』 제2권 「검증자 경」(M47) §9를 주석하면서 두려움(bhaya)을 이렇게 설명한다.
"두려움(bhaya)에는 네 가지가 있다. 오염원에 대한 두려움(kilesa-bhaya), 윤회에 대한 두려움(vaṭṭa-bhaya), 악처에 대한 두려움(duggati-bhaya), 비난에 대한 두려움(upavāda-bhaya)이다. 범부는 네 가지 두려움 모두에 의해 두려워하고, 유학은 세 가지 두려움에 의해 두려워한다. 악처에 대한 두려움은 제거되었기 때문이다. 이처럼 일곱 부류의 유학들은 두려움 때문에 제어하고, 번뇌 다한 자는 두려움을 여읜 자로 제어한다. 그에게는 어떤 두려움도 없기 때문이다."(MA.ii.385)

121) '완전한 열반에 들어'는 parinibbuto를 옮긴 것이다. 주석서는 이렇게 설명한다.

"'완전한 열반에 들어(parinibbuto)'라고 하였다. 두 가지 완전한 열반(dve

이처럼 참으로 존자 답바 장로가 게송을 읊었다.

6. 시따와니야 장로(Th1:6)

【행장】

"시따와니야 장로(Sītavaniya thera)는 라자가하에서 부유한 바라문 가문(brāhmaṇamahāsāla)의 아들로 태어났다. 그의 이름은 삼부따(Sambhūta)였다.124) 그는 적당한 나이가 되어 바라문의

---

parinibbānāni)이 있으니 ① 오염원이 완전히 소멸된 열반(kilesa-parinibbāna)인 유여열반의 요소[有餘涅槃界, saupādisesa-nibbāna-dhātu]와 ② 무더기들(오온)이 완전히 소멸된 열반(khandha-parinibbāna)인 무여열반의 요소[無餘涅槃界, anupādisesa-nibbāna-dhātu]이다. 이 가운데 여기서는 오염원이 완전히 소멸된 열반을 뜻한다. 그러므로 버려야 하는 법들(pahātabba-dhammā)을 도(magga)로써 모든 곳에서 제거하였기 때문에(pahīnattā) 오염원이 완전히 소멸된 열반에 의해서 완전한 열반에 들었다는 뜻이다."(ThagA.i.46)

『상윳따 니까야 주석서』 등도 ① 오염원이 완전히 소멸된 열반(kilesa-parinibbāna)과 ② 무더기들(오온)이 완전히 소멸된 열반(khandha-parinibbāna)을 각각 유여열반과 무여열반이라고 설명하고 있다.(SA.ii.402 등) 유여열반의 요소[有餘涅槃界]와 무여열반의 요소[無餘涅槃界]에 대해서는 『이띠웃따까』 「열반의 요소 경」(It2:17) §1의 해당 주해도 참조하기 바란다.

122) "'확고하도다(ṭhitatto).'라고 하였다. 확고한 고유성질을 가져(ṭhita-sabhāva) 흔들리지 않으며(acala) 원하는 것 등에 대해서 여여함을 얻었기 때문에(tādibhāva-ppattiyā) 세속적인 법들에 의해서 흔들리지 않는다(akampa-nīya)는 뜻이다."(ThagA.i.46)

123) "그는 전에는 길들이기 어려운 자(duddama)로 머물렀지만 숙달되었기 때문에(dabbattā) 스승님에 의해서 으뜸가는 길들임으로 길들여지고 만족하고 의심을 건넜고(vitiṇṇa-kaṅkha) [오염원들을] 정복하였고(vijitāvī) 공포로부터 벗어났다(apeta-bherava). 그러므로 그러한 답바는 완전한 열반에 들어 거기에 자신이 확고하다. 이렇게 된 그에 대해서 마음의 청정한 믿음(citta-pasāda)을 가져야 한다. 청정한 믿음에는 바뀜이라는 것(pasād-aññathatta)이 없으니 남들에게 끌려가는 지적 수준을 가진(para-neyya-buddhikā) 중생들을 연민하면서(anukampanta) 장로는 구경의 지혜를 천명하였다."(ThagA.i.46)

기술에 통달하였다. 그는 부미자(Bhūmija)와 제야세나(Jeyyasena)와 아비라다나(Abhirādana)라는 그의 세 친구들과 함께 세존의 곁으로 가서 법문을 듣고 믿음을 얻어 출가하였다. 그때 삼부따는 세존의 곁에서 몸에 대한 마음챙김의 명상주제(kāyagatā-sati-kammaṭṭhāna)를 받아서 계속해서 차가운 숲(Sīta-vana)에 머물렀다. 그래서 그는 시따와니야 존자(āyasmā Sītavaniya, 차가운 숲에 머무는 존자)라고 알려지게 되었다."(ThagA.i.47)

주석서에 의하면 시따와니야 장로가 참선을 할 때 [사대왕천의] 웻사와나 대왕(Vessavaṇa mahārājā)[125]이 잠부디빠[閻浮提][126]로 일을 보러 하늘을 날아서 가다가 장로가 노지(abbhokāsa)에 앉아서 명상주제를 마음에 잡도리하고 있는 것을 보고 하늘에서 내려와서 그에게 절을 올렸다. 그는 장로를 보호하기 위해서 두 명의 약카를 남겨두면서 장로에게 자기가 다녀갔음을 알리고 보호를 하라고 명령을 하고 떠났다고 한다. 장로의 참선이 끝나자 두 약카는 그렇게 전하면서 장로를 보호하겠다고 하였지만 장로는 거절하였고 세존께서 가르치신 마음챙김이 보호에 충분하다고 하였다. 그들이 가고 나서 그는 위빳사나를 증장시켜 세 가지 명지(vijjāttaya)를 실현하였다. 웻사와나 천왕은 다시 장로를 방문하였고 장로의 얼굴과 외관을 살펴보고 장로가 해야 할 일을 다 한 경지임(katakicca-bhāva)을 알고 사왓티로 세존께 가서 이 사실을 말씀드리고 장로를 찬탄하였다(abhitthavanta)고 한다. (ThagA.i.47~48)

---

124) DPPN에는 이 삼부따(Sambhūta)가 표제어로 나타나고 있다.

125) 사대왕천(Cātu-mahārājikā)의 웻사와나 대왕(Vessavaṇa mahārājā)에 대해서는 본서 제2권 셋의 모음 {222}의 빳짜야 장로에 대한 【행장】의 해당 주해를 참조할 것.

126) 잠부디빠[閻浮提, 염부제, Jambudīpa, 잠부 섬]는 우리 인간이 사는 세상을 말한다. '잠부디빠(Jambudīpa)' 혹은 '잠부 섬'에 대해서는 본서 제3권 {1202}의 주해를 참조할 것.

계속해서 주석서는 장로의 일화는 『아빠다나』에도 나타나고 있다고 하면서 그 게송들을 나열한 뒤(ThagA.i.48) 장로가 본 게송을 읊은 인연을 이렇게 설명한다.

"그때 삼부따 존자는 세존을 뵈러 갔을 때 비구들을 보고 '도반들이여, 저의 이름으로(mama vacanena) 세존의 발에 절을 올려 주시고 이렇게 말씀드려 주십시오.'라고 말한 뒤 법을 이유로(dhammādhikaraṇa) 자신이 스승님을 성가시게 하지 않았음(aviheṭhitabhāva)을 드러내면서 본 게송을 읊었다. 비구들은 세존께 다가가서 그렇게 전해드리면서 그 게송을 말씀드렸다. 그것을 듣고 세존께서는 '비구들이여, 삼부따 비구는 현자이다. 그는 크고 작은 법에 들어섰고 법을 이유로 나를 성가시게 하지 않았다. 웻사와나가 이 뜻을 나에게 알려주었다.'라고 말씀하셨다." (ThagA.i.48)

다른 삼부따 장로(Th4:7)의 게송이 본서 제2권 넷의 모음 {291}~{294}로 나타나고 있다.

6. "차가운 숲[127]으로 다가간 비구[128]는

홀로 만족하고[129] 자신이 삼매에 들며[130]

---

127) "여기서 '차가운 숲(Sītavana)'은 라자가하 근처에 있으며 무서운 공동묘지가 있는 큰 숲(mahā bherava-susāna-vana)이다."(ThagA.i.48)

『앙굿따라 니까야 주석서』는 『앙굿따라 니까야』 제4권 「소나 경」(A6:55) §2를 주석하면서 다음과 같이 설명한다.

'차가운 숲(Sītavana)'은 라자가하(왕사성) 근처에 있다. 이곳에 있는 공동묘지(susāna)에서 급고독(아나타삔디까) 장자가 처음으로 부처님을 뵈었다고 한다.(Vin.ii.155f.; ThagA.i.24) 그리고 소나 꼴리위사 존자(본서 제2권 열셋의 모음 {632}의 【행장】 참조)도 세존으로부터 명상주제(kammaṭṭhāna)를 받아서 차가운 숲의 이 공동묘지에서 정진을 하여 마침내 아라한이 되었다고 한다.(AA.i.236)

128) "'비구(bhikkhu)'라고 하였다. ① 윤회에서 두려움을 보기 때문에(saṁsāra-bhayassa ikkhanato) ② 그리고 오염원들을 잘라버렸기 때문에(bhinna-kilesatāya ca) 비구이다."(ThagA.i.48)

129) "'만족하고(santusito)'라는 이것으로 네 가지 필수품에 만족하는 특징을 가진(catupaccaya-santosa-lakkhaṇa) 성자들의 계보(ariya-vaṁsa)를 보여준다."(ThagA.i.48)

네 가지 성자들의 계보(ariya-vaṁsa)에 대해서는 『앙굿따라 니까야』 제2권 「계보 경」(A4:28)을 참조할 것. 여기서 네 가지는 ① 어떤 의복으로도 만족함(itarītara-cīvara-santuṭṭhi) ② 어떤 탁발 음식으로도 만족함(itarītara-piṇḍa-pātasantuṭṭhi) ③ 어떤 거처로도 만족함(itarītara-senāsana-santuṭṭhi) ④ 수행을 기뻐하고 수행에 몰두함과 버림을 기뻐하고 버림에 몰두함(bhāvanārāmatā bhāvanā-rati pahānārāmatā pahāna-rati)이다.(A4:28 §1)

한편 이 넷은 『디가 니까야』 제3권 「합송경」(D33) §1.11 (9)에도 나타나는데 여기서는 ④ 수행을 기뻐하고 수행에 몰두함과 버림을 기뻐하고 버림에 몰두함 대신에 버림을 기뻐하고 버림에 몰두함과 수행을 기뻐하고 수행에 몰두함(pahānārāmatā pahāna-rati bhāvanārāmatā bhāvanā-rati)으로 순서가 바뀌어서 나타나고 있다.

130) "'자신이 삼매에 들며(samāhitatto)'라는 것은 근접삼매와 본삼매로 구분되는(upacārappanā-bheda) 삼매(samādhi)에 의해서 마음이 삼매에 들었다(samāhita-citta)는 말이다. 이 마음으로 떨쳐버림을 수행하는 방법을 통해(citta-viveka-bhāvanā-mukhena) 수행을 기뻐하는 성자들의 계보를 보여준다(bhāvanārāmaṁ ariya-vaṁsaṁ dasseti)."(ThagA.i.48~49)

여기서 '떨쳐버림'은 viveka를 옮긴 것이다. 문맥에 따라 본서 {23} 등에서는 '한거(閑居)'로도 옮겼다. 주석서와 복주서는 떨쳐버림(viveka)을 ① 세 가지 떨쳐버림과 ② 다섯 가지 떨쳐버림으로 설명한다.

① 주석서에 의하면 세 가지 떨쳐버림은 "몸으로 떨쳐버림(kāya-viveka), 마음으로 떨쳐버림(citta-viveka), 재생의 근거를 떨쳐버림(upadhi-viveka)이다."(DA.iii.1002; MA.i.100; Pm.i.70)

여기서 몸으로 떨쳐버림은 무리 지어 사는 것(gaṇasaṅgaṇika)을 버리고 외딴곳에 머무는 것이고 마음으로 떨쳐버림은 여덟 가지 증득[八等至, 八等持, aṭṭha samāpattiyo]을 뜻하고 재생의 근거를 떨쳐버림은 열반을 뜻한다(UdA.231). 복주서는 다음과 같이 설명한다.

"여기서 마음으로 떨쳐버림은 마음이 불선법과 함께하지 않음이고, 몸으로 떨쳐버림이란 감각적 쾌락을 충족시킬 대상과 함께하지 않음이고 재생의 근거를 떨쳐버림은 열반을 뜻한다."(DAṬ.iii.274; Pm.i.257 등)

② 『맛지마 니까야』 제1권 「모든 번뇌 경」(M2) §21 등의 "여기 비구는 떨쳐버림을 의지하고 탐욕의 빛바램을 의지하고 소멸을 의지하고 철저한 버림으로

[오염원들을] 정복하였고 털이 곤두섬으로부터 벗어나[131]

기우는 …"에서 『맛지마 니까야 주석서』는 떨쳐버림을 다음과 같이 다섯 가지로 설명한다.

"'떨쳐버림(viveka)'에는 다섯 종류가 있다. ① 유익한 법으로 대체함(tadaṅga)에 의한 떨쳐버림, ② 억압(vikkhambhana)에 의한 떨쳐버림, ③ 근절(samuccheda)에 의한 떨쳐버림, ④ 편안함(paṭippassaddhi)에 의한 떨쳐버림, ⑤ 벗어남(nissaraṇa)에 의한 떨쳐버림이다. …
깨달음의 구성요소를 닦는 데 몰두하는 수행자가 위빳사나의 순간에는 역할로는 ① 반대되는 것으로 대체하여 떨쳐버림을, [열반을 실현하리라는] 원(願)으로는 ⑤ 벗어남에 의한 떨쳐버림을, 그러나 도의 순간에는 역할로는 ③ 근절에 의한 떨쳐버림을, 대상으로는 ⑤ 벗어남에 의한 떨쳐버림을 의지한 마음챙김의 깨달음의 구성요소를 닦는 것을 말한다."(MA.i.85 = M2 §21의 주해)

이 다섯 가지 떨쳐버림(viveka)은 같은 『맛지마 니까야 주석서』에서 다섯 가지 버림(pahāna)으로도 언급되고 있다.(MA.i.22)

아비담마 마띠까에 대한 종합적인 주석서요 깟사빠 스님이 AD 1200년경에 지은(Hinuber, 163~164쪽) 『모하윗체다니』(Mohavicchedanī)는 이 다섯 가지 떨쳐버림을 각각 위빳사나(vipassanā), 초선부터 비상비비상처까지의 여덟 가지 증득(aṭṭha samāpatti), 도(magga), 과(phala), 열반(nibbāna)에 배대하고 있다.(Moh.229)

『상윳따 니까야 주석서』 등도 다섯 가지 떨쳐버림을 드는데, ① 유익한 법으로 대체함(tadaṅga)에 의한 떨쳐버림(tadaṅga-viveka, 위빳사나를 닦음으로 인해서 생기는 일시적인 떨쳐버림), ② 억압에 의한 떨쳐버림(vikkhambhana-viveka, 禪의 증득에서 생기는 일시적인 떨쳐버림), ③ 근절에 의한 떨쳐버림(samuccheda-viveka, 출세간도의 증득에 의한 떨쳐버림), ④ 편안함에 의한 떨쳐버림(paṭippassaddhi-viveka, 출세간과의 증득에 의한 떨쳐버림), ⑤ 벗어남에 의한 떨쳐버림(nissaraṇa-viveka, 열반의 실현에 의한 떨쳐버림)으로 정리된다.(SA.i.158; MA.i.22~24; Pm.70)

한편 '떨쳐버림'으로 옮긴 이 viveka는 "몸으로는 무리(gaṇa)를 멀리 떠나고 마음으로는 오염원(kilesa)을 멀리 떠남"(AA.iv.66)을 뜻하는 한거(閑居), 즉 한적한 곳에서 수행하고 머무는 것을 뜻하기도 한다. 그래서 본서에서 이 viveka를 '한거'로 옮긴 경우도 적지 않다. 4부 니까야에서 이 경우에는 주로 접두어 pa(Sk: pra)가 들어간 paviveka나 pavivitta로 쓰인다.(예를 들면 M3 §6) 이 단어들은 대부분 '한거함, 한거하는' 등으로 옮겼다.

131) "'[오염원들을] 정복하였고(vijitāvi)'라는 것은 교법에서 바르게 도닦는 사람에 의해서 정복해야 할(vijetabba) 오염원의 무리(kilesa-gaṇa)를 정복

몸에 대한 마음챙김을 보호하고[132] 확고함을 가졌다.[133]"[134]

이처럼 참으로 존자 시따와니야 장로가 게송을 읊었다.

7. 발리야(발리까) 장로(Th1:7)

【행장】

"발리야(발리까)[135] 장로(Bhalliya thera)는 [욱깔라(Ukkala) 지역

하여 확고한 것(ṭhita)을 말한다. 이것으로 재생의 근거를 떨쳐버림(upadhi-viveka)을 보여준다.
두려움의 원인(bhaya-hetū)인 오염원들이 사라졌기 때문에(apagatattā) '털이 곤두섬으로부터 벗어났다(apeta-lomahaṁso).' 이것으로 바른 도닦음에 의한 결실(sammā-paṭipattiyā phala)을 보여준다."(ThagA.i.49)

132) '몸에 대한 마음챙김을 보호하고'는 rakkhaṁ kāyagatāsatiṁ를 옮긴 것이다. 주석서는 "'몸에 대한 마음챙김(kāyagatā-sati)'이란 몸을 대상으로 하는 마음챙김(kāyārammaṇa sati)이다. 몸에 대한 마음챙김의 명상주제를 증장시킴(paribrūhana)을 통해 버리지 않으면서(avissajjento)."(ThagA.i.49)로 설명한다.

133) "'확고함을 가졌다(dhitimā).'는 것은 현자(dhīro)라는 뜻이다. 혹은 이것은 자신이 삼매에 들어(samāhitatta) 정복하였음을 설명하는 것(vijitāvibhāva-tā)을 취하여 도닦음을 보여준 것이다."(ThagA.i.49)

134) "이것이 간략한 의미이다. — 그 비구는 한거의 행복에 계속해서 머물기 위하여(viveka-sukha-anupekkhāya) 혼자되어 차가운 숲으로 갔다. 그는 그곳에 가서 탐욕스러운 상태가 없었기 때문에 만족하고(santuṭṭha) 확고함을 가져(dhitimā) 몸에 대한 마음챙김을 명상주제로 하여 수행을 하였다(bhāventa). 그는 거기서 증득한 禪을 기초로 하여(pādakaṁ katvā) 시작한 위빳사나를 열성적으로 닦아서 증득한 으뜸가는 도(agga-magga)에 의해 삼매에 들고(samāhita) [오염원들을] 정복하였다(vijitāvī ca). 이렇게 하여 해야 할 일을 다 하여서(kata-kiccatāya) 두려움의 원인들(bhaya-hetū)을 모든 곳에서 제거하였다. 그래서 그는 털이 곤두섬으로부터 벗어나게 되었다(apeta-lomahaṁsa jāta)."(ThagA.i.49)

135) 이 발리야(Bhalliya)는 4부 니까야에서는 대부분 발리까(Bhallika)로 나타난다. DPPN은 'Bhallika1 thera(Bhalliya, Bhalluka)'를 표제어로 하고 있다. 본서 『테라가타』에서는 PTS본과 VRI본에 Bhalliya로 나타나고 있어서 역자는 발리야(Bhalliya) 혹은 발리야(발리까)로 표기하고 있다. 노만 교수도 Bhalliya로 적고 있다.

의] 뽁카라와띠 도시(Pokkharavatī-nagara)에서 대상(隊商)의 우두머리(satthavāha)의 아들 형제로 태어났다. 그의 형은 따뿟사(Tapussa)[136]였고 동생이 발리야(발리까)였다. 그들은 오백 대의 수레에 물품을 싣고 장사(vāṇijjā)를 하기 위해서 가는 도중에, 세존께서 처음 깨달으시고 일곱 번의 칠 일을 해탈의 행복으로 법을 반조하시면서(vimutti-sukha-dhamma-paccavekkhaṇa) 보내신 뒤에[137] 여덟 번째 칠 일에 라자야따나 나무 아래(Rājāyatana-mūla)에서 머물고 계실 때에 그곳에서 멀지 않은 곳에 있는 대로(mahā-magga)를 지나가고 있었다.

그때 그들이 있는 땅의 부분에는 진창이 없었는데도 수레들이 움직이지 않았다. 오래된 [전생의] 친척이었던 천신이 그들로 하여금 세존께 공양을 올리도록 하기 위해서 그렇게 하였다고 한다. 그들은 크나큰 희열과 기쁨에 찬 마음을 누리면서 가루떡[酪漿, 낙장, mantha]과 꿀 덩어리로 된(madhupiṇḍika) [공양]을 세존께 올렸고 그래서 [부처님과 법의] 두 가지 말씀으로 귀의를 하여(dvevācika-saraṇaṁ gantvā) 머리카락을 존체로 얻어서(kesa-dhātuyo labhitvā) 돌아갔다. 그들은 첫 번째로 재가 신도(upāsakā)가 되었기 때문이다.

그때 세존께서는 바라나시로 가서 법의 바퀴를 굴리신 뒤 차례대로 라자가하로 가서 머무셨는데 따뿟사와 발리야가 라자가하로 가서 세존께 다가가서 인사드리고 한 곁에 앉았다. 세존께서는

---

136) 율장(Vin.i.4)과 『앙굿따라 니까야』 제4권 「따뿟사 경」(A6:119)과 제5권 「따뿟사 경」(A9:41) 등에는 따뿟사(Tapussa)로 나타나고 『앙굿따라 니까야』 제1권 하나의 모음 「으뜸 품」(A1:14:6-1)과 『자따까』(J.i.80) 등에는 따빳수(Tapassu)로 나타난다. 역자는 따뿟사로 표기하고 있다.

137) 부처님의 성도 과정과 성도 후의 일화를 담고 있는 『맛지마 니까야』 제1권 「성스러운 구함 경」(M26)에 해당하는 『맛지마 니까야 주석서』(MA.ii.181~186)에는 세존께서 깨달음을 증득하신 뒤 7×7=49일 동안에 하셨던 일을 자세하게 적고 있다. 여기에 대해서는 『우다나』 「홍홍거림 경」(Ud1:4) §1의 해당 주해와 『우다나』 「세상 경」(Ud3:10) §3의 해당 주해를 참조할 것.

그들에게 법을 설하셨다. 그들 가운데 따뿟사(따빳수)는 예류과에 확립되어 재가 신도가 되었다. 그러나 발리야(발리까)는 출가하여 육신통을 갖춘 분(chaḷabhiñña)[138]이 되었다. [장로의 일화는] 『아빠다나』에도 나타나고 있다. …

그러던 어느 날 마라가 발리야 장로를 놀라게 하려고 두려움을 생기게 하는 모습(bhayānaka rūpa)을 보여주었다. 그는 자신이 모든 두려움을 건넜음(sabba-bhaya-atikkama)을 설명하면서 본 게송을 읊었다. … 이 게송을 듣고 마라는 '사문은 나를 알았

---

138) '육신통을 갖춘 분'은 chaḷabhiñña를 옮긴 것이다. chaḷabhiñña는 cha(여섯)+abhiñña(신통지)로 분석이 되며 여섯을 뜻하는 cha는 합성어인 경우 모음 앞에서 chaḷ이 된다. chaḷabhiñña/ā는 문맥에 따라 '육신통'으로도 옮기고 여기서처럼 바후워리히 합성어[有財釋, 유재석, Bahuvrīhi]로 해석해서 '육신통을 갖춘 분'으로도 옮긴다. 여기서 육신통(六神通, chaḷ-abhiññā)은 신통변화[神足通], 천이통, 타심통, 숙명통, 천안통, 누진통의 여섯 가지를 말한다. 육신통의 정형구는 『디가 니까야』 제1권 「사문과경」 (D2) §87 이하와 『아비담마 길라잡이』 제9장 §21의 [해설]을 참조하기 바란다.

한편 abhiñña(ā)는 abhi + √jñā(*to know*)에서 파생된 용어로 초기불전연구원에서는 이 술어를 문맥에 따라 '최상의 지혜'나 '최상의 지혜로 알고'로 옮기기도 하고 육신통을 뜻할 때는 '신통지'로 옮기고 있다. 중국에서는 神通, 神通力, 通慧, 勝通, 妙通, 旬, 明, 智, 智通, 神力, 神境通(신통, 신통력, 통혜, 승통, 묘통, 순, 명, 지, 지통, 신력) 등으로 다양하게 옮겼다.
니까야에서 abhiññā는 두 가지로 쓰인다. 첫째는 동명사 abhiññāya의 축약된 형태이고 둘째는 육신통(六神通)을 뜻하는 명사이다. 전자의 경우는 '최상의 지혜로 알고'로 옮기고 있다. 그리고 명사 abhiññā는 『청정도론』과 『아비담마 길라잡이』에서는 초월지나 신통지로 옮겼다. 주로 육신통을 나타내는 문맥에서 사용되기 때문이다. abhiññā에 대해서는 『맛지마 니까야』 제1권 「법의 상속자 경」 (M3) §8의 주해를 참조할 것.

그리고 육신통(六神通, chaḷ-abhiññā) 가운데 숙명통, 천안통, 누진통의 셋을 세 가지 명지, 즉 삼명(三明)이라 하며, 이 육신통에다 위빳사나의 지혜(vipassanā-ñāṇa)와 마음으로 [만든 몸의] 신통의 지혜(manomayiddhi-ñāṇa)를 포함시키면 여덟 가지 명지(aṭṭha vijjā), 즉 팔명(八明)이 된다. 이 여덟 가지 명지는 『디가 니까야』 제1권 「사문과경」 (D2) §83 이하에 비유와 함께 나타나며 『맛지마 니까야』 제3권 「사꿀루다이 긴 경」 (M77) §§29~36에도 비유와 함께 나타나고 있다. 그러므로 삼명이나 육신통의 정형구에 대해서는 이들을 참조하기 바란다.

구나.'라고 하면서 거기서 사라졌다."(ThagA.i.50~51)

주석서에서 설명하고 있듯이 따뿟사(Tapussa, Tapassu)와 발리야(Bhalliya, Bhallika)는 욱깔라(Ukkala) 지방의 상인이었는데 세존께서 깨달으신 후 8주째에 바라나시 이시빠따나의 녹야원을 향하고 계실 때 라자가하를 향하다가 라자야따나(Rājāyatana) 나무 아래서 쉬고 계시는 세존을 뵙고 세존께 가루떡과 꿀을 공양 올린 뒤 첫 번째 재가 신도가 되었다. 그래서 부처님께서는 『앙굿따라 니까야』 제1권 하나의 모음 「으뜸 품」(A1:14)에서 그들을 두고 "먼저 나의 가르침에 귀의한 남자 신도[淸信士] 제자들 가운데서 따뿟사와 발리까 상인이 으뜸이다."(A1:14:6-1)라고 칭찬하셨다.

7. "죽음의 왕의 군대[139]를 몰아낸 자는[140]
마치 큰 격류가 갈대로 만든 아주 약한 다리를 그리하듯이
참으로 [오염원들을] 정복하였고 공포로부터 벗어났으며

139) '죽음의 왕의 군대'는 maccurājassa senā를 옮긴 것이다. 주석서는 이렇게 설명한다.
"'죽음의 왕(maccu-rāja)'에서 '죽음(maccu)'은 사망[死, maraṇa]이요 무더기들의 부서짐이다(bheda). 그리고 그는 중생들로 하여금 자신의 지배(vasa)를 따르게 하기 때문에 지배자라는 뜻(issaraṭṭha)에서 '왕(rāja)'이다. 그의 '군대(senā)'라는 것은 늙음과 병 등이다. 이것이 그의 지배하에 있을 때(vasavattana) 그 구성요소가 되기 때문에 군대(senā)라 한다. 그리고 이것이 크고 종류도 많고 풍부함에 의해서 큰 군대를 가진 자(mahāsena)라고 부른다. … 혹은 덕이 죽었다는 뜻(guṇa-māraṇaṭṭha)에서 '죽음(maccu)'이라는 것은 여기서 신으로서의 마라(devaputta-Māra)를 지칭하고 그의 동료가 됨으로 다가가기 때문에(sahāya-bhāvūpagamanato) 감각적 쾌락 등(kāmādayo)이 군대이다."(ThagA.51)
마라와 다섯 가지 마라(pañca Mārā)에 대해서는 본서 하나의 모음 {47}의 해당 주해를 참조할 것.

140) "'몰아낸 자는'은 yo pānudi를 옮긴 것이다. 주석서는 이것을 'yo apānudi khipi pajahi viddhaṁsesi'(Thag.i.51)로 설명하고 있어서 이렇게 옮겼다.

길들여졌고 완전한 열반에 들어 확고하도다."141)

이처럼 참으로 존자 발리야 장로가 게송을 읊었다.

8. 위라 장로(Th1:8)

【행장】

"위라 장로(Vīra thera)는 사왓티 도시에서 빠세나디 왕의 대신의 가문(amaccakula)에 태어났다. 그는 적당한 나이가 되어 [위라(영웅)라는] 이름에 걸맞게 힘과 용기 등의 덕들(patta-balajavādi-guṇā)을 구족하여 전쟁의 용사(saṅgāma-sūra)가 되었으며 부모의 강요로 아내를 얻어서 아들을 한 명 두었다. 전생의 원인(pubbahetu)에 자극받아 감각적 쾌락들(kāmā)과 윤회(saṁsāra)에서 위험(ādīnava)을 보고 절박함이 생겨(saṁvegajāta) 출가한 후 노력하고 정진하여 육신통을 갖춘 분이 되었다. [장로의 일화는] 『아빠다나』에도 나타나고 있다. …

이전의 아내는 이와 같이 아라한됨을 얻은 뒤 과를 증득한 행복(phalasamāpatti-sukha)으로 [시간을] 보내는 장로를 환속시키기 위해서(uppabbājetukāmā) 계속해서 여러 방법으로 유혹하려고 노력하였다. 하루는 그의 낮 동안의 거주처로 가서 자기 자신과 아들을 보여주었다. 그러자 장로는 '나를 유혹하려는 것은 수

---

141) 주석서는 본 게송의 의미를 이렇게 정리하고 있다.
"'마치 큰 격류가 갈대로 만든 아주 약한 다리를 그리하듯이(naḷa-setuṁva sudubbalaṁ mahogho)'라고 하였다. 심재(心材, sāra)가 없기 때문에 아주 약한 다리와 같고(naḷasetu-sadisa) 아주 힘이 없기 때문에 힘이 거의 없는 오염원의 군대(saṁkilesa-sena)를 아홉 가지 출세간법들(navalok-uttara-dhammā)의 아주 강력한 상태 때문에 큰 격류(mahogha)와 같은 으뜸가는 도(agga-magga)로써 몰아내 버려(apānudi) [오염원들을] 정복하였고(vijitāvī) 공포로부터 벗어났으며(apetabherava) 길들여졌고(danta) 완전한 열반에 들어 확고하다(parinibbuta ṭhitatta)고 적용된다. 이 게송을 듣고 마라는 '사문은 나를 알았구나.'라고 하면서 거기서 사라졌다."(ThagA.i.51)

미산(Sineru)을 모기 날개의 바람(makasa-pakkha-vāta)으로 움직이려 하는 것과 같으니 이 여인의 힘이라는 것도 그와 같구나.' 라고 하면서 그녀의 행위가 무의미함(niratthaka-bhāva)을 설명하면서 본 게송을 읊었다.

이 [게송]을 듣고 그 여인은 '나의 남편이 이와 같이 도를 닦으셨는데 내가 재가에 머무는 것이 무슨 소용이 있는가?'라고 절박함이 생겨(saṁvega-jātā) 비구니들 사이로 출가하여 오래지 않아 삼명을 갖춘 분(tevijjā)이 되었다."(ThagA.i.52~53)

8. "길들이기 어려운 자는 길들임으로 길들여졌고
영웅(위라)이며[142] 만족하고 의심을 건넜습니다.
[오염원들을] 정복하였고 털이 곤두섬으로부터 벗어났으니
위라는 완전한 열반에 들어 자신이 확고합니다.[143]"

이처럼 참으로 존자 위라 장로가 게송을 읊었다.

9. 삘린다왓차 장로(Th1:9)

【행장】

삘린다왓차 장로(Pilindavaccha thera)는 사왓티의 바라문 가문에 태어났다. 삘린다는 그의 이름이고 왓차는 족성이다. 그는 쭐라간다라 주문[144]에 능통하였는데 세존께서 정각을 이루신 날부

---

142) "네 가지 바른 노력[四正勤, catubbidha-sammappadhāna]과 정진을 구족함(vīriyasampatti)에 의해서 위라(vīra), 즉 영웅이다."(ThagA.i.53)

143) "'위라는 완전한 열반에 들어 자신이 확고합니다(vīro so parinibbuto ṭhitatto).'라고 하였다. 남김없이(anavasesato) 오염원이 완전히 소멸된 열반(kilesa-parinibbāna)을 통해서 나는 완전한 열반을 얻게 되었다는 말이다."(ThagA.i.53)

144) 쭐라간다라 주문(Cūla-Gandhāra-vijjā), 즉 짧은 간다라 주문은 간다라(Gandhāra)라는 선인(仙人, isi)이 만든 것이라고 한다. 간다리(gandhārī)라고도 불리는 이 주문에는 짧은 간다리와 긴 간다리라는 두 개의 주문이 있

터 그 주문이 듣지를 않았다. 그는 마하간다라(Mahā-Gandhāra) 주문이 쭐라간다라 주문을 듣지 않게 한다는 말을 듣고 부처님이 그 주문을 아실 것이라 여기고 부처님 문하로 출가하였다. 그는 부처님이 가르치신 대로 수행하여 아라한이 되었으며 전생에 그의 지도로 수행하여 천상에 태어나게 된 신들이 그에게 고마움을 표하기 위해서 아침저녁으로 그의 시중을 들었다고 한다.(ThagA. i.53~54; DA.i.276~277) 그래서 세존께서는 『앙굿따라 니까야』 제1권 하나의 모음 「으뜸 품」(A1:14)에서 "신들이 좋아하고 마음에 들어 하는 자들(devatānaṁ piyamanāpā) 가운데서 삘린다왓차가 으뜸"(A1:14:3-7)이라고 말씀하고 계신다. [장로의 일화는] 『아빠다나』에도 나타나고 있다.(ThagA.i.54)

『우다나』 「삘린다왓차 경」(Ud3:6)에 의하면 그는 아라한이 된 뒤에도 비구들을 비천하다는 말[145]로 대하였다. 주석서는 그가 이처럼 비천하다는 말을 쓰는 습관이 오랫동안 베어있었던 이유는 훈습(薰習, vāsanā) 때문이라고 밝히고 있다.(UdA.194) 그리고 비구들은 그가 "아라한이 되었어도 훈습이 제거되지 않았기 때문에 이와 같이 [비천하다고] 말하는 것을 알지 못했던 것"(Ud A.192~193)이라고 설명한다. 주석서에 의하면 이 훈습(vāsanā)은 세존의 상속(相續, 흐름, santāna)에는 없지만 제자들[聲聞, sāvakā]과 벽지불들(paccekabuddhā)의 상속에는 남아있다고 한다.(UdA.194) 여기에 대해서는 「삘린다왓차 경」(Ud3:6) §3의 주해를 참조하기 바란다.

으며 이 가운데 짧은 간다리는 삼 년 안에 죽은 중생들이 태어난 곳을 아는 주문이라고 한다. 여기에 대해서는 『디가 니까야』 제1권 「께왓다 경」(D11) §5의 주해를 참조하기 바란다.

145) '비천하다는 말'은 vasala-vāda를 옮긴 것이다. 여기서 비천함으로 옮긴 와살라(vasala, Sk. vṛṣala)는 바라문들이 불가촉천민들을 지칭하는 단어인데 상대를 아주 경멸할 때 쓰는 말이기도 하다.(PED, DPL 참조) 본서 제2권 셋의 모음에 나타나는 하리따 장로(Hārita thera)도 같은 습성을 가졌다.(본서 제2권 셋의 모음 {261}의 해당 주해 참조)

『테라가타 주석서』는 장로가 본 게송을 읊은 이유를 이렇게 설명하고 있다.

"그는 어느 날 비구 승가 가운데 앉아서 자신의 덕들을 반조한 뒤 그 이유가 되는 명지의 표상(vijjā-nimitta)을 세존의 곁에 와서 찬탄하면서 본 게송을 읊었다."(ThagA.i.55)

9. "잘 왔노라, 잘못 오지 않았노라.
나의 이런 요청은 잘못된 것이 아니었어라.[146)]
분석해서 [설하신] 가르침들 가운데[147)]
으뜸가는 것을 나는 얻었도다.[148)]"[149)] (={885}; M86 §18 {15})

---

146) "'나의 이런 요청은 잘못된 것이 아니었어라(nayidaṁ dummantitaṁ mama).'라는 것은 이런 나의 말은 잘못 말한 것(duṭṭhu kathita)이 아니다, 혹은 잘못 검증한 것(duṭṭhu vīmaṁsita)이 아니라는 말이다."(ThagA.i.55)

한편 본 게송과 같은 게송이 본서 제3권의 {885}번 게송으로도 나타나고 있는데 『테라가타 주석서』는 이 게송에 대한 다음 설명을 담고 있다.

"'나의 이런 요청은 잘못된 것이 아니었어라(netaṁ dummantitaṁ mama).'라고 하였다. 그때 '스승님의 곁에서 출가하고자 합니다.'라고 내가 요청한 그것은 내가 잘못 요청한 것이 아니라(na dummantitaṁ) 아주 잘 요청한 것이다(sumantitameva). 왜 그런가? [바로 다음 구절에서 읊었듯이] '분석해서 [설하신] 가르침들 가운데 으뜸가는 열반을 나는 얻었기 때문이다.'"(ThagA.iii.63)

『맛지마 니까야』 제3권 「앙굴리말라 경」(M86) §18의 해당 게송에 대한 『맛지마 니까야 주석서』(MA.iii.343)에도 같은 내용이 나타나고 있다. 본서 제3권 {886}의 해당 주해를 참조할 것.

147) '분석해서 [설하신] 가르침들 가운데'는 saṁvibhattesu dhammesu를 옮긴 것이다. 주석서는 여기서 saṁvibhattesu를 분명하게 분석해 주신(pakārato vibhattesu)으로 설명하고 있다.(ThagA.i.55) 그리고 여기서 부처님께서 분석해서 [설하신] 가르침은 알아야 할 법들(ñeyya-dhammā), 혹은 사마타의 법들(samatha-dhammā vā)이라고 주석서는 설명하고 있다.(Ibid.) 그런 뒤 주석서는 "정등각자들께서 괴로움 등을 통해 분석해서 설하신 법들(saṁvibhajitvā vutta-dhammā) 가운데"(Ibid.)라고 첨언하고 있다.

이처럼 참으로 존자 삘린다왓차 장로가 게송을 읊었다.

10. 뿐나마사 장로(Th1:10)

【행장】

"뿐나마사 장로(Puṇṇamāsa thera)는 사왓티에서 사밋디(Samid-dhi)라는 바라문의 아들로 태어났다. 그가 태어날 때 집에 있는

148) '으뜸가는 것을 나는 얻었도다.'는 yaṁ seṭṭhaṁ tad-upāgamiṁ을 옮긴 것이다. 이 문장은 '으뜸가는 것, 그것에게 나는 다가갔다.'로 직역할 수 있는데 이렇게 풀어서 옮겼다. upāgamiṁ은 up+√gam(*to go*)의 아오리스트 1인칭 단수(Aor.1.Sg)이다. 주석서는 이렇게 설명한다.

"'으뜸가는 것을 나는 얻었도다(yaṁ seṭṭhaṁ tadupāgamiṁ).'라고 하였다. 여기서 으뜸가는 것은 네 가지 진리의 법[四諦法, catusacca-dhamma]이다. 혹은 그것을 깨닫는 교법으로서의 법(sāsana-dhamma)을 얻었다, '이것이 법이고 이것이 율이다.'라고 얻었다(upagacchiṁ)는 말이다. 혹은 정등각자들에 의해서 유익함[善] 등을 통하고 무더기[蘊] 등을 통해서 고유성질에 따라서 잘 나누어주신 고유성질을 가진 법들(sabhāva-dhammā) 가운데 거기서 으뜸가고 가장 높고 탁월한 것인(seṭṭha uttama pavara) 그 도와 과와 열반의 법(magga-phala-nibbāna-dhamma)을 얻었고 자신이 직접 얻었으며 실현하였다(sacchākāsiṁ)는 말이다. 그래서 나는 잘 왔고 잘못 오지 않았으며 나의 이런 요청은 잘된 것이고 잘못된 것이 아니었다고 적용되어야 한다."(ThagA.i.55)

149) 이 게송은 본서 제3권 스물의 모음 {866}~{891}에 나타나는 앙굴리말라 존자의 게송 가운데 {885}번 게송으로 포함되어 나타나고 있다. 그리고 이 게송들은 『맛지마 니까야』 제3권 「앙굴리말라 경」(M86) §18로도 나타나고 있다.

여기 본 게송에는,

> "svāgataṁ na apagataṁ, nayidaṁ dummantitaṁ mama saṁvibhattesu dhammesu, yaṁ seṭṭhaṁ tadupāgamiṁ."{9}

으로 나타나고, 앙굴리말라 존자가 읊은 본서 제3권 {885}번 게송에는

> "svāgataṁ nāpagataṁ, netaṁ dummantitaṁ mama savibhattesu dhammesu, yaṁ seṭṭhaṁ tadupāgamaṁ."{885}

으로 나타난다. 그러므로 뜻은 다르지 않다. 역자는 이 둘을 같게 옮겼다.

모든 항아리가 황금 동전(suvaṇṇa-māsāna)으로 가득 찼다(puṇṇā)고 한다.[150] 그래서 그의 이름이 뿐나마사(Puṇṇamāsa)가 되었다고 한다. 그는 적당한 나이가 되어 바라문의 명지들(brāhmaṇa-vijjā)에 통달하였고 결혼하여 아들을 한 명 두었지만 [깨달음을 실현하기 위한] 강하게 의지하는 [조건]을 갖추었기 때문에(upa-nissaya-sampannatāya) 재가 생활을 혐오하여(gharāvāsaṁ jigucchanto) 세존의 설법을 듣고 출가하였다. 그는 구족계를 받고 미리 해야 할 의무를 다 하고 네 가지 진리의 명상주제에 몰두하고 몰입하여(yuttappayutta) 위빳사나를 열성적으로 행한 뒤 아라한과를 증득하였다. 장로의 일화는 『아빠다나』에도 나타나고 있다. …

그러자 그의 전 아내는 그를 유혹하려고(palobhetukāmā) 멋지게 치장하고 아들과 함께 그에게 가서 아름다운 말 등으로 자신을 드러내는 행동을 하기 시작하였다. 장로는 그녀의 행동을 보고 자신이 어디에도 빠지지 않았음(alaggabhāva)을 설명하면서 본 게송을 읊었다."(ThagA.i.56)

다른 뿐나마사 장로(Th2:26)의 게송이 본서 제2권 둘의 모음의 {171}~{172}로 나타나고 있다.

10. "여기와 [3] 다음에 대한 기대를 제거하고[151]

150) 다른 뿐나마사 장로(Th2:26)의 게송이 본서 제2권 둘의 모음 {171}~{172}로 나타나고 있다. 이 두 분의 행장은 비슷하지만 다르다. 뿐나마사 장로(Th2:26)가 태어나던 날에 그 집에 있는 모든 용기들이 금과 보배로 된 콩들(suvaṇṇa-ratana-mayā māsā)로 가득 채워졌다(paripuṇṇā)고 한다.(ThagA.ii.46)

151) "'제거하고(vihari)'란 특별하게 가져갔다(visesato hari), 없앴다(apahari), 빼앗았다(apanesi)는 뜻이다. '기대(apekkhā)'란 갈애(taṇhā)이다. '여기(idha)'란 이 세상에서(imasmiṁ loke) 혹은 자기 자신에서(attabhāve vā)이고 '다음(huraṁ)'이란 저 [세상]에서(aparasmiṁ) 혹은 미래의(anāgata) 자기 자신에서이다. 혹은 '여기'란 안의 감각장소들(ajjhattikā āyata

그 지혜의 달인[152]은 가라앉고 제어되어[153]
세상의 일어남과 사라짐을 알고서[154]
모든 법들에 물들지 않습니다.[155]"[156]

-nā)에서이고 '다음'이란 밖의 [감각장소들](bāhirā)에서이다."(ThagA.i.56)

152) "'그(yo)'라는 [관계대명사를 사용하여] 자신을 남처럼 보여준다(paraṁ viya dasseti). '지혜의 달인(vedagu)'이란 지혜에 의해서 갔다(vedena gata)는 말인데 도의 지혜(magga-ñāṇa)로 열반으로 갔다, 증득했다(adhi-gata)는 뜻이다. 혹은 네 가지 진리(cattāri saccāni)를 철저하게 앎·버림·실현함·수행을 통한 관통(pariññā-pahāna-sacchikiriyā-bhāvanā-abhisamaya)을 통해서 관통하여 확고함(abhisamecca ṭhita)이다."(ThagA.i.57)

『상윳따 니까야 주석서』는 '지혜의 달인'을 다음과 같이 설명하고 있다.

"'지혜의 달인(vedagū)'이란 네 가지 도라 불리는(catu-magga-saṅkhā-ta) 지혜(veda)들에 의해서 괴로움의 끝(dukkhass-anta)에 도달한 자이다."(SA.i.207)

"'지혜의 달인(vedagū)'이라는 것은 '나는 전적으로 지혜의 달인이다. 베다(Veda)라 불리는 지혜(ñāṇa)를 통해서 알아야 하는 것(neyya)에 도달했다(gata). 혹은 베다(Veda)에 도달했다(gata), 증득했다, 나는 현자(paṇḍi-ta)이다.'라는 뜻이다."(SA.ii.386)

153) "'제어되어(yatatto)'라는 것은 도의 단속(magga-saṁvara)으로 단속된 고유성질을 가진 것(saṁyata-sabhāva)이다. 혹은 바른 정진[正精進, sammā-vāyāma]으로 단속된 고유성질을 가진 것이다."(ThagA.i.57)

154) '세상의 일어남과 사라짐을 알고서'는 lokassa jaññā udayabbayañca를 옮긴 것이다. 주석서는 다음과 같이 설명하고 있다.

"'세상(loka)'이란 취착의 [대상인] 무더기 다섯 가지(upādānakkhandha-pañcaka)를 말한다. 이것은 무너지고 부서진다(lujjana-palujjana)는 [뜻에서] 세상이다. '일어남과 사라짐(udayabbayañca)'은 일어남(uppāda)과 사라짐(vaya)인데 이것으로 [앞에서] 설명한 대로의 덕들(guṇā)의 예비단계의 도닦음(pubbabhāga-paṭipadā)을 보여준다."(ThagA.i.57)

155) "'모든 법들에 물들지 않습니다(sabbesu dhammesu anūpalitto).'라고 하였다. 모든 대상(ārammaṇā)인 법들(dhammā)에 대해서 갈애와 사견의 얼룩(taṇhā-diṭṭhi-lepa)으로 물들지 않았다는 뜻이다. 이것으로 이득 등의 세간적인 법들(lābhādi-lokadhammā)을 넘어섬(samatikkama)을 보여준다."(ThagA.i.57)

이처럼 참으로 존자 뿐나마사 장로가 게송을 읊었다.

첫 번째 품이 끝났다.

[첫 번째 품에 포함된 장로들의] 목록은 다음과 같다.

수부띠와 꼿티따 장로, 깡카레와따로 알려졌고
만따니뿟따와 답바, 시따와니야와 발리야,
위라와 삘린다왓차와 어둠을 몰아낸 뿐나마사이다.

---

156) "여기서 이것이 그 뜻이다. — 모든 무더기 등의 세상(khandhādi-loka)에 대해서 50가지 형태로 일어나고 사라짐(udayabbaya)을 알고서 지혜의 달인(vedagū)은 그 어디에도 물들지 않는다. 그런 그는 모든 곳에서 기대(apekkhā)를 제어하고(vineyya) 만족하여(santusita) [환속과 같은] 그러한 변화들(vippakārā)에 대해서는 어떤 것도 생각하지 않는다. '그러니 눈먼 어리석은 자여(andhabāle), 그대는 온 길로 되돌아가시오.'라고 하였다. 그러자 그 여인은 '이 사문은 나와 아들에 대해서 아무것도 바라지 않는다(nirapekkha). 나는 이 사람을 유혹할 수가 없구나.'라고 하면서 되돌아갔다." (ThagA.i.57)

『청정도론』(Vis.XX.20)은 이 50가지를 다음과 같이 정리하고 있다.

"[오온의] 각각의 무더기에 대해 무상으로, 붕괴로, 흔들림으로, 무너짐으로, 견고하지 않음으로, 변하기 마련인 법으로, 심재가 없음으로, 복리가 없음으로, 형성된 것으로, 죽기 마련인 법으로(aniccato, palokato, calato, pabhaṅguto, addhuvato, vipariṇāmadhammato, asārakato, vibhavato, saṅkhatato, maraṇadhammato ti) — 이 열 가지를 통해서 50가지 무상의 관찰이 있다." (Vis.XX.20)

두 번째 품

Dutiya-vagga({11}~{20})

1. 쭐라가왓차 장로(Th1:11)

【행장】

"쭐라가왓차 장로(Cūla-gavaccha thera, VRI:Cūḷa-vaccha)는 꼬삼비의 바라문 가문에 태어났다. 그는 적당한 나이가 되어 바라문의 기술(brāhmaṇasippa)에 통달하였고 부처님의 덕에 대해서 듣고 깨끗한 믿음을 가진 마음으로 세존께 다가갔다. 세존께서는 그에게 법을 설하셨다. 그는 믿음을 얻어 출가하여 구족계를 받고 미리 해야 할 일을 하고(kata-pubbakicca) 기질에 적합한 명상주제를 받아서 수행하면서 머물렀다.

그때 꼬삼비(Kosambi)의 비구들에게 분쟁이 생겼다. 쭐라가왓차 장로는 두 비구 [무리]들의 이단적인 견해(laddhi)를 취하지 않았으며 세존의 교계를 듣고 분쟁에 휩쓸리지 않고 위빳사나를 증장하여 아라한과를 얻었다. 장로의 일화는 『아빠다나』에도 나타나고 있다. …

그때 쭐라가왓차 장로는 아라한과를 얻은 뒤 그 비구들이 분쟁에 몰두하여(kalahābhiratiyā) 자신들의 이로움이 파멸되는 것(sak-attha-vināsa)을 보고 법에 대한 절박함을 얻었으며(dhamma-saṁvegappatta) 자신이 성취한 특별한 것을 반조한 뒤 희열과 기쁨(pīti-somanassa)을 통해서 본 게송을 읊었다."(ThagA.i.58)

11. "부처님이 선언하신 법[157]에
환희가 많은 비구는
평화로운 경지요 형성된 것들이 고요한
행복을 증득하도다.[158]"

쭐라가왓차 장로 (끝)

---

157) 주석서는 여기서 '부처님이 선언하신 법(dhamma Buddha-ppavedita)'은 37가지 깨달음의 편에 있는 법들[菩提分法, bodhipakkhiya-dhammā]이나 아홉 가지 출세간법들(lokuttara-dhammā)이라고 설명한 뒤(ThagA.i.58) "이것은 일체지자이신 부처님(sabbaññu-buddha)이 직접 얻으신 가르침(sāmukkaṁsikā desanā)으로 밝히신 것이기 때문에 굉장한 것으로(sātisayaṁ) 부처님께서 선언하신 것이다(Buddha-ppavedita)."(Ibid.)라고 강조하고 있다.

'37가지 깨달음의 편에 있는 법들[菩提分法, bodhipakkhiya-dhammā]'에 대한 설명은 『초기불교 이해』 제17장 초기불교의 수행법 개관 — 37보리분법(275쪽 이하)과 『청정도론』 XXII.32 이하와 『아비담마 길라잡이』 제7장 III. 보리분(菩提分)의 길라잡이(제2권 132쪽 이하)를 참조하기 바란다.

158) '평화로운 경지요 형성된 것들이 고요한 / 행복을 증득하도다.'는 adhigacche padaṁ santaṁ, saṅkhārūpasamaṁ sukhaṁ을 옮긴 것이다. 주석서는 이렇게 설명한다.

"'평화로운 경지(padaṁ santaṁ)'란 열반을 두고 한 말이다. 이러한 비구는 모든 형성된 것들이 고요한 상태(upasama-bhāva)이기 때문에 '형성된 것들이 고요하고(saṅkhārūpasamaṁ)' 궁극적인 행복이기 때문에(parama-sukhatāya) '행복(sukhaṁ)'이며 평화로운 경지요 평화로운 항목(koṭṭhāsa)인 열반을 증득한다(adhigacchati), 얻는다(vindati). 왜냐하면 계행이 청정한(parisuddha-sīla) 비구는 가책이 없음(vippaṭisārābhāva)에 의해서 환희가 많고(pāmojja-bahula) 바른 법에 몰두하고 몰입하여(yutta-ppa-yutta) 해탈로 귀결되기 때문에(vimutti-pariyosānā) 모든 번영(sabba-sampatti)을 얻는다. 그래서 [『앙굿따라 니까야』 제6권 「무슨 목적 경」(A10:1)에서] "아난다여, 유익한 계들의 목적은 가책 없음(avippaṭisāra)이고, 이익도 후회 없음이다."(A10:1 §1)라는 등을 말씀하셨다."(ThagA.i.58~59)

2. 마하가왓차 장로(Th1:12)

【행장】

"마하가왓차 장로(PTS, DPPN: Mahāgavaccha thera, VRI: Mahā-vaccha)는 마가다의 날라까 마을에서 사밋디 바라문의 아들로 태어났다. 그는 적당한 나이가 되어 사리뿟따 존자로부터 세존의 제자의 모습(sāvakabhāva)에 대해서 듣고 '그는 참으로 큰 통찰지를 가진 사람이다. 제자됨을 얻은 그는 이 세상에서 으뜸가는 사람이다.'라고 하면서 세존께 믿음이 생겨 출가하여 명상주제에 전념하면서 오래지 않아 아라한과를 증득하였다. 장로의 일화는 『아빠다나』에도 나타나고 있다. …

이와 같이 그는 아라한과를 증득한 뒤 해탈의 행복(vimuttisukha)을 경험하면서 교법이 출리(出離)로 인도하는 상태[159]를 설명함을 통해 청정범행을 닦는 동료 수행자들에게 분발(ussāha)을 생기게 하기 위해서 본 게송을 읊었다."(ThagA.i.59~60)

12. "통찰지의 힘을 가졌고[160] 계행과 서계를 구족하였으며[161]

---

159) '출리(出離)로 인도하는 상태'는 niyyānika-bhāva를 옮긴 것이다. 『담마상가니 주석서』는 '출리(出離)로 인도하는 법들(niyyānikā, ma2-97-a)'을 이렇게 설명한다.

"윤회의 뿌리(vaṭṭa-mūla)를 잘랐기 때문에(chindantā) 열반을 대상으로 하여 윤회로부터 벗어난다(vaṭṭato niyyanti)고 해서 '출리로 인도하는 법들(niyyānikā)'이다. 이러한 특징에 의해서 벗어나지 못한다고 해서 '출리로 인도하지 못하는 법들(aniyyānikā)'이다."(DhsA.50)

160) "'통찰지의 힘을 가졌고(paññā-bali)'라는 것은 ① 특별한 통찰지(pārihāriya-paññā)와 ② 위빳사나의 통찰지(vipassanā-paññā)를 통해서 굉장한 통찰지의 힘(sātisaya paññā-bala)을 끊어짐이 없이(abhiṇhaso) 구족하였다는 말이다."(ThagA.i.59)

『상윳따 니까야 주석서』는 『상윳따 니까야』 제1권 「엉킴 경」(S1:23 §3)의 주석에서 『청정도론』 맨 앞(Vis.I.1)에서 인용하고 있으며 그래서 잘 알려진,

삼매에 들고 禪을 기뻐하고 마음챙김을 가져[162]

"통찰지를 갖춘 사람은 계에 굳건히 머물러서
마음과 통찰지를 닦는다.
근면하고 슬기로운 비구는
이 엉킴을 푼다.
(sīle patiṭṭhāya naro sapañño, cittaṁ paññañca bhāvayaṁ;
ātāpī nipako bhikkhu, so imaṁ vijaṭaye jaṭaṁ.)"

라는 게송(S1:23 §3 {56} = Vis.I.1)을 주석하면서 『청정도론』과 거의 같지만 조금 다르게 ① 특별한 통찰지와 ② 위빳사나의 통찰지를 다음과 같이 설명한다.

"'슬기로운 자(nipaka)'라 하셨다. 슬기로움(neppakka)을 일러 통찰지(paññā)라 한다. 그것을 갖춘 자라는 뜻이다. 이 구절로 ① 특별한 통찰지(pārihāriya-paññā)를 보여주고 있다. 특별한 통찰지라는 것은 '지금은 개요(uddesa)를 위한 시간이다. 지금은 질문(paripucchā)을 위한 시간이다.'라는 등의 방법으로 모든 곳에서 계획을 하는 것(kārāpitā)이다.
질문을 설명하는 본 [게송에는] 통찰지가 세 번 등장하였다. 거기서 첫 번째는 태어나면서부터 가졌던 통찰지[生而知之, jāti-paññā]이었고 두 번째는 ② 위빳사나의 통찰지(vipassanā-paññā)이며 세 번째는 모든 해야 할 것에 대해서 인도자가 되는(sabba-kicca-pariṇāyikā) ① 특별한 통찰지(pārihāriya-paññā)이다."(SA.i.50)

한편 '특별한'으로 옮긴 이 pārihāriya라는 용어는 명상주제를 분류하는 데에도 나타나고 있다. 『청정도론』은 명상주제를 '모든 곳에 유익한 명상주제(sabbatthaka-kammaṭṭhāna)'와 '특별한 명상주제(pārihāriya-kamma-ṭṭhāna)' 크게 둘로 나누어서 설명한다. 여기에 대해서는 본서 제2권 {354}의 해당 주해를 참조할 것.

161) "'계행과 서계를 구족하였으며(sīlavatūpapanno)'라고 하였다. 최고의 경지에 이른(ukkaṁsa-gata) 네 가지 청정한 계행(catu-pārisuddhi-sīla)과 두타의 법(dhuta-dhamma)이라 불리는 서계들(vatā)을 얻었고 구족하였으며라는 뜻이다."(ThagA.i.60)

『청정도론』은 두타의 법(dhuta-dhamma)을 이렇게 설명한다.
"두타행의 의도와 함께 수반되는 다음의 다섯 가지 법을 두타의 법이라고 한다. 그것은 소욕, 지족, [오염들의] 말살, 한거, 이 [두타행이] 존재함(appicchatā, santuṭṭhitā, sallekhatā, pavivekatā, idam-atthitā)이다. 왜냐하면 "오직 소욕을 의지하여(A5:181 §2)"라고 시작하는 말씀이 있기 때문이다."(Vis.II.83)

162) '삼매에 들고 禪을 기뻐하고 마음챙김을 가져'는 samāhito jhānarato sati

이치에 맞는 적절한 음식을 먹으면서163)

-mā를 옮긴 것이다. 주석서는 이렇게 설명한다.

"'삼매에 들고(samāhito)': 근접삼매와 본삼매의 구분을 가진(upacārappanā-bheda) 삼매로 삼매에 들고, '禪을 기뻐하고(jhānarato)': 거기서 ① 대상을 정려(靜慮)함(ārammaṇ-ūpanijjhāna)과 ② 특상(特相)을 정려(靜慮)함(lakkhaṇ-ūpanijjhāna)에 기뻐하고 언제나 몰두하여(satatābhiyutta). 모든 시간을 마음챙김으로 영민함(알아차림, avippavāsa)을 통해서 '마음챙김을 가져(satimā)'."(ThagA.i.60)

『맛지마 니까야 주석서』는 ① 대상을 정려(靜慮)함과 ② 특상(特相)을 정려함을 다음과 같이 설명한다.

"대상을 정려하는 것(ārammaṇ-ūpanijjhāna)으로 38가지 대상(명상주제, S1:75 §2의 주해 참조)을, 특상을 정려하는 것(lakkhaṇ-ūpanijjhāna)으로 무더기[蘊], 감각장소[處] 등을 무상 등으로 정려한다는 말이다. 사마타와 위빳사나를 증장시키라고 말씀하시는 것이다."(MA.i.195)

『상윳따 니까야 주석서』는 『상윳따 니까야』 제1권 「믿음 경」(S1:36) §4를 주석하면서 이렇게 설명한다.

"'참선한다(jhāyanto)'라는 것에는 ① 특상을 정려함(lakkhaṇ-ūpanijjhāna)과 ② 대상을 정려함(ārammaṇ-ūpanijjhāna)이 있다.
① 여기서 특상을 정려함은 위빳사나와 도와 과(vipassanā-magga-phalā-ni)를 말한다. 위빳사나는 [무상·고·무아의] 세 가지 특상(tīṇi lakkhaṇāni)에 대해 참선을 하는 것이기 때문에 특상을 정려함이라 한다. 도는 위빳사나를 통해 얻은 자신의 역할(āgata-kicca)을 성취하기 때문에 특상을 정려함이라 한다. 과는 이러한 특상을 가진 소멸의 진리[滅諦, nirodha-sacca]에 대해 참선을 하는 것이기 때문에 특상을 정려함이라 한다.
② 그런데 여덟 가지 [삼매의] 증득[八等至, aṭṭha samāpattiyo, 초선부터 비상비비상처까지]은 까시나를 대상으로 하여(kasiṇ-ārammaṇa) 참선을 하는 것이기 때문에 대상을 정려(靜慮)함이라고 알아야 한다."(SA.i.67)

163) '이치에 맞는 적절한 음식을 먹으면서'는 yadatthiyaṁ bhojanaṁ bhuñjamāno를 옮긴 것이다. 주석서는 "주인의 수용(sāmi-paribhoga)에 의해서나 상속자의 수용(dāyajja-paribhoga)에 의해서 그것은 이치에 맞는 적절한 것(atthiya)이지만 다르게 [수용하는 것은] 그렇지 않다고 단지 보기를 든 것이라고 보아야 한다. 여기서 먹는다(bhuñjiyati), 수용한다(paribhuñjiyati)고 해서 '음식(bhojana)'이고 네 가지 필수품(cattāro paccayā)을 말한다."(ThagA.i.60)라고 설명하고 있다.

『청정도론』은 다음과 같이 네 가지 수용(paribhoga)을 들고 있다.

탐욕 여읜 그는 여기서 바른 시간을 기다려야 하노라.164)"

"여기서 이것이 문제를 해결하는 판별이다. 네 가지 수용(paribhoga)이 있다. ① 훔친 것의 수용(theyya-paribhoga) ② 빚낸 것의 수용(iṇa-paribhoga) ③ 상속자의 수용(dāyajja-paribhoga) ④ 주인의 수용(sāmi-paribhoga)이다.

(1) 계행이 나쁜 자가 승가 가운데 버젓이 앉아서 [필수품을] 수용할 때 그 수용을 훔친 것의 수용이라 한다.

(2) 계를 지니는 자가 반조하지 않고 수용하는 것을 빚낸 것의 수용이라 한다. 그러므로 옷은 수용할 때(입을 때)마다 반조해야 한다. 음식은 덩이마다 반조해야 한다. 그렇게 할 수 없는 자는 음식을 먹기 전에, 먹고 난 후, 초경에, 중경에, 후경에 반조해야 한다. 만약 그가 반조하지 않은 채 날이 새면 빚낸 것을 수용하는 자의 위치에 놓인다. 숙소는 수용할 때마다 반조해야 한다. 약품을 얻을 때와 수용할 때에도 마음챙김을 가져야 한다. 비록 이와 같더라도 얻을 때에는 마음챙기고 수용할 때에 마음을 챙기지 않는 자의 경우 범한 것(āpatti)이 된다. 그러나 얻을 때에 마음을 챙기지 않더라도 수용할 때에 마음을 챙기는 자의 경우 범한 것이 아니다."(Vis.I.125)

"(3) 일곱 종류의 유학(有學, sekkha)들이 필수품을 수용하는 것을 상속자로서의 수용이라 한다. 그들은 세존의 아들들이다. 그러므로 그들은 아버지가 가진 필수품들의 상속자가 되어 그 필수품들을 수용한다. 그들은 세존의 필수품들을 수용하는 것인가? 아니면 재가자들의 필수품을 수용하는 것인가? 비록 재가자들이 주었지만 세존께서 허락하셨기 때문에 세존의 소유물이다. 그러므로 세존의 필수품들을 수용한다고 알아야 한다. 「법의 상속자 경」(M3)이 여기서 그 증거가 된다.

(4) 번뇌 다한 자(khīṇāsava)들이 수용하는 것을 주인의 수용이라 한다. 그들은 갈애의 예속을 벗어났기 때문에 주인이 되어 이것들을 수용한다."(Vis.I.127)

164) "'탐욕을 여읜 그는 여기서 바른 시간을 기다려야 하노라(kaṅkhetha kālaṁ idha vītarāgo)'라고 하였다. 어떤 목적을 위해서(yadatthaṁ yass-atthāya) 스승님께서는 필수품들을 허락하셨는데(paccayā anuññātā) 몸을 유지하는 것 등이 그 목적이다(kāyassa ṭhitiādi-atthaṁ). 그리고 그것은 무여열반을 목적으로 한다(anupādisesa-nibbānatthaṁ). 그러므로 무여열반을 목적으로 하여 음식의 필수품들을 먹으면서(bhojanapaccaye bhuñjamāno) 거기서 '바른 시간을 기다려야 하노라(kaṅkhetha kālaṁ).'라고 한 것이다. 자신의 무여열반의 시간이 올 것이라는 뜻이다. '여기서(idha)'란 이 교법에서(imasmiṁ sāsane) 탐욕을 여읜 자(vītarāgo)를 뜻한다. 감각적 쾌락들(kāmā)에 대해서 탐욕을 여읜 외도(bāhiraka)에게는 이것이 없다는 것이 여기서 의미하는 것이다(adhippāya)."(ThagA.i.60)

마하가왓차 장로 (끝)

3. 와나왓차 장로(Th1:13)

【행장】

"와나왓차 장로(Vanavaccha thera)는 까삘라왓투 도시에서 왓차곳따(Vacchagotta)라는 바라문 가문에 태어났다. 그의 어머니는 태아가 성숙하였을 때 숲을 보고자 하는 임산부의 열망(dohaḷā)이 생겨 숲에 들어가서 다녔다. 그녀에게 출산을 위한 진통이 생기자(kammajavātā caliṁsu) 주위에 막을 쳐주었다. 그녀는 재물과 공덕의 특징을 가진(dhaññapuññalakkhaṇa) 아들을 낳았다.
그는 어렸을 때 세존과 함께 흙놀이를 하는 친구(paṁsukīḷika-sahāya)였다. 그의 이름은 왓차(Vaccha)였는데 숲을 좋아하였기 때문에(vanābhiratiyā) 와나왓차(Vanavaccha)라 불리게 되었다.
나중에 세존께서 출가하시자 '나도 싯닷타 태자와 함께 숲에서 머물 것이다.'라고 하면서 그도 출가를 한 뒤 고행하는 출가자가 되어(tāpasa-pabbajjāta) 히말라야(Himavanta)에 머물렀다. 그는 [세존께서] 정등각이 되셨다는 것을 듣고 세존께 가서 제자가 되었으며 명상주제를 받아 숲에서 머물면서 오래지 않아 위빳사나를 열성적으로 행하여 아라한됨을 실현하였다. 장로의 일화는 『아빠다나』에도 나타나고 있다. …
이와 같이 아라한됨을 얻은 뒤 세존께서 까삘라왓투에 계실 때 찾아가서 스승님께 절을 올리고 비구들과 함께하면서 비구들이 '도반이여, 숲에서 편안하게 머무셨습니까?'라고 묻자 본 게송을 읊었다."(ThagA.i.61~62)
이 와나왓차 장로는 본서 하나의 모음 {113}에 나타나는 와나왓차 장로와는 다른 분이다.

13. "푸른 구름의 색깔과 아름다움,
차가운 물과 깨끗한 개울을 가졌고

인다고빠까 곤충으로 덮인
저 바위산들은 나를 기쁘게 합니다."165) (={1063})

와나왓차 장로 (끝)

4. **시와까 사미**(Th1:14)

【행장】

시와까 사미는 Sīvaka sāmaṇera를 옮긴 것이다. 이 시와까 사미는 VRI본에는 Sīvaka-sāmaṇera(시와까 사미)로 나타나고 PTS본에는 Vanavacchassa therassa sāmaṇera(와나왓차 장로의 사미)로 나타난다. VRI본 주석서에는 Sīvaka로 이름이 언급되고 그는 와나왓차 장로(Th1:13)의 여동생의 아들, 즉 조카(bhāgin-eyya)였다고 한다.(ThagA.i.63) 게송({14})의 원문에는 Sīvaka로 나타나고 DPPN에는 Sīvaka thera4로 나타난다. 그리고 다른 와나왓차 장로(Th1:113)의 게송이 본서 하나의 모음 {113}으로 나타나고 있기 때문에 '와나왓차 장로의 사미'로 표기하면 정확하지가 않기도 하다. 이런 점들을 참조하여 역자는 VRI본을 따르고 DPPN을 참조하여 '시와까 사미(Sīvaka sāmaṇera)'로 표기하였다. 노만 교수는 PTS본에 따라 Vanavaccha's pupil을 표

---

165) "이와 같이 장로는 자신이 오랫동안 머물며 수행한(cirakāla-paribhāvita) 숲에 머무는 기쁨(araññābhirati)을 드러내면서 세 가지 떨쳐버림을 기뻐함(vivekābhirati)을 밝히고 있다. 여기서는 재생의 근거를 떨쳐버림(upadhi-viveka)에 의해서 구경의 지혜를 밝힌 것이다."(ThagA.i.62)

주석서에 의하면 세 가지 떨쳐버림은 "몸으로 떨쳐버림(kāya-viveka), 마음으로 떨쳐버림(citta-viveka), 재생의 근거를 떨쳐버림(upadhi-viveka)이다."(DA.iii.1002; MA.i.100; Pm.i.70)
여기서 몸으로 떨쳐버림은 무리 지어 사는 것(gaṇa-saṅgaṇika)을 버리고 외딴곳에 머무는 것이고 마음으로 떨쳐버림은 여덟 가지 증득[八等至, 八等持, aṭṭha samāpattiyo]을 뜻하며 재생의 근거를 떨쳐버림은 열반을 뜻한다(UdA.231; cf. DAṬ.iii.274).

'떨쳐버림(viveka)'에 대해서는 본서 하나의 모음 {6}의 해당 주해도 참조하기 바란다.

제어로 하고 있다.

『테라가타 주석서』는 이렇게 설명한다.
"시와까(Sivaka / Sīvaka) 사미는 앞의 와나왓차 장로(Th1:13)의 조카(bhāgineyya)였다. 그의 어머니는 오라버니(jeṭṭhabhātika)인 와나왓차 장로가 연로(mahallaka)하였기 때문에 그를 출가시켜 숲에서 장로를 시중들게 하였다. 어느 날 시와까 사미는 볼일을 보러 마을에 갔다가 심한 병에 걸렸다. 마을 사람들이 약을 썼지만 호전되지 않았다. 장로는 사미가 늦어지자 마을에 들어가 그가 병이 든 것을 보고 해야 할 일을 대신해서 다 마친 뒤 밤이 되자 사미에게 말했다.
'시와까여, 나는 출가하여 마을(gāma)에 머물지 않았다. 우리는 이제 숲(arañña)으로 가자.'
장로의 팔을 붙잡고 숲으로 돌아와서 장로의 교계(ovāda)를 받은 사미는 아라한과를 증득하였다. 장로의 일화는 『아빠다나』에도 나타나고 있다. …
그는 아라한됨을 얻은 뒤 은사 스님(upajjhāya)과 자신이 말한 뜻을 비교한 뒤 자신이 한거를 기뻐함(vivekābhirati-kata)과 해야 할 일을 다 하였음(kata-kiccatā)을 설명하면서 본 게송을 읊었다.(ThagA.i.63~64)
다른 시와까 장로(Th2:32)의 게송이 본서 제2권 둘의 모음 {183}~{184}로 나타나고 있다.

14. "은사께서는 나를 불러 말씀하시기를
'여기서 떠나자, 시와까여.'[166] 라고 하셨습니다.
저의 몸은 마을에 살고 있지만

---

166) '여기서 떠나자, 시와까여.'는 ito gacchāma Sīvaka를 옮긴 것이다. 주석서는 "이 마을의 안(gāmanta)으로부터 외딴 숲의 장소(arañña-ṭṭhāna)로 가자. 그곳이 우리가 머물기에 적절한 곳(vasana-yogga)이라는 뜻이다."(ThagA.i.64)라고 설명한다.

저의 마음은 숲에 가 있습니다.
저는 누워서라도 갈 것이니
분명하게 아는 자에게 결박은 없기 때문입니다.[167]"[168]

시와까 사미 (끝)

5. 꾼다다나 장로(Th1:15)

【행장】

꾼다다나 장로(Kuṇḍadhāna thera)는 사왓티의 바라문 가문에 태어났으며 세 가지 베다에 능통했다고 한다. 그의 이름은 원래 다나(Dhāna)였다. 그가 꾼다다나 혹은 꼰다다나(Koṇḍadhāna)라고 불리게 된 데는 이상한 인연이 있다. 그는 부처님의 가르침을 듣고 출가하였는데 그때부터 이상한 일이 벌어졌다. 자신은 모르지만 젊은 여인의 모습이 항상 그를 따라다녔다. 탁발을 가면 여인네들은 그에게 두 사람분의 음식을 주면서 '하나는 당신 여자친구의 것입니다.'하면서 놀렸고 사미들과 젊은 비구들도 그를 '다나는 꼬부라졌군(Dhāno koṇḍo jāto).'이라 하면서 놀렸다. 그래서 그의 이름이 꾼다다나(혹은 꼰다다나)가 되었다고 한다.

그는 상심하여 탁발을 갈 수도 없었고 제대로 수행을 할 수도 없었다. 꼬살라의 빠세나디 왕이 이 소문을 듣고 그에게 늘 공양을 베풀기로 약속을 하여 탁발을 가지 않고도 수행에 전념할 수 있

---

167) "'분명하게 아는 자에게 결박은 없기 때문입니다(natthi saṅgo vijānataṁ).'라고 하였다. 법의 고유성질(dhamma-sabhāva) 때문에 감각적 쾌락들(kāmā)과 윤회(saṁsāra)에 있는 위험(ādīnava)과 출리(出離, nekkhamma)와 열반에 있는 이익(ānisaṁsa)을 정확하게 아는 자(yāthāvato jānanta)에게는 어떠한 결박(saṅga)도 없다. 그래서 이 한 구절로 은사 스님의 명령(āṇā)이 실행되어서 이 권위 있는 말(apadesa)을 통해서 [자신의] 구경의 지혜를 천명하였다."(ThagA.i.64)

168) "은사 스님이 [위에서] 이렇게 말하자 시와까는 준마(bhadra assājānīya)가 채찍에 맞은 것(kasābhihata)처럼 절박함이 생겨서(sañjāta-saṁvega) 숲으로 가고자 하여 이렇게 [게송으로] 드러낸 것이다."(ThagA.i.64)

었으며 그래서 위빳사나를 증장시켜 육신통을 갖춘 아라한이 되었다. 그러자 그 여인의 모습은 사라졌다고 한다.
꾼다다나 장로는 『맛지마 니까야』 제2권 「날라까빠나 경」(M68) §2에서 잘 알려진 좋은 가문의 아들들이 세존 아래로 믿음으로 집을 나와 출가한 보기로 아누룻다 존자, 난디야 존자, 낌빌라 존자, 바구 존자, 레와따 존자, 아난다 존자와 함께 언급되고 있다.169) 그리고 장로의 일화는 『아빠다나』에도 나타나고 있다. (ThagA.i.67~70; AA.i.261~266 참조)

어느 날 세존을 상수로 많은 비구 대중에게 욱가 도시(Ugga-nagara)의 마하수밧다(Mahā-Subhaddā, 급고독 장자의 딸)가 공양을 올릴 때에 과위를 증득한(ariyā) 비구들 500명이 가서 공양을 받았다. 그때 그는 신통력으로 와서 제일 먼저 식권(salāka)을 받았다고 한다.(ThagA.i.69~70) 이런 이유 등으로 『앙굿따라 니까야』 제1권 하나의 모음 「으뜸 품」(A1:14)에서 세존께서는 그를 두고 "가장 처음으로 식권을 받은 자들 가운데서 꾼다다나가 으뜸이다."(A1:14:3-3)라고 말씀하셨다. 이처럼 그는 식권을 처음 받는 비구들 가운데 으뜸이라고 불리게 되었다. 여기서 '식권(salāka)'은 승가 전체를 위해서 받은 대중공양을 배분하는 차례나 투표의 순서 등을 정하기 위해서 나무로 만든 표식을 말한다.(PED)
이처럼 그는 제일 먼저 식권을 받았고 범부인 비구들의 의심을 없애기 위해서(vimati-vidhamanattha) 허공에 올라가서 신통의 기적(iddhi-pāṭihāriya)을 보여준 뒤에 구경의 지혜에 대한 권위 있는 말(aññā-padesa)을 통해서 [자신의] 구경의 지혜를 천명하면서 본 게송을 읊었다.(ThagA.i.70)

15. "다섯 가지를 자르고170) 다섯 가지를 제거하며171)

---

169) 율장 『쭐라왁가』 제7편의 여섯 사까 사람의 출가에 대한 설명(Chasakya-pabbajjā-kathā, Vin.ii.182) 등도 참조할 것.

나아가 다섯 가지를 수행하고172)
다섯 가지 결박을 넘어선173) 비구를

---

170) "'다섯 가지를 자르고(pañca chinde)'라고 하였다. 마치 발에 묶여있는 밧줄을 사람이 칼로써 잘라버리듯이 악처에 떨어지게 하는 다섯 가지 낮은 단계의 족쇄들[五下分結, pañc-orambhāgiyāni saṁyojanāni]을 낮은 세 가지 도(heṭṭhima-maggattaya)로써 잘라야 한다(chindeyya), 버려야 한다(pajaheyya)는 말이다."(ThagA.i.70)

171) "'다섯 가지를 제거하며(pañca jahe)'라고 하였다. 마치 사람이 목에 묶여있는 밧줄을 그리하듯이 더 높은 천상세계에 태어나는 원인이 되는(upari-devalokūpapatti-hetubhūtāni) 다섯 가지 높은 단계의 족쇄들[五上分結, pañc-uddhambhāgiya-saṁyojanāni]을 제거하거나 잘라야 한다(jaheyya, chindeyya vā)는 뜻이다."(ThagA.i.70)

다섯 가지 낮은 단계의 족쇄들[五下分結]과 다섯 가지 높은 단계의 족쇄들[五上分結]을 합하여 10가지 족쇄(dasa saṁyojanāni)라 한다. 여기서 다섯 가지 높은 단계의 족쇄는 10가지 족쇄 가운데 색계에 대한 탐욕, 무색계에 대한 탐욕, 자만, 들뜸, 무명의 다섯 가지이고, 다섯 가지 낮은 단계의 족쇄는 유신견(有身見), 의심, 계행과 의례의식에 대한 집착[戒禁取], 감각적 쾌락, 적의의 다섯 가지이다.

초기불교에서는 깨달음을 실현한 예류자, 일래자, 불환자, 아라한의 성자(ariya)들을 이 10가지 족쇄들 가운데 몇 가지를 풀어내었는가와 연결 지어서 설명한다. 예류자(sotāpatti)는 유신견, 계행과 의례의식에 대한 집착, 의심의 세 가지 족쇄가 완전히 풀린 성자이고, 일래자(sakadāgami)는 이 세 가지가 완전히 다 풀렸을 뿐만 아니라 감각적 쾌락과 적의의 두 가지 족쇄가 아주 엷어진 성자이다. 불환자(anāgami)는 다섯 가지 낮은 단계의 족쇄가 완전히 다 풀려나간 성자이고, 아라한(arahan)은 열 가지 모든 족쇄를 다 풀어버린 성자이다. 여러 부류의 성자와 10가지 족쇄에 대한 더 자세한 설명은 졸저 『초기불교 이해』 제31장 족쇄를 푼 성자들(474쪽 이하)도 참조할 것.

172) "'나아가 다섯 가지를 수행하고(pañca cuttari bhāvaye)'라고 하였다. 이들 높은 단계의 족쇄들을 버리기 위해서(pahānāya) 더 나아가 불환도를 증득함을 넘어서(uttari anāgāmi-magga-adhigamato upari) 믿음[信] 등의 다섯 가지 기능들[五根, pañcindriyāni]을 수행해야 한다(bhāveyya), 으뜸가는 도를 증득함(agga-magga-adhigama)을 통해서 증장시켜야 한다(vaḍḍheyya)는 뜻이다."(ThagA.i.70)

다섯 가지 기능들[五根]에 대해서는 『초기불교 이해』 324쪽 이하를 참조할 것.

173) "'다섯 가지 결박을 넘어선(pañcasaṅgātigo)'이라고 하였다. 이렇게 된 자

폭류를 건넌 자라고 말합니다.174)”

꾼다다나 장로 (끝)

6. 벨랏타시사 장로(Th1:16)

【행장】

“벨랏타시사 장로(Belaṭṭhasīsa thera)는 사왓티의 바라문 가문에 태어났다. 그는 가섭 삼형제175) 가운데 제일 큰 형인 우루웰라깟사빠(Uruvela-Kassapa) 문하로 출가하였는데 우루웰라깟사빠 삼형제와 천 명의 제자들이 부처님 제자로 출가할 때 함께 부처님의 제자가 되었고 [『상윳따 니까야』 제3권]「불타오름 경」(S22:61)을 듣고 그들과 함께 아라한이 되었다. 장로의 일화는 『아빠다나』에도 나타나고 있다. …”(ThagA.i.71)

주석서에 의하면 그는 그보다 더 늦게 출가한 법의 창고지기(dhamma-bhaṇḍāgārika) 아난다 존자(Th30:3)의 은사(upajjhā-

---

는 탐욕, 성냄, 어리석음, 자만, 사견의 [다섯 가지] 결박들(rāga-dosa-moha-māna-diṭṭhi-saṅgā)을 넘어서고(atikkamana) 버려서(pahāna) 다섯 가지 결박을 넘어선 자가 되어서라는 뜻이다.”(ThagA.i.70)

이 다섯 가지 결박은 니까야에는 나타나지 않고 논장의 『위방가』(Vbh17 §940)에 다음과 같이 언급되고 있다.
“여기서 무엇이 ‘다섯 가지 결박(pañca saṅgā)’인가? 탐욕의 결박, 성냄의 결박, 어리석음의 결박, 자만의 결박, 사견의 결박 — 이것이 다섯 가지 결박이다.”(Vbh17 §940)

174) “‘비구를 / 폭류를 건넌 자라고 말합니다(bhikkhu oghatiṇṇoti vuccati).’라고 하였다. 모든 측면에서 오염원들이 부서졌기 때문에(bhinna-kilesatā-ya) 비구라 한다. 그리고 감각적 쾌락, 존재, 사견, 무명의 [네 가지] 폭류(kāma-bhava-diṭṭhia-vijj-oghā)를 건넌 뒤(taritvā) 저쪽 언덕이 되는(pārabhūta) 열반에 서있다고 말한다는 뜻이다.”(ThagA.i.70)

175) 가섭 삼형제는 우루웰라깟사빠(Uruvela-Kassapa) 나디깟사빠 장로(Nadī-Kassapa thera) 가야깟사빠(Gayā-Kassapa)를 말한다. 세 분의 게송들은 본서에 나타나고 있다. 가섭 삼형제에 대해서는 본서 제2권 다섯의 모음 {340} 【행장】의 해당 주해를 참조할 것.

ya)였다고 한다.(Ibid.) 아라한과를 증득한 그는 평화롭고(santa) 수승하고(paṇīta) 세속을 여의었고(nirāmisa) 행복한(sukha) 자신의 이전 수행을 반조한 뒤 희열의 감동(pītivega)을 통해서 이 게송을 읊었다고 주석서는 적고 있다.(Ibid.)

16. "마치 쟁기질에 능숙하고 관모(冠毛)를 가진[176]
뛰어나고 혈통 좋은 [황소][177]가
어려움 없이 가는 것처럼
그와 같이 밤과 낮이 나에게는
어려움 없이 가나니
세속을 여읜 행복을 얻었기 때문이로다.[178]"

---

176) "'관모(冠毛)를 가진(sikhī)'이라고 하였다. 그 위치로 정수리(matthaka)에 있는 볏(sikhā)과 같은 것이라고 해서 관모(sikhā) 혹은 뿔(siṅga)이라 하고 그것이 그에게 있다고 해서 관모를 가진 [황소](tadassa atthīti sikhī)이다. 다른 사람들은 [소나 낙타의] 등에 난 혹(kakudha)이 여기서 관모(sikhā)와 동의어라고 말한다. 이 둘 다를 통해서 근본 원인이 됨을 찬탄하는 것(padhānaṅga-kittana)이 이 '관모를 가진 [황소]'이다."(ThagA.i.72)

177) '혈통 좋은 [황소]'는 ājañña를 주석서를 참조하여 옮긴 것이다. 주석서는 이렇게 설명한다.

"'혈통 좋은(ājañño)'이란 혈통이 좋은 태생을 가졌고(jātimā) 여러 가지 의무들(kāraṇākāraṇā)을 잘 아는 자(ājānanaka)이다. 그것은 세 가지인데 혈통 좋은 황소(usabhājañña)와 혈통 좋은 말(assājañña)과 혈통 좋은 코끼리(hatthājañña)이다. 이들 가운데 혈통 좋은 황소가 여기서 뜻하는 것이다."(ThagA.i.72)

역자는 주석서의 이러한 설명을 따라서 혈통 좋은 [황소](usabhājañña)로 해석하였다. 다른 경들에서도 이것이 일반적인 의미이다.(「좋은 혈통 경」 1/2/3 (A3:94~96) 등 참조)

178) "'세속을 여읜 행복을 얻었기 때문이로다(sukhe laddhe nirāmise).'라고 하였다. 감각적 쾌락과 관계된 세속적인 것과 세상과 관계된 세속적인 것과 윤회와 관계된 세속적인 것들(kāmāmisa-lokāmisa-vaṭṭāmisā)과 섞이지 않아서(asammissa) 고요하고 수승한 과를 증득한 행복(phala-samāpatti-sukha)을 얻었기 때문이라는 뜻이다."(ThagA.i.72)

벨랏타시사 장로 (끝)

7. 다사까 장로(Th1:17)

【행장】

『테라가타 주석서』에 의하면 다사까 장로(Dāsaka thera)는 출가 전에 사왓티에서 아나타삔디까(급고독) 장자에 의해서 승원을 돌보는 일(vihāra-paṭijaggana-kamma)에 고용되었다. 그는 그 일을 하면서 자주 부처님의 설법을 듣고 믿음이 생겨서 출가하였다고 한다.(ThagA.i.73) 주석서는 다른 견해도 적고 있다. 그는 아나타삔디까 장자의 하녀(dāsī)의 아들이었으며 장자가 그에게 승원을 돌보는 일을 맡겼다고 한다. 그래서 이름도 다사까(Dāsaka, 하녀의 아들)가 된 것이다. 장자는 그가 출가할 수 있도록 하인의 신분에서 해방시켜 주었다.(Ibid.) 그는 깟사빠 부처님 시대에 출가한 스님이었는데 자기의 개인적인 용무를 위해서 어떤 아라한에게 일을 시켜서 그 과보로 금생에 하녀의 아들로 태어나게

여기 『테라가타 주석서』는 이처럼 '세속을 여읜 행복(nirāmisa-sukha)'을 열반을 대상으로 하는 출세간적인 과의 행복으로 설명하고 있다. 그런데 이 세속을 여읜 행복은 문맥에 따라 설명이 다르게 나타난다.

『앙굿따라 니까야 주석서』는 『앙굿따라 니까야』 제1권 「세속 경」(A2:7:5)을 주석하면서 세속적인 행복과 세속을 여읜 행복을 이렇게 설명하고 있다.

"'세속적인 행복(sāmisa-sukha)'이란 오염된 [행복](saṁkilesa), 즉 윤회를 가져오는 행복(vaṭṭagāmi-sukha)이다. '세속을 여읜 행복(nirāmisa-sukha)'은 오염되지 않은 행복, 즉 도와 과가 함께한 윤회를 벗어난 행복이다." (AA.ii.153)

즉 '세속을 여읜 행복'을 여기 『테라가타 주석서』처럼 열반을 대상으로 하는 출세간 도와 과의 행복으로 설명한다.

그런데 『디가 니까야 주석서』는 『디가 니까야』 제2권 「대념처경」(D22)의 느낌의 관찰[受隨觀](§11)을 주석하면서, "세속을 여읜 행복(nirāmisā sukhā)이란 것은 출가 생활에 바탕을 둔 여섯 가지 기쁜 느낌이다."(DA.iii.774)라고 하여 출세간의 행복이 아닌 출가 생활에 바탕을 둔 행복(즐거움)으로 설명하고 있다.

되었다고 한다.(ThagA.i.72~73)

계속해서 주석서는 본 게송에 대한 인연을 이렇게 설명하고 있다. "그는 출가할 때부터 시작해서 게으르고(kusīta) 정진이 저열하여(hīnavīriya) 어떤 의무(vatta-paṭivatta)도 행하지 않았는데 어디서 사문의 법을 행하였겠는가. 오직 되는 대로 먹은 뒤 잠을 많이 자면서(niddā-bahula) 머물렀다. 법문을 듣는 시간에도 한 모퉁이에 들어가 회중의 끝(parisa-pariyanta)에 앉아서 코 고는 소리를 내며 잠을 잤다. 그러자 세존께서 그의 이전의 강하게 의지하는 [조건](pubbūpanissaya)을 살펴보시고 그가 절박함을 생기게 하기 위해서 본 게송을 읊으셨다. …
그는 이 게송을 듣고 절박함이 생겨(saṁvega-jāta) 위빳사나를 확립하여 오래지 않아 아라한됨을 실현하였다. 장로의 일화는 『아빠다나』에도 나타나고 있다. …
아라한됨을 얻은 뒤 그는 이 게송이 자신에게 갈고리(aṅkusa)가 되었다고 하면서 이 게송을 암송하였다. 그래서 이것은 장로에게 변화를 가져오는 방법(parivattāhāra-naya)을 통해서 구경의 지혜를 천명하는 [게송]이 되었다."(ThagA.i.73~74)

DPPN은 이 다사까 장로가 『상윳따 니까야』 제3권 「케마까 경」(S22:89) §2 등에 나타나는 다사까 존자(āyasmā Dāsaka)와 동일인이 아닌가 추정하고 있다.

17. [세존]
"혼침에 빠지고 [4] 많이 먹고
잠잘 때는 뒤척이며 누워 자나니
마치 큰 돼지가 던져준 먹이로 살이 찌듯이
아둔한 이는 거듭거듭 모태에 든다.[179]"

---

179) '아둔한 이는 거듭거듭 모태에 든다.'는 punappunaṁ gabbhamupeti

다사까 장로 (끝)

8. 싱갈라삐따 장로(Th1:18)

【행장】

싱갈라삐따 장로(Siṅgālapitā thera)180)는 사왓티에서 태어났으며 결혼하여 싱갈라(Siṅgāla)라는 아들을 두었다. 그래서 그는 싱갈라의 아버지, 즉 싱갈라삐따로 불리었고 나중에 출가하였다. 세존께서는 그의 성향(ajjhāsaya)을 보시고 해골이 된 것의 인식181)에 대한 명상주제를 주셨다.

---

mando를 옮긴 것이다. 주석서는 이렇게 설명한다.

"이렇게 되면 그는 무상하고 괴로움이요 무아[無常·苦·無我, anicca·dukkha·anatta]라는 세 가지 특상(tīṇi lakkhaṇāni)을 마음에 잡도리할 수가 없다. 이들을 마음에 잡도리하지 못하기 때문에 통찰지가 둔한 자(manda-pañña)는 거듭거듭 모태에 들게 되고(gabbhaṁ upeti) 모태에 머무는 것(gabbhāvāsa)으로부터 완전하게 해탈하지 못한다는 말이다."(ThagA.i.74)

180) 『테라가타 주석서』는 싱갈라삐따 장로의 게송에 대한 주석(Siṅgālapitu-ttheragāthā-vaṇṇanā)이라는 제목으로 장로에 대한 주석을 시작하지만(ThagA.i.74) 문장 안에서는 싱갈라까삐따(Siṅgālaka-pitā)로 나타나고 있으며 두 번째 품의 끝에 실린 목록 게송에는 싱갈라삐따까(Siṅgālapitika)로 나타난다.(Ibid.) DPPN에도 싱갈라까삐따(Siṅgālakapitā)가 표제어로 나타난다.

181) '해골이 된 것의 인식(aṭṭhika-saññā)'은 『청정도론』 VI장에 나타나는 10가지 더러움[不淨]의 명상주제(asubha-kammaṭṭhāna) 가운데 맨 마지막에 나타난다. 10가지 더러움의 명상주제는 ① 부푼 것(uddhumātaka) ② 검푸른 것(vinīlaka) ③ 문드러진 것(vipubbaka) ④ 끊어진 것(vicchiddaka) ⑤ 뜯어 먹힌 것(vikkhāyitaka) ⑥ 흩어져 있는 것(vikkhittaka) ⑦ 난도질당하여 뿔뿔이 흩어진 것(hata-vikkhittaka) ⑧ 피가 흐르는 것(lohitaka) ⑨ 벌레가 버글거리는 것(puḷavaka) ⑩ 해골이 된 것(aṭṭhika)이다. 그리고 이들은 삼매를 닦는 40가지 명상주제에 포함된다.

『청정도론』은 이 가운데 해골이 된 것(aṭṭhika)을 이렇게 설명한다.
"'해골이 된 것(aṭṭhika)': 뼈다귀(aṭṭhi)가 바로 해골이 된 것(aṭṭhika)이다. 혹은 뼈다귀는 혐오스러워서 넌더리 나기 때문에 해골이 된 것이다. 이것은 그는 명상주제를 들고 박가(Bhaggā)의 숨수마라기리(Suṁsumāra-giri)에 있는 베사깔라 숲(Bhesakaḷā-vana)에 머물렀다. 그때 그 숲에 거주하는 천신(devatā)이 그가 곧 수행의 결실을 얻게 될 것이라고 여겨 분발심을 생기게 하기 위해서(ussāha-jananattha) 구경의 지혜에 대한 권위 있는 말을 통해서 이 뜻을 분명하게 하면서 본 게송을 읊었다고 주석서는 밝히고 있다.(ThagA.i.75)

계속해서 주석서는 "아라한됨을 얻은 뒤 그는 그 천신이 한 말을 존중하면서 그 게송을 감흥어를 통해서 읊었다. 이것은 바로 그 장로의 구경의 지혜를 천명하는 [게송]이 되었다."(ThagA.i.76)라고 적고 있다. 주석서는 이처럼 본 게송은 먼저 천신이 읊은 것이라고 밝히고 있다.

18. [천신]

"부처님의 상속자[182]인 비구가
베사깔라 숲에 있나니
그는 해골이라는 인식으로
이 땅[183] 전체를[184] 가득 채웠습니다.

뼈다귀가 연이어진 것과 하나의 뼈다귀의 동의어이다."(Vis.VI.10)

『상윳따 니까야』 제5권 「해골 경」(S46:57)을 통해서 볼 때 이들 각각은 이것과 연결된 삼매가 위빳사나의 토대가 될 때 깨달음의 구성요소들이 되고 출세간도에 도달하게 된다.

182) "'상속자(dāyādo)'란 법의 상속자(dhamma-dāyāda)라는 말이니 아홉 가지 출세간법의 상속자인(navavidha lokuttara-dhamma-dāyada) 자신의 바른 도닦음(sammā-paṭipatti)을 통해서 상속받은 자(ādāyaka), 즉 거머쥐는 자(gaṇhanaka)라는 말이다. '[베사깔라 숲에] 있나니(ahu)'는 있었다(ahosi)는 말인데 이러한 이름의 부처님의 상속자가 되어서 이제 곧 속박이 없는(vibandha) 어떤 자가 될 것이라는 의미이다. 그래서 [마지막 구절에서] '나는 그가 감각적 쾌락에 대한 탐욕을 / 즉시에 버려버릴 것이라고 압니다(maññehaṁ kāmarāgaṁ so, khippameva vahissati).'라고 하였다."(ThagA.i.75)

나는 그가 감각적 쾌락에 대한 탐욕을
즉시에 버려버릴 것이라고 압니다.[185]"[186]

싱갈라삐따 장로 (끝)

9. 꿀라 장로(Th1:19)

【행장】

꿀라 장로(Kuḷa thera)[187]는 사왓티의 바라문 가문에 태어났다. 그는 적당한 나이가 되어 교법에 청정한 믿음을 가져 세존의 곁

183) "여기서 '땅(pathavi)'은 자기 존재라는 땅(attabhāva-pathavi)이다."(ThagA.i.75)

184) 여기서 '전체를'은 kevalaṁ을 옮긴 것인데 주석서는 "전체를 남김없이(sakalaṁ anavasesaṁ)"(ThagA.i.75)로 설명하고 있어서 이렇게 옮겼다.

185) '나는 그가 감각적 쾌락에 대한 탐욕을 / 즉시에 버려버릴 것이라고 압니다.'는 maññehaṁ kāmarāgaṁ so, khippameva pahissati를 옮긴 것이다. 주석서는 그 이유를 다음과 같이 설명한다.

"왜 그런가? 해골이 된 것의 인식(aṭṭhika-saññā)이 감각적 쾌락에 대한 탐욕과는 정반대가 되는 상태이기 때문이다(uju-paṭipakkha-bhāvato). 이렇게 설하셨다. — 한 부분(padesa)에서 얻은 해골이 된 것의 인식으로 전체(sakalaṁ) 혹은 자신의 모든 것들의(sabbesaṁ) 자기 존재(attabhāva)를 해골이라고 가득 채우고 확립되어 있는 그 비구는 그 해골을 통한 禪(aṭṭhika-jhāna)을 기초로 하여(pādakaṁ katvā) 위빳사나를 하여 오래지 않아 감각적 쾌락에 대한 탐욕(kāmarāga)을 불환도(anāgāmi-magga)를 통해서 [제거할 것이다.] 혹은 쾌락을 즐긴다는 뜻에서 감각적 쾌락(kāma)이고 물들인다는 뜻에서 탐욕(rāga)이라는 이름을 얻은 갈애(taṇhā)를 으뜸가는 도(아라한도)로써 제거할 것이다."(ThagA.i.75~76)

186) "이 게송을 듣고 그 장로는 '이 천신은 나에게 분발심을 생기게 하기 위해서(ussāha-jananatthaṁ) 이렇게 말하였구나.'라고 하면서 불퇴전의 정진(appaṭivānīya-vīriya)을 확립하여 위빳사나를 증장시켜 아라한됨을 얻었다. … 아라한됨을 얻은 뒤 그는 그 천신이 한 말을 존중하면서 그 게송을 감흥어를 통해서 읊었다. 이것은 바로 그 장로의 구경의 지혜를 천명하는 [게송]이 되었다."(ThagA.i.76)

187) PTS본에는 Kuḷa로, VRI본에는 Kula로, DPPN에는 꾼달라(Kuṇḍala)로 표기되어 있다.

으로 출가하였다. 그러나 산란함이 많았기 때문에(vikkhepa-bahulatā) 특별함을 생기게 할 수 없었다.
그는 어느 날 걸식을 위해서 마을에 들어가면서 땅을 파서 물을 대는 사람(udaka-vāhaka)과 화살을 만드는 사람(usukāra)과 나무를 다루는 목수(tacchaka)를 보았다. [탁발에서] 돌아온 그는 낮 동안의 머묾에서 그것을 자신의 마음을 길들임(citta-damana)에 적용시켜 위빳사나를 확립한 뒤 노력하고 정진하여 오래지 않아 아라한됨을 얻었다고 한다. 장로의 일화는 『아빠다나』에도 나타나고 있다.(ThagA.i.76~77)

계속해서 『테라가타 주석서』는 이렇게 덧붙이고 있다.
"그는 그 표상들(nimittāni)을 갈고리(aṅkusa)로 삼아서 위빳사나를 증장시켜 아라한됨을 얻었다. 그는 그것들과 함께 자신의 마음을 길들임을 비교한 뒤 구경의 지혜를 천명하면서 본 게송을 읊었다."(ThagA.i.77)

19. "물 대는 자들은 물을 인도하고[188]
화살 만드는 자들은 화살대를 곧게 하고
목수들은 나무를 다루고
좋은 서계(誓戒) 가진 자들은 자신을 길들인다.[189]"[190]

---

188) 『맛지마 니까야 주석서』는 『맛지마 니까야』 제3권 「앙굴리말라 경」(M86) §18에서 앙굴리말라 존자의 게송으로도 나타나는 본 게송을 다음과 같이 설명하고 있다.

"'물 대는 자들(nettikā)'은 길을 곧게 만들어 물을 끌어들이고, '화살을 만드는 자들(usukārā)'은 화살대를 곧게 만들고, '목수들(tacchakā)'은 나무를 곧게 만들듯이, 지자는 자신을 다스려서 올곧게(ujukaṁ) 만들고 온화하게(nibbisevanaṁ) 만든다. 그래서 '현자들은 자신을 다스린다(attānaṁ damayanti paṇḍitā).'라고 했다."(MA.iii.342)

189) '좋은 서계(誓戒) 가진 자들은 자신을 길들인다.'는 attānaṁ damayanti subbatā를 옮긴 것이다. 주석서는 이렇게 설명한다.

"'좋은 서계(誓戒) 가진 자들(subbatā)'이라고 하였다. 받아 지닌 계행 등으

꿀라 장로 (끝)

10. 아지따 장로(Th1:20)

【행장】

아지따 장로(Ajita thera)는 『숫따니빠따』 「도피안 품」(Parāyana Vagga, Sn5.190ff.)의 16개의 질문 가운데서 제일 처음 질문인 아지따의 질문(Ajita-pañha, Ajita-māṇava-pucchā)을 한 분이다. 그는 DPPN에서 아지따 바라문 학도(Ajita-māṇava)로 언급되고 있다.

주석서에 의하면 그는 세존보다 세랍(世臘, 나이)이 많았으며 마하꼬살라 왕 때에 사왓티의 바라문 가문에 태어났다. 그는 사왓티에서 유명한 바와리(Bāvarī)라는 바라문의 제자가 되었다. 바와리는 세 가지 대인상(mahāpurisalakkhaṇa)을 갖추었고 삼베다에 능통하였는데 사왓티에서 나와 고행자로 출가하여 고다와리 강의 언덕(Godhāvarītīra)에 있는 까삣타 원림(Kapitthārāma) 에 머물고 있었다. 아지따는 그의 곁으로 출가하였다. 이로움을 바라는(atthakāma) 천신의 자극을 받은 바와리는 띳사와 멧떼야 등의 바라문 학도들과 함께 아지따를 세존께 보내어 질문을 드리고 세존께서는 대답을 하시는데 그것이 『숫따니빠따』의 제5품인 「도피안 품」이다.

로 아름다운 서계를 지닌(sundaravatā) 그 현자들(dhīrā)은 이런 것을 대상으로 하여 예류도 등을 일어나게 한다. '자신을 길들인다(attānaṁ damayanti).'고 하였다. 아라한됨을 얻을 때에는 완전하게 길들여진 자들(ekanta-dantā)이 된다는 뜻이다."(ThagA.i.77~78)

190) 본 게송은 『법구경』 {145}와 같고(Dhp.21) 『맛지마 니까야』 제3권 「앙굴리말라 경」(M86) §18에도 실려 있으며 본서 제3권 스물의 모음 앙굴리말라 장로의 {877}번 게송으로도 나타난다. 이 {877}번 게송에서는 본 게송의 '좋은 서계(誓戒) 가진 자들은(subbatā)' 대신에 '현자들은(paṇḍitā)'으로 나타난다. 『법구경』 {80}과 M86 §18에도 '현자들은(paṇḍitā)'으로 나타나고 『법구경』 {145}에는 본 게송과 같이 '좋은 서계(誓戒) 가진 자들은(subbatā)'으로 나타나고 있다.

세존의 대답을 듣고 마음에 청정한 믿음이 생긴 아지따는 세존의 제자로 출가하였고 명상주제를 들고 위빳사나를 증장시켜 아라한과를 증득하였다. 장로의 일화는 『아빠다나』에도 나타나고 있다. 그는 아라한됨을 얻고 사자후를 토하면서(sīhanādaṁ nadanto) 본 게송을 읊었다.(ThagA.i.78)

20. "나에게는 죽음에 대한 두려움이 없고
삶에 대한 열망이 없다.[191]
알아차리고 마음챙겨
나는 몸을 내려놓을 것이다.[192]"[193]

아지따 장로 (끝)

두 번째 품이 끝났다.

[두 번째 품에 포함된 장로들의] 목록은 다음과 같다.

쭐라왓차, 마하왓차, 와나왓차, 시와까
꾼다다나와 벨랏티와 그다음은 다사까
싱갈라삐따까 장로와 꿀라와 아지따 — 열 분이다.

---

191) '삶에 대한 열망이 없다.'는 nikanti natthi jīvite를 옮긴 것이다. 주석서는 이렇게 설명한다.

"'열망(nikanti)'이란 기대(apekkhā)와 갈애(taṇhā)이다. 형성된 것들이 잘 분쇄되었기 때문에(suparimaddita-saṅkhāratāya) 취착의 대상이 되는 무더기들[取蘊, upādānakkhandhā]이 괴로움이요 심재가 없음 등의 상태(dukkhāsārakādi-bhāva)로 잘 확립되어서 삶(jīvita)에 대한 이 [열망]이 없다는 말이다."(ThagA.i.79)

192) "'나는 몸을 내려놓을 것이다(sandehaṁ nikkhipissāmi).'라고 하였다. 여기서 '몸(sandeha)'은 육체(sarīra)이다. 혹은 자신의 몸(sakaṁ deha)을, 즉 몸이라고 불리는 괴로움의 짐(dukkhabhāra)을 '나는 내려놓을 것이다(nikkhipissāmi)', 버릴 것이다(chaḍḍessāmi)라는 말이다."(ThagA.i.79)

193) "장로는 이 게송을 읊은 뒤 禪에 들어(jhānaṁ samāpajjitvā) 그 바로 다음에(tad-anantaraṁ) 반열반에 들었다(parinibbāyi)."(ThagA.i.79)

세 번째 품

Tatiya-vagga({21}~{30})

1. 니그로다 장로(Th1:21)

【행장】

"니그로다 장로(Nigrodha thera)는 사왓티에서 부유한 바라문 가문에 태어났다. 그는 [세존께서] 제따와나를 수용하시는 날(Jeta-vana-paṭiggahaṇa-divasa)[194]에 부처님의 위신력(Buddha-

194) 제따와나를 수용하시는 날에는 Jetavana-paṭiggahaṇa-divase를 옮긴 것이다. 『테라가타 주석서』에는 이 한 번을 제외한 나머지 9번과 『테리가타 주석서』에 두 번과 『아빠다나 주석서』에 두 번은 모두 Jetavanapaṭi-ggahaṇe(제따와나를 수용하실 때)로 나타나고 있다. 이 세 주석서를 제외한 다른 문헌에는 이 용어가 나타나지 않는 것으로 조사되었다.

이 제따와나(Jetavana), 즉 제따 숲은 빠세나디 꼬살라 왕의 왕자였던 제따 왕자의 소유였다. 『율장』에 따르면 아나타삔디까(Anāthapiṇḍika, 급고독) 장자가 세존을 처음 뵌 것은 세존께서 성도하신 다음 해에 그가 사업상 라자가하를 방문했을 때라고 한다.(Vin.ii.154) 그때부터 아나타삔디까(급고독) 장자는 세존과 비구 승가를 위해서 자신의 고향인 사왓티에 원림을 만들려고 발원하였다. 그는 이 땅을 구입하기 위해 수많은 수레에 황금을 가득히 가져와서 땅에 깔았다. 이 일화는 인도와 남방불교와 북방불교에 그림과 조각으로 많이 남아있다. 그 신심에 감격한 왕자가 공동으로 기증해서 원림(ārama)을 만들었다는 감동적인 이야기는 불자들이 잘 알고 있다. 주석서에 의하면 아나타삔디까 장자는 이 땅을 구입하기 위해서 1억 8천만의 돈을 지불했다고 하며 제따 왕자는 이 돈을 모두 대문을 짓는 데 사용했다고 한다.(MA.i.50; UdA.56)

이렇게 하여 지은 승원이 바로 아나타삔디까 원림(급고독원)이다. 니까야에는 거의 예외 없이 'Jetavana Anāthapiṇḍikassa ārāma'(D09 §1 등등)로 정형화되어 나타나고 초기불전연구원에서는 '제따 숲의 아나타삔디까 원림

anubhāva)을 보고 청정한 믿음이 생겨서 출가한 뒤 위빳사나를 시작하여 오래지 않아 육신통을 갖춘 분이 되었다. 장로의 일화는 『아빠다나』에도 나타나고 있다. …
이와 같이 육신통을 갖춘 분이 되어 과의 행복으로 [시간을] 보내면서 교법이 출리로 인도함을 설명하기 위해서(niyyānikabhāva-vibhāvanattha) 구경의 지혜를 천명함을 통해 본 게송을 읊었다."(ThagA.i.80)

21. "나는 두려움 때문에[195] 두려워하지 않는다.

(급고독원)'으로 옮기고 있다.

『아빠다나 주석서』에 의하면 세존께서 아나타삔디까 원림(급고독원)에 들어가시는 날에(Jetavanaṁ pavisana-divase) 그의 아들과 500명의 다른 청년들, 그리고 그의 아내와 다른 500명의 여인들, 그의 두 딸인 마하수밧다와 쭐라수밧다와 500명의 처녀들이 함께하였으며 급고독 장자도 500명의 상인들과 함께 참석하였다. 세존께서는 이러한 많은 재가 대중(upāsaka-parisā)을 앞세우고 많은 비구 대중에 에워싸여 제따와나 승원으로 들어가셨다(Jetavana-vihāraṁ pāvisi). 그때 급고독 장자는 세존께 '이 제따와나 승원을 부처님을 상수로 한 사방의 비구 승가(cātuddisa Buddha-ppamukha bhikkhusaṅgha)에 바칩니다.'라고 하면서 헌정하였다(adāsi). (ApA.97~98) 제따와나 승원으로 옮긴 이 Jetavana-vihāra를 중국에서 기원정사(祇園精舍)로 옮겼으며 그래서 우리나라에서도 기원정사로 잘 알려져 있다.
여기 『테라가타 주석서』에서 언급하는 '제따와나를 수용하시는 날(Jetavana-paṭiggahaṇa-divasa)'은 바로 이 날을 의미할 것이다. 이렇게 하여 아나타삔디까 원림(급고독원)의 준공식 축제(vihāra-maha)는 아홉 달 뒤에 끝났다(navahi māsehi niṭṭhāsi)고 한다.(ApA.98)

세존께서는 스물한 번째부터 마흔네 번째까지의 24안거를 이곳 사왓티의 제따 숲과(18안거) 동쪽 원림[東園林, Pubbārāma]에서(6안거) 하셨다.(DhA.i.3; BuA.3; AA.i.314) 그러므로 열네 번째 안거까지 넣으면 세존께서는 사왓티(Sāvatthi)의 제따 숲(Jetavana)에서 모두 19번의 안거를 하셨고 사왓티에서는 모두 25번의 안거를 하셨다.(Sīmavisodhanī.14) 세존께서 아난다 존자를 시자로 삼으신 것도 여기에서 안거를 계속하기 시작하실 무렵이었다. (본서 제3권 {1018} 아난다 장로 【행장】의 해당 부분을 참조할 것.)

195) "여기서 '두려움(bhaya)'이란 태어남과 늙음 등(jātijarādi)에 대한 것이다.

우리의 스승님께서는 죽음 없음[不死]에 능숙하시다.
두려움이 남아있지 않은 곳으로196)
[여덟 가지] 도로써 비구들은 가도다.197)"

니그로다 장로 (끝)

2. 찟따까 장로(Th1:22)

【행장】

"찟따까 장로(Cittaka thera)는 라자가하에서 부유한 바라문의 아들로 태어났다. 그는 세존께서 라자가하의 대나무 숲에 머무실 때 법을 듣고 믿음을 얻어 출가하였다. 그는 자신의 기질에 적합한(cariyānukūla) 명상주제를 얻어서 숲의 장소로 들어가 수행에 전념하여(bhāvanānuyutta) 禪을 성취하였고 그 禪을 기초로 하여(jhānapādaka) 위빳사나를 증장시켜 오래지 않아 아라한됨을 얻었다. 장로의 일화는 『아빠다나』에도 나타나고 있다. …

여기서 ['두려움 때문에'로 옮긴] bhayassa는 탈격(nissakka)의 의미로 쓰인 소유격(sāmivacana)이다. 두려움 때문에(bhayato) 태어남과 늙음과 죽음 등의 원인(hetu)에 의해서 두려워해야 할 표상(bhāyitabba-nimitta)을 나는 두려워하지 않는다는 뜻이다."(ThagA.i.80)

196) "'두려움이 남아있지 않은 곳으로(yattha bhayaṁ nāvatiṭṭhati)'라고 하였다. 열반에는 앞에서 말한 두려움이 있지 않다. 그런 경우란 없다는 말이다."(ThagA.i.80)

197) "열반은 참으로 두려움이 없는 장소(abhaya-ṭṭhāna)이다. 그러면 무엇을 통해서 가는가(vajanti)라고 한다면 '도로써 비구들은 가도다(maggena vajanti bhikkhavo).'라고 대답한다. 여덟 가지 구성요소를 가진 성스러운 도[八支聖道, 팔정도, aṭṭhaṅgika ariyamagga]로써 스승님께서 교계를 해주시는(ovādakaraṇā) 비구들은 윤회에서 두려움을 보는 자들(saṁsāre bhayassa ikkhanakā)이라는 뜻이다. …
이러한 성스러운 도로써 스승님의 교법에서 비구들은 두려움이 없는 장소로 가고 나도 역시 바로 그 도로써 갔다. 그러므로 [첫 번째 구에서] '나는 두려움 때문에 두려워하지 않는다.'라고 장로는 구경의 지혜를 천명하였다." (ThagA.i.80~81)

아라한됨을 얻은 뒤 장로는 스승님께 절을 올리기 위해서 라자가하로 갔다. 거기서 비구들이 '도반이여, 왜 그대는 방일하지 않고(appamatta) 숲에서 머뭅니까?'라고 묻자 그는 자신이 방일하지 않고 머묾을 드러냄을 통해서 구경의 지혜를 천명하며 본 게송을 읊었다."(ThagA.i.81)

22. "푸르고 아름다운 목을 하고 관모를 가진
공작새들은 까람위[198]에서 울음소리를 냅니다.
그들은 차가운 바람과 놀고 있나니
禪을 하도록 잠든 자를 일깨웁니다.[199]"

찟따까 장로 (끝)

3. 고살라 장로(Th1:23)

【행장】

"고살라 장로(Gosala thera)는 마가다의 하천한[200] 가문(ibbha-

198) "'까람위(kāramvī, DPPN: kāranvī, VRI: kārambhi)'는 까람바 나무(kāramba-rukkha)이다. 혹은 그 숲(vana)의 이름이다. 그러므로 '까람위에서'는 까람바라는 이름을 가진 숲에서라는 뜻이다."(ThagA.i.82)

199) "'잠든 자(sutta)'는 식후의 나른함을 제거하기 위해서(bhatta-sammada-vinodanattha) 누운 자(sayita)나 몸의 피곤함을 가라앉히기 위해서(kāya-kilamatha-paṭipassambhanāya) 허락된 시간에 잠을 자는 자(supanta)를 말한다. '禪을 하도록(jhāyaṁ)'이라는 것은 사마타와 위빳사나의 禪(samatha-vipassanā-jhānā)으로 禪에 드는 습관을 가지도록(jhāyana-sīla), 그것을 닦음에 전념하도록(bhāvanānuyutta) '일깨운다(nibodhenti)', 즉 잠에서 깨어나게 한다(pabodhenti)는 뜻이다."(ThagA.i.82)

200) 여기서 '하천한'은 ibbha를 옮긴 것이다. 이 용어는 『맛지마 니까야』 제3권 「짱끼 경」 M95 §34 등에서 다음과 같은 문맥에서 나타나고 있다. 이 문맥에서는 '비천한'으로 옮겼는데 본서에서는 '하천한'으로 옮기고 있다.

"'까까머리 사문들, 비천한 깜둥이들, 우리 조상의 발에서 태어난 그들이 누구이건대 감히 어찌 법을 이해한다는 말인가?'라고."(M95 §34) kula)에서 태어났다. 그는 소나 꾸띠깐나(Soṇa Kuṭikaṇṇa) 존자[201]를 잘 알고 있었는데 그의 출가 소식을 듣고 자신도 출가를 결행하였다. 그는 자신의 기질에 적합한 명상주제를 얻어서 자신이 태어난 마을에서 멀지 않은 곳의 산마루(sānu-pabbata)에 머물렀다. 그의 어머니는 마을로 탁발을 오는 그에게 매일 꿀과 단것으로 조리된 쌀죽(madhu-sakkharābhisaṅkhata pāyāsa)을 공양하였다. 이렇게 하여 그는 삼매 수행과 위빳사나 수행을 통해서

여기서 '까까머리(muṇḍaka)', '비천한 자(ibbha)', '깜둥이(kiṇha)', '조상의 발에서 태어난 자(bandhu-pādā-pacca)'는 바라문들이 사문들을 비하하여 부르는 말들이다. 이 표현은 『맛지마 니까야』 「마라 견책 경」(M50) §3과 「짱끼 경」(M95) §34 등과 『디가 니까야』 제1권 「암밧타 경」(D3) §1.10과 제3권 「세기경」(D27) §3과 『상윳따 니까야』 제4권 「로힛짜 경」(S35:132) §3 등에도 나타난다.

'조상의 발에서 태어난 자(bandhu-pādā-pacca)'는 그들의 선조인 범천이 사람들을 만들 때 범천의 발에서 만들어진 계급이라는 말이다. 인도 최고(最古)요 최고(最高)의 권위인 『리그베다』의 「뿌루샤 숙따」(Pruṣa Sūkta, 原人에 대한 찬미가)는 이렇게 노래한다.

> "바라문은 그(뿌루샤)의 입이고
> 그의 팔로부터 끄샤뜨리야(무사)가 만들어졌고
> 그의 넓적다리로부터 와이샤(평민)가
> 발로부터 수드라(천민)가 태어났다."(Rv.x.90:12)

이 경 등에서 바라문 학도들은 출가자들은 수드라와 같아서 그들의 조상신인 뿌루샤의 발에서 태어난 자라고 얕보고 천시하고 있는 것이다. 여기에 대해서는 『맛지마 니까야』 제3권 「앗살라야나 경」(M93) §5의 주해도 참조할 것. 그런데 만일 어떤 사람이 말하기를 "너는 나쁜 놈이다. 왜냐하면 내 일기장에 너는 나쁜 놈이라고 적혀 있기 때문이다."라고 한다면 이 진술은 과연 타당성을 확보할 수 있을까? 비천함과 고귀함을 논하려면 최소한의 객관적인 기준은 있어야 하는 것이 아닌가? 자기들의 성전에 그렇게 적혀 있다고 해서 그것을 절대화해 버리면 참으로 '자기 일기장의 논리'가 되고 만다. 그래서 마하깟짜나 존자는 「로힛짜 경」(S35:132) §4의 게송으로 그들의 천박함을 나무라고 진정으로 천상에 태어나기 위해서는 계를 지키고 마음을 닦아야 함을 설하고 있다.

201) 소나 꾸띠깐나(Soṇa Kuṭikaṇṇa) 존자에 대해서는 본서 제2권 다섯의 모음 {365}의 설명과 『앙굿따라 니까야』 제1권 하나의 모음 「으뜸 품」(A1:14:2-9)과 『우다나』 「소나 경」(Ud5:6) §1의 해당 주해를 참조할 것.

무애해체지를 갖춘 아라한됨을 실현하였다. 장로의 일화는 『아빠다나』에도 나타나고 있다. …
그는 아라한됨을 증득한 뒤 지금·여기에서 행복하게 머물기 위해 산마루로 가고자 하여 자신의 도닦음을 드러내면서 본 게송을 읊었다."(ThagA.i.83)

23. "나는 [5] [어떤] 대나무 덤불 아래에서
[어머니가 공양한] 꿀을 넣은 쌀죽을 먹은 뒤[202]
오른쪽으로 [돌아 공경을 표하고][203]
무더기들의 일어남과 사라짐을 명상하여[204]

---

202) "그의 어머니는 그에게 매일 탁발음식(bhikkha)을 공양하였다. 그때 어느 날 탁발을 하러 마을에 들어가서 어머니가 공양한, 꿀과 단것을 넣어 조리한 쌀죽(madhu-sakkhara-abhisaṅkhata pāyāsa)을 받았다. 그는 그것을 산의 그림자가 드리운 대나무 덤불 아래(veḷugumbassa mūle) 앉아서 공양하고 발우와 손을 씻고 위빳사나를 시작하였다."(ThagA.i.83)

203) '오른쪽으로 [돌아 공경을 표하고]'는 padakkhiṇaṁ을 옮긴 것이다. 『테라가타 주석서』는 이것을 "공경하여 받아들임(padakkhiṇa-ggāha)에 의해서 스승님의 교계(satthu ovāda)를 바르게 받아들이고(sammā sampaṭicchana)라는 뜻이다."(ThagA.i.83)라고 설명하고 있다.

그런데 니까야에서 이 padakkhiṇaṁ은 140곳이 넘는 아주 많은 곳에서 대부분 예외 없이 padakkhiṇaṁ katvā로 나타나는데(D2 §10 등등) 초기불전연구원에서는 주석서를 참조하여 대부분 '오른쪽으로 [세 번] 돌아 [경의를 표한] 뒤에'로 옮겼다. 주석서는 "세 번(tikkhattuṁ) 오른쪽으로 돌고 열 손가락을 가지런히 모아 머리에 합장하고 …"(DA.i.237) 등으로 마음을 다해 경의를 표하는 것으로 설명하고 있기 때문이다. 여기에 대해서는 본서 하나의 모음 {36}의 해당 주해도 참조하기 바란다.

한편 '공경하여 받아들임'이나 '능숙하게 받아들임'으로 옮겨지는 padakkhiṇa-ggāha도 초기불전의 15군데 정도에 나타나고 있다. 그러므로 본 게송의 padakkhiṇaṁ을 '공경하여 받아들이고'로 옮겨도 된다.

204) "'무더기들의 일어남과 사라짐을 명상하여(sammasanto khandhānaṁ udayabbayaṁ)'라고 하였다. 취착의 [대상인] 다섯 가지 무더기들[五取蘊]의 일어남과 사라짐을 통찰하면서(vipassanta), 지금 해야 할 일을 다 하고(kata-kicca), 과의 증득(phala-samāpatti)을 얻기 위해 위빳사나를 확립

한거(閑居)를 증장시키면서205)
[전에 머물던] 산마루로 돌아갈 것이다."

고살라 장로 (끝)

4. **수간다 장로**(Th1:24)

【행장】

"수간다 장로(Sugandha thera)는 사왓티의 부유한 바라문 가문에 태어났다. 어머니가 그를 임신하였을 때 어머니의 몸과 집 안 곳곳에 향기로운 냄새(surabhi-gandha)가 풍겼다고 한다. 그래서 그의 부모는 우리 아들은 자신의 이름을 가지고 왔다고 하면서 수간다(Sugandha, 좋은 향기)라고 이름을 지었다. 그는 적당한 나이가 되어 마하셀라 장로(Mahāsela thera)206)를 보고 법을 들은 뒤 출가하여 위빳사나의 업을 행하여 7일 안에 아라한됨을 얻었다. 장로의 일화는 『아빠다나』에도 나타나고 있다. …
그는 아라한됨을 얻은 뒤 구경의 지혜를 천명하면서 본 게송을 읊었다."(ThagA.i.84~85)

하면서라는 뜻이다."(ThagA.i.83~84)

205) "'한거(閑居)를 증장시키면서(vivekam anubrūhayaṁ)'라는 것은 편안함에 의한 떨쳐버림(paṭipassaddhi-viveka)과 과를 증득한 몸에 의한 떨쳐버림(phala-samāpatti-kāya-viveka)을 강하게 하면서(paribrūhayanta) 혹은 그것을 강하게 하는 원인이 되는 곳으로 갈 것이라는 뜻이다. 이렇게 말한 뒤 장로는 그곳으로 갔다. 그리고 이것은 이 장로의 구경의 지혜를 천명하는 게송이 되었다."(ThagA.i.84)

'한거(閑居)'와 '떨쳐버림'으로 옮긴 빠알리어는 viveka이다. viveka와 떨쳐버림과 한거에 대해서는 본서 하나의 모음 {6}의 해당 주해를 참조하기 바란다. 그리고 '증장시키면서'로 옮긴 anubrūhaya는 anu+√bṛh2(*to make big*)의 현재분사이다.

206) DPPN은 이 마하셀라 장로(Mahāsela thera)가 『맛지마 니까야』 제3권 「셀라 경」(M92)의 셀라 존자인 것 같다고 언급하고 있다.(s.v. Sela)

24. "출가하여 안거를 하였나니
법이 수승한 법임을 보라.[207]
세 가지 명지[三明][208]를 얻었고[209]
부처님의 교법을 실천하였다."[210] [211]

---

207) '법이 수승한 법임을 보라.'는 passa dhamma-sudhammataṁ을 옮긴 것이다. 주석서는 "그대가 출가하여 안거를 보내는(anuvassika) 그대 스승님의 법이 수승한 법임(tava satthu dhammassa sudhamma-bhāva)을, 즉 잘 설해졌음(svākkhātatā)과 전적으로 출리(出離)로 인도함(ekanta-niyyāni-katā)을 보라는 말이다."(ThagA.i.85)로 설명하고 있다.

dhamma-sudhammatā라는 술어는 본서 제2권 셋의 모음 {220} 등 12군데 정도에 나타나고 있다. 역자는 이것을 '법이 수승한 법임'으로 통일하여 옮겼다. 본서 제2권 {220}의 해당 주해도 참조하기 바란다.

208) "'세 가지 명지[三明, tisso vijjā]'는 전생을 기억하는 지혜[宿命通, pubbe-nivāsānussati-ñāṇa]와 신성한 눈의 지혜[天眼通, dibbacakkhu-ñāṇa]와 번뇌를 소멸하는 지혜[漏盡通, āsavakkhaya-ñāṇa]이다."(ThagA.i.85)

신족통, 천이통, 타심통, 숙명통, 천안통, 누진통의 육신통(六神通, chaḷ-abhiññā) 가운데 이처럼 숙명통, 천안통, 누진통의 셋을 세 가지 명지, 즉 삼명(三明)이라 한다. 그리고 이 육신통에 위빳사나의 지혜(vipassanā-ñāṇa)와 마음으로 [만든 몸의] 신통의 지혜(manomay-iddhi-ñāṇa)를 추가하면 여덟 가지 명지(aṭṭha vijjā), 즉 팔명(八明)이 된다. 이 여덟 가지 명지는 『디가 니까야』 제1권 「사문과경」(D2) §83 이하에 비유와 함께 나타나며 『맛지마 니까야』 제3권 「사꿀루다이 긴 경」(M77) §§29~36에도 비유와 함께 나타나고 있다. 삼명의 정형구나 육신통의 정형구에 대해서는 이들을 참조하기 바란다.

209) "'얻었고(anuppattā)'라는 것은 실현되었다(sacchikatā)는 말이다."(ThagA.ii.85)

210) "'부처님의 교법을 실천하였다(kataṁ Buddhassa sāsanaṁ).'라고 하였다. 정등각자의 교법(sāsana)과 훈도(anusiṭṭhi)와 교계(ovāda)를 따라 배움(anusikkhita)이라는 해야 할 의무를 다 하였음(kata-kiccatā)을 의지하여 희열과 기쁨이 생긴 장로가 자신을 남처럼 여겨 말을 한 것이다."(ThagA.i.85)

한편 『맛지마 니까야 주석서』는 『맛지마 니까야』 제3권 「앙굴리말라 경」(M86) §18의 16번째 게송을 주석하면서 이렇게 설명한다.
"'부처님의 교법을 실천하였다(kataṁ Buddhassa sāsanaṁ).'라는 것은

수간다 장로 (끝)

5. 난디야 장로(Th1:25)

【행장】

"난디야 장로(Nandiya thera)는 까삘라왓투에서 사꺄[212]의 왕의

부처님의 교법에서 해야 할 의무(kattabba-kicca)를 내가 모두 다 해 마쳤다. 세 가지 명지와 아홉 가지 출세간법(nava lokuttara-dhammā)에 의해 가르침의 정수리(matthaka)를 얻은 것이다."(MA.iii.344)

아홉 가지 출세간법은 네 가지 도(예류도부터 아라한도)와 네 가지 과(예류과부터 아라한과까지)와 열반을 말한다.(MA.i.89 등)

211) '세 가지 명지[三明]를 얻었고 / 부처님의 교법을 실천하였다.'는 tisso vijjā anuppattā, kataṁ Buddhassa sāsanaṁ을 옮긴 것이다. 이 구문은 본 『테라가타』에만 {24}, {55}, {66}, {107}, {108}, {220}, {224}, {270}, {274}, {286}, {302}, {314}, {319}, {410}, {465}, {479}, {515}, {562}, {639}, {886}, {903}의 20곳 정도에 나타나고 있다. 그리고 anuppattā 대신에 ajjhagamiṁ으로 나타나는 {117}, {349}와 '세 가지 명지를 얻었고'가 다른 구문으로 되어있는 {112}도 포함시킬 수 있을 것이다. 이처럼 본 구문은 본서의 여러 게송에서 나타나고 있다. 『테리가타』에도 {30} 등 8곳 정도에 나타나고 있다.
그리고 『테라가타』에는 '나는 스승님을 섬겼고 / 부처님의 교법을 실천하였다(paricinṇo mayā satthā, kataṁ Buddhassa sāsanaṁ).'가 {604} 등 9곳에 나타나며 '나는 참된 목적을 성취하였고 / 부처님의 교법을 실천하였다.'(sadattho me anuppatto, kataṁ Buddhassa sāsanaṁ)는 {112} 등 3곳에 나타나고 있다.
한편 『테리가타』에는 tisso vijjā anuppattā, kataṁ Buddhassa sāsanaṁ이 {30} 등 8곳 정도에 나타나는 외에도 '갈애의 멸진을 얻었고 / 부처님의 교법을 실천하였다(taṇhakkhayo anuppatto, kataṁ Buddhassa sāsanaṁ).'가 {36} 등 여섯 곳에 나타나고, '여섯 가지 신통의 지혜[육신통]는 실현되었고 / 부처님의 교법을 실천하였다(chaḷabhiññā sacchikatā, kataṁ Buddhassa sāsanaṁ).'가 {71} 등 세 곳에 나타나고 있다.

이렇게 하여 '부처님의 교법을 실천하였다(kataṁ Buddhassa sāsanaṁ).'라는 천명은 『테라가타』의 32곳과 『테리가타』의 17곳 정도에 나타나서 모두 49분 정도의 장로와 장로니들의 게송에 나타나고 있다. 이러한 표현을 통해서 장로들과 장로니들은 자신이 구경의 지혜를 체득하여 이를 잘 실천하였음을 분명하게 밝히고 있다.

가문(Sakya-rājakula)에 태어났다. 그의 부모는 그의 출생이 기쁨(nandi)을 생기게 하였다고 해서 난디야라 이름을 지었다. 그는 적당한 나이가 되어 아누룻다 등이 스승님의 곁에 출가할 때 자신도 출가하여 위빳사나의 업을 행하였고 [전생에] 닦았기 때문에(katādhikārattāya) 오래지 않아 아라한됨을 얻었다. 장로의 일화는 『아빠다나』에도 나타나고 있다. …

난디야 장로는 아라한됨을 얻은 뒤 아누룻다 장로 등과 함께 빠찌나왐사의 녹야원(Pācīnavaṁsa-migadāya)에 머물고 있었는데 어느 날 마라 빠삐만213)이 그를 놀라게 하려고(bhiṁsāpetu-

212) 초기불전에는 부처님이 태어나신 석가족(釋迦族)에 대해서 ① 삭까(Sakkā)와 ② 사꺄(Sakyā)와 ③ 사끼야(Sākiyā)라는 세 가지 표현이 나타난다. 이 가운데 ① 삭까(Sakkā)는 주로 나라 이름이나 지명으로 쓰이고, ② 사꺄(Sakyā)는 삭까 지역에 살고 있는 사람들이라는 의미로 사용된다. 그리고 Sakkā에다 복자음을 회피하는 빠알리 속성상 '-i-' 음절을 넣어서 ③ 사끼야들(Sākiyā, {529} 게송과 {417}의 해당 주해 참조)이라고도 표기하였는데 이것은 주석서와 복주서에 많이 나타난다. 이것은 주로 석가족이라는 종족을 나타내는 것으로 쓰이고 있다.

초기불전연구원에서는 여기서처럼 ① 지명일 때는 주로 '삭까'로, ② 사람일 때는 주로 '사꺄족'으로 그리고 문맥에 따라 '석가족'이나 '사꺄'나 '삭까 사람' 등으로 옮기고 있다. 이처럼 빠알리 경 원본에 표기되어 있는 대로 '삭까'와 '사꺄'를 혼용하여 옮기고 있음을 밝힌다. 삭까(Sakka)와 사꺄(Sakya) 등에 대한 논의는 『상윳따 니까야』 제3권 「걸식 경」(S22:80) §1의 주해를 참조할 것.

『디가 니까야』 제1권 「암밧타 경」(D3) §1.16에 나타나는 것처럼 석가족의 이름은 사까(sāka) 나무에서 유래되었다.

213) '빠삐만(Pāpiman)'은 마라(Māra)의 다른 이름이다. 주석서는 이렇게 설명한다.

"[남들을] 사악함에 빠져들게 하고, 혹은 스스로 사악함에 빠져든다고 해서(pāpe niyojeti, sayaṁ vā pāpe niyutto) '빠삐만(pāpiman, 사악한 자)'이라 한다. 그는 깐하(Kaṇha, 검은 자), 지배자(Adhipati), 자재천(Vasavatti), 끝장내는 자(안따까, Antaka), 나무찌(Namuci), 방일함의 친척(pamatta-bhandu)이라는 다른 많은 이름들도 가지고 있다. 그러나 여기서는 [마라와 빠삐만이라는] 단지 두 가지 이름만을 들고 있다."(SA.i.169)

마라(Māra)에 대해서는 본서 하나의 모음 {47}의 해당 주해를 참조할 것.

kāma) 무서운 모습(bherava-rūpa)을 보여주었다. 장로는 그를 보고 '이자는 마라로구나.'라고 알고 '빠삐만이여, 마라의 영역을 넘어선 자들(Māradheyyaṁ vītivattā)에게 그대의 행위가 무슨 소용이 있겠는가. 그러한 인연 때문에 그대는 곤혹스럽게 되고 무의미하게 될 것이다.'라는 것을 보여주면서 본 게송을 말하였다." (ThagA.i.86)

『맛지마 니까야』 제2권 「날라까빠나 경」(M68) §2에 의하면 난디야 존자(āyasmā Nandiya)는 아누룻다 존자, 낌빌라 존자, 바구 존자, 꾼다다나 존자, 레와따 존자, 아난다 존자와 그 밖의 다른 잘 알려진 사까족(석가족)의 좋은 가문의 아들들과 함께 출가하였다. 율장과 주석서 문헌에서는 성도 후에 까삘라왓투를 방문하신 부처님을 따라서 아누삐야(Anupiyā)에서 아누룻다(Anuruddha), 아난다(Ānanda), 바구(Bhagu), 낌빌라(Kimbila), 데와닷따(Devadatta) 같은 왕자와 이발사 우빨리(Upāli)를 비롯한 많은 사꺄의 청년들과 함께 출가하였다고 나타난다.(Vin.ii.180; AA.i.108; Dhp A.i.133;iv.127)

초기불전에는 세 명의 난디야가 나타난다. 첫째는 아누룻다(Anuruddha) 존자와 낌빌라(Kimbila) 존자와 함께 「날라까빠나 경」(M68) §2와 「고싱가살라 짧은 경」(M31) 등에서 언급되고 본 게송을 읊은 난디야 존자(āyasmā Nandiya)이고, 둘째는 『상윳따 니까야』 제6권 「난디야 경」(S55:40)과 『앙굿따라 니까야』 제6권 「난디야 경」(A11:14)에 나타나는 삭까 사람 난디야(Nandiya Sakka)이며, 셋째는 『상윳따 니까야』 제5권 「난디야 경」(S45:10)의 난디야 유행승(Nandiya paribbājaka)이다.

25. "검은 자여,[214] 광명이 비치고

---

214) "'검은 자(kaṇha)'는 마라(Māra)를 말한다. 그는 검은 업을 짓고(kaṇha-kammattā) 검은 태생이기 때문에(kaṇhābhijātitāya) 검은 자라 부른다."

결실에 도달한[215] 마음[216]을 가진
그런[217] 비구 공격하여
그대 고통받으리." (cd=1189}cd)

난디야 장로 (끝)

6. **아바야 장로**(Th1:26)

【행장】

아바야 장로(Abhaya thera)는 빔비사라 왕의 아들이었으며 출가하기 전에는 일반적으로 아바야 왕자(Abhaya rājakumāra)로 알려져 있다. 니간타 나따뿟따(Nigaṇṭha Nāṭaputta)는 그에게 양극단을 가진 질문(ubhatokoṭika pañha)을 배우게 한 뒤 '이러한 질문을 하여 사문 고따마를 논파하라.'라고 하면서 그를 세존께 보내었다. 그는 세존께 다가가서 그런 질문을 하였지만 그 자리에서 논파되었고 세존께서 정등각자임을 알고 부처님의 재가 신도가 되었다.(ThagA.i.87~88) 이러한 사실은 『맛지마 니까야』 제2권 「아바야 왕자 경」(M58)에 잘 나타나 있다.

그는 훗날 아버지가 시해되자 절박함이 생겨(sañjātasaṁvega) 출가하였으며 아라한이 되었다. 장로의 일화는 『아빠다나』에도 나타나고 있다.(ThagA.i.88) 그의 어머니 빠두마와띠(Padumavatī)도 출가한 아들의 설법을 듣고 출가하여 무애해체지를 갖춘

(ThagA.i.86~87)

215) '광명이 비치고 / 결실에 도달한'은 obhāsajātaṁ phalagaṁ을 옮긴 것이다. 주석서는 으뜸가는 도의 지혜(agga-magga-ñāṇa)를 증득했기 때문에 '광명이 비치는 것이고(obhāsajātaṁ)', 으뜸가는 과의 지혜를 갖춘 것(sahita)이 '결실에 도달한 것(phalagaṁ)'이라고 설명하고 있다.(ThagA.i.86)

216) "여기서 '마음(citta)'은 번뇌 다한 자의 마음을 일반화하여(sāmaññena) 말한 것이다."(ThagA.i.86)

217) "여기서 '그런(tādisaṁ)'은 그런 모습을 한(tathā-rūpa) 아라한이라는 뜻이다."(ThagA.i.86)

아라한이 되었다고 한다.(ThigA.39, Ap.ii.502~504)
이처럼 아바야 왕자는 라자가하의 빔비사라 왕과 웃제니(Ujjeni)의 미인이었던 빠두마와띠 사이에서 난 아들이었으며, 그가 일곱 살 때 왕궁으로 보내졌다고 한다.(ThigA.39) 뒤에 아버지를 시해하고 왕이 된 아자따삿뚜와는 이복형제였다. 율장(Vin.i.269)에 의하면 그는 부처님의 주치의로 우리에게 잘 알려진 지와까 꼬마라밧짜(Jīvaka Komārabhacca)가 갓난아기로 버려진 것을 주워서 기른 사람이기도 하다.

주석서는 그가 본 게송을 읊은 것을 이렇게 설명하고 있다.
"그는 아라한됨을 얻은 뒤 자신의 도닦음을 찬탄함(paṭipatti-kittana)을 통해서 구경의 지혜를 천명하면서 본 게송을 읊었다." (ThagA.i.88)

본서 하나의 모음 {98}에도 아바야 장로(Th1:98)의 게송이 나타나고 있다. 그러나 이 두 분은 다른 사람이다.

26. "태양의 후예[218]이신 부처님의
금언(金言)의 말씀을 들은 뒤[219]

218) "'태양의 후예(ādicca-bandhu)'라고 하였다. 태양의 계보(ādicca-vaṁsa)에서 탄생하셨기 때문에 태양이 그의 친척이라고 해서(ādicco bandhu etassāti) '태양의 후예'이니 바로 세존이시다. 혹은 태양의 친척(ādiccassa bandhu)이라고 해서 태양의 후예이니 바로 세존이시다. 그래서 [『상윳따 니까야』 제1권 「수리야 경」(S2:10) §3에서] 말씀하셨다.

"칠흑 같은 어둠 속에서 빛을 발하는 저 밝은 태양
강렬한 불꽃 내는 원반 모양 하고 있네.
라후여, 허공을 다니면서 그를 삼키지 말라.
라후여, 나의 후예 수리야를 풀어주라."(S2:10 {287})

라고."(ThagA.i.88)

219) '금언(金言)의 말씀을 들은 뒤'는 sutvā subhāsitaṁ vācaṁ을 직역한 것이다. 여기서 부처님의 말씀이 금언(金言, 잘 설해진 것, subhāsita)인 이유를 주석서는 이렇게 설명한다.

나는 미묘함220)을 꿰뚫었나니
마치 화살로 털끝을 그리하듯이."

아바야 장로 (끝)

7. 로마사깡기야 장로(Th1:27)

【행장】

로마사깡기야 장로(Lomasakaṅgiya thera)는 까삘라왓투에서 사꺄족의 왕자로 태어났다. 그의 본래 이름은 앙가(Aṅga)였는데 몸에 털이 너무 없어서(īsaka-lomasākāratā) 로마사깡기야라 불리게 되었다고 한다.(MA.v.6) 『테라가타 주석서』는 그는 피부가 연약하였고(sukhumālabhāva) 소나 존자(Soṇa)처럼 발바닥(pāda-talā)에 털이 났기 때문에 로마사깡기야(Lomasakaṅgiya)라 불리었다고 설명하고 있다.(ThagA.i.89)

그는 깟사빠 부처님 재세 시에도 비구였다. 깟사빠 부처님께서 [『맛지마 니까야』 제4권] 「지복한 하룻밤 경」(M131)을 설하시자 어떤 비구가 로마사깡기야에게 그 경에 대해 말해주었다. 하지만 그는 그 뜻을 이해할 수 없었다. 그러자 그는 '미래에 내가 이 경을 가르칠 수 있기를!'이라고 발원했고, 그 비구는 '내가 그대에게 그것을 질문하기를!'이라고 발원했다. 그래서 금생에

"여기서 '금언의(subhāsita)'라는 것은 잘 설해진(suṭṭhu bhāsita), 바르게 설해진(sammadeva bhāsita)이란 뜻이다. 정등각자가 되셨기 때문에 그리고 크게 연민하시기 때문에(mahā-kāruṇikatāya) 어떤 것도 속이지 않고 뜻하는 의미를 전적으로 성취함에 의해서 네 가지 진리로 설명해야 할 법을 설하신 것(catusacca-vibhāvanīya-dhammakathā)을 [금언이라] 한다. 진리로부터 벗어난(sacca-vinimuttā) 세존의 설법이란 존재하지 않기 때문이다."(ThagA.i.88)

220) "'미묘함(nipuṇa)'이란 정교한 것(saṇha)이고 궁극적으로 미세한(parama-sukhuma) 소멸의 진리(nirodha-sacca) 혹은 네 가지 진리[四諦, catu-sacca]를 말한다. 미묘한 네 가지 진리를 꿰뚫었기(paccabyadhiṁ) 때문에 이제 더 꿰뚫어야 할 것이 있지 않다는 뜻이다."(ThagA.i.89)

로마사깡기야 존자는 까삘라왓투의 삭까족에 태어났고 그 비구는 짠다나(Candana)라는 이름의 천신이 되었다.(ThagA.i.89)

계속해서 주석서는 설명한다.
"그는 아누룻다 등 사꺄족의 왕자들이 출가할 때 함께 출가하지 않았다. 그래서 짠다나 천신이 그에게 절박함이 생기게 하기 위해서(saṁvejetuṁ) 그에게 가서 「지복한 하룻밤 경」(M131)에 대해서 물었고 그는 알지 못했다. 그래서 그는 세존께 가서 여기에 대해서 여쭈었고 세존께서는 그것에 대해서 말씀해 주셨다. 그때 그는 출가하기를 원했지만 세존께서는 부모의 허락 없이는 출가를 허락하지 않는다고 하셨다. 그는 어머니에게 가서 출가를 허락해 달라고 하였지만 어머니는 '아들이여, 너는 피부가 연약하다. 어떻게 출가할 수 있겠는가?'라고 하였다. 그러자 그는 자신이 위험을 견뎌낼 수 있음(parissaya-sahanabhāva)을 밝히면서 본 게송을 읊었다. 그래서 어머니는 그의 출가를 허락하였다.
그는 세존께 다가가서 출가하겠다고 말씀드렸고 세존께서는 그를 출가하게 하셨다. 그는 출가하여 미리 해야 할 일을 하고(kata-pubbakicca) 명상주제를 받아서 숲에 들어가려 하였다. 비구들은 그에게 말했다. '도반이여, 그대는 연약한 피부를 가졌습니다. 숲에 머물 수 있겠습니까?' 그는 그들에게도 이 게송을 읊은 뒤 숲에 들어가서 수행에 몰두하여 오래지 않아 육신통을 갖춘 분이 되었다. 장로의 일화는 『아빠다나』에도 나타나고 있다. … 아라한됨을 얻은 뒤 장로는 구경의 지혜를 천명할 때도 바로 이 게송을 읊었다."(ThagA.i.90~91)

27. "답바와 꾸사와 뽀따낄라와
우시라와 문자와 빱빠자 풀을[221])

221) "여기서 답바 등의 풀들(dabbādīni tiṇāni)은 [거친] 비라나 풀들(bīraṇa-tiṇāni)이라서 발로 밟으면 괴로움을 만들어내고 가는 길에 방해가 된다(gamanantarāyakarāni). 그런 풀들을 저는 '가슴으로부터 뽑아낼 것입니

나는 가슴으로부터 뽑아낼 것이고[222]
떨쳐버림을 증장시킬 것입니다.[223]"[224] (={233})

로마사깡기야 장로 (끝)

다(urasā panudissāmi).' 즉 가슴으로부터도(urasāpi) 제거할 것입니다(apanessāmi)라는 뜻이다.

이와 같이 제거하면서(apanenta) 그 표상인 괴로움을 견디면서(sahanta) 숲에 있는 덤불의 안(gumbantara)에 들어가서 저는 사문의 법을 행할 수가 있습니다. 그런데 발로 걸어가는 것(pādehi akkamaneti)은 말해 무엇하겠습니까라는 것을 보여준다."(ThagA.i.90)

222) '나는 가슴으로부터 뽑아낼 것이고'는 urasā panudahissāmi(VRI: panudi-ssāmi)를 옮긴 것이다. 노만 교수의 설명처럼(K.R. Norman, 127쪽 §27의 주해) 본경의 주석서에 'urasā panudissāmi. urasāpi apanessāmi'(ThagA.i.90)로 나타나고 있기 때문에 PTS의 panudahissāmi 보다 VRI의 panudissāmi(pa+√nud, panudati, *to dispel, remove, push away*, 제거하다)로 읽는 것이 좋다. panudahissāmi는 어근도 명확하지 않다. 노만 교수는 Alsdorft의 padahessāmi(pra+√dhā, *to strive*)를 들고 있다. 역자는 『테라가타 주석서』의 설명처럼 apanessāmi로 해석해서 apaneti(apa+√nī, *to take away, remove*), 즉 뽑아내다로 이해하였다.

223) "'떨쳐버림을 증장시킬 것입니다(vivekam anubrūhayaṁ).'라고 하였다. ① 몸으로 떨쳐버림(kāya-viveka)과 ② 마음으로 떨쳐버림(citta-viveka)과 ③ 재생의 근거를 떨쳐버림(upadhi-viveka)을 증장시키면서라는 말이다.

무리 지어 사는 것을 버리고(gaṇa-saṅgaṇikañhi pahāya) ① 몸으로 떨쳐버림(kāya-viveka)을 증장시키는 자(anubrūhayanta)에게, [그리고] 38가지 대상들에 대해서 어디서든 마음을 집중하는 자(samādahanta)에게 ② 마음의 떨쳐버림(citta-viveka)이 있지 무리 지어 사는 것을 좋아하는 자(saṅgaṇikārata)에게는 아니다. 삼매에 들어(samāhita) 위빳사나의 업을 행하는 자에게 그리고 사마타와 위빳사나를 쌍으로 행하는 자(yuga-naddhaṁ karonta)에게 오염원들을 던져버림에 의한 ③ 재생의 근거를 떨쳐버림의 증득(upadhi-vivekādhigama)이 있지 삼매에 들지 못한 자에게는 아니다. 그래서 '떨쳐버림을 증장시킬 것입니다(vivekam anubrūha-yaṁ).'라고 하였다."(ThagA.i.90)

이 세 가지 떨쳐버림을 비롯한 '떨쳐버림(viveka)'에 대해서는 본서 하나의 모음 {6}의 해당 주해도 참조할 것.

224) 같은 게송이 본서 제2권 셋의 모음의 마땅가뿟따 장로(Mātaṅgaputta thera)의 세 번째 게송인 {233}으로도 나타난다.

8. 잠부가미까뿟따 장로(Th1:28)

【행장】

"잠부가미까뿟따 장로(Jambugāmikaputta thera)는 짬빠(Campa)에서 잠부가미까(Jambugāmika)라는 청신사의 아들로 태어났다. 그래서 잠부가미까의 아들(putta), 즉 잠부가미까뿟따라는 일반적 호칭으로 불리었다. 그는 적당한 나이가 되어 세존의 곁에서 법문을 듣고 절박함을 얻어서(paṭiladdha-saṁvega) 출가하였다. 그는 미리 해야 할 일을 하고(kata-pubba-kicca) 명상주제를 받아서 사께따의 안자나 숲(Sāketa Añjanavana)에 머물렀다.

그러자 그의 아버지는 '나의 아들이 교법에서 기뻐하며 머무는가, 아닌가?'라고 검증을 할 목적(vīmaṁsanattha)으로 '그대는 의복에 몰두하지 않는가?'라는 본 게송을 적어서 보냈다. 그는 그것을 읽은 뒤 '아버지께서는 내가 방일하여 머물지는 않는지(pamāda-vihāra) 의심을 하시는구나. 나는 역시 오늘도 범부의 경지를 넘어서지 못하였다.'라고 절박함이 생겨서(saṁvega-jāta) 애를 쓰고(ghaṭenta) 정진하여(vāyamanta) 오래지 않아 육신통을 갖춘 분이 되었다. 장로의 일화는 『아빠다나』에도 나타나고 있다. …

그는 아라한됨을 얻은 뒤 친지들이 거주하고 있는 도시로 가서 교법이 출리(出離)로 인도함(niyyānika-bhāva)을 설명하면서 신통의 기적(iddhi-pāṭihāriya)을 보여주었다. 그것을 보고 친지들은 깨끗한 믿음을 가진 마음으로 많은 승원[伽藍, 가람 saṅghārāma]을 지었다.

장로는 자신의 아버지가 보낸 게송을 갈고리로 삼아서 애를 쓰고 정진하여 아라한됨을 실현하였기 때문에 구경의 지혜를 천명하면서도 아버지를 공경하기 위해서 '그대는 의복에 몰두하지 않는가?'라는 [아버지가 보낸] 이 게송을 말하였다."(ThagA.i.91~92)

28. [잠부가미까뿟따의 아버지]
"그대는 의복에 몰두하지 않는가?
그대는 꾸미는 것을 기뻐하지 않는가?
다른 사람들이 아니라 바로 그대가
계행으로 이루어진 향기를 내뿜는가?[225)]"

225) "'계행으로 이루어진 향기를(sīlamayaṁ gandhaṁ)'이라고 하였다. 훼손되지 않은 등의 상태를 성취함(akhaṇḍādi-bhāvāpādana)에 의해서 지극히 청정한(suparisuddha) 네 가지 계(catubbidha sīla)를 통해서, 이처럼 계행을 구족한 사람(sīlavanta)은 계행이 나쁜 다른 사람들(dussīla-pajā)과는 다르다. 그들은 계행이 나쁘기 때문에(dussīlattāyeva) 계행이 나쁨으로 이루어진 악취를 내뿜지만(duggandhaṁ vāyati) 이처럼 그대는 악취를 내뿜지 않고 계행으로 이루어진 향기를 내뿜는가(vāyasi)라는 뜻이다."(ThagA. i.92)

여기서 '네 가지 계(catubbidha sīla)'는 ① 계목(戒目)의 단속에 관한 계(pātimokkha-saṁvara-sīla), ② 감각기능[根]의 단속에 관한 계(indriya-saṁvara-sīla), ③ 생계의 청정에 관한 계(ājīva-pārisuddhi-sīla), ④ 필수품에 관한 계(paccaya-sannissita-sīla)이다. 이 네 가지 계는 『청정도론』 제1장 §§42~97에서 자세하게 설명되고 있으며 『아비담마 길라잡이』 제9장 §28에서 정리되고 있다. 그리고 『청정도론』은 이 네 가지 계의 성취를 다음과 같이 설명하고 있다.(Vis.I.98~123)

"① 이와 같이 이 네 가지 계(catubbidha sīla) 가운데 계목의 단속은 믿음(saddhā)으로 성취되어야 한다(sampādetabba). 왜냐하면 학습계율을 제정하는 것은 제자들의 영역을 벗어난 [부처님의 영역]이기 때문에 이것은 참으로 믿음으로 성취되어야 한다.(§98) …
② 계목의 단속을 믿음으로 성취하듯이 감각기능의 단속은 마음챙김으로 성취해야 한다. 감각기능의 단속은 마음챙김으로 성취되기 때문이다. 왜냐하면 마음챙김에 의해 감각기능들이 확고히 머물 때 탐욕 등의 침입을 받지 않기 때문이다.(§100) …
③ 감각기능의 단속을 마음챙김으로 성취하듯이 정진(vīriya)으로 생계의 청정을 성취해야 한다. 왜냐하면 바르게 정진하는 자가 삿된 생계를 버릴 수 있기 때문에 이것은 참으로 정진으로 성취된다.(§111) …
④ 정진으로 생계의 청정을 성취하듯이 통찰지로 필수품에 관한 계를 성취해야 한다. 왜냐하면 통찰지를 가진 자가 필수품에 대해 위험(ādīnava)과 이익(ānisaṁsa)을 볼 수 있기 때문에 이것은 참으로 통찰지로 성취된

잠부가미까뿟따 장로 (끝)

9. 하리따 장로(Th1:29)

【행장】

"하리따 장로(Hārita thera)는 사왓티의 부유한 바라문 가문에 태어났다. 그가 적당한 나이가 되었을 때 부모는 가문에 어울리는 바라문 처녀(brāhmaṇadhītā)와 결혼을 시켰다. 그는 그녀와 함께 행복했지만 어느 날 자신과 그녀가 갖춘 아름다움이라는 것도 머지않아 늙음과 죽음으로 파멸된다는 법다움에 자극받아(codiya-

---

다.(§123)"(Vis.I.98~123)

그리고 『디가 니까야』 제2권 「대반열반경」(D16) §11과 『맛지마 니까야』 제2권 「꼬삼비 경」(M43) 등 초기불전의 여러 곳에 나타나는 '훼손되지 않은 등의 상태를 성취함(akhaṇḍādibhāvāpādana)'의 정형구는 다음과 같다.

"비구는 훼손되지 않았고 뚫어지지 않았고 오점이 없고 얼룩이 없고 벗어나게 하고 지자들이 찬탄하고 들러붙지 않고 삼매에 도움이 되는 그런 계들을 청정범행을 닦는 동료 수행자들과 함께 동등하게 구족하여 머문다."(M48 §6)

여기에 대해서 『맛지마 니까야 주석서』는 다음과 같이 설명한다.

"일곱 가지 범계(āpatti)의 무더기들 가운데서 처음이나 마지막의 학습계율을 파한 자의 계는 '훼손되었다(khaṇḍa).'고 한다. 마치 가장자리가 끊어진 천 조각처럼. 중간에 파한 자의 계는 '뚫어졌다(chiddaṁ).'고 한다. 마치 중간에 구멍 난 천 조각처럼. 그것들을 차례대로 둘 혹은 셋을 파한 자의 계는 '오점이 있다(sabala).'고 한다. 마치 등이나 혹은 배에 나타난 얼룩덜룩한 검고 붉은 색깔을 가진 소처럼. 그 사이사이의 학습계율을 파한 자의 계는 '얼룩졌다(kammāsa).'고 한다. 마치 여러 색깔의 반점으로 얼룩덜룩한 소처럼. 그러나 어떤 것도 범하지 않은 그의 계를 '훼손되지 않았고 뚫어지지 않았고 오점이 없고 얼룩이 없다.'고 한다.

이 계들은 갈애라는 노예 상태에서 풀려나 벗어나게 하므로 '벗어나게 한다(bhujissāni).'고 한다. 부처님 등 지자들이 찬탄하기 때문에 '지자들이 찬탄한다(viññuppasatthāni).'고 한다. 갈애와 사견이 들러붙지 않기 때문에 '들러붙지 않는다(aparāmaṭṭhāni).'고 한다. 그리고 '이것은 그대가 이전에 얻은 것이다.'라고 어느 누구에 의해서도 잘못 이해될 수 없기 때문에 '들러붙지 않는다(aparāmaṭṭhāni).'고 한다. 근접삼매나 본삼매로 이끌기 때문에 '삼매에 도움 된다.(samādhi-saṁvattanikānī).'고 한다."(MA.ii.400) māna) 절박함(saṁvega)을 얻었다. 그런데 며칠 후 아내가 독사에게 물려서 죽어버렸다. 그는 그 때문에 더욱 절박함이 생겨(sañjāta-saṁvega) 스승님의 곁에 가서 법을 듣고 재가의 속박들(ghara-bandhana)을 자른 뒤 출가하였다.

그는 자신의 기질에 적합한 명상주제를 받아서 머물렀지만 명상주제를 터득하지 못하였고 마음을 올곧게 하지 못하였다. 어느 날 탁발을 위해 마을로 가는 도중에 화살을 만드는 사람(usukāra)이 화살대(usu-daṇḍa)를 도구(yanta) 위에 놓고 올곧게 만드는 것(ujuṁ karonta)을 보고 '이들은 무정물도(acetanampi) 올곧게 만드는데 내가 왜 마음을 올곧게 만들지 못하겠는가?'라고 생각하고 그곳으로부터 돌아와서 낮 동안에 머무는 곳에 앉아서 위빳사나를 시작하였다.
그때 세존께서 위로 허공에 앉으셔서 교계를 하시면서 본 게송을 읊으셨다. 어떤 자들은 장로 자신이 이 게송을 읊었는데 게송에서 자신을 다른 사람처럼 읊은 것이라고 주장하기도 한다."(ThagA.i.93)

역자는 세존께서 본 게송을 읊으신 것으로 여겼다. 주석서도 다음과 같이 마무리하고 있다.
"이런 말씀을 듣고 장로는 위빳사나를 증장시켜 오래지 않아 아라한이 되었다. 장로의 일화는 『아빠다나』에도 나타나고 있다. … 그는 아라한됨을 얻은 뒤에 구경의 지혜를 천명할 때에도 이 게송을 읊었다."(ThagA.i.94)

또 다른 하리따 장로(Th3:15)의 게송이 본서 제2권 셋의 모음 {261}~{263}으로 나타난다. 그런데 이 세 개의 게송은 본서 제2권 {225}~{227}의 박꿀라 장로(Th3:3)의 게송 3개와도 동일하다.

29. [세존]

"자신을 올곧게 하라.[226]
화살 만드는 자가 화살을 그리하듯
마음을 올곧게 만든 뒤
무명을 잘라라, 하리따여.[227]"

하리따 장로 (끝)

---

226) '자신을 올곧게 하라.'는 samunnamayam attānaṁ을 문맥에 맞게 옮긴 것이다. 주석서는 이렇게 설명한다.

"여기서 '올곧게 하는(samunnamayaṁ).'이라는 것은 바르게 세우면서(sammā unnamento) [그렇게 하라]는 말이다. 본삼매를 얻음[等持, samāpatti]을 통해서 게으름의 편(kosajja-pakkha)에 떨어지지 않게 한 뒤 거기서 일어나서 정진을 바르게 적용시키면서(vīriyasamataṁ yojenta) [그렇게 하라]는 뜻이다. '자신을(attānaṁ)'은 마음을(cittaṁ) 의미한다.
혹은 '올곧게 하라.'는 게으름의 편으로부터 우뚝 일어서라(samunnamehi)는 뜻이다. 정진이 저열하기 때문에(hīna-vīriyatāya) 마음이 명상주제의 과정을 닦지 못한다면 정진을 시작함을 통해서 그것을 바르게 일으켜 세우라(sammā unnamehi), 아래로 향하거나 옆으로 향하게 하지 말라(anonataṁ anapanataṁ karohi)는 의미이다."(ThagA.i.93~94)

227) '화살 만드는 자가 화살을 그리하듯 / 마음을 올곧게 만든 뒤 / 무명을 잘라라, 하리따여.'는 usukārova tejanaṁ, cittaṁ ujuṁ karitvāna, avijjaṁ bhinda Hārita를 옮긴 것이다. 주석서는 이렇게 설명한다.

"마치 화살을 만드는 자(usukāra)가 [대나무의] 마디(kaṇḍa)와 [대나무의] 줄기(īsaka)를 펴고 젖혀서(onataṁ apanatañca) 과녁을 부수기 위해서(lakkhaṁ bhindanattha) 올곧게 만드는(ujuṁ karoti) 것과 같다. 그와 같이 게으름에 빠지는 것(kosajja-pāta)으로부터 보호하여 펴고(onata), 들뜸에 빠지는 것(uddhacca-pāta)으로부터 보호하여 젖혀서(apanata) 꿰뚫으면서(vijjhanto) 본삼매의 증득(appanāpatti)으로 마음을 올곧게 만든 뒤에, 삼매에 든 마음이 위빳사나를 열성적으로 수행하여(vipassanaṁ ussukkāpetvā) 빨리 으뜸가는 도의 지혜(agga-magga-ñāṇa)로 무명을 잘라라, 부수라(padālehi)는 말이다."(ThagA.i.94)

10. 웃띠야 장로(Th1:30)

【행장】

웃띠야 장로(Uttiya thera)는 사왓티의 바라문 가문에 태어났다. 그는 적당한 나이가 되어 '불사(不死)의 경지(amata)를 찾으리라.'라고 하여 유행승(paribbājaka)이 되어 유행을 하던 어느 날 세존께 다가가서 법을 듣고 교법에 출가하였다. 그러나 계행 등이 청정하지 못하였기 때문에 특별함(visesa)을 얻을 수 없었다. 그는 다른 비구들이 특별함을 얻어서 구경의 지혜를 천명하는 것을 보고 스승님께 다가가서 간략하게 교계해 주실 것을 청하였다.

스승님께서는 [『상윳따 니까야』 제5권 「비구 경」(S47:3) §4나 「바히야 경」(S47:15) §4 등에서 말씀하셨던] "비구여, 그렇다면 그대는 유익한 법들[善法]의 처음 시작점을 청정하게 해야 한다."(S47:3 §4; S47:15 §4 등)라는 등의 교계(ovāda)를 하셨다. 이런 교계를 받아서 위빳사나 수행을 하였고 게송에서처럼 병이 생겼지만 잘 극복하고 아라한이 되었다고 한다. 장로의 일화는 『아빠다나』에도 나타나고 있다.(ThagA.i.95)

계속해서 『테라가타 주석서』는 장로가 본 게송을 읊은 것에 대해서 이렇게 설명하고 있다. "그는 아라한됨을 얻은 뒤 자신의 바른 도닦음(sammā paṭipatti)을 완성된 형태로 설명하는 방법을 통해(paripuṇṇākāra-vibhāvana-mukhena) 구경의 지혜를 천명하면서 본 게송을 읊었다."(Ibid.)

『앙굿따라 니까야』 제6권에는 웃띠야 유행승(Uttiya paribbājaka)이 세존께 와서 세상은 영원한가 등의 10사(十事)에 대해서 질문을 하고 세존께서는 침묵으로 대답하시고 아난다 존자가 비유를 들어서 설명하는 「웃띠야 경」(A10:95)이 나타나고 있다. 웃띠야 유행승이 누구인지 주석서와 복주서는 아무런 언급이 없다. DPPN은 이 웃띠야 유행승이 『상윳따 니까야』 제5권 「도 상윳따」(S45)의 「웃띠야 경」(S45:30)과 「마음챙김의 확립 상윳따」

(S47)의 「웃띠야 경」(S47:16)[228]에 나타나는 웃띠야 존자와 동일인일지도 모른다고 적고 있다. 『상윳따 니까야』의 「웃띠야 경」들과 『앙굿따라 니까야』의 「웃띠야 경」(A10:95)이 모두 사왓티의 급고독원에서 설해졌고 특히 여기 『테라가타 주석서』에서 그는 출가하기 전에 유행승으로 있었다고 언급되고 있기 때문에(ThagA.i.95) 이 둘은 같은 사람일 가능성이 아주 높다 하겠다.

본서에는 다른 웃띠야 장로(Th1:54)의 게송이 하나의 모음 {54}로 나타나고 있고 또 다른 웃띠야 장로(Th1:99)의 게송이 하나의 모음 {99}로 나타나고 있다. 이 세 분은 각각 다른 사람이다.

30. "나에게 병이 생겼을 때
마음챙김이 내게 일어났다.
나에게 병이 생겼으니
내가 방일하지 않아야 할 시간이로다."

웃띠야 장로 (끝)

세 번째 품이 끝났다.

[세 번째 품에 포함된 장로들의] 목록은 다음과 같다.

니그로다와 찟따까 장로, 고살라와 수간다 장로
난디야와 아바야 장로, 로마사깡기야 장로
잠부가미까뿟따와 하리따와 웃띠야 선인이다.

---

228) 『상윳따 니까야』 제5권 「웃띠야 경」(S47:16)은 그 내용이 이 경 바로 앞의 「바히야 경」(S47:15)과 동일하기 때문에 반복되는 부분(뻬얄라, peyyala)의 생략으로 처리되어 나타나고 있다. 이 「웃띠야 경」에서 웃띠야 존자도 부처님의 가르침을 듣고 "웃띠야 존자는 아라한들 중의 한 분이 되었다."(§7)라고 언급되고 있다.

네 번째 품

Catuttha-vagga({31}~{40})

1. 가흐와라띠리야 장로(Th1:31)

【행장】

"가흐와라띠리야 장로(Gahvaratīriya thera)는 사왓티의 바라문 가문에 태어났으며 이름은 악기닷따(Aggidatta)였다. 그는 부처님께서 나투신 쌍신변[229]을 보고 청정한 믿음이 생겨서 교법에 출가하였으며 명상주제를 받아서 가흐와라 강 언덕(Gahvara-tīra)에 있는 숲의 장소에 머물렀다. 그래서 그는 가흐와라띠리야(Gahvaratīriya)라는 일반적 호칭을 가지게 되었다. 장로의 일화는 『아빠다나』에도 나타나고 있다. …

그는 아라한됨을 얻고 나서 세존께 절을 올린 뒤 사왓티로 갔다. 그가 온다는 소식을 듣고 친지들이 모여들어 큰 보시(mahādāna)를 하였다. 그는 며칠간 머문 뒤 숲으로 가고자 하였다. 친지들은

229) '쌍신변(雙神變)'은 yamaka-pāṭihāriya를 옮긴 것이다. 여기서 yamaka는 쌍(雙)을 뜻하고 pāṭihāriya는 prati(~에 대하여)+√hṛ(*to take, to hold*)의 가능법(Pot.) 분사로서 일상적인 현상을 넘어선 것이라는 의미에서 '경이로운, 놀라운, 비범한' 등의 뜻을 나타낸다. 그리고 중성명사로 쓰이면 '기적'이라는 뜻으로 쓰인다. 그러므로 쌍신변, 즉 yamaka-pāṭihāriya는 상반되는 두 가지[雙, yamaka]를 동시에 나타내는 신통을 말한다. 이 쌍신변은 신통 가운데서 가장 나투기 어려운 신통이라 하는데 불과 물이 동시에 나타나게 하는 등 상반되는 두 가지를 동시에 나타내는 신통이다.(Ps.i.125) 부처님께서는 깨달으신 후 사람들로 하여금 당신의 깨달음에 대해 믿음을 가지도록 하기 위해 몇 번 이 쌍신변을 나투셨다고 한다.

그에게 '존자시여, 숲에는 날파리와 모기 등으로 많은 위험(parissaya)이 있습니다. 여기에 머무십시오.'라고 말했다. 그 말을 듣고 장로는 '나는 숲에 머무는 것을 기뻐합니다.'라고 한거를 기뻐함을 찬탄하는 방법을 통해(vivekābhirati-kittanamukhena)[230] 구경의 지혜를 천명하면서 본 게송을 읊었다."(ThagA.i.96~97)

31. "아란냐 [6] 넓은 숲에서[231]

---

230) 여기서 '찬탄하는 방법을 통해'는 kittana-mukhena를 옮긴 것이다. 담마빨라 스님이 남긴 주석서들과 복주서들에는 이 kittana-mukhena라는 표현이 적지 않게 나타나는데 여기 『테라가타 주석서』에만 11번 정도가 나타나고 『테리가타 주석서』에는 한 번이 나타나는 것으로 조사가 되었다. 이것을 '~mukhena'라는 출처로 넓혀 보면 『테라가타 주석서』에만 'paccavekkhaṇa-mukhena(반조해 보는 방법을 통해, {61}의 설명)' 등으로 52번이 나타나고 『테리가타 주석서』에는 'dukhānupassanā-mukhena(괴로움을 수관하는 방법을 통해)' 등으로 9번이 나타난다.

한편 냐나몰리 스님의 소사전에는 mukha의 뜻으로 '① *mouth, face*; ② *paragraph, heading*; ③ *way* (mukhena - *by way of*: Vis. 346); ④ mukhamoloketi - *to pander to*: MA.iv, 73; ⑤ mukha-vaṭṭi - *wall-plate (in architecture)*: DhsA.107'의 다섯 가지 용처를 요약하고 있는데, kittanamukhena는 이 가운데 세 번째인 'mukhena - *by way of*: Vis.346'에 해당한다고 할 수 있다. 이것은 『청정도론』 11장의 'ekekena mukh-ena dhātuyo pākaṭā honti', 즉 '개개의 방법을 통해 요소들은 분명해진다.'(Vis.XI.116)에 해당한다. 그 외에도 ②의 보기로는, 'imam atra bhaga-vā sīlasamādhipaññāmukhena visuddhimaggaṁ dasseti(이와 같이 세존께서는 계(戒)와 삼매(定)와 통찰지(慧)의 제목으로 이 청정도를 설하셨다.)'(Vis.I.8)나, 'evaṁ anekaguṇa-saṅgāhakena sīlasamādhipaññā-mukhena desito pi(이와 같이 여러 덕을 포함한 계・정・혜라는 제목으로 이 청정에 [이르는] 도를 설명했지만 너무 간략하게 설명하였다.)'(Vis.I.16, cf. I.161; II.93)를 보기로 들 수 있다.

이런 것을 참조하여 역자는 본서에서 '~mukhena'를 대부분 '~ 방법을 통해'로 옮겼다.

231) '아란냐 넓은 숲에서'는 araññasmiṁ brahāvane를 옮긴 것이다. 숲(arañña)과 넓은 밀림(brahā-vana)을 동의어로 여기는 아래 주석서의 설명을 참조하여 '아란냐 넓은 숲에서'로 풀어서 옮겨 보았다. 주석서는 이렇게 설명한다.

파리들과 모기들에 닿지만
코끼리가 전쟁의 선봉에서 그리하듯
마음챙겨 거기서 견뎌야 합니다." (={244}; {684})

가흐와라띠리야 장로 (끝)

2. 숩삐야 장로(Th1:32)

【행장】

"숩삐야 장로(Suppiya thera)는 사왓티에서 태어났다. 그는 사리를 분별하는 나이가 되어(viññutaṁ patta) 자신의 친구였던 소빠까 장로(Sopāka thera, {33} 행장의 주해 참조)의 곁에서 법문을 듣고 절박함을 얻어서(paṭiladdhasaṁvega) 출가한 뒤 바른 도닦음을 완성하여(sammāpaṭipattiṁ pūretvā) 본 게송을 읊었고 위빳사나를 열성적으로 행하여 아라한됨을 얻었다. 장로의 일화는 『아빠다나』에도 나타나고 있다. …

그는 아라한됨을 얻은 뒤에 구경의 지혜를 천명함을 통해 이 게송을 읊었다."(ThagA.i.98~99)

"'아란냐(arañña)'란 500활의 거리만큼 떨어진 곳(pañca-dhanu-satika)을 경계(pacchima)로 한다.'(Vin.iv.183)라고 설하신 아란냐의 특징(arañña-lakkhaṇa)과 연결되어 있기 때문에 그런 '아란냐에서(araññasmiṁ)'라는 뜻이다. '넓은 숲에서(brahā-vane)'는 큰 나무의 덤불이 두껍게 있기 때문에(mahā-rukkha-gaccha-gahanatāya) 큰 숲에서(mahā-vane), 즉 밀림에서(araññāniyaṁ)라는 뜻이다."(ThagA.i.96)

『청정도론』은 '아란냐(숲, arañña)'를 다음과 같이 정의하고 있다.

"율장의 가르침에 따르면 아란냐(숲)란 "마을과 마을의 경계를 제외한 모든 곳이 아란냐이다."(Vin.iii.46)라고 설하셨다. 논장의 가르침에 따르면 "석주 밖을 나가면 모두 아란냐이다."(Vbh.251)라고 설하셨다.

그러나 경장의 가르침에 의하면 그것의 특징은 다음과 같다. "아란냐(숲)란 500활의 거리만큼 떨어진 곳이다."(Vin.iv.183) 담으로 둘러싸인 마을의 경우 석주에서부터, 담으로 둘러싸이지 않은 마을의 경우 처음 돌이 떨어진 곳에서부터, 궁수가 당긴 활로 승원의 담까지 거리를 측정하여 확정해야 한다."(Vis.II.49)

32. "나는 늙어감을 늙지 않음[232])으로,
불타오름을 적멸로[233])
궁극적인 평화로[234])
위없는 유가안은[235])으로 바꾸게 되기를."[236])

---

232) "여기서 '늙지 않음(ajara)'은 열반을 두고 말한 것이다. 그 [열반]은 태어남이 없기 때문에(ajātattā) 여기서는 늙음이 없다. 혹은 이 [열반]을 증득하였을 때 인간에게 그것이 없다고 해서 늙음이 없는 상태의 원인(jarā-bhāva-hetu)이 되기 때문에 역시 늙지 않음이라 한다."(ThagA.i.98)

233) "'불타오름(tappamāna)'이란 11가지 불로 불타는 것(dayhamāna)이다. '적멸(nibbuti)'은 적멸한 고유성질을 가진(nibbuta-sabhāva) 열반이다."(ThagA.i.98)

"11가지 불(aggi)이란 ① 탐욕 ② 성냄 ③ 어리석음 ④ 태어남 ⑤ 늙음 ⑥ 죽음 ⑦ 슬픔 ⑧ 탄식 ⑨ 육체적 고통 ⑩ 정신적 고통 ⑪ 절망(rāga-dosa-moha-jāti-jarā-maraṇa-soka-parideva-dukkha-domanass-upāyā-sa)을 말한다."(Vimativinodanī Ṭīkā, Vin-Vmv.i.1)

『위마띠위노다니 띠까』(Vimativinodanī Ṭīkā)는 12세기에 스리랑카에서 깟사빠(Kassapa) 스님이 지은 율장의 복주서이다.

그런데 이 11가지 불(ekādasa aggi)은 부처님께서 행하신 세 번째 설법이요, 가섭 삼형제의 제자들이었다가 가섭 삼형제와 함께 부처님 제자가 된 1,000명의 비구들에게 설하신 가르침으로 잘 알려진 『상윳따 니까야』 제4권 「불타오름 경」(S35:28)에서 이미 부처님께서 말씀하신 것이다. 부처님께서는 본경에서 "비구들이여, 일체는 불타오르고 있다. 비구들이여, 그러면 어떤 일체가 불타오르고 있는가? … 그러면 무엇에 의해서 불타오르고 있는가? ① 탐욕과 ② 성냄과 ③ 어리석음으로 불타오르고 있다. ④ 태어남과 ⑤ 늙음과 ⑥ 죽음과 ⑦ 슬픔과 ⑧ 탄식과 ⑨ 육체적 고통과 ⑩ 정신적 고통과 ⑪ 절망으로 불타오르고 있다고 나는 말한다."(S35:28 §§3~5)라고 말씀하고 계신다. 이 가르침을 듣고 1,000명의 비구들은 모두 아라한이 되었다.

234) "'궁극적인 평화(parama santi)'란 남김없이 오염원의 업형성의 위험을 가라앉히는 법다움 때문에(anavasesa-kilesābhisaṅkhāra-pariḷāha-vūpa-sama-dhammatāya) 가장 높은 평화(uttama santi)를 말한다."(ThagA.i.98)

235) "'위없는 유가안은(yogakkhema anuttara)'이라 하였다. 네 가지 속박(yoga)에 묶이지 않았기 때문에(ananubandhattā) '유가안은'이다. 자신보

숩삐야 장로 (끝)

3. 소빠까 장로(Th1:33)

【행장】

"소빠까 장로(Sopāka thera)는 사왓티의 가난한 여인의 아들로 태어났다. 그의 어머니는 어렵게 아이를 가졌지만 열 달이 지난 후에도 아기를 낳지 못하고 기절한 상태로 오랫동안 죽은 사람처럼 누워있었다. 친척들은 그녀가 죽었다고 생각하고 공동묘지(susāna)의 장작더미(citaka) 위에 올려놓았지만 천신의 위신력

다 더 높은 것(uttaritara)은 어떤 것도 존재하지 않기 때문에 '위없는 것(anuttara)'이다."(ThagA.i.98)

'유가안은(瑜伽安隱)'은 yogakkhema(요가케마)의 한역이다. 여기서 유가(瑜伽)는 yoga의 음역이고 안은(安隱)은 khema의 의역이다. 이 단어는 『리그베다』에서부터 나타나는데 그곳에서 요가(yoga)는 '획득'을 케마(khema)는 '보존, 저축'을 뜻했다. 그러나 빠알리 주석서들에서는 예외 없이 yoga를 '속박'으로 해석해서 "네 가지 속박들로부터 안전하고 짓눌리지 않기 때문에 유가안은이다(catūhi yogehi khemaṁ anupaddutaṁ iti yoga-kkhemaṁ). 이것은 아라한과를 뜻한다."(MA.i.41)라고 설명한다. 네 가지 속박은 감각적 쾌락, 존재, 사견, 무명의 속박을 말한다.

한편 유가안은(Sk. yogakṣema)의 개념은 까우띨랴(Kautilya)의 정치학 논서인 『아르타샤스뜨라』(Arthaśāstra, 富論)에서 왕도정치의 이념으로 표방되었으며, 초기부터 불교에서 받아들여 anuttara(無上)란 수식어를 붙여 여기서처럼 '위없는 유가안은(anuttara yogakkhema)'이라는 표현으로 많이 나타나고 있다. — M1 §27의 주해에서

『상윳따 니까야』 제4권 「유가안은을 설하는 자 경」(S35:104) §2의 주해도 참조할 것.

236) '바꾸게 되기를.'은 PTS: nimmissaṁ(nis+√mā, *to measure*, Fut.1.Sg.) 대신에 nimissaṁ(ni+√mā) 혹은 VRI: nimiyaṁ(ni+√mā)으로 읽은 것이다. 주석서도 parivatteyyaṁ(바꾸게 되기를, Opt.1.Sg. — ThagA.i.98)으로 설명하고 있다. 빠알리 문헌과 불교 산스끄리뜨(BSD) 문헌에서 nimināti(바꾸다)와 nimmināti(만들어내다)와 혼동되어 사용되고 있다고 한다.(K.R. Norman, 128쪽 §32의 주해 참조) 노만 교수도 *shall exchange*로 옮겼다.

(devatānubhāva)으로 바람이 불고 비가 내려서 그들은 불을 붙이지 못하고 돌아갔다. 아이는 최악의 상태였지만 천신의 위신력으로 자궁으로부터 병 없이 태어났고 어머니는 죽었다. 그러자 천신이 인간의 모습(manussa-rūpa)을 하고 그 아이를 묘지기(susāna-gopaka)에게 데려다 주었으며 묘지기는 자신의 아들처럼 여겨서 키웠다. 그는 공동묘지에서 태어나고 자랐기 때문에(susāne jāta-saṁvaḍḍha-bhāvato) 소빠까(sopāka, 묘지에 사는 이)[237]라는 일반적 호칭이 있게 되었다.

아이가 일곱 살이 되었을 때 부처님을 뵙자 출가를 요청하였고 아버지인 묘지기의 허락으로 출가하였다. 세존께서는 그를 특별히 자애 수행(mettā-bhāvanā)에 몰두하게 하셨다. 그는 자애의 명상주제(mettā-kammaṭṭhāna)로 묘지에서 살면서 자애와 함께한 禪(mettā-jhāna)을 얻은 뒤 그 禪을 기초로 하여(pādakaṁ katvā) 위빳사나를 증장하여 아라한과를 얻었다. …
그는 아라한이 되어서 공동묘지에 사는 비구들(sosānika-bhikkhū)에게 자애 수행의 방법(mettā-bhāvanā-vidhi)을 보여주면서 이 게송을 말하였다."(ThagA.i.99~100)

다른 소빠까 장로(Th7:4)의 게송들이 본서 제2권 일곱의 모음 {480}~{486}으로 나타나고 있으니 참조하기 바란다.

33. "마치 사랑스러운 외동아들에 대해서
여인이 전적으로 그의 유익함을 바라는 것처럼
그와 같이 모든 곳에서 모든 생명들에 대해서[238]

---

237) 문자적으로 소빠까(sopāka)에서 소(so, Sk. śva)는 개를 뜻하고 빠까(pāka, √pac, *to cook*)는 조리된 것, 익은 것을 뜻하며 그래서 소빠까는 개고기를 먹는 자라는 의미이다. BDD는 *a dog-eater*로, PED 등은 *a man of a very low caste, an outcast*로 설명하고 있다. 여기에 대해서는 본서 제2권 일곱의 모음에 나타나는 다른 소빠까 장로(Th7:4)의 【행장】({480})을 참조할 것.

전적으로 그들의 유익함을 바라야 합니다.[239)]"[240)]

소빠까 장로 (끝)

4. 뽀시야 장로(Th1:34)

【행장】

"뽀시야 장로(Posiya thera)는 사왓티의 부유한 상인의 아들로 태어났다. 그는 상가마지 장로(Saṅgāmaji thera)[241)]의 동생이었

---

238) "'모든 곳에서 모든 생명들에 대해서(sabbesu pāṇesu sabbattha)'라는 것은 이와 같이 동쪽 방향 등으로 구분되는 모든 방향들에서(disāsu), 욕계 존재 등으로 구분되는 모든 존재들에 대해서(bhavesu), 젊은이 등으로 구분되는 모든 상태에 머무는(avatthāsu) 모든 중생들에 대해서(sattesu)라는 말이다."(ThagA.i.101)

239) '전적으로 그들의 유익함을 바라야 합니다.'는 sabbattha kusalo siya를 주석서를 참조해서 옮긴 것이다. 주석서는 "모든 중생들에 대해서 전적으로 이로움을 바라는(ekanta-hitesitā) 유익함을 가진 자(kusalī)가 되어야 한다."(ThagA.i.101)로 설명한다.

계속해서 주석서는 "친구(mitta)라거나 무관한 자(udāsī)라거나 원수(pañcatthika)라는 한계를 만들지 않고 한계를 부숨(sīmā-sambheda)을 통해서 모든 곳에서 하나의 맛(ekarasa)인 자애(mettā)를 수행할 것이다."(Ibid.)라는 뜻이라고 강조하고 있다.

240) "이 게송을 말한 뒤 그는 '만일 그대들 존자들이 이와 같이 자애수행(mettā-bhāvanā)을 닦기를 전념한다면 세존께서 [『앙굿따라 니까야』 제6권 「자애 경」(A11:16)에서] "편안하게 잠들고, 편안하게 깨어나고 …"(A11:16 §2)라는 등으로 11가지 자애의 이익(mettānisaṁsā)을 말씀하셨는데 전적으로 그들을 나누어 가지는 자가 되십시오.'라고 교계를 하였다."(ThagA.i.101)

11가지 자애의 이익은 이 「자애 경」(A11:16)과 이를 인용하고 있는 『청정도론』 IX.37~76을 참조할 것. 한편 『앙굿따라 니까야』 제5권 「자애 경」(A8:1)에는 여덟 가지로 나타난다.

241) VRI본에는 상가마지따 장로(Saṅgāmajita thera)로 나타난다. 그러나 DPPN도 뽀시야 장로가 상가마지 장로의 동생이라고 적고 있다.(DPPN *s.v.* Saṅ-gāmaji thera) 상가마지 장로에 대해서는 『우다나』 「상가마지 경」(Ud1:8) §1의 주해를 참조할 것.

다. 그는 적당한 나이가 되어 젊은 여인과 결혼하여 아이를 하나 낳았지만 태어남 등을 조건으로 하여 절박함(saṁvega)이 생겨 출가하였다. 그는 숲에서 홀로 머물면서 네 가지 진리를 명상주제로 하는 수행에 몰두하여 오래지 않아 위빳사나를 열성적으로 행하여 아라한됨을 얻었다고 한다. 장로의 일화는 『아빠다나』에도 나타나고 있다. …

아라한과를 얻은 뒤 세존께 절을 올리기 위해서 사왓티를 갔다가 친지들에 대한 연민으로 집에 들렀다. 거기서 전처를 만났고 전처가 처음에는 신도처럼 하다가 나중에는 여인처럼 처신하며 그를 유혹하려고 하였다. 장로는 '오, 눈먼 어리석은 여인이 나와 같은 사람에게도 이와 같이 처신을 하는구나.'라고 생각한 뒤 아무 말도 하지 않고 자리에서 일어나 숲으로 되돌아갔다. 숲속에 머무는 비구들이 사정을 묻자 설명하면서 이 게송을 읊었다."(Thag A.i.102)

34. "이 [여인]들은 아는 사람이
가까이 있지 않을 때가 항상 더 낫습니다.242)

242) "'이 [여인]들은 아는 사람이 / 가까이 있지 않을 때가 항상 더 낫습니다(anāsanna-varā etā niccameva vijānatā).'라고 하였다. 여인들은(itthiyo) 가까이 있지 않고(na āsannā) 다가가지 않고(anupagatā) 멀리서(dūre) 서있는 것이 남자에게는 더 낫고(varā) 뛰어나고(seṭṭhā) 이익을 가져다준다(hitāvahā)는 말이다. 이것은 참으로 '항상(niccameva)', 즉 모든 시간에 [적용되지] 밤에만 혹은 낮에만 혹은 한적한 곳에 있을 때만(raho-velāyapi) [적용되는 것이] 아니다.
이 뜻은 다음과 같다. 사나운 코끼리와 말과 물소와 사자와 호랑이와 약카와 도깨비와 유령들(caṇḍa-hatthi-assa-mahiṁsa-sīha-byaggha-yakkha-rakkhasa-pisācāpi)은 인간들이 접근하지 않는 것이 더 낫고 더 뛰어나다. [그들은 접근하지 않으면] 손해를 가져오지 않는다(na anatthāvahā). 물론 그들에게 접근하면 지금·여기에서 손해를 만들게 된다. 그러나 여인들은 접근하면 지금·여기에서(diṭṭha-dhammikaṁ)뿐만 아니라 미래에서까지(samparāyikaṁ) 해탈을 의지하는 이익(vimokkha-nissita attha)까지도 파멸시킨 뒤 큰 손해(anattha)를 가져온다. 그러므로 그들은 가까이

마을에서 숲으로 왔다가
거기서 [다시] 집으로 들어갔습니다.
거기서 일어나서 뽀시야는243)
아무 말 하지 않고 떠나왔습니다."

뽀시야 장로 (끝)

5. 사만냐까니 장로(Th1:35)

【행장】

"사만냐까니 장로(Sāmaññakāni thera)는 유행승의 아들로 태어났다. 그는 사리를 분별하는 나이가 되어 스승님의 쌍신변을 보고 마음에 청정한 믿음이 생겨 교법에 출가하였다. 그는 자신의 기질에 적합한 명상주제를 받아서 禪을 성취하였고 그 禪을 기초로 하여 위빳사나를 증장시켜 아라한됨을 얻었다. 장로의 일화는 『아빠다나』에도 나타나고 있다. …

장로의 재가 때 친구였던 까띠야나라는 유행승(Kātiyāna nāma paribbājaka)은 아지와까(Ājīvaka)였는데 장로에게 다가와서 '그대들은 큰 이득과 으뜸가는 명성과 으뜸을 얻었기 때문에(mahā-lābh-aggayas-aggappattā) 행복하게 살지만 우리는 괴롭고 불행하게 삽니다. 어떻게 도를 닦으면(paṭipajjamāna) 지금·여기와 미래의 행복을 얻을 수 있습니까?'라고 물었다. 그러자 장로는 '방편을 여의고(nippariyāyato) 보자면 오직 출세간적인 행복(lokuttara-sukha)이 [진정한] 행복입니다. 그것과 그것에 어울리는 도닦음을 실천하는 자에게 [행복은 얻어집니다.]'라고 자신

있지 않을 때가 더 낫다(anāsanna-varā)고 늘 알려져 있다. 이제 이 뜻을 자신에게 적용시켜서 보여주면서 '마을에서 숲으로 왔다가(gāmā araññam āgamma …'라는 등을 말하였다."(ThagA.i.102～103)

243) "여기서 '뽀시야는(Posiyo)'은 자신을 타인처럼(paraṁ viya) 말한 것이다."(ThagA.i.103)

이 증득한 상태를 방편에 의해서(pariyāyena) 설명하면서 본 게송을 읊었다.(ThagA.i.104) … 그리고 이것은 장로가 구경의 지혜를 천명한 것이 되었다."(ThagA.i.105)

35. "행복을 추구하는 [사람은][244] 이것을 실천하여
행복[245]을 얻고 찬탄을 받고 평판을 증가시킵니다.
그것은 성스럽고 여덟 가지 구성요소를 가졌고
올곧고 반듯하나니
죽음 없음[不死]을 얻기 위해서
그는 그 도를 수행합니다.[246]"[247]

---

244) '행복을 추구하는 [사람은]'은 sukhattho를 옮긴 것이다. 주석서는 "행복을 목적으로 하는 [사람]인데(sukha-ppayojano) 여기 [본 게송]에서 언급하는 행복(yathāvutta sukha)을 찾는 사람(atthika)을 말한다."(ThagA.i.104)라고 설명하고 있어서 이렇게 옮겼다.

245) "여기서 '행복(sukha)'은 세속을 여읜 행복(nirāmisa sukha)을 말한다. 그리고 그것은 과의 증득(phala-samāpatti)과 열반이다. [『디가 니까야』 제3권 「십상경」(D34)에서] "이 삼매는 현재에도 행복한 것(paccuppanna-sukha)이고 미래에도 행복의 과보를 가질 것(sukha-vipāka)이다."(D34 §1-6 (8))라고 하셨고 [『법구경』에서] "열반은 궁극적 행복(parama sukha)이다."(Dhp.30 {203} 등)라고 하셨기 때문이다."(ThagA.i.104)

246) "'그것은 성스럽고 여덟 가지 구성요소를 가졌고 / 올곧고 반듯하나니 / 죽음 없음[不死]을 얻기 위해서 / 그는 그 도를 수행합니다(yo ariyam aṭṭh-aṅgikam añjasaṁ ujuṁ, bhāveti maggaṁ amatassa pattiyā).'라고 하였다. 이 뜻은 다음과 같다.

[여덟 가지 구성요소를 가진 성스러운 도[八支聖道 = 팔정도]는] ① 오염원들을 멀리 여의었기 때문에(kilesehi ārakattā) 청정하다(parisuddha)는 뜻에서, ② 도닦음을 실천하는 자들(paṭipajjantā)의 성스러움을 행함(ariya-bhāva-karaṇa)이라는 뜻에서 '성스럽다(ariyaṁ).' 바른 견해[正見] 등의 여덟 가지 구성요소들이 모인 것[群集]이기 때문에(samudāyatāya) '여덟 가지 구성요소를 가졌다(aṭṭhaṅgikaṁ).' 양극단을 여읜 중도의 상태(antadvaya-rahita-majjhima-paṭipatti-bhāva)이기 때문에 비뚤어지지 않았다는 뜻(akuṭilaṭṭha)에서 '올곧다(añjasaṁ).' 몸의 구부러진 상태 등을 제거하였기 때문에(kāya-vaṅkādi-ppahānato) '반듯하다(ujuṁ).'

사만냐까니 장로 (끝)

6. 꾸마뿟따 장로(Th1:36)

【행장】

"꾸마뿟따 장로(Kumāputta thera)는 아완띠 지역(Avanti-raṭṭha)의 웰루깐따까 도시(Veḷukaṇṭaka-nagara)에서 장자의 가문에 태어났으며 그의 이름은 난다(Nanda)였다. 그는 어머니가 꾸마(Kumā)였기 때문에 꾸마뿟따, 즉 꾸마의 아들이라 불리게 되었다. 그는 사리뿟따 존자의 곁에서 법을 듣고 청정한 믿음을 얻어 출가하였다. 그는 미리 해야 할 일을 하고 국경에 있는 산기슭(pariyanta-pabbatapassa)에서 사문의 법을 실천하였지만 특별함을 이룰 수가 없었다. 그래서 그는 세존께 다가가서 법을 듣고 명상주제를 청정하게 하여(sodhetvā) 적합한 곳(sappāyaṭṭhāna)에 살면서 위빳사나를 증장시켜 아라한됨을 실현하였다. 장로의 일화는 『아빠다나』에도 나타나고 있다. …

열반을 목적으로 하는 자들(nibbānatthikā)을 위해서 길이 되어야 한다는 뜻(magganiyaṭṭha)에서, 그리고 오염원들을 죽이면서(kilese mārenta) 가는 것이라는 뜻에서 '도(maggaṁ)'라는 이름을 얻은 괴로움의 소멸로 인도하는 도닦음(dukkha-nirodha-gāmini-paṭipadā)이다.
'죽음 없음[不死]을(amatassa)': 형성되지 않은 요소를(asaṅkhatāya dhātu-yā). '얻기 위해서(pattiyā)': 증득하기 위해서(adhigamāya). '그는(yo)': 그 사람은(puggalo). '수행한다(bhāveti)': 자신의 흐름(santāna)에서 일어나게 하고 증장하게 한다(uppādeti vaḍḍheti ca).
그는 방편을 여읨에 의해서(nippariyāyena), '행복을 추구하는 [사람은] 이것을 실천하여(sukhattho tadācaraṁ)'라고 하였다. 이렇게 하여 앞에서 설한 행복을 얻는다."(ThagA.i.105)

247) "이것을 듣고 유행승은 마음에 청정한 믿음이 생겨 출가한 뒤 바르게 도닦음을 행하여(sammā paṭipajjanto) 오래지 않아 위빳사나를 증장시켜 아라한됨을 얻었다."(ThagA.i.105)

죽음 없음이요 궁극적 행복인 열반을 실현하기 위해서 팔정도를 실천하는 것이 부처님의 교법이라는 옛 친구의 말을 듣고 유행승은 감격하여 부처님 제자로 출가하여 아라한됨을 얻었다는 말이다.

그는 아라한됨을 얻은 뒤 숲에서 몸을 강골로 만들기에 급급한 (kāya-daḷhi-bahulā) 비구들을 보고 그들을 교계하면서 교법이 출리(出離)로 인도하는 상태(niyyānika-bhāva)를 설명하면서 본 게송을 읊었다."(ThagA.i.105~106)

36. "들음[248]은 훌륭한 것이고
[그것을] 행함은 훌륭한 것이며
집 없이 머묾[249]은 항상 훌륭한 것입니다.

---

248) "'들음(suta)'이란 배움(savana)이다. 이것은 윤회를 벗어남의 강하게 의지하는 [조건]인데(vivaṭṭ-ūpanissita) 특별히 소욕(少欲, appicchatā)과 연결된 열 가지 담론의 주제(dasa-kathā-vatthu)를 배움이 여기서 뜻하는 것이다."(ThagA.i.106)

소욕과 연결된 열 가지 담론의 주제(dasakathāvatthu)는 『맛지마 니까야』 제4권 「공(空)에 대한 긴 경」(M122) §12에서 '오염원을 지워 없애고 마음을 활짝 여는 데 도움이 되는 이야기(kathā abhisallekhikā ceto-vivaraṇa-sappāyā)'로 나타나며, 이것은 『앙굿따라 니까야』 제3권 「유학 경」 2(A5:90) §6과 제5권 「메기야 경」(A9:3) §10과 제6권 「꼬살라 경」 2(A10:30) §9와 『우다나』 「메기야 경」(Ud4:1) §10 등에도 나타난다. 「메기야 경」(Ud4:1) §10을 인용하면 다음과 같다.

"다시 메기야여, 여기 비구는 완전한 염오로, 탐욕의 빛바램으로, 소멸로, 고요함으로, 최상의 지혜로, 바른 깨달음으로, 열반으로 인도하는 엄격하고 마음을 여는 데 도움이 되는 이야기, 즉 소욕에 대한 이야기, 지족에 대한 이야기, 한거(閑居)에 대한 이야기, [재가자들과] 교제하지 않음에 대한 이야기, 열심히 정진함에 대한 이야기, 계에 대한 이야기, 삼매에 대한 이야기, 통찰지에 대한 이야기, 해탈에 대한 이야기, 해탈지견에 대한 이야기 등을 원하기만 하면 얻을 수 있고, 힘들이지 않고 얻을 수 있고, 어려움 없이 얻을 수 있다. 메기야여, 이것이 아직 성숙하지 않은 마음의 해탈을 성숙하게 하는 세 번째 법이다."(Ud4:1 §10)

『청정도론』의 복주서인 『빠라맛타만주사』는 이것을 "소욕, 지족, 한거(閑居), 교제하지 않음, 정진을 시작함, 계, 정, 혜, 해탈, 해탈지견(appicchatā, santuṭṭhi, paviveka, asaṁsagga, vīriyārambha, sīla, samādhi, paññā, vimutti, vimutti-ñāṇa-dassana)"(Pm.59)으로 정리하고 있다.

249) "'집 없이 머묾(aniketa-vihāra)'이라 하였다. 오염원들이 거주하는 장소라는 뜻에서(nivāsana-ṭṭhān-aṭṭhena) 다섯 가닥의 감각적 쾌락들을, 혹은

이치에 대해서 질문하고[250]

세속적인 여섯 가지 대상인 법들(chaḷārammaṇa-dhammā)을 집(niketa)이라 한다.

[마하깟짜나 존자가 『상윳따 니까야』 제3권 「할릿디까니 경」 1(S22:3)에서] "형색의 표상이라는 거처(집)에서 배회하고 묶이는 것(rūpanimitta-niketa-visāra-vinibandhā)을 거처에서 유행한다(niketa-sārī)고 합니다. 소리의 표상이라는 … 냄새의 표상이라는 … 맛의 표상이라는 … 감촉의 표상이라는 … 법의 표상이라는 거처(집)에서 배회하고 묶이는 것을 거처에서 유행한다고 합니다."(S22:3) §6)라는 등을 말하였기 때문이다."(ThagA.i.106)

여기서 '형색의 표상이라는 거처에서 배회하고 묶이는 것'은 rūpa-nimitta-niketa-visāra-vinibandhā라는 긴 합성어를 풀어서 옮긴 것이다. 『상윳따 니까야 주석서』는 다음과 같이 설명하고 있다.

"'형색(rūpa)' 그 자체는 오염원들의 조건이 된다는 뜻에서 '표상(nimitta)'이다. 그리고 이것은 [알음알이의] 대상이 되기 때문에 [알음알이가] 거주하는 장소라는 뜻(ārammaṇa-kiriya-saṅkhāta-nivāsana-ṭṭhānaṭṭha)에 의해서 '거처(niketa)'라고 한다. 그래서 형색의 표상이라는 거처가 된다. 그리고 [배회하고 묶이는 것으로 옮긴] visāra-vinibandha는 '배회함(visāra)'과 '묶임(vinibandda)'으로 분석된다. 그래서 전체적으로는 형색의 표상이라는 거처에서 배회하고 묶이는 것이 된다. 그래서 이것은 형색의 표상이라는 거처에서 생겨난 오염원의 배회(kilesa-visāra)와 오염원의 묶임(kilesa-bandhana)이라는 뜻이다."(SA.ii.259~260)

그리고 '표상'은 nimitta를 옮긴 것이다. 표상으로 옮긴 니밋따(nimitta)는 ni(아래로)+√mā(*to measure*)에서 파생된 중성명사이다. 초기불전과 특히 주석서 문헌에서는 니밋따(nimitta)라는 술어가 아주 많이 나타나는데 ① 신호, 표시, 징조, 조짐 등의 뜻으로도 쓰이고(영어의 *sign*) ② 외관, 흔적, 자국, 특성, 성질 등의 뜻으로도 쓰이며(영어의 *mark*) ③ 영상, 잔영, 표상 등의 뜻으로도 쓰인다.(영어의 *image*) 주석서 문헌에서는 세 번째 의미로 많이 나타난다. 왜냐하면 이 의미로 쓰이는 표상은 특히 삼매 수행에서 아주 중요한 역할을 하기 때문이다. 본삼매의 증득은 준비단계의 표상, 익힌 표상, 닮은 표상이라는 세 단계를 거쳐서 이루어진다고 주석서 문헌들은 설명하고 있다. 여기에 대해서는 『아비담마 길라잡이』 제9장 §5 이하의 [해설]들을 참조할 것.

초기불전연구원에서는 여러 문맥에서 나타나는 nimitta를 모두 표상으로 통일해서 옮기고 있는데, 『디가 니까야 주석서』에서 "인식의 원인(sañjānana-hetu)이 되기 때문에 '표상(nimitta)'이라 한다."(DA.ii.500)고 설명하고 있듯이 모든 종류의 인식은 대상이 드러내는 혹은 대상을 통해서 생기는 표

오른쪽으로 [세 번] 돌아 [경의를] 표하는 일251) —
이것이 무소유인 자의 출가 생활252)입니다."

꾸마뿟따 장로 (끝)

7. 꾸마뿟따 장로의 도반인 [수닷따] 장로(Th1:37)

【행장】

여기서 꾸마뿟따 장로의 도반인 장로(Kumāputtattherassa sahāya

상을 통해서 일어나는 것이기 때문이다.(여기에 대해서는 『상윳따 니까야』 제3권 「나꿀라삐따 경」(S22:1) §12의 주해도 참조할 것.) 표상은 한문의 表相 혹은 表象을 염두에 두고 한글로 표기한 것이다.

250) "'이치에 대해서 질문하고(attha-pucchanaṁ)'라고 하였다. 이것은 선우(kalyāṇa-mitta)에게 다가가서 지금・여기에 속하고 미래에 속하는 궁극의 이치[勝義, paramattha, 궁극적 실재]로 구분되는 것에 대해서 질문하는 것을 말한다. 혹은 유익함 등으로 분류되는 이치(kusalādi-bheda attha)에 대해서, 즉 고유성질을 가진 법(sabhāva-dhamma)에 대해서 [『맛지마 니까야』 제4권 「업 분석의 짧은 경」(M135)에서] '존자시여, 무엇이 유익한 것입니까? 무엇이 해로운 것입니까? 무엇이 비난받을 일입니까?'(M135 §17)라고 질문하는 것이 '이치에 대해서 질문하는 것'이다."(ThagA.i.106)

251) '오른쪽으로 [세 번] 돌아 [경의를] 표하는 일'은 padakkhiṇa-kammaṁ을 옮긴 것이다. 4부 니까야의 140군데 정도에서는 padakkhiṇaṁ katvā로 나타나는데 초기불전연구원에서는 '오른쪽으로 [세 번] 돌아 [경의를 표한] 뒤에'로 옮기고 있다. 주석서에서 "세 번(tikkhattuṁ) 오른쪽으로 돌고 열 손가락을 가지런히 모아 머리에 합장하고 …"(DA.i.237) 등으로 마음을 다해 경의를 표하는 것으로 설명하고 있기 때문이다. 그래서 여기서도 '오른쪽으로 [세 번] 돌아 [경의를 표하는] 일'로 옮겼다.

252) "'이것이 무소유인 자의 출가 생활입니다(etaṁ sāmaññaṁ).'라고 하였다. '들음은 훌륭한 것이고'라는 등으로 말한 그 들음(suta)과 그것을 행함(carita)과 집이 없이 머묾(aniketa-vihāra)과 이치에 대해서 질문함(attha-pucchana)과 오른쪽으로 [세 번] 돌아 [경의를] 표하는 일(padakkhiṇa-kamma)이 출가 생활(sāmañña)이고 사문의 삶(samaṇa-bhāva)이다. 이 도닦음(paṭipadā)에 의해서 사문의 삶이 있고 다른 것에 의해서가 아니다. 그러므로 출가 생활이란 방편을 여의고 [설명하면](nippariyāyato) 도와 과의 동의어(adhivacana)이다."(ThagA.i.106~107)

-ka thera)는 수닷따(Sudatta, 혹은 Sudanta)라고 주석서는 밝히고 있으며 와술라(Vāsula)라고도 불리었다고 한다.(ThagA.i.107) 그래서 이 장로의 명칭을 '꾸마뿟따 장로의 도반인 [수닷따] 장로'로 표기하였다.
그는 아완띠 지역(Avantiraṭṭha)의 웰루깐따까 도시(Veḷukaṇṭaka-nagara)에서 태어났으며 절친한 친구였던 꾸마뿟따가 출가하자 그도 발심하여 출가하였다. 그는 꾸마뿟따 존자와 함께 국경 지역의 산에 머물렀는데 많은 비구들이 국경을 넘나들고 여러 지역으로 유행을 하면서 시끄럽게 소란을 피우는 것(kolāhala)을 보고 절박함이 생겨(saṁvegajāta) 그 절박함을 자신의 마음을 길들이는 갈고리(aṅkusa)로 삼아서 본 게송을 읊었다. 이렇게 하여 그는 아라한과를 얻었다고 한다. 장로의 일화는 『아빠다나』에도 나타나고 있다.(ThagA.i.108)

계속해서 주석서는 이렇게 설명하고 있다.
"이처럼 장로는 이 의미를 갈고리로 삼아서 아라한됨을 얻었다. 그는 이 의미를 가슴에 놓아두고(hadaye ṭhapetvā) 아라한됨을 얻은 뒤에도 이 게송을 읊었다. 그러므로 이것은 장로의 구경의 지혜를 천명하는 것이 되었다."(ThagA.i.109)

37. "여러 지방으로 다니고
자제함이 없이 돌아다니고
그리고 삼매도 놓쳐버린다.[253)]

---

253) "'삼매도 놓쳐버린다(samādhiñca virādhenti).'라는 것은 모든 인간의 법을 넘어섬(uttari-manussadhamma)의 뿌리가 되며 근접삼매와 본삼매로 구분되는(upacār-appanā-bheda) 삼매를 놓쳐버린다는 말이다."(ThagA.i.108)
『앙굿따라 니까야 주석서』는 이렇게 설명한다.
"'인간의 법을 넘어섰고(uttari manussadhammā)'라는 것은 열 가지 유익한 업의 길[十善業道, dasa-kusala-kammapatha]이라 불리는 인간의 법을 넘어섰다는 뜻이다. 이 열 가지 법은 이것을 갖추도록 고무하는 다른 자가 그렇다면 왕국을 순례하는 것이 무슨 소용이 있는가?
그러므로 뻔뻔스러움을 버리고
혼란하지 않으며[254] 참선을 해야 한다.[255]"

꾸마뿟따 장로의 도반인 [수닷따] 장로 (끝)

8. 가왐빠띠 장로(Th1:38)

【행장】

가왐빠띠 장로(Gavampati thera)는 야사 장로[256]의 네 명의 재가 때 친구들(gihi-sahāyā) 가운데 한 사람이다. 율장에 의하면 가왐빠띠 존자는 바라나시의 상인(seṭṭhi)의 아들이었다.(Vin.i.18) 그는 야사 존자가 출가했다는 소식을 듣고 다른 친구들과 함께 세존의 곁으로 갔다. 스승님께서는 그에게 법을 설하셨다. 그는 설법이 끝나자 친구들과 함께 아라한됨에 확립되었다. 장로의 일

없어도 무기(武器)의 중간겁(satthantara-kappa, D26 §21의 주해 참조)이 끝날 때 절박함이 생긴 인간들이 스스로 갖추게 되기 때문에 인간의 법(manussa-dhamma)이라 한다. 여기서 인간의 법을 넘어선 것은 禪과 위빳사나와 도(magga)와 과(phala)라고 알아야 한다."(AA.i.58)

한편 주석서는 uttari-manussa-dhamma에 대한 다음의 두 가지 해석을 제시하고 있다는데 역자는 후자로 이해하였다.
"① 인간을 넘어선 [부처님 등이 증득하신, DAṬ.i.507] 법(uttarimanussā-naṁ dhamma), ② 10선(善)이라 불리는 인간의 법을 넘어선(dasakusala-saṅkhātato vā manussadhammato uttari)"(DA.ii.388)

254) "'혼란하지 않으며(apurakkhato)'라는 것은 그릇된 생각들(micchā-vitakkā)이나 갈애 등(taṇhādi)에 의해서 혼란하지 않고라는 말로, 이들의 지배(vasa)를 받지 않고 오직 명상주제를 마음에 잡도리해야 한다는 뜻이다."(ThagA.i.108)

255) "'참선을 해야 한다(jhāyeyya).'라고 하였다. 대상을 정려(靜慮)함(ārammaṇ-ūpanijjhāna)과 [무상·고·무아의] 특상을 정려함(lakkhaṇ-ūpanijjhā-na)에 의해서 두 가지 禪으로 참선을 해야 한다는 말이다."(ThagA.i.108)

256) 야사 장로(Yasa thera)에 대해서는 본서 하나의 모음 {117}의 【행장】을 참조할 것.

화는 『아빠다나』에도 나타나고 있다. … (ThagA.i.109~110)
율장에 의하면 그는 깟사빠 부처님 시대에 어떤 아라한이 땡볕에 앉아 공양을 하는 것을 보고 그의 거처를 마련해 드리고 그 앞에 시리사(sirīsa) 나무를 심었다고 한다. 그 공덕으로 그는 사대왕천에 태어났으며 그의 궁전은 세리사까(Serīsaka)로 불리게 되었다고 한다.(Vin.i.18~19)

가왐빠띠 존자는 『디가 니까야』 제2권 「빠야시 경」(D23) §§33~34에도 나타난다. 문자적으로 가왐빠띠(Gavampati)는 소들의(gavam) 주인(pati)이라는 의미이다. 그래서 『디가 니까야 주석서』에는 다음과 같이 나타난다.
"가왐빠띠 존자는 옛적에 인간으로 태어났을 때 소치는 자(gopāla)의 장남으로 태어났다. 그는 큰 시리사 나무 아래를 깨끗하게 하고 개미집을 제거하여 어떤 걸식하는 장로를 그 나무 아래 앉게 하여 자신이 얻은 음식을 공양하였다. 이런 공덕으로 거기서 죽어서 [신의 아들이 되어] 은으로 된 천상의 궁전(vimāna)에 태어났고 시리사 나무가 그 천상의 궁전의 문에 서있었다. 그 나무는 50년 동안 열매를 맺었다. 그러자 '50년이나 흘렀구나.' 하고 신의 아들은 절박함이 생겨서 우리 세존 재세 시에 인간으로 태어나서 스승님의 설법을 듣고 아라한이 되었다. 그는 전생의 습관대로 낮 동안의 머묾을 위해서 그 천상의 궁전으로 계속해서 갔다."(DA.iii.814)

사성제를 언급할 때 『상윳따 니까야』 제6권 「가왐빠띠 경」(S56:30)에서 가왐빠띠 존자가 설명하고 있는 다음 구절이 자주 인용된다.
"도반들이여, 저는 이것을 세존의 면전에서 듣고 세존의 면전에서 받아 지녔습니다.
'비구들이여, 괴로움을 본 사람은 괴로움의 일어남도 보고 괴로움의 소멸도 보고 괴로움의 소멸로 인도하는 도닦음도 본다. 비구들이여, 괴로움의 일어남을 본 사람은 괴로움도 보고 괴로움의 소멸도 보고 괴로움의 소멸로 인도하는 도닦음도 본다. 비구들이여, 괴로움의 소멸을 본 사람은 괴로움도 보고 괴로움의 일어남도 보고 괴로움의 소멸로 인도하는 도닦음도 본다. 비구들이여, 괴로움의 소멸로 인도하는 도닦음을 본 사람은 괴로움도 보고 괴로움의 일어남도 보고 괴로움의 소멸도 본다.'[257]라고."(S56:30 §4)

『테라가타 주석서』에 의하면 여기 {38} 게송은 그의 덕스러움을 드러내기 위해서 세존께서 읊으신 것이다. 주석서는 이렇게 설명한다.

"그때 어느 날 스승님께서는 많은 신들의 회중 가운데 앉으신 뒤에 법을 설하고 있는 장로를(desentaṁ theraṁ) 보시고 세상에 대한 연민(lokānukampā)으로 그의 덕스러움들(guṇā)을 설명하기 위해서 그를 칭찬하시면서(pasaṁsanta) 본 게송을 읊으셨다." (ThagA.i.110)

계속해서 주석서는 이렇게 설명한다.

"게송이 끝나자 많은 사람들은 법을 관통하였다. 장로는 [자신의] 구경의 지혜를 천명하면서 '나는 스승님을 숭배할 것입니다.' 라고 하면서 이 게송을 읊었다."(ThagA.i.111)

이렇게 해서 본 게송은 가왐빠띠 장로의 게송으로 본서에 결집이 된 것이다. 여기서 법의 관통[諸法現觀, dhammābhisamaya]이란 "사성제인 법의 지혜와 함께 관통함(catusaccadhammassa ñāṇena saddhiṁ abhisamayo)"(DAṬ.ii.84)이라고 주석서는 설명하고 있다.

---

257) ' ' 안의 이 문단은 사성제를 언급할 때 많이 인용되는 부분이지만, 니까야의 다른 곳에는 나타나지 않는다. 그러나 『청정도론』 XXII.93에 인용되어 나타나고 있는데, 이것은 진리를 관통할 때 사성제에 대한 네 가지 지혜의 각각은 한 순간에 철저하게 앎(pariññā), 버림(pahāna), 실현(sacchikiriyā), 닦음(bhāvanā)이라는 네 가지 역할을 한다는 경전적인 근거로 인용되어 있다. 논장의 『까타왓투』(Kv.220)도 참조할 것.

38. [세존]

"신통으로 사라부 강을 멈추게 만들었던[258]
그 가왐빠띠는 집착이 없고 동요가 없다.[259]
모든 결박을 극복하고[260] 존재의 저 언덕[彼岸]에 도달한
그런 대성자를 신들은 예배한다.[261]"

가왐빠띠 장로 (끝)

---

258) 『테라가타 주석서』에 의하면 가왐빠띠 존자가 아라한이 된 뒤에 해탈의 행복을 체득하면서 사께따(Sāketa)에서 안자나 숲(Añjana-vana)에 머물고 있었다. 그때 세존께서는 많은 비구 승가와 함께 사께따의 안자나 숲에 도착하셨다. 그래서 거주처가 부족하자 많은 대중들이 그곳 옆으로 흐르던 사라부 강(Sarabhu nadi)의 모래 언덕에서 자고 있었는데 강에 폭류(udakogha)가 밀려와 사미 등이 아우성을 치고 있었다. 그때 세존께서 가왐빠띠 존자에게 수습을 명하시자 존자는 신통력으로 폭류를 가라앉혔다고 한다. 그래서 존자의 신통의 힘이 세상에 알려지게 되었다. 그러던 어느 날 세존께서는 많은 천신들의 회중에 앉아서 법을 설하고 있는 장로를 보시고 세상에 대한 연민으로 그의 공덕들(guṇā)을 드러내어 설명하시기 위해서(vibhāvanatthaṁ) 본 게송을 읊으셨다고 한다.(ThagA.i.110)

259) "'집착이 없고(asito)'라는 것은 갈애와 사견에 의지함에서 벗어났다(taṇhā-diṭṭhinissaya-rahita)는 말이다. 혹은 속박이라 불리는(bandhana-saṅkhātā) 모든 족쇄들(sabba-saṁyojanā)을 뿌리 뽑았기 때문에 어떤 속박에도 묶이지 않았다(abaddha)는 뜻이다. 그래서 동요(ejāna)인 오염원들(kilesā)이 존재하지 않기 때문에 '동요가 없다(anejo).'"(ThagA.i.110)

260) "'모든 결박을 극복하고(sabba-saṅgātigataṁ)'라고 하였다. 그런 자는 역시 모든 탐욕과 성냄과 어리석음과 자만과 사견의 결박들(rāga-dosa-moha-māna-diṭṭhi-saṅgā)을 넘어서서 확고하기 때문에(atikkamitvā ṭhitattā) 모든 결박을 극복했다고 한다."(ThagA.i.110~111)

이 다섯 가지 결박(saṅga)에 대해서는 본서 {15}의 해당 주해를 참조할 것.

261) "무학의 성자(asekkha-muni)가 되었기 때문에 '대성자(mahā-muni)'이다. 그는 거기서 감각적 쾌락과 업의 존재 등으로 구분되는(kāmakamma-bhavādi-bheda) 모든 존재의 저 언덕(pāra)인 열반으로 갔기 때문에 '존재의 저 언덕[彼岸]에 도달한(bhavassa pāraguṁ)'이다. '신들은 예배한다(devā namassanti).'고 하였다. 신들도 이분에게 예배하는데 다른 사람들은(itarā pajā) 말해서 무엇 하겠는가?"(ThagA.i.110~111)

9. 띳사 장로(Th1:39)

【행장】

본 게송을 읊은 띳사 장로(Tissa thera)는 세존의 고모(pitucchā)인 아미따(Amitā)의 아들이었고 그래서 세존의 고종사촌(pitucchā-putta)이 된다.(ThagA.i.111) 『상윳따 니까야』 제3권에는 그가 세존의 고종사촌임을 밝히는 두 개의 「띳사 경」(S21:9; S22:84)이 전승되어 온다. 주석서에 의하면 이 가운데 그는 「무더기 상윳따」(S22)의 「띳사 경」(S22:84)을 듣고 정진하여 며칠 뒤에 아라한이 되었다고 한다.(SA.ii.310)

『테라가타 주석서』는 이렇게 설명한다.

"그는 세존을 따라서 출가한 뒤 구족계를 받고 숲의 장소에서 머물면서 태생(jāti)에 기인한 자만을 드러내고 분노와 절망이 많았고(kodhupāyāsa-bahula) 남을 많이 헐뜯으며(ujjhāna-bahula) 지냈으며 사문의 법에는 열성을 보이지 않았다. 그때 어느 날 스승께서는 그가 낮 동안에 입을 벌리고(vivaṭa-mukha) 잠들어 있는 것을 천안(天眼, dibba-cakkhu)으로 보시고 사왓티에서 허공으로 가셔서 그의 위쪽 허공에 서서 광채로 가득 차게 하셨다(obhāsaṁ pharitā). 그 광채로 그가 깨어나자 마음챙김을 일으키도록 하신 뒤에 교계를 주시면서 본 게송을 읊으셨다. …

장로는 이 게송을 듣고 절박한 가슴으로(saṁvigga-hadaya) 위빳사나에 몰두하고 몰입하여 머물렀다. 그의 성향을 아시고 스승님께서는 『상윳따 니까야』 제3권 「띳사 경」(S22:84)을 설하셨다. 가르침이 끝나자 그는 아라한됨에 확립되었다. 장로의 일화는 『아빠다나』에도 나타나고 있다. …"(ThagA.i.111~112)

한편 Tissa/tissa라는 단어로 검색을 해보면 DPPN에만 Tissa라는 이름이 모두 47번 정도 나타나고 그중 14번째가 본 게송의 띳사 장로이다. 여성명사(Tissā)로는 10번이 나타나고 있다.

39. [세존]

"칼이 내리꽂혀 오는 것처럼[262]
머리에 불이 붙은 것처럼
감각적 쾌락에 대한 탐욕을 제거하기 위해서
비구는 마음챙겨 유행을 해야 한다."[263] [264] (={1162})

---

262) '칼이 내리꽂혀 오는 것처럼'은 sattiyā viya omaṭṭho를 옮긴 것이다. 주석서는 칼로 찌르는 행위를 내리꽂음(omaṭṭha), 쳐올림(ummaṭṭha), 꽂음(maṭṭha), 칼질함(vimaṭṭha)의 네 가지로 분류하여 설명하고 있다. ① 위에 서서 아래로 가격하는 것(upari ṭhatvā adhomukhaṁ dinna-pahāro)을 내리꽂음이라 하고 ② 아래에 서서 위를 향해 가격하는 것(heṭṭhā ṭhatvā uddhammukhaṁ dinna-pahāro)을 위로 쳐올림이라 하고 ③ 못을 박는 것처럼 꿰뚫어서 타격하는 것(aggaḷa-sūci viya vinivijjhitvā gato)을 꽂음이라 하고 ④ 그 외 모든 것은(seso sabbopi) 칼질함이라 한다고 하면서 여기서는 ① '내리꽂음(omaṭṭha)'을 취하면 된다고 설명한다.(ThagA.i.111~112)

263) "아라한됨을 얻은 뒤 장로는 [자신의] 구경의 지혜를 천명하면서 스승님께 예배드리기 위해서(pūjetuṁ) 이 게송을 [따라] 읊었다."(ThagA.i.112)

264) 본 게송은 본서 제3권 예순의 모음에 들어있는 마하목갈라나 장로(Th60:1)의 게송 가운데 {1162}로도 나타난다. 그리고 『상윳따 니까야』 제1권 「칼 경」(S1:21) §2의 {51}과 「와수닷따 경」(S2:16) §2의 {301}로도 나타나는데, 「칼 경」(S1:21)의 {51}번 게송은 살펴볼 필요가 있다. 이 경에서 어떤 천신이 세존께 와서 이렇게 게송으로 말을 한다.

"칼이 내리꽂혀 오는 것처럼
머리에 불붙은 것처럼
감각적 쾌락에 대한 탐욕을 버리기 위해
비구는 마음챙겨 유행을 해야 합니다."(S1:21 §2 {51})

여기에 대해서 세존께서는 이렇게 게송으로 답변을 하셨다.

"칼이 내리꽂혀 오는 것처럼
머리에 불붙은 것처럼
[불변하는] 자신이 존재한다는 견해[有身見] 버리기 위해
비구는 마음챙겨 유행을 해야 하노라."(S1:21 §3 {52})

첫 번째 게송으로 천신은 감각적 쾌락을 버릴 것을 주장했고, 세존께서는 두

띳사 장로 (끝)

10. 왓다마나 장로(Th1:40)

【행장】

"왓다마나 장로(Vaḍḍhamāna thera)는 웨살리에서 릿차위의 왕의 가문(Licchavi-rājakula)에 태어났다. 그는 적당한 나이가 되

번째 게송에서 유신견을 버릴 것을 말씀하고 계신다. 그런데 한 가지 살펴볼 점은 성자의 경지에서 보자면 감각적 쾌락을 버리는 것은 세 번째 단계의 성자인 불환도에 의해 성취되고, 유신견을 버리는 것은 첫 번째 단계의 성자인 예류도에 의해 성취된다는 데 있다. 이렇게 되면 천신의 주장이 더 높은 경지를 얻는 것이 되어버린다. 이것을 어떻게 이해해야 할까? 여기에 대해서 주석서는 다음과 같은 멋진 설명을 하고 있다.

"세존께서는 생각하셨다. '이 천신은 비유는 아주 강하게 들지만 그 뜻은 아주 제한적이다. 그가 계속적으로 말하고 있지만 그는 감각적 쾌락을 단지 [삼매에 들어] 억압을 통해서 버리는 것(vikkhambhana-pahāna)을 말하고 있을 뿐이다. 그런데 감각적 쾌락이 불환도에 의해 완전히 뿌리 뽑히지 않는 한(na samugghāṭiyati) 거기에 묶여있는 것(anubaddha)이 된다.'라고 하시면서 천신이 들었던 비유를 가지고 첫 번째 도인 예류도(paṭhama-magga)에 대한 가르침으로 인도하시기 위해서 두 번째 게송을 읊으신 것이다."(SA.i.48)

삼매 혹은 초선 이상의 경지에 들면 감각적 쾌락은 제일 먼저 극복이 된다. 그러나 삼매에서 나오면 감각적 쾌락은 다시 일어난다. 삼매에 의해 억압되었을 뿐이지 뿌리가 완전히 뽑힌 것은 아니기 때문이다. 이처럼 이 천신은 단지 삼매에 들어 감각적 쾌락을 억압하는 것만을 말했을 뿐 실제로 뿌리 뽑지는 못했다는 것이다. 그래서 오히려 세존께서는 감각적 쾌락을 완전히 제거하는 불환자보다 더 낮은 단계이면서 성자의 첫 번째 단계인 예류자가 되는 가르침, 즉 유신견의 제거를 통해 그 천신을 교화하셨다는 것이다.

오직 삼매에 들어있는 순간에만 억압된 오염원들로부터 벗어난 이런 경지를 '일시적인 해탈(sāmāyika vimutti)'이라고 한다. 일시적인 해탈에 대해서는 『상윳따 니까야』 제1권 「고디까 경」(S4:23) §2와 이에 대한 주해와 『앙굿따라 니까야』 제3권 「일시적 해탈 경」 1(A5:149) §1의 주해를 참조할 것.
이상의 설명은 역자가 옮긴 『상윳따 니까야』 제1권 「칼 경」(S1:21) §3의 주해에서 옮겨왔다.

어 믿음을 가졌고(saddha) 청정한 마음을 가졌으며(pasanna) 보시하고(dāyaka) 보시를 기뻐하는 자가 되어(dānarata) 승가에 시중을 드는 자(saṅghupaṭṭhāka)가 되었다. 그러던 어느 때 스승님께서 '발우를 엎는 갈마[覆鉢行]'265)를 하시면서 불 위로 올라가는 것처럼 승가가 견디어내게 하시어 그 갈마를 가라앉게 하시자 절박함이 생겨서(sañjātasaṁvega) 출가하였다. 그러나 출가해서는 해태와 혼침에 압도되어 머물렀다. 스승님께서는 이러한 그에게 절박함을 일깨우시면서 본 게송을 읊으셨다.(ThagA.i.111)

40. [세존]

"칼이 [7] 내리꽂혀 오는 것처럼
머리에 불이 붙은 것처럼

---

265) '발우를 엎는 갈마[覆鉢行]'는 patta-nikkujjana-kamma를 옮긴 것이다. 『앙굿따라 니까야』 제5권 「발우 경」(A8:87)에서 세존께서는 이렇게 말씀하신다.

"비구들이여, 승가가 원하면, 여덟 가지 특징을 가진 재가 신도의 [공양물을 담는] 발우를 엎을 수 있다."(A8:87 §1)
"비구들이여, 승가가 원하면, 여덟 가지 특징을 가진 재가 신도의 [공양물을 담는] 발우를 바로 할 수 있다."(A8:87 §3)

여기에 대해서 『앙굿따라 니까야 주석서』는 이렇게 설명한다.
"'엎을 수 있다(nikkujjeyya)'는 것은 재가 신도가 올린 공양물을 수용하지 않기 위해서 '발우를 엎는 갈마의결(patta-nikkujjana-kamma-vācā)'에 의해 엎어버릴 수 있다는 뜻이다. 실제로 [공양물을] 뒤집어엎는 것(adho-mukha-ṭhapana)이 아니다."(AA.iv.159)

즉 대중의 결의에 의해 행실이 나쁜 재가 신도가 올린 공양을 거부함으로써 관계를 끊는다는 뜻이다.

"'바로 할 수 있다(ukkujjeyya).'는 것은 '바로 하는 갈마의결(ukkujjana-kamma-vācā)'에 의해 바로 할 수 있다는 뜻이다."(AA.iv.160)

즉 재가 신도가 올바르지 못한 행실로 '발우를 엎는 갈마의결'을 받았지만 나중에 뉘우치고 참회하면 그 갈마의결을 중지시키고 '바로 하는 갈마의결'에 의해 그가 올린 공양을 다시 받을 수 있다는 뜻이다.

존재에 대한 탐욕을 제거하기 위해서[266]
비구는 마음챙겨 유행을 해야 한다." (={1163})

왓다마나 장로 (끝)

266) 본 게송은 앞의 {39} 게송의 '감각적 쾌락에 대한 탐욕을 제거하기 위해서(kāmarāga-ppahānāya)' 대신에 '존재에 대한 탐욕을 제거하기 위해서(bhavarāga-ppahānāya)'로 나타나는 것만 다르다. 주석서는 이렇게 설명한다.

"여기서 '존재에 대한 탐욕을 제거하기 위해서(bhavarāga-ppahānāya)'라는 것은 존재에 대한 탐욕, 즉 색계에 대한 탐욕(rūpa-rāga)과 무색계에 대한 탐욕(arūpa-rāga)을 제거하기 위해서(pajahanatthāya)라는 뜻이다. 만일 안의 족쇄들(ajjhatta-saṁyojanāni)을 제거하지 못하면 밖의 족쇄들(bahiddha-saṁyojanāni)을 제거함(pahāna)이란 있지 않는 것처럼 틈 없이 뒤따르는 상태가 아니기 때문에(nānantarika-bhāvato) 높은 단계의 족쇄[上分結]를 제거함이라는 말로써 낮은 단계의 족쇄[下分結]를 제거함도 말씀하신 것이 된다.
낮은 단계의 족쇄[下分結]를 끊어버린(samucchinna) 어떤 성자들이라 할지라도 높은 단계의 족쇄를 제거하는 것은 어렵기 때문에 버리기 쉬운 것(suppaheyya)으로부터 버리기 어려운 것(duppaheyya)을 보여주시면서 세존께서는 존재에 대한 탐욕을 제거함을 필두로(bhavarāga-ppahāna-sīsena) 모든 높은 단계의 족쇄를 제거함(pahāna)을 말씀하셨다. 혹은 장로의 성향(ajjhāsaya)에 따라서 이렇게 말씀하신 것이다. 나머지는 [앞의 게송에서] 설하신 방법과 같다."(ThagA.i.113)

『테라가타 주석서』는 여기서 '나머지는 [앞의 게송에서] 설하신 방법과 같다.'라고 설명하고 있기 때문에 세존의 게송을 통한 가르침이 끝나자 왓다마나 장로도 바로 앞의 띳사 장로(Th1:39)처럼 아라한됨에 확립되었다고 해야 한다.

여기서 높은 단계의 족쇄[上分結, uddhambhāgiya-saṁyojana]는 10가지 족쇄 가운데 색계에 대한 탐욕, 무색계에 대한 탐욕, 자만, 들뜸, 무명의 다섯 가지이고, 낮은 단계의 족쇄[下分結, orambhāgiya-saṁyojana]는 유신견(有身見), 의심, 계행과 의례의식에 대한 집착[戒禁取], 감각적 쾌락, 적의의 다섯 가지이다. 다섯 가지 낮은 단계의 족쇄[五下分結]와 다섯 가지 높은 단계의 족쇄들[五上分結]에 대해서는 본서 {15}의 해당 주해도 참조할 것.

네 번째 품이 끝났다.

[네 번째 품에 포함된 장로들의] 목록은 다음과 같다.

가흐와라띠리야와 숩삐야, 소빠까와 뽀시야
사만냐까니와 꾸마뿟따와 꾸마뿟따의 도반
가왐빠띠와 띳사 장로와 큰 명성을 가진 왓다마나이다.

다섯 번째 품

Pañcama-vagga({41}~{50})

1. 시리왓다 장로(Th1:41)

【행장】

"시리왓다 장로(Sirivaḍḍha thera)는 라자가하에서 위력이 있는 (vibhava-sampanna) 바라문 가문에 태어났다. 그는 적당한 나이가 되어 빔비사라 왕의 회합(Bimbisāra-samāgama)[267]에서

---

267) '빔비사라 왕의 회합(Bimbisāra-samāgama)'은 빔비사라 왕을 상수로 하는 회합(Bimbisāra-pamukha samāgama, DAṬ.ii.204)을 말한다. 여기에 대한 일화는 율장 『마하왁가』(대품, Vin.i.35 ff.)에 자세하게 나타나고 있는데 '빔비사라 왕을 상수로 하는 회합에 대한 이야기(Bimbisāra-samā-gama-kathā)'를 이 일화의 제목으로 삼고 있다.(Vin.i.35)

부처님께서는 우루웰라(Uruvelā)에서 가섭 삼형제와 그들의 무리에 속하던 1,000명의 유행승들을 제자로 삼으시었다(Vin.i.24 ff.). 다시 세존께서는 가야시사(Gayāsīsa)에서 『상윳따 니까야』 제4권 「불타오름 경」(S35:28)으로 전승되어 오는 가르침을 설하시여 모두 아라한이 되게 하신 후 이들과 함께 라자가하로 가셨다. 그때 빔비사라 왕을 상수로 하는 12만 명(dvādasa-nahutā)의 마가다 바라문들과 장자들(Māgadhikā brāhmaṇa-gahapati-kā)이 운집하여 모두 부처님께 귀의하였다.(Vin.i.35 ff.)
한편 『디가 니까야 주석서』와 『법구경 주석서』에 의하면 이 가운데 11만 (ekādasa nahutā) 명이 빔비사라 왕과 더불어 예류과(sotāpattiphala)를 얻었으며 만 명(ekanahuta)은 삼귀의에(saraṇesu) 확립되었다고 한다.(DA.ii.638, DhpA.i.88)

위에서 인용한 『테라가타 주석서』의 설명에서 보듯이 이 회합을 주석서는 '빔비사라 왕의 회합(Bimbisāra-samāgama)'이라 부르고 있다. 이 회합에 대한 언급은 본서 하나의 모음 {46}과 {71}과 {113}에 대한 『테라가타 주석서』 등에도 나타나고 있다.

스승님과 바른 법에 청정한 믿음이 생겨서 출가하였다. 출가자의 의무를 다 한 뒤 웨바라 산과 빤다와 산(Vebhāra-Paṇḍava-pabbatā)에서 멀지 않은 어떤 숲에 있는 동굴에서 명상주제에 몰두하면서 지냈다.

그때 때 아닌 큰 구름(mahā akāla-megha)이 생겨 번개를 치면서(vijjullatā) 산 사이 갈라진 틈(pabbata-vivara)으로 파고드는 것처럼 돌아다녔다. 장로는 더위에서 생긴 열병에 시달렸지만 이 구름과 바람으로 가라앉았다. 그는 이처럼 계절의 도움으로 마음이 한 끝으로 집중이 되었고 마음이 삼매에 들어 위빳사나를 열성적으로 행하여 아라한됨을 얻었다. 장로의 일화는 『아빠다나』에도 나타나고 있다. …

그는 아라한됨을 얻은 뒤 구경의 지혜에 대한 권위 있는 말을 통해서 자기 자신을 의지하는 감흥어(atta-sannissaya udāna)를 읊으면서 본 게송을 읊었다."(ThagA.i.114)

41. "웨바라와 빤다와[268] 사이의 갈라진 틈으로
번개들이 떨어진다.
비견(比肩)할 수 없고 여여한 분의 아들은[269]

---

268) 웨바라(Vebhāra)와 빤다와(Paṇḍava)는 라자가하(왕사성)를 둘러싸고 있는 다섯 개 산봉우리들에 속한다. 이 둘 외에도 깃자꾸따(독수리봉, Gijjhakūṭa)와 이시길리(Isigili)와 웨뿔라(vepulla)가 있다.(MAṬ.i.253) 예를 들면 칠엽굴(七葉窟, Sattapaṇṇiguhā)은 웨바라 산허리에(Vebhāra-pabbata-passe) 있다.(DA.i.9; KhpA.95 등)

269) "'비견(比肩)할 수 없고 여여한 분의 아들은(putto appaṭimassa tādino)'이라고 하였다. 계의 무더기[戒蘊] 등의 법의 몸[法身]을 증득함(sīlakkhandhādi-dhammakāya-sampatti)과 물질적인 몸[色身]을 증득함(rūpakāya-sampatti)을 통해서 비교할 수 없고(anupama), 비교를 벗어난 분의 원하거나 원하지 않는 여여한 특징을 증득함(tādi-lakkhaṇa-sampatti)에 의해서 여여하신 부처님 세존의 가슴에서 태어난 아들(orasa-putta)이라는 말이다.
그리고 여기서 아들이라는 말로써 장로는 [자신이] 스승님의 뒤를 이어 태어

산 사이의 갈라진 틈으로 가서 참선을 한다.[270]" (={1167})

시리왓다 장로 (끝)

2. 카디라와니야 장로(Th1:42)

【행장】

'아카시아 숲에 머무는 장로'로 옮길 수 있는 카디라와니야 장로(Khadiravaniya thera)는 사리뿟따 존자의 막내 동생인 레와따 존자(Revata thera)이다. 여기서는 카디라와니야 장로로 언급이 되지만 본서 제2권 열넷의 모음(Th14:1) {645}~{658}은 레와따 장로(Revata thera)의 게송으로 언급이 되고 있다.[271] 본 게송에

났음을 밝히고 있는데(anujāta-bhāva-dīpana) 이것으로써 장로는 구경의 지혜를 천명하였다고 알아야 한다."(ThagA.i.115)

여기서 '가슴에서 태어난'은 orasa의 역어이다. orasa는 가슴을 뜻하는 산스끄리뜨 uras(Pāli. ura)의 곡용형으로 베다에서부터 등장하는 단어 aurasa의 빠알리 형태인데 '자기 가슴에 속하는, 자신이 직접 키운, 선천적인' 등을 뜻하는 단어로 쓰인다. 『디가 니까야 주석서』는 이 단어를 다음과 같이 설명한다.

"가슴에서 태어남이란 가슴에 올려놓고 키웠다(ure ṭhapetvā saṁvaḍḍhi-taṁ)는 뜻이다. 어머니가 가슴에서 [자란] 아들에게 깊은 연민을 가지고 그에게 생기는 위험을 없애기 위해서 애를 쓰는 것처럼 깊은 연민을 가진다는 뜻이다(anukampantīti attho)."(DA.ii.542)

270) "'참선을 한다(jhāyati).'는 것은 대상을 정려(靜慮)함(ārammaṇūpanijjhā-na)과 특상을 정려함(lakkhaṇūpanijjhāna)에 의해서 참선을 한다, 사마타와 위빳사나를 열성적으로 행하면서(ussukkāpenta) 수행한다는 말이다."(ThagA.i.115)

271) 카디라와니야 장로 혹은 레와따 장로는 초기불전에서 4가지로 언급이 되고 있다. 첫째는 여기서처럼 카디라와니야(Khadiravaniya)로 언급되는데 VRI본에서도 동일하다. 둘째는 레와따(Revata)로 나타나는데 본서 제2권 열넷의 모음(Th14:1)에서는 레와따 장로로, M068 §2, Ud1:5 §5 등에서는 레와따 존자로 나타난다. 셋째 VRI본 열넷의 모음(Th14:1)에는 카디라와니야 레와따 장로(Khadiravaniya-Revata thera)로 표기되어 나타난다. 넷째, 『앙굿따라 니까야』 제1권 하나의 모음 「으뜸 품」(A1:14:2-6)에는 "숲

대하여 『테라가타 주석서』는 이렇게 설명하고 있다.

"카디라와니야 장로는 마가다 지역의 날라까 마을(Nālakagāma)에서 루빠사리(Rūpasāri) 바라문녀의 아들로 태어났다. 그가 적당한 나이가 되자 부모는 재가의 속박(ghara-bandhana)으로 그를 속박시키고자 하는 욕심이 생겼다. 그는 사리뿟따 장로가 출가하였다는 것을 듣고 '나의 큰 형님인 우빠띳사 님도 이 위력(vibhava)을 버리고 출가하셨다. 그가 토해낸 침 묻은 음식 덩어리(vanta kheḷapiṇḍa)를 왜 내가 뒤에 삼키려 하는가?'라고 하면서 절박함이 생겼다(jāta-saṁvega). 그는 올가미에 다가가지 않는 사슴처럼 가족들에게 알리지 않고 인연이 성숙됨에 자극받아(hetu-sampattiyā codiyamāna) 비구들의 곁으로 가서 법의 대장군의 동생임을 알린 뒤 자신이 출가하고자 하는 의향을 알렸다."

『법구경 주석서』와 『앙굿따라 니까야 주석서』에 의하면 그의 어머니는 그의 자녀들이 하나둘 출가하는 것을 보고 막내는 출가를 못하게 하려고 그를 일곱 살에 결혼을 시켰다고 한다. 결혼식에서 하객들이 신부에게 할머니 나이만큼 살라며 축복의 말을 하는 것을 듣고는 120살이 된 신부 할머니의 늙은 모습을 보았다. 그는 이 예쁜 신부도 저 할머니와 같이 될 것이라고 깨닫고 결혼 행렬에서 빠져나와 출가하였다고 한다.(DhpA.ii.189; AA.i.223)

계속해서 『테라가타 주석서』는 이렇게 적고 있다.
"비구들은 그를 출가하게 하여 20살이 되자 구족계를 받게 한 뒤

속에 머무는 자들 가운데서 아카시아 숲에 머무는 레와따 존자가 으뜸이다."라고 나타나는데 여기서는 Revata Khadiravaniya로 나타나고 있다. 이처럼 장로의 이름의 표기에서 카디라와니야를 넣는 것은 또 다른 레와따 존자인 깡카 레와따(Kaṅkhā-Revata) 존자와 구분하기 위해서 일 것이다. 이 깡카 레와따 존자는 「으뜸 품」(A1:14:2-7)에서 "禪을 얻은 자들 가운데서 깡카레와따가 으뜸이다."(A1:14:2-7)라고 언급되는 뛰어난 분이다. 깡카레와따(Kaṅkhā-Revata) 존자에 대해서는 맛지마 니까야 제2권 「고싱가 살라 긴 경」(M32) §3의 주해를 참조하기 바란다.

명상주제에 [몰입하도록] 고무하였다(niyojesuṁ). 그는 명상주제를 들고 아카시아 숲에 들어가서 '아라한됨을 얻은 뒤 세존과 법의 대장군을 뵈리라.'라고 하면서 애쓰고 정진하여 지혜가 무르익었기 때문에 오래지 않아 육신통을 갖춘 분이 되었다. 장로의 일화는 『아빠다나』에도 나타나고 있다. …

그는 나중에 자신이 태어난 마을에 가서 짤라(Cālā)와 우빠짤라(Upacālā)와 시수빠짤라(Sīsūpacālā)라는 세 명의 누이의 아들들(bhāgineyyā)을 인도하여 출가시켜서 명상주제에 몰입하게 하였다. 그때 레와따 장로는 어떤 병에 걸렸다. 그 소식을 듣고 사리뿟따 장로가 그에게 문병을 왔다. 장로는 법의 대장군이 멀리서 오는 것을 보고 그 사미들, 즉 [세 명의 누이의 아들들]에게 마음챙김을 일으키는 것(satuppādana)을 통해서 교계를 하면서 본 게송을 읊었다."(ThagA.i.115~116)

세존께서는 『앙굿따라 니까야』 제1권 하나의 모음 「으뜸 품」(A1:14)에서 "숲속에 머무는 자들 가운데서 아카시아 숲에 머무는 레와따가 으뜸이다."(A1:14:2-6)라고 하셨다. 숲에 머무는(āraññikā) 다른 비구들은 나무숲도 있고 물도 있고 걸식도 할 수 있는 숲에서 머물렀지만 그는 모래와 자갈과 바위로 된 험한 아카시아 숲(khadira-vana)에 머물렀기 때문에 세존께서 이렇게 칭찬하시는 것이라고 주석서는 밝히고 있다.(AA.i.223~224)
한편 사리뿟따 존자에게는 세 명의 남동생, 즉 쭌다(Cunda), 우빠세나(Upasena), 레와따(Revata)와 세 명의 여동생, 즉 짤라(Cālā), 우빠짤라(Upacālā), 시수빠짤라(Sīsūpacālā)가 있었는데 모두 출가하였다.(DhpA.ii.188)
쭌다 혹은 마하쭌다 장로(Mahācunda thera, Th2:11 {141}~{142})에 대해서는 본서 제2권 둘의 모음 {141} 【행장】을, 우빠세나 혹은 왕간따의 아들 우빠세나 장로(Upasena Vaṅgantaputta thera, Th10:6 {577}~{586})에 대해서는 본서 제2권 열의 모음 {577} 【행장】을 참조하기 바란다.

그리고 짤라 장로니(Cālā therī, Thi7:2)와 우빠짤라 장로니(Upacālā therī, Thi7:3)와 시수빠짤라 장로니(Sīsūpacālā therī, Thi7:4)의 게송들은 『테리가타』에서 각각 {182}~{188}, {189}~{195}, {196}~{203}으로 나타나고 있으므로 이 세분의 【행장】 들을 참조하기 바란다. 이 세 분 장로니의 게송은 『상윳따 니까야』 제1권 「짤라 경」 등(S5:6~8)의 세 개의 경에도 나타나고 있다.

42. "짤라여, 우빠짤라여, 시수빠짤라여272)
각각 마음챙겨서 머물러라.
머리카락조차 꿰찌르는 [궁수와] 같은 분이
이제 그대들에게 왔구나."273)

카디라와니야 장로 (끝)

---

272) '짤라여, 우빠짤라여, 시수빠짤라여'는 Cāle Upacāle Sīsūpacāle를 옮긴 것이다. 여기서 Cāle 등은 Cālā(여성 명사)의 호격이다. 그러므로 이 세 단어는 여성 명사 Cālā, Upacālā, Sīsūpacālā의 호격에 해당한다. 그러나 여기서 언급되는 이 세 명은 위에서 언급하였듯이 사리뿟따의 여동생들이면서 출가하여 아라한이 된 짤라와 우빠짤라와 시수빠짤라(Cālā, Upacālā, Sīsūpacālā)의 아들들이다. 주석서의 문맥으로 보면 이 세 사람은 남자인 사미들(sāmaṇerā)인데 여성명사로 불리고 있을 뿐이다. DPPN도 이들을 아들(*son*)이라고 언급하고 있다. 주석서의 설명을 보자.

"'짤라여, 우빠짤라여, 시수빠짤라여(Cāle Upacāle Sīsūpacāle)'는 이들을 부르는 것이다. 여기서 짤라와 우빠짤라와 시수빠짤라(Cālā, Upacālā, Sīsūpacālā)는 여성명사(itthiliṅga)를 통해서 이름을 얻은 세 명의 소년들인데(tayo dārakā) 출가하여서도(pabbajitāpi) 이렇게 인습적으로 불리고 있다(tathā vohariyanti). 그리고 [어떤 자들은] 짤리, 우빠짤리, 시수빠짤리(Cālī, Upacālī, Sīsūpacālī)라고 부르기도 한다."(ThagA.i.117)

273) "이것이 간략한 뜻이다. — 예리하고 재빠르고 꿰뚫는 통찰지를 가졌기 때문에(tikkha-javana-nibbedhika-paññatāya) 머리카락조차 꿰찌르는 [궁수]와 같으며(vālavedhi-rūpa) 스승이신 [부처님]과 같은(satthu-kappa) 그대들의 외삼촌인 장로(mātula-tthera)가 왔다. 그러므로 그대들은 사문의 인식(samaṇa-saññā)을 확립한 뒤에 마음챙김과 알아차림에 몰두하여(sati-sampajañña-yuttā) 머물러라. 그대들이 증득한 대로(yathādhigata) 머무르고 방일하지 말거라(appamattā bhavathā)."(ThagA.i.117)

3. 수망갈라 장로(Th1:43)

【행장】

"수망갈라 장로(Sumaṅgala thera)는 사왓티의 가난한 집안(dali-dda-kula)에 태어났다. 그는 나이가 들어 작은 쟁기와 보습과 괭이를 도구로 삼아서(khujja-kāsita-naṅgala-kuddāla-parikkhāro hutvā) 경작을 하면서 살았다. 그는 빠세나디 꼬살라 왕이 세존과 비구 승가에게 큰 보시를 하고 음식을 공양하는 것을 보고 사까의 아들들인 이 사문들은 좋은 음식을 먹고 잘 입고 좋은 거처에 산다고 여기고 출가하기를 원하여 어떤 장로에게 다가갔다. 장로는 연민으로 그를 출가시켜 명상주제를 설명해 주었다.

그는 출가하여 한 승원에 머물면서 그곳에서 만족하지 못하고 환속하려고 하여(vibbhamitukāma) 친척들의 마을로 가는 도중에 갈대를 묶고 들판을 경작하면서 더러운 옷을 입고 먼지를 덮어쓴 채 바람과 열기에 피폐한 농부들을 보고 '이 중생들은 생계 때문에[274] 고통을 겪고 있구나.'라고 절박함(saṁvega)을 얻게 되었다. 그래서 그는 지혜가 무르익어 받아 지닌 명상주제를 확립하였다. 그는 어떤 나무 아래에 가서 멀리 여읨(한거, viveka)을 얻은 뒤 지혜롭게 마음에 잡도리하면서 위빳사나를 증장시켜 도의 순서(maggapaṭipāṭi)대로 아라한됨을 얻었다. 장로의 일화는 『아빠다나』에도 나타나고 있다. …

그는 아라한됨을 얻은 뒤 그 증득(sampatti)과 자신이 괴로움으로부터 해탈한 것(dukkha-vimutti)을 찬탄함을 통해서 감흥어를 읊으면서 본 게송을 말하였다."(ThagA.i.118~119)

---

274) '생계 때문에'는 jīvika-nimittaṁ을 옮긴 것이다. 『청정도론』의 복주서인 『빠라맛타만주사』(Pm)에서 이것을 ājīva-hetu, 즉 '생계 때문에'와 동의어로 설명하고 있어서 이렇게 풀어서 옮겼다(ājīvahetūti jīvikanimittaṁ … ājīvakāraṇāti tasseva vevacanaṁ, Pm.i.51).

43. [275]"잘 벗어난 자이고[276] 아주 잘 벗어난 자이다.
나는 세 가지 꼬부라진 것들로부터 잘 벗어난 자이다.
나는 낫들로부터 잘 벗어났고 쟁기들로부터 잘 벗어났으며

---

275) 본 게송은 다음과 같다.

sumuttiko sumuttiko sāhu, sumuttikomhi tīhi khujjakehi|
asitāsu mayā naṅgalāsu, mayā khuddakuddālāsu mayā|
yadipi idhameva idhameva, atha vāpi alameva alameva|
jhāya sumaṅgala jhāya sumaṅgala, appamatto vihara sumaṅgalā||

이처럼 본 게송은 두 개의 게송으로 구성되어 있는 것처럼 여겨진다. 노만 교수는 이 전체 게송을 가나 운율(Gaṇa-cchandas)이라고 적고 있다.(K.R. Norman, 132쪽 §43의 주해 참조) 그러면서 이것은 오래된 아랴(Āryā) 운율이라는 Alsdorf의 견해를 소개한 뒤 만일 본 게송을 아랴 운율이라고 한다면 두 개의 게송으로 봐야 한다고 적고 있다.(Ibid.) 그런데 아래에 인용한, 수망갈라 장로의 어머니인 수망갈라마따 장로니(Thi {23} 【행장】 참조)의 게송은 『테리가타』 둘의 모음 {23}과 {24}의 두 개 게송으로 나타난다. 이 두 게송도 오래된 Āryā 운율로 되어 있다.

sumuttikā sumuttikā, sādhumuttikāmhi musalassa|
ahiriko me chattakaṁ vāpi, ukkhalikā me deḍḍubhaṁ vāti ||23||

rāgañca ahaṁ dosañca, cicciṭi cicciṭīti vihanāmi|
sā rukkhamūlamupagamma, aho sukhanti sukhato jhāyāmīti ||24||

수망갈라 장로의 본 게송은 'sumuttiko sumuttiko sāhu(잘 벗어난 자이고 아주 잘 벗어난 자이다)'로 시작하는데 여기서 보듯이 『테리가타』 수망갈라마따 장로니의 게송(Thi {23})도 'sumuttikā sumuttikā sādhu(잘 벗어난 자이고 아주 잘 벗어난 자이다.)'로 시작하고 있다. 『테라가타 주석서』는 본 게송이 왜 하나의 모음에 포함되었는지에 대해서 분명한 설명도 언급도 하지 않고 있다.

276) "'잘 벗어난 자(sumuttiko)'란 구경의 것이기 때문에(accantikatāya) 다시 태어나지 않음(apunabbhavikā)이라는 멋진(sundarā) 벗어남을 가진 자(mutti etassā)라는 말이다. 그의 해탈(vimutti)이 찬탄할 만하고 경이롭기 때문에 박수를 치면서(apphoṭenta) '잘 벗어난 자'라고 말하는 것이다. 그리고 거기서 자신의 해탈에 청정한 믿음이 굳건함(pasādassa daḷha-bhāva)을 보여주면서 '아주 잘 벗어난 자이다(sāhu sumuttikomhi).'라고 말하였는데 '나는 참으로 아주 잘 벗어난 자이다(sādhu suṭṭhu muttiko vatamhi).'라는 뜻이다."(ThagA.i.119)

나는 꼬부라진 가래로부터도 잘 벗어났다.
그것들이 비록 여기, 바로 여기에[277] 있을지라도
그것은 충분하고 충분하다.
참선을 하라, 수망갈라여.[278] 참선을 하라, 수망갈라여.[279]
방일하지 말고 머물러라,[280] 수망갈라여."

수망갈라 장로 (끝)

4. 사누 장로(Th1:44)

【행장】

사누 장로(Sānu thera)는 사왓티에서 [어떤] 청신사의 가정에 태어났다. 그가 모태에 있을 때 아버지는 멀리 외국으로 여행을 떠

277) '여기, 바로 여기에'는 idhameva idhameva를 옮긴 것인데 주석서는 '여기'를 뜻하는 idha에다 단어의 연결을 부드럽게 만들기 위해서(pada-sandhi-kara) m을 넣은 것이라고 설명하고 있다.(ThagA.i.120)

278) "'참선을 하라, 수망갈라여(jhāya Sumaṅgala).'라고 하였다. 여기서 '참선을 하라(jhāya).'는 것은 과의 증득을 가져오는 참선(phala-samāpatti-jjhāna)을 통해서 지금·여기에서 행복하게 머묾을 위해서(diṭṭhadhamma-sukha-vihārattha) 참선을 하라는 뜻이고 신성한 마음가짐 등(dibba-vihārādi)을 통해서도 [참선을 하라는 뜻이다.] '수망갈라(Sumaṅgala)'는 자신을 부르는 것이다."(ThagA.i.120)

279) "禪(jhāna)에 대한 존중을 보여주기 위해서(ādara-dassanattha) 두 번 반복하였다(āmeḍita kata)."(ThagA.i.120)

280) "'방일하지 말고 머물러라(appamatto vihara).'라고 하였다. '수망갈라여, 그대는 마음챙김과 통찰지의 충만함을 얻기 위해서(sati-paññā-vepulla-ppattiyā) 모든 이익되는 것(sabb-atthaka)에서 방일하지 말라. 그러므로 이제 행복하게 머물러라.'는 뜻이다. 그런데 어떤 자들은 '아직 아라한됨을 얻지 않고 위빳사나를 닦는 과정(vīthi-paṭipanna)을 통해서 교법(sāsana)에서 생긴 기쁨으로 그가 겪은 가정에 머무는 괴로움을 혐오하면서(jigucchanta) 장로는 이 게송을 읊은 뒤 나중에 위빳사나를 증장시켜 아라한됨을 얻었다.'라고 설명한다. 그들의 이해에 의하면 '참선을 하라, 방일하지 말고 머물러라.'라는 문장의 뜻은 위빳사나의 도(vipassanā-magga)를 통해서도 결합이 된다."(ThagA.i.120)

났다. 그는 태어나서 일곱 살이 되었을 때 출가하여 사누 사미(Sānu sāmaṇera)로 알려졌다. 그는 많이 배우고 자애로워서 신들과 인간들이 좋아하였다고 한다. 주석서는 사누 장로에 대해서는 『상윳따 니까야』 제1권 「사누 경」(S10:5)을 통해서 이해하라고 적고 있다.(ThagA.i.121)

『테라가타 주석서』에 의하면 전생에 그는 약카의 모태에 태어났다. 그래서 약카들은 사누 사미가 출가하자 약카녀(yakkhinī)인 전생의 그의 어머니를 존중하고 존경하였다고 한다. 그러나 사누는 어느 날 지혜롭게 마음에 잡도리함을 놓아버리고 환속하려고 하는 마음이 생겼다. 야차녀인 전생의 그의 어머니(yakkhini-mātā)는 사누의 이런 마음을 알고 인간인 현생의 그의 어머니(manussa-mātā)에게 경고를 하였다. 인간인 어머니는 그 말을 듣고 비탄과 슬픔에 빠져 마음의 고통으로 괴로워하였다.
그때 사누 사미는 아침 일찍 어머니 가까이 다가갔는데 어머니가 울고 있는 것을 보고 '어머니, 무엇 때문에 울고 계십니까?'라고 질문을 하였고 어머니는 너 때문(taṁ nissāya)이라고 대답하였다. 그러자 사누 사미는 바로 이 {44}번 게송을 읊었다고 한다. 그러자 어머니는 『상윳따 니까야』 제1권 「사누 경」(S10:5) §5에 나타나는 게송들을 읊었고 사누 사미는 어머니의 이런 게송을 듣고 절박함이 생겨서(saṁvegajāta) 위빳사나를 확립한 뒤 오래지 않아 아라한됨을 얻었다고 한다. 아라한됨을 얻은 장로의 일화는 『아빠다나』에도 나타나고 있다.(ThagA.i.121~122)

계속해서 『테라가타 주석서』는 본 게송에 대해서 이렇게 설명한다.
"장로는 아라한됨을 얻은 뒤 '나는 이 게송을 통해서 위빳사나를 시작하여 아라한됨을 얻었구나.'라고 감흥어를 통해서 바로 이 게송을 암송하였다."(ThagA.i.123)
『상윳따 니까야』 제1권 「사누 경」(S10:5)을 설명하는 『상윳따 니까야 주석서』를 요약하면 다음과 같다.

사누(Sānu)는 이 청신녀의 외아들이었다. 그는 어린 나이에 사미로 출가하여 계행과 서계를 잘 지켰는데 구족계를 받을 나이가 되어서는 출가 생활에 만족하지 못하여 환속을 하려고 어머니 집으로 왔다. 그의 어머니는 그에게 다시 한번 생각해 볼 것을 권하고 음식을 준비하러 갔다. 그 사이에 전생에 그의 어머니였던 약카녀가 그의 환속을 막기 위해서 그를 사로잡아 땅에 내팽개쳐 버렸다. 그리고는 사지를 떨고 눈동자를 굴리고 입에 거품을 물게 하였다. 그의 현생의 어머니가 돌아와서 이 모습을 보고 「사누 경」(S10:5) §5의 게송을 읊었다.(SA.i.305~307)

주석서의 이 이야기는 『법구경 주석서』(DhpA.iv.18~25)에도 게송과 함께 나타나고 있다.

44. [281]"어머니, 사람들은 죽은 자가 있거나
혹은 살아있어도 그를 볼 수 없을 때 웁니다.
어머니, 그런데 살아있는 저를 보면서
당신은 왜 저 때문에 울고 계십니까?"[282] (S10:5 §4 {822})

---

281) 『상윳따 니까야』 제1권 「사누 경」(S10:5)에 의하면 약카녀는 그 경의 §3에서 {818}~{821}의 4개의 게송을 말하였다. 『상윳따 니까야 주석서』에 의하면 약카녀는 이 게송들을 읊고 사미(sāmaṇera)를 놓아주었다. 사미가 눈을 떴을 때 그의 어머니는 머리카락을 흩트리며 울고 있었고 사미는 자신에게 약카가 씐 것을 알지 못했다. 그래서 본 게송으로 말하고 있는 것이다.(SA.i.307)

282) 사누 사미가 이 게송을 읊자 어머니는 「사누 경」(S10:5) §5에 나타나는 게송들을 읊었고 사누 사미는 어머니의 이런 게송을 듣고 절박함이 생겨서 위빳사나를 확립한 뒤 오래지 않아 아라한됨을 얻었다고 한다.(ThagA.i.121~122. cf. SA.i.235ff.; DhA.iv.18ff.) 「사누 경」에서 어머니가 읊은 게송은 다음과 같다. 게송들에 대한 설명은 「사누 경」 §5의 주해들을 참조하기 바란다.

"아들이여, 사람들은 죽은 자나
살아있어도 그를 볼 수 없을 때 울지만

사누 장로 (끝)

5. **라마니야위하리 장로**(Th1:45)

【행장】

"라마니야위하리 장로(Ramaṇīyavihāri thera)는 라자가하에서 장자의 아들로 태어났다. 그는 젊음에 취해서 감각적 쾌락들에 빠져 지냈다. 어느 날 그는 남의 아내를 간통한 자가 왕의 신하들과 여러 가지 일을 하는 것을 보고 절박함이 생겨서(saṁvega-jāta) 스승님의 곁에서 법을 듣고 출가하였다. 그는 출가해서도 탐욕에 휩싸여서 항상 청소가 잘 된 독방에서 먹고 마실 것을 갖추어 놓고 침상과 의자를 만들어놓고 지냈다. 그래서 그는 라마니야위하리, 즉 즐길 거리를 갖추어 머무는 자(ramaṇīya-vihāri)로 불리게 되었다.

이렇게 살면서 그는 의도적으로(sañcetanika) 정액을 나오게 한 범계(sukka-vissaṭṭhi-āpatti)를 범한 뒤 이를 뉘우치고(vippaṭi-sārī) '나는 환속을 하리라.'라고 하면서 가다가, 짐수레를 끄는 황소(goṇa) 한 마리가 나쁜 길에 들어서 피곤에 지쳐 쓰러지자 마차꾼(sākaṭikā)이 소의 멍에를 풀어주고 풀과 물을 주면서 피곤함(parissama)을 제거한 후 다시 짐수레를 끌고 가는 것을 보

감각적 쾌락 버려 [출가를 하고 나서]
다시 여기 환속한 자를 보고 사람들은 우나니
그는 살아있지만 죽은 것과 다름없기 때문이네. {823}

사랑스러운 자여, 그대 뜨거운 불더미에서 뛰쳐나와서는
다시 뜨거운 불더미로 뛰어들기를 원하고
혹독한 지옥에서 뛰쳐나와서는
다시 그대 지옥에 빠지기를 원하는구려. {824}

계속해서 달리시오. 행운은 그대의 것.
누구에게 우리 슬픔 하소연한단 말이오?
불로부터 물건을 건져내었는데도
그대 다시 불타기를 원하고 있구려."{825}

았다.
그는 '나도 오염원(kilesa) 때문에 넘어졌지만 다시 일어나 사문의 법을 행할 수 있다.'라고 생각하면서 다시 승원으로 되돌아와서 우빨리 장로(Upāli thera)에게 자신의 처지(pavatti)를 설명하였다. 그는 우빨리 장로가 말해준 방법으로 범계(āpatti)에서 벗어나 계를 본래의 상태로 되돌려서 위빳사나를 확립한 뒤 곧 아라한됨을 얻었다. 장로의 일화는 『아빠다나』에도 나타나고 있다. …
그는 아라한됨을 얻어서 해탈의 행복을 누리면서 자신의 예비단계의 도닦음(pubbabhāga-paṭipatti)과 더불어 성스러운 법의 증득을 밝히는 본 게송을 읊었다."(ThagA.i.123~124)

45. "마치 뛰어나고 혈통 좋은 [황소]가[283]
비틀거리다가 확고하게 서는 것처럼
그와 같이 봄[見]을 구족한 [나를][284]
정등각자의 제자로 [호지해 주십시오.]"[285]

라마니야위하리 장로 (끝)

---

283) '마치 뛰어나고 혈통 좋은 [황소]가'는 'yathāpi bhaddo ājañño'를 옮긴 것이다. 이 구절은 본서 하나의 모음 {16}과 둘의 모음 Th2:27 {173}과 제2권 열넷의 모음(Th14:2 {659}에도 나타나고 있다. 본서에서는 ajañña를 '혈통 좋은 [황소]'로 통일해서 옮겼는데 여기에 대해서는 본서 하나의 모음 {16}의 해당 주해를 참조하기 바란다.

284) "'봄[見]을 구족한(dassana-sampannaṁ)'이라 하였다. 이와 같이 오염원에 지치고(kilesa-parissamappatta) 행위의 죄과(kiriyāparādha)에 의해서 비틀거리다가 강인한 정진을 구족함(thāma-vīriya-sampattitā)을 통해서 그 비틀거림(khalita)을 본래의 상태(paṭipākatika)로 되돌린 뒤 도의 바른 견해(magga-sammā-diṭṭhi)에 의해서 봄을 구족하였다는 뜻이다." (ThagA.i.124)

285) 본 게송에 대해서는 본서 제2권 둘의 모음 {174}의 주해도 참조할 것.

6. 사밋디 장로(Th1:46)

【행장】

"사밋디 장로(Samiddhi thera)는 라자가하에서 좋은 가문에 태어났다. 그가 태어나면서부터 시작해서 그의 가문에는 재산과 곡물 등이 증가하였고 자기 자신도 준수하고 아름답고 덕스러웠다. 이처럼 위력을 성취(vibhava-samiddhi)하고 덕을 성취(guṇa-samiddhi)하였다고 해서 사밋디라고 불리게 되었다. 그는 빔비사라 왕의 회합[286]에서 부처님의 위신력(Buddhānubhāva)을 본 뒤 믿음을 얻어 출가하였다. 그는 수행에 몰두하고 몰입하여 머물면서 세존께서 따뽀다 원림(Tapodārāma, 온천정사)에 머무실 때에 어느 날 이와 같이 생각하였다. '나는 스승이신 아라한 정등각자를 만났다. 그리고 나는 잘 설해진 법과 율에 출가하였다. 그리고 청정범행을 닦는 나의 동료 수행자들은 계행을 갖추었고 선량한 법을 가진 분들(kalyāṇa-dhammā)이다.'라고.

그가 이렇게 생각하자 광대한 희열과 기쁨(pīti-somanassa)이 생겼다. 그것을 견디지 못하는 마라 빠삐만은 장로로부터 멀지 않은 곳에서 땅이 갈라질 때처럼 무서운 큰 소리를 내었다. 장로는 세존께 이 사실을 아뢰었다. 세존께서는 '마라가 그대를 눈멀게 하고자 한다고 생각된다. 비구여, 가거라. 그것을 고려하지 말고 거기에 머물러라.'라고 말씀하셨다. 장로는 거기에 가서 머물면서 오래지 않아 위빳사나를 열성적으로 행하여 아라한됨을 얻었다. 장로의 일화는 『아빠다나』에도 나타나고 있다."(ThagA.i.125)

『앙굿따라 니까야』 제5권 「사밋디 경」(A9:14)에 해당하는 주석서에 의하면 그는 사리뿟따 존자의 제자(saddhi-vihārika)였다. (AA.iv.175) 그래서 이 「사밋디 경」(A9:14)에서 사밋디 존자는

286) '빔비사라 왕의 회합(Bimbisāra-samāgama)'에 대해서는 본서 시리왓다 장로(Th1:41)의 【행장】을 참조할 것.

사리뿟따 존자를 반떼(bhante, 스승을 칭할 때 쓰는 호칭)라고 칭하고 있다. 『맛지마 니까야』 제4권 「마하깟짜나와 지복한 하룻밤 경」(M133)과 「업 분석의 긴 경」(M136), 『상윳따 니까야』 제1권 「사밋디 경」(S4:22)과 제4권 「사밋디 경」 1/2/3/4 (S35:65~68), 『앙굿따라 니까야』 제5권 「사밋디 경」(A9:14) 등 그와 관련된 경들이 니까야에 나타나고 있다.

『테라가타 주석서』에 의하면 본 게송은 장로가 마라에게 읊은 것이라고 한다. 바로 위에서 설명하였듯이 마라는 사밋디 장로가 아직 과위를 증득하지 못하였을 때 땅이 갈라질 때 나는 것과 같은 무서운 큰 소리를 내어 그를 위협하였지만 그는 위빳사나를 열성적으로 행하여 아라한됨을 성취하였다. 그가 아라한이 되어서도 마라가 그 사실을 모른 채 무서운 큰 소리를 내자 두려워하지 않고 공포를 느끼지 않고 '백 번, 천 번을 마라가 나에게 저렇게 하더라도 나의 털끝도 움직이게 하지 못한다.'라고 하면서 본 게송을 읊었다고 한다.(ThagA.i.126) 본 게송은 『상윳따 니까야』 제1권 「사밋디 경」 §6의 {489}와 같다.

46. "믿음으로[287] 나는

---

287) "'믿음으로(saddhāya)'란 법에 대한 열의를 일으키는 것인데(dhamma-cchanda-samuṭṭhānā) ① 업의 결실에 대한 믿음(kammaphala-saddhā)과 ② 삼보에 대한 믿음(ratanattaya-saddhā)으로라는 뜻이다."(ThagA.i.126)

'업의 결실에 대한 믿음'으로 옮긴 kamma-phala-saddhā는 업과 결실에 대한 믿음으로도 옮길 수 있다. 그런데 『테라가타 주석서』는 본서 제3권 서른의 모음 아난다 장로(Th30:3)의 게송 {1019}에 나타나는 '믿음을 가진 [사람](saddha)'을 주석하면서 이것을 "업과 업의 결실에 대한 믿음(kamma-kammaphala-saddhā)과 삼보에 대한 믿음(ratanattaya-saddhā)을 구족한 [사람]"(ThagA.iii.116)으로 설명하고 있다.(제3권 {789}의 첫 번째 주해도 참조할 것.) 그래서 본서에서는 kamma-phala로 나타나는 경우(제2권 {144}의 주해; {204}의 주해 등)에는 모두 '업의 결실'로 통일해서 옮겼음을 밝힌다. 물론 업이 없는 업의 결실이란 있을 수 없기 때문에 업의 결실은

집을 나와 집 없이 출가하였다.
나의 마음챙김과 통찰지는 증장하였고288)
마음은 잘 삼매에 들었다.289)
원한다면 형색들을 만들어보라.290)
나를 흔들지 못할 것이다." (S4:22 §6 {489})

사밋디 장로 (끝)

7. 웃자야 장로(Th1:47)

【행장】

"웃자야 장로(Ujjaya thera)는 라자가하에서 솟티야 바라문(Sotthiya-brāhmaṇa)의 아들로 태어났다. 그는 적당한 나이가 되어 삼베다에 능통하였지만 거기서 심재(心材, sāra)를 보지 못하였다. 그러나 [깨달음을 실현하기 위한] 강하게 의지하는 [조건]을 갖추

업을 전제로 하고 있다. 그러므로 '업의 결실에 대한 믿음(kammaphala-saddhā)'과 '업과 업의 결실에 대한 믿음(kamma-kammaphala-saddhā)'은 같은 뜻을 담고 있다 하겠다.

288) "'나의 마음챙김과 통찰지는 증장하였고(sati paññā ca me vuḍḍhā)'라고 하였다. 억념(憶念)함을 특징으로 하는(saraṇa-lakkhaṇā) 마음챙김과 통찰함을 특징으로 하는(pajānana-lakkhaṇā) 통찰지라는 이들 법은 위빳사나의 순간부터 시작하여 도의 순서(magga-paṭipāṭi)대로 아라한됨을 얻을 때까지 나에게서 증장하고 향상하였기 때문에 지금은 더 향상해야 할 것(vaḍḍhetabbā)이 없어서 마음챙김과 통찰지가 충만함에 도달하였음(vepullappattā)을 보여준다."(ThagA.i.126)

289) "'마음은 잘 삼매에 들었다(cittañca susamāhitaṁ).'고 하였다. 여덟 가지 증득[八等持, aṭṭha-samāpatti]과 출세간 삼매를 통해서 나의 마음은 잘 삼매에 들었다(suṭṭhu samāhitaṁ). 그래서 이제 더 삼매에 들어야 할 것(samādhātabba)이란 없다. 이와 같이 삼매가 충만함에 도달하였음을 보여준다."(ThagA.i.126)

290) "'원한다면 형색들을 만들어보라(kāmaṁ karassu rūpāni)'라고 하였다. 마라여, 나를 지목하여(maṁ uddissa) 어떤 변화든 그대가 좋아하는 대로 만들어보라(yathā-ruciṁ karohi)는 말이다."(ThagA.i.126)

었기(upanissaya-sampatti) 때문에 이것의 자극을 받아 웰루와나에 가서 스승님의 곁에서 법을 듣고 믿음을 얻어 출가하였다. 그는 기질에 적합한(cariyānukūla) 명상주제를 받아서 숲에 머물면서 위빳사나를 증장하여 오래지 않아 아라한됨을 얻었다. 장로의 일화는 『아빠다나』에도 나타나고 있다. …
아라한됨을 얻은 뒤 스승님의 곁에 가서 절을 올리고 한 곁에 앉아서 세존을 찬탄하는 방식으로(thomanākārena) 구경의 지혜를 천명하면서 본 게송을 읊었다."(ThagA.i.127)

47. "영웅이신[291] [8] 부처님이시여, 당신께 예배합니다.

---

291) "'영웅(vīra)'이라고 하였다. 다섯 마라들(pañca Mārā)을 눌러버림(abhippamaddana)과 노력함(padahanta)과 큰 정진(vīriya)으로 구족하였기 때문에(samannāgatattā) '영웅'이라 부른다."(ThagA.i.127)

전통적으로 빠알리 주석서는 다양한 마라의 언급을 다섯 가지로 정리한다. 그것은 ① 오염원(kilesa)으로서의 마라(ItvA.197; ThagA.ii.70 등) ② 무더기(蘊, khandha)로서의 마라(S.iii.195 등) ③ 업형성력(abhisaṅkhāra)으로서의 마라 ④ 신(devaputta)으로서의 마라 ⑤ 죽음(maccu)으로서의 마라이다.(ThagA.ii.46; NetA.269; Vism.VII.59 등)

『청정도론』에서는 부처님은 이러한 다섯 가지 마라를 부순 분(bhaggavā)이기에 세존(bhagavā)이라 한다고 설명하고 있다.(VII.59) 그러므로 열반이나 출세간이 아닌 모든 경지는 마라의 영역에 속한다고 할 수 있다. 특히 신으로서의 마라는 자재천(Vasavatti)에 있는 다마리까 천신(Dāmarika-devaputta)이라고도 불리는데, 마라는 욕계의 최고 천상인 타화자재천(Paranimmitavasavatti)에 거주하면서 수행자들이 욕계를 벗어나 색계나 무색계나 출세간의 경지로 향상하는 것을 방해하는 자이기 때문이다.(SnA.i.44; MA.i.28) 그리고 그는 신들의 왕인 삭까(인드라)처럼 군대를 가지고 있으며 이를 마군(魔軍, Mārasena)이라고 한다. 이처럼 그는 아주 유력한 신이다.

마라(Māra)는 초기불전의 아주 다양한 문맥에서 아주 많이 나타나며, 『상윳따 니까야』에 마라를 주제로 하는 25개의 경들을 모아서 「마라 상윳따」(Māra-saṁyutta, S4)로 결집을 하여 전승해 오고 있기도 하다. 초기불전에 나타나는 마라를 연구하는 자체가 하나의 논문감에 해당한다 할 수 있다.
주석서들에서는 Māra의 어원을 한결같이 √mṛ(*to kill, to die*)로 본다. 물론 산스끄리뜨 문헌들에서도 죽음을 뜻하는 √mṛ(*to die*)로 보기도 하지만

당신께서는 모든 곳에서 해탈하셨습니다.292)
당신의 교계에 머물면서
저는 번뇌 없이293) 머뭅니다."

역자는 기억을 뜻하는 √smṛ(*to remember*)로 보는 입장이다. 왜냐하면 Māra는 산스끄리뜨어로 쓰여진 인도 최고의 희곡인 『샤꾼딸라』 등에서 Smāra(스마라)로 나타나기 때문이다. 스마라는 바로 기억을 뜻하는 √smṛ에서 파생된 명사이다. 힌두 신화에서 마라는 사랑의 신을 뜻하는 까마데와(Kāma-deva)이며 이 신의 많은 별명 가운데 하나가 스마라이다. 까마데와는 로마 신화의 사랑의 신인 큐피드(Cupid)에 해당한다. 사랑의 신 까마데와도 큐피드처럼 사랑의 화살을 가지고 다니면서 화살을 쏜다. 이 화살에 맞으면 사랑의 열병에 걸린다.

산스끄리뜨 문학 작품에 의하면 마라는 수련화(Aravinda), 아쇼까 꽃(Aśoka), 망고 꽃(Cūta), 재스민(Navamālikā), 청련화(Nīlotpala)의 다섯 가지 꽃 화살을 가지고 있다고 하며, 이러한 까마데와의 꽃 화살에 맞게 되면 사랑에 빠지게 된다고 한다. 불교 주석서들에서도 이러한 다섯 가지 마라의 꽃 화살은 언급되고 있다. 이처럼 마라는 유혹자이다. 이성을 서로 유혹하게 한다. 이런 의미에서 마라는 Tempter(유혹자, 사탄)이다. 그래서 마라를 Tempter라고 옮기는 서양학자도 있다.

그리고 이 √smṛ에서 파생된 것이 빠알리의 sati(Sk. smṛti) 즉 마음챙김[念]이다. 마음챙김과 마라는 이렇게 대비가 된다. 이렇게 마라의 어원을 √smṛ(*to remember*)로 이해하면 마음챙김의 중요성을 새삼 절감케 하는 아주 의미심장한 해석이 된다. — 『상윳따 니까야』 제1권 「고행 경」(S4:1) §3의 주해에서.

292) '모든 곳에서 해탈하셨습니다.'는 vippamuttosi sabbadhi를 옮긴 것이다. 주석서는 "모든 오염원들로부터(sabbehi kilesehi), 그리고 모든 형성된 것들에서(sabbasmiñca saṅkhāragate) 해탈하였다(vippamutto), 벗어났다(visaṁyutto)는 뜻으로, 당신이 해탈하지 못한 것이란 어떤 것도 없다는 말이다."(ThagA.i.127)라고 설명하고 있다.

『상윳따 니까야 주석서』는 "'모든 곳에서 해탈하였다(sabbadhi vippamutta).'는 것은 모든 무더기(온)와 감각장소(처) 등에서 해탈했다는 말이다."(SA.i.27 = S1:9 §3의 주해)라고 설명하고 있다.

293) "감각적 쾌락의 번뇌 등의 네 가지 번뇌들을 잘 제거하였기 때문에(suppahīnattā) '저는 번뇌 없이 머뭅니다(viharāmi anāsavo).'라고 하였다." (ThagA.i.128)

웃자야 장로 (끝)

8. 산자야 장로(Th1:48)

【행장】

"산자야 장로(Sañjaya thera)는 라자가하에서 부유한 바라문의 아들로 태어났다. 그는 적당한 나이가 되어 브라흐마유와 뽁카라사띠 등(Brahmāyu-Pokkharasātiādikā)의 잘 알려진(abhiññātā) 바라문들이 세존의 교법에 청정한 믿음을 가지는 것(abhippa-sanna)을 보고 자신도 청정한 믿음이 생겨(sañjātappasāda) 부처님께 다가갔다. 부처님께서는 그에게 법을 설하셨고 그는 예류자가 되었다. 그는 나중에 출가하였는데 출가하면서 삭발을 할 때(khuraggeyeva) 육신통을 갖춘 분(chaḷabhiñña)이 되었다. 장로의 일화는 『아빠다나』에도 나타나고 있다. …

그는 육신통을 얻은 뒤에 구경의 지혜를 천명하면서 본 게송을

『담마상가니 주석서』는 '네 가지 번뇌들(cattāro āsavā)'을 다음과 같이 간략하게 설명한다.

"다섯 가닥의 감각적 쾌락에 대한(pañca-kāma-guṇika) 탐욕(rāga)을 ① '감각적 쾌락의 번뇌[欲漏, kāmāsava]'라 한다. 색계와 무색계의 존재에 대한 욕탐(chandarāga), 禪에 대한 열망(jhāna-nikanti), 상견(常見)이 함께하는 탐욕은 존재를 통한 소망(patthanā)이기 때문에 ② '존재의 번뇌[有漏, bhavāsava]'라 한다. 62가지 사견은 ③ '사견의 번뇌[見漏, diṭṭh-āsava]'라 한다. [사성제와 과거와 미래와 과거·미래와 연기의, Vṭ.218] 여덟 가지 경우에 대해서 알지 못하는 것은 ④ '무명의 번뇌[無明漏, avijjāsava]'라 한다."(DhsA.369)

경에서 번뇌는 감각적 쾌락의 번뇌(kāmāsava), 존재의 번뇌(bhavāsava), 무명의 번뇌(avijjāsava)의 셋으로 나타난다.(「합송경」(D33 §1.10(20)), 「모든 번뇌 경」(M2 §6), 「바른 견해 경」(M9) §66, 「띠깐나 경」(A3:58), 「번뇌 경」(S38:8) 등등) 그러나 논장에서는 여기에다 사견의 번뇌(diṭṭhāsava)를 더하여 네 가지 번뇌로 정착이 되었고(Dhs. {1096} 등), 여기서처럼 주석서들에서도 네 가지로 정착이 되었다. 그리고 CBETA로 검색을 해보면 북방에서도 아함에는 이 세 가지 번뇌가 나타나고 여러 논서에서는 네 가지 번뇌가 나타난다.

읊었다."(ThagA.i.128~129)

48. "내가 집을 나와
집 없이 출가한 이후로
성스럽지 못하고 성냄으로 가득한
사유를 한 것을 알지 못한다.294)"

산자야 장로 (끝)

9. **라마네야까 장로**(Th1:49)

【행장】

"라마네야까 장로(Rāmaṇeyyaka thera)는 사왓티에서 하천한 가문(ibbhakula)에 태어났다. 그는 적당한 나이가 되어 [세존께서] 제따와나를 수용하실 때(Jetavana-paṭiggahaṇe)295) 청정한 믿음이 생겨 출가하였으며 기질에 적합한 명상주제를 받아 숲에서 머물렀다. 그는 자신의 성취와 출가자에 어울리는 도닦음(paṭi-patti)으로 청정한 믿음을 내게 하기 때문에(pāsādika-bhāvato) 라마네야까(Rāmaṇeyyaka, 기쁨을 주는 자)라는 일반적 호칭을 가지게 되었다.

어느 날 마라가 장로를 놀라게 하려고(bhiṁsāpetu-kāma) 무서

---

294) "'성스럽지 못하고 성냄으로 가득한 / 사유를 한 것을 알지 못한다(nābhi-jānāmi saṅkappaṁ anariyaṁ dosasaṁhitaṁ).'라고 하였다. 탐욕 등과 성냄으로 가득하여(rāgādi-dosa-saṁhita) 성스럽지 못하고 저열하며(nihī-na) 성자들에 의해서 존중받을 만하지 않고(anaraṇīyatā) 성자가 아닌 자들에 의해서 존중받을 만하기 때문에 성스럽지 못하고 사악하다(anariya pāpaka). 대상에 존재하지 않는 덕스러움 등을 사유하기 때문에(abhūta-guṇādi-saṅkappanato) '사유(saṅkappa)'라는 이름을 얻은 감각적 쾌락에 대한 생각 등의 그릇된 생각(kāma-vitakkādi-micchā-vitakka)이 생겼다는 것을 나는 알지 못한다는 말이다."(ThagA.i.129)

295) '제따와나를 수용하실 때(Jetavana-paṭiggahaṇe)'에 대해서는 하나의 모음 니그로다 장로(Th1:21)의 【행장】의 해당 주해를 참조할 것.

운 소리를 내었지만 장로는 천성이 확고하여(thira-pakatitā) 그것을 무서워하지 않고(asantasanta) '이자는 마라로구나.'라고 알고 그를 존중하지 않음(anādara)을 보이면서 본 게송을 읊었다. … 장로는 이 게송을 읊으면서 위빳사나를 증장시켜 아라한됨을 얻었다. 장로의 일화는 『아빠다나』에도 나타나고 있다. … 이것은 장로의 구경의 지혜를 천명하는 게송이었다."(ThagA.i.129~130)

49. "[메추라기들이] 찌하찌하 울고[296]
십삐까 [원숭이]들이 소리치는 가운데서도[297]
나의 마음은 흔들리지 않았나니[298]
나는 하나 됨에 몰입해 있었기 때문이다.[299]"

---

296) '[메추라기들이] 찌하찌하 울고'는 cihacihābhinadite를 옮긴 것이다. 주석서는 이렇게 설명한다.

"찌하찌하(cihaciha)라는 것은 끊임없이(abhiṇhaṁ) 나는 소리 때문에(pavattas-addatāya) '찌하찌하'라는 이름을 얻은 메추라기들(vaṭṭakā)의 울려 퍼지는 [소리의] 표상(abhināda-nimitta)이니 우짖음을 원인으로 한다(virava-hetu)는 뜻이다."(ThagA.i.129)

297) '십삐까 [원숭이]들이 소리치는 가운데서도'는 sippikābhirutehi ca를 옮긴 것이다. 주석서는 이렇게 설명한다.

"십삐까들(sippikā)은 신의 영역에 속하는(devakā) 다른 이름이었는데 여기서는 병이 들어서(gelañña) 배고픈 마른 아이의 모습을 가진(chāta-kisa-dārak-ākārā) 원숭이들(sākhāmigā)이다. 어떤 사람들은 큰 다람쥐들(mahā-kalandakā)이라고 한다."(ThagA.i.130)

298) "'나의 마음은 흔들리지 않았나니(na me taṁ phandati cittaṁ)'라고 하였다. 빠삐만이여, 이 숲에서 '[메추라기들의] 우짖음을 원인으로 하거나(virava-hetu) 십삐까 [원숭이]들의 소리를 원인으로 하여(sippikābhiruta-hetu) [나의 마음이 흔들리지 않는] 것처럼 그대 [마라]의 괴성을 지르는 행위를 원인으로(vissara-karaṇa-hetu) 나의 마음은 명상주제로부터 떨어지지 않는다는 말이다."(ThagA.i.130)

299) '나는 하나 됨에 몰입해 있었기 때문이다.'는 ekatta-nirataṁ hi me를 옮긴 것이다. 주석서는 이렇게 설명한다.

라마네야까 장로 (끝)

10. 위말라 장로(Th1:50)

【행장】

"위말라 장로(Vimala thera)는 라자가하에서 하천한 가문(ibbha-kula)에 태어났다. 그는 모태(mātukucchi)에서 머물 때와 나올 때에 연꽃잎(paduma-palāsa)이 물방울에 젖지 않는 것처럼 몸이 담즙과 점액 등(pitta-semhādī)으로 물들지 않고 마지막 존재로 [태어나신] 보살[300]처럼 지극히 청정하였다. 그래서 그를 위말라(Vimala, 때가 없음)라고 불렀다고 한다. 그는 적당한 나이가 되어 라자가하에서 부처님의 위신력을 보고 믿음을 얻어 출가하였고 명상주제를 들고 꼬살라 지역(Kosala-raṭṭha)에 있는 산의 동굴(pabbataguhā)에 머물렀다.

그러던 어느 날 네 대륙을 덮는 [듯한] 많은 구름이 온 우주의 중심(cakkavāḷa-gabbha)으로 퍼지면서 비가 내렸다. 마치 팽창되고 유지되는 [겁][301] 동안에(vivaṭṭa-ṭṭhāyimhi) 부처님들과 전

"나의 마음은 무리 지어 사는 것(gaṇa-saṅgaṇika)을 버리고(pahāya) ① 하나 됨, 즉 하나인 상태에(ekatte ekībhāve), ② 혹은 밖으로(bahiddhā) 산란함(vikkhepa)을 버리고 하나 됨, 즉 한 끝으로 됨에(ekatte ekaggatā-ya), ③ 혹은 하나 됨, 즉 하나인 고유성질을 가진(eka-sabhāva) 열반에 몰입하고 기뻐하였다(nirataṁ abhirataṁ). 그러므로 명상주제로부터 흔들리지 않고 떨어지지 않는다(na phandati na cavati)는 말이다. 장로는 이 게송을 읊으면서 위빳사나를 증장시켜 아라한됨을 얻었다."(ThagA.i.130)

300) '마지막 존재로 [태어나신] 보살'은 pacchima-bhavika-bodhisatta를 직역한 것이다. 대승불교에서는 이를 일생보처 보살(一生補處 菩薩, ekajāti-pratibhaddha bodhisattva)이라 부르는데 이번 한 생만 마치면 부처님의 지위에 오를 수 있는 보살이란 뜻이다. 예를 들면 미륵 보살님은 일생보처 보살로 지금 도솔천에 머물고 계신다.

301) '팽창되고 유지되는 [겁]'은 vivaṭṭa-ṭṭhāyi를 옮긴 것이다. 『앙굿따라 니까야』 「겁 경」(A4:156/ii.142)에 의하면 네 가지 아승기겁이 있는데 수축하

륜성왕들을 호지하는 시대(dharamāna-kāla)처럼 그와 같이 비가 내렸다. 그래서 여름의 열기(ghamma-pariḷāha)가 가라앉았기 때문에 계절의 적당함을 얻어(utu-sappāya-lābha) 장로의 마음은 삼매에 들어 한 끝으로 되었다. 그는 삼매에 든 마음으로 위빳사나를 열성적으로 행하여 도의 순서(magga-paṭipāṭi)대로 아라한됨을 얻었다. 장로의 일화는 『아빠다나』에도 나타나고 있다.

…

그는 아라한됨을 얻은 뒤 해야 할 일을 다 했기 때문에(kata-kiccatāya) 만족스러운 마음으로(tuṭṭhamānasa) 감흥어를 통해서 본 게송을 읊었다."(ThagA.i.131)

다른 위말라 장로(Th3:16)의 게송이 셋의 모음 {264}~{266}으로 나타나고 있다.

50. "대지는 촉촉하게 젖어있고
바람은 솔솔 불고 번개는 하늘에서 번쩍인다.
나의 생각은 고요하게 되었고[302]

는 겁[壞劫, saṁvaṭṭa kappa], 수축하여 머무는 겁[壞住劫, saṁvaṭṭa-ṭṭhāyi kappa], 팽창하는 겁[成劫, vivaṭṭa kappa], 팽창하여 머무는 겁[成住劫, vivaṭṭa-ṭṭhāyi kappa]이다. 이러한 네 겁이 모인 것을 대겁(大劫, mahākappa)이라고 주석서들은 부른다.(Vis.XIII.55 등) 『디가 니까야』 제1권 「사문과경」 (D2) 등에는 수축(saṁvaṭṭa)과 팽창(vivaṭṭa)의 둘만을 언급했지만(D2 §93) 수축하여 머무는 것(saṁvaṭṭa-ṭṭhāyi)과 팽창하여 머무는 것(vivaṭṭa-ṭṭhāyi)도 각각 그 속에 포함된다고 『청정도론』 XIII.29는 설명하고 있다.

겁(劫, kappa)에 대한 설명은 『상윳따 니까야 』 제2권 「산 경」 (S15:5)의 내용과 §3의 주해와 제6권 「탑묘 경」 (S51:10) §5와 『아비담마 길라잡이』 제5장 §14의 주해 등을 참조하기 바란다. 그리고 『청정도론』 XIII.28에서는 "멸하는 겁을 수축하는 겁[壞劫]이라 하고, 늘어나는 겁을 팽창하는 겁[成劫]이라 한다고 알아야 한다."라고 정의하고 있다. 그리고 XIII.29 이하에서 세계의 수축과 팽창에 대해서 상세하게 기술하고 있다.

302) "'나의 생각은 고요하게 되었고(upasamanti vitakkā)'라고 하였다. 계절에

마음은 잘 삼매에 들어있다.303)"

위말라 장로 (끝)

다섯 번째 품이 끝났다.

[다섯 번째 품에 포함된 장로들의] 목록은 다음과 같다.

시리왓다와 레와따 장로, 수망갈라와 사누라 불리는 분
라마니야위하리와 사밋디, 웃자야, 산자야
그분 라마네야 장로와 분쟁을 버린 위말라이다.

맞는 [수행의] 성취로(utu-sappāya-siddha) 사마타와 위빳사나를 증득(adhigama)하여, 예비단계(pubbabhāga)에서 대체함 등(tadaṅgādi)을 통해서 [생각이] 가라앉은 뒤(vūpasantā hutvā) 감각적 쾌락에 대한 사유 등의 모든 아홉 가지 큰 생각들(nava mahā-vitakkā)이 성스러운 도의 증득으로 고요하게 되었다(upasamanti)는 말이다. 남김없이 뿌리 뽑았고[根絶, samucchijjanti) 현재에 가깝기 때문에(vattamāna-samīpatāya) 성스러운 도의 찰나(ariya-magga-kkhaṇa)를 현재(vattamāna)로 하여 말하고 있다. 혹은 과거의 의미이지만(atītatthe) 현재로 말하였다."(ThagA.i.132)

『맛지마 니까야 주석서』는 『맛지마 니까야』 제1권 「모든 번뇌 경」(M2) §20을 주석하면서 '아홉 가지 큰 생각들(nava mahā-vitakkā)'을 감각적 쾌락에 대한 사유, 악의에 대한 사유, 해코지에 대한 사유의 세 가지와, 『위방가』 제17장 작은 항목 위방가(소소한 항목에 대한 분석, §832 이하)에서 (68)~(73)으로 나타나는 친척에 대한 생각, 지역에 대한 생각, 죽지 않음에 대한 생각, 남들에 대한 동정심과 관련된 생각, 이득과 존경과 명성과 관련된 생각, 멸시받지 않음과 관련된 생각이라고 설명하고 있다.(MA.i.82)

303) "'마음은 잘 삼매에 들어있다(cittaṁ susamāhitaṁ mama).'라고 하였다. 출세간의 삼매(lokuttara-samādhi)에 의해서 나의 마음은 잘 삼매에 들었다(suṭṭhu samāhita)는 말이다. 이제 그것을 안정시키는 데 있어서(samādhāne) 해야 할 어떤 일도 남아있지 않다고 장로는 구경의 지혜를 천명하였다."(ThagA.i.132)

여섯 번째 품

Chaṭṭha-vagga({51}~{60})

1. 고디까 장로(Th1:51)

【행장】

여기 여섯 번째 품의 본 게송을 비롯한 {51}부터 {54}까지의 네 개의 게송들은 각각 고디까 장로(Godhika thera)와 수바후 장로(Subāhu thera)와 왈리야 장로(Valliya thera)와 웃띠야 장로(Uttiya thera)의 게송이다. 『테라가타 주석서』에 의하면 이들은 빠와(Pāvā)에 있는 말라 왕들(Malla-rājā)의 아들들이었으며 서로서로에게 진정한 친구(piya-sahāyā)였다고 한다. 그들은 까삘라왓투를 방문했다가 니그로다 원림에서 세존께서 나투신 쌍신변(yamaka-pāṭihāriya)을 보고 청정한 믿음을 얻어서 출가하였다. 그들은 위빳사나의 업을 행하면서(vipassanākammaṁ karontā) 오래지 않아 무애해체지(paṭisambhidā)와 더불어 아라한됨을 얻었다. 이분들의 일화는 『아빠다나』에도 나타나고 있다. … (Thag A.i.132~133)

계속해서 주석서는 이렇게 설명한다.

"아라한됨을 얻은 뒤 이 네 분의 장로들은 세상에 드러나게 되었고 알려지게 되었고(pākaṭā paññātā) 왕과 왕의 대신들의 존중과 공경을 받으면서(sakkatā garukatā) 숲에서 함께 머물렀다. 빔비사라 왕은 라자가하에 온 네 분의 장로들에게 우기철 3개월 동안 초막들(kuṭikāyo)을 마련하게 하였지만 마음챙김을 놓아버려

(sati-sammosa) 지붕을 덮지 않았다. 장로들은 덮지 않은 각각의 초막(kuṭikā)에서 머물렀다. 그런데 우기철(vassa-kāla)에 비가 내리지 않았다. 왕은 그 이유를 알고 그 초막들을 덮게 하였고 큰 초막을 만들어 비구 승가에 보시하였다.
장로들은 왕을 연민하여 초막에 들어가서 자애의 증득(mettā-samāpatti)을 통해서 삼매에 들었다. 그러자 북쪽과 동쪽으로부터 큰 구름이 생겨서 장로들이 그 삼매로부터 출정하는 순간(vuṭṭhāna-kkhaṇa)에 비가 내리기 시작했다. 그 가운데 고디까 장로가 삼매의 증득으로부터 출정하여 구름과 천둥(megha-gajjita)과 함께 본 게송을 읊었다."(ThagA.i.133~134)

고디까 장로(Godhika thera)는 『상윳따 니까야』 제1권 「고디까 경」(S4:23)을 통해서 알려진 분이다. 「고디까 경」(S4:23)에 의하면 존자는 방일하지 않고 근면하고 스스로를 독려하며 머물러서 일곱 번을 일시적인 마음의 해탈(sāmayika ceto-vimutti)[304]에 도달했지만 그 해탈에서 멀어져 버렸다. 그래서 그는 '나는 일시적인 마음의 해탈에서 멀어져 버렸다. 그러니 이제 나는 칼로 [자결을 하리라.]'라고 결심하고 그렇게 하였다. 세존께서는 '비구들이여, 그러나 좋은 가문의 아들 고디까는 알음알이가 [그 어디에도] 머물지 않고 완전한 열반에 들었다.'라고 말씀하셨다.

304) 『앙굿따라 니까야 주석서』는 "'일시적인 해탈을 얻은 자(samaya-vimutta)'란 오직 본삼매에 들어있는 순간에만 억압된 오염원들로부터 해탈하기 때문에 일시적인 해탈이라 불리는 세간적인 해탈(lokiya-vimutta)을 통해 마음이 해탈한 자를 뜻한다."(AA.iii.292)라고 설명하고 있다. 즉 예류자부터 아라한까지의 성자의 경지는 아직 실현하지 못했지만 삼매에 든 순간에는 다섯 가지 장애로 대표되는 오염원들로부터 벗어났기 때문에 일시적인 해탈을 얻은 자라고 한다는 뜻이다.
일시적인 마음의 해탈(sāmāyika cetovimutti) 혹은 일시적인 해탈(sāmāyika vimutti) 혹은 일시적인 해탈을 얻은 자(samaya-vimutta)에 대해서는 『상윳따 니까야』 제1권 「고디까 경」(S4:23) §2와 이에 대한 주해와 『앙굿따라 니까야』 제3권 「일시적 해탈 경」 1(A5:149) §1의 주해를 참조할 것. '일시적이지 않은 해탈(asamaya-vimutti)'에 대해서는 『맛지마 니까야』 제1권 「심재 비유의 긴 경」(M29) §6과 주해를 참조할 것.

주석서는 그가 "사마시시(samasīsī, 아라한이 됨과 동시에 완전한 열반에 듦)305)로 완전한 열반에 들었다(parinibbāyi)."(SA.i.183)라고 설명한다.

51. "[비의] 신은 아름다운 선율로 비를 내린다.
나의 초막은 잘 덮여있고 행복하고 바람을 막아준다. (§1)
나의 마음은 잘 삼매에 들었다.306)
이제 [비의] 신이여, 원한다면 비를 내리기를."

고디까 장로 (끝)

2. 수바후 장로(Th1:52)

【행장】

수바후 장로(Subāhu thera)에 대해서는 앞의 고디까 장로({51})에 대한 【행장】과 주해들을 참조할 것.

---

305) 사마시시(samasīsī)는『인시설론』(人施設論, Pug.19)에 처음 나타나는 단어로 여겨진다. 이것은 '동시에(sama) 두 가지 목적을 성취한 자(sīsin, 문자적으로는 머리를 가진 자)'라는 뜻이다. 여기서 두 가지 목적이란 최고의 성위인 아라한됨과 완전한 열반(반열반=입멸)을 말한다. 그러므로 아라한이 됨과 동시에 입멸한 것을 말한다.(SA.i.183)

306) "'나의 마음은 잘 삼매에 들었다(cittaṁ susamāhitañca mayhaṁ).'라고 하였다. 위없는 삼매(anuttara-samādhi)에 의해서 열반을 대상으로 하여(nibbānārammaṇa) 본삼매에 잘 들었다(suṭṭhu appita)는 말이다. 이것으로 내적인 방해물(abbhantara-parissaya)이 없기 때문에 무관심함(app-ossukkatā)을 보여준다."(ThagA.i.134~135)

한편 나머지 세 장로의 게송들, 즉 수바후 장로(Subāhu thera)의 게송({52})과 왈리야 장로(Valliya thera)의 게송({53})과 웃띠야 장로(Uttiya thera)의 게송({54})은 이 세 번째 구를 제외한 첫째, 둘째, 넷째 구는 모두 같다. 여기 고디까 장로의 세 번째 구에는 '나의 마음은 잘 삼매에 들었다.'({51c})로 나타나지만 수바후 장로의 게송에는 '마음은 몸에서 잘 삼매에 들었다.'({52c})로, 왈리야 장로의 게송에는 '거기서 나는 방일하지 않는다.'({53c})로, 웃띠야 장로의 게송에는 '거기서 나는 짝(두 번째)이 없이 머문다.'({54c})로 나타나는 것만이 다르다.

52. "[비의] 신은 아름다운 선율로 비를 내린다.
나의 초막은 잘 덮여있고 행복하고 바람을 막아준다.
마음은 몸에서 잘 삼매에 들었다.307)
이제 [비의] 신이여, 원한다면 비를 내리기를."

수바후 장로 (끝)

3. **왈리야 장로**(Th1:53)

【행장】

왈리야 장로(Valliya thera)에 대해서도 앞의 고디까 장로({51})에 대한 【행장】과 주해들을 참조할 것.

본서에는 다른 왈리야 장로(Th2:3)의 게송이 제2권 둘의 모음 {125}~{126}으로 나타나고 있고 또 다른 왈리야 장로(Th2:24)의 게송이 제2권 둘의 모음 {167}~{168}로 나타나고 있다. 이 세 분은 각각 다른 장로들이다.

53. "[비의] 신은 아름다운 선율로 비를 내린다.
나의 초막은 잘 덮여있고 행복하고 바람을 막아준다.
거기서 나는 방일하지 않는다.308)

---

307) "'마음은 몸에서 잘 삼매에 들었다(cittaṁ susamāhitañca kāye).'라고 하였다. 나의 마음은 육체적인 몸(karaja-kāya)을 [대상으로 하여] 몸에 대한 마음챙김의 수행(kāyagatā-sati-bhāvanā)을 통해서 잘 삼매에 들었다(suṭṭhu samāhita), 바르게 본삼매에 들었다(sammadeva appita)는 뜻이다. 이 장로는 몸에 대한 마음챙김의 수행을 통해서 얻은 禪을 기초로 하여(pādakaṁ katvā) 위빳사나를 증장시켜 아라한됨을 얻었다. 이것을 두고 이렇게 말한 것이다."(ThagA.i.135)

308) "'거기서 나는 방일하지 않는다(tassaṁ viharāmi appamatto).'라고 하였다. 나는 그 초막에서 불방일의 도닦음으로(appamāda-paṭipattiyā) 정수리(matthaka)를 얻었기 때문에 방일하지 않음은 성스러운 머묾과 관련되고

이제 [비의] 신이여, 원한다면 비를 내리기를."

왈리야 장로 (끝)

4. 웃띠야 장로(Th1:54)

【행장】
웃띠야 장로(Uttiya thera)에 대해서는 앞의 고디까 장로({51})의 【행장】과 주해들을 참조할 것.

본서에는 다른 웃띠야 장로(Th1:30)의 게송이 본서 하나의 모음 {30}으로 나타나고 있고 또 다른 웃띠야 장로(Th1:99)의 게송이 하나의 모음 {99}로 나타나고 있다. 이 세 분은 각각 다른 장로들이다.

54. "[비의] 신은 [9] 아름다운 선율로 비를 내린다.
나의 초막은 잘 덮여있고 행복하고 바람을 막아준다.
거기서 나는 짝(두 번째)이 없이 머문다.309)
이제 [비의] 신이여, 원한다면 비를 내리기를."

웃띠야 장로 (끝)

(ariya-vihār-ūpasaṁhita) 신성한 마음가짐 등과 관련된(dibba-vihārādi-saṁhita) 자세(iriyā-patha)로 머문다, 즉 자기 자신을 유지시켜 나간다(atta-bhāvaṁ pavattemi)고 말하는 것이다."(ThagA.i.135)

309) "'거기서 나는 짝(두 번째)이 없이 머문다(tassaṁ viharāmi adutiyo).'라고 하였다. 여기서 '짝(두 번째)이 없이(adutiyo)'라는 것은 친구가 없이(asahāya)라는 말인데 오염원이라는 무리 지음(kilesa-saṅgaṇikā)과 무리 지어 사는 것(gaṇa-saṅgaṇikā)이 없이(virahita)라는 뜻이다."(ThagA.i.135)

한편 dutiyā(두 번째)는 아내, 배우자라는 뜻으로도 쓰이고 있다. 본서 위라 장로(Th1:8)의 게송({8})의 주해 등을 참조할 것.

5. 안자나와니야 장로(Th1:55)

【행장】

여기에 나타나는 안자나와니야 장로(Añjanavaniya thera)[310]의 게송을 비롯한 여섯 장로의 게송들({55}~{60})은 초막(kuṭi)을 주제로 한 것이다. 이 가운데 시왈리 장로(Th1:60)를 제외한 다섯 장로들(Th1:55~59)은 도반(sahāya)들이었다고 한다.

여기 안자나와니야 장로(Th1:55)뿐만 아니라 그의 도반이었으며 릿차위의 왕자들이었던(Licchavi-rājakumārā) 꾸띠위하리 장로(Kuṭivihārī thera, Th1:56)와 두 번째 꾸띠위하리 장로(dutiya Kuṭi-vihārī thera, Th1:57)와 라마니야 꾸띠까 장로(Ramanīyakūṭika thera, Th1:58)와 꼬살라위하리 장로(Kosalavihārī thera, Th1:59)도 이 안자나와니야 장로와 같은 방법(nīhāra)으로 출가하였다고 한다.(ThagA.i.136)

『테라가타 주석서』는 이렇게 설명한다.

"안자나와니야 장로(Añjanavaniya thera)는 웨살리에서 왓지의 왕의 가문(Vajji-rājakula)에 태어났다. 적당한 나이가 되었을 때 왓지 지역에는 가뭄에 대한 두려움(avuṭṭhi-bhaya)과 질병에 대한 두려움(byādhi-bhaya)과 비인간에 대한 두려움(amanussa-bhaya)이라는 세 가지 두려움이 생겼다고 한다. 『숫따니빠따 주석서』의 「보배 경」(Sn2:1/39)의 주석에서 밝히고 있듯이(SnA.i.278 ff.) 세존께서는 웨살리에 들어가셨고 두려움은 가라앉았으며 세존의 설법으로 많은 신들과 인간들에게 법의 관통(dhamma-abhisamaya)이 생겼을 때 이를 보고 이 왕자는 부처님의 위신력에 대한 믿음이 생겨 출가하였다.

안자나와니야 장로는 출가하여 사께따(Sāketa)에서 어둠의 숲의

310) 문자적으로 안자나와니야(Añjanavaniya)는 안자나(Añjana) 숲에 머무는 자(vaniya)라는 뜻이다.

공동묘지(susāna-ṭṭhāna)에서 살았으며 애를 쓰고 정진하여 첫 번째 달에 아라한됨을 얻었다. 장로의 일화는 『아빠다나』에도 나타나고 있다. …
그는 아라한됨을 얻어서 해탈의 행복(vimutti-sukha)을 체득하였고(paṭisaṁvedenta) 증득(samāpatti)으로부터 출정하여 그가 얻은 성취를 반조한 뒤에 희열의 감동(pīti-vega)으로 감흥어를 통해서 본 게송을 읊었다."(ThagA.i.136)

55. "긴 의자를 초막으로 만들어서[311]
안자나 숲[312]으로 들어간 뒤

311) '긴 의자를 초막으로 만들어서'는 āsandiṁ kuṭikaṁ katvā를 옮긴 것이다. 주석서는 이렇게 설명한다.

"여기서 '긴 의자(āsandī)'란 긴 다리를 가졌고 네 모서리를 가진 의자(dīgha-pādakaṁ caturassapīṭha)도 되고 네 모서리를 가진 넓은 의자(āyata caturassa)도 된다. 여기에는 앉을 수만 있지(nisīditumeva sakkā) 눕지는 못한다(na nipajjituṁ). 이 긴 의자를 초막 삼아서(taṁ āsandiṁ kuṭikaṁ katvā) 머물기 위해서(vāsatthāya) 바로 앞에서 말한 방법대로(heṭṭhā vuttanayena) 초막 삼아 만든 뒤 거기에 앉은 자에게는 계절에 따른 방해물이 없는(utu-parissayābhāva) 행복(sukha)으로 사문의 법을 행할 수 있다. 이와 같이 초막을 짓고라는 말이다. 이처럼 최상이요 최고에 도달한(paramukkaṁsa-gata) 거처(senāsana)에 대한 자신의 소욕(appiccha-tā)과 지족(santuṭṭhi)을 보여준다. 그래서 법의 대장군 [사리뿟따 장로는 본서 제3권 서른의 모음(Th30:2)]에서,

"가부좌로 앉아있는 그의 무릎에는
비가 내리지 않을 것이니
이것은 행복하게 머물기 위해서
스스로를 독려하는 비구에게 충분하다."({985})

라고 읊었다.

다른 사람들은(apare) [이 구절을] āsandi-kuṭikaṁ으로 읽어서 '긴 의자 정도 크기의 초막을 짓고(āsandi-ppamāṇaṁ kuṭikaṁ katvā)'로 뜻을 말한다. 그런데 또 다른 사람들은(aññe) '자리에 앉음 등을 행하는(āsana-nisajjādi-gata) 사람들을 지칭하여 나무 침상 위에 초막처럼 만든 것(mañ-cakassa upari kata-kuṭikā)을 긴 의자라 한다. 그 긴 의자(āsandi)를 초막으로 삼아서(kuṭikaṁ katvā)'라고 뜻을 말한다.(ThagA.i.137)

세 가지 명지를 얻었고
부처님의 교법을 실천하였다.313)"314)

안자나와니야 장로 (끝)

6. 꾸띠위하리 장로(Th1:56)

【행장】

"꾸띠위하리 장로(Kuṭivihārī thera, 문자적으로 꾸띠위하리는 초막(kuṭi)에 머무는 자(vihārī)라는 뜻임)도 앞의 안자나와니야 장로의 일화({55})에서 말한 것과 같다. 그는 출가하여 미리 해야 할 일을 하고 위빳사나에 전념하였다. [어느 날] 그가 들판 근처를 가는 도중에 비가 내렸는데 들판을 지키는 사람(khetta-pālaka)의 풀로 만든 비어있는 초막을 보고(tiṇa-kuṭi) 거기에 들어가서 풀로 만든 깔개에 앉았다. 단지 앉아만 있을 정도인 계절에 맞는(utu-sappāya) [곳]을 얻어서 위빳사나를 열성적으로 행하여 아라한됨을 얻었다. 장로의 일화는 『아빠다나』에도 나타나고 있다. …

아라한됨을 얻은 뒤 장로가 거기에 앉아있을 때 들판을 지키는

---

312) '안자나 숲(Añjana vana)'은 꼬살라(Kosala)의 사께따(Sāketa)에 있는 숲이다. 이 안자나 숲의 녹야원에서 설하신 경으로 『상윳따 니까야』 제5권 「꾼달리야 경」(S46:6) 등이 전승되어 온다. 주석서는 안자나 숲을 이렇게 설명한다.

"'안자나 숲(Añjanaṁ vanaṁ)'이라고 하였다. 까만 색깔의 꽃의 상태(añjana-vaṇṇa-puppha-bhāva)이기 때문에 안자나라고 불리는 덩굴(valli)이다. 그것이 많기 때문에(tab-bahulatāya) 그 숲을 안자나 숲이라 불렀다. 다른 분들은 안자나라는 이름을 가진 큰 덤불(añjanā nāma mahā-gacchā)이라고 말한다."(ThagA.i.137)

313) '세 가지 명지[三明]를 얻었고 / 부처님의 교법을 실천하였다(tisso vijjā anuppattā, kataṁ Buddhassa sāsanaṁ).'라는 이 정형구는 『테라가타』 안에서 20번 정도가 나타나고 있다. 여기에 대해서는 본서 수간다 장로(Th1:24) {24}의 해당 주해를 참조할 것.

314) "이것은 장로의 구경의 지혜를 천명하는 것이 되었다."(ThagA.i.137)

사람이 와서 '초막에 누가 있습니까?'라고 물었다. 그것을 듣고 장로는 '비구가 초막에 있습니다.'라는 등을 말하였다. 그래서 이 게송은 들판을 지키는 사람과 장로의 말을 하나로 만들어서 이런 방식으로 합송을 하였다."(ThagA.i.138)

56. "초막에는 누가 있습니까?[315]
비구가 초막에 있습니다.
그는 탐욕을 여의었고
마음이 잘 삼매에 들었습니다.[316]
도반이여, 이렇게 아십시오.
그대의 초막은 헛되지 않게 되었습니다.[317]"[318]

꾸띠위하리 장로 (끝)

---

315) "들판을 지키는 사람(khetta-pāla)이 묻는 말이다. 그리고 '비구가 초막에 있습니다(bhikkhu kuṭikāyaṁ).' 이하는 장로가 답변을 베푼 것(paṭivacana-dāna)이다."(ThagA.i.138)

316) '그는 탐욕을 여의었고 / 마음이 잘 삼매에 들었습니다.'는 vītarāgo susamāhita-citto를 옮긴 것이다. 주석서는 이렇게 설명한다.
"그는 으뜸가는 도(agga-magga)로써 모든 곳에서 탐욕을 뿌리 뽑았기 때문에(samucchinna-rāgatāya) '탐욕을 여의었고(vītarāgo)' 위없는 삼매(anuttara-samādhi)로써 열반을 대상으로 하여 잘 삼매에 든 마음을 가졌기 때문에 '마음이 잘 삼매에 들었습니다(susamāhita-citto).'라고 하였다."(ThagA.i.138)

317) "'그대의 초막은 헛되지 않게 되었습니다(amoghā te kuṭikā katā).'라고 하였다. 번뇌가 다한 아라한이 수용하였기 때문에(paribhuttā) 그대가 만든 초막은 헛되지 않다(amoghā), 즉 무익하지 않고(avañjha) 결실이 있고(saphalā) 결과를 초래한다(saudrayā)는 말이다."(ThagA.i.139)

318) "초막에서 특별함을 얻었기 때문에(laddha-visesattā) 장로는 그때부터 꾸띠위하리(초막에 머무는 자)라는 일반적 호칭이 생겼다. 그리고 이것은 장로의 구경의 지혜를 천명하는 게송도 되었다."(ThagA.i.139)

7. 두 번째 꾸띠위하리 장로(Th1:57)

【행장】

두 번째 꾸띠위하리 장로(dutiya Kuṭivihārī thera)는 앞의 꾸띠위하리 장로(Kuṭivihārī thera)와 동명이인이다. 주석서는 이 장로도 앞의 안자나와니야 장로의 일화({55})에서 말한 것과 같고 다음이 다르다고 설명한다.

"그는 앞에서 말한 대로 출가하여 어떤 오래된 초막(purāṇa-kuṭikā)에 머물면서 사문의 법을 생각하지 않고 '이 초막은 낡았으니 다른 초막을 지어야겠다.'라고 새로운 작업을 하려고 마음을 내었다. 그러자 그의 이로움을 바라는(attha-kāmā) 천신이 그에게 절박함(saṁvega)을 생기게 할 목적으로, 즉 이 얕아 보이는 [초막](uttān-obhāsa)을 깊게 하기 위해서(gambhīrattha) 이 게송을 읊었다.[319] … 장로는 천신의 말을 듣고 절박함이 생겨 위빳사나를 확립한 뒤 애를 쓰고 정진하여 오래지 않아 아라한됨에 확립되었다. 장로의 일화는 『아빠다나』에도 나타나고 있다. …" (ThagA.i.139~140)

57. [천신]

"이것은 [그대의] 오래된 초막이었습니다.
그대는 다른 새 초막을 열망합니다.
초막에 대한 소망을 빛바래게 하십시오.
비구여, 새 초막은 다시 괴로울 것입니다.[320]"[321]

---

319) 『앙굿따라 니까야』 제2권 「호수 경」 2(A4:105)에서 세존께서는 사성제를 꿰뚫어 알지 못하는 자를 얕은(uttāna) 사람이라고 말씀하고 계시고(§3) 반대로 사성제를 꿰뚫어 아는 자를 깊은(gambhīra) 사람이라고 설명하신다(§4).

320) "'비구여, 새 초막은 다시 괴로울 것입니다(dukkhā bhikkhu puna navā kuṭi).'라고 하였다. 지금 다시 [새 초막을] 만들려고 하는 것이(nibbatti-

두 번째 꾸띠위하리 장로 (끝)

8. 라마니야꾸띠까 장로(Th1:58)

【행장】

"라마니야꾸띠까 장로(Ramaṇīya-kuṭika thera)도 앞의 안자나와니야 장로의 일화({55})에서 말한 것과 같고 이것이 다르다. 그는 출가하여 미리 해야 할 일을 하고 왓지 지역(Vajjiraṭṭha)의 어떤 마을에서 아름다운(abhirūpā) 초막에 머물렀다. 그는 거기 살면서 위빳사나를 확립하여 오래지 않아 아라한됨에 확고하게 머물렀다. 장로의 일화는 『아빠다나』에도 나타나고 있다. …

아라한됨을 얻은 뒤 장로가 거기에 머물 때 초막이 아름다워서 사람들이 여기저기서 와서 초막을 보고 갔다. 어느 날 어떤 행실이 바르지 못한 여인들이 거기 와서 그 초막의 아름다움을 보고 말하기를 '여기 사시는 이 사문은 우리들 때문에 가슴이 뛸 것입니다(ākaḍḍhanīya-hadayo).'라고 하면서 '존자시여, 당신이 머무시는 곳은 아름답습니다. 우리도 아름다운 형색을 가졌고 젊음의 첫 번째(paṭhama-yobbana)에 머물러있습니다.'라고 그에게 유혹적인 말과 몸짓을 하였다. 장로는 자신의 탐욕을 여읜 상태(vītarāga-bhāva)를 드러내면서 이 게송을 읊었다."(ThagA.i.141)

---

yamānā) 괴로움을 가져오기 때문에(dukkhāvahattā) 괴로운 것(dukkhā)이다. 그러므로 다른 새로운(nava) 괴로움을 생기게 하지 말고 이 오래된(purāṇiya) 초막 그 자체가 새로 만들려고 하는 것이라고(yathā-nibbattā-yaṁ) 여기고 자신이 해야 할 일을 하십시오라는 뜻이다."(ThagA.i.140)

321) "장로는 천신의 말을 듣고 절박함이 생겨(saṁvega-jāta) 위빳사나를 확립한 뒤 애를 쓰고 정진하여 오래지 않아 아라한됨에 확립되었다. … 장로는 아라한됨에 확립되어서 '이것은 내가 아라한됨을 얻는 데 갈고리가 되었다(aṅkusa-bhūtā).'라고 하면서 이 게송을 외웠다. 그리고 이것은 장로의 구경의 지혜를 천명하는 게송이 되었다. 그리고 초막의 교계로 특별함을 얻었기 때문에 그에게도 꾸띠위하리(초막에 머무는 자)라는 일반적 호칭이 있게 되었다."(ThagA.i.140)

58. "나의 초막은 아름답습니다.
믿음을 주고 매력적입니다.
나에게 처녀들은 필요가 없습니다.322)
여인들은 필요로 하는 자들에게 가십시오."

라마니야꾸띠까 장로 (끝)

9. 꼬살라위하리 장로(Th1:59)

【행장】

"꼬살라위하리 장로(Kosalavihārī thera)도 앞의 안자나와니야 장로의 일화({55})에서 말한 것과 같고 이것이 다르다. 그는 출가하여 미리 해야 할 일을 하고 꼬살라 지역(Kosalaraṭṭha)의 어떤 마을에 있는 한 청신사 가문에 의지하여 숲에 살았다. 그 청신사는 나무 아래에 머물고 있는 장로에게 초막(kuṭikā)을 지어주었다. 장로는 초막에 살면서 그 머무는 곳에 적절한(āvāsa-sappāya) 삼매를 얻었고 위빳사나를 열성적으로 행하고서 머지않아 아라한과를 얻었다. 장로의 일화는 『아빠다나』에도 나타나고 있다. …

장로는 아라한됨을 얻어서 해탈의 행복을 체득한(vimutti-sukha-ppaṭisaṁvedana) 희열의 감동이 생겨(uppanna-pītivega) 감흥어를 통해서 본 게송을 읊었다. … 방일하지 않음의 상태 등을 찬탄함(appamatta-bhāvādi-kittana)을 통해서 이것은 그의 구경의 지혜를 천명하는 것이 되었다. 그는 꼬살라 지역에 오래 머물렀기 때문에 꼬살라위하리(꼬살라에 사는 사람)라는 일반적 호칭이

322) "'나에게 처녀들은 필요가 없습니다(na me attho kumārīhi).'라고 하였다. 나는 모든 면에서 감각적 쾌락들로부터 벗어난 마음을 가졌기 때문에(vinivattita-mānaso) 나에게 처녀들은 필요가 없다고 한 것이다. … 이처럼 여기서 감각적 쾌락들로부터 흥미가 없어진 상태를 드러내는 이 말로써 장로의 아라한됨을 설명하였다고 보아야 한다."(ThagA.i.141)

생겼다."(ThagA.i.143)

59. "믿음으로 나는 출가하였고
숲속에 나의 초막이 지어졌습니다.
나는 방일하지 않고 근면하며
알아차리고 마음챙깁니다."323)

꼬살라위하리 장로 (끝)

10. 시왈리 장로(Th1:60)

【행장】

시왈리 장로(Sīvali thera)는 『우다나』 「숩빠와사 경」(Ud2:8) §4와 §11에서 보듯이 꼴리야(Koliya)의 딸인 숩빠와사(Suppavāsa)의 아들이다. 숩빠와사는 부처님의 가르침을 처음 듣고 바로 예류과를 얻었다고 한다.(AA.i.453) 세존께서는 『앙굿따라 니까

---

323) '나는 방일하지 않고 근면하며 / 알아차리고 마음챙깁니다.'는 appamatto ca ātāpī, sampajāno patissato를 옮긴 것이다. 주석서는 이렇게 설명한다.

"숲에 거주하면서 얻은 몸으로 떨쳐버림(kāya-viveka)을 통해서 ① 깨어있음에 몰두하면서(jāgariyaṁ anuyuñjanta) 거기서 마음챙김을 놓아버리지 않아(satiyā avippavāsena) '방일하지 않고(appamatto)' 부지런히 정진함을 통해서(āraddha-vīriyatāya) '근면하다(ātāpī).' ② 예비단계인 마음챙김과 알아차림을 완성함에 의해서(pubbabhāgiya-satisampajañña-pāripūriyā) 위빳사나를 증장하여 ③ 아라한됨을 증득하고 통찰지와 마음챙김의 충만함을 얻어서(paññā-sati-vepulla-ppattiyā) 전적으로 '알아차리고 마음챙겨서(sampajāno patissato)' 머문다는 뜻이다."(ThagA.i.143)

여기서 주석가 담마빨라 스님은 세 단계의 마음챙김을 강조하고 있다. 첫 번째는 깨어있음에 몰두하여(jāgariyaṁ anuyuñjanta) 마음챙김을 놓아버리지 않음(sati avippavāsa)이고, 두 번째는 예비단계인 마음챙김과 알아차림(pubbabhāgiya-satisampajañña)이고, 세 번째는 아라한됨을 증득한 통찰지와 마음챙김의 충만함을 얻음(arahattādhigama paññā-sati-vepulla-ppatti)이다. 굳이 표현하자면 이 세 단계는 준비단계의 마음챙김, 예비단계의 마음챙김, 완성된 마음챙김이라 할 수 있겠다.

야』 제2권 「숩빠와사 경」(A4:57)을 숩빠와사에게 설하실 정도로 그녀는 훌륭한 보시자였다. 그래서 『앙굿따라 니까야』 제1권 하나의 모음 「으뜸 품」(A1:14)에서는 수승한 보시를 하는 (paṇīta-dāyika) 여자 신도들 가운데서 꼴리야의 딸 숩빠와사가 으뜸이라고 언급되고 있다.(A1:14:7-6)

시왈리 장로는 『우다나』 「숩빠와사 경」(Ud2:8)에 나타나는 것처럼 어머니의 배 속에 7년을 있었고 태어날 때도 7일을 난산(難產)의 고초를 겪었었다고 하는(Ud2:8 §1) 신비한 인물이다. 그는 난산 끝에 칠 일 만에 태어나자 바로 사리뿟따 존자와 말을 하였고(Ud2:8 §11) 사리뿟따 존자는 그를 데리고 가서 출가를 시켰다.(ThagA.i.147) 그는 머리를 깎으면서 첫 번째 머리카락 뭉텅이(paṭhama-kesavaṭṭi)가 떨어지는 순간에 예류과를 얻었고, 두 번째 머리카락 뭉텅이가 떨어지는 순간에 일래과를 얻었고, 세 번째 머리카락 뭉텅이가 떨어지는 순간에 불환과를 얻었으며 모든 머리카락을 다 잘랐을 때 아라한됨을 실현하였다(arahatta-sacchikiriyā)고 한다.(ThagA.i.148)

그는 신들의 공양[天供]을 많이 받는 등 세존을 제외하고는 비구들 가운데 가장 많은 공양을 받았기 때문에 세존께서는 『앙굿따라 니까야』 제1권 하나의 모음 「으뜸 품」(A1:14)에서 "공양을 얻는 자(lābhi)들 가운데서 시왈리가 으뜸"(A1:14:2-10)이라고 하셨다. 『테라가타 주석서』는 시왈리 장로를 설명하면서 많은 분량을 할애하고 있다.(ThagA.i.144~150)

『테라가타 주석서』는 이렇게 설명한다.
"시왈리는 모든 친척들의 불안한 마음(santatta citta)을 끄면서(nibbāpenta) 태어났기 때문에 시왈리 동자(Sīvali-dāraka)라고 이름을 지었다고 한다. 그는 칠 년 동안 모태 속에 살았기 때문에 태어나면서부터 모든 업을 감내하였다(sabba-kamma-kkhama). 법의 대장군인 사리뿟따 존자는 [시왈리 동자가 칠 일의 난산 끝에 태어난] 그 칠일째에 그와 함께 대화를 나누었다(Ud2:8 §11)고 한다. …
장로는 특출한 무애해체지를 가졌고(pabhinna-paṭisambhida) 육신통을 갖춘 분이 되었다. 장로의 일화는『아빠다나』에도 나타나고 있다. …
장로는 아라한됨을 얻어서 해탈의 행복을 체득하여(vimutti-sukha-ppaṭisaṁvedana) 희열의 감동(pīti-vega)으로 감흥어를 통해서 본 게송을 읊었다."(ThagA.i.147~149)

60. "나는 그것을 위해서 초막에 들어왔나니
나의 이러한 사유들은 성취되었습니다.324)
나는 명지와 해탈에 도달하여325)

---

324) '나는 그것을 위해서 초막에 들어왔나니 / 나의 이러한 사유들은 성취되었습니다.'는 te me ijjhiṁsu saṅkappā, yadattho pāvisiṁ kuṭiṁ을 옮긴 것이다. 주석서는 이렇게 설명한다.

"전에 나는 감각적 쾌락과 악의와 해코지의 [그릇된] 사유들을 뿌리 뽑고(samuccheda-karā) 출리(出離)와 악의 없음과 해코지 없음의 [바른] 사유들을 동경하여(abhipatthitāyeva) '성자들이 지금 구족하여 머무는 그런 경지(tadāyatana)를 언제 나는 구족하여 머물 것인가?'라고 해탈을 열망하는 인식을 가졌다(vimuttādhippāyasaññitā). 그러한 해탈을 위하여 사유들(saṅkappā)과 소원들(manorathā)과 끊임없이 방일하지 않음들(appamattā)을 행하였으며 나는 그것들을 위하고(yad-attha) 그것들을 목적으로 하고(yaṁ-payojana) 그것들을 성취하고자 하여(nipphādanatthā) 초막이라는 빈집(kuṭi suññāgāra)에 위빳사나를 하기 위해서(vipassituṁ) 들어왔다는 말이다."(ThagA.i.149~150)

325) '나는 명지와 해탈에 도달하여'는 vijjāvimuttiṁ paccesaṁ을 옮긴 것이다. 여기서 paccesaṁ은 prati+√i(*to go*)의 미래형 일인칭 단수(Fut.1.Sg.)이다. 그러므로 '나는 명지와 해탈에 도달할 것이고'로 옮기는 것이 직역이 된다. 주석서를 참조하여 문맥에 맞추어서 이렇게 옮겼다. 주석서는 이렇게 설명한다.

"나는 세 가지 명지[三明, tisso vijjā]와 과의 해탈(phalavimutti)을 찾으면서 이것들은 이제 나에 의해서 이행되었고 완수되었다(ijjhiṁsu samijjh-iṁsu). 유익한 의도는 성취되었고(nipphanna-kusala-saṅkappa) 소원

자만의 잠재성향을 제거하였습니다.[326]"

시왈리 장로 (끝)

여섯 번째 품이 끝났다.

[여섯 번째 품에 포함된 장로들의] 목록은 다음과 같다.

고디까와 수바후와 왈리야와 웃띠야 선인
안자나와니야 장로와 두 분의 꾸띠위하리
라마니야꾸띠까와 꼬살라위하리와 시왈리이다.

을 완성하게(paripuṇṇa-manoratha) 되었다는 뜻이다."(ThagA.i.150)

326) "이제 이것들을 성취하였음(samiddha-bhāva)을 보여주기 위해서 '자만의 잠재성향을 제거하였습니다(mānānusayam ujjahaṁ).'라고 하였다. 즉 나는 자만의 잠재성향을 제거하였고 버렸고 뿌리 뽑았기 때문에(ujjahaṁ pajahiṁ samucchindiṁ, Aor.1.sg) '나의 이러한 사유들은 성취되었습니다(tasmā te me ijjhiṁsu saṅkappā).'와 연결된다. 자만의 잠재성향이 제거되었을 때 제거되지 않은 잠재성향이란 없기 때문이고, 그리고 아라한됨을 증득하게 되기 때문이다. 그래서 이처럼 자만의 잠재성향을 버림(māna-anusaya-ppahāna)을 앞에서 말한 [출리 등의] 사유들을 성취함(yathā-vutta-saṅkappa-samiddhi)의 이유(kāraṇa)로 들어서 말하였다."(Thag A.i.150)

일곱 번째 품

Sattama-vagga({61}~{70})

1. **왑빠 장로**(Th1:61)

【행장】

"왑빠 장로(Vappa thera)는 오비구(五比丘)327) 가운데 한 사람

327) '오비구(五比丘)'는 pañca-vaggiyā bhikkhū를 옮긴 것이다. 직역하면 다섯 명의 무리에 속하는 비구들이다. 경에 나타나는 오비구는 예외 없이 바라나시 이시빠따나의 녹야원에서 부처님의 첫 출가 제자가 된 꼰단냐 등의 다섯 비구들을 말한다. 그러므로 이 술어는 불특정한 다섯 명의 비구를 뜻하는 명사가 아니라 꼰단냐 존자를 위시한 특정한 다섯 비구를 뜻하는 고유명사이다.(M26 §24; M85 §54; S22:59 §7; ThagA.iii.2 등) 그래서 '오비구(五比丘)'로 옮겼다.
오비구의 이름은 ① 꼰단냐(Koṇḍañña, 혹은 안냐꼰단냐, Aññā-Koṇḍañña, 본서 제3권 {673} 【행장】 과 『상윳따 니까야』 제1권 「꼰단냐 경」(S8:9)참조), ② 밧디야(Bhaddiya), ③ 마하나마(Mahānāma, 『상윳따 니까야』 제4권 「족쇄 경」(S41:1) §4의 주해 참조), ④ 앗사지(Assaji, 『맛지마 니까야』 제2권 「삿짜까 짧은 경」(M35) §3의 주해 참조)와 여기 ⑤ 왑빠(Vappa)이다. 오비구 가운데 한 분인 밧디야 존자에 대해서는 그가 「초전법륜경」(S56:11)을 듣고 둘째 날에 예류과를 얻었다는 언급(MA.ii.192; AA.i.147 등) 외에는 특별한 설명이 삼장과 주석서 문헌에는 나타나지 않는 것 같다.

오비구는 부처님의 처음 설법(『상윳따 니까야』 제6권 「초전법륜 경」(S56:11))을 듣고 이때 이미 유학(sekha)이 되어 있었으며(『율장』(Vin.i.10~12)), 부처님이 이 세상에서 하신 두 번째 설법인 『상윳따 니까야』 제3권 「무아의 특징 경」[無我相經, S22:59]을 듣고 아라한과를 증득하였다고 율장 『마하왁가』(대품, Vin.i.13~14)와 「무아의 특징 경」의 마지막에 나타나고 있다.

이다. 『테라가타 주석서』에 의하면 그는 까빌라왓투에서 와셋타 바라문의 아들로 태어났다. 아시따 선인(Asita isi)이 싯닷타 왕자가 일체지자(sabbaññū)가 될 것이라고 회답하자(byākata) 꼰단냐(Koṇḍañña)를 비롯한 바라문의 아들들과 함께 집을 나와 고행하는 출가자로 출가하여 그분이 일체지자가 되면 그분의 곁에서 법을 듣고 죽음 없음[不死, amata]을 성취할 것이라고 하면서 우루웰라에 머물렀다. 보살이 6년간 고행을 하다가 무의미한 고행을 버리고 부드러운 음식을 드신 것을 보고 이를 혐오하여(nibbijjitvā) 이시빠따나(Isipatana)로 갔다.

스승님께서 정등각을 이루시고 49일을 보내신 뒤 이시빠따나로 가셔서 법의 바퀴를 굴리시자 그는 [하현의] 첫째 날에(pāṭipada-divase) 예류과에 확립되었고 다섯째 날(pañcamiya pakkha)에 [「무아의 특징 경」(S22:59)을 듣고][328] 안냐꼰단냐 등과 함께 아라한됨을 얻었다. 장로의 일화는 『아빠다나』에도 나타나고 있

『맛지마 니까야』 제1권 「성스러운 구함 경[聖求經]」(M26)에 해당하는 『맛지마 니까야 주석서』는 이렇게 설명한다.

"세존께서는 공양도 거르시면서(nīhaṭa-bhatta) 그들을 가르치시어 왑빠(Vappa) 장로는 하현의 첫 번째 날에(pāṭipada-divase!!) 예류자가 되었고, 밧디야(Bhaddiya) 장로는 둘째 날에, 마하나마(Mahānāma) 장로는 셋째 날에, 앗사지(Assaji) 장로는 넷째 날에 예류자가 되었다. 그러자 하현의 다섯 번째 날에(pakkhassa pañcamiyaṁ) 그들을 모두 한 곳에 모아놓고 「무아의 특징 경」(S22:59)을 설하셨고, 그 경이 끝났을 때 그들은 모두 아라한과를 얻었다."(MA.ii.192)

꼰단냐 장로는 「초전법륜 경」(S56:11)을 듣고 그 자리에서 바로 예류과를 얻었다.(S56:11 §15, §20)

328) 『상윳따 니까야』 제3권 「무아의 특징 경」(S22:59)에 해당하는 『상윳따 니까야 주석서』도 이렇게 설명한다.

"아살하 달(음력 6월)의 보름에(Āsāḷhi-puṇṇama-divase) 「초전법륜 경」(S56:11)을 설하신 뒤로 오비구는 차례대로 예류과에 확립되었다. 그래서 '이제 이들의 번뇌를 모두 멸진하기 위해서(āsava-kkhayāya) 법을 설할 것이다.'라고 하시면서 그 뒤 다섯 번째 날에 [「무아의 특징 경」(S22:59)]을 설하셨다."(SA.ii.278)

다. …

그는 아라한됨을 얻은 뒤 자신이 얻은 증득을 반조하는 방법을 통해(paccavekkhaṇa-mukhena) 스승님의 덕이 위대하심(guṇa-mahantatā)을 반조한 뒤에 '이러하신 스승님을 사치스럽다는 등의 비판(bāhulikādi-vāda)으로 나는 처신하였구나. 오, 범부의 상태가 참으로 어둠을 만들고(andha-karaṇa) 눈 없음을 만들고(acakkhu-karaṇa) 성자의 상태(ariya-bhāva)만이 눈을 만드는구나.'라고 보면서 이 게송을 읊었다."(ThagA.i.150~151)

61. "보는 자는 보는 자를 보고
보지 못하는 자도 본다.329)
보지 못하는 자는 보지 못하는 자도
보는 자도 보지 못한다.330)"

---

329) '보는 자는 보는 자를 보고 / 보지 못하는 자도 본다.'는 passati passo passantaṁ, apassantañca passati를 옮긴 것이다. 주석서는 이렇게 설명한다.

"'보는 자는 본다(passati passo).'고 하였다. 바른 견해로 법들을 전도됨 없이(aviparīta) 본다, 즉 안다, 깨닫는다(jānāti bujjhati)고 해서 '보는 자(passo)'이고 봄을 구족한 성자(dassana-sampanna ariya)를 말한다. 그는 '보는 자를(passantaṁ)', 즉 전도되지 않은 봄을 가진 자(aviparīta-dassā-vi)를 '이분은 전도되지 않은 봄을 가진 분이다.'라고 보고 통찰지의 눈(paññācakkhu)으로 여러 가지 법(dhammādhamma)을 고유성질에 따라(yathā-sabhāvato) 안다. 그리고 그는 보는 자뿐만 아니라 '보지 못하는 자도 역시 본다(apassantañca passati).' 즉 통찰지의 눈이 없는 자는 법들을 고유성질에 따라 보지 못하나니 그 보지 못하는 범부를 두고 '참으로 이 존자는 눈이 멀어서(andha) 눈이 없구나(acakkhuka).'라고 자신의 통찰지의 눈으로 본다는 말이다."(ThagA.i.151)

330) "'보지 못하는 자는 보지 못하는 자도 / 보는 자도 보지 못한다(apassanto apassantaṁ, passantañca na passati).'라고 하였다. '보지 못하는 자는(apassanto)' 통찰지의 눈이 없어서 눈먼 어리석은 자(andha-bāla)이다. 그는 그 [자신과] 같은 눈먼 어리석은 자를, '이 사람은 여러 가지 법을 고유성질에 따라 보지 못한다.'라고 그 '보지 못하는 자를(apassantaṁ)' 보지 못하고 알지 못한다. 그와 같이 그는 자신의 통찰지의 눈으로 여러 가지 법을

왑빠 장로 (끝)

2. 왓지뿟따 장로(Th1:62)

【행장】

『테라가타 주석서』는 왓지뿟따 장로와 본 게송에 대한 일화를 이렇게 적고 있다.

"왓지뿟따 장로(Vajjiputta thera)는 웨살리에서 대신의 가문(amaccakula)에 태어났으며 왓지뿟따(왓지의 아들)라 불리게 되었다. 그는 세존께서 웨살리에 가셨을 때 부처님의 위신력을 보고 믿음을 얻어서 출가하여 미리 해야 할 일을 하고 명상주제를 받아서 웨살리에서 멀지 않은 어떤 밀림에 머물렀다. 그때 웨살리에는 축제가 있었다. 여기저기서 춤과 노래와 음악(nacca-gīta-vādita)이 이어졌고 많은 사람들이 웃고 즐기며 축제는 성황을 이루었다(ussava-sampatti). 그때 그 비구는 웨살리에서 악기와 징과 음악으로 왁자지껄한 소리를 듣고 탄식하면서 명상주제를 버려버리고 자신이 기뻐하지 않음(anabhirati)을 드러내면서 [『상윳따 니까야』 제1권 「왓지 출신 경」(S9:9)에 나타나는] 다음 게송을 읊었다.

고유성질에 따라 '보는 자인(passanta)' 현자(paṇḍita)를 두고 '이 사람은 이런 분이구나.'라고 보지 못하고 알지 못한다.

'그러므로 나도 역시 전에는 봄[見]이 없어서, 알아야 할 전체를 손에 쥔 아말라까 열매(amalaka)처럼 여겨서 보시는 세존도 고유성질에 따라 보지 못하였고, 보지 못하는 뿌라나 [깟사빠] 등(Pūraṇādi)도 역시 [고유성질에 따라] 보지 못하였다. 그러나 나는 이제 부처님의 위신력(Buddhānubhāva)으로 [보는 자도 보고 보지 못하는 자도 보는] 두 가지 다를 구족하여 고유성질에 따라 본다.'라고 하여 받들어 행해야 할 것과 받들어 행하지 말아야 할 것들(sevitabbāsevitabbā)에 대해서 자신의 전도되지 않은 도닦음(aviparīta-paṭipatti)을 보여주고 있다."(ThagA.i.151)

'아말라까 열매(amalaka)'는 지금도 인도에서 흔히 볼 수 있는 작은 도토리만 한 크기의 신맛이 강한 열매이다.

"숲속에 버려진 나무토막처럼
우리는 밀림에서 혼자 머물고 있는데
이와 같은 밤에
우리보다 더 불쌍한 자 누가 있을까?"(S9:9 §3 {783})

그것을 듣고 밀림에 사는 천신이 그 비구를 연민하여 게송으로 말했다.

"숲속에 버려진 나무토막처럼
그대는 밀림에서 혼자 머물고 있지만
많은 사람들이 오히려 그대를 부러워하나니
지옥 중생들이 천상 가는 자들을 그리하듯이."331)(S9:9 {784})

게송을 말한 뒤 천신은 '비구여, 어떻게 그대는 출리(出離)로 인도하는 정등각자의 교법에 출가한 뒤 출리(出離)로 인도하지 못하는 생각을 합니까?'라고 그를 나무라면서 절박함이 생기게 하였다(saṁvejesi). 이와 같이 그 비구는 그 천신에 의해서 절박함이 생겨 마치 경이로운 준마(bhadra assājānīya)가 채찍에 맞은 것처럼(kasābhihato viya) 위빳사나의 과정에 들어가서 위빳사나를 열성적으로 행하고서 머지않아 아라한과를 얻었다. 장로의 일화는 『아빠다나』에도 나타나고 있다. …

그는 아라한됨을 얻은 뒤 '이것은 내가 아라한됨을 얻는 데 갈고리(aṅkusa)가 되었다.'라고 여기면서 자신도 천신이 읊은 방법을 끌어와서 [천신이 읊은 위의 게송(S9:9 §4 {784}) 가운데 '그대(tvaṁ, te)'를 '나(mayaṁ, me)'로 바꾸어서] 본 게송을 읊었다."
(ThagA.i.152~153)

주석서의 이 내용은 『상윳따 니까야』 제1권 「왓지뿟따 경」(S9:9)에 나타나는 왓지뿟따 장로가 절박함을 일으키게 된 일화와 같다.

---

331) ekako tvaṁ araññe viharasi, apaviddhaṁva vanasmiṁ dārukaṁ|
tassa te bahukā pihayanti, nerayikā viya saggagāminaṁ.||

다른 왓지뿟따 장로(Th1:119)의 게송이 본서 하나의 모음 {119}로 나타나고 있다.

62. "숲속에 버려진 [10] 나무토막처럼
우리는 밀림에서 혼자 머물고 있지만
많은 사람들이 오히려 나를 부러워하나니332)
지옥 중생들이 천상 가는 자들을 그리하듯이."(cf. S9:9 {784})

왓지뿟따 장로 (끝)

3. 빡카 장로(Th1:63)

【행장】

"빡카 장로(Pakkha thera)는 사꺄의 데와다하 성읍(Devadaha-nigama)에서 사꺄의 왕의 가문(Sākiya-rājakula)에 태어났으며 삼모다 왕자(Sammoda-kumāra)라 불리었다. 그는 어렸을 때 바람의 요소에 의한 병(vātaroga) 때문에 두 발로 제대로 걷지 못하였다. 그는 한때 장애인(pīṭha-sappī)처럼 다녔다. 그래서 그는 빡카(Pakkha, 절뚝발이)로 불리게 되었고 나중에 병이 나았을 때에도 그렇게 불리었다. 그는 세존께서 친척들의 회합(ñāti-samāgama)에서 [신통의] 기적[神變, pāṭihāriya]을 나투시는 것을 보고 믿음을 얻어서 출가하여 미리 해야 할 일을 하고 명상주제를 받아서 숲에 머물렀다.

어느 날 그는 탁발을 위해서 마을로 가는 도중에 어떤 나무 아래

332) 『상윳따 니까야』 제1권 「왓지 출신 경」(S9:9)에 해당하는 『상윳따 니까야 주석서』는 이렇게 설명한다.

"장로는 숲에 머무는 수행을 하는 자(āraññika)요, 분소의를 입는 수행을 하는 자(paṁsukūlika)요, 탁발음식만 수용하는 수행을 하는 자(piṇḍa-pātika)요, 차례대로 탁발하는 수행을 하는 자(sapadāna-cārika)요, 바라는 것이 적고(소욕, appiccha), 만족하는 자(지족, santuṭṭha)라고 많은 사람들이 그 자신을 부러워한다는 말이다."(SA.i.296)

에 앉았다. 그때 많은 독수리들(kulalā)이 고깃덩이(maṁsa-pesi)를 두고 서로 심하게 싸우는 것을 보고 '이 고깃덩이와 같이 감각적 쾌락도 많은 공통점이 있고(bahu-sādhāraṇā) 많은 괴로움이 있고(bahu-dukkhā) 많은 절망이 있다(bahu-pāyāsā).'라고 감각적 쾌락들(kāmā)에 대한 위험(ādīnava)과 출리(nekkhamma)의 이익(ānisaṁsa)을 반조한 뒤 위빳사나를 확립하여 무상 등으로 마음에 잡도리하면서 탁발을 한 뒤 공양을 마쳤다. 그는 낮 동안에 머무는 장소에 앉아서 위빳사나를 증장시켜 아라한됨을 얻었다. 장로의 일화는 『아빠다나』에도 나타나고 있다. …

그는 아라한됨을 얻은 뒤 그 절박함을 생기게 한 토대(saṁvega-vatthu)를 갈고리로 삼아 위빳사나를 증장시켜 구경의 지혜를 증득하였기 때문에 그것을 드러내는 방법을 통해(saṁkittana-mukh-ena) 구경의 지혜를 천명하면서 이 게송을 읊었다."(ThagA.i.154)

63. "그 [독수리]들은 사라졌다가는 [아래로] 떨어지고 떨어져서는 애착하여 다시 되돌아온다.333)

333) '그 [독수리]들은 사라졌다가는 [아래로] 떨어지고 / 떨어져서는 애착하여 다시 되돌아온다.'는 cutā patanti patitā giddhā ca punarāgatā를 옮긴 것이다. 주석서는 이렇게 설명한다.

"여기 독수리들(kulalā)은 [아래로] 떨어지고 따라서 떨어진다(patanti anu-patanti ca). 고깃덩이(maṁsapesi)도 이 주둥이(mukha)로부터 사라진다(cutā). 그것은 사라져서는 땅(bhūmi)에 떨어진다(patitā). 애착에 빠진(gedhaṁ āpannā) 모든 독수리들은 [그 고깃덩이를 뺏으려고] 다시 되돌아온다(punarāgatā).
이 독수리들처럼 윤회에서 방황하는(saṁsāre paribbhamantā) 중생들은 유익한 법으로부터 사라져서는 지옥 등에 떨어진다. 이와 같이 '떨어져서는(patitā)' [그들이] 성취한 존재(sampatti-bhava)에 머무는데 감각적 쾌락의 즐거움과 결합함(kāma-sukha-nuyoga)을 통해서는 욕계 존재(kāma-bhava)와 색계・무색계 존재(rūpa-arūpabhavā)에 [떨어지고], 존재에 대한 열망(bhava-nikanti)을 통해서는 '애착하여(giddhā) 다시 되돌아온다(punarāgatā).' 존재로부터 해탈하지 못하였기 때문에(aparimuttattā) 이런

[나는] 해야 할 일을 다 하였고 즐길 만한 것을 즐겼다.334)
행복은 행복에 의해서 얻어진다.335)"

빡카 장로 (끝)

4. 위말라꼰단냐 장로(Th1:64)

【행장】

위말라꼰단냐 장로(Vimala-Koṇḍañña thera)는 웨살리의 유명한 기녀(妓女, gaṇikā)였던 암바빨리(Ambapāli)336)와 빔비사라 왕

저런 존재로 가는(bhava-gāmi) 업에 의해서 이런저런 존재에서 인식되는(bhava-saññita) 괴로움으로 되돌아오게 된다. 이 중생들은 이러한 존재들이다."(ThagA.i.155)

334) '[나는] 해야 할 일을 다 하였고 즐길 만한 것을 즐겼다.'는 kataṁ kiccaṁ rataṁ rammaṁ를 옮긴 것이다. 주석서는 이렇게 설명한다.

"그러나 나는(mayā) '해야 할 일을 다 하였다(kataṁ kiccaṁ).' 즉 철저하게 앎 등으로 구분이 되는(pariññādi-bheda) 16가지 역할(soḷasa-vidha kicca)을 다 하였고 이제 그 해야 할 것(kātabba)은 있지 않다는 말이다. '즐길 만한 것을 즐겼다(rataṁ rammaṁ).'라는 것은 성자들이 즐겨야 하는, 모든 형성된 것들을 벗어난(sabba-saṅkhata-vinissaṭa) 열반이라는 즐길 만한 것을 즐기고 기뻐하였다(rata abhirata ramma)는 뜻이다."(ThagA.i.155)

주석서들은 16가지 역할(soḷasavidha kicca)을 이렇게 설명한다.
"'할 일을 다 해 마쳤다(kataṁ karaṇīyaṁ).'라는 것은 네 가지 진리[四諦]에 대해서(catūsu saccesu) [예류자부터 아라한까지의] 네 가지 도로써(catū-hi maggehi) 철저하게 앎, 버림, 실현함, 닦음(pariññā-pahāna-sacchi-kiriya-bhāvanā)을 통해서 16가지 역할을 완성하였다는 뜻이다."(SA.i.205; MA.i.180 등)

335) "그래서 '행복은 행복에 의해서 얻어진다(sukhenanvāgataṁ sukhaṁ).'라고 하였다. 과를 증득한 행복(phala-samāpatti-sukha)에 의해서 지극한 행복인(accanta-sukha) 열반은 따라오고 다가온다(anuāgata upagata)는 말이다. 혹은 행복(sukha)으로, 즉 행복한 도닦음이 되는(sukhā-paṭipadā-bhūta) 위빳사나의 행복(vipassanā-sukha)과 도의 행복(magga-sukha)으로 과의 행복(phala-sukha)과 열반의 행복(nibbāna-sukha)이 따라온다라고 그 뜻을 알아야 한다."(ThagA.i.155)

사이에서 태어났다. 주석서는 이렇게 설명한다.

"빔비사라 왕은 젊었을 때(taruṇa-kāle) 암바빨리가 아름다움을 구족하였음(rūpa-sampatti)을 알고 그녀에 대해 탐착이 생겨서(sañjāta-abhilāsa) 몇몇 측근들과 함께 변장을 하고 웨살리로 가서 그녀와 하룻밤을 함께하였다. 그때 그녀의 자궁에 재생연결식이 생겼고 그녀는 태아(gabbha)가 들어섰음을 그에게 알렸다. 왕도 자신의 신분을 드러낸 뒤에 주어야 할 언약(dātabba-yuttaka)을 주고 떠났다. 태아가 순조롭게 자라(paripākam anvāya) 그녀는 아들을 낳았고 위말라(Vimala)라고 이름을 지었으며 나중에 위말라꼰단냐(Vimalakoṇḍañña)라고 알려지게 되었다.

그는 적당한 나이가 되어 웨살리의 마을에서 부처님의 위신력(Buddha-anubhāva)을 본 뒤 마음에 청정한 믿음이 생겨 출가하였다. 그는 미리 해야 할 일을 하고 명상주제를 확립한 뒤 오래지 않아 아라한됨을 얻었다. 장로의 일화는 『아빠다나』에도 나타나고 있다. …
그는 아라한됨을 얻은 뒤 구경의 지혜에 대한 권위 있는 말을 통해서(aññāpadesena) 아라한됨을 설명하였다."(ThagA.i.156)

---

336) 암바빨리(Ambapāli)는 웨살리의 유명한 기녀(妓女, gaṇikā)였으며 부처님의 신도였다. 『테리가타 주석서』에 의하면 그녀는 전생에 비구니였으며 웨살리의 왕의 정원(rājuyyāna)에 있는 망고나무 아래(amba-rukkha-mūla)에 화생(opapātikā)으로 태어났기 때문에 그녀는 암바빨리(Ambapāli)라고 인습적으로 불리게 되었다고 한다.(ThigA.206~207)

그녀가 성장하자 그녀를 보고 많은 왕자들이 각각 자신의 아내로 만들고자 하여 서로 분쟁(kalaha)을 하였고 재판관들은 '모든 사람들이 가지도록 하시오.'라고 하여 그녀를 기녀의 위치에 놓았다고 한다. 암바빨리는 세존께 믿음을 얻어서 자신의 정원(uyyāna)을 승원으로 만들어 부처님을 상수(上首, pamukha)로 하는 비구 승가에게 드렸다. 그녀는 나중에 자신과 빔비사라 왕 사이에서 태어난 아들인 이 위말라꼰단냐 장로의 곁에서 법을 듣고 출가하였으며(ThigA.207), 위빳사나를 열성적으로 행하여 아라한됨을 얻었다고 한다.(ThigA.214) 암바빨리 장로니(Ambapāli therī, Thi20:1)의 게송들은 『테리가타』 {252}~{270}의 19개가 전승되어 온다.

64. "[암바(망고)]나무로 불리는 [여인]에게서[337] 생겨났고
빛나는 깃발인 [빔비사라 왕]에 의해서[338] 태어났습니다.
[자만이라는] 깃발을 죽인 자는 [통찰지의] 깃발로[339]
큰 깃발을 가진 [마라]를 쳐부수었습니다.[340]"

---

337) '[암바(망고)]나무로 불리는 [여인]에게서'는 duma-vhayāya를 풀어서 옮긴 것이다. 주석서는 여기서 duma, 즉 나무는 망고나무(amba)를 뜻하고 vhayāya는 avhātabbāya(ā+√hve, *to call*의 가능분사)로 설명한다. 그래서 '[암바(망고)]나무로 불리는 [여인]에게서'로 옮겼다. 주석서는 이 [암바(망고)]나무로 불리는 여인은 다름 아닌 암바빨리(Ambapāli) 기녀를 뜻한다고 설명한다.(ThagA.i.156)

338) "'빛나는 깃발인 [빔비사라 왕]에 의해서(paṇḍara-ketunā)'라고 하였다. 흰 천으로 된 깃발을 가졌기 때문에(dhavala-vattha-dhajattā) '빛나는 깃발을 가진 자(paṇḍara-ketu)'로 알려진 빔비사라 왕(Bimbisāra-rājā)을 원인으로 하여(hetubhūta) 태어났다, 즉 그를 조건으로 하여(paṭicca) 태어났다는 뜻이다."(ThagA.i.156)

339) '[자만이라는] 깃발을 죽인 자는 [통찰지의] 깃발로'는 ketuhā ketunā yeva를 옮긴 것이다. 주석서는 이렇게 설명한다.

"'깃발을 죽인 자(ketu-hā)'란 자만을 제거한 자(māna-ppahāyī)이다. 자만은 참으로 우쭐함을 특징으로 하기 때문에(uṇṇati-lakkhaṇattā) 깃발과 같다고 해서 '깃발(ketu)'이라 한다.
'깃발로(ketunāyeva)'라는 것은 통찰지로(paññāya)라는 뜻이다. 통찰지는 비난받지 않는 법들 가운데서(anavajja-dhammesu) 가장 높다는 뜻(accuggataṭṭha, ati+uggata+aṭṭha)에서 마라의 군대를 파멸시키는 것이고(Mārasena-ppamaddana), 앞서는 것[先行, pubbaṅgama]이라는 뜻에서 성자들의 깃발(ariyānaṁ dhajā)이기 때문이다. 그래서 [『상윳따 니까야』 제2권 「위사카 경」(S21:7) 등에서] '법이야말로 선인들의 깃발이기 때문이다(dhammo hi isinaṁ dhajo, S21:7 §5; A4:48 §2).'라고 말씀하셨다."(ThagA.i.157)

340) "'큰 깃발을 가진 [마라]를 쳐부수었습니다(mahāketuṁ padhaṁsayi).'라고 하였다. 여기서 큰 대상이기 때문에(mahā-visayatāya) 큰 것이다. 뛰어나다는 자만과 태생에 대한 자만 등의 구분(seyyamāna-jātimānādi-bheda)으로부터, 그리고 많은 자만의 형태(māna-ppakāra)로부터, 다른 오염원의 법들이 잘 세워졌다는 뜻(samussitaṭṭha)에서 깃발을 가진 자라고 해서 '큰 깃발을 가진 자(mahā-ketu)'라 하는데 바로 마라 빠삐만이다.

위말라꼰단냐 장로 (끝)

5. 욱케빠까따왓차 장로(Th1:65)

【행장】

"욱케빠까따왓차 장로(Ukkhepakata-vaccha thera)는 사왓티에서 어떤 바라문의 아들로 태어났다. 왓차라는 이름은 족성(gotta)으로부터 내려온 것이다. 문자적으로 왓차(vaccha)는 송아지를 뜻한다. 그는 스승님의 곁에서 법을 듣고 믿음을 얻어 출가하였고 꼬살라 왕국의 마을에 머물면서 오고 가는 비구들의 곁에서 법을 들어서 배웠다. 그렇지만 '이것이 율(vinaya)이고 이것이 경(suttanta)이며 이것이 아비담마(abhidhamma)이다.'라는 구분(pariccheda)을 알지 못하였다. 어느 날 법의 대장군 사리뿟따 존자에게 질문을 하여서 그가 구분해 준 대로 모두를 식별하였다.

그는 삼장에 담긴(tepiṭaka) 부처님의 말씀을 파악하고 질문하면서 거기서 말씀하신 물질과 비물질의 법들(rūpārūpa-dhammā)을 식별한 뒤(sallakkhetvā) 위빳사나를 확고하게 하여 명상하면서(sammasanta) 오래지 않아 아라한됨을 얻었다. 장로의 일화는 『아빠다나』에도 나타나고 있다."(ThagA.i.157~158)

그의 이름 욱케빠까따(Ukkhepakata)는 문자적으로는 ukkhepa [ud(위로)+√kṣip(khipati, Sk:kṣipati, *to throw*)]와 kata(√kṛ, *to do*의 과거분사)가 합성된 것인데 '위로 던져 올린'이라는 의미에서

힘을 파괴하고 대상을 넘어섬(bala-vidhamana-visayātikkamana)을 통해서 그런 [마라를] 지배하고(abhibhavi) 온화하게 만들었다(nibbisevanaṁ akāsi)는 말이다. '큰 깃발을 가진 자인 [마라]를 쳐부수었습니다.'라는 것은 자신을 타인처럼 보여주면서 구경의 지혜에 대한 권위 있는 말을 통해서 아라한됨을 설명하였다."(ThagA.i.157)

자만(māna)은 『위방가』 §§866~877에서 12가지로 분류되어 자세히 설명되고 있으므로 참조하기 바란다.

'잘 쌓아 올린 것'을 뜻한다. 이 단어는 본 게송의 첫 번째에 나타나고 있기 때문에 주석서는 이것을 '율·경·론 [삼장]을 위로 잘 쌓아 올린(upari khipitvā)'(ThagA.i.158)으로 설명하고 있다.

계속해서 주석서는 장로가 본 게송을 읊은 배경에 대해서 이렇게 설명한다.
"그는 아라한됨을 얻은 뒤 해야 할 일을 다 했기 때문에 게으르지 않음(akilāsu-bhāva)에 서서 자신에게 다가온 재가자와 유행승들(gahaṭṭha-pabbajitā)에게 연민을 일으켜 삼장에 담긴 부처님 말씀(tepiṭaka Buddhavacana)을 검증하여(vīmaṁsitvā) 법을 설하였다. 그렇게 가르치면서 어느 날 자신을 남처럼 여기면서 본 게송을 드러내었다."(ThagA.i.158)

65. "[삼장을] 잘 쌓아 올린 왓차에 의해서[341]
그 [교학의 가르침]은 여러 해 동안 모아졌나니[342]
균형이 잘 잡히고 고결한 기쁨을 가진 그는

---

341) '[삼장을] 잘 쌓아 올린 왓차에 의해서'는 Ukkhepakata-vacchassa를 옮긴 것인데 주석서에서 설명하고 있듯이 장로의 이름인 욱케빠까따왓차(Ukkhepakata-vaccha)를 단어의 뜻대로 옮긴 것이다. 주석서는 이렇게 설명한다.

"'[삼장을] 잘 쌓아 올린 왓차에 의해서(Ukkhepakata-vacchassa)'라는 것은 비구의(bhikkhuno) 곁에서 하나씩 하나씩(visuṁ visuṁ) 배운 율의 부분(padesa)과 경의 부분과 아비담마의 부분을 한정된 범주에 따라서(yathā-paricchedaṁ) 율과 경과 아비담마로(vinaya-sutta-abhidhamm-ānaṁ-yeva) 위로 잘 쌓아 올린 뒤(upari khipitvā), 암송하는 노력(sajjhāyana)을 통해 적재적소에 잘 구분하여 넣어서(tattha tattheva pakkhipitvā) 확고해진 왓차에 의해서(ṭhita-vacchena)라는 뜻이다. 여기서는 도구격의 뜻(karaṇattha)으로 소유격(sāmivacana)이 쓰였기 때문이다."(ThagA.i.158)

이러한 주석서의 설명을 존중하여 '왓차에 의해서 … 모아졌나니'로 수동태로 옮겨 보았다.

342) "'모아졌나니(saṅkalitaṁ)'라는 것은 함께 모아(sampiṇḍana-vasena) 가슴에 놓아두었다(hadaye ṭhapitaṁ)는 말이다."(ThagA.i.158)

그것을 재가자들에게 설하였다.”

욱케빠까따왓차 장로 (끝)

6. 메기야 장로(Th1:66)

【행장】

“메기야 장로(Meghiya thera)는 까삘라왓투에서 사꺄의 왕의 가문에 태어났다. 그는 적당한 나이가 되어 스승님의 곁으로 출가하여 세존을 시봉하면서(upaṭṭhahanta) 세존께서 잘리까(Jālikā)에 머무실 때 끼미깔라 강(Kimikālā nadi)의 언덕에서 아름다운 망고 숲을 보고 거기서 머물고자 하여 두 철(dve vārā)을 부처님을 모시고 살았다. 그는 세 번째 철에 세존을 떠나 거기 가서 살면서 그릇된 생각의 파리들에 의해서[343] 먹히다가 마음의 삼매를 얻지 못하고 스승님의 곁으로 가서 그 사실을 아뢰었다.

그러자 세존께서는 ‘메기야여, 다섯 가지 법은 아직 성숙하지 않은 마음의 해탈(aparipakkā ceto-vimutti)을 성숙하게 한다.’(「메기야 경」(Ud4:1) §7)라는 등의 교계를 주셨다. 그는 그 교계에 서서 위빳사나를 증장시켜 아라한됨을 얻었다. 장로의 일화는 『아빠다나』에도 나타나고 있다. …

그는 아라한됨을 얻은 뒤 스승님의 면전에서(sammukhā) 교계를 받고 ‘저는 아라한됨을 증득하였습니다.’라고 구경의 지혜를 천명하면서 본 게송을 읊었다.(ThagA.i.159~160)

343) ‘그릇된 생각의 파리들에 의해서’는 micchā-vitakka-makkhikāhi를 옮긴 것이다. 『우다나』의 「메기야 경」(Ud4:1 = 『앙굿따라 니까야』 제5권 「메기야 경」(A9:3))에 의하면 “메기야 존자가 그 망고 숲에 머물 때 대체적으로 세 가지 나쁘고 해로운 생각이 일어났는데 그것은 감각적 쾌락에 대한 생각, 악의에 대한 생각, 해코지에 대한 생각이다(kāma-vitakkena, byāpāda-vitakkena, vihiṁsā-vitakkena).”(Ud4:1 §6)라고 나타난다. 『테라가타 주석서』는 이러한 세 가지 나쁘고 해로운 생각(pāpakā akusalā vitakkā)을 이처럼 그릇된 생각의 파리들(micchā-vitakka-makkhikā)로 표현하고 있다.

『우다나』와 『앙굿따라 니까야』 제5권 「메기야 경」(Ud4:1; A9:3)에서 보듯이 그는 한때 세존의 시자 소임을 맡았다. 주석서 문헌에 의하면 세존의 시자(upaṭṭhāka) 소임을 본 분은 모두 여덟 분이었다. 그 가운데 처음 20년 동안은 나가사말라(Nāgasamala), 나기따(Nāgita), 우빠와나(Upavāṇa), 수낙캇따(Sunakkhatta), 사미라 불린 쭌다(Cunda samaṇuddesa, = 마하쭌다 장로), 사가따(Sāgata), 메기야(Meghiya) 존자의 일곱 분[344]이 시자로 있었다(ThagA.iii.111; AAṬ.iii.247~248). 그리고 성도 후 21년째 되던 해부터 완전한 열반(반열반)에 드시기까지 25년간은 아난다 존자가 시자 소임을 맡았다.[345]

---

344) ① 나가사말라 존자(āyasmā Nāgasamala)에 대해서는 본서 제2권 넷의 모음 {267} 【행장】의 주해를 참조할 것.
② 나기따 존자(āyasmā Nāgita)에 대해서는 『디가 니까야』 제1권 「마할리 경」(D6) §2의 주해를 참조할 것. 이 나기따 존자는 본서 하나의 모음 {86}을 읊은 나기따 장로와는 다른 분이다.
③ 우빠와나 존자(āyasmā Upavāṇa)에 대해서는 본서 제2권 둘의 모음 {185} 【행장】의 주해를 참조할 것.
④ 수낙캇따(Sunakkhatta)에 대해서는 『맛지마 니까야』 제1권 「사자후의 긴 경」(M12) §2의 주해를 참조할 것.
⑤ 사미라 불린 쭌다(Cunda samaṇuddesa)에 대해서는 본서 제2권 둘의 모음 {141} 【행장】의 주해를 참조하기 바란다. 그는 쭌다 존자로도, 쭌다까(Cundaka) 존자로도 불리었던 마하쭌다 존자(āyasmā Mahācunda)를 말한다. 그는 사리뿟따 존자의 동생이었으며, 구족계를 받은 후에도 이 사미라는 호칭이 애칭으로 불리었다고 한다.(DA.iii.907)
⑥ 사가따 존자(āyasmā Sāgata)는 『앙굿따라 니까야』 제1권 하나의 모음 「으뜸 품」(A1:14)에서 '불의 요소에 능숙한 자(tejodhātu-kusala)들 가운데서 으뜸'(A1:14:4-14)으로 언급되고 있다. 이곳의 주해를 참조할 것.
⑦ 메기야 존자(āyasmā Meghiya)에 대해서는 본서 여기와 『우다나』 「메기야 경」(Ud4:1) §1의 해당 주해를 참조할 것.

345) 그래서 아난다 존자는 본서 제3권 서른의 모음에서 {1018}부터 {1050}까지의 33개의 게송으로 편집되어 나타나는 그의 게송들 가운데 3개의 게송({1041}~{1043})에서 "25년간을 나는 … 세존을 모셨나니 / 마치 그림자가 그를 떠나지 않는 것처럼."이라고 읊고 있다.

66. "모든 법들의 저 언덕[彼岸]에 도달하신 분[346] 대영웅[347]께서 저를 훈도하셨습니다.[348]

346) "모든 알아야 할 법들(ñeyyadhammā)의 저 언덕(pāra), 저쪽 끝(pariyanta)을 지혜를 통해서 가셨다(gata), 증득하셨다(adhigata)고 해서 '모든 법들의 저 언덕[彼岸]에 도달하신 분(sabba-dhammāna pāragū)'이다. 일체지자(sabbaññū)라는 뜻이다. 혹은 모든 형성된 법들(saṅkhata-dhammā)의 저 언덕이 되는(pārabhūta) 열반을 스스로 생긴 지혜(sayambhu-ñāṇa)로 가셨다, 증득하셨다고 해서 '모든 법들의 저 언덕에 도달하신 분'이다." (ThagA.i.160)

『맛지마 니까야 주석서』는 『맛지마 니까야』 제3권 「브라흐마유 경」(M91) §33에서 이렇게 설명한다.
"'모든 법들을 통달한 자(pāragū sabba-dhammānaṁ)'란 세간적인 것과 출세간적인 모든 법들을 최상의 지혜로 알아서 통달한 자를 말한다.
'통달(pāragū)'에는 ① 철저하게 앎의 통달(pariññā-pāragū)이 있는데 이것은 오온에 대해 통달하는 것이다. ② 버림의 통달(pahāna-pāragū)은 모든 오염원(kilesa)들을 통달하는 것이다. ③ 닦음의 통달(bhāvanā-pāragū)은 네 가지 도를 통달하는 것이다. ④ 실현의 통달(sacchikiriyā-pāragū)은 소멸을 통달하는 것이다. ⑤ 증득의 통달(samāpatti-pāragū)은 모든 증득을 통달하는 것이다. 여기서 모든 법들을 통달했다는 것으로는 ⑥ 최상의 지혜의 통달(abhiññā-pāragū)을 말한 것이다."(MA.iii.397)

347) "'대영웅(mahāvīro)'이란 위대한 초인(超人, mahā-vikkanta)이니, ① 정진 바라밀을 완성함(vīriya-pārami-pāripūri)에 의해서, ② 네 가지 구성요소를 구족한 정진의 토대(caturaṅga-samannāgata-vīriyādhiṭṭhāna)에 의해서, ③ 다른 것들과 공통되지 않는 네 가지 바른 노력을 성취함(anañña-sādhāraṇa-catubbidha-sammappadhāna-sampatti)에 의해서 대영웅이라는 뜻이다."(ThagA.i.160)

니까야에서 '바른 정진[正精進, sammā-vāyāma]'은 항상 다음의 네 가지로 정형화되어 나타나고 있기 때문에 주석서 문헌들은 '네 가지 구성요소를 구족한 정진의 토대(caturaṅga-samannāgata-vīriyādhiṭṭhāna)'(AA.ii.94; ThigA.142 등)라는 용어를 사용하고 있다.

"비구들이여, 그러면 무엇이 바른 정진[正精進]인가? 비구들이여, 여기 비구는 ① 아직 일어나지 않은 사악하고 해로운 법들[不善法]을 일어나지 못하게 하기 위해서 의욕을 생기게 하고 정진하고 힘을 내고 마음을 다잡고 애를 쓴다. ② 이미 일어난 사악하고 해로운 법들을 제거하기 위하여 의욕을 생기게 하고 정진하고 힘을 내고 마음을 다잡고 애를 쓴다. ③ 아직 일어나지 않

저는 그분의 법을 들은 뒤349)
마음챙기며350) 그분의 곁에 머물렀습니다.
세 가지 명지를 얻었고
부처님의 교법을 실천하였습니다."

메기야 장로 (끝)

7. 에까담마사와니야 장로(Th1:67)

【행장】

"에까담마사와니야 장로(Ekadhamma-savaṇiya thera)는 꼬살라의 세따뱌 도시(Setabya-nagara)에서 상인의 가문에 태어났다. 그는 적당한 나이가 되어 세존께서 세따뱌 도시의 심사빠 숲에서 머무실 때 스승님께 다가가서 절을 올리고 한 곁에 앉았다. 그때 스승께서는 그의 성향(ajjhāsaya)을 보시고 '형성된 것들[諸行]은 참으로 무상하여(aniccā vata saṅkhārā)'라는 게송으로 법을 설하셨다. 그는 [전생에] 닦았기 때문에(kata-adhikārattāya) 거기서 무상의 인식(anicca-saññā)이 더욱 분명해지고 확립되어

은 유익한 법들[善法]을 일어나도록 하기 위해서 의욕을 생기게 하고 정진하고 힘을 내고 마음을 다잡고 애를 쓴다. ④ 이미 일어난 유익한 법들을 지속시키고 사라지지 않게 하고 증장시키고 충만하게 하고 개발하기 위해서 의욕을 생기게 하고 정진하고 힘을 내고 마음을 다잡고 애를 쓴다. — 비구들이여, 이를 일러 바른 정진이라 한다."(D22 §21; M141 §29 등)

348) "'저를 훈도하셨습니다(anusāsi).'라는 것은 [「메기야 경」(Ud4:1)에서] "메기야여, 다섯 가지 법은 아직 성숙하지 않은 마음의 해탈을 성숙하게 한다."(Ud4:1 §7; A9:3 §7)라는 등으로 교계하시었고(ovadi) 훈도를 베푸셨던 것이다(anusiṭṭhiṁ adāsi)."(ThagA.i.160)

349) '저는 그분의 법을 들은 뒤(tassāhaṁ dhammaṁ sutvāna)'는 세존께서 직접 얻으신(bhagavato sāmukkaṁsikaṁ) 네 가지 진리의 법[四諦法]을 들은 것(taṁ catusacca-dhammaṁ suṇitvā)이라고 주석서는 설명한다. (ThagA.i.160)

350) "'마음챙기며(sato)'란 마음챙김을 가진 것(satimā)이니 사마타와 위빳사나 수행을 위해서 방일하지 않음(appamatta)을 뜻한다."(ThagA.i.160)

절박함을 얻어서(paṭiladdha-saṁvega) 출가하였다. 그는 법의 명상(dhamma-sammasana)을 확고하게 하여 괴로움의 인식(dukkha-saññā)과 무아의 인식(anatta-saññā)을 마음에 잡도리하면서 위빳사나를 열성적으로 행하여 아라한과를 얻었다. 장로의 일화는 『아빠다나』에도 나타나고 있다."(ThagA.i.161~162)

주석서에 의하면 그는 단 하나의 법을 들음을 통해서 해야 할 바를 성취하였기 때문에(nipphanna-kiccattā) 에까담마사와니야(Ekadhamma-savanīya, 하나의 법을 듣기를 좋아하는 자)라는 일반적 호칭(samaññā)을 가지게 되었다고 한다. 그는 아라한이 되어 구경의 지혜를 천명하면서 본 게송을 읊었다.(ThagA.i.162)

67. "나의 오염원들은 타버렸다.351)
모든 존재들은 뿌리 뽑혔다.352)

---

351) "'타버렸다(jhāpitā).'라는 것은 인드라의 불(즉 번갯불, Indaggīti asani-aggi, MAṬ.i.69)이 교목이나 관목 등을(rukkha-gacchādayo) 불태우듯이 성스러운 도의 지혜의 불(ariya-magga-ñāṇaggi)에 의해서 뿌리째 타버린 것(samūlaṁ daḍḍhā)을 말한다."(ThagA.i.162)

352) "'모든 존재들은 뿌리 뽑혔다(bhavā sabbe samūhatā).'라고 하였다. 욕계 존재와 업으로서의 존재 등(kāma-kamma-bhavādayo) 모든 존재들은 뿌리 뽑혔고(samugghāṭitā) 오염원들은 태워졌다(jhāpitattā). 오염원의 회전(kilesa-vaṭṭa)이 있을 때 업의 회전(kamma-vaṭṭa)에 의해서 존재할 수 있기 때문이다. 그리고 업으로서의 존재들(kamma-bhavā)이 뿌리 뽑혔기 때문에 재생으로서의 존재들도(upapatti-bhavāpi) 뿌리 뽑혔으니 [다시] 태어나지 않는 법의 성질이 성취되었기 때문이다(anuppatti-dhammatāya āpāditattā)."(ThagA.i.162)

『상윳따 니까야 복주서』는 '[다시] 태어나지 않는 법의 성질이 성취된 것(anuppatti-dhammataṁ āpādenta)'이 바로 '소멸(nirodha)'이라고 설명하고 있다. 여기서 소멸은 열반과 동의어이다.(SAṬ.ii.68)

주석서에 의하면 존재[有, bhava]는 두 가지인데 '업으로서의 존재[業有, kamma-bhava]'와 '재생으로서의 존재[生有, upapatti-bhava]'이다. 업으로서의 존재의 특징은 업(kamma)이고 재생으로서의 존재의 특징은 업으로부터 생긴 무더기[蘊]이다. 이것은 각각 다시 태어남을 만드는 역할과 다시

태어남의 윤회는 멸진하였고[353) 354)]

태어나는 역할을 하며, 업으로서의 존재는 유익한 것이나 해로운 것으로 나타나고 재생으로서의 존재는 무기(無記)로서 나타난다.(『청정도론』 XVII. 250 이하와 『아비담마 길라잡이』 제8장 §3의 해당 부분을 참조할 것.)

『상윳따 니까야 주석서』는 『상윳따 니까야』 제2권 「분석 경」(S12:2) §6의 "비구들이여, 그러면 어떤 것이 존재[有]인가? 비구들이여, 세 가지 존재가 있나니 욕계의 존재, 색계의 존재, 무색계의 존재이다. 비구들이여, 이를 일러 존재라 한다."(S12:2 §6)를 설명하면서 다음과 같이 주석을 하고 있다.

"'욕계의 존재(kāma-bhava)'란 업으로서의 존재[業有, kamma-bhava]와 재생으로서의 존재[生有, upapatti-bhava]이다. 여기서 업으로서의 존재라는 것은 욕계의 존재에 태어나게 하는 업(kāma-bhavūpaga-kamma)을 말한다. 왜냐하면 업은 거기에 재생하는 존재의 원인이 되기 때문(kāraṇattā)에 [결과에 해당하는 존재라는 이름을 원인인 업에도 할당하여 붙인 것이다.] '부처님의 출현은 행복이다.'라거나 '사악함의 적집은 괴로움이다.'라는 등에서처럼 결과에 대한 인습적 표현(phala-vohāra)으로 [업의 존재라고] 존재[有, bhava]라는 표현을 썼을 뿐이지 [업으로서의 존재는 업 자체를 말한다.]
재생으로서의 존재란 그 업으로 받은(kammena nibbatta) 업에서 생긴 무더기 다섯 가지(upādiṇṇa-kkhandha-pañcaka)를 말한다. 왜냐하면 그것은 거기에 존재한다고 해서 존재라고 말하는 것이다. 모든 곳에서 이처럼 업으로서의 존재와 재생으로서의 존재 둘 다를 두고 욕계의 존재라고 한 것이다. 이 방법은 색계와 무색계(rūpa-arūpa-bhava)에도 적용되어야 한다.(물론 무색계의 재생으로서의 존재는 색온을 제외한 4온만이 있다.)"(SA.ii.14)

353) "'태어남의 윤회는 멸진하였고(vikkhīṇo jāti-saṁsāro)'라고 하였다. 태어남 등은 —

> 무더기들[蘊]과 요소들[界]과 감각장소들[處]의 흐름이
> 끊이지 않고 전개되기 때문에 윤회라고 일컫는다.
> (khandhānañca paṭipāṭi, dhātu-āyatanānañca
> abbocchinnaṁ vattamānā, saṁsāroti pavuccatīti.)
>
> (DA.ii.496; SA.ii.97 등)

라고 그 특징을 설한 윤회(saṁsāra)가 특히 멸진되었다. 그래서 '이제 다시 존재함이란 없다(natthi dāni punabbhavo).'라고 하였다. 그리고 미래에 다시 존재함이 없기 때문에 태어남의 윤회는 멸진되었다(vikkhīṇo jāti-saṁsāro). 그러므로 존재들은 모두 뿌리 뽑혔기 때문에(samūhatā) 다시 존재함이란 없다고 바꾸어 말해도 된다(āvattetvā vattabbaṁ). 혹은 태어남의 윤회가 멸진하였으니(vikkhīṇa) 그래서 '이제 다시 존재함이란 없다.'

이제 다시 존재함이란 없다.[355]"

에까담마사와니야 장로 (끝)

8. 에꿋다니야 장로(Th1:68)

【행장】

"에꿋다니야 장로(Ekuddāniya thera)는 사왓티에서 부유한 바라문의 아들로 태어났다. 그는 적당한 나이가 되어 [세존께서] 제따와나를 수용하시는 날에 부처님의 위신력을 보고 청정한 믿음이 생겨서 출가하였다. 그는 미리 해야 할 일을 하고 숲에 머물면서 스승님의 곁으로 갔다.

그때 스승님께서는 사리뿟따 존자가 당신으로부터 멀지 않은 곳에서 높은 마음[增上心, adhicitta]에 몰두하고 있는 것을 보시고 우러나온 말씀으로 본 게송을 읊으셨다. 이것을 듣고 이 비구는 오랫동안 수행하기 위해서 숲에 머물면서도 자주자주 이 게송을

라고 적용해도 된다."(ThagA.i.162~163)

354) 여기서 '멸진하였고'는 vikkhīṇo를 옮긴 것이다. 본서에서 vikkhīṇa(vi+√kṣi2, *to destroy*의 과거분사)는 {67}, {87}, {90}, {254}, {344}, {908} 등에 나타나는데 여기서처럼 주로 '태어남의 윤회는 멸진하였고(vikkhīṇo jāti-saṁsāro)'로 나타난다. 같이 '멸진한'으로 옮긴 용어에는 parikkhīṇa가 있는데 본서 {80}, {92}, {289}, {546}, {928} 등에 나타나고 있으며 접두어가 없는 khīṇa도 {296}, {306}, {333}, {629}, {707}, {948}, {1079}, {1177}, {1179}, {1234}에 나타나고 있다. 이 세 단어는 대부분, 윤회나 다시 존재함이나 번뇌 등과 함께 나타나고 있고 주석서는 vikkhīṇa와 parikkhīṇa를 동의어로 설명하고 있기도 하여(so bhavanettiyā chinnattā vikkhīṇo parikkhīṇo, ItA.ii.121) 역자는 이 셋을 모두 '멸진한'으로 옮겼다. 그리고 접두어가 없는 khīṇā는 니까야에서 khīṇā jāti로 많이 나타나는데(D2 §97 등등) '태어남은 다했다.'로 옮겼다.

355) "태어남의 윤회는 멸진하였고 / 이제 다시 존재함이란 없다(vikkhīṇo jāti-saṁsāro, natthi dāni punabbhavo)."는 본서 {87}; {90}; {254}; {344}; {908}와 Thig. {22}; {47}; {160} 등에도 나타나고, S9:6 §6과 Ud4:9 §2와 It3:45 §2의 게송에도 나타나고 있다. 4부 니까야에서는 punabbhava를 주로 '다시 태어남'으로 옮겼고 본서는 '다시 존재함'으로 옮기고 있다.

읊었다. 그래서 그에게는 에꿋다니야(Ekuddāniya, VRI: Ekudāniya, 에꾸다니야), 즉 『우다나』의 말씀 하나를 따라 외는 자(eka-udāni-ya)라는 일반적 호칭이 생겼다. 그는 어느 날 마음이 한 끝으로 집중됨을 얻은 뒤 위빳사나를 증장시켜 아라한됨을 증득하였다. 장로의 일화는 『아빠다나』에도 나타나고 있다. …

그는 아라한됨을 얻어서 해탈의 행복으로 머물고 있었다. 그러던 어느 날 법의 창고지기(dhamma-bhaṇḍāgārika)인 [아난다 존자]가 그의 영감(paṭibhāna)을 검증하기 위해서 그에게 '도반이여, 나에게 법을 읊어보십시오.'라고 요청을 하자 오랫동안 친숙하게 지니고 있었던 본 게송을 읊었다."(ThagA.i.163~164)

본 게송은 『우다나』 「사리뿟따 경」(Ud4:7) §2에서 세존께서 우러나온 말씀(감흥어)으로 읊으신 {37}번 게송으로도 나타나고 있고 율장(Vin.iv.54)에도 나타나고 있으며 『법구경』의 에꿋다니야 장로의 게송(Dhp {259})을 설명하는 『법구경 주석서』(DhpA.iii.384)에도 나타나고 있다.

68. [세존]

"높은 마음을 [구족하고][356] 방일하지 않는
성인(聖人)은 지혜[357]의 길에서 공부짓는다.[358] [359]

---

356) "'높은 마음을 [구족하고](adhicetaso)'란 높은 마음을 가진(adhicittavato), 모든 마음들 가운데 빼어난(adhika) 아라한과의 마음을 구족한이라는 뜻이다."(ThagA.i.164; UdA.255)

357) 여기서 '지혜'는 mona를 옮긴 것이다. 주석서에서 "mona는 지혜를 말한다(monaṁ vuccati ñāṇaṁ)."(ThagA.i.164; UdA.255)라고 설명하고 있다.

358) "'지혜의 길에서 공부짓는다(mona-pathesu sikkhato).'라는 것은 아라한됨의 지혜라 불리는(arahatta-ñāṇa-saṅkhāta) 지혜의 길(monassa pathā)인 37가지 깨달음의 편에 있는 법들[37菩提分法, sattatiṁsa-bodhipakkhiya-dhammā]과 세 가지 공부지음[三學, sikkhā]에서 공부짓는다는 말이다. 여기서는 예비단계의 도닦음(pubbabhāga-paṭipadā)을 취해서 말씀하셨

여여한 그에게 슬픔이란 없으니
고요하고 항상 마음챙기는 자이다."

(=Ud4:7 §2; Vin.iv.54; DhpA.iii.384)

에꿋다니야 장로 (끝)

9. 찬나 장로(Th1:69)

【행장】

"찬나 장로(Channa thera)는 숫도다나 왕의 하녀의 아들로 태어났다. 그는 부처님과 같은 날에 태어났다(sahajāta)고 한다. 그는 세존의 친척들의 회합(ñāti-samāgama)에서 믿음을 얻어서 출가하여 세존에 대한 애정(pema)으로 '우리 부처님(amhākaṁ Buddho)! 우리 법!'이라고 내 것이라는(mamatta) [생각]을 일으켜서 애정(sineha)을 자를 수가 없었다.[360] 그는 사문의 법을 행

다."(ThagA.i.164; UdA.255)

359) 나아가서 주석서는 여기서 '높은 마음(adhicetaso)'은 높은 마음을 공부지음[增上心學, adhicitta-sikkhā]을, '방일하지 않는 것(appamajjato)'은 높은 계를 공부지음[增上戒學, adhisīla-sikkhā]을, '성인은 지혜의 길에서 공부짓는다(munino mona-pathesu sikkhato).'는 높은 통찰지를 공부지음[增上慧學, adhipaññā-sikkhā]을 뜻한다고 설명한다. 그리고 '성인(muni)'은 높은 통찰지를 공부지음[增上慧學]을 나타내고 '지혜의 길에서 공부짓는 것(mona-pathesu sikkhato)'은 이런 출세간의 공부지음을 위한 예비단계의 도닦음(lokuttara-sikkhānaṁ pubbabhāga-paṭipadā)을 말하며, '슬픔이 없다(sokā na bhavanti).'는 것은 공부지음의 완성에 의한 이익(sikkhā-pāripūriyā ānisaṁsā)을 밝히는 것이라고 설명하고 있다. 그리고 이것은 장로의 구경의 지혜를 천명하는 게송이라고 마무리를 하고 있다.(ThagA.i.165)

360) 『상윳따 니까야 주석서』도 『상윳따 니까야』 제3권 「찬나 경」(S22:90) §2를 설명하면서, 세존께서 출가하실 때 마차를 몰던 바로 이 찬나 존자(āyasmā Channa)도 뒤에 출가하였다고 설명하고 있다. 그러나 그는 자신이 세존과 가까운 사이였던 것에 대해서 '우리 부처님(amhākaṁ Buddho)! 우리 법!'이라고 하면서 남들에 대한 모욕과 얕봄이 생겨서(makkhī ceva paḷāsī ca) 다른 비구들을 험담하며 지냈다고 한다.(SA.ii.317)

하지 않았기 때문에 스승님께서 반열반하실 때에 명령하시는 방법(āṇatta-vidhi)을 통해서 최고의 처벌(brahma-daṇḍa)[361]을 받고 절박함이 생겨서(saṁvega-ppatta) 애정을 자른 뒤 위빳사나를 하여 오래지 않아 아라한됨을 얻었다. 장로의 일화는 『아빠다나』에도 나타나고 있다. …
그는 아라한됨을 얻은 뒤 해탈의 행복에 고무되어(vimuttisukha-santappita) 희열의 감동을 내뿜는(pītivega-vissaṭṭha) 감흥어를 통해서 본 게송을 읊었다."(ThagA.i.166)

69. "일체지의 지혜[一切知智]의 빼어남을 가지신 분이 설하신
위대한 맛을 가진[362] 법[363]을 위대한 분[364]으로부터 듣고서

---

361) 부처님께서는 「대반열반경」(D16)에서 마지막 유훈 가운데 하나로 당신의 마부였던 찬나 비구에게 최고의 처벌을 줄 것을 다음과 같이 말씀하신다.

"아난다여, 내가 가고 난 후에 찬나 비구에게는 최고의 처벌을 주어야 한다."
"세존이시여, 그러면 어떤 것이 최고의 처벌입니까?"
"아난다여, 찬나 비구가 자기가 하고 싶은 대로 말하더라도 비구들은 결코 그에게 말을 해서도 안 되고, 훈계를 해서도 안 되고, 가르쳐서도 안 된다."(D16 §6.4)

여기서 '최고의 처벌'로 옮긴 원어는 brahma-daṇḍa이다. 이 문맥에서도 보듯이 이 처벌은 일종의 집단 따돌림으로 원어 그대로 최고(brahma)의 처벌(daṇḍa)이다. 그래서 PED에서도 '*temporary death sentence*(한시적 사형선고)'라고 적고 있다. 세존께서는 찬나와의 인연을 중히 여기시어 임종시의 마지막 침상에 누우셔서도 그를 구제할 방법을 찾으셨다. 그래서 유훈으로 그에게 최고의 처벌을 내리라고 말씀하고 계신다. 율장에 의하면 찬나 비구는 이 처벌을 받고 정신이 들어서 스스로를 독려하여(pahitatta) 홀로 한거하여 열심히 정진하였으며 마침내 아라한이 되었다고 한다.(Vin.ii.292) 부처님의 대자대비를 실감케 하는 대목이다. — 『디가 니까야』 제2권 「대반열반경」(D16) §6.4의 주해에서.

362) "'위대한 맛을 가진(mahā-rasaṁ)'이라 하였다. 해탈의 맛(vimutti-rasa)을 주는 것이 되기 때문에(dāyakattā) 고결한 맛을 가졌다(uḷārarasaṁ)는 말이다."(ThagA.i.166)

363) "여기서 '법(dhamma)'은 네 가지 진리인 법[四諦法, catusacca-dhamma]이다."(ThagA.i.166)

나는 죽음 없음[不死]을 얻기 위해서[365] 도를 닦았나니[366]
그분은 유가안은의 길에 정통한 분이시다.[367]"

찬나 장로 (끝)

10. 뿐나 장로(Th1:70)

【행장】

"뿐나 장로(Puṇṇa thera)는 수나빠란따 지방(Sunāparanta-janapada)에서 숩빠라까 항구(Suppāraka-paṭṭana)에 있는 장자의 가문(gahapati-kula)에 태어났다. 그는 적당한 나이가 되어 장사(vāṇijja)를 하러 큰 대상(隊商, sattha)과 함께 사왓티로 갔다. 그 무렵에 세존께서는 사왓티에 머무셨다. 그때 그는 사왓티에 거주하는 청신사들과 함께 승원에 가서 스승님의 곁에서 법문을 듣고 믿음을 얻어서 출가하였다. 그는 출가하여 여러 가지 의무들(vatta-paṭivattā)을 다 하여 스승님과 은사 스님(ācariyupajjhāya)께 헌신하면서 지냈다."(ThagA.i.168)

수나빠란따(Sunāparanta)는 뿐나 존자의 고향이다. 학자들은 수나빠란따의 수도는 숩빠라까(Suppāraka)였으며, 이곳은 현재 인

---

364) 여기서 '일체지의 지혜[一切知智]의 빼어남을 가지신 분(sabbaññutaññāṇavara)'과 '위대한 분(mahā)'은 당연히 세존을 뜻한다.(ThagA.i.166)

365) "'죽음 없음[不死]을 얻기 위해서(amatassa pattiyā)'라는 것은 열반을 증득하기 위해서(nibbānassa adhigamāya)라는 말이다."(ThagA.i.166)

366) "'도를 닦았나니(maggaṁ papajjiṁ)'라는 것은 여덟 가지 구성요소를 가진 성스러운 도[八支聖道, 팔정도, aṭṭhaṅgika ariya-magga]를 닦았다(paṭipajjiṁ)는 말이다."(ThagA.i.166)

367) "'유가안은의 길에 정통한 분이시다(yogakkhemassa pathassa kovido).'라고 하였다. 네 가지 속박(cattaro yogā)으로부터 짓눌리지 않는(anupadduta) 열반의 길에 정통한 분, 즉 거기에 아주 능숙한 분(sukusala)이라는 뜻이다."(ThagA.i.166)

네 가지 속박은 감각적 쾌락, 존재, 사견, 무명의 속박이다.(D33 §1.11 (32) 등)

도 마하라쉬뜨라 주의 뭄바이(Mumbai, Bombay) 옆에 있는 타나(Thāna) 지구에 속하는 소빠라(Sopāra)라고 한다. 계속해서 『테라가타 주석서』는 이렇게 설명한다.

"그는 어느 날 스승님께 다가가서 "세존이시여, 세존께서 제게 간략하게 교계를 해주십시오(ovādena ovadatu). 그러면 저는 수나빠란따라는 지방에서 머물고자 합니다."(「뿐나를 교계한 경」, M145 §2; §5)라고 말씀드렸다. 세존께서는 그에게 "뿐나여, 원하고 좋아하고 마음에 들고 사랑스럽고 감각적 쾌락을 짝하고 매혹적인, 눈으로 인식되는 형색들이 있다."(M145 §3)라는 등의 교계를 하셨다. 그래서 그가 —

"세존이시여, 만일 수나빠란따 사람들이 칼로 저의 목숨을 빼앗아 간다면 저는 이렇게 여길 것입니다. '세존의 제자들 가운데는 몸이나 생명에 대해 싫증나고 혐오하여 [자결할] 칼을 찾는 자도 있다. 그러나 나는 이것을 찾지 않았는데도 칼을 만났다.'라고. 세존이시여, 거기서 저는 그렇게 여길 것입니다. 선서시여, 거기서 저는 그렇게 여길 것입니다."(M145 §5)

라는 사자후를 토하도록 하신 뒤(sīha-nādaṁ nadāpetvā) 그를 보내셨다. 그는 세존께 절을 올리고 이곳 수나빠란따 지방에 가서 숩빠라까 항구에 머물면서 사마타와 위빳사나를 열성적으로 행하고서 세 가지 명지[三明, tisso vijjā]를 실현하였다. 장로의 일화는 『아빠다나』에도 나타나고 있다. …

장로는 아라한됨을 얻은 뒤 많은 사람들로 하여금 교법에 청정한 믿음을 내도록 인도하였다. 그래서 오백 명의 남자들이 청신사가 되도록 하였고 오백 명의 여자들이 청신녀가 되도록 하였다. 장로는 그곳에 전단향 나무로 짠다나말라(Candanamāḷa, 전단향 꽃다발)라는 향실(gandhakuṭi)을 짓게 하고 전령을 보내어 세존을 초청하였으며 세존께서는 신통의 위력(iddhānubhāva)으로 신통이 있는 비구들과 함께 그곳에 가셔서 그것을 섭수하신 뒤 여명이 뜨기 전에 돌아오셨다. 장로는 후에 반열반에 들 때 구경의 지혜를 천명하면서 본 게송을 읊었다."(ThagA.i.168~169)

이처럼 뿐나 존자(āyasmā Puṇṇa)는 수나빠란따의 숩빠라까에서 장자의 아들로 태어났으며, 사업차 사왓티에 왔다가 부처님의 가르침을 듣고 출가하였다. 여러 생 동안 그는 뿐나 혹은 뿐나까로 불리었다고 한다.(ThagA.i.168)
『맛지마 니까야 주석서』는 "왜 이 뿐나 존자는 그곳으로 가기를 원했는가? 뿐나 비구는 수나빠란따 지역민(vāsika)이었다. 사왓티에서 거주하는 것이 적절치 않다고 판단하여 그곳으로 가려했던 것이다."(MA.v.85)라고 하면서 그에 대한 순차적인 이야기(anupubbi-kathā)로 긴 설명을 하고 있다.(MA.v.85~87) 여기에 대해서는 『맛지마 니까야』 제4권 「뿐나를 교계한 경」(M145) §7의 해당 주해를 참조하기 바란다.
뿐나 존자에 대한 부처님의 설법으로는 『맛지마 니까야』 제4권 「뿐나를 교계한 경」(M145)이 있다. 이 경은 「뿐나 경」(S35:88)으로 『상윳따 니까야』 제4권에도 나타나고 있다. 서문 부분과 마지막 부분은 조금 다르다.

이 뿐나 장로는 『맛지마 니까야』 제1권 「역마차 교대 경」(M24)에 나타나는 뿐나 장로 혹은 뿐나 만따니뿟따 존자와는 다른 분이다.[368]

70. "계(戒)는 [11] 참으로 여기서 최상이고[369]

368) 뿐나 만따니뿟따 존자(āyasamā Puṇṇa Mantāṇiputta, Sk. Pūrṇa Maitr-āyaṇīputra)는 만따니의 아들 뿐나 존자라는 뜻인데 중국에서 부루나 미다라니자, 富樓那 彌多羅尼子)로 옮겨졌다. 이 존자는 본서 하나의 모음 {4}를 읊었다. 존자에 대해서는 본서 {4}번 게송의 【행장】을 참조하기 바란다.

369) "'계(戒)는 참으로 여기서 최상이고(sīlameva idha aggaṁ)'라고 하였다. ① 계행이라는 뜻에서(sīlanaṭṭhena) '계(sīla)'이다. ② 굳건히 머무는 곳이

통찰지를 가진 사람은 가장 높습니다.370)
인간들과 신들 가운데서
계행과 통찰지 때문에 그는 승리합니다.371)"

뿐나 장로 (끝)

일곱 번째 품이 끝났다.

[일곱 번째 품에 포함된 장로들의] 목록은 다음과 같다.

왑빠와 왓지뿟따와 빡카와 위말라꼰단냐
욱케빠까따왓차와 메기야와 에까담마사와니야
에꿋다니야와 찬나와 큰 힘을 가진 뿐나 장로이다.

라는 뜻에서(patiṭṭhānaṭṭhena) 그리고 ③ 안정시킴이라는 뜻에서(samādhānaṭṭhena ca) [계]이다. 그래서 '통찰지를 갖춘 사람은 계에 굳건히 머물러서(sīle patiṭṭhāya)'(S7:6 {626}; Vis.I.1)'라고 말씀하셨다. 이것을 안정시켜서(samādahati) 몸과 말의 흩어짐이 없음(kāyavācā-avippakiṇṇa)을 만든다는 뜻이다. 그래서 이 계가 참으로 '최상이니(aggaṁ)' 모든 덕들 가운데 뿌리가 되기 때문이고(mūlabhāvato) 선두가 되기 때문이다(pamukha-bhāvato ca)라는 말이다.
그래서 [세존께서는 『상윳따 니까야』 제5권 「비구 경」(S47:3) §4에서], "비구여, 그렇다면 그대는 유익한 법들[善法]의 처음 시작점(ādi)을 청정하게 해야 한다. 그러면 어떤 것이 유익한 법들의 처음 시작점인가? 아주 청정한 계와(sīlañca suvisuddhaṁ) 올곧은 견해(diṭṭhi ca ujukā)이다."(S47:3 §4)라고 말씀하셨고, '빠띠목카[戒目, pātimokkha]라는 것, 이것이 얼굴(mukha)이고 이것이 선두(pamukha)이다.'(Vin.i.103)라는 등으로 말씀하셨다."(ThagA.i.169)

370) "'통찰지를 가진 사람은 가장 높습니다(paññavā pana uttamo).'라고 하였다. 통찰지를 으뜸으로 하는 것(paññuttarā)이 유익한 법들(kusalā dhammā)이기 때문이다."(ThagA.i.169)

371) "이제 계와 통찰지가 최상이고 으뜸인 상태가 됨(agga-seṭṭhabhāva)을 그 이유(kāraṇa)를 통해서 보여주면서 '인간들과 신들 가운데서 그는 승리합니다(manussesu ca devesu jayaṁ).'라고 하였다. 계행과 통찰지를 원인으로 하여(sīlapaññāṇa-hetu) 적에게 승리한 자(paṭipakkha-jaya), 즉 감각적 쾌락과 오염원의 승리자(kāma-kilesa-jaya)가 된다는 뜻이다."(ThagA.i.169)

여덟 번째 품

Aṭṭhama-vagga({71}~{80})

1. **왓차빨라 장로**(Th1:71)

【행장】

"왓차빨라 장로(Vacchapāla thera)는 라자가하에서 위력이 있는 (vibhava-sampanna) 바라문의 아들로 태어났다. 그는 빔비사라 왕의 회합에서 우루웰라깟사빠 장로[372]가 신통의 기적(iddhi-pāṭihāriya)을 나투는 것을 보았고 장로가 스승님께 최상의 겸손 (parama-nipaccakāra)을 드러내자 그것을 보고 믿음을 얻어서 출가하였다. 그는 출가한 지 칠 일 만에 위빳사나를 증장시켜 육신통을 갖춘 분(chaḷabhiñña)이 되었다. 장로의 일화는 『아빠다나』에도 나타나고 있다. …

그는 아라한됨을 얻은 뒤 행복한 마음으로 열반을 증득한 경지 (adhigata-bhāva)를 설명하면서 본 게송을 읊었다. … 그리고 이것은 장로가 구경의 지혜를 천명하는 게송이 되었다."(ThagA.i. 170~171)

71. "매우 섬세하고 미묘한 이치를 보고[373]

---

372) 우루웰라깟사빠 장로(Uruvelakassapa thera)에 대해서는 본서 제2권 여섯의 모음 {375}의 주해를 참조할 것.

373) "'매우 섬세하고 미묘한 이치를 보고(susukhuma-nipuṇattha-dassina)'라고 하였다. 아주 보기 어렵다는 뜻(ativiya duddasaṭṭha)에서 '섬세하고 (sukhuma)', 정교하다는 뜻(saṇhaṭṭha)에서 '미묘한(nipuṇa)' 진리와 조건발생[緣起] 등의 이치(sacca-paṭiccasamuppādādi-attha)에 대해 무상

사유에 능숙하고[374] 겸손함을 갖추었으며
부처님의 계행을 받들어 행하는 자에게
참으로 열반은 증득하기 어려운 것이 아니다."

왓차빨라 장로 (끝)

2. **아뚜마 장로**(Th1:72)

【행장】

"아뚜마 장로(Ātuma thera)는 사왓티에서 상인의 아들로 태어났다. 그가 적당한 나이가 되자 그의 어머니는 그를 결혼시키려고 하였지만 인연이 성숙됨(hetu-sampatti)에 자극받아(codiyamāna) '내가 가정에 머무는 것이 무슨 소용이 있는가? 이제 나는 출가하리라.'라고 하면서 비구들의 곁으로 가서 출가하였다. 출가를 하였지만 그의 어머니는 그를 환속시키려고(uppabbājetu-kāmā) 여러 방법으로 그를 회유했다. 그러나 그녀에게 기회(avasara)를 주지 않고 자신의 성향(ajjhāsaya)을 밝히면서 본 게송을 읊었다. …

그는 이렇게 말하면서 서있는 채로 위빳사나를 증장시켜 [예류도부터 아라한도까지의] 도의 순서(magga-paṭipāṭi)대로 오염원들을 제거한 뒤 육신통을 갖춘 분(chaḷabhiñña)이 되었다. 장로의 일화는 『아빠다나』에도 나타나고 있다. …

함 등을 제기하여(aniccatādiṁ oropetvā) 본다(passati)고 해서 '매우 섬세하고 미묘한 이치를 보는 [자]'라고 한다."(ThagA.i.170)

본서 {4}에서는 attha-dassi를 '이로움을 보는'으로 옮겼는데 여기서는 이것을 본 문맥에 맞게 '이치를 보고'로 옮겼다.

374) "'사유에 능숙하고(mati-kusalena)'라고 하였다. 여기서 사유는 통찰지(mati paññā)를 뜻하고 능숙함은 영민함(kusala cheka)을 말한다. 이것은, '이와 같이 실행하는 자에게 통찰지는 증장하고(paññā vaḍḍhati) 이와 같은 자에게는 증장하지 않는다.'라고 법을 간택하는 깨달음의 구성요소[擇法覺支]라는 통찰지(dhammavicaya-sambojjhaṅga-paññā)를 일어나게 함(uppādana)에 능숙한 것(kusala)을 말한다."(ThagA.i.170)

그는 육신통을 갖춘 분이 되어서 어머니에게 허락을 받지 않고 그녀의 기대를 뒤로 하고 허공으로 [날아서] 떠나갔다. 그는 아라한됨을 얻은 후에도 틈틈이 이 게송을 따라 읊었다."(ThagA.i. 171~172)

72. "마치 [대나무의] 어린 순이 그 끝이 자라서
가지가 생기면 뽑아내기가 어려운 것처럼[375]
아내를 맞이하면 저는 그렇게 됩니다.[376]
저를 허락하십시오. 이제 저는 출가하였습니다.[377]"

---

375) '마치 [대나무의] 어린 순이 그 끝이 자라서 / 가지가 생기면 뽑아내기가 어려운 것처럼'은 yathā kaḷīro susu vaḍḍhitaggo, dunnikkhamo hoti pasākhajāto를 옮긴 것이다. 여기서 '순'은 kaḷīro를 옮긴 것인데 주석서는 이것을 vaṁsa'ṅkuro, 즉 대나무(vaṁsa)의 싹(aṅkuro)이라고 설명하고 있어서(ThagA.i.172) 순(筍)으로 옮겼다.

376) "'아내를 맞이하면 저는 그렇게 됩니다(evaṁ ahaṁ bhariyāyānitāya).'라고 하였다. '마치 대나무(vaṁsa)가 그 끝이 자라서 대나무들 사이에서 여러 가지들이 서로 섞이게 되면(saṁsaṭṭha) 대나무 덤불(veḷu-gumba)로부터 뽑아내기가 어렵게 되는 것처럼 저도 역시 제게로 시집온 아내가 낳은 아들과 딸 등(putta-dhītādi)을 통해서 그 끝이 자라서 달라붙기(āsatti) 때문에 재가에 머묾(gharāvāsa)으로부터 뽑아내기가 어렵게 될 것입니다. 그러나 아직 가지의 구속이 생기지 않은(asañjāta-sākha-bandha) 대나무의 순은(vaṁsa-kaḷīra) 대나무 덤불로부터 뽑아내기가 쉬운 것처럼 저도 역시 아들과 딸 등의 구속이 아직 생기지 않아서 쉽게 뽑아낼 수 있습니다(su-nīharaṇīya).'라는 [뜻이다.] 그러므로 아내를 맞이하지 않도록 '저를 허락하십시오(anumaññaṁ maṁ).'라고 하였다."(ThagA.i.172)

377) "여기서 '저는 출가하였습니다(pabbajitomhi).'라는 이 권위 있는 말(apadesa)을 통해서 이 게송도 장로의 구경의 지혜를 천명하는 게송이 되었다. 자신의 흐름[相續, santāna]에서 탐욕 등의 더러움(rāgādimala)으로부터 출가한 상태를 밝히기 때문이다. 그래서 세존께서는 [『법구경』에서] 말씀하시기를,

'자신의 더러움으로부터 출가하나니
그러므로 출가자라 부른다.
(pabbājayam-attano malaṁ,
tasmā 'pabbajito'ti vuccati.)'(Dhp {388})

아뚜마 장로 (끝)

3. 마나와 장로(Th1:73)

【행장】

"마나와[378] 장로(Māṇava thera)는 사왓티에서 바라문의 큰 가문에 태어났다. 그는 7년 동안 집의 안에서만 지내며 자랐다. 일곱 살이 되던 해에 성스러운 실을 어깨에 두르는 [바라문의] 의례의식(upanayana)을 위해서 공원(uyyāna)으로 인도되어 길을 가던 도중에 늙고 병들고 죽는 사람들을 보았다. 그는 이전에는 이런 사람들을 본 적이 없기 때문에 시중드는 사람에게 물어본 뒤 늙음과 병듦과 죽음의 고유성질(sabhāva)에 대해서 듣고 절박함이 생겼다(sañjāta-saṁvega). 그는 그곳으로부터 집으로 돌아오지 않고 승원(vihāra)으로 가서 스승님의 곁에서 법을 듣고 부모의 승낙을 얻어 출가하였고 위빳사나를 증장하여 오래지 않아 아라한됨을 얻었다. 장로의 일화는 『아빠다나』에도 나타나고 있다. …

그가 아라한됨을 증득하자 비구들이 '도반이여, 그대는 어떤 절박함 때문에 아주 어려서 출가를 하였습니까?'라고 묻자 그는 자신이 출가하게 된 표상을 찬탄하는 권위 있는 말을 통해(pabbajjā

라고 하셨다."(ThagA.i.172~173)

378) '마나와(māṇava)'는 청년, 소년을 뜻하며 특히 초기경들에서는 거의 예외 없이 바라문 가문 출신으로 아직 결혼하지 않고 스승 밑에서 학문과 기술을 연마하는 사람들을 칭한다. 그래서 초기불전연구원에서는 주로 '바라문 학도'로 옮겼다. 당시 인도의 전통 바라문 지식계급의 청년들이라고 할 수 있으며 그래서 다른 초기경들에서도 상당수 바라문 학도들이 베다와 바라문의 권위에 대해서 부처님과 격론을 벌이고 있다.(D3 §1.3의 주해 참조) 그래서 본 게송에 해당하는 『테라가타 주석서』도 "그는 바라문 학도였을 때 출가하였기 때문에(māṇava-kāle pabbajitattā) '마나와(바라문 학도, 소년)'라는 이 장로의 일반적인 호칭이 생겼다(samaññā jātā)."(ThagA.i.174)라고 설명하고 있다.

-nimitta-kittana-apadesena) 구경의 지혜를 천명하면서 [본 게송을 읊었다]. …
감각적 쾌락들을 제거함을 찬탄하는 방법을 통해(pahānakittana-mukhena) 이것은 장로의 구경의 지혜를 천명하는 것이 되었다."(ThagA.i.173~174)

73. "늙은 자와 병에 걸려 고통으로 가득한 자를[379] 보고
수명이 다하여 죽은 자를 본 뒤[380]
그 후 나는 마음을 빼앗는 감각적 쾌락들을 버리고[381]
거기서 나와 출가하였습니다."

마나와 장로 (끝)

4. **수야마나 장로**(Th1:74)

【행장】

"수야마나 장로(Suyāmana thera, VRI: Suyāma)는 웨살리에서

---

379) '병에 걸려 고통으로 가득한 자를'은 dukhitañca byādhitaṁ을 옮긴 것이다. 주석서는 이렇게 설명한다.

"여기서 '병에 걸린(byādhita)'이라고 말할 때 고통으로 가득한 상태는(dukkhappatta-bhāva) 기정사실이다(siddha). '고통으로 가득한(dukhita)'이라는 단어는 극심한 병의 상태를 밝히기 위해서(bāḷha-gilāna-bhāva-paridīpanattha) [사용되었다.]"(ThagA.i.174)

380) "'수명이 다하여 죽은 자를 본 뒤(matañca disvā gatam āyusaṅkhayaṁ)'라고 하였다. 늙고 병들고 죽은 자들(jiṇṇa-byādhi-matā)을 보았기 때문에 '이들 늙음 등은 이들에게만 있는 것이 아니라 모두에게 공통되는 것이다(sabba-sādhāraṇā). 그러므로 나 또한 늙음 등을 넘어서지 못한다(anativatta).'라는 절박함이 생긴 것이다(saṁviggattā)."(ThagA.i.174)

381) '마음을 빼앗는 감각적 쾌락들을 버리고'는 pahāya kāmāni manoramāni를 옮긴 것이다. 주석서는 "그 [마음을] 묶고 있는(tappaṭibaddha) 욕탐(chandarāga)을 성스러운 도로써 뿌리 뽑아서(samucchindana) 아무것도 바라지 않는 상태(nirapekkhabhāva)로 내버린 뒤(chaḍḍetvā)라는 뜻이다."(ThagA.i.174)로 설명하고 있다.

어떤 바라문의 아들로 태어났다. 그는 적당한 나이가 되어 삼베다에 능통하였고 최상의 노력에 전념하여(parama-nissama-yutta) 재가에 머물면서도 감각적 쾌락에 탐닉하는 것(kāmūpabhoga)을 혐오하였고 禪으로 기울었다(jhānaninna). 그는 세존께서 웨살리에 가셨을 때 믿음을 얻어 출가하였으며 삭발을 할 때(khuragge-yeva) 아라한됨을 얻었다. 장로의 일화는 『아빠다나』에도 나타나고 있다. …

그는 아라한됨을 얻은 뒤 장애를 제거함을 찬탄하는 방법을 통해(nīvaraṇa-ppahāna-kittana-mukhena) 구경의 지혜를 천명하면서 [본 게송을 읊었다.]"(ThagA.i.175)

74.

"감각적 쾌락에 대한 욕구와 악의와
해태 · 혼침과 들뜸과 의심이[382)]

---

382) 『테라가타 주석서』는 이 다섯 가지 장애[五蓋, pañca nīvaraṇāni]를 다음과 같이 설명하고 있다.

"① '감각적 쾌락에 대한 욕구(kāmacchanda)'라고 하였다. 감각적 쾌락들에 대한 욕구라고 해서(kāmesu chando) 그리고 감각적 쾌락과 그 욕구라고 해서(kāmo ca so chando cātipi) 감각적 쾌락에 대한 욕구이다. 그러나 여기서는 모든 탐욕(rāga), 즉 감각적 쾌락에 대한 욕구가 으뜸가는 도에 의해서 없어졌음(aggamaggavajjha)을 의미한다. 그래서 '그 어디에도 존재하지 않노라(sabbasova na vijjati).'라고 하였다. 그래서 세존께서는 "무색계에서 감각적 쾌락에 대한 욕구의 장애를 조건으로(arūppe kāmacchanda-nīvaraṇaṁ paṭicca) 해태 · 혼침의 장애와 들뜸의 장애와 무명의 장애가 일어난다."(Ptn.iii.291)라고 하셨다.

② 이것에 의해서 마음이 썩은 상태(pūti-bhāva)로 떨어진다, 간다고 해서 '악의(byāpāda)'이다. "이 [사람이] 나에게 손해(anattha)를 끼쳤다.'라는 생각에 원한이 생긴다.'(Dhs. §909; Vbh. §909 등)라는 등의 방법으로 전개되는 원한이다(āghāta).

③ '해태 · 혼침(thīnamiddha)'이라고 하였다. '해태'는 마음의 활기가 없음(cittassa akalyatā), 분발심이 없어 무기력함(anussāhasaṁhanana)이고 '혼침'은 몸의 지둔함(middha), 활기가 없어 피로함(akalyatā asattivighāta)이다. 해태와 혼침(thīnañ ca middhañ ca)이라고 해서 '해태 · 혼침(thīna-middhaṁ)'이다. 역할과 조건과 대처하는 방법이 하나이기 때문에(kicc-

비구에게는 그 어디에도
존재하지 않노라.[383]"

āhāra-paṭipakkhānaṁ ekatāya) 하나로 만들어서 말하였다.

④ 들뜬 상태(uddhatabhāva)가 '들뜸(uddhacca)'이다. 이 법에 의해서 마음이 들뜨고(uddhata) 고요하지 않은(avūpasanta) 그 마음의 산란함(cetaso vikkhepa)이 들뜸이다. 그런데 여기서 들뜸을 취함에 의해서 역할과 조건과 대처하는 방법이 유사하기 때문에(kiccāhārapaṭipakkhānaṁ samānatāya) 후회(kukkucca)도 취해진다고 보아야 한다. 이것은 나중에 속을 태우는 특징을 가진다(pacchānutāpa-lakkhaṇa). 행한 것과 행하지 않은 것과 유익한 것과 유익하지 않은 것을 강하게 의지하여(katākata-kusalākusalūpanissaya) 가책(vippaṭisāra)이 후회(kukkucca)이기 때문이다.

⑤ '의심(vicikicchā)'이라는 것은 '이러한가, 이러하지 않은가(evaṁ nu kho na nu kho).'라는 의문(saṁsaya)이 생기거나 법의 고유성질(dhamma-sabhāva)을 조사하면서(vicinanta) 이것에 의해서 힘들고 피곤하게 된다(kicchati kilamati etāya)고 해서 의심(vicikicchā)이고 부처님 등을 토대로 한(Buddhādivatthuka) 의문(saṁsaya)이다."(ThagA.i.175~176)
여덟 가지 의심에 대한 설명은 『담마상가니』 제2권 §1008의 주해들을 참조할 것.

한편 『위바위니 띠까』는 해태와 혼침 그리고 들뜸과 후회가 각각 쌍으로 합해져서 나타나는 이유를 그들 각각의 역할과 조건과 대처하는 방법이 유사하기 때문이라고 설명한다.(VṬ.220) 즉 해태와 혼침은 둘 다 정신적인 해이함을 생기게 하는 역할을 하고, 게으름과 나른함을 조건으로 가지며, 정진(vīriya)을 일으켜서 대처해야 한다. 들뜸과 후회는 동요를 생기게 하는 역할을 하고, 혼란스러운 생각을 조건으로 하며, 사마타를 닦아서 대처해야 한다고 설명한다.(『아비담마 길라잡이』 제7장 §8을 참조)

다섯 가지 장애[五蓋, pañca nīvaraṇāni]는 『위방가』 §§538~563과 『네 가지 마음챙기는 공부』 214~228쪽과 『아비담마 길라잡이』 2장 §4의 해로운 마음부수법들에 잘 설명되어 있으므로 참조할 것. 논장에서는 무명의 장애를 넣어서 여섯 가지 장애로 나타나고 있다. 여기에 대해서는 『담마상가니』 §1503과 『아비담마 길라잡이』 제7장 §8을 참조하기 바란다.

383) '그 어디에도 / 존재하지 않노라.'는 sabbasova na vijjati를 옮긴 것이다. 주석서는 이렇게 설명한다.

"'그 어디에도(sabbaso)'라는 것은 남김없이(anavasesato)라는 뜻이다. '존재하지 않노라(na vijjati).'는 없다는 말인데 도에 의해서 뿌리 뽑혔기 때

수야마나 장로 (끝)

5. 수사라다 장로(Th1:75)

【행장】

"수사라다 장로(Susārada thera)는 법의 대장군 사리뿟따 존자의 친척 바라문 가문에 태어났다. 그는 통찰지가 둔하였기 때문에(manda-paññattā) 수사라다라는 이름을 가지게 되었다. 나중에 법의 대장군의 곁에서 법을 듣고 믿음을 얻어서 출가하여 위빳사나를 증장시켜 아라한됨을 얻었다. 장로의 일화는 『아빠다나』에도 나타나고 있다. …

그는 아라한됨을 얻은 뒤 참된 사람을 강하게 의지함의 이익을 찬탄하는 권위 있는 말(sappuris-ūpanissay-ānisaṁsa-kittana-

---

문에(samucchinnattā) 얻지 못한다(na upalabbhati)는 말이다. 그 비구가 각각의 성스러운 도(ariyamagga)로써 뿌리 뽑았기 때문에(samucchindana) 감각적 쾌락에 대한 욕구와 악의와 해태·혼침과 들뜸·후회와 의심은 그 어디에도 존재하지 않는다.

그러면 그가 해야 할 것(karaṇīya)은 그 어떤 것도 없고 행한 자에게 축적(paticaya)은 없다고 구경의 지혜에 대한 권위 있는 말(aññāpadesa)을 통해서 구경의 지혜를 천명하고 있다.

[이러한] 다섯 가지 장애들[五蓋]이 도로써 뿌리 뽑혔을 때 이들과 함께 작용하기 때문에(tadekaṭṭhāya — 여기서 하나의 마음이나 한 사람에 머문다(ṭhita)고 해서 '함께 작용하는 것(ekaṭṭha)'이다. — DhsA.345) 모든 오염원들도 또한 뿌리 뽑힌다(samucchinnāyeva honti). 그래서 세존께서는 [『맛지마 니까야』 제1권 「코끼리 발자국 비유의 짧은 경」(M27) 등에서] "마음의 오염원이고 통찰지를 무력하게 만드는 이들 다섯 가지 장애를 제거하여(pañca nīvaraṇe pahāya)"(M27 §19; A5:75 §12; Vbh. §508 등)라고 말씀하셨다."(ThagA.i.176)

니까야에서 다섯 가지 장애는 주로 삼매를 증득하는 禪의 문맥에서 나타난다. 이때는 다섯 가지 장애가 뿌리 뽑힌 것(samucchindana)이 아니라 억압된 상태(vikkhambhanatā)이다. 그러나 여기서는 어디에도 존재하지 않고 뿌리 뽑혔기 때문에 구경의 지혜를 천명하는 문맥에서 나타나고 있다.

apadesa)을 통해서 구경의 지혜를 천명하면서 [본 게송을 읊었다.]"(ThagA.i.177)

75. "좋은 성품을 가진 분들을 친견하는 것은 좋은 일이다.[384]
의심은 잘라지고 지성은 증장한다.[385]
그분들은 우둔한 자를 현자로 만드나니
그래서 선한 분들과 함께 지내는 것은 좋은 일이다."

수사라다 장로 (끝)

---

384) '좋은 성품을 가진 분들을 친견하는 것은 좋은 일이다.'는 sādhu suvihitā-na dassanaṁ를 옮긴 것이다. 『테라가타 주석서』는 이러한 친견(dassana)의 보기로 다섯 가지 법의 무더기들[五法蘊]을 구족하여 남들의 향상을 도와주는 비구를 친견하는 것을 설하는 『이띠웃따까』 「계의 구족 경」(It4:5) §1에 나타나는 다음 구절을 들고 있다.(ThagA.i.177)

"비구들이여, 계를 구족하고 삼매를 구족하고 통찰지를 구족하고 해탈을 구족하고 해탈지견을 구족하여 훈도하고 알게 하고 보게 하고 격려하고 분발하게 하고 기쁘게 하고 바른 법을 잘 설할 수 있는 그런 비구들을 본다는 것은 많은 도움이 된다고 나는 말한다."(It4:5 §1)

385) '지성은 증장한다.'는 buddhi vaḍḍhati를 직역한 것이다. 주석서의 설명을 살펴보자.

"그들은 법을 설하여 그들의 의심을 제거한 뒤(kaṅkhaṁ paṭivinodetvā) 예비단계(pubbabhāga)에서 업의 길에 대한 바른 견해(kamma-patha-sammādiṭṭhi)와 위빳사나에 대한 바른 견해(vipassanā-sammādiṭṭhi)를 생기게 한다. 그러므로 그들에게서 '지성은 증장한다(buddhi vaḍḍhati).' 그러나 그들이 위빳사나를 증장시킨 뒤 진리들을 꿰뚫을 때에 16가지 토대를 가진(vatthukā) [의심들과] 8가지 토대를 가진 의심들(vicikicchā)을 자르고(chijjati) 뿌리 뽑는다(samucchijjati). 그러면 방편을 여읜(nippari-yāya)에 의해서 통찰지(paññā), 즉 지성(buddhi)은 증장한다."(ThagA.i.177)

16가지 토대를 가진 의심과 8가지 토대를 가진 의심(soḷasa-vatthukā aṭṭha-vatthukā ca vicikicchā)에 대해서는 본서 하나의 모음 깡카레와따 장로(Th1:3)의 게송({3})의 해당 주해를 참조하기 바란다.

6. 삐얀자하 장로(Th1:76)

【행장】

"삐얀자하 장로(piyañjaha thera)는 릿차위의 왕의 가문(Licchavi-rājakula)에서 태어났다. 그는 적당한 나이가 되어 전쟁에 푹 빠져있었고(yuddha-soṇḍa) 전쟁에서 남에게 패하지 않았고 적들의 사랑하는 사람들을 죽이기 때문에(piya-hānika-raṇena) 삐얀자하(Piyañ-jaha, 사랑하는 사람을 죽이는 자)라고 알려지게 되었다. 그는 스승님께서 웨살리로 가셨을 때 믿음을 얻어 출가하여 숲에서 머물면서 위빳사나를 증장하여 아라한됨을 얻었다. 장로의 일화는 『아빠다나』에도 나타나고 있다. …

그는 아라한됨을 얻은 뒤 '성자들의 도닦음(paṭipatti)은 눈먼 범부들의 도닦음으로부터 아주 멀리 있다(vidhurā).'라는 이러한 뜻을 보여줌을 통해서 구경의 지혜를 천명하면서 [본 게송을 읊었다.]"(ThagA.i.179)

76. "[남들이] 날아오를 때 가라앉아 있어야 하고[386]
[남들이] 가라앉아 있을 때 날아올라야 하며[387]

---

386) "'[남들이] 날아오를 때 가라앉아 있어야 하고(uppatantesu nipate)'라고 하였다. 이것은 위로 오를 때이니 중생들이 자만, 들뜸, 완고함, 뻔뻔스러움 등(mān-uddhacca-thambha-sārambhādī)으로 자신을 최고로 여겨서(attukkaṁsana) 고요하지 않을 때(anupasantesu)라는 뜻이다. '가라앉아 있어야 하고(nipate)'란 숙여야 한다(nameyya)는 의미이다. 그 사악한 법들(pāpadhammā)을 피함(parivajjana)에 의해서 겸손함을 갖추어(nivāta-vutti) 살아야 한다는 뜻이다. …
혹은 '날아오를 때(uppatantesu)'란 위로 솟아오를 때(uṭṭhahantesu)라는 의미이니, 얽매임(사로잡힘, pariyuṭṭhāna)에 의해서 오염원들이 머리를 쳐들 때(sīsaṁ ukkhipantesu)라는 의미이다. '가라앉아 있어야 하고(nipate)'라는 것은 숙고하는 힘(paṭisaṅkhāna-bala)에 의해서 그것들이 나타나지 못하게 하여 거기에 어울리는 반조(anurūpa-paccavekkhaṇa)를 통해서 아래로 숙여야 하고(nipateyya) 억제해야 하고(vikkhambheyya) 뿌리 뽑아야 한다(samucchindeyya)는 뜻이다."(ThagA.i.179)

[남들이] 머물지 않을 때 머물러야 하고[388]

[남들이] 기쁨을 누릴 때 기뻐하지 않아야 한다.[389]"

---

387) '[남들이] 가라앉아 있을 때 날아올라야 하며'는 nipatantesu uppate를 옮긴 것이다. 주석서는 이렇게 설명한다.

"'[남들이] 가라앉아 있을 때(nipatantesu)'란 아래로 기울일 때(oṇamantesu)라는 의미인데 저열한 확신을 가져(hīnādhimuttikatā) 게으름(kosajja)에 의해 덕스러움(guṇa)으로부터 제거될 때(nihīyamānesu)라는 뜻이다. '날아올라야 하며(uppate)'란 위로 올라야 한다(uṇṇameyya)는 의미이니, 수승한 곳을 향함(paṇītādhimuttikatā)과 정진을 시작함(vīriyārambha)에 의해서 덕스러움으로부터 열성적으로 행해야 한다(ussukkeyya)는 뜻이다. … 혹은 '[남들이] 가라앉아 있을 때(nipatantesu)'란 아래로 떨어졌을 때(paripatantesu)라는 의미이다. 지혜 없이 마음에 잡도리할 때에(ayonisomanasikāresu) 정진과 노력이 느리기 때문에(vīriya-payoga-mandatāya) 사마타와 위빳사나 법들을 시작하였지만 버려졌을 때(hāya- mānesu)라는 뜻이다. '날아올라야 하며(uppate)'라는 것은 지혜롭게 마음에 잡도리함[如理作意]에 의해서 정진을 시작함이 성취되어(vīriyārambha-sampadāya) 그것들을 확립시켜야 하고(upaṭṭhāpeyya) 일으켜야 하고(uppādeyya) 증장시켜야 한다(vaḍḍheyya)는 뜻이다."(ThagA.i.179)

388) "'[남들이] 머물지 않을 때 머물러야 하고(vase avasamānesu)'라고 하였다. 중생들이 도의 청정범행으로 머묾(magga-brahmacariya-vāsa)과 성스러운 머묾(ariya-vāsa)으로 머물지 않을 때에(avasantesu) 스스로 그런 머묾으로 머물러야 한다는 뜻이다.
혹은 성자들이 오염원에 머묾(kilesa-vāsa)과 두 번째 머묾(dutiyaka-vāsa)에 머물지 않을 때에 그들에게는 그 머묾으로는 머물지 않음(avasamānā)이 있으니 자기 스스로 그렇게 머물러야 한다(tathā vase)는 뜻이다."(ThagA.i.180)

『담마상가니 복주서』는 두 번째 머묾(dutiyaka-vāsa)을 재가에 머무는 것(gehassa atthibhāva)이라고 설명하고 있다.(DhsAṬ.42)

389) "'[남들이] 기쁨을 누릴 때 기뻐하지 않아야 한다(ramamānesu no rame).' 라고 하였다. 중생들이 [다섯] 가닥의 감각적 쾌락의 기쁨(kāma-guṇa-rati)과 오염원의 기쁨(kilesa-rati)으로 기뻐할 때(ramantesu) 스스로 거기서 그것을 기뻐하지 않아야 한다(no rame)는 뜻이다.
혹은 성자들이 세속을 여읜(nirāmisā) 禪 등의 기쁨(jhānādi-rati)으로 기뻐할 때 자기 스스로도 그처럼 기뻐할 것이지만(tathā rame) 그것과 다르게는 결코 기뻐하지 않아야 하고(no rame) 즐거워하지 않아야 한다(nābhirameyya)는 뜻이다."(ThagA.i.180)

삐얀자하 장로 (끝)

7. 핫타로하뿟따 장로(Th1:77)

【행장】

"핫타로하뿟따 장로(Hatthārohaputta thera)는 사왓티에서 코끼리를 모는 가문(hatthāroha-kūla)에 태어났다. 그는 사리를 분별하는 나이가 되어서는 코끼리 조련술(hatthi-sippa)에 능통하였다. 그는 어느 날 코끼리를 조련하면서 강의 언덕에 가서 인연이 성숙되어 '내가 코끼리를 길들이는(hatthi-damana) 이것이 무슨 소용이 있겠는가? 자신을 길들이는 것이 더 중요하다.'라고 생각한 뒤 세존께 다가가서 법을 듣고 믿음을 얻어 출가하였다. 그는 기질에 적합한(cariyānukūla) 명상주제를 취하여 위빳사나의 업을 행하였지만 오랫동안 익숙했던 것 때문에 마음은 명상주제의 바깥으로 치달려가기만 하였다.

그는 영리한 코끼리 조련사가 갈고리(aṅkusa)로 사납고 취기가 오른 뛰어난 코끼리(caṇḍa-matta-vara-vāraṇa)를 제어하는 것처럼 숙고라는 갈고리(paṭisaṅkhāna-aṅkusa)로 마음을 제어하면서 본 게송을 읊었다. 이 게송을 읊고 장로는 위빳사나를 증장시켜 아라한됨을 얻었다. 장로의 일화는『아빠다나』에도 나타나고 있다. … 그리고 이것은 장로의 구경의 지혜를 천명하는 게송이 되었다."(ThagA.i.180)

77. "가고 싶은 곳으로, 즐거워하는 것에 따라
전에 이 마음은 [12] 원하는 대로 돌아다녔다.390)

---

390) '이 마음은 원하는 대로 돌아다녔다.'는 idaṁ pure cittamacāri cārikaṁ를 옮긴 것이다. 주석서는 이렇게 설명한다.

"여기서 '돌아다녔다(acāri).'라는 것은 확고하지 못하였기 때문에(an-avaṭṭhitatāya) 여러 대상들로 방황하였다(paribbhami)는 뜻이다. '원하는 대

그런 나는 이제 오늘 근원적으로 제지하게 되었노라.
갈고리를 잡은 자가 취기 오른 코끼리를 그리하듯이." (={1130})

핫타로하뿟따 장로 (끝)

8. **멘다시라 장로**(Th1:78)

【행장】

"멘다시라 장로(Meṇḍasira thera)는 사께따(Sāketa)에서 장자의 가문에 태어났다. 그는 양을 닮은 머리를 가졌기 때문에(meṇḍa-sarikkha-sīsatāya) 멘다시라(Meṇḍa-sira, 양의 머리를 가진 자)라는 일반적 호칭(samaññā)이 있게 되었다. 그는 스승님께서 사께따의 안자나 숲에 머무실 때 스승님께 다가가서 믿음을 얻어 출가하여 사마타와 위빳사나 수행에 몰두하면서 육신통을 갖춘 분(chaḷabhiñña)이 되었다. 장로의 일화는 『아빠다나』에도 나타나고 있다. …

그는 자신의 전생을 기억하면서(pubbenivāsaṁ anussaranto) 이 게송을 읊었다. … 이 게송은 장로의 구경의 지혜를 천명하는 것이 되었다."(ThagA.i.182)

78. "많은 생을 윤회하면서
나는 헛되이 치달려왔노라.391)
그런 나는 괴로움을 겪었도다.392)

로(cārikaṁ)'는 하고자 하는 대로(yathākāma-cariyaṁ)라는 뜻이다." (ThagA.i.181)

391) '많은 생을 윤회하면서 / 나는 헛되이 치달려왔노라.'는 anekajāti-saṁsā-raṁ, sandhāvissaṁ anibbisaṁ을 옮긴 것이다. 이 구절은 부처님의 오도송으로 알려진 『법구경』(Dhp.23 {153～154})의 첫 번째 구절과 동일하다. 부처님의 오도송에 대해서는 『담마상가니』 제2권에 부록으로 싣고 있는 『담마상가니 주석서』 서문 §40(511쪽)과 『우다나』 해제(43쪽)를 참조하기 바란다.

[이제] 괴로움의 무더기는 없어졌노라.393)"

멘다시라 장로 (끝)

---

392) '그런 나는 괴로움을 겪었도다.'는 '괴로움이 생긴 그런 나에게'로 직역할 수 있는 tassa me dukkhajātassa를 풀어서 옮긴 것이다. 주석서는 이렇게 설명한다.

"'그런 나는(tassa me)'은 이와 같이 윤회하면서 나는(evaṁ saṁsarantassa me)이란 뜻이다. '괴로움을 겪었도다(dukkhajātassa).'는 태어남 등(jāti-ādi)을 통해서 생겨난 괴로움, 혹은 세 가지 괴로움의 성질[三苦性, tisso dukkhatā]을 통해서 괴로움의 고유성질을 가졌다(dukkha-sabhāva)는 뜻이다."(ThagA.i.182)

세 가지 괴로움의 성질[三苦性, tisso dukkhatā]은 『상윳따 니까야』 제5권 「괴로움의 성찰 경」(S45:165) 등에서 다음과 같이 정의되고 있다.

"비구들이여, 세 가지 괴로움의 성질이 있다. 무엇이 셋인가? 고통스러운 괴로움의 성질[苦苦性], 형성된 괴로움의 성질[行苦性], 변화에 기인한 괴로움의 성질[壞苦性]이다(tisso dukkhatā — dukkha-dukkhatā, saṅkhāra-dukkhatā, vipariṇāma-dukkhatā)."(S45:165 §3; D33 §1.10 (27))

이 세 가지는 『청정도론』 XVI.35에 다음과 같이 설명된다.
"① 육체적이고 정신적인 괴로운 느낌은 고유성질로서도, 이름에 따라서도 괴롭기 때문에 고통스러운 괴로움[苦苦]이라 한다. ② 즐거운 느낌은 그것이 변할 때 괴로운 느낌이 일어날 원인이 되기 때문에 변화에 기인한 괴로움[壞苦]이라 한다. ③ 평온한 느낌과 나머지 삼계에 속하는 상카라들[行]은 일어나고 사라짐에 압박되기 때문에 형성된 괴로움[行苦]이라 한다."(Vis.XVI.35)

393) "'[이제] 괴로움의 무더기는 없어졌노라(dukkhakkhandho aparaddho).'라고 하였다. 여기서 '괴로움의 무더기(dukkha-kkhandha)'는 업과 오염원과 과보의 회전의 측면을 가진(kamma-kilesa-vipāka-vaṭṭa-ppakāra) 괴로움의 더미(dukkharāsi)이다. '없어졌노라(aparaddho).'라는 것은 아라한도를 얻을 때부터(arahatta-magga-ppattito) 방황함(paribbhaṭṭha), 즉 [나고] 죽음(cuta)은 생겨나지 않을 것이라는(na abhinibbattissati) 말이다. 혹은 aparaṭṭho로 된 이본(異本, pāṭha)도 있는데 이 경우에는 번영이 사라졌고(apagata-samiddhi) 원인이 뿌리 뽑혔기 때문에(samucchinna-kāraṇattā) 사라졌다(apagata)라는 뜻이다."(ThagA.i.182)

오염원의 회전(kilesa-vaṭṭa)과 업의 회전(kamma-vaṭṭa)과 과보의 회전(vipāka-vaṭṭa)에 대해서는 『아비담마 길라잡이』 제8장 §8을 참조할 것.

9. 락키따 장로(Th1:79)

【행장】

"락키따 장로(Rakkhita thera)는 데와다하 성읍(Devadaha-nigama)에서 사꺄의 왕의 가문(Sākiya-rājakula)에 태어났다. 사꺄와 꼴리야의 왕들(Sākiya-Koliyarājā)이 세존을 가까이에서 시중들도록 하기 위해서(parivāratthāya) 보낸 5백 명의 왕자들이 출가할 때 그는 그 가운데 한 사람으로 출가하였다. 그 왕자들은 절박함(saṁvega)으로 출가하지 않았기 때문에 불만에 사로잡혀 있었는데(ukkaṇṭhābhibhūtā) 스승님께서 꾸날라다하 강의 언덕(Kuṇāla-daha-tīra)으로 데리고 가셔서 「꾸날라 자따까」(Kuṇāla-jātaka)를 가르치기 위해서 여인들의 결점(dosa)을 설명하시고 감각적 쾌락들의 위험(ādīnava)을 밝히신 뒤 명상주제에 몰두하도록 하셨다. 그때 그도 명상주제에 전념하여 위빳사나를 증장시켜 아라한됨을 얻었다. 장로의 일화는 『아빠다나』에도 나타나고 있다. …

그는 아라한됨을 얻은 뒤에 자신에게서 오염원들이 제거되었음(pahīna-kilesā)을 반조하면서 이 게송을 읊었다."(ThagA.i.183)

79. "나의 모든 탐욕은 제거되었고[394]
모든 성냄은 뿌리 뽑혔으며[395]
나의 모든 어리석음은 사라졌고[396]

394) "'나의 모든 탐욕은 제거되었고(sabbo rāgo pahīno me)'라고 하였다. 감각적 쾌락에 대한 탐욕 등으로 구분되는(kāmarāgādi-ppabheda) 모든 탐욕(rāga)은 성스러운 도의 수행(ariyamagga-bhāvanā)으로 근절에 의한 버림(samuccheda-ppahāna)을 통해서 제거되었다는 뜻이다."(ThagA.i.183)

395) "'모든 성냄은 뿌리 뽑혔으며(sabbo doso samūhato)'라는 것은 원한의 토대 등의 상태(āghāta-vatthukādi-bhāva)로 여러 가지 분류로 구분되는 모든 악의(byāpāda)가 도에 의해서 뿌리 뽑혔다(samugghāṭita)는 말이다."(ThagA.i.183)

[모든 오염원들은] 식었고 적멸을 이루었도다.[397)]"

락키따 장로 (끝)

---

396) "'나의 모든 어리석음은 사라졌고(sabbo me vigato moho)'라고 하였다. 괴로움에 대한 무지 등(dukkhe aññāṇantiādi, Dhs. §1067; Vbh §909)에 의한 토대의 분류(vatthu-bheda)로 여덟 가지로 분류되고 오염원의 토대의 분석(saṁkilesa-vatthu-vibhāga)에 의해서 여러 가지로 분석되는 모든 어리석음이 도에 의해서 부수어졌기 때문에(viddhaṁsitattā) 나로부터 사라졌다(vigata)는 뜻이다."(ThagA.i.183)

니까야에서는 무명(avijjā)을 '괴로움에 대한 무지, 괴로움의 일어남에 대한 무지, 괴로움의 소멸에 대한 무지, 괴로움의 소멸로 인도하는 도닦음에 대한 무지'의 네 가지로 정의한다.(S12:2 §15 등) 여기서 '무지'는 aññāṇa(지혜 없음)를 옮긴 것이다. 주석서는 "이것은 어리석음(moha)과 동의어이다."(SA.ii.17)라고 설명하고 있다. 이것은 논장에서는 8가지로 정착된다. 그래서 『담마상가니』와 『위방가』는 어리석음을 다음의 8가지로 설명하고 있다.

"괴로움에 대한 무지, 괴로움의 일어남에 대한 무지, 괴로움의 소멸에 대한 무지, 괴로움의 소멸로 인도하는 도닦음에 대한 무지, 과거에 대한 무지, 미래에 대한 무지, 과거와 미래에 대한 무지, 이것에게 조건이 되는[此緣性] [법들]과 조건 따라 일어난[緣而生] 법들에 대한 무지"(Dhs §1067; Vbh §909 등)

이 여덟 가지에 대한 빠알리는 다음과 같다.
"dukkhe aññāṇaṁ, dukkhasamudaye aññāṇaṁ, dukkhanirodhe aññā-ṇaṁ, dukkhanirodhagāminiyā paṭipadāya aññāṇaṁ, pubbante aññā-ṇaṁ, aparante aññāṇaṁ, pubbantāparante aññāṇaṁ, idappaccaya-tā paṭiccasamuppannesu dhammesu aññāṇaṁ."(Dhs §1067; Vbh §909 등)

397) "'[모든 오염원들은] 식었고 적멸을 이루었도다(sītibhūtosmi nibbuto).'라고 하였다. 이와 같이 뿌리가 되는 오염원을 제거함(mūla-kilesa-ppahāna)에 의해서 그것들과 함께 작용하는 오염원들을 바르게 가라앉혔기 때문에(paṭippassaddhattā), 남김없이 오염원의 불안과 열병이 버려져서 존재하지 않기 때문에(anavasesa-kilesa-daratha-pariḷāhābhāvato) [모든 오염원들이] 식음(sītibhāva)을 얻었다. 그래서 모든 곳에서 오염원이 완전히 소멸된 열반(kilesa-parinibbāna)을 통해서 나는 완전한 열반에 들게 되었다라고 구경의 지혜를 천명하였다.(ThagA.i.183)

10. 욱가 장로(Th1:80)

【행장】

"욱가 장로(Ugga thera)는 꼬살라 왕국의 욱가 성읍에서 상인의 아들(seṭṭhiputta)로 태어났다. 그는 사리를 분별하는 나이가 되어 세존께서 그 성읍에서 밧다 원림(Bhaddārāma)에 머무실 때 승원에 가서 스승님의 곁에서 법을 듣고 믿음을 얻어 출가하였다. 그는 위빳사나의 업을 행하면서 오래지 않아 아라한됨을 얻었다. 장로의 일화는 『아빠다나』에도 나타나고 있다. …

아라한됨을 얻은 뒤 자신이 윤회를 끊었음을 밝힘(vaṭṭūpaccheda-dīpana)을 통해서 구경의 지혜를 천명하면서 본 게송을 읊었다."
(ThagA.i.184)

80. "내가 지은 업은[398] [399]

---

398) "'내가 지은 업은(yaṁ mayā pakataṁ kammaṁ)'이라고 하였다. 이것은 ① [몸과 말과 마음의] 세 가지 업의 문(kamma-dvārāni)과 ② [눈 등의] 여섯 가지 일어나는 문(uppatti-dvārāni)과 ③ 여덟 가지 단속하지 못함의 문(asaṁvara-dvārāni)과 ④ 여덟 가지 단속의 문(saṁvara-dvārāni)을 통해서, ⑤ 사악함 등(pāpādi, 즉 해로운 업)을 통해서, ⑥ 그리고 보시 등(dānādi, 즉 유익한 업)을 통해서 시작이 없는 윤회에서(anādimati saṁsāre) 여러 가지 방식으로 내가 짓고(kata) 모으고(upacita) 생성되게 한(abhinibbattita) 과보를 가져오는 업(vipāka-kamma)이다."(ThagA.i.184 ~185)

399) 『담마상가니 주석서』도 업에 대한 설명을 따로 모아 '문(門)에 대한 설명(dvāra-kathā)'이라는 부제목을 달아서 업을 짓는 문(門, dvāra)을 중심으로 업에 대해서 상세하게 설명하고 있다. 『담마상가니 주석서』는 먼저 ① 세 가지 업(kammāni) ② 세 가지 업의 문(kamma-dvārāni) ③ 다섯 가지 알음알이(viññāṇāni) ④ 다섯 가지 알음알이의 문(viññāṇa-dvārāni) ⑤ 여섯 가지 감각접촉(phassā) ⑥ 여섯 가지 감각접촉의 문(phassa-dvārāni) ⑦ 여덟 가지 단속하지 못함(asaṁvarā) ⑧ 여덟 가지 단속하지 못함의 문(asaṁvara-dvārāni) ⑨ 여덟 가지 단속(saṁvarā) ⑩ 여덟 가지 단속의 문(saṁvara-dvārāni) ⑪ 열 가지 유익한 업의 길(kusala-kammapathā) ⑫ 열 가지 해로운 업의 길(akusala-kamma-pathā)이라

그것이 적든 많든 간에400)
이 모든 것은 멸진하였고401)
이제 다시 존재함이란 없다."

욱가 장로 (끝)

여덟 번째 품이 끝났다.

[여덟 번째 품에 포함된 장로들의] 목록은 다음과 같다.

왓차빨라 장로와 아뚜마와 마나와 선인
수야마나와 수사라다와 삐얀자하 장로
아로하뿟따, 멘다시라, 락키따, 욱가라 불리는 분이다.

는 12가지 논의의 주제를 확립(mātikā-ṭhapana)한 뒤에(DhsA.82) 이를 토대로 업을 하나하나 자세하게 설명하고 있는데(DhsA.82~95) 이 12가지 논의의 주제는 위에서 인용한 『테라가타 주석서』의 문을 중심으로 업에 대한 나열 여섯 가지와 같은 입장이라 할 수 있다.

업의 길(kamma-patha)에 대한 주석서의 정의와 업과 업의 길의 구분에 대해서는 『담마상가니』 제2권 §1066의 주해를 참조할 것.

400) "'그것이 적든 많든 간에(appaṁ vā yadi vā bahuṁ)'라고 하였다. 토대와 의도와 노력과 오염원 등(vatthu-cetanā-payoga-kilesādī)의 힘이 약한 상태(dubbala-bhāva)에 의해서 '적든(appaṁ vā)', 혹은 이들이 힘을 가진 상태(balava-bhāva)에 의하고 끊임없이 전개됨(abhiṇha-pavatti)에 의해서 '많든 간에(bahuṁ vā)'라는 뜻이다."(ThagA.i.185)

401) "'이 모든 것은 멸진하였고(sabbametaṁ parikkhīṇaṁ)'라고 하였다. 이 모든 업은 업을 멸진하게 만드는(kamma-kkhayakara) 으뜸가는 도(agga-magga)를 증득하였기 때문에 완전히 멸진되었다(parikkhaya gata). 오염원의 회전을 제거함(kilesa-vaṭṭa-ppahāna)에 의해서 업의 회전(kamma-vaṭṭa)은 제거되었고 과보의 회전(vipāka-vaṭṭa)은 일어나지 않았기 때문이다. 그래서 '이제 다시 존재함이란 없다(natthi dāni punabbhavo).'라고 하였는데 미래에(āyatiṁ) 다시 존재함의 발생(punabbhava-abhinibbatti)이 나에게는 없다는 뜻이다."(ThagA.i.185)

오염원의 회전(kilesa-vaṭṭa)과 업의 회전(kamma-vaṭṭa)과 과보의 회전(vipāka-vaṭṭa)에 대해서는 『아비담마 길라잡이』 제8장 §8을 참조할 것.

아홉 번째 품

Navama-vagga({81}~{90})

1. 사미띠굿따 장로(Th1:81)

【행장】

"사미띠굿따 장로(Samiti-gutta thera)는 사왓티에서 어떤 바라문의 아들로 태어났다. 그는 적당한 나이가 되어 스승님의 설법을 듣고 믿음을 얻어서 출가하였으며 아주 청정한 계를 지니는 자가 되어 머물렀다. 그는 전생의 업의 소산(purima-kamma-nissanda)으로 문둥병(kuṭṭha-roga)에 걸렸다. 그래서 그의 몸의 부분들은 대부분 찢어지고 갈라져서 고름이 흘러내렸고 그는 간병실(gilāna-sālā)에서 지냈다.

그러던 어느 날 법의 대장군 사리뿟따 존자가 문병을 가서 비구들에게 묻는 중에 그 비구를 보고 '도반이여, 무더기[蘊]가 전개되는 한(yāvatā khandha-ppavatti) 느낌은 모두 괴로움입니다. 그러나 무더기들이 있지 않으면 괴로움도 없습니다.'라고 느낌을 관찰하는 명상주제(vedanānupassanā-kammaṭṭhāna)를 말해준 뒤에 떠나갔다. 그는 장로의 교계에 확립되어 위빳사나를 증장시켜 육신통을 실현하였다(chaḷabhiññā sacchākāsi). 장로의 일화는 『아빠다나』에도 나타나고 있다. …
그는 육신통을 갖춘 분이 되어, 버린 오염원들을 반조하여(pahīna-kilesa-paccavekkhaṇa) 지금 겪고 있는 병(etarahi anubhuyya-māna-roga)을 통해서 여러 전생에서 자신이 지은 사악한 업을 계속해서 생각하였다. 그리고 이제는 그것이 모든 측면에서 제거됨(pahīna-bhāva)을 설명하면서 본 게송을 읊었다."(ThagA.i.186)

81. "이전에 다른 생들에서
내가 지은 사악함[402]은
바로 여기서 경험되나니
다른 토대란 존재하지 않는다.[403]"

사미띠굿따 장로 (끝)

2. 깟사빠 장로(Th1:82)

【행장】

"여기 깟사빠 장로(Kassapa thera)는 사왓티에서 우딧짜 바라문(Udicca-brāhmaṇa) 가문의 아들로 태어났다. 어렸을 때 아버지를 여의었고 어머니가 그를 양육하였다. 어느 날 그는 제따와나에 가서 세존께서 설법하시는 것을 듣고 인연이 성숙되어(hetu-sampannatāya) 그 자리에서 예류자가 되었으며 어머니 곁에 가서 허락을 받고 출가하였다. 스승님께서 안거를 마치고(vuṭṭha-vassa) 지방으로 유행을 떠나시려 하자(janapada-cārikaṁ pakkante) 자신도 스승님과 함께 가고자 하여 허락을 받기 위해서 어머니에게 갔다. 어머니는 교계(ovāda)를 통해서 본 게송을 읊어서

---

402) "여기서 '사악함(pāpa)'이란 해로운 업(akusala kamma)이다. 저열하다는 뜻(lāmakaṭṭha)에서 그것을 '사악함'이라 부르기 때문이다."(ThagA.i.186)

403) "'다른 토대란 존재하지 않는다(vatthu aññaṁ na vijjati).'라고 하였다. 그 업이 과보를 가져오는 기회(vipaccan-okāsa)는 다른 [사람의] 무더기의 연속(khandha-ppabandha)이 아니라는 말이다. 그러나 [자신의] 이 무더기들은 이제 모든 곳에서 취착들(upādānā)이 제거되었기 때문에 마치 [연료가 다하여] 생겨나지 않는(anupādāna) 불(jātaveda)과 같아서 마지막 마음이 소멸함(carimaka-citta-nirodha)에 의해서 재생연결이 되지 않고(appaṭisandhikā) 소멸한다고 구경의 지혜를 천명하였다."(ThagA.i.186~187)

그를 떠나보내었다."(ThagA.i.187)

DPPN에 의하면 그는 『아빠다나』(Ap.155)에 나타나는 세레야까 장로(Sereyyaka thera)인 듯하다. 『아빠다나』의 이 게송들은 『테라가타 주석서』의 본 깟사빠 장로에 대한 게송으로 인용되고 있기도 하다.(ThagA.i.188, VRI본 ThagA.i.192)

한편 DPPN에는 28명 정도의 깟사빠(Kassapa)라는 이름이 표제어로 나타나고 있다. 그래서 그들을 구분하기 위해서 각각 다른 명칭과 함께 부르고 있다. 예를 들면, 가장 유명한 부처님의 직계 제자인 깟사빠 존자는 마하깟사빠(대가섭, 본서 제3권 {1051}【행장】 참조)라 불렀으며, 우루웰라에서 천 명의 제자와 함께 부처님께 귀의한 가섭 3형제 가운데 맏형은 우루웰라깟사빠(Th6:1)라 불렀고, 둘째는 나디깟사빠(Th5:6)로, 셋째는 가야깟사빠(Th5:7)로 불렀다.404) 본 게송을 읊은 분은 깟사빠 족성을 가진 어떤 장로였을 것이다. 그리고 깟사빠(Kassapa)는 지금도 인도에서 유력한 바라문 족성으로 전승되어 온다.

계속해서 『테라가타 주석서』는 말한다.
"장로는 이 게송을 듣고 '나의 어머니께서는 내가 슬픔이 없는 곳에 가기를(soka-rahita-ṭṭhāna-gamana) 바라신다. 참으로 나는 모든 것을 넘어선 슬픔이 없는 곳을 증득할 수 있다.'라는 분발심이 생겨(ussāha-jāta) 위빳사나를 확립한 뒤 오래지 않아 아라한됨을 얻었다. 장로의 일화는 『아빠다나』에도 나타나고 있다. …
그는 아라한됨을 얻은 뒤 '이 어머니의 말씀은 아라한됨을 얻는

404) 마하깟사빠(Mahā-Kassapa, Th40:1) 장로는 본서 제3권 마흔의 모음 {1051}의 【행장】을, 우루웰라깟사빠(Uruvela-Kassapa, Th6:1) 장로는 본서 제2권 여섯의 모음 {375}의 【행장】을, 나디깟사빠(Nadī-Kassapa, Th5:6) 장로는 본서 제2권 다섯의 모음 {340}의 【행장】을, 가야깟사빠(Gayā-Kassapa, Th5:7) 장로는 본서 제2권 다섯의 모음 {345}의 【행장】을 참조하기 바란다.

갈고리가 되었다.'라고 하면서 그 게송을 따라 읊었다."(ThagA.i.188)

82. [어머니]
"어디든 안전하고 두려움 없는
걸식하기에 좋은 곳들[405]이 있다면
아들이여, 그곳으로 가시오.
슬픔에 맞지 마시오.[406]"

깟사빠 장로 (끝)

3. 시하 장로(Th1:83)

【행장】

"시하 장로(Sīha thera)는 말라의 왕의 가문(Malla-rājakula)에 태어났다. 그는 세존을 뵙고 청정한 마음으로 절을 올리고 한 곁에 앉았다. 세존께서는 그의 성향(ajjhāsaya)을 보시고 법을 말씀하셨다. 그는 법을 듣고 믿음이 생겨 출가하여 명상주제를 가지고 숲에서 머물렀다. 그러나 그의 마음은 여러 대상으로 치달렸으며 한 끝으로 집중되지 않았고 자신의 목적(sakattha)을 성취할 수 없었다. 스승님께서는 그것을 보시고 허공에 서서 본 게송으로 교계를 하셨다. 그는 게송이 끝나자 위빳사나를 증장시켜 아라한됨을 얻었다. 장로의 일화는 『아빠다나』에도 나타나고 있다. …

---

405) '걸식하기에 좋은 곳들'은 subhikkhāni를 옮긴 것이다. 주석서는 "탁발음식을 얻기 쉬운 지방들(sulabha-piṇḍāni raṭṭhāni)을 뜻한다."(ThagA.i.187)라고 설명하고 있어서 이렇게 옮겼다.

406) '슬픔에 맞지 마시오.'는 mā sokāpahato bhava를 옮긴 것이다. 주석서는 여기서 '슬픔에 맞는 것(sokāpahata)'을 덕스러움이 없는 지역들(guṇa-rahitāni raṭṭhāni)에 가서 걸식하기 어려운 두려움 등에서 생기는(dub-bhikkhabhayādi-janita) 슬픔(soka)이라고 설명한 뒤 이러한 슬픔에 맞지 않기를(upahato māhosi)이라는 뜻으로 설명하고 있다.(ThagA.i.188)

아라한됨을 얻은 뒤 장로는 구경의 지혜를 천명하면서 이 게송을 따라 읊었다."(ThagA.i.188~189)

83. [세존]

"시하여, 방일하지 말고 머물러라.407)
밤낮으로 게으르지 말라.
유익한 법들을 닦아라.408)
적집된 것에 대한 [욕구와 탐욕을] 빨리 버려라.409)"

---

407) "세존께서 교계(ovāda)를 통해서 본 게송을 말씀하셨다. 여기서 '시하여(sīha)'는 그 장로를 부르시는 것이다. '방일하지 말고 머물러라(appamatto vihara).'라는 것은 마음챙김을 놓아버리지 않음(sati avippavāsa)에 의해서 방일함을 없애고(pamāda-virahita) 모든 자세들(sabb-iriyāpathā)에서 마음챙김과 알아차림에 몰입하여(sati-sampajañña-yutta) 머무르라는 말씀이다."(ThagA.i.189)

408) '밤낮으로 게으르지 말라. / 유익한 법들을 닦아라.'는 rattindivam atandito bhāvehi, kusalaṁ dhammaṁ를 옮긴 것이다. 주석서는 이렇게 설명한다.

"밤 동안과 낮 동안에 [『상윳따 니까야』 제4권 「마차 비유 경」(S35:239)에서] "경행하거나 앉아서 장애가 되는 법들(āvaraṇīyā dhammā)로부터 마음을 청정하게 한다."(S35:239 §8)라고 말씀하신 방법으로 네 가지 바른 노력[四正勤, catu-sammappadhāna]을 통해서 게으르지 않고(atandita) 나태하지 않고(akusīta) 부지런히 정진하여(āraddha-vīriya) 유익한 사마타・위빳사나의 법과 출세간법(lokuttara-dhamma)을 닦아라, 일어나게 하라(uppādehi), 증장시켜라(vaḍḍhehi)라고 하는 말씀이다."(ThagA.i.189)

"'장애가 되는 법들(āvaraṇīyā dhammā)'이란 다섯 가지 장애[五蓋, pañca nīvaraṇāni]의 법들이다. 다섯 가지 장애는 마음을 덮어버리기 때문에 장애가 되는 법들이라 불린다."(AA.ii.185)

다섯 가지 장애에 대한 설명은 본서 하나의 모음 {74}의 수야마나 장로(Th1:74)의 게송의 해당 주해를 참조하고 자세한 설명은 『위방가』 §§538~563와 『네 가지 마음챙기는 공부』 214~228쪽을 참조할 것.

409) "'적집된 것에 대한 [욕구와 탐욕을] 빨리 버려라(jaha sīghaṁ samussayaṁ).'라고 하셨다. 첫 번째로 그대의 적집된 것(samussaya), 즉 자기 존재(atta-bhāva)에 대한, 그것에 묶여있는 욕탐을 제거함(tap-paṭibaddha-chandarāga-ppahāna)에 의해서 빨리(sīghaṁ), 즉 오래 지나지 않아 버

시하 장로 (끝)

4. 니따 장로(Th1:84)

【행장】

"니따 장로(Nīta thera)는 사왓티에서 어떤 바라문의 아들로 태어났다. 그는 사리를 분별하는 나이가 되어 부처님의 제자들이 행복하게 계를 지니고(sukhasīlā) 행복하게 행동하고(sukha-samā-cārā) 좋은 음식들(subhojanāni)을 먹고 잘 보호된 거처들(nivātā senāsanā)에서 머문다고 여기고 행복에 대한 갈망(sukhābhi-lāsā)으로 출가하였다. 그는 스승님의 곁에서 명상주제를 받아서 며칠 동안 마음에 잡도리하다가 버려버리고, 원하는 대로 배불리

려라(pajaha)라는 것이다. 그리고 이렇게 되어 나중에는 마지막 마음이 소멸함(carimaka-citta-nirodha)에 의해서 남김없이 버리게 될 것이다라는 뜻이다."(ThagA.i.189)

이처럼 주석서는 '적집된 것(samussaya)'을 자기 존재(atta-bhāva)로 설명하고 있다. 그러면 자기 존재는 구체적으로 무엇을 뜻하는가? 복주서 문헌들(ṭīkā)은 문맥에 따라 크게 셋으로 설명하고 있는 것으로 조사된다.

첫째는 오온으로 이해한다. 예를 들면 『디가 니까야 복주서』는 무더기의 집합, 즉 오온의 집합으로 설명하고(attabhāvo khandhasamūho, DAṬ.ii. 427) 『담마상가니 복주서』는 "자기 존재란 오온을 말한다(attabhāvoti pañcakkhandhā vuccanti)."(DhsAṬ.138) 라고 적고 있다.
둘째는 몸(sarīra)으로 해석한다. 『앙굿따라 니까야 복주서』에서는 "자기 자신의 번영이란 몸을 구족함이다(attabhāva-samiddhiyanti sarīra-sam-pattiyaṁ)."(AAṬ.ii.99)로 설명하고 『율장 복주서』는 "자기 자신을 얻음이란 몸을 얻음이다(attabhāva-ppaṭilābhoti sarīra-paṭilābho)."(Vin AṬ.iii.413)로 풀이한다.
셋째, 『청정도론』의 복주서인 『빠라맛타만주사』는 오온과 몸 둘 다로 해석한다. 그래서 "자기 존재란 취착의 [대상인] 무더기 다섯 가지[五取蘊]인데 어떤 자들은 몸이라고 한다(attabhāvo upādānakkhandha-pañcakaṁ sarīranti keci)."(VinAṬ.iii.99)라거나 "자기 자신이란 몸 혹은 무더기 다섯 가지[五蘊]이다(attabhāvo sarīraṁ khandha-pañcakam eva vā)."(Vin AṬ.iii.413)라고 설명한다.

먹고, 낮 동안에는 무리 지어 어울리는 것을 좋아하여(saṅgaṇik-ārāma) 쓸데없는 이야기(tiracchāna-kathā)로 [시간을] 보내고, 밤 동안에도 해태와 혼침에 빠져 계속 잠을 잤다. 스승님은 그의 인연이 무르익은 것(hetu-paripāka)을 보시고 [본 게송으로] 교계를 주셨다. …

이와 같이 스승님께서 게송으로 말씀하시자 장로는 절박함이 생겨서(saṁvegajāta) 위빳사나를 확립한 뒤 오래지 않아 아라한됨을 얻었다. 장로의 일화는 『아빠다나』에도 나타나고 있다. …
아라한됨을 얻은 뒤 장로는 구경의 지혜를 천명하면서 이 게송을 따라 읊었다."(ThagA.i.190~191)

84. [세존]
"밤에는 [13] 온통 잠들었다가
낮에는 무리 지어 사는 것에 빠져있다.
언제 참으로 슬기가 없는 자는
괴로움410)의 끝을 만들 것인가?"

니따 장로 (끝)

5. 수나가 장로(Th1:85)

【행장】
"수나가 장로(Sunāga thera)는 날라까 마을(Nālaka-gāma)에서 어떤 바라문의 아들로 태어났다. 그는 법의 대장군 사리뿟따 존자의 재가 때 친구(gihi-sahāya)였다. 그는 사리뿟따 장로의 곁에서 법을 듣고 견의 경지[見地, dassana-bhūmi, 예류도를 뜻함, Vis.XIV.13]에 확립되어 출가한 뒤 위빳사나를 확고하게 하여 아

410) "여기서 '괴로움(dukkha)'은 윤회의 괴로움(vaṭṭa-dukkha)이다."(ThagA.i.191)

라한됨을 얻었다. 장로의 일화는 『아빠다나』에도 나타나고 있다. …

그는 아라한과를 얻은 뒤 비구들에게 법을 설하는 권위 있는 말(dhamma-desanā-apadesa)을 통해서 구경의 지혜를 천명하면서 본 게송을 읊었다."(ThagA.i.192)

85. "마음의 표상을 [취하는 데] 정통하였고[411]
한거의 맛을 알며[412]
참선을 하고 슬기롭고 마음챙기는 자는[413]
세속적이지 않은 행복을 얻을 것이로다.[414]"

---

411) "'마음의 표상을 [취하는 데] 정통하였고(citta-nimittassa kovido)'란 수행하는 마음(bhāvanā-citta)의 표상을 취함(nimitta-ggahaṇa)에 능숙하여(kusala) '이때는 마음을 분발해야 하고(paggahetabba) 이때는 마음을 격려해야 하며(sampahaṁsitabba) 이때는 마음을 안으로 평온하게 해야 한다(ajjhupekkhitabba).'(『청정도론』 IV.57~64에 자세하게 설명되어 있으니 참조할 것.)라고 이와 같이 분발함(paggahaṇa) 등을 적용하는 마음의 표상을 취하는 데 능숙하다(cheka)는 말이다."(ThagA.i.192)

412) "'한거의 맛을 알며(paviveka-rasaṁ vijāniya)'라는 것은 몸의 한거가 증장된(kāya-viveka-saṁvaḍḍhita) 마음의 한거(cittaviveka)의 맛을 안 뒤, 한거의 행복을 경험한 뒤(viveka-sukhaṁ anubhavitvā)라는 뜻이다.

"한거의 맛을 들이키고
고요함의 맛을 [들이킨 뒤]
그는 근심 없고 사악함 없이
법의 희열의 맛을 들이킨다."(Dhp. {205})

라고 말씀하셨기 때문이다."(ThagA.i.192)

413) "'참선을 하고 슬기롭고 마음챙기는 자는(jhāyaṁ nipako patissato)'이라고 하였다. 여기서 '참선을 하고(jhāyaṁ)'는 첫 번째로 대상을 정려(靜慮)함(ārammaṇ-ūpanijjhāna)에 의해서, 나중에는 특상을 정려함(lakkhaṇ-ūpanijjhāna)에 의해서 참선을 하면서(jhāyanto)라는 뜻이다. '슬기롭고(nipako)'는 명상주제를 유지함(kammaṭṭhāna-pariharaṇa)에 능숙하고(kusala)란 말이고, '마음챙기는 자(patissato)'는 마음챙김이 확립된 자(upaṭṭhita-ssati)를 말한다."(ThagA.i.192)

414) "'세속적이지 않은 행복을 얻을 것이로다(adhigaccheyya sukhaṁ nirā-

수나가 장로 (끝)

6. 나기따 장로(Th1:86)

【행장】

"나기따 장로(Nāgita thera)는 까삘라왓투 도시(Kapilavatthu-nagara)에서 사꺄의 왕의 가문(Sakya-rājakula)에 태어났다. 그는 세존께서 까삘라왓투에 머무시면서 [『맛지마 니까야』 제1권] 「꿀 덩어리 경」(M18)을 설하시는 것을 듣고 믿음을 얻어 출가한 뒤 위빳사나를 증장하여 아라한됨을 얻었다. 장로의 일화는 『아빠다나』에도 나타나고 있다. …

그는 아라한됨을 얻은 뒤 스승님의 거짓이 아닌 가르침(avitatha-desanatā)과 법의 출리(出離)로 인도함(niyyānikata)을 의지하여 희열과 기쁨이 생겨서 희열의 감동을 내뿜는(pītivega-vissaṭṭha) 감흥어를 통해서 본 게송을 읊었다."(ThagA.i.192)

이 나기따 장로는 『디가 니까야』 제1권 「마할리 경」(D6) §2와 『앙굿따라 니까야』 제3권 「나기따 경」(A5:30) §2와 제4권 「나기따 경」(A6:42) §2와 제5권 「명성 경」(A8:86) §2 등에서 세존의 시자(upaṭṭhāka) 소임을 본 것으로 언급되는 나기따 존자와는 다른 분이다. 후자인 나기따 존자는 시하(Sīha) 사미의 외삼촌이었다. 그는 깟사빠로 불렸으며 그래서 깟사빠 족성을 가진 바라문 출신이었음을 알 수 있다. 그는 뚱뚱하고 게을렀으며 그래

misaṁ).'라고 하였다. 이와 같이 사마타의 표상 등에 능숙함(samatha-nimittādi-kosalla)을 통해서 마음의 한거에서 생긴 행복(citta-viveka-sukha)에 확립되어 마음챙기고 알아차리는 자가 되어 오직 위빳사나의 禪(vipassanā-jhāna)에 의해서 참선을 하고 감각적 쾌락과 관계된 세속적인 것과 윤회와 관계된 세속적인 것(kāmāmisa-vaṭṭāmisā)과 섞이지 않았기 때문에(asammissatāya) 세속을 여읜(nirāmisa) 열반의 행복(nibbāna-sukha)과 과의 행복(phala-sukha)을 얻을 것이다, 증득할 것이다(sam-upagaccheyya)라는 뜻이다."(ThagA.i.192)

서 그가 할 일은 대부분 시하 사미가 대신했다고 한다.(DA.i.310)

86. "이 [교법의] 밖에서 여러 외도들의 도는[415]
이 [팔정도]처럼 열반으로 가는 것이 아니다.[416]
이처럼 세존께서 승가를 훈도하셨으니
스승께서는 당신의 손바닥을 보여주신 것이다.[417]"

---

415) '이 [교법의] 밖에서'는 ito bahiddhā를 주석서를 참조해서 옮긴 것이다. 주석서는 이것을 "이 부처님의 교법으로부터 밖의 경우에(bāhirake samaye)" (ThagA.i.193)로 설명하고 있다. 그리고 '여러 외도들의'는 puthu-añña-vādinaṁ(각각의 다른 주장을 하는 자들)을 옮긴 것인데 주석서에서 "여러 외도들의(nānā-titthiyānaṁ)이라는 뜻이다."(Ibid.)라고 설명하고 있어서 이렇게 옮겼다.

416) '이 [팔정도]처럼 열반으로 가는 것이 아니다.'는 na nibbāna-gamo yathā ayaṁ을 옮긴 것이다. 주석서는 이렇게 설명한다.

"이 성스러운 여덟 가지 구성요소를 가진 도[八支聖道, 팔정도, ariya aṭṭha-ṅgika magga]는 전적으로(ekaṁsena) 열반으로 간다고 해서 '열반으로 가는 것(nibbāna-gama)', 즉 열반으로 감(nibbāna-gāmī)이다. 이와 같이 열반으로 가는 도는 외도들의 경우에는 없다(titthiya-samaye natthi). 외도들의 주장(añña-titthiya-vāda)은 정등각자께서 설하시지 않았기 때문이다(asammāsambuddha-ppaveditattā). 그래서 세존께서는 [『디가 니까야』 「대반열반경」(D16) 등에서] '비구들이여, 오직 여기에만 사문이 있다. 여기에만 두 번째 사문이 있고, 여기에만 세 번째 사문이 있고, 여기에만 네 번째 사문이 있다. 다른 [외도들의] 교설에는 사문들이 텅 비어있다.'(D16 §5.27; M11 §2; A4:239 §1)라고 말씀하셨다."(ThagA.i.193)

417) '스승께서는 당신의 손바닥을 보여주신 것이다.'는 satthā sayaṁ pāṇi-taleva dassaya를 옮긴 것이다. 주석서는 이렇게 설명한다.

"스승이신 세존께서는 당신이 스스로 생긴 지혜(sayambhū-ñāṇa)에 의해서 아셨거나 큰 연민으로 고무되셔서(mahā-karuṇā-sañcodita) 가르침의 장엄함을 갖추어(desanā-vilāsa-sampattiyā) 마치 손바닥(hattha-tala)에 놓인 아말라까 씨앗처럼 [팔정도를 분명하게] 보여주시면서 인도되어야 할 사람인(veneyya-janata) 비구 승가를 훈도하고(anusāsati) 교계하신다(ovadati)는 뜻이다."(ThagA.i.194)

세존께서는 『디가 니까야』 제2권 「대반열반경」(D16)에서 "아난다여, 여래가 [가르친] 법들에는 스승의 주먹[師拳]과 같은 것이 따로 없다."(D16 §2.

나기따 장로 (끝)

7. 빠윗타 장로(Th1:87)

【행장】

"빠윗타 장로(Paviṭṭho thera)는 마가다 지역(Magadharaṭṭha)에서 바라문 가문에 태어났다. 사리를 분별하는 나이가 되어서는 출리로 향하는 성향 때문에(nekkhamma-ninnajjhāsayatāya) 유행승 출가자로 출가하여 거기서 공부지어야 할 것을 공부지었다. 그 후에 유행하면서 우빠띳사와 꼴리따(Upatissa-Kolitā, 즉 사리뿟따 존자와 목갈라나 존자)가 부처님 교법에 출가하였음을 듣고 '그들도 큰 통찰지를 가졌는데 거기에 출가하였다. 그러니 그것이 더 낫다고 여겨진다.'라고 생각하고 세존의 곁에 간 뒤 법을 듣고 믿음을 얻어 출가하였다.

25; S47:9 §7)고 말씀하셨다.

여기서 '스승의 주먹[師拳]'은 ācariya-muṭṭhi를 직역한 것이다. '부처님 가르침에는 스승의 주먹이 없다.'는 이 말씀은 중요하다. 인도의 전통적인 『우빠니샤드』의 가르침은 비밀리에 전수함[秘傳]을 중시했기 때문이다. '우빠니샤드(Upaniśad)'라는 단어 자체가 upa(근처에)+ni(아래로)+√śad(*to sit*)에서 파생된 명사로 '[스승의] 가까이 앉아서 전수받은 가르침'이라는 의미이다. 부처님께서는 이러한 비전(秘傳)을 인정하지 않으신다는 말씀이다. 당당하게 눈 있는 자는 와서 보라(ehi-passika)고 숨김없이 설하셨다는 뜻이다.

한편 주석서에서는 "외도들에게는 스승의 주먹[師拳]이 있다. 젊었을 때는 설하지 않다가 노년이 되어 마지막 침상에 누워서 좋아하는 측근 제자에게 말해 주는 것이다."(DA.ii.548)라고 설명하고 있다.

법에는 안팎이 없고 스승의 주먹이 없다는 이 두 가지는 『밀린다빤하』(Mil. 144~145; 159~160)에서도 설명되고 있다. — 『상윳따 니까야』 제5권 「병 경」(S47:9) §7의 주해에서.

법에 관한 한 부처님께서는 와서 보라는 것(ehi-passika, S16:21 등)이라고 당당하게 말씀하셨으며, 스승이 비밀스럽게 제자들에게 전수해 주는 스승의 주먹[師拳, ācariya-muṭṭhi]이란 것은 존재하지 않는다고 이처럼 「대반열반경」(D16 §2.25)에서 강조하셨다.

그에게 세존께서는 위빳사나를 설명해 주셨다. 그는 위빳사나를 시작한 뒤 오래지 않아 아라한됨을 실현하였다. 장로의 일화는 『아빠다나』에도 나타나고 있다. …
그는 아라한됨을 실현한 뒤에 구경의 지혜를 천명하면서 본 게송을 읊었다."(ThagA.i.194~195)

87. "무더기들[蘊]은418) 있는 그대로 보아졌고419)
모든 존재들은 산산이 부수어졌도다.420)
태어남의 윤회는 멸진하였고
이제 다시 존재함이란 없노라." (cd={90}cd)

빠윗타 장로 (끝)

---

418) "'무더기들[蘊, khandhā]'이란 취착의 [대상인] 다섯 가지 무더기들[五取蘊, pañcupādānakkhandhā]이다. 이 [다섯 가지]는 위빳사나를 통한 응시(vipassan-upalakkhaṇa)와 [무상·고·무아의] 보편적 특징(sāmañña-lakkhaṇa)을 통해서 안 것의 통달지 등으로(ñāta-pariññādīhi, Vis.XX.3 이하 참조) 철저하게 앎(parijānana)을 통해서 통찰되어야 한다(vipassita-bbā)."(ThagA.i.195)

419) "'있는 그대로 보아졌고(diṭṭhā yathābhūtaṁ)'라는 것은 위빳사나의 통찰지와 함께하는(vipassanā-paññā-sahitā) 도의 통찰지(magga-paññā)로 '이것은 괴로움이다.'라는 등으로 전도되지 않고(aviparīta) 보아졌다는 말이다."(ThagA.i.195)

420) "'모든 존재들은 산산이 부수어졌도다(bhavā sabbe padālitā).'라는 것은 욕계 존재 등(kāma-bhavādayo) 모든 업으로서의 존재들[業有, kamma-bhavā]과 재생으로서의 존재들[生有, upapatti-bhavā]은 도의 지혜의 칼(magga-ñāṇa-sattha)로 잘라졌고 부수어졌다(bhinnā viddhaṁsitā)는 뜻이다. 오염원을 부수어버림(kilesa-padālana)에 의해서 업과 재생으로서의 존재들은(kammopapatti-bhavā) 산산이 부수어졌기 때문이다. 그래서 '태어남의 윤회는 멸진하였고 / 이제 다시 존재함이란 없노라(vikkhīṇo jāti-saṁsāro, natthi dāni punabbhavo).'라고 하였다. 이 뜻은 위에서 설명하였다."(ThagA.i.195)

욕계 존재와 업으로서의 존재 등(kāma-kamma-bhavādayo)에 대해서는 본서 하나의 모음 {67}의 해당 주해를 참조하기 바란다.

8. 앗주나 장로(Th1:88)

【행장】

"앗주나 장로(Ajjuna thera)는 사왓티에서 상인의 가문(seṭṭhi-kula)에 태어났다. 그는 사리를 분별하는 나이가 되어 니간타들과 친숙하게 지내면서(kata-paricaya) '이와 같이 나는 죽지 않음을 증득할 것이다.'라고 [세속으로부터] 벗어나는 성향을 가졌기 때문에(vivaṭṭajjhāsayatā) 어릴 때 니간타에 출가하였으나 거기서는 심재(心材, sāra)를 얻지 못하였다.

그는 스승님의 쌍신변을 본 뒤 믿음을 얻어서 이 교법에 출가해서 위빳사나를 시작하여 오래지 않아 아라한이 되었다. 장로의 일화는 『아빠다나』에도 나타나고 있다. …
그는 아라한됨을 얻은 뒤 위없는 행복을 증득함에서 생긴(anuttara-sukhādhigama-sambhūta) 희열의 감동(pīti-vega)에 의해서 감흥어를 통해서 본 게송을 읊었다."(ThagA.i.196)

88. "참으로 나는 [윤회의] 물로부터 [열반의] 땅으로421)
나 자신을 끌어올릴 수 있었다.
큰 폭류에 휩쓸려 가면서
나는 진리들을 꿰뚫었다."422)

---

421) '[윤회의] 물로부터 [열반의] 땅으로'는 udakā thalaṁ을 주석서를 참조하여 옮긴 것이다. 주석서는 이렇게 설명한다.

"'물로부터(udakā)'라는 것은 윤회라는 큰 폭류라 불리는 물로부터(saṁsāra-mahogha-saṅkhātā udakā)라는 뜻이고 '땅으로(thalaṁ)'는 열반의 땅으로(nibbāna-thalaṁ)라는 말이다."(ThagA.i.196)

422) 주석서는 본 게송의 의미를 이렇게 정리하고 있다.
"예를 들면 어떤 사람이 어떤 이로움에 대한 바람(attha-kāma)에 깊고 넓고(gambhīra-vitthata) 바닥이 없는(appatiṭṭha) 큰 물의 폭류(mahā udakogha)에서 빠른 힘에 휩쓸려 가더라도 노와 키(방향타)를 갖춘(phiyāritta

앗주나 장로 (끝)

9. [첫 번째] 데와사바 장로(Th1:89)

【행장】

"[첫 번째] 데와사바 장로([pathama-]Devasabha thera)는 어떤 작은 지역의 왕의 아들(maṇḍalika-rañño putta)로 태어났으며 어렸을 때 왕위에 책봉되어(rajje patiṭṭhita) 왕위의 행복을 누렸고 늙어서 스승님께 다가갔다. 그는 스승님의 법을 듣고 믿음을 얻고 절박함이 생겨(saṁvega-jāta) 왕위를 버리고 출가하였다. 그는 위빳사나의 업을 행하여서 오래지 않아 아라한됨을 얻었다. 장로의 일화는 『아빠다나』에도 나타나고 있다. …

그는 아라한됨을 얻은 뒤 버린 오염원들을 반조함(pahīna-kilesa-paccavekkhaṇa)을 통해서 생긴 기쁨으로 감흥어를 통해서 본 게송을 읊었다."(ThagA.i.197)

두 번째 데와사바 장로는 아래 {100}을 읊은 분으로 나타나는데 그는 사꺄의 까삘라왓투에서 태어났다.

-sampanna) 튼튼한 배를 얻으면 행복하게 그곳으로부터 자신을 끌어올리는 것이 가능할 것이고 저 언덕(pāra)에 도달할 것이다. 그와 같이 나는 윤회의 큰 폭류에서(saṁsāra-mahoghe) 오염원의 업형성의 빠른 힘(kilesa-abhisaṅkhāra-vega)에 휩쓸려 가다가 스승님께서 인도해 주신 사마타와 위빳사나를 구족한 성스러운 도의 배(ariya-magga-nāva)를 얻어서 거기로부터 자신을 끌어올려서, 오, 참으로 열반의 땅(nibbāna-thala)에 도달할 수가 있었다.

그것이 가능하였기 때문에 그것을 보여주기 위해서 '나는 진리들을 꿰뚫었다(saccāni paṭivijjh'ahaṁ).'라고 하였다. 나는 괴로움 등의 네 가지 성스러운 진리[四聖諦]를 철저하게 앎과 버림과 실현함과 닦음을 꿰뚫음(pariññā-pahāna-sacchikiriyā-bhāvanā-paṭivedha)에 의해서 꿰뚫었고(paṭivijjhiṁ) 성스러운 도의 지혜(ariya-magga-ñāṇa)로 궁극적으로 알았기 때문에(aññāsiṁ) '참으로 나는 [윤회의] 물로부터 [열반의] 땅으로 / 나 자신을 끌어올릴 수 있었다(asakkhiṁ vata attānaṁ, uddhātuṁ udakā thalaṁ).'와 이것은 연결이 된다(yojanā)."(ThagA.i.196~197)

89. "수렁들과 진창들을 건넜고[423]
깊은 구렁텅이[深淵]들을 피했다.[424]
나는 폭류와 매듭으로부터 풀려났으며[425]

423) '수렁들과 진창들을 건넜고'는 uttiṇṇā paṅka-palipā를 옮긴 것이다. 주석서는 여기서 paṅka-palipā를 paṅkā ca palipā ca 즉 수렁들과 진창들로 보아 병렬복합어[相違釋, dvandva]로 분해하고 있다.
그리고 여기서 수렁(paṅka)은 감각적 쾌락에 대한 탐욕(kāma-rāga)을 뜻하는데 이것은 불결한 상태가 됨(asuci-bhāvāpādana)에 의해서 마음을 더럽게 하기 때문(makkhanato)이라고 설명한다.(ThagA.i.198) 그리고 진창(palipa)은 아들과 아내 등을 대상으로 하는(putta-dārādi-visaya) 강한 욕탐인데(chanda-rāga) 달라붙고 건너기 어렵기 때문(sammakkhanato duruttaraṇato ca)이라고 설명한다. 그리고 이 둘은 불환도(anāgāmi-magga)에 의해서 건너게 되기 때문에 '수렁들과 진창들을 건넜고'라 말했다고 적고 있다.(Ibid.)

424) '깊은 구렁텅이[深淵]들을 피했다.'는 pātālā parivajjitā를 옮긴 것이다. 주석서는 여기서 '깊은 구렁텅이들(pātālā)'은 견해들(diṭṭhiyo)이라고 설명한다. 그리고 "이것들은 첫 번째 도를 증득함(paṭhama-magga-adhigama)에 의해서 모든 곳에서 끊어지고(vajjitā) 뿌리 뽑힌다(samucchinnā)고 해서 '깊은 구렁텅이[深淵]들을 피했다.'고 하였다."(ThagA.i.198)로 설명하고 있다.

425) "'나는 폭류와 매듭으로부터 풀려났으며(mutto oghā ca ganthā ca)'라는 것은 감각적 쾌락의 폭류 등의 폭류(kāmoghādi-ogha)로부터, 그리고 간탐의 몸의 매듭 등의 매듭(abhijjhā-kāya-ganthādi-gantha)으로부터 [예류도 등의] 각각에 적합한 도에 의해서 풀려났고(mutta) 완전히 벗어나서(parimutta) 다시 사로잡히지 않고 묶이지 않음(anabhikiraṇa-aganthana)을 통해서 넘어선다(atikkanta)는 뜻이다."(ThagA.i.198)

니까야에서 '폭류(ogha)'는 "네 가지 폭류(ogha)는 감각적 쾌락의 폭류, 존재의 폭류, 사견(邪見)의 폭류, 무명의 폭류이다."(D33 §1.31; S35:238 §16 등)로 정리된다.
주석서는 "이들 네 가지는 중생들을 윤회(vaṭṭa)의 [바다]로 휩쓸어 가버리기 때문이며 쉽게 건널 수 없기 때문이다."(DhsA.49)라고 설명한다. 네 가지 폭류에 대해서는 『아비담마 길라잡이』 7장 §§3~4의 해설들을 참조하기 바란다.

니까야에서 '매듭(gantha)'은 "네 가지 매듭(gantha)은 간탐의 몸의 매듭, 악의의 몸의 매듭, 계행과 의례의식에 대한 집착[戒禁取]의 몸의 매듭, 이것

모든 자만은 멸절되었다.426)"

[첫 번째] 데와사바 장로 (끝)

10. 사미닷따 장로(Th1:90)

【행장】

"사미닷따 장로(Sāmidatta thera)는 라자가하에서 어떤 바라문의 아들로 태어났다. 그는 사리를 분별하는 나이가 되어 부처님의 위신력에 대해서 듣고 청신사들과 함께 승원에 가서 스승님께서 법문을 설하시는 것을 보고 마음에 청정한 믿음이 생겼다. 스승님께서는 그의 성향을 살펴보시고 법을 설하시어 그가 믿음을 얻

만이 진리라는 독단적인 신조의 몸의 매듭이다."(D33 §1.31; S45:174 §3 등)로 정리된다. 주석서는 "'몸의 매듭(kāya-gantha)'이란 정신적인 몸(nāma-kāya)의 매듭이니 매듭짓고 얽어매는 오염원(ganthana-ghaṭana-kilesa)을 말한다."(SA.iii.137)라고 설명한다.

여기에 대해서 복주서는 이렇게 설명한다.
"매듭짓고 얽어매는 오염원(ganthana-ghaṭana-kilesa)이란 원인(hetu)을 결과(phala)에 얽어매고 업의 회전(kamma-vaṭṭa)을 과보의 회전(vipāka-vaṭṭa)에 얽어매어서 괴로움에 묶어버리는 것이라고 알려진 것(dukkha-ppabandha-saññita)을 뜻한다."(SAṬ.iii.121)

네 가지 매듭에 대해서는 『아비담마 길라잡이』 7장 §6의 해설도 참조하기 바란다.

426) "'모든 자만은 멸절되었다(sabbe mānā visaṁhatā).'라고 하였다. 아홉 가지 자만은 으뜸가는 도를 증득함에 의해서 특별히 파괴가 되고 파멸이 되고(saṅghātaṁ vināsaṁ āpāditā) 뿌리 뽑혔다(samucchinnā)는 뜻이다."(ThagA.i.198)

『위방가』는 아홉 가지 자만(navavidhā mānā)을 이렇게 설명한다.
"여기서 무엇이 아홉 가지 자만인가? 뛰어난 자가 내가 더 뛰어나다고 [여기는] 자만, 뛰어난 자가 내가 동등하다고 [여기는] 자만, 뛰어난 자가 내가 더 못하다고 [여기는] 자만, 동등한 자가 내가 더 뛰어나다고 [여기는] 자만, 동등한 자가 내가 동등하다고 [여기는] 자만, 동등한 자가 내가 더 못하다고 [여기는] 자만, 못한 자가 내가 더 뛰어나다고 [여기는] 자만, 못한 자가 내가 동등하다고 [여기는] 자만, 못한 자가 내가 더 못하다고 [여기는] 자만 — 이것이 아홉 가지 자만이다."(Vbh. §962)

고 윤회에 대한 절박함(saṁsāre saṁvega)을 생기게 하셨다. 그는 믿음을 얻고 절박함이 생겨 출가하였으나 지혜가 익지 않아서 적지 않은 시간을 게으름에 많이 빠져(alasa-bahulī) 머물렀다. 스승님께서는 다시 법을 설하시었고 그는 분발이 되어(samut-tejita) 위빳사나 수행을 위해 명상주제를 받아 거기에 몰두하고 몰입하여(yuttappayutta) 머물면서 오래지 않아 아라한됨을 얻었다. 장로의 일화는 『아빠다나』에도 나타나고 있다. …

그는 나중에 비구들이 '도반이여, 그대는 인간을 초월한 법(uttari-manussa-dhamma)을 증득하였습니까?'라고 묻자 교법이 출리(出離)로 인도하는 상태(niyyānika-bhāva)와 자신이 [출세간] 법에 이르게 하는 법을 닦음(dhammānudhamma-ppaṭipatti)을 그들에게 알리면서 구경의 지혜를 천명함을 통해서 본 게송을 읊었다."(ThagA.i.199)

90. "다섯 가지 무더기들[五蘊]은 철저하게 알아져서427)

427) "'다섯 가지 무더기들[五蘊]은 철저하게 알아져서(pañcakkhandhā pariññātā)'라는 것은 이들 취착의 [대상인] 다섯 가지 무더기들[五取蘊, pañc-upādānakkhandhā]은 '이것은 괴로움이다(idaṁ dukkhaṁ), 이런 것이 (ettakaṁ) 괴로움이다, 그 이상은 아니다(na tato bhiyyo).'라고 세 가지 통달지(tisso pariññā)로 한계를 정하여(paricchinditvā) 알아졌고 체득되었고 꿰뚫어졌다(ñātā viditā paṭividdhā)는 뜻이다."(ThagA.i.199)

『상윳따 니까야 주석서』는 세 가지 통달지(tividhā pariññā)를 이렇게 설명한다.

"세 가지 통달지가 있다. 그것은 ① 안 것의 통달지[知遍知, ñāta-pariññā] ② 조사의 통달지[審察遍知, tīraṇa-pariññā] ③ 버림의 통달지[斷遍知, pahāna-pariññā]이다. 이러한 세 가지 통달지로 철저하게 안다는 뜻이다. 무엇이 ① 안 것의 통달지인가? 오온에 대해 철저하게 아는 것이다. 무엇이 ② 조사의 통달지인가? 이렇게 안 뒤에 오온에 대해 무상하고 괴로움이고 병이라는 등의 42가지 방법으로 조사하는 것을 말한다. 무엇이 ③ 버림의 통달지인가? 이렇게 조사한 뒤에 으뜸가는 도(agga-magga)에 의해 욕탐(chandarāga)을 제거하는 것을 말한다."(SA.i.44~45)

세 가지 통달지에 대한 더 상세한 설명은 『청정도론』 XX.3~4와 XX.18~19

뿌리가 잘린 채로 서있을 뿐이로다.[428] (ab={120}ab)
태어남의 윤회는 멸진하였고
이제 다시 존재함이란 없도다." (cd={87}cd)

사미닷따 장로 (끝)

아홉 번째 품이 끝났다.

[아홉 번째 품에 포함된 장로들의] 목록은 다음과 같다.

사미띠굿따 장로와 깟사빠와 시하라 불리는 분
니따와 수나가와 나기따와 빠윗타와 앗주나 선인
데와사바 장로와 큰 힘을 가진 사미닷따이다.

를 참조할 것.

428) "'뿌리가 잘린 채로 서있을 뿐이로다.(tiṭṭhanti chinna-mūlakā).'라고 하였다. 그처럼 철저하게 알아졌기 때문에(pariññātattāyeva), 즉 뿌리가 되는 일어남(mūlabhūta samuda)이 모든 곳에서 제거되었기 때문에(pahīna-ttā) 그 [오온]은 이제 마지막 마음이 소멸할 때까지 '뿌리가 잘린 채로 서있을 뿐이다.' 마지막 마음이 소멸함(carimaka-citta-nirodha)에 의해서 재생연결을 하지 않는 [오온](appaṭisandhikā)은 참으로 소멸한다. 그래서 [다음 구절에서] '태어남의 윤회는 멸진하였고 / 이제 다시 존재함이란 없도다(vikkhīṇo jāti-saṁsāro, natthi dāni punabbhavo).'라고 하였다. 이 뜻은 앞에서 설명하였다.(본서 {67}의 해당 주해 참조)"(ThagA.i.199~200)

열 번째 품

Dasama-vagga({91}~{100})

1. **빠리뿐나까 장로**(Th1:91)

【행장】

"빠리뿐나까 장로(Paripuṇṇaka thera)는 까삘라왓투에서 사꺄의 왕의 가문에 태어났다. 그는 사리를 분별하는 나이가 되어 재물을 구족함(paripuṇṇa-vibhavatā) 때문에 빠리뿐나까라고 알려졌다. 그는 재물을 구족하였기 때문에 매번 백 가지 맛을 가진 음식을 즐겼지만 스승님께서는 섞인 음식을 드신다고 들었다. 그는 '유연하신[429] 세존께서는 열반의 행복(nibbāna-sukha)을 바라지 않으시고 이렇게 저렇게 걸식을 하신다. 그런데 왜 우리는 음식에 게걸스러운 자(āhāra-giddhā)가 되어 음식을 탐할까? 나는 열반의 행복을 찾아야겠다.'라고 윤회에 대해서 절박함이 생겨(saṁsāre jātasaṁvega) 집에 머무는 것을 버리고 스승님의 곁에서 출가하였다.

그는 세존께서 주신 몸에 대한 마음챙김의 명상주제(kāyagatā-sati-kammaṭṭhāna)에 몰두하여 그것에 확립된 뒤 거기서 얻은 禪을 기초로 하여 위빳사나의 업을 행하였고 위빳사나를 증장하여 아라

---

429) '유연하신'은 sukhumāla를 옮긴 것이다. 주석서 문헌들은 "유연한이란 괴로움이 없음(niddukkha)을 말한다."(AA.ii.235)라거나, "부드럽고 섬세한 손과 발 등을 가졌기 때문에(mudu-taluṇa-hattha-pādāditāya) 유연하신이라고 하였다."(SnA.I.319)라거나 "유연함이란 부드럽고 매끄러움(mudu-saṇhabhāva)을 말한다."(MAṬ.ii.192)라는 등으로 설명하고 있다.

한됨을 얻었다. 장로의 일화는 『아빠다나』에도 나타나고 있다. … 그는 아라한됨을 얻은 뒤 법을 크게 존중하여(gārava-bahumāna) 희열의 감동을 내뿜는(pītivega-vissaṭṭha) 감흥어를 통해서 본 게송을 읊었다."(ThagA.i.201)

91. "오늘 내가 먹은 백 가지 맛을 가진 [음식]이
진미로 가득한 음식[神饌]이라고 하는 것은
그렇게 잘 생각된 것이 아니로다.
제한 없이 보시는 분 고따마
그분 부처님께서 설하신 법이야말로[430]
[오늘 내가 먹은 청정한 음식이도다.]"[431]

---

430) '제한 없이 보시는 분 고따마 / 그분 부처님께서 설하신 법이야말로'는 apari-mita-dassinā Gotamena, Buddhena desito dhammo를 옮긴 것이다. 주석서는 이 구절을 이렇게 설명한다.

"한량없고, 한계를 정하지 못하고, 일어나고 사라짐이 존재하지 않기 때문에 평화로운(santa) 형성되지 않은 요소(asaṅkhata-dhātu)를 스스로 생긴 지혜(sayambhū-ñāṇa)에 의해서 보시는 분이요, 한량없고 끝이 없고 다 측량할 수 없는(ananta-aparimeyya) 알아야 할 것(ñeyya)을 보시는 분이라고 해서 '제한 없이 보시는 분(aparimitadassinā)'이고, '고따마'라는 족성을 가지신 정등각자에 의해서 '멸진과 탐욕의 빛바램과 죽음 없음과 수승함'(Sn2:1 {225})으로, '교만의 분쇄, 갈증의 제거'(A4:34 §2; It3:41 §2)로, '모든 형성된 것들[行]을 가라앉힘[止]'(S6:1 §2 등) 등으로 잘 '설하신 법(desito dhammo)', 즉 열반이 '오늘 내가 먹은 음식이다(mayā ajja pari-bhuttaṁ).'라고 적용된다."(ThagA.i.201)

431) "본 게송은 이것을 말하였다. —
내가 오늘 지금 멸진정을 증득함(nirodha-samāpatti-samāpajjana)을 통하고, 과의 증득인 [열반]을 증득함(phala-samāpatti-samāpajjana)을 통해서 지극히 평화롭고 수승한 열반의 행복을 즐긴 것(paribhuñjiyamāna)은 깊이 생각한 것이었고(mata), 원하는 것이었고(abhimata), 존중받는 것이었다(sambhāvita). 그처럼(tathā) 왕의 가문에서 내가 수용한(paribhutta) 백 가지 맛을 가진 음식(satarasa-bhojana)은 천신이 되어(devatta-bhāva) 수용하는 청정한 음식이라고는 생각하지 않은 것이었고 원하는 것이 아니었다. 왜 그런가? 이것, [즉 법]은 성자들이 받들고(ariya-nisevita) 비세속적

2. **위자야 장로**(Th1:92)

【행장】

"위자야 장로(Vijaya thera)는 사왓티에서 바라문 가문에 태어났다. 그는 적당한 나이가 되어 바라문의 명지들(brāhmaṇa-vijjā)에 통달하였고 고행하는 출가자(tāpasa-pabbajja)로 출가하여 숲의 장소에서 禪을 얻어(jhāna-lābhī) 머무는 중에 부처님이 출현하셨다(Buddhuppāda)고 들었다. 그는 청정한 믿음이 생겨 스승님의 곁에 다가가서 절을 올리고 한 곁에 앉았다.

스승님께서는 그에게 법을 설하셨고 그는 법을 듣고 출가한 뒤 위빳사나를 확립하여 오래지 않아 아라한됨을 얻었다. 장로의 일화는 『아빠다나』에도 나타나고 있다. …

그는 아라한됨을 얻은 뒤 구경의 지혜를 천명하면서 본 게송을 읊었다."(ThagA.i.202)

92. "번뇌가 [14] 멸진되었고432)
음식에 집착하지 않으며433)

이고(nirāmisa) 오염원들의 토대가 되지 않지만(avatthu-bhūta), 그것, [즉 음식]은 범부들이 받들고 세속적이고 오염원들의 토대가 되기 때문이다. 그것은 이것에 비하면 숫자로 헤아림에도(saṅkhampi) 작은 조각에도(kalam-pi) 작은 조각의 한 부분에도(kala-bhāgampi) 미치지 못한다."(ThagA.i.201)

432) "'번뇌가 멸진되었고(yassāsavā parikkhīṇā)'라고 하였다. 그 최고의 인간(uttama-puggala)의 감각적 쾌락의 번뇌 등(kāmāsavādayo) 네 가지 번뇌들은 모두(sabbaso) 다하였고(khīṇā) 성스러운 도로써 던져져 버렸다(khepitā)는 말이다."(ThagA.i.202)

433) "'음식에 집착하지 않으며(āhāre ca anissito)'라고 하였다. 여기서는 단지 보기로(nidassana-mattaṁ) 음식만을 들고 있지만 음식을 필두로(āhāra-sīsena) 네 가지 필수품들도(cattāropi paccayā) 다 포함하는 것이라고 보아야 한다. 혹은 여기서 음식이란 단어(āhāra-sadda)는 필수품들에 대한

공한 해탈과 표상 없는 해탈이 그의 영역인 자434) —
마치 허공의 새들처럼
그의 자취는 알기 어렵다."

위자야 장로 (끝)

3. 에라까 장로(Th1:93)

【행장】

"에라까 장로(Eraka thera)는 사왓티에서 존경받는 지주(sambhāv-anīya kuṭumbiya)의 아들로 태어났다. 그는 잘생기고 매력적이고 청정한 믿음을 내게 하였으며 해야 할 것들(itikattabbatā)에 대해서 최상의 탁월함(parama veyyattiya)을 지녔다고 한다. 부

방편적인 가르침(paccaya-pariyāya)으로 이해되어야 한다."(ThagA.i.202)

434) '공한 해탈과 표상 없는 해탈이 그의 영역인 자'는 suññato animitto ca, vimokkho yassa gocaro를 옮긴 것이다. 이 구절은 '공하고 표상 없는 해탈이 그의 영역인 자'로 직역할 수 있지만 공한 해탈[空解脫] 등의 세 가지 해탈을 강조하기 위해서 이렇게 옮겼다. 주석서는 이렇게 설명한다.

"'공한 해탈과 표상 없는 해탈(suññato animitto ca vimokkho)'이라고 하였다. 여기서 원함 없는 해탈[無願解脫, appaṇihita-vimokkha]도 취해야 한다. 이들 세 가지도 열반의 명칭들(nāmāni)이기 때문이다.
① 참으로 열반은 탐욕 등이 존재하지 않음에 의해서 공하고(suñña) 이 [탐욕 등]으로부터 해탈하였다(vimutta)고 해서 공한 해탈[空解脫, suññata-vimokkha]이다. ② 마찬가지로 탐욕 등의 표상이 존재하지 않음(rāgādi-nimittābhāva)에 의해서 그리고 형성된 것들의 표상이 존재하지 않음(saṅkhāra-nimittābhāva)에 의해서 표상이 없고(animitta) 이 [탐욕 등]으로부터 해탈하였다고 해서 표상 없는 해탈[無常解脫, animitta-vimokkha]이다. ③ 탐욕 등을 원함(rāgādi-paṇidhi)이 존재하지 않음에 의해서 원함이 없고(appaṇihita) 이 [탐욕 등]으로부터 해탈하였다고 해서 원함 없는 해탈[無願解脫, appaṇihita-vimokkha]이라 부른다."(ThagA.i.202~203)

표상 없는 해탈[無常解脫]과 원함 없는 해탈[無願解脫]과 공한 해탈[空解脫]의 세 가지 해탈(tisso vimokkhā)은 『청정도론』 XXI.70 이하와 『아비담마 길라잡이』 제9장 §26과 §35 이하에 잘 설명되어 있으니 참조하기 바란다.

모는 가문으로나 외모로나 행실로나 나이 등에서 그와 어울리는 처녀를 데려와서 결혼시켰다. 그는 그것이 그의 마지막 존재이었기 때문에(pacchima-bhavikattā) 그녀와 함께 집에 살면서도 절박함의 토대(saṁvega-vatthu)가 되는 어떤 것에 의해 윤회에 대한 절박한 마음을 가져(saṁvigga-mānaso) 스승님의 곁에 가서 법을 듣고 믿음을 얻어 출가하였다.

스승님께서는 그에게 명상주제를 주셨다. 그는 명상주제를 받아서 며칠이 지나자 불만에 사로잡혀(ukkaṇṭhābhibhūta) 머물렀다. 그러자 스승님께서는 그의 마음의 움직임(cittappavatti)을 아시고 교계를 통해서 '감각적 쾌락들은 괴로운 것이다, 에라까여.'라는 본 게송을 말씀하셨다. 그는 그것을 듣고 '내가 잘못했구나. 나는 이러한 스승님 곁에서 명상주제를 받고서는 그것을 팽개치고 그릇된 사유를 많이 하면서(micchā-vitakka-bahula) 머물렀구나.'라고 절박함이 생겨서(saṁvega-jāta) 위빳사나에 몰두하고 몰입하여 오래지 않아 아라한됨을 얻었다. 장로의 일화는 『아빠다나』에도 나타나고 있다. …
장로는 아라한이 된 뒤 본 게송으로 구경의 지혜를 천명하였는데 그것은 세존께서 말씀하신 게송을 따라 읊은 것이다."(ThagA.i. 203~204)

93. [세존]

"감각적 쾌락들은 괴로운 것이다, 에라까여.[435]

---

435) "'감각적 쾌락들은 괴로운 것이다, 에라까여(dukkhā kāmā Eraka).'라고 하셨다. 이것은 세존께서 말씀하신 게송을(bhagavatā vutta-gāthaṁ) 그가 따라 읊은 것이다(paccudāhāsi).
여기서 '감각적 쾌락들은 괴로운 것이다(dukkhā kāmā).'라는 것은 이들 대상으로서의 감각적 쾌락(vatthu-kāma)과 오염원으로서의 감각적 쾌락(kilesa-kāma)은 괴로움의 토대가 되기 때문에(dukkha-vatthutāya) 그리고 변화에 기인한 괴로움[壞苦]과 윤회의 괴로움의 고유성질을 가졌기 때문에(vipariṇāmadukkha-saṁsāradukkha-sabhāvato) 괴로움이요(dukkhā)

감각적 쾌락들은 즐거운 것이 아니다,[436] 에라까여.
감각적 쾌락들을 사모하는 자는
괴로움을 사모하는 것이다,[437] 에라까여.

견디기 어려운 것이요(dukkhamā) 괴로움이 생긴 것(dukkha-nibbattikā)이다. 그래서 [『맛지마 니까야』 제1권 「괴로움의 무더기의 짧은 경」(M14)에서 세존께서는] "감각적 쾌락이란 달콤함은 적고 많은 괴로움과 많은 절망을 주는 것이어서 거기에는 재난이 더 많다."(M14 §4)라는 등을 말씀하셨다. '에라까여(Eraka)'는 처음에는 세존께서 그를 부르신 것이고(bhagavā taṁ ālapati) 나중에는 장로가 자신의 이름을 말한 것이다."(ThagA.i.204)

여기서처럼 주석서들은 감각적 쾌락을 ① 대상으로서의 감각적 쾌락(vatthu-kāma)과 ② 오염원으로서의 감각적 쾌락(kilesa-kāma)의 두 가지로 나누고 있다.(DhsA.62 등) 주석서들은 오염원으로서의 감각적 쾌락(kilesa-kāma)과 대상으로서의 감각적 쾌락(vatthu-kāma)을 다음과 같이 설명한다.

"두 가지 감각적 쾌락이 있으니 ① 대상으로서의 감각적 쾌락(vatthu-kāma)과 ② 오염원으로서의 감각적 쾌락(kilesa-kāma)이다. 여기서 뜻으로는 오염원으로서의 감각적 쾌락은 욕탐(chanda-rāga)이고 대상으로서의 감각적 쾌락은 삼계의 윤회(tebhūmaka-vaṭṭa)이다."(DhsA.61~62)

한편 『맛지마 니까야 복주서』는 "대상으로서의 감각적 쾌락들은 오염원으로서의 감각적 쾌락들(즉 욕탐들)의 대상이 되는(vatthu-bhūta) 형색 등(색 · 성 · 향 · 미 · 촉 · 법)에 대한 감각적 쾌락들이다."(MAṬ.i.190)라고 명료하게 정의하고 있다.

『위방가 주석서』는 이렇게 설명한다.
"두 가지 감각적 쾌락이 있으니 ① 대상으로서의 감각적 쾌락(vatthu-kāma)과 ② 오염원으로서의 감각적 쾌락(kilesa-kāma)이다. 여기서 오염원으로서의 감각적 쾌락의 경우에는 감각적 쾌락과 결합된 요소(kāma-paṭisaṁyuttā dhātu)가 감각적 쾌락의 요소인데 이것은 감각적 쾌락에 대한 사유(kāma-vitakka)와 동의어이다. 대상으로서의 감각적 쾌락의 경우에는 감각적 쾌락이 바로 요소(kāmoyeva dhātu)이다. 이것은 욕계의 법들(kāmāvacara-dhammā)과 동의어이다."(VbhA.74 = Vbh. §181의 주석)

436) "'감각적 쾌락들은 즐거운 것이 아니다(na sukhā kāmā).'라고 하셨다. 감각적 쾌락이라는 것들은 이것을 아는 자(jānanta)에게는 즐거움이 아니지만(sukhā na honti) 알지 못하는 자(ajānanta)에게는 즐거움으로 확립된다(upaṭṭhahanti). 그래서 [『상윳따 니까야』 제4권 「보아야 함 경」(S36:5) 등에서] "즐거움에서 괴로움을 읽어내고 / 괴로운 느낌을 화살처럼 여기며"(S36:5 §5; It3:4 §5)라는 등을 말씀하셨다."(ThagA.i.204)

감각적 쾌락들을 사모하지 않는 자는
괴로움을 사모하지 않는 것이다, 에라까여."

에라까 장로 (끝)

4. 멧따지 장로(Th1:94)

【행장】

"멧따지 장로(Mettaji thera)는 마가다 지역에서 어떤 바라문의 아들로 태어났다. 그는 적당한 나이가 되어 감각적 쾌락들에서 위험함을 본 뒤 고행하는 출가자로 출가하여 숲에 머물렀다. 그는 부처님이 출현하셨다고 듣고 전생의 원인(pubba-hetu)에 의해 내몰려서 스승님의 곁에 가서 발생과 정지(pavatti-nivatti)438) 에 대해서 질문을 드렸고 스승님께서 그 질문에 대답을 하시자 믿음을 얻어 출가하여 위빳사나를 확립한 뒤 아라한됨을 얻었다. 장로의 일화는 『아빠다나』에도 나타나고 있다. …
그는 아라한됨을 얻은 뒤 스승님을 찬탄하면서(thomenta) 본 게송을 읊었다."(ThagA.i.205)

---

437) "'감각적 쾌락들을 사모하는 자는 / 괴로움을 사모하는 것이다(yo kāme kāmayati, dukkhaṁ so kāmayati).'라고 하셨다. 오염원으로서의 감각적 쾌락(kilesa-kāma)으로 대상으로서의 감각적 쾌락들(vatthu-kāma)을 사모하는 중생이 그 감각적 쾌락을 가지는 것은 ① 지금(sampati) 열병을 앓기 때문에(sapariḷāhatāya), ② 그리고 미래에(āyatiṁ) 처참한 곳[惡趣]의 괴로움의 원인이 되고(apāya-dukkha-hetutāya ca) 윤회의 괴로움의 원인이 되기 때문에(vaṭṭa-dukkha-hetutāya ca) 괴로움이다. ③ 그리고 대상으로서의 감각적 쾌락들(vatthu-kāmā)은 괴로움의 대상이 된다(vatthu-bhūtā). 이처럼 그는 ① 괴로움의 고유성질(dukkha-sabhāva)과 ② 괴로움의 표상(dukkha-nimitta)과 ③ 괴로움의 대상(dukkha-vatthu)을 사모한다고 말씀하신 것이다."(ThagA.i.204~205)

438) 『청정도론』에 의하면 여기서 발생은 고성제에, 정지는 멸성제에 해당한다(Vis.XVI. 23; 28).

94. "사꺄족의 아들이시고 영광을 가지신
그분[439] 세존께 참으로 귀의하옵니다.
으뜸을 얻으신 그분에 의해서
이 으뜸가는 법[440]은 잘 설해졌습니다."

멧따지 장로 (끝)

5. 짝쿠빨라 장로(Th1:95)

【행장】

"짝쿠빨라 장로(Cakkhupāla thera)는 사왓티에서 마하수완나(Mahāsuvaṇṇa)라 불리는 지주(kuṭumbika)의 아들로 태어났으며

---

439) "'그분(tassa)'은 그분 세존이시니(yo so bhagavā) 30가지 바라밀을 모두(samatiṁsa-pāramiyo) 완성하시어(pūretvā) 모든 오염원들을 파괴하신 뒤(bhañjitvā) 위없는 바른 깨달음을 깨달으신 분이다."(ThagA.i.206)

『이띠웃따까 주석서』 등은 "이들 10가지 바라밀들(pāramiyo), 10가지 높은 바라밀들(upapāramiyo), 10가지 궁극적인 의미의 바라밀들(paramattha-pāramiyo)이라는 30가지 바라밀들을 완성한 뒤"(ItA.i.118; Nd1.i.178 등)라는 표현을 하고 있다.

한편 『붓다왐사 주석서』 등은 "아들과 아내와 재물 등의 도움을 베푸는 것(puttadāradhanādi-upakaraṇa-pariccāga)이 ① 바라밀들이다. 자신의 사지나 [몸의 부분들을] 베푸는 것(aṅga-pariccāga)이 ② 높은 바라밀들이다. 자신의 생명을 베푸는 것(jīvita-pariccāga)이 ③ 궁극적인 의미의 바라밀들이다."(BvA.69; AAṬ.iii.220)라고 설명하고 있다.

대승불교에서는 육바라밀을 기본으로 하지만 상좌부에서는 10바라밀(dasa-pāramiyo)을 강조하고 있다. 상좌부의 열 가지 바라밀은 ① dāna(보시), ② sīla(계행), ③ nekkhamma(출리), ④ paññā(통찰지), ⑤ viriya(vīriya, 정진), ⑥ khanti(인욕), ⑦ sacca(진실), ⑧ adhiṭṭhāna(결의), ⑨ mettā(자애), ⑩ upekkhā[捨, 평온]이다.

440) "'으뜸가는 법(agga-dhammo)'이란 으뜸가는 최상의 9가지 출세간법(nava-vidha-lokuttara dhamma)을 말한다."(ThagA.i.206)

여기서 9가지 출세간법은 네 가지 도(예류도부터 아라한도까지)와 네 가지 과(예류과부터 아라한과까지)와 열반의 아홉 가지이다.(MA.i.89)

빨라(Pāla)라는 이름을 가졌다. 동생이 생기자 보모는 그를 마하 빨라라 부르고 동생을 쭐라빨라(Cūlapāla)라 불렀다. 그는 적당한 나이가 되었지만 재가의 속박(ghara-bandhana)에 묶여서 지냈다. 그 무렵에 스승님께서는 사왓티에서 제따와나에 머무셨는데 그는 제따와나로 가는 재가자들과 함께 승원으로 가서 스승님의 곁에서 법을 듣고 믿음을 얻었고 지주라는 짐(kuṭumba-bhāra)을 동생에게 넘겨주고 스스로 출가하여 구족계를 받았다.

그는 스승님과 은사의 곁에서 다섯 안거를 머문 뒤 세존의 곁에 가서 명상주제를 받고 60명의 동료 비구들을 얻었다. 그는 그들과 함께 수행에 적합한 거주처를 구하러 다니다가 어떤 변방의 마을을 의지하게 되었고 마을에 사는 청신사들이 만들어준 숲의 처소에서 나뭇잎으로 만든 거처(paṇṇa-sālā)에 머물면서 사문의 법을 실천하였다.

그런 그에게 눈병(akkhi-roga)이 생겼다. 상인이 약을 구해주었지만 그는 '눈병을 가라앉히는 것보다 오염원의 병을 가라앉히는 것(kilesa-roga-vūpasamana)이 내게 더 낫다.'라고 눈병을 무시하고 위빳사나에 몰두하고 몰입하였다. 그가 수행을 열심히 하는 동안 전도 후도 아니게 두 눈과 오염원들이 함께 부서져 버렸다. 그는 마른 위빳사나를 닦은(sukkha-vipassaka)441) 아라한이 되

---

441) '마른 위빳사나를 닦은'은 sukkha-vipassaka를 옮긴 것이다. 이 용어는 주석서 문헌에서부터 아주 많이 나타나고 있다. 마른 위빳사나를 닦은 자(sukkha-vipassaka)란 禪 혹은 삼매의 습기(濕氣, 촉촉함)가 없이 위빳사나를 닦은 자를 말한다. 즉 초선부터 제4선까지의 본삼매의 도움이 없이 바로 법의 무상·고·무아를 통찰해 들어가는 경우를 말한다. 주석서들과 복주서들에는 이처럼 禪 혹은 삼매를 닦지 않고 바로 위빳사나를 닦는 경우인 마른 위빳사나를 닦는 언급이 아주 많이 나타나고 있다.

'마른 위빳사나를 닦은'이라는 용어가 조금은 냉소적인 표현이라서 그런지 『청정도론』은 이런 사람을 '순수 위빳사나를 닦는 자(suddha-vipassaka)' (Vis.XVIII.8)라고 표현하기도 한다.

주석서들과 복주서들에서는 이렇게 해서 아라한이 된 성자를 마른 위빳사나를 닦아 번뇌가 다한 분(sukkha-vipassaka-khīṇāsava, DA.i.4, MA.iv.

었다. 장로의 일화는 『아빠다나』에도 나타나고 있다."(ThagA.i. 206~207)

주석서에 의하면 그는 눈의 결함(akkhi-roga) 때문에 마을로 탁발을 가지 못하여 그 사실을 들은 청신사들이 그에게 탁발음식을 가져다주었다고 한다. 함께 머물던 비구들도 머지않아 장로의 교계로 아라한이 되었다. 안거를 마친 후 세존께 절을 올리기 위해서 대중들은 사왓티로 가려 하였지만 눈이 먼(acakkhuka) 장로는 갈 수가 없었다. 그래서 그의 시중을 들게 하기 위해서 동생인 쭐라빨라가 그의 아들인 빨리따(Pālita)를 보냈다.
그는 그 동생의 아들이 재가자인 상태로는 함께 갈 수 없다고 말하고 그를 출가시켜 사미로 만들었다. 그러나 그 빨리따는 나무꾼의 아내가 노래하는 것을 듣고 그 여인에게 홀려 계를 파하였다. 그가 오자 장로는 그의 범계를 엄하게 힐책하였지만 사미는 침묵하였다. 장로는 계를 범한 사람과 함께 갈 수 없다고 하면서 그를 보내버렸다. 사미가 '길에는 많은 위험(bahu-parissaya)이 있고 당신은 눈이 멀었는데 어떻게 가려 하십니까?'라고 묻자 그는 '우둔한 자여, 내가 여기서 넘어져서 죽거나 이리저리 돌아가더라도 그대 같은 자와 함께 가는 일은 없다.'라고 하면서 본 게송을 읊었다고 한다.(ThagA.i.207~208)

계속해서 주석서는 이렇게 설명한다.
"그때 장로의 계행의 빛(sīla-teja)으로 [삭까(제석, 帝釋, 인드라)가 머무는 삼십삼천의 빠릿찻따까 나무 아래에 있는] 붉은 대리석(paṇḍu-kambala-silāsana, M134 §2; Vis.XII.72)이 뜨거워졌다. 그래서 삭까(인드라)는 그 이유를 알고 장로의 곁으로 가서 자신을 사왓티로 가는 사람처럼 보이게 하여 지팡이 끝(yaṭṭhi-koṭi)을 잡고 길을 인도하여 오후에 장로를 사왓티로 인도하였다. 사

---

54 등)이라 표현하기도 한다. 마른 위빳사나를 닦은 자는 『아비담마 길라잡이』 9장 §29의 해설과 『청정도론』 XXI.112의 주해 등을 참조할 것.

왓티에서 동생 쭐라빨라는 장로가 살아있는 동안 장로의 시중을 들었다고 한다."(ThagA.i.208~209)

95. "나는 장님이니 눈을 잃었다.442)
[그런 나는] 가시밭길에 들어섰다.443)
넘어지더라도 나는 갈 것이지만
사악한 도반과는 [함께 가지] 않을 것이다.444)"

---

442) "'나는 장님이니 눈을 잃었다(andhohaṁ hata-nettosmi).'라고 하였다. 여기서 '장님(andha)'은 눈이 없는 사람이다(cakkhu-vikala). '눈을 잃었다(hatanetto).'는 것은 눈이 손상됨(vinaṭṭha-cakkhuka)을 뜻한다.

['나는 눈을 잃었다.'는 것에는 세 가지 뜻이 있다.] ① '나는 눈을 잃었기 때문에(upahata-nettatāya) [보는] 행위에 결함이 있어서(payoga-vipatti-vasena) 장님이 된 것이지 선천적으로 장님인 것(jaccandha-bhāva)은 아니다.'라고 말한 것처럼 그가 장님이 된 정황(andha-bhāva)을 열거한 것이다. ② 혹은 '내가 늙고 눈먼 양친을 봉양하는 것을 모르는가?'(M81 §11)라는 등에서처럼 육체적인 눈의 결함을 밝힌 것이다(maṁsa-cakkhu-vekalla-dīpana). ③ '외도 유행승들은 모두 눈먼 사람들이고 눈이 없는 사람들이다.'(Ud6:4 §4; D9 §33)라거나 '장님과 한 개의 눈을 가진 자와 두 개의 눈을 가진 자가 있다.'(A3:29 §1)라는 등에서처럼 통찰지의 눈의 결함을 밝힌 것(paññā-cakkhu-vekalla-dīpana)을 보여주기 위해서 '나는 눈을 잃었다(hata-nettosmi).'라고 말했다. 여기서는 첫 번째인(mukhyameva) 장님이 된 것(andha-bhāva)을 보여준다."(ThagA.i.208)

443) "'[그런 나는] 가시밭길에 들어섰다(kantāraddhāna-pakkhando).'라고 하였다. 황무지인 가시밭길에서(kantāre vivane) 먼 길(dīgha-magga)을 들어섰다(anupaviṭṭha)는 뜻으로, 태어남의 가시밭길 등을 취하여(jāti-kantār-ādi-gahana) 윤회의 길을 걸어감(saṁsāraddhānaṁ paṭipanna)이 여기서 의도하는 것이다(adhippāyo)."(ThagA.i.209)

444) '넘어지더라도 나는 갈 것이지만 / 사악한 도반과는 [함께 가지] 않을 것이다.'는 sayamānopi gacchissaṁ, na sahāyena pāpena를 옮긴 것이다. 주석서는 이렇게 설명하고 있다.

"'넘어지더라도(sayamānopi)'란 것은 누워서라도(sayantopi), 두 발로 가지 못할 때에는 가슴(ura)과 무릎(jaṇṇukā)으로 땅에 기어서라도(bhūmiyaṁ saṁsaranto) 나는 갈 것이다라는 뜻이다. '사악한 도반과는 [함께 가지] 않을 것이다(na sahāyena pāpena).'는 저러한 사악한 인간과 동료가

짝쿠빨라 장로 (끝)

6. 칸다수마나 장로(Th1:96)

【행장】

"칸다수마나 장로(Khaṇḍasumana thera)는 말라의 왕의 가문(Malla-rājakula)에 태어났다. 그가 태어났을 때 집의 부서진 자갈들 사이로(khaṇḍa-sakkharā) 재스민 꽃들(sumana-pupphāni)이 피어올랐다고 한다. 그래서 칸다수마나라 이름을 지었다. 그는 사리를 분별하는 나이가 되어 세존께서 빠와에서 쭌다의 망고 숲에 머무실 때에 다가가서 법을 듣고 믿음을 얻어 출가한 뒤 위빳사나의 업을 행하면서 오래지 않아 육신통을 갖춘 분이 되었다. 장로의 일화는 『아빠다나』에도 나타나고 있다. …

그는 아라한됨을 얻은 뒤 자신의 전생(purima-jāti)을 기억하면서 거기서 자신이 재스민 꽃을 보시한 것이 천상의 번영을 누리는 표상이 되었음(sagga-sampatti-nimittaka)과 열반을 강하게 의지하는 [조건이] 됨(nibbānūpanissayatā)을 본 뒤 감흥어를 통해서 그 뜻을 드러내면서 본 게송을 읊었다."(ThagA.i.210)

96. "하나의 꽃을 [탑에] 보시하여 올리고445)
8억 년을 천상들에서 즐긴 뒤446)

되어서(sahāyabhūta) 나는 함께 가지 않을 것이다로 연결이 된다."(ThagA.i.209)

445) "'하나의 꽃을(eka-pupphaṁ)'이라 하였다. 그 [꽃]은 여기서 재스민 꽃(sumana-puppha)을 뜻한다. '보시하여 올리고(cajitvāna)'라는 것은 스승님의 탑에 예배하는 행위(satthu thūpa-pūjā-karaṇa)를 통해서 보시하여 공양한 뒤(pariccajitvā)라는 뜻이다."(ThagA.i.210)

446) '8억 년을 천상들에서 즐긴 뒤'는 asīti vassa-koṭiyo saggesu paricāretvā를 옮긴 것이다. 주석서는 여기서 '8억 년(asīti vassa-koṭiyo)'은 인간의 계산을 통한 햇수로(manussa-gaṇanāya vassānaṁ) 8억 년이라고 설

[그 선업의] 남은 것으로
나는 적멸을 이루었노라.447)"

명한다. 그리고 여기서 '천상들에서(saggesu)'는 삼십삼천이라 부르는 천상 세계에서(tāvatiṁsa-saṅkhāte sagga-loke)라고 하면서 계속해서 거기에 태어났기 때문에 여기서 복수(bahuvacana)로 언급이 되었다고 설명하고 있다.(ThagA.i.210)

447) '[그 선업의] 남은 것으로 / 나는 적멸을 이루었노라.'는 sesaken'amhi nib-buto를 옮긴 것이다. 주석서는 이렇게 설명한다.

"꽃으로 예배함(puppha-pūjā)을 통해서 생긴 유익한 의도들(kusala-cetanā) 가운데 이 보시하는 업(dāyaka-kamma)의 [과보들] 중에서 존재의 번영(bhava-sampatti)을 제외한 나머지(sesa)를 통해서 윤회를 벗어남의 강하게 의지하는 [조건]을 얻었다(vivaṭṭūpanissaya-bhūta). 이것을 두고 말한 것이다.

혹은 '[그 선업의] 남은 것으로(sesakena)'라는 것은 그 업의 과보가 남았기 때문에(tasseva kammassa vipākāvasesena) 아직 멸진되지 않은(apari-kkhīṇa) 그 업의 과보(kamma-vipāka)에서 나는 적멸을 이루었다, 즉 오염원이 완전히 소멸된 열반(kilesa-parinibbāna)을 통해서 나는 완전한 열반에 들었다(parinibbutosmi)라는 뜻이다. 이것에 의해서 그 자기 존재(atta-bhāva)에 서서 자신에 의해서 아라한됨이 실현되었으니 그것도 역시 마지막 존재(carim-attabhāva)인 그의 업의 과보라는 것을 보여준다. 이것을 두고 다른 곳에서도 '그 업의 과보가 남았기 때문에(tasseva kammassa vipākāvasesena)'(S3:20 §5; S19:1 §5)라고 말씀하셨다."(ThagA.i.211)

한편 『상윳따 니까야 주석서』는 『상윳따 니까야』 제2권 「뼈 경」(S19:1)에서 '그 업의 과보가 남았기 때문에(tasseva kammassa vipākāvases-ena)'를 이렇게 설명한다.

"'그 업의 과보가 남았기 때문에(tasseva kammassa vipāka-avases-ena)'라는 것은 그가 여러 의도들(nānā-cetanā)을 통해서 모은 것으로 다음 생들에 계속해서 [겪게 될] 업(aparāpariya-kamma)이 있었기 때문에라는 뜻이다. 왜냐하면 어떤 의도 때문에 그는 지옥에 재생연결(paṭisandhi)이 생겼는데, 그 과보가 다하자 다시 남은 업(avasesa-kamma)이나 업의 표상(kamma-nimitta)을 대상(ārammaṇa)으로 삼아서 다시 아귀 등에 재생연결이 생겼기 때문이다. 그래서 그 재생연결은 업에 대응해서(kamma-sabhāgatā) 생기거나 대상을 대응해서(ārammaṇa-sabhāgatā) 생기는 것이다. 그래서 '그 업의 과보가 남았기 때문에'라고 한 것이다."(SA.ii.218 = S19:1 §5에 대한 설명)

재생연결에 대해서는 『아비담마 길라잡이』 제3장 §9의 해설을, 업이나 업의

칸다수마나 장로 (끝)

7. 띳사 장로(Th1:97)

【행장】

"띳사 장로(Tissa thera)는 로루와 도시(Roruva-nagara)448)에서 왕의 가문에 태어났다. 적당한 나이가 되어 아버지가 돌아가시고 왕위에 올랐는데 그는 빔비사라 왕과는 만난 적은 없는 동맹(adiṭṭha-sahāya)이 되었다. 빔비사라 왕은 마니 보석과 옷감 등과 같은 선물을 보냈다. 빔비사라 왕은 그가 공덕을 가진 사람임(puññavantatā)을 듣고 선물을 보낼 때 옷감에는 부처님의 행적(Buddha-carita)을, 황금 그릇에는 연기의 [가르침](paṭicca-samuppāda)을 써서 보냈다.

그는 이전의 부처님들 아래서 닦았기 때문에(purima-Buddhesu katādhikāratāya) 그리고 이것이 마지막 존재였기 때문에(pac-chima-bhavikatāya ca) 이것을 보고 연기의 [가르침]을 살펴본 뒤 발생과 정지(pavatti-nivattiyo, 고성제와 멸성제, 본서 멧따지 장로(Th1:94) 【행장】의 주해와 제2권 {347)의 주해 참조)를 주시하고 교법의 순서(sāsanakkama)를 마음에 확립한 뒤 절박함이 생겼다(sañjāta-saṁvega). '나는 세존의 [행적이 그려진] 옷감을 보았고 교법의 순서를 한 부분을 통해서 알았다. 감각적 쾌락들에는 많은 괴로움이 있고 많은 절망이 있다. 이제 내가 가정에 머무는 것이 무슨 소용이 있는가?'라고 하면서 그는 왕국을 버리고 머리와 수염을 깎고 가사를 수하고 세존을 지목하여 출가하였다.
그는 적당한 발우를 수지하고 뿍꾸사띠 왕(rājā Pukkusāti)449)처

표상에 대해서는 제3장 §17의 해설을 참조할 것.

448) 로루와(Roruva)가 어디에 있는지는 사전들도 밝히지 않고 있다. 로루와가 지옥의 이름으로 쓰이면 규환지옥(叫喚地獄)을 뜻한다. roruva는 √ru (ravati, Sk:rauti/ravīti, *to roar*, 2류 동사)에서 파생된 남성명사이다.

럼 많은 백성들의 탄식을 뒤로하고 도시에서 나와서 차례대로 라자가하로 가서 거기서 삽빠손디까 산기슭(Sappasoṇḍika-pabbhā-ra)에 머무시는 세존께 다가가서 절을 올리고 한 곁에 앉았다. 스승님께서는 법을 설하셨다. 그는 설법을 듣고 위빳사나를 위해서 명상주제를 받아서 몰두하고 몰입하여 머물면서 위빳사나를 열성적으로 행하여 아라한됨을 얻었다. 장로의 일화는 『아빠다나』에도 나타나고 있다. …
그는 아라한됨을 얻은 뒤 감흥어를 통해서 자신의 도닦음을 설명하면서 본 게송을 읊었다."(ThagA.i.211~212)

본서 하나의 모음 {39}번 게송을 읊은 띳사 장로(Th1:39)와 둘의 모음 {153}~{154} 게송을 읊은 띳사 장로(Th2:17)와 본 게송을 읊은 띳사 장로는 서로 다른 분들이다. DPPN에만 Tissa라는 이름이 모두 47번 정도 나타나고 있다.

97. "백 근이 나가는 청동 접시와
백 돈이 나가는 금으로 만든 [그릇들]을 버리고
나는 흙으로 만든 발우를 택했습니다.[450]

---

449) 뿍꾸사띠 왕(rājā Pukkusāti) 혹은 뿍꾸사띠 존자의 일화는 『맛지마 니까야』 제4권 「요소의 분석 경」(M140)에 나타나고 있다. 주석서는 뿍꾸사띠 선남자(Pukkusāti kulaputta)의 불법 인연에 대한 감동적인 이야기를 14쪽에 달하는 분량으로 서술하고 있다.(MA.v.33~46) 여기에 대해서는 『맛지마 니까야』 제4권 「요소의 분석 경」(M140) §3의 주해를 참조하기 바란다.

450) "'나는 흙으로 만든 발우를 택했습니다(aggahiṁ mattikā-pattaṁ).'라는 것은 이전에는 이러한 모습의 큰 가치가 있는 그릇들(mahāraha bhājana)을 사용하였지만 부처님들의 교계를 행하면서는 '이제 나는 그것을 버리고 흙으로 만든 발우(mattikā-maya-patta)를 수지하였다. 오, 내가 행한 성스러운 서계(ariya-vata)는 이제 실천이 되는구나(anuṭhita).'라고 하면서 발우를 찬탄하는 권위 있는 말(bhājana-kittana-apadesa)로 왕국을 버림(rajja pariccāga)과 출가를 시작함(pabbajj-ūpagamana)을 기뻐하면서 말한 것이다. 그래서 '이것이 저의 두 번째 관정입니다(idaṁ dutiyābhiseca-na).'라고 하였다.(ThagA.i.212~213)

이것이 나의 두 번째 관정입니다.451)" (={862})

띳사 장로 (끝)

8. **아바야 장로**(Th1:98)

【행장】

"아바야 장로(Abhaya thera)는 사왓티에서 바라문 가문에 태어났다. 그는 사리를 분별하는 나이가 되어 인연이 성숙됨에 자극받아(hetu-sampattiyā codiyamāna) 어느 날 승원으로 가서 스승님의 설법을 들은 뒤 믿음을 얻어 출가하였다. 그는 미리 해야 할 일을 하고 위빳사나의 업을 행하면서 머물렀다.

그러던 어느 날 탁발을 위해 마을에 들어가서 치장을 한 여인(alaṅkatapaṭiyatta mātugāma)을 보자 그에게는 지혜 없이 마음에 잡도리함을 통해서 형색을 의존한 욕탐(chandarāga)이 생겼다. 그는 승원에 돌아와서 '마음챙김을 놓아버린 뒤 형색이라는 대상을 쳐다보는 나에게 오염원이 일어났다. 나는 적절하지 않은 일(ayutta)을 하였다.'라고 자신의 마음을 꾸짖으면서(nig-gaṇhanta) 그때부터 위빳사나를 증장시켜 아라한됨을 얻었다. 장로의 일화는 『아빠다나』에도 나타나고 있다. …

장로는 아라한됨을 얻은 뒤 자신의 오염원이 일어났던 것을 보기(kilesuppatti-nidassana)로 들면서 '오염원들을 따라가는 자(anu

---

451) '이것이 나의 두 번째 관정입니다.'는 idaṁ dutiyābhisecana를 옮긴 것이다. 주석서는 이렇게 설명한다.

"첫 번째 [관정]은 왕이 되면서 관정을 거행한 것이고(rajjābhisecanaṁ upādāya) 이 출가를 시작함(pabbajj-ūpagamana)은 나의 두 번째 관정(dutiya abhisecana)이라는 말이다. 탐욕 등에 의해서(rāgādīhi) 오염되고(saṁkiliṭṭha) 위험하고(sāsaṅka) 의심스러운(saparisaṅka) 업은 이익을 주지 못하고(anattha-saṁhita) 괴로움에 묶여있고(dukkha-paṭibaddha) 저열한 것(nihīna)이다. 그러나 이것은 앞의 것과는 반대되기 때문에(taṁ-vipariyāyato) 가장 높고(uttama) 수승한 것(paṇīta)이라고 밝히는 것이다."(ThagA.i.213)

-vattenta)에게 윤회의 괴로움(vaṭṭadukkha)으로부터 머리를 들이밀고 나옴(sīs-ukkhipana)이란 없다. 그러나 나는 그 [오염원]들을 따르지 않는다(nānuvattiṁ).'라고 하면서 본 게송을 읊었다." (ThagA.i.213~214)

이 아바야 장로는 본서 하나의 모음 {26}을 읊은 아바야 장로(Th1:26)와는 다른 분이다.

98. "형색을 보고 마음챙김을 놓아버리고452)

---

452) "'형색을 보고 마음챙김을 놓아버리고(rūpaṁ disvā sati muṭṭhā)'라고 하였다. 여기서 '형색(rūpa)'은 탐착할 만한 형색의 감각장소(rajjanīya rūp-āyatana)이다. 이것은 여인의 모습(itthi-rūpa)을 두고 한 말이다. '보고(disvā)'라는 것은 눈으로 본 뒤(cakkhunā disvā)라는 말이다. 눈의 문을 따라서(cakkhu-dvārānusārena) 표상(전체상)과 [세세한] 부분상을 주시함(nimittānubyañjana-sallakkhaṇa)을 통해서 그것을 취한 뒤에 그것을 그처럼 취하는 원인(tathāgahaṇa-hetu)이라는 뜻이다.
'마음챙김을 놓아버리고(sati muṭṭhā)'라고 하였다. 더러움[不淨]의 고유성질을 가진 몸(asubha-sabhāva kāya)에 대해서 '더럽다'라고 전개되는 마음챙김이 사라진 것(pavattana-sati naṭṭhā)을 말한다. 형색을 보고 마음챙김이 사라져버린(sati naṭṭhā) 그것을 보여주면서 [다음 구절에서] '사랑스러운 표상을 마음에 잡도리하여(piyaṁ nimittaṁ manasikaroto)'라고 말했다."(ThagA.i.214)

'[세세한] 부분상(anubyañjana)'과 '표상(전체상, nimitta)'에 대해서 『상윳따 니까야 주석서』는 이렇게 설명한다.

"'[세세한] 부분상을 통해서 표상(전체상)을 취함(anubyañjanaso nimitta-ggāho)'이란 '손이 아름답다, 발이 아름답다.'라고 부분상을 통해서 표상(전체상)을 취하는 것을 말한다. 표상(전체상)을 취하는 것은 종합한 뒤에(saṁsandetvā) 취하는 것이고 부분상을 취하는 것은 해체해서 취하는 것(vibhatti-gahaṇa)이다. 표상(전체상)을 취하는 것은 악어(kumbhīla)가 [먹이를 잡아먹을 때]처럼 전체(sabba)를 취하는 것이고 부분상을 취하는 것은 마치 거머리(rattapā)가 손과 발 등을 부분적으로 취하는 것처럼 해체해서(vibhajitvā) 취하는 것이다. 이러한 두 가지 취하는 것은 하나의 속행(javana)에서도 얻어진다. 다른 여러 속행을 말할 필요가 없다."(SA.iii.4) — 『상윳따 니까야』 제4권 「불타오름에 대한 법문 경」(S35:2 35) §3의 주해에서. 여기에 대해서는 『청정도론』 I.54에 나타나는 부분상과 전체상의 설

사랑스러운 표상을 마음에 잡도리하여
그는 애욕에 물든 마음으로 그것을 경험하고
그리고는 거기에 달라붙어 머문다. (abcd={794})
존재의 뿌리로 인도하는
그의 번뇌들은 증가한다.453)"

아바야 장로 (끝)

9. 웃띠야 장로(Th1:99)

【행장】

"웃띠야 장로(Uttiya thera)는 까삘라왓투에서 사꺄의 왕의 가문에 태어났다. 그는 적당한 나이가 되어 스승님께서 친척들의 회합(ñāti-samāgama)에서 나투신 부처님의 위신력(Buddhānubhāva)을 보고 믿음을 얻어서 출가하여 사문의 법을 실천하면서 지냈다. 어느 날 그는 탁발을 위해서 마을에 들어가다가 도중에 여인의 노랫소리를 듣고 지혜 없이 마음에 잡도리함(ayoniso-manasi-kāra)을 통해서 거기서 욕탐(chandarāga)이 생겼다. 그는 숙고하는 힘(paṭisaṅkhāna-bala)에 의해서 그것을 억제한 뒤(vikkham-bhetvā) 승원에 들어가서 절박함이 생겨(sañjāta-saṁvega) 낮 동

명도 참조할 것.

453) "'존재의 뿌리로 인도하는 / 그의 번뇌들은 증가한다(tassa vaḍḍhanti āsavā, bhava-mūlopagāmino).'라고 하였다. 존재의 뿌리가 됨(bhavassa mūla-bhāva)으로, 즉 윤회의 원인이 됨(saṁsārassa kāraṇa-bhāva)으로 향하는 고유성질을 가진(upagamana-sabhāvā) 감각적 쾌락의 번뇌 등 네 가지 번뇌들(cattāropi āsavā)은 그 사람의 위로 계속해서 증가할 뿐(uparūpari vaḍḍhantiyeva) 제거되지는 않는다(na hāyanti). 그러나 내가 숙고함(paṭisaṅkhāna)에 서서 위빳사나를 증장시킨 뒤 진리들을 꿰뚫으면(paṭivijjhanta) 도의 순서대로(magga-paṭipāṭiyā) 그 네 가지 번뇌들도 남김없이 제거되어서(anavasesato pahīnā) 멸진한다(parikkhīṇā)라는 의미이다."(ThagA.i.214)

안에 머무는 장소에 앉아서 위빳사나를 증장시켜 아라한됨을 얻었다. 장로의 일화는 『아빠다나』에도 나타나고 있다. …

장로는 아라한됨을 얻은 뒤 자신의 오염원이 일어났던 것을 보기로 하여(kilesuppatti-nidassanena) '오염원들을 혐오하지 않는 자(ajigucchanta)에게 윤회의 괴로움으로부터 머리를 밀고 나옴(sīsukkhipana)이란 없다. 그러나 나는 그 [오염원]들을 혐오하였다(jigucchiṁ).'라고 하면서 본 게송을 읊었다."(ThagA.i.215)

이 웃띠야 장로는 본서 하나의 모음 {30}번 게송을 읊은 웃띠야 장로(Th1:30)와 {54}를 읊은 또 다른 웃띠야 장로(Th1:54)와는 다른 분이다.

99. "소리[454]를 듣고 마음챙김을 놓아버리고
사랑스러운 표상을 마음에 잡도리하여
그는 애욕에 물든 마음으로 그것을 경험하고
그리고는 거기에 달라붙어 머문다. (={796})
윤회로 인도하는[455]
그의 번뇌들은 증가한다."

웃띠야 장로 (끝)

---

454) "여기서 '소리(sadda)'란 탐착할 만한 소리의 감각장소(rajjanīya saddāyata-na)이다."(ThagA.i.215)

455) "'윤회로 인도하는(saṁsāra-upagāmino)'이라고 하였다.

'[5]온·[12]처·[18]계(蘊·處·界)가 연속하고
끊임없이 전개되는 것을 윤회라 한다.'(본서 {67}의 해당 주해 참조)

이와 같이 설명한 윤회의 흐름의 원인(vutta-saṁsāra-vaṭṭa-kāraṇa)이 되어서 인도한다(upagamenti)고 해서 '윤회로 인도하는 것'이라 한다. 나머지는 앞의 게송(anantara-gāthā)에서 설명한 방법과 같다."(ThagA.i.215~216)

10. [두 번째] 데와사바 장로(Th1:100)

【행장】

"[두 번째] 데와사바 장로(Devasabha thera)는 까삘라왓투에서 사꺄의 왕의 가문에 태어났다. 그는 적당한 나이가 되어 [사꺄와 꼴리야 간의] 분쟁을 가라앉히기 위해서(cumbaṭa-kalaha-vūpa-samanattha) 스승님께서 오셨을 때 부처님의 위신력을 보고 마음에 청정한 믿음이 생겨 [삼]귀의에 확립되었다(saraṇesu patiṭṭhito). 그는 스승님께서 다시 니그로다 원림(Nigrodhārāma)에 머무실 때 스승님께 다가가 믿음이 생겨 출가하였다. 그는 미리 해야 할 일을 하고 위빳사나의 업을 행하면서 오래지 않아 아라한됨을 얻었다. 장로의 일화는 『아빠다나』에도 나타나고 있다. … 그는 아라한됨을 얻은 뒤 자신이 증득한 해탈의 행복을 의지하여 생긴 희열과 기쁨(uppanna-pīti-somanassa)으로 감흥어를 통해 본 게송을 읊었다.(ThagA.i.216)

[첫 번째] 데와사바 장로는 본서 하나의 모음 {89}을 읊은 분(Th1:89)이다.

100. "바른 노력을 구족하고[456]
마음챙김의 확립을 영역으로 가지며[457]

---

456) "'바른 노력을 구족하고(sammappadhāna-sampanno)'란 네 가지로 구분되는 바른 노력을 구족한 것[四正勤, sampanna-catubbidha-sammappadhāna]인데 이들을 통해서 해야 할 역할(kattabba-kicca)을 성취하여 머문다는 뜻이다."(ThagA.i.216)

457) "'마음챙김의 확립을 영역으로 가지며(satipaṭṭhāna-gocaro)'라는 것은 몸을 따라 관찰함[身隨觀, kāyānupassanā] 등인 마음챙김의 확립들(satipaṭṭhānā)이 이것의 영역(gocara), 즉 전개되는 장소가 된다고 해서(pavatti-ṭṭhānaṁ etassāti) 마음챙김의 확립을 영역으로 가진다고 한다. 네 가지 마음챙김의 확립[四念處]에 확립된 마음을 가졌다(patiṭṭhita-citta)는 뜻이다."(ThagA.i.216~217)

해탈의 꽃으로 덮인 자는
아무 번뇌 없이 완전한 열반에 들 것이다.458)”

[두 번째] 데와사바 장로 (끝)

열 번째 품이 끝났다. [15]

[열 번째 품에 포함된 장로들의] 목록은 다음과 같다.

빠리뿐나까와 위자야, 에라까와 멧따지 성자
짝쿠빨라, 칸다수마나, 그처럼 띳사와 아바야
큰 통찰지 가진 웃띠야와 [두 번째] 데와사바 장로이다.

---

458) “‘아무 번뇌 없이 완전한 열반에 들 것이다(parinibbissaty-anāsavo).’라고 하였다. 이와 같이 바르게 도를 닦는(sammā paṭipajjanta) 비구는 오래지 않아 번뇌가 없어져서 취착의 자취가 남아있고[有餘, saupādisesa] 그리고 취착의 자취가 남아있지 않는[無餘, anupādisesa] 열반의 요소[涅槃界, nibbānadhātu]로 완전한 열반에 들 것이다(parinibbissati)라는 뜻이다. 이것은 장로의 구경의 지혜의 설명이 되었다.”(ThagA.i.217)

유여열반과 무여열반에 대해서는 『디가 니까야』 제2권 「대반열반경」(D16) §3.20의 주해와 『맛지마 니까야』 제3권 「수낙캇따 경」(M105) §19의 주해와 『이띠웃따까』 「열반의 요소 경」(It2:17) §1의 주해와 『아비담마 길라잡이』 제6장 §31을 참조할 것.

열한 번째 품

Ekādasama-vagga({101}~{110})

1. 벨랏타까니 장로(Th1:101)

【행장】

"벨랏타까니(VRI: 벨랏타니까) 장로(Belaṭṭhakāni thera, VRI: Belaṭṭhā-nika)는 사왓티에서 바라문 가문에 태어났다. 그는 사리를 분별하는 나이가 되어 스승님의 설법을 듣고 믿음을 얻어 출가하였다. 그는 명상주제를 받은 뒤 꼬살라 지역에서 숲에 머물렀는데 게으르고(alasa) 몸을 강골로 만들기에 급급하고(kāya-daḷhi-bahula) 욕설을 하였으며(pharusa-vāca) 사문의 법에는 마음을 내지 않았다. 세존께서는 그가 지혜가 무르익은 것(ñāṇa-paripāka)을 살펴보신 뒤 본 게송을 읊으셨다. …

그는 이 광채를 내뿜는 게송(obhāsa-gāthā)[459]으로 절박하게 되었다(saṁvejesi). 그는 스승님이 자기 앞에 앉아계신 것처럼 대하고 이 게송을 들은 뒤 절박함이 생겼고 지혜가 무르익음에 도달하였기 때문에 위빳사나를 확립한 뒤 오래지 않아서 아라한됨을 얻었다. 장로의 일화는 『아빠다나』에도 나타나고 있다. …
그는 아라한됨을 얻은 뒤 스승님의 교계에 대해서 예배를 하고 아울러 반어적 표현 방법을 통해(byatireka-mukhena) 구경의 지혜를 천명하면서 이 게송을 따라 읊었다."(ThagA.i.217~218)

---

459) "광채(*aura*)를 내뿜으면서 설해진 게송(obhāsa-vissajjana-pubbikā bhāsi-ta-gāthā)을 광채를 내뿜는 게송(obhāsa-gāthā)이라 한다."(Pm.ii.22)

101. [세존]

"재가의 삶은 버렸지만[460]
자신의 궁극적인 완성을 이루지 못하고
자신의 입을 쟁기로 삼아[461]
곡식을 먹고 사는 큰 돼지처럼
게걸스럽고 나태하고[462] 아둔한
그는 거듭거듭 모태에 든다."

벨랏타까니 장로 (끝)

2. 세뚯차 장로(Th1:102)

【행장】

"세뚯차 장로(Setuccha thera)는 어떤 작은 지역의 왕(maṇḍalika-rājā)의 아들로 태어났다. 그는 아버지가 임종하자 왕위에 오르려고 하였지만 도와주는 힘을 가진 자들이 없어서 왕으로서의 역할들을 잃어버리고 왕위가 남의 손에 넘어가 버려 괴로움을 얻었고 절박함이 생겼다(saṁvega-jāta). 그는 지역을 유행하며 다니다가 세존을 뵙고 다가가서 법을 들은 뒤 믿음이 생겨 출가하여 준비단계의 수행(parikamma)을 하면서 바로 그날에 아라한됨을

460) "'재가의 삶은 버렸지만(hitvā gihittaṁ)'이란 재가자의 상태(gahaṭṭha-bhāva)를 포기하고 출가한 뒤라는 뜻이다."(ThagA.i.218)

461) '자신의 입을 쟁기로 삼아'는 mukhanaṅgalī를 풀어서 옮긴 것이다. 주석서는 이렇게 설명한다.
"입이라 불리는(mukhasaṅkhāta) 쟁기(naṅgala)가 그에게 있다고 해서 입을 쟁기로 삼은 자(mukhanaṅgalī)이다. 마치 쟁기로 땅을 그리하듯이 남들에게 욕설을 퍼부어(pharusa-vāca-ppayogena) 자기 자신을 파서 엎는다(khananto)는 뜻이다."(ThagA.i.218)

462) "'나태하고(kusīto)'란 게으름(alasa)인데 수행에 몰두하지 않는 것(bhāvanaṁ ananuyuñjanta)이다."(ThagA.i.218)

얻었다. 장로의 일화는 『아빠다나』에도 나타나고 있다. …
장로는 아라한과를 얻어서 오염원들을 비난하면서(garahanta) 본 게송을 읊었다.”(ThagA.i.219)

102. “자만에 속고463)
형성된 것들에 오염되고464)
얻음과 얻지 못함에 휘둘려서465)

---

463) “‘자만에 속고(mānena vañcitāse)’라고 하였다. ‘내가 더 뛰어나다(seyyo-hamasmīti).’는 등의 방법으로 전개되는 자만에 의해서 자신을 최고로 여기고 남을 비난함 등(att-ukkaṁsana-para-vambhanādi)을 통해서 유익한 도구를 잘라버림(kusala-bhaṇḍa-cchedana)에 의해서 속은 것(vippa-laddhā)을 말한다.”(ThagA.i.219)

『위방가』에 나타나는 9가지 자만(navavidhā mānā)에 대해서는 본서 {89}의 해당 주해를 참조할 것.

464) “‘형성된 것들에 오염되고(saṅkhāresu saṅkilissamānāse)’라는 것은 안과 밖의 눈 등과 형색 등인 형성된 법들(saṅkhata-dhammā)에 오염이 되어 ‘이것은 내 것이다.(etaṁ mama). 이것은 나이다(esohamasmi). 이것은 나의 자아이다(eso me attā).’(D15 §29; M22 §15 등)라는 갈애에 의한 거머쥠 등(taṇhā-gāhādi, taṇhāva mamanti gaṇhāti etenāti taṇhāgāho, MAṬ.i.254)을 통해서 이런 표상을 가진(taṁ-nimittaṁ) 오염됨을 얻어서(saṅkilesaṁ āpajjamānā)라는 말이다.”(ThagA.i.219)

한편 『상윳따 니까야 주석서』는 이렇게 설명한다.
“① ‘이것은 내 것이다(etaṁ mama).’라는 것은 갈애에 의한 거머쥠(taṇhā-gāha)이다. 이렇게 해서 108가지 갈애의 생각(taṇhā-vicarita)이 포함된다. (「분석 경」(S12:2) §8의 주해와 「갈애 경」(A4:199/ii.212~213) 참조)
② ‘이것은 나다(esohamasmi).’라는 것은 자만에 의한 거머쥠(māna-gāha)이다. 이렇게 해서 9가지 자만이 포함된다.(9가지 자만에 대해서는 본서 {89}의 해당 주해를 참조할 것)
③ ‘이것은 나의 자아다(eso me attā).’라는 것은 견해에 의한 거머쥠(diṭṭhi-gāha)이다. 이렇게 해서 62가지 견해가 포함된다.(『디가 니까야』 「범망 경」(D1/i.12~38) 참조)”(SA.ii.98) — 『상윳따 니까야』 「배우지 못한 자 경」 1(S12:61) §4의 주해에서.

465) “‘얻음과 얻지 못함에 휘둘려서(lābhālābhena mathitā)’라고 하였다. 발우와 가사 등과 의복 등을 얻으면 [얻은] 그것들을 통해서, 얻지 못하면 그런

그들은 삼매를 증득하지 못한다.466)"

세뜻차 장로 (끝)

3. **반두라 장로**(Th1:103)

【행장】

"반두라 장로(Bandhura thera)는 실라와띠 도시(Sīlavatīnagara)467)에서 상인의 아들로 태어났다. 그는 사리를 분별하는 나이가 되어 어떤 이유로 사왓티로 간 뒤 재가 신자들과 승원에 가서 스승님의 설법을 듣고 믿음을 얻어 출가하였다. 그는 지혜가 무르익었기 때문에 위빳사나를 확립하여 오래지 않아 아라한됨을 얻었다. 장로의 일화는 『아빠다나』에도 나타나고 있다. …

표상을 일으키는 친밀함과 적대감(anunaya-paṭighā)에 휘둘리고 짓밟히고 지배되어서(mathitā madditā abhibhūtā)라는 말이다. 이것은 단지 보기(nidassana)일 뿐이어서 나머지 세상의 법들(avasiṭṭha-loka-dhammā)에 대한 길잡이(saṅgaha)라고 보아야 한다."(ThagA.i.219~220)

466) "'그들은 삼매를 증득하지 못한다(samādhiṁ nādhigacchanti).'라고 하였다. 이런 모습을 한 그 사람들은 삼매, 즉 사마타와 위빳사나를 통한 마음이 한 끝으로 됨(cittekaggatā)을 어떤 경우라도 얻지 못하고 획득하지 못하고 성취하지 못한다. 삼매로 인도하는 법들이 존재하지 않기 때문이고 그 외의 것들이 존재하기 때문이다. 여기서도 자만 등에 지배되어 지혜가 없는 자들(aviddasū)은 삼매를 증득하지 못하지만 지혜로운 자들은 그렇지 않다. 그들은 나처럼 그 [자만 등]에 지배되지 않기 때문에 삼매를 증득한다라고 반어적 표현 방법을 통해서(byatireka-mukhena) 구경의 지혜를 천명하고 있다고 알아야 한다."(ThagA.i.220)

467) DPPN에 의하면 부처님 시대에는 Sīlavati라는 지명은 없고 『상윳따 니까야』 제1권 「많음 경」(S4:21)과 「사밋디 경」(S4:22)에만 Sakkesu vihara-ti Silāvatiyaṁ으로, 즉 Silāvati로만 나타나고 있다. sīlavati는 계행을 구족한 사람이라는 보통 명사로만 쓰인다(D14 §1.18; M123 §9; A4:53 §4 등). 그리고 Sīlavati는 시키(Sikhi) 부처님이 반열반하신 곳으로 나타난다(BuA.247). 그런데 DPPN의 본 반두라 장로(Bandhura1 thera)의 항목에는 '*Son of the* seṭṭhi *of* Sīlavatī'로도, '*later returned to* Silāvatī'로도 나타나고 있다.

그는 은혜(kataññu)를 알고 있었기 때문에 자신에게 도움이 되었던 왕에게 보답하기 위해서 실리와띠 도시로 가서 왕에게 법을 가르치면서 진리들을 설명했다. 왕은 예류자가 되었고 그 도시에 수닷사나(Sudassana)라는 큰 승원을 만들어 장로가 머무르게 하였다. 장로는 모든 이득과 존경을 승가에 되돌린 뒤 자신이 지키던 이전의 정해진 행로(purima-niyāma)에 따라 걸식을 하여 삶을 영위하면서 며칠을 그곳에 머문 뒤 사왓티로 가고자 하였다. 비구들이 그곳에 계속 머물러 달라고 하면서 필수품들이 부족하면 그들이 구족하도록 하겠다고 하였다. 장로는 '필수품들이 풍족한 것은 의미가 없습니다.'라고 한 뒤 '나는 법의 맛으로 만족합니다.'라고 드러내면서 본 게송을 읊었다."(ThagA.i.220~221)

103. "나는 이것을 바라지 않습니다.468)
나는 법의 맛으로 행복하고 만족합니다.469)

---

468) '나는 이것을 바라지 않습니다.'는 nāhaṁ etena atthiko를 옮긴 것이다. 여기서 '이것'은 세속적인(āmisa) 필수품들, 즉 의복 · 음식 · 거처 · 병구완을 위한 약품(cīvara-piṇḍapāta-senāsana-gilānappaccayabhesajja-pari-kkhārā)을 말한다. 주석서는 이렇게 설명하고 있다.

"'나는 이것을 바라지 않습니다(nāhaṁ etena atthiko).'라고 하였다. 그대들이 나를 만족시키고자 하여(tappetukāmā) '구족하도록 하겠습니다(pari-pūressāma).'라고 말하지만 이러한 세속적인 이득인 필수품의 세속적인 맛(paccaya-āmisa-rasa)을 나는 바라지 않습니다. 내게는 이것이 의미가 없습니다. 궁극적인 행복(parama sukha)으로 만족하기 때문에 나는 그 외의 [소욕 등의] 필수품들을 필요로 합니다(itarītareheva paccayehi yāpemi)라는 뜻이다."(ThagA.i.221)

사문이 해야 할 일에 대해서는 본서 {36}번 게송과 주해들도 참조할 것.

469) "이제 이것을 원하지 않은 상태에서 노력하는 이유(padhāna-kāraṇa)를 보여주면서 말하기를 '나는 법의 맛으로 행복하고 만족합니다(sukhito dhamma-rasena tappito)'라고 하였다. 37가지 깨달음의 편에 있는 법들[菩提分法]의 맛(sattatiṁsa-bodhipakkhiya-dhamma-rasa)과 9가지 출세간법들의 맛(navavidha-lokuttara-dhamma-rasa)으로 만족하고 기운이 나고(pīṇita) 행복하여, 가장 높은 행복(uttama sukha)으로 크게 만

으뜸가는 최상의 맛을 마셨으니[470]
나는 독과는 친숙해지지 않을 것입니다.”

반두라 장로 (끝)

4. 키따까 장로(Th1:104)

【행장】

“키따까 장로(Khitaka thera)는 사왓티에서 바라문 가문에 태어났다. 그는 사리를 분별하는 나이가 되어 마하목갈라나 장로의 큰 신통을 가진 상태(mahiddhika-bhāva)에 대해서 듣고서 ‘나는 신통을 가진 자가 될 것이다.’라고 전생의 원인(pubbahetu)에 의해 자극받아(codiyamāna) 출가하였다. 그는 세존의 곁에서 명상주제를 받고 사마타와 위빳사나 수행에 몰두하면서(kammaṁ karonta) 오래지 않아 육신통을 갖춘 분이 되었다. 장로의 일화는 『아빠다나』에도 나타나고 있다. …

장로는 아라한됨을 얻은 뒤 특별함과 더불어 신통들에 자유자재함(vasībhāva)을 통해서 여러 가지 신통을 경험하였고 신통의 기적(iddhi-pāṭihāriya)과 가르침의 기적[敎誡神變, anusāsanī-pāṭihāriya][471]으로 중생들에게 도움을 주면서 머물렀다. 그는 비

족하고 있습니다(suhita)라는 뜻이다.”(ThagA.i.221)

470) ‘으뜸가는 최상의 맛을 마셨으니’는 pitvā rasaggam uttamaṁ를 옮긴 것이다. 주석서는 여기서 ‘으뜸가는 최상의 맛(rasagga uttama)’은 앞에서 말한 ‘법의 맛(dhamma-rasa)’이라고 설명하고 있다.(ThagA.i.221)

471) 니까야에서는 다음과 같이 세 가지 기적[神變, pāṭihāriya]이 언급되고 있다. “바라문이여, 세 가지 기적[神變]이 있다. 어떤 것이 셋인가? 신통의 기적(iddhi-pāṭihāriya)과 [남의 마음을 알아] 드러내는 기적[觀察他心神變, ādesanā-pāṭihāriya]과 가르침의 기적[敎誡神變, anusāsanī-pāṭihāriya]이다.”(「상가라와 경」(A3:60) §4; 「께왓다 경」(D11) §3)

여기서 기적[神變]은 pāṭihāriya를 옮긴 것이다. 빠띠하리야는 prati(~에 대하여)+√hṛ(*to take, to hold*)의 가능법(Pot.) 분사로서 일상적인 현상을

구들이 '도반이여, 어떻게 당신은 신통을 나툽니까?'라고 묻자 그 의미를 설명하면서 본 게송을 읊었다. … 감흥어를 통해서 [스스로] 말한 것이라고도 한다."(ThagA.i.222)

다른 키따까(VRI: 니따까) 장로(Th2:36)의 게송이 둘의 모음에 {191}~{192}로 나타나고 있다.

104. "참으로 나의 몸은 가볍나니
풍부한 희열과 [함께한] 행복으로 닿았습니다.472)

넘어선 것이라는 의미에서 경이로운, 놀라운, 비범한 등의 뜻을 나타낸다. 그래서 『무애해도』에서는 "반대되는 것(paṭipakkha)을 버리기(harati) 때문에 신변(pāṭihāriya)이다."(Ps.ii.229)라고 문자적으로 설명한다. 초기불전연구원에서는 신변(神變) 혹은 기적으로 옮기고 있다. 신변 가운데 쌍신변(雙神變)으로 옮기는 yamaka-pāṭihāriya가 있는데 이것은 정반대가 되는 두 가지 현상(예를 들면 물과 불)을 동시에 나투는 기적을 말한다.
빠띠하리야의 다른 의미에 대해서는 『앙굿따라 니까야』 제1권 「고따마까 경」(A3:123) §1의 주해와 「사대천왕 경」 2(A3:37) §1의 주해를 참조할 것.

『앙굿따라 니까야』 제1권 「상가라와 경」(A3:60)에 의하면 세 가지 기적 가운데 신통의 기적(iddhi-pāṭihāriya)은 신통변화[神足通]의 정형구로 정리되고(A3:60 §4) 나머지 두 가지 기적은 이 경의 §5와 §6에서 자세하게 설명되어 나타나므로 참조하기 바란다. 그리고 이러한 세 가지 기적 가운데 마지막인 가르침의 기적[教誡神變]의 내용으로 계·정·혜라는 『디가 니까야』 제1권의 정형구를 설하시는 것이 『디가 니까야』 제1권 「께왓다 경」(D11)이다.

472) '풍부한 희열과 [함께한] 행복으로 닿았습니다.'는 phuṭṭho ca pītisukhena vipulena를 주석서를 참조해서 옮긴 것이다. 주석서는 "나의 몸(kāya)은 위대하고 광대한 희열과 함께한 행복으로(mahatā uḷārena pītisahitena sukhena) 닿았다(phuṭṭho, 도달했다)고 적용해야 한다."(ThagA.i.223)라고 설명하고 있다.

신통은 제4선을 기초가 되는 禪(pādakajjhāna)으로 하여 나투게 된다. 그런데 이 희열(pīti)과 행복(sukha)은 초선과 제2선을 구성하는 마음부수법들이고 행복은 제3선에서도 드러난다. 제4선에서는 행복 대신에 평온으로 인해 마음챙김이 청정하게 된다[捨念淸淨, upekkhā-sati-pārisuddhi]. 그러면 이 희열과 행복은 신통을 나투는 것과는 관련이 없다. 이것을 어떻게

마치 바람에 의해 흩날리는 솜과 같아서
나의 몸은 가볍게 떠다니는 것과 같습니다.473)”

이해해야 할까? 담마빨라 스님은 『테라가타 주석서』에서 당연히 이 문제를 설명하고 있다.
결론적으로 말해서 여기서 희열과 행복은 제4선의 특징으로 말한 것이 아니고 예비단계(pubbabhāga)를 통해서 말한 것이라고 담마빨라 스님은 설명한다.(ThagA.i.223) 그리고 pīti-sukhenā를 '희열과 행복'으로 해석하지 않고 pīti-sahita-sadisena sukhena 즉 '희열과 함께하는 것과 같은 행복'으로 설명한 뒤 여기서는 평온이 평화로움의 고유성질을 가졌기 때문에 그리고 지혜와 특별히 결합되기 때문에 행복과 동의어로 쓰였다(upekkhā hi idha santasabhāvatāya ñāṇavisesayogato ca sukhanti adhippetaṁ)라고 하여 여기서 행복은 바로 평온을 뜻한다고 설명하고 있다.(Ibid.)
그런 다음 『무애해도』의 신통의 문맥에서 나타나는 "행복의 인식과 가벼움의 인식이 드러난다(sukha-saññañca lahu-saññañca okkamati)."(Ps.ii.209)라는 구절을 인용한다. 그리고 여기에 대한 『무애해도 주석서』의 설명인 '행복의 인식이란 평온이 함께하는 인식(upekkhā-sampayuttā saññā)이다. 평온은 평화로운 행복(santa sukha)이기 때문이다.'(PsA.iii.662)를 인용하고 있다.(ThagA.i.223)

한편 『무애해도 』의 이 구문은 아난다 존자가 '세존께서 네 가지 근본물질로 된 이 몸으로 신통에 의해서 범천의 세상에 가신 것'에 대해서 질문하고 세존께서 설명을 하시는 『상윳따 니까야』 제5권 「철환 경」(S51:22) §5에 "몸에 대한 행복의 인식과 가벼움의 인식에 들어가서 머물 때(sukhasaññañ ca lahusaññañca kāye okkamitvā viharati)"라는 구문으로 나타난다.

여기에 대한 『상윳따 니까야 주석서』는 "'행복의 인식과 가벼움의 인식'이란 신통지의 마음에서 생긴 인식(abhiññā-citta-sahajāta-saññā)이다. [마음이] 평화로운 행복을 구족하였기 때문에(santa-sukha-samannāgatattā) 행복의 인식이라 하고 오염원의 지둔함(kilesa-dandhāyitatta)이 존재하지 않기 때문에 가벼움의 인식이라 한다."(SA.iii.261)라고 설명하고 있다. 이 신통에 대한 더 자세한 설명은 『무애해도』(Ps.ii.209)에 나타나고 『청정도론』 XII.119~136에 상세히 설명되어 있다.

이처럼 신통에 대해서 읊은 본 게송에 나타나는 '희열과 [함께한] 행복(pītisukha)', 혹은 신통지에 나타나는 '행복의 인식과 가벼움의 인식(sukha-saññañ ca lahusaññañ ca)'을 주석서들은 평온이 함께하는 인식(upekkhā-sampayuttā saññā)과 신통지의 마음에서 생긴 인식(abhiññā-citta-sahajāta-saññā)으로 설명하고 있다.

473) '마치 바람에 의해 흩날리는 솜과 같아서 / 나의 몸은 가볍게 떠다니는 것과

키따까 장로 (끝)

5. 말리따왐바 장로(Th1:105)

【행장】

"말리따왐바 장로(Malitavambha thera)는 바루깟차(Bharukaccha, VRI: Kurukaccha) 도시의 어떤 바라문의 아들로 태어났다. 그는 사리를 분별하는 나이가 되어 빳차부 대장로(Pacchābhū mahā-thera)에게 다가가서 그의 곁에서 법을 듣고 믿음이 생겨서 출가한 뒤 위빳사나의 업을 행하면서 머물렀다.

그에게는 다음과 같은 자신의 성향(sabhāva)이 있었다. 즉 어떤 곳에서는 음식은 적합하지만(bhojana-sappāya) 얻기가 어렵고(dullabha) 다른 곳들에서는 얻기가 쉽다(sulabhā). 그러면 거기서 떠나지 않는다. 그러나 어떤 곳에서는 음식은 적합하고 얻기도 쉽지만 다른 곳에서는 얻기가 어렵다. 그러면 거기서 살지 않고 떠난다.

그는 이와 같이 머무르면서 인연이 성숙되었고(hetu-sampanna-tā) 대인(大人)으로 태어났기 때문에(mahā-purisa-jātikatā) 오래지 않아서 위빳사나를 증장시켜 아라한됨을 얻었다. 장로의 일화는 『아빠다나』에도 나타나고 있다. …

아라한됨을 얻은 뒤 자신의 도닦음을 반조한 뒤 감흥어를 통해서

같습니다.'는 tūlamiva eritaṁ mālutena, pilavatīva me kāyo를 옮긴 것이다. 주석서는 이렇게 설명한다.

"그것을 건너는 육체적인 몸(karaja-kāya)도 솜(tūlapicu)처럼 가볍다. 그는 이와 같이 바람에 흩날리는 솜처럼 가볍게 보이는(sallahuka dissamāna) 몸에 의해서 범천의 세상(brahma-loka)으로 간다는 뜻이다. 그래서 이렇게 말하였다.
그 뜻은 이러하다. — 내가 범천의 세상이나 다른 곳을 신통(iddhi)으로 가고자 할 때에는 바람에 날린 솜이 허공을 가볍게 오르는 것처럼 나의 몸도 그러하다는 말이다."(ThagA.i.223)

본 게송을 읊었다."(ThagA.i.224)

105. "불만스러워하는 자 머물러야 하고 [떠나지] 않아야 하며474)
기쁨을 누리는 자 떠나야 한다.475)
참으로 이익을 주지 못하는 거처에
주도면밀한 사람은 거주해서는 안 된다.476)"

---

474) '불만스러워하는 자 머물러야 하고 [떠나지] 않아야 하며'는 ukkaṇṭhitopi na vase를 주석서를 참조해서 옮긴 것이다. 주석서는 이렇게 설명한다.

"'불만스러워하는 자 머물러야 하고 [떠나지] 않아야 하며(ukkaṇṭhitopi na vase)'라고 하였다. 그 머무는 곳[住處, āvāsa]에 살고 있는 나에게 음식은 적합하지만 얻을 수 없으면(bhojana-sappāyālābha) 아주 유익한 법들(adhikusalā dhammā)에 대해서 불만스러움(ukkaṇṭhā), 즉 기뻐하지 않음(anabhirati)이 생기는데 거기서 불만스러워하지만 나는 머물 것이고(vasāmiyeva) 다른 적합한 것을 얻을 수 있는 곳(itara-sappāya-lābha)으로 떠나지 않는다(na pakkamāmi)는 뜻이다. 즉 여기서 'na vase'의 'na'라는 단어는 [두 번째 구문에 나타나는] pakkame(떠나가게 된다)라는 단어(pakkameti-pada)를 [여기에도 가져와서] 적용시켜야 한다(sambandhita-bba)."(ThagA.i.224)

즉 ukkaṇṭhitopi <u>na vase</u>를 불만스러워하지만 머물고 떠나지 않아야 한다(ukkaṇṭhitopi <u>vase na pakkame</u>)로 해석해야 한다고 주석서는 밝히고 있다. 역자는 주석서에 따라서 위와 같이 번역하였음을 밝힌다.
그러나 노만 교수는 '*If one is dissatisfied, one should not remain;*'으로 옮겼다.

475) "'기쁨을 누리는 자 떠나야 한다(ramamānopi pakkame).'라고 하였다. 그러나 그 머무는 곳에서 살고 있는 나에게 필수품들이 부족함이 없는 상태(paccaya-vekallābhāva)라서 불만스러움이 없고 오히려 나는 기뻐한다(abhiramāmi). 이와 같이 기뻐하면서도 남아있는 적합한 것을 얻을 수 없는 곳(avasesa-sappāya-alābha)으로 나는 떠나가고 머물지 않아야 한다. 이와 같이 수행하면서 나는 오래지 않아 나 자신의 목적(sakattha)을 얻을 것이다라는 말이다."(ThagA.i.224~225)

476) "'참으로 이익을 주지 못하는 거처에 / 주도면밀한 사람은 거주해서는 안 된다(na tvevānatthasaṁhitaṁ, vase vāsaṁ vicakkhaṇo).'라고 하였다. 그 머무는 곳(āvāsa)에서 필수품들은 얻기 쉽지만 사문의 법(samaṇa-dhamma)이 완성되지 않고, 그곳에서 필수품들도 얻기 어렵고 사문의 법도 완성되지

말리따왐바 장로 (끝)[477]

않으면 그 머무는 곳은 여기서 '이익을 주지 못하는 곳(anattha-saṁhita)'이고 향상을 주지 못하는 곳(avaḍḍhi-sahita)이라고 여긴다. '주도면밀한 사람은(vicakkhaṇo)', 즉 지자로 태어났고(viññujātika) 자신의 이로움의 완성을 바라는 자(sakatthaṁ paripūretukāma)는 이와 같은 '거처에(vāsaṁ)' 결코 머물러서는 안 된다(natveva vaseyya). 그러나 다섯 가지 구성요소를 구족한(pañcaṅga-samannāgata) 머무는 곳(āvāsa)이 얻어지고 일곱 가지 적합함(sappāyā)도 얻어지는 그런 곳에는 거주해야 한다는 뜻이다(tattheva vaseyyāti attho)."(ThagA.i.225)

'다섯 가지 구성요소를 구족한 머무는 곳(pañcaṅga-samannāgata āvāsa)'은 『앙굿따라 니까야』 제6권 「거처 경」(A10:11) §3에 나타나는 다음의 다섯 가지 거처를 말한다고 여겨진다.

"3. 비구들이여, 그러면 거처는 어떠한 다섯 가지 특징을 갖추고 있는가? 비구들이여, 여기 ① 거처는 [마을로부터] 너무 멀지도 않고 너무 가깝지도 않아 가고 오기에 편하다. ② 낮에 번다하지 않고 밤에 시끄럽지 않고 조용하다. ③ 날파리・모기・바람・뙤약볕・파충류와의 접촉이 적다. ④ 그곳에 사는 자에게는 의복과 탁발음식과 거처와 병구완을 위한 약품의 공급이 힘들이지 않고 이루어진다. ⑤ 그 거처에는 많이 배우고 전승된 가르침에 능통하고 법(경장)을 호지하고 율[장]을 호지하고 논모(論母, 마띠까)를 호지하는 장로 비구들이 머물고 있다. 그는 자주 그들에게 다가가서 묻고 질문한다. '존자들이시여, 이것은 어떻게 되며 이 뜻은 무엇입니까?'라고. 그들은 그에게 드러나지 않은 것을 드러내고, 명확하지 않은 것을 명확하게 해주고, 여러 가지 의심나는 법에 대해 의심을 없애준다. 비구들이여, 거처는 이러한 다섯 가지 특징을 갖추고 있다."(A10:11 §3)

이 가르침은 『청정도론』 IV.19에서 '삼매를 닦는 데 적당한 사원(samādhi-bhāvanāya anurūpa vihāra)'으로 인용되고 있다.

'일곱 가지 적합함(sattapi sappāyā)'은 거처(āvāsa), 영역(gocaroa), 말[言, bhassa], 사람(puggala), 음식(bhojana), 계절(utu), 자세(iriyāpatha)의 적합함이다.(MA.iv.162; VinA.ii.429)

477) 말리따왐바 장로의 이 게송은 『맛지마 니까야』 제1권 「밀림 경」(M17)의 부처님 가르침과 상통한다. 「밀림 경」(M17)에서 세존께서는 ① 향상이 없고 필수품 얻기가 어려우면 떠나야 하고(§3, §7 등) ② 향상이 없지만 필수품 얻기가 쉬워도 떠나야 하며(§4, §8 등) ③ 향상이 있지만 필수품 얻기가 어려우면 머물러야 하고(§5, §9 등) ④ 향상이 있고 필수품 얻기도 쉬우면 머물러야 한다고(§6, §10 등) 말씀하신다.

6. 수헤만따 장로(Th1:106)

【행장】

"수헤만따 장로(Suhemanta thera)는 변경 지방(pāriyanta-desa)에서 부유한 바라문의 아들로 태어났다. 그는 사리를 분별하는 나이가 되어 상깟사 도시(Saṅkassa-nagara)에서 녹야원에 머물면서 세존께 다가가서 법을 듣고 믿음을 얻어 출가하였다. 그는 삼장에 능통한 자(tepiṭaka)가 되어 위빳사나를 확립한 뒤 오래지 않아 육신통을 갖추었고 무애해체지를 가진 분이 되었다. 장로의 일화는 『아빠다나』에도 나타나고 있다. …

그는 아라한됨을 얻은 뒤 '제자로서 얻어야 할 것에 나는 도달했다. 그러니 나는 이제 비구들에게 도움(anuggaha)을 주리라.'라고 생각하였다. 그는 이와 같이 생각한 뒤, 특출한 무애해체지를 가졌고(pabhinna-paṭisambhidatā) 지치지 않았기 때문에(akilāsu-tāya) 자신에게 가까이 다가온 비구들에게 적절하게 교계를 하고 훈도하고 의심을 잘라주고 법을 설해주고 명상주제에서 덤불을 제거하고(niggumba) 엉킨 것을 풀어낸 뒤(nijjaṭaṁ katvā) 설명해 주면서(ācikkhanta) 머물렀다. 그러던 어느 날 자신에게 가까이 다가온 비구들과 지혜로운 사람들에게 특별한 것(visesa)을 드러내면서 본 게송을 읊었다. …
장로는 [본 게송을 통해서] 최고의 경지에 이른(ukkaṁsa-gata) 자신의 무애해체지의 성취를 비구들에게 분명하게 설명하였다."
(ThagA.i.226~227)

106. "백 가지의 기호를 가진 의미가[478]

---

478) 본 게송에는 liṅga, attha, lakkhaṇa, aṅga라는 네 개의 중심이 되는 용어가 나타난다. 역자는 이를 각각 '기호', '의미', '특징', '구성요소'로 옮기고 있다. 이를 토대로 주석서의 설명을 살펴보자.

"'백 가지의 기호를 가진(sataliṅgassa)'이라고 하였다. 분명하지 않은 의미

(līna attha)를 드러내기(gamenti) 때문에 기호들(liṅgāni)이라 한다(līnam atthaṁ gamentīti liṅgāni). 의미들에 대해서 단어에서 생기는 표상들이 있으니(atthesu saddassa pavattinimittāni) 이것들이 백 가지, 즉 하나가 아닌 기호들(liṅgāni)을 가지고 있다고 해서 '백 가지의 기호를 가진 것(sataliṅgo)'이다. 여기서 백(100)이라는 단어는 하나가 아니라는 뜻(여럿이라는 뜻, anekattho)을 가진 것이기 때문이다. '백, 천'이라는 등에서처럼 이 백 가지의 기호를 가졌다는 것은 숫자에 특별한 뜻이 있는 것이 아니다(na saṅkhyāvisesattho).

'의미(attha)'라는 것은 알아야 할 것(ñeyya, 알아야 할 대상)이다. 알아야 할 것은 지혜에 의해서 존중받을 만하기 때문에(araṇīyato) 의미(attha)라 불리기 때문이다. 그리고 이 [의미]는 하나이지만 여러 가지 기호를 가졌는데(anekaliṅgo) '삭까(Sakka), 뿌린다다(Purindada), 마가완(Maghavā)'이라거나(이 셋은 신들의 왕인 인드라의 다른 이름임), '통찰지(paññā), 명지(vijjā), 슬기로움(medhā), 지혜(ñāṇa)'(이 넷은 바른 견해의 동의어임)와 같다.

즉 이러한 기호에서 생기는 표상(nimitta)에 의해서 삼십삼천의 지배자에게 인드라라는 단어(Inda-sadda)가 생기지 이 [인드라라는 단어]에 의해서 거기서 삭까 등의 단어가 생기는 것이 아니다. 그처럼 바른 견해(sammā-diṭṭhi)에 대해서 통찰지라는 단어가 생기지 그 [바른 견해]에 의해서 명지 등의 단어가 [생기는 것이] 아니다. 그래서 '백 가지의 기호를 가진 의미가(sataliṅgassa atthassa)'라고 한 것이다."(ThagA.i.226)

"그리고 무상함 등의 보편적인 특징(aniccatādi-sāmañña-lakkhaṇa)을 기호로 드러낸다, 알게 한다(liṅgenti ñāpenti)라고 해서 '기호들(liṅgāni)'이라 부른다."(ThagA.i.227)

한편 『디가 니까야』 제2권 「대인연경」(D15) §20을 설명하면서 『디가 니까야 주석서』도 이렇게 설명한다.

"'기호(liṅga)들'이란 느낌, 인식 등을 잘 드러내면서 각각 분명하지 않은 뜻(līnam atthaṁ)을 드러내기(gamenti) 때문에 기호라 한다."(DA.ii.500)
여기에 대해서 『디가 니까야 복주서』에서는 분명하지 않은 뜻으로 옮긴 līnam atthaṁ을 apākaṭam atthaṁ(분명하지 않은 뜻)이라 설명했고, gam-enti를 ñāpenti(알리다)라고 설명하고 있다.(DAṬ.ii.131) 그래서 각각 '분명하지 않은 의미'와 '드러내다'로 옮겼음을 밝힌다.

479) "'백 가지의 특징을 가지고 있을 때(sata-lakkhaṇa-dhārino)'는 여러 가지 특징을 가지고 있는 것(aneka-lakkhaṇavata)을 말한다. 이것에 의해서 특징지어진다(lakkhīyati)라고 해서 특징이다. … 이 [특징]도 하나의 의미

하나의 구성요소를 보는 자는 슬기 없는 자이고[480]
백 가지를 보는 자는 현자입니다.[481]"

수헤만따 장로 (끝)

7. 담마사와 장로(Th1:107)

【행장】

"담마사와 장로(Dhammasava thera)는 마가다 지역에서 바라문 가문에 태어났다. 그는 사리를 분별하는 나이가 되자 인연이 성숙됨에 자극받아 재가에 머묾에 있는 위험(gharāvāse ādīnava)과 출가의 이익(pabbajjāya ānisaṁsa)을 보았다. 그는 닥키나기리(Dakkhiṇāgiri)에 머무시는 세존께 다가가서 법을 들은 뒤 믿음을

(attha)에 대해서 여러 가지 구분(aneka-ppabheda)을 얻게 된다. 그래서 '백 가지의 특징을 가지고 있을 때'라고 하였다."(ThagA.i.226)

480) "'하나의 구성요소를 보는 자는 슬기 없는 자이고(ekaṅga-dassī dummedho)'라고 하였다. 이와 같이 여러 구성요소를 가진, 즉 여러 특징을 가진 의미에 대해서(aneka-liṅge aneka-lakkhaṇe atthe) 하나의 구성요소[만]을 보는 자(ekaṅga-dassī)는 광대하지 않은 통찰지를 가졌기 때문에(aputhu-paññatāya) 단지 하나의 구성요소(ekaliṅga-matta)와 단지 하나의 특징만(eka-lakkhaṇa-matta)을 본 뒤 자신이 본 것만을 '이것만이 진리이다.'라고 천착하여(abhinivissa) '다른 것은 헛되다(mogham aññaṁ).'라고 다른 것을 거부한다(paṭikkhipati). 마치 손으로 [만져서만] 보는 눈먼 사람(hatthi-dassanaka-andha)처럼 하나의 구성요소를 거머쥐는 자는(ekaṅga-gāhī) 슬기 없고 통찰지가 둔하여 거기서 존재하는 방법의 특별함들(pakāra-visesā)을 알지 못하고 그릇된 고집(천착)을 가졌기 때문이다."(ThagA.i.226)

481) "'백 가지를 보는 자는 현자입니다(satadassī ca paṇḍito).'라고 하였다. 그러나 현자는 거기서 존재하는 여러 가지 방법들을(anekepi pakāre) 자신의 통찰지의 눈으로 모두 본다. 혹은 거기서 얻어지는 여러 가지를 통찰지의 눈으로 자기도 보고 남들에게도 보여주고 밝혀준다(dasseti pakāseti). 그는 '현자'이고 지자여서 의미들에 능숙한 자(atthesu kusala)라 불린다. 이와 같이 장로는 최고의 경지에 이른(ukkaṁsa-gata) 자신의 무애해체지의 성취를 비구들에게 분명하게 설명하였다(vibhāvesi)."(ThagA.i.227)

얻어 출가하였으며 위빳사나의 업을 행하여 오래지 않아 아라한됨을 얻었다. 장로의 일화는 『아빠다나』에도 나타나고 있다. … 아라한됨을 얻고 나서 자신의 도닦음을 반조해 본 뒤 기쁨이 생겨 감흥어(우다나)를 통해서 본 게송을 읊었다."(ThagA.i.228)

107. "세밀하게 견주어본 뒤482)
나는 집을 나와 집 없이 출가하였다.
세 가지 명지를 얻었고
부처님의 교법을 실천하였다."

담마사와 장로 (끝)

8. 담마사와삐뚜(담마사와의 아버지) 장로(Th1:108)

【행장】

"담마사와삐뚜(담마사와의 아버지) 장로(Dhammasava-pitu thera)는 마가다 왕국에서 바라문 가문에 태어났다. 그는 사리를 분별하는 나이가 되어 아내를 얻어서 담마사와(Th1:107)라는 아들을 가졌고 그 아들이 출가하고 나서 자신은 120살(vīsa-vassa-sati-ka)이 되었다. 그는 '내 아들은 저렇게 젊었을 때 출가하였다. 그런데 왜 나는 출가하지 못한단 말인가?'라고 절박함이 생겨(sañ-jāta-saṁvega) 스승님의 곁으로 가서 법을 듣고 출가하여 위빳사나를 확립한 뒤 오래지 않아 아라한됨을 실현하였다. 장로의 일화는 『아빠다나』에도 나타나고 있다. …

---

482) "'세밀하게 견주어본 뒤(tulayitvāna)'라고 하였다. '재가의 삶이란 번잡하고 때가 낀 길이다.'(M27 §12 등)라는 등으로 재가에 머묾에 대해서, 그리고 '감각적 쾌락이란 달콤함은 적고 많은 괴로움과 많은 절망을 준다.'(M14 §4 등)라는 등으로 감각적 쾌락들(kāmā)에 있는 위험과 그와 반대로 출리(nekkhamma)에 있는 이익을 견주어본 뒤, 즉 통찰지로 세밀하게 조사한 뒤(vicāretvā)라는 말인데 검증한 뒤(vīmaṁsitvā)라는 뜻이다."(ThagA.i.228)

아라한됨을 얻은 뒤 자신의 도닦음을 반조해 보고 기쁨이 생겨 감흥어를 통해서 본 게송을 읊었다."(ThagA.i.229)

108. "그런 나는 120살이 되어서
집 없이 출가하였다.
세 가지 명지를 얻었고
부처님의 교법을 실천하였다."

담마사와삐뚜(담마사와의 아버지) 장로 (끝)

9. 상가락키따 장로(Th1:109)

【행장】

"상가락키따 장로(Saṅgharakkhita thera)는 사왓티에서 하천한 가문에 태어났다. 그는 사리를 분별하는 나이가 되어 믿음을 얻어서 출가한 뒤 명상주제를 받아 어떤 비구를 도반으로 하여 숲에서 머물렀다.

장로가 머무는 장소로부터 멀지 않은 숲의 덤불 속에 어떤 어미 사슴 한 마리가 어린 새끼(chāpa)를 낳아서 보호하고 있었다. 배가 고팠지만 새끼에 대한 애정(putta-sineha)으로 멀리 가지는 못하였고 가까운 곳에서는 풀과 물을 얻지 못하여 지쳐있었다. 그것을 보고 장로는 '오, 참으로 이 세상은 갈애의 속박에 구속되어(taṇhā-bandhana-baddha) 큰 고통을 겪으면서도 그것을 자를 수가 없구나.'라고 절박함이 생겨(saṁvega-jāta) 그것을 갈고리(aṅkusa)로 삼아 위빳사나를 증장하여 아라한됨을 얻었다. 장로의 일화는 『아빠다나』에도 나타나고 있다. …
아라한됨을 얻은 뒤 자신과 함께 머무는 두 번째 비구가 그릇된 생각을 많이 하면서(micchā-vitakka-bahula) 머무는 것을 알고 그 암사슴의 비유를 만들어서 그를 교계하면서 본 게송을 읊었다.

… 그것을 듣고 그 비구는 절박함이 생겨(sañjāta-saṁvega) 위빳사나를 증장시켜서 오래지 않아 아라한됨을 얻었다."(ThagA.i. 230~231)

109. "참으로 [16] 그는[483] 한적한 곳에 가서도[484]
궁극적인 이로움을 위해 연민하시는 분의[485]
교법[486]을 고려하지 않습니다.
그처럼 그는 감각기능들을 제어하지 않고 머뭅니다.[487]
마치 숲에 머무는 연약한 [어미] 사슴처럼.[488]"

---

483) "'그(ayaṁ)'는 그 비구(ayaṁ bhikkhu)이다."(ThagA.i.230~231)

484) "'한적한 곳에 가서도(rahogato)'라는 것은 빈집에 가서(suññāgāra-gata) 몸으로 떨쳐버림에 몰두하면서도(kāya-viveka-yutta)라는 뜻이다."(ThagA.i.230)

485) "'궁극적인 이로움을 위해 연민하시는 분의(parama-hitānukampino)'란 궁극적이고 위없는 이로움으로 중생들을 연민하는 본성을 가지신(anukampana-sīla) 세존의라는 뜻이다."(ThagA.i.230)

486) "여기서 '교법(sāsana)'은 도닦음을 위한 교법(paṭipatti-sāsana)인데 네 가지 진리[四諦]의 명상주제 수행(catu-sacca-kammaṭṭhāna-bhāvanā)과 동의어이다."(ThagA.i.230)

487) '그처럼 그는 감각기능들을 제어하지 않고 머뭅니다.'는 tathā h'ayaṁ viharati pākatindriyo를 옮긴 것이다. 주석서는 이렇게 설명한다.

"'그처럼(tathā hi)'이란 그런 이유로(teneva kāraṇena), 즉 스승님의 교법에 몰두하지 않고라는 의미이다. '그(ayaṁ)'는 그 비구(ayaṁ bhikkhu)이다.

'감각기능들을 제어하지 않고(pākatindriyo)'라 하였다. 그는 마노[意]를 여섯 번째로 하는(manacchaṭṭhā) 감각기능들[根]을 각각에 해당하는(yathā-sakaṁ) 대상들(visayā)에 [밖으로] 내보냈기 때문에(vissajjanato) [대상에 민감한] 고유성질 그대로의 감각기능을 가진 자(sabhāva-bhūta-indriya)였다. [그래서] 그는 [안으로] 제어되지 않은 눈의 문 등을 가진 자(asaṁvuta-cakkhu-dvārādika)라는 뜻이다."(ThagA.i.231)

488) "갈애의 결박(taṇhā-saṅga)을 끊지 않았기 때문에 그 비구는 감각기능들이 제어되지 않고(pākat-indriya) 머무는데 그 비유(upama)를 보여주면

상가락키따 장로 (끝)

10. 우사바 장로(Th1:110)

【행장】

"우사바 장로(Usabha thera)는 꼬살라 지역에서 하천한 가문에 태어났다. 그는 사리를 분별하는 나이가 되어 믿음을 얻었고 [세존께서] 제따와나를 수용하실 때 스승님께 청정한 믿음을 얻어 출가하였다. 그는 미리 해야 할 일을 하고 산어귀(pabbata-pāda)에 있는 숲에 머물렀다.

그때 우기철에 많은 비가 내려 산의 꼭대기마다 나무와 관목과 넝쿨(rukkha-gaccha-latā) 때문에 수많은 잎들이 빽빽하게 군집을 이루었다. 어느 날 장로는 동굴에서 나와 그 숲의 아름다움과 산의 아름다움을 보고 지혜롭게 마음에 잡도리함[如理作意]을 통해서 '참으로 이 나무들 등도 의도하지 않지만 계절이 되면 향상(vaḍḍhi)을 얻는다. 그런데 왜 나는 적당한 계절(utu-sappāya)이 되었는데도 덕스러움에 의해서 향상을 얻지 못하는가?'라고 생각하면서 본 게송을 읊었다. …

이와 같이 장로는 이 게송을 말하면서 위빳사나를 열성적으로 행하고서 아라한됨을 얻었다. 장로의 일화는 『아빠다나』에도 나타나고 있다. …

그리고 이것은 장로의 구경의 지혜를 천명하는 게송이 되었다."

서 '마치 숲에 머무는 연약한 [어미] 사슴처럼(migī yathā taruṇajātikā vane)'이라고 하였다. 마치 연약한 고유성질을 가진(taruṇa-sabhāvā) 이 암사슴이 새끼에 대한 애정을 끊지 못하였기 때문에 숲에서 괴로움을 겪고 그것을 넘어서지 못하는 것처럼 그와 같이 이 비구도 결박(saṅga)을 끊지 못하였기 때문에 감각기능들이 제어되지 않고 머물면서 윤회의 괴로움(vaṭṭa-dukkha)을 넘어서지 못한다는 의미이다. 혹은 '어린 새끼를 낳은(taruṇa-vijātikā)'으로 된 이본(異本, pāṭha)도 있다.

그것을 듣고 그 비구는 절박함이 생겨(sañjāta-saṁvega) 위빳사나를 증장시켜 오래지 않아 아라한됨을 얻었다."(ThagA.i.231)

(ThagA.i.232~233)

다른 우사바 장로(Th2:39)의 게송이 본서 제2권 둘의 모음 {197}~{198}로 나타나고 있다.

110. "나무들[489]은 산꼭대기마다 쑥쑥 자라고
활발발한 비구름으로 적셔진다.
떨쳐버림을 갈구하고[490]
숲에 대한 다정다감함을 가진 우사바를 위해서[491]

---

489) 여기서 '나무들'은 nagā를 옮긴 것이고 주석서는 rukkhā(나무들)로 설명한다. 그리고 주석서는 이것을 nāgā로 읽으면 나가 나무들(nāga-rukkhā)이라는 뜻이라고 보충하고 있다.(ThagA.i.232)

490) '떨쳐버림을 갈구하고'는 viveka-kāmassa를 옮긴 것이다. 주석서는 이렇게 설명한다.

"'떨쳐버림을 갈구하고(viveka-kāmassa)'라는 것은 오염원을 떨쳐버린(kilesa-vivitta) 마음으로 떨쳐버림(citta-viveka)을 원하고라는 것이다. 숲에 머물면서 몸으로 떨쳐버림(kāya-viveka)은 얻었다. 이제 재생의 근거를 떨쳐버림을 증득하는(upadhi-viveka-adhigama) 의지처가 되는 마음으로 떨쳐버림을 얻어야 한다고 해서 그것을 열망하고(patthayamāna)라는 말이다. 즉 깨어있음에 몰두하고(jāgariyaṁ anuyuñjanta)라는 뜻이다. 그래서 '숲에 대한 다정다감함을 가진(arañña-saññino) [우사바를 위해서]'라고 말했다."(ThagA.i.232)

주석서에 의하면 세 가지 한거(viveka)는 "몸으로 떨쳐버림(kāya-viveka), 마음으로 떨쳐버림(citta-viveka), 재생의 근거를 떨쳐버림(upadhi-viveka)이다."(DA.iii.1002; MA.i.100; Pm.i.70)
여기서 몸으로 떨쳐버림은 무리 지어 사는 것(gaṇasaṅgaṇika)을 버리고 외딴곳에 머무는 것이고 마음으로 떨쳐버림은 여덟 가지 증득[八等至, 八等持, aṭṭha samāpattiyo)을 뜻하고 재생의 근거를 떨쳐버림은 열반을 뜻한다(UdA.231; cf. DAṬ.iii.274).

viveka는 문맥에 따라 '떨쳐버림'으로도 옮기고 '한거(閑居)로도 옮겼다. 여기에 대해서는 본서 하나의 모음 시따와니야 장로(Th1:6)의 게송({6})의 해당 주해와 와나왓차 장로(Th1:13)의 게송({13})의 해당 주해도 참조하기 바란다.

491) "'우사바를 위해서(Usabhassa)'는 자신을 타인처럼(paraṁ viya) 말한 것

그들 [각각은] 더욱 멋진 [풍광]을 만들어 낸다."

우사바 장로 (끝)

열한 번째 품이 끝났다.

[열한 번째 품에 포함된 장로들의] 목록은 다음과 같다.

벨랏타까니, 세뜻차, 반두라, 키따까 선인
말리따왐바, 수헤만따, 담마사와, 담마사와삐따
상가락키따 장로와 우사바 대성자이다.

이다."(ThagA.i.232)

열두 번째 품

Dvādasama-vagga({111}~{120})

1. 젠따 장로(Th1:111)

【행장】

"젠따 장로(Jenta thera)는 마가다 지역에서 젠따 마을(Jentagāma)의 어떤 작은 지역의 왕의 아들(maṇḍalika-rājassa putta)로 태어났다. 그는 사리를 분별하는 나이가 되어 이미 소년 시절에 인연이 성숙됨에 자극받아(hetu-sampattiyā codiyamāna) 출가로 기우는 마음을 갖고 이렇게 생각하였다. '출가란 실행하기 어렵고(dukkarā) 집에도 역시 머물기 어려우며(durāvāsā) 법은 심오하고(gambhīra) 재물은 얻기 어려우니(duradhigamā) 무엇을 해야 할까?'

이와 같이 생각을 많이 한 뒤 돌아다니다가(vicaranta) 어느 날 스승님의 곁에 가서 법을 들었다. 법문을 들었을 때부터 출가에 매료되어 스승님의 곁으로 출가하여 명상주제를 받았다. 그는 위빳사나를 증장하여 도닦음도 쉽고 초월지도 빠름[492]을 통해서 아

492) 도닦음도 쉽고 초월지도 빠름(sukhā paṭipadā khippa-abhiññā)은 네 가지 도닦음의 분류(paṭipadā-bheda) 가운데 하나이다. 네 가지 도닦음의 분류(paṭipadā-bheda)는 이미 니까야의 경들에서도 나타나고 있다. 예를 들면 『디가 니까야』 제3권 「확신경」(D28)과 『앙굿따라 니까야』 제2권 「간략하게 경」(A4:161)에서 세존께서는 이렇게 말씀하신다.

"네 가지 도닦음이 있으니 ① 도닦음도 어렵고 초월지도 느린 것(dukkhā paṭipadā dandha-abhiññā) ② 도닦음은 어려우나 초월지는 빠른 것(dukkhā paṭipadā khippa-abhiññā) ③ 도닦음은 쉬우나 초월지가 느린

라한됨을 실현하였다. 장로의 일화는 『아빠다나』에도 나타나고 있다. …
아라한됨을 얻은 뒤 자신의 도닦음을 반조하여 '처음에 나는 나에게서 일어난 일으킨 생각(vitakka)을 자를 수가 없었다.'라고 하면서 기쁨이 생겨 일으킨 생각의 일어난 모습(uppannākāra)과 그것을 바르게 자름(chinnatā)을 보여주면서 본 게송을 읊었다." (ThagA.i.233~234)

본 게송을 읊은 젠따 장로가 아닌 젠따 뿌로히따뿟따 장로(Jenta purohitaputta thera, Th6:9), 즉 궁중제관의 아들인 젠따 장로의 게송이 본서 제2권 여섯의 모음 {423}~{428}로 나타나고 있다.

111. "참으로 출가하기가 어렵고[493] 재가에 머물기가 어렵다.
법은 심오하고[494] 재물은 얻기가 어렵다.
참으로 이런저런 것으로 우리의 삶을 영위하는 것은 힘들다.

것(sukhā paṭipadā dandha-abhiññā) ④ 도닦음도 쉽고 초월지도 빠른 것(sukhā paṭipadā khippa-abhiññā)이다."(D28 §4; A4:161 §1 등)

이 네 가지는 『담마상가니』 §176 이하와 §341 이하와 『위방가』(Vbh16) §801에도 나타나고 있으며 『청정도론』 III.14~19에서 잘 설명되어 있으므로 참조하기 바란다.

493) "'출가하기가 어렵고(duppabbajjaṁ)'라고 하였다. 적든 많든 재물의 무더기(bhoga-kkhandha)와 친척과 친지(ñāti-parivaṭṭa)를 버리고 이 교법에 가슴을 준 뒤(uraṁ datvā) 출가하는 것은 행하기 어렵기 때문에 출가란 괴로운 것(dukkha)이다. 출가는 행하기 어렵다(dukkarā)고 해서 '출가하기가 어려운 것'이다."(ThagA.i.234)

494) "'법은 심오하고(dhammo gambhīro)'라고 하였다. 그것을 위해서 출가하였기 때문에 그것은 출가한 자가 증득해야 하는 것이다. 꿰뚫음의 바른 법(paṭivedha-saddhamma)은 심오하고 심오한 지혜의 영역을 가졌기 때문에(gambhīra-ñāṇagocarattā) 보기 어렵다. 꿰뚫기가 어려운 것(duppaṭi-vijjha)은 법의 심오한 성질 때문에 꿰뚫기 어렵다."(ThagA.i.234)

'꿰뚫음의 바른 법(paṭivedha-saddhamma)'에 대해서는 본서 제2권 다섯의 모음 {360}의 해당 주해를 참조하기 바란다.

계속해서 무상함을 사유하는 것이 적합하다.495)"

젠따 장로 (끝)

2. 왓차곳따 장로(Th1:112)

【행장】

왓차곳따 장로(Vacchagotta thera)는 니까야의 여러 곳을 통해서 왓차곳따 유행승(Vacchagotta paribbājaka)으로 우리에게 잘 알려진 분이다. 『테라가타 주석서』는 왓차곳따 장로에 대해서 이렇게 설명한다.

---

495) "'계속해서 무상함을 사유하는 것이 적합하다(yuttaṁ cintetuṁ satatam aniccataṁ).'라고 하였다. 하루 낮 동안과 이른 밤부터 늦은 밤까지로 삼계의 법에서 생긴 것(tebhūmaka-dhamma-jāta)은 ① 무상하다고 [관찰하는 것]으로부터(tato), ② 일어나고 사라짐을 가짐이라는 것으로부터(uppāda-vayavantato), ③ 시작과 끝을 가짐이라는 것으로부터(ādi-antavantato), ④ 순간적이라는 것으로부터(tāvakālikato ca) — 항상하지 않다고 해서(na niccanti) 무상하다고 사유하고 통찰하는 것이 적합하다는 말이다. 무상을 관찰함이 성취되면(aniccānupassanāya siddhāya) 나머지 관찰들도 쉽게 성취된다고 해서 무상을 관찰하는 것이 여기서 말해졌다. 무상은 괴로움과 무아(dukkhānattatā)에 대해서 피할 수 없는 것(abyabhicaraṇa)이기 때문이고, 교법을 수지하는 자(sāsanika)에게는 쉽게 받아들여지기(sukha-ggahaṇa) 때문이다.

그래서 말씀하셨다. '무상한 것은 괴로움이요, 괴로움인 것은 무아다(yad-aniccaṁ taṁ dukkhaṁ, yaṁ dukkhaṁ tadanattā).'(S22:15 §3 등), '일어나는 법은 그 무엇이건 모두 소멸하기 마련인 법이다[集法卽滅法, yaṁ kiñci samudayadhammaṁ, sabbaṁ taṁ nirodhadhammaṁ].'(D3 §2.21 등), '형성된 것들은 사라지기 마련인 법이다(vayadhammā saṅ-khārā).'(D16 §6.7 등)라고.

이것에 의해서 이와 같이 서로서로 반대되는 것(paṭipakkha)을 통해서 계속적으로 일어나는 생각들(vitakkā)을 잘 제압한 뒤 무상함의 방법을 통해(aniccatā-mukhena) 위빳사나를 시작하여 이제 해야 할 일을 다 하였음(kata-kicca)이 성취되었음을 보여준다. 그래서 '자신의 도닦음을 반조하여(attano paṭipattiṁ paccavekkhitvā)'라는 등을 말했다(본 젠따 장로의 【행장】 참조). 이것은 장로의 구경의 지혜를 천명하는 것이 되었다."(Thag A.i.234~235)

"왓차곳따 장로는 라자가하에서 부유한 바라문의 아들로 태어났다. 그는 부친이 왓차 족성을 가졌기 때문에 왓차곳따(왓차라는 족성(gotta)을 가진 자)라는 일반적 호칭(samaññā)이 있게 되었다. 그는 사리를 분별하는 나이가 되어 바라문의 명지들에 통달하였지만 해탈을 추구하면서 거기서는 심재(sāra)를 보지 못하고 출가 유행승으로 출가하였다.
그는 유행을 하다가 스승님께 다가가서 질문을 드렸는데 그것에 명쾌하게 대답하시자(vissajjita) 청정한 마음으로 스승님의 곁에서 출가하였으며 위빳사나의 업을 행하여 오래지 않아 육신통을 갖춘 분이 되었다. 장로의 일화는 『아빠다나』에도 나타나고 있다. …
장로는 육신통을 갖추어 자신의 도닦음을 반조한 뒤 기쁨이 생겨 감흥어를 통해서 본 게송을 읊었다."(ThagA.i.235)

부처님께서 그와 나눈 대화들은 여러 경들에서 전승되어 오는데 특히 『맛지마 니까야』 제3권에 연속해서 나타나는 세 개의 경들, 즉 「왓차곳따 삼명 경」(M71)과 「왓차곳따 불 경」(M72)과 「왓차곳따 긴 경」(M73)은 유명하다. 그는 「왓차곳따 긴 경」(M73)을 통해서 마침내 출가하게 되고 그래서 아라한이 되었다.
그리고 『상윳따 니까야』 제3권에는 「왓차곳따 상윳따」(S33)가 있어 왓차곳따 유행승과 관계된 모두 55개의 경들이 전승되어 온다. 이 55개의 경들은 모두 "세상은 영원하다.'라거나 … '여래는 사후에 존재하는 것도 아니고 존재하지 않는 것도 아니다.'' 라는 십사무기(十事無記)에 관계된 내용을 담고 있다. 이것은 『맛지마 니까야』 제3권 「왓차곳따 불 경」(M72)에도 나타나고 있다. 그 외에도 『상윳따 니까야』 제4권 「설명하지 않음[無記] 상윳따」(S44)의 「목갈라나 경」(S44:7)부터 「사비야 깟짜나 경」(S44:11)까지의 다섯 개 경들에도 그와 십사무기는 나타나고 있다.

112. "나는 삼명을 가졌고[496] 큰 禪을 닦는 자이며[497]
마음의 사마타에 능숙하다.[498]
나는 참된 목적[499]을 성취하였고

496) "'나는 삼명을 가졌고(tevijjo'haṁ)'라고 하였다. 내가 전에 세 가지 베다에 통달하였기 때문에 그들이 나를 삼명을 가진(tevijja) 바라문이라 인식하였다 하더라도 그것은 단지 일반적 호칭일 뿐(samaññā-matta)이었으니 [세 가지] 베다에는 명지의 역할(vijjā-kicca)이 없기 때문이다. 그러나 이제는 전생을 기억하는 지혜[宿命通] 등(pubbenivāsānussati-ñāṇādi)의 세 가지 명지를 증득하였기 때문에 궁극적인 의미에서 나는 삼명을 가진 자이다라는 말이다."(ThagA.i.236)

여기서 삼명(三明) 혹은 세 가지 명지(te-vijjā)는 전생을 기억하는 지혜[宿命通, pubbenivāsānussati-ñāṇa]와 중생들의 죽음과 다시 태어남을 [아는] 지혜[天眼通, cutūpapātañāṇa]와 모든 번뇌를 소멸하는 지혜[漏盡通, āsavakkhaya-ñāṇa]이다. 삼명(三明, 세 가지 명지)과 육통(六通, 여섯 가지 신통)과 팔명(八明, 여덟 가지 명지)에 대한 간단한 설명은 본서 {24}의 세 가지 명지[三明]에 대한 주해를 참조하기 바란다.

497) '큰 禪을 닦는 자이며'는 mahā-jhāyī를 옮긴 것이다. 주석서는 이렇게 설명한다.

"① 크고 남김이 없고 발생의 편에 있는(samudaya-pakkhiya) 오염원의 무리(kilesa-gaṇa)를 태우기 때문에, ② 그리고 도와 과의 큰 禪(mahā magga-phala-jhāna)으로 크고 광대하고 수승한 열반을 [대상으로] 참선을 하기 때문에(jhāyana) '큰 禪을 닦는 자이며(mahājhāyī)'라고 하였다." (ThagA.i.236)

498) "'마음의 사마타에 능숙하다(ceto-samatha-kovido).'라고 하였다. 마음의 어지러움의 원인(citta-saṅkhobha-karāna)인 오염원의 법들의 가라앉음에 의해서 마음으로 받아들임(samādahana)에 능숙하다는 뜻이다. 이것으로 삼명의 원인(tevijja-bhāvassa kāraṇa)을 말하였다. 삼매에 능숙함을 수반하는(samādhi-kosalla-sahita) 번뇌의 멸진에 의해서 삼명이 [성취]되는 것이지 오직 [번뇌의 멸진]만으로 되는 것은 아니기 때문이다."(Thag A.i.236)

499) "'참된 목적(sadattho)'이란 아라한됨(arahatta)이라고 알아야 한다. 그것은 자신과 연결됨의 뜻(atta-paṭibandhaṭṭha)으로, 자신들이 버리지 못하는 것이라는 뜻(avijahanaṭṭha)으로, 자신의 궁극의 이치[勝義]라는 뜻(parama-tthaṭṭha)으로, 자신의 목적이 되기 때문에 자신의 목적(sakattha)이라고

부처님의 교법을 실천하였다." (cd={332}cd)

왓차곳따 장로 (끝)

3. 와나왓차 장로(Th1:113)

【행장】

"와나왓차 장로(Vanavaccha thera)는 라자가하에서 부유한 바라문의 아들로 태어났다. 왓차가 그의 이름이었다. 그는 빔비사라 왕의 회합에서 믿음을 얻어 출가한 뒤 아라한이 되었다. 장로의 일화는 『아빠다나』에도 나타나고 있다. …

그는 아라한됨을 얻은 뒤 한거를 기뻐하여 숲(vana)에서 살았다. 그래서 와나왓차(Vanavaccha)라는 호칭이 생겼다. 그러던 어느 때 친척들에게 도움을 주기 위해서 라자가하에 갔다. 거기서 친척들의 시중을 받으면서 며칠 동안 머문 뒤 떠나는 모습을 보여주었다. 그에게 친척들은 '존자시여, 저희들을 애민하시어(anuggahatthaṁ) 가까운 승원에 머물러주십시오. 저희들이 시중을 들겠습니다.'라고 요청하였다. 장로는 그들에게 산에 사는 즐거움을 찬탄하는 권위 있는 말(pabbata-rāmaṇeyya-kittana-apadesa)로 한거를 기뻐함(vivekābhirati)을 알려주면서 본 게송을 읊었다. … 이것은 장로의 구경의 지혜를 천명하는 것이 되었다."(ThagA.i.237~238)

다른 와나왓차 장로(Th1:13)의 게송이 하나의 모음 {13}으로 나타나고 있다.

불린다."(ThagA.i.236)

이처럼 주석서는 여기서 sadattha의 sad(sat, 존재하는)를 saka(자신의)로 해석하여 '자신의 목적'으로 설명하고 있다(ka-kārassāyaṁ da-kāro kato, MA.i.43). 역자는 PED에서처럼 sat(=sant, √as, *to be*)+attha로 이해하였고 PED의 '*the highest good ideal*'을 참조하여 '참된 목적'으로 옮겼다. 노만 교수도 '*the true goal*'로 옮겼다.

113. "맑은 물을 가졌고 크고 험한 바위들이 있으며
원숭이들과 사슴들이 다니고
물이 스미어 나오는 이끼를 가진
저 바위산들이 나를 기쁘게 합니다."500) (={601}; {1070})

와나왓차 장로 (끝)

4. 아디뭇따 장로(Th1:114)

【행장】

"아디뭇따 장로(Adhimutta thera)는 사왓티에서 바라문의 가문에 태어났다. 그는 사리를 분별하는 나이가 되어 바라문의 명지들에 통달하였지만 거기서 심재를 보지 못했다. 그는 이것이 그의 마지막 생이었기 때문에 벗어남(nissaraṇa)을 찾으면서 [세존께서] 제따와나를 수용하실 때 부처님의 위신력을 본 뒤 믿음을 얻어 스승님의 곁에 출가하였고 위빳사나를 확립하여 오래지 않아 아라한됨을 얻었다. 장로의 일화는 『아빠다나』에도 나타나고 있다. …

아라한됨을 얻은 뒤 자신과 함께 살지만 몸을 강골로 만들기에 급급한(kāya-daḷhi-bahula) 비구들을 교계하면서 본 게송을 읊었다."(ThagA.i.238~239)

다른 아디뭇따 장로(Th20:1)의 게송이 본서 제3권 스물의 모음 {705}~{725}으로 나타나고 있다. 이 두 분은 서로 다른 분이다. 스물의 모음의 아디뭇따 장로(Th20:1)는 상낏짜 장로(Saṅkicca thera, Th11:1 {597} 【행장】)의 누이(bhaginī)의 아들이며 『법구경 주석서』에서 아띠뭇따까(Atimuttaka, DPPN)로도 나타나고 아디뭇따 사미(Adhimutta-sāmaṇera, VRI)로도 나타나는데

500) "이것은 장로의 구경의 지혜를 천명하는 것(aññāvyākaraṇa)이었다."(ThagA.i.238)

상낏짜 장로가 그의 외삼촌으로 언급되고 있다.(DhpA.ii.252~253)

114. "목숨은 쇠약해지는데
몸이 지저분하여 무겁고[501)]
몸뚱이의 즐거움에 애착하는 자에게[502)]
어디에 참다운 사문됨이 있겠습니까?[503)]" (cd={1033}cd))

아디뭇따 장로 (끝)

5. 마하나마 장로(Th1:115)

【행장】

"마하나마 장로(Mahānāma thera)는 사왓티의 바라문 가문에 태어났다. 그는 사리를 분별하는 나이가 되어 세존의 곁에 다가가서 법을 듣고 믿음을 얻어 출가하였다. 그는 명상주제를 받아 네사다까(Nesādaka)라는 산에 머물면서 오염원들에 사로잡힘을 억제할 수가 없어서 '내가 이 오염된 마음으로 사는 것이 무슨 소용이 있겠는가?'라고 자기 존재를 염오하면서(nibbindanta) 산꼭대

501) "'몸이 지저분하여 무겁고(kāya-duṭṭhulla-garuno)'라고 하였다. 여기서 '지저분한(duṭṭhulla)'이란 더러움[不淨]과 상응한다(asubha-yogyatā). 그러므로 몸이 지저분하여 무거움이 생긴 사람이라고 해서 '몸이 지저분하여 무거운(kāya-duṭṭhulla-garu)'이라 하였다. 벗어남에 통찰지가 없는 사람(anissaraṇa-ppañña)이 되어서는 몸을 튼튼하게 하기에 몰두하여(kāya-posana-ppasuta) 몸을 강골로 만들기에 급급한(kāya-daḷhi-bahula)이라는 말이다."(ThagA.i.239)

502) "'몸뚱이의 즐거움에 애착하는 자에게(sarīra-sukha-giddhassa)'란 뛰어난 음식 등으로 자신의 몸의 즐거움(kāyassa sukha)에 대해 애착(gedha)을 가진 자에게라는 뜻이다."(ThagA.i.239)

503) "'어디에 참다운 사문됨이 있겠습니까(kuto samaṇa-sādhutā)?'라고 하였다. 몸과 삶에 대해서 아무것도 바라지 않는 자(nirapekkha)에게, 이런저런 [소소한] 만족으로 지족하는 자(santuṭṭha)에게, 부지런히 정진하는 자(āraddha-vīriya)에게 참다운 사문됨(samaṇa-sādhutā)이 있다는 의미이다."(ThagA.i.239)

기로 올라가서 '나는 여기서 그대를 떨어뜨려 죽게 할 것이다(pātetvā māressāmi).'라고 자신을 남처럼 지칭하면서 본 게송을 읊었다. …
장로는 이와 같이 자신을 꾸짖으면서 위빳사나를 열성적으로 행하여 아라한됨을 얻었다. 장로의 일화는 『아빠다나』에도 나타나고 있다.504) … 그리고 이것은 장로의 구경의 지혜를 천명하는 게송이 되었다.(ThagA.i.240~241)

DPPN에는 8명의 마하나마(Mahānāma)가 나타나고 있다. 이 가운데에는 다섯 장로들(pañca-vaggiya-therā, A.i.387 등 = 오비구) 가운데 한 분이었던 마하나마 존자도 포함된다. 찟따 장자(Citta gahapati)505)는 오비구 가운데 한 분인 이 마하나마 장로를 뵙고 자신의 망고 원림(Ambāṭakārāma)에 정사를 짓고 머물게 하였으며 마하나마 장로로부터 법을 듣고 불환과를 얻었다고 한다.(AA.i.387)
그리고 이 가운데에는 세존보다 손위의(mahallaka-tara) 사촌형으로 사꺄족 왕의 한 사람이었으며 아누룻다(Anuruddha) 존자의 형이었던 마하나마 청신사도 포함된다.506) 『앙굿따라 니까야』

504) 『아빠다나』에는 마두다야까 장로(Madhudāyaka thera)의 전기가 나타나는데(AP.ii.325f.) 마하나마 존자는 이 마두다야까 장로와 동일인일지도 모른다고 DPPN은 설명하고 있다.(s.v. Mahānāma1 thera) 실제로 VRI본『테라가타 주석서』의 마하나마 장로 편(ThagA.i.241)에 실려 있는 마하나마 장로의 전기(아빠다나)는 PTS본『아빠다나』의 이 마두다야까 장로(Madhudāyaka thera)의 전기와 같으므로 마하나마 장로는『아빠다나』에서 마두다야까 장로로 언급되는 것이 분명하다 할 수 있다.

505) 본서 하나의 모음 {120}의 해당 주해 참조.

506) 『맛지마 니까야 주석서』는 이렇게 설명한다.
"마하나마(Mahānāma)는 아누룻다 장로와는 형제지간이고, 세존의 작은아버지의 아들이다. 세존의 부친인 숫도다나(Suddhodana)와 숙꼬다나(Sukk-odana), 삭꼬다나(Sakkodana), 도또다나(Dhotodana), 아미또다나(Amit-odana)는 다섯 명의 형제이고, 아미따(Amintā)라는 이름의 왕비는 그들의 누이였는데, 띳사 장로가 그녀의 아들이다.

제1권 하나의 모음 「으뜸 품」(A1:14)에서 '뛰어난 보시를 하는 자들 가운데서 사꺄 족의 마하나마가 으뜸이다.'(A1:14:6-5)라고 언급되고 있을 정도로 그는 정성을 다하여 세존을 모시고 승가를 후원하였다. 「괴로움의 무더기의 짧은 경」(M14), 「마하나마 경」 1/2(S55:21~22), 「마하나마 경」(S55:37), 「마하나마 경」(A3:73), 「바란두 경」(A3:124), 「마하나마 경」 1/2(A11:12~13) 등 그에 관한 많은 경들이 전승되어 온다.
그러나 『테라가타』 여기에서 언급되는 이 마하나마 장로는 『아빠다나』를 제외한 삼장의 다른 곳에는 나타나지 않는다.

115. "많은 관목들과 나무들이 있고
[산]마루를 가졌고 명성을 가진
네사다까 산이 있나니
이러한 산이 그대를 떨어뜨려 버리려 할 것이다.[507)]"[508)]

세존과 난다 장로는 숫도다나(Suddhodana)의 아들이고, 마하나마와 아누룻다는 숙꼬다나(Sukkodana)의 아들이며, 아난다 장로는 아미또다나(Amit-odana)의 아들이다. 아난다는 세존의 [사촌] 동생(kaniṭṭha)이고, 마하나마는 손위의(mahallaka-tara) [사촌형으로] 일래과를 얻은 성스러운 제자였다."(MA.ii.61)

『숫따니빠따 주석서』에 의하면 세존의 부친인 숫도다나 왕의 형제들은 시하하누 왕(Sīhahanu-rāja)의 아들들이었다(SnA.i.356~357).

507) '이러한 산이 그대를 떨어뜨려 버리려 할 것이다.'는 es'āvahiyyase pabba-tena를 주석서(ThagA.i.240)를 참조하여 옮긴 것이다. 이 문장에 대한 논의는 노만 교수 148쪽 {115}에 대한 설명을 참조하기 바란다.

508) 주석서는 본 게송의 의미를 이렇게 설명하고 있다.
"여기서 이것이 [본 게송의] 의미이다. — '마하나마여, 그대가 만일 명상주제를 버려버리고 일으킨 생각을 많이 한다면(vitakka-bahula) 그러한 그대는 이 그늘과 물이 잘 갖추어져(chāyūdaka-sampanna) 적당한 거주 장소가 되는(nivāsana-ṭṭhāna-bhūta) 네사다까 산(Nesādakagiri)에 의해서 파멸하게 될 것이다(parihāyasi). 이제 나는 그대를 여기서 떨어뜨려(pātetvā) 죽게 할 것이다(māressāmi). 그러므로 일으킨 생각의 지배를 받는 자(vitakka-vasika)가 되지 마라.'

마하나마 장로 (끝)

6. 빠라빠리야 장로(Th1:116)

【행장】

"빠라빠리야 장로(Pārāpariya thera)는 라자가하에서 바라문 가문에 태어났다.509) 사리를 분별하는 나이가 되자 세 가지 베다에 통달한 자가 되었다. 그는 빠라빠라 족성을 가졌기 때문에(Parā-para-gottatā) 빠라빠리야라는 호칭을 얻었다. 그는 많은 바라문

장로는 이와 같이 자신을 강하게 경책하면서(santajjenta) 위빳사나를 열성적으로 행하여 아라한됨을 얻었다. … 그리고 이것은 장로의 구경의 지혜를 천명하는 게송이 되었다."(ThagA.i.240~241)

509) 같은 이름의 빠라빠리야 장로(Pārāpariya thera)의 게송들이 스물의 모음 Th20:2 {726}~{746}의 21개 게송들과 스물의 모음 Th20:10 {920}~{948}의 29개 게송들로 나타나고 있다. 그런데 주석서에 의하면 여기 {116}을 읊은 빠라빠리야 장로는 "라자가하에서 바라문 가문에 태어나서 … 라자가하의 마을(Rājagaha-gamana)에서 [살다가] 세존이 가지신 부처님의 위신력을 보고 믿음을 얻어 출가하였다."(ThagA.i.241)라고 나타나고 있고 스물의 모음 Th20:2 {726}의 설명에서는 "사왓티에서 부유한 바라문 가문 태생이고 제따와나 승원으로 가서 … 믿음을 얻어서 출가하였다."(ThagA.iii.18)라고 언급되어 있다.

DPPN은 본 게송 {116}을 읊은 분을 빠라사리야 장로(Pārāsariya thera)라는 다른 표제어로 표기하고 있다(*s.v.* Pārāsariya thera). 여기에 대해서는 노만 교수(K.R. Norman, 148쪽 §116의 주해)의 설명도 참조하기 바란다. DPPN은 스물의 모음(Th20:2) {726}~{746}과 스물의 모음(Th20:10) {920}~{948}을 읊은 분만을 빠라빠리야 장로(Pārāpariya thera)로 언급하고 있는데(*s.v.* Pārāpariya thera) 빠라사리야 장로는 라자가하의 바라문 출신으로, 빠라빠리야 장로는 사왓티의 유력한 바라문의 아들이라고 설명하고 있다.(Ibid)

PTS본 『테라가타 주석서』는 이 세 곳을 각각 PĀRĀPARIYA (a)(ThagA.i.241), PĀRĀPARIYA (b)(ThagA.iii.18), PĀRĀPARIYA (c)(ThagA.iii.73)로 제목을 달아서 이 세 분을 동일인으로 여기고 있다. 그리고 VRI본 『테라가타』와 『테라가타 주석서』도 세 곳에서 모두 Pārāpariyatthera와 Pārāpariya-ttheragāthā-vaṇṇanā로 제목을 달고 있고 노만 교수도 세 곳에서 모두 Pārāpariya로 표기하고 있으며 역자도 이를 따랐다.

들에게 만뜨라들을 가르치며(mante vācenta) 라자가하의 마을(Rājagaha-gamana)에서 [살다가] 세존이 가지신 부처님의 위신력을 보고 믿음을 얻어 출가하였다. 그는 출가하여 위빳사나의 업을 행하면서 오래지 않아 아라한됨을 얻었다. 장로의 일화는 『아빠다나』에도 나타나고 있다. …

그는 아라한됨을 얻은 뒤 자신의 도닦음을 반조하고 기쁨이 생겨 감흥어를 통해서 본 게송을 읊었다. … [장로는 본 게송에서] 바로 그 번뇌의 멸진이 얻어졌다, 증득되었다고 감흥어를 통해서 구경의 지혜를 천명하였다.(ThagA.i.241~242)

같은 빠라빠리야 장로[510]의 게송이 본서 제3권 스물의 모음

510) 『맛지마 니까야』 제4권 「감각기능을 닦음 경」(M152) §2에는 빠라사리야 바라문(Pārāsariya brāhmaṇa)의 제자인 웃따라 바라문 학도(Uttara māṇava)와 세존의 대화가 나타나고 있다.
「감각기능을 닦음 경」(M152)에서 웃따라 바라문 학도가 세존을 뵈러 오자 세존께서는 "그대의 스승인 빠라사리야 바라문은 제자들에게 어떻게 감각기능을 닦는 것을 가르치는가?"라고 질문하신다.(M152 §2) 그러자 웃따라 바라문 학도는 "여기 눈으로 형색을 보지 않고 귀로 소리를 듣지 않습니다. 이와 같이 가르칩니다."라고 대답한다.
여기에 대해서 세존께서는 "그렇다면 눈먼 사람이야말로 이미 감각기능을 닦은 자가 될 것이고, 귀먹은 사람도 감각기능을 닦은 자가 될 것이다. 눈먼 사람은 눈으로 형색을 보지 않기 때문이요, 귀먹은 사람은 귀로 소리를 듣지 않기 때문이다."라고 나무라신다.(Ibid.)

『맛지마 니까야 주석서』는 이 빠라사리야 바라문(Pārāsariya brāhmaṇa)이 누구인지 설명하지 않는다. 그런데 같은 빠라빠리야 장로(Th20:2)의 게송인 본서 제3권 스물의 모음 {726}~{746}번 게송들을 설명하면서 『테라가타 주석서』는 이렇게 언급하고 있다.

"그는 어느 날 스승께서 법문을 하실 시간에 제따와나 승원으로 가서 회중의 가장자리(parisa-pariyanta)에 앉았다. 스승께서는 그의 성향(ajjhāsaya)을 관찰하시고 [『맛지마 니까야』 제4권] 「감각기능을 닦음 경」(M152)을 설하셨다. 그는 그것을 듣고 믿음을 얻어서 출가하였다."(ThagA.iii.18)

그리고 그는 이 경을 깊이 사유하여 이를 바탕으로 아라한됨을 얻었다고 계속해서 주석서는 설명하고 있다.(Ibid.) 이처럼 『테라가타 주석서』가 빠라

(Th20:2; Th20:10)에서 {726}~{746}과 {920}~{948}로 나타나고 있다. 주석서는 이 가운데 Th20:2의 게송들, 즉 {726}~{746}은 부처님 재세 시에 읊은 것이고, Th20:10의 게송들은 부처님 입멸 후에 읊은 것이라고 설명한다(ThagA.iii.73). 여기에 대해서는 본서 제3권 {920}의 해당 주해를 참조하기 바란다.

116. "여섯 가지 [17] 감각접촉의 장소들[六觸處]을 버리고511)
문을 보호하고 잘 단속하였으며512)
재난의 뿌리를 토해내고513)

빠리야 장로의 일화를 설명하면서 빠라사리야 바라문이 나타나는 「감각기능을 닦음 경」(M152)을 언급하는 것은 이 두 사람이 동일인임을 뜻한다. 그래서 DPPN도 이 빠라사리야 바라문(Pārāsariya brāhmaṇa)과 빠라빠리야 장로(Pārāpariya thera)는 동일인일 것이라고 적고 있다.(DPPN. s.v. Pārāsariya)

511) "'여섯 가지 감각접촉의 장소들[六觸處]을 버리고(chaphassāyatane hitvā)'라고 하였다. 눈의 감각접촉 등의 여섯 가지 감각접촉들(cha samphassā)의 일어나고 머묾 때문에(uppattiṭṭhānatāya) '감각접촉의 장소들(phassāyatanāni)'이라는 이름을 얻은 눈 등의 여섯 가지 안의 감각장소들(ajjhattikāyatanāni)을 그것에 묶여있는 오염원들을 제거함(tappaṭibaddha-saṁkilesa-ppahāna)을 통해서 제거하고라는 말이다."(ThagA.i.242)

512) "'문을 보호하고 잘 단속하였으며(guttadvāro susaṁvuto)'라고 하였다. 그런 뒤에 눈의 문 등이 보호되었기 때문에, 즉 그곳에서 전개되는 욕심 등의 사악한 법들의 들어감을 단속하는(pavesana-nivāraṇa) 마음챙김의 덧문(sati-kavāṭa)으로 잘 닫아졌기 때문에(pihitattā) '문을 보호하고 잘 단속하였다.'라고 하였다. 혹은 마노[意]를 여섯 번째로 하는(manacchaṭṭhā) 여섯 문들을 앞에서 설한 방법대로 보호하였기 때문에(rakkhitattā) '문을 보호하였고', 몸 등을 잘 제어하였기 때문에(saññatattā) '잘 단속하였다.'라고 여기서 이와 같이 알아야 한다.'(ThagA.i.242)

513) "'재난의 뿌리를 토해내고(agha-mūlaṁ vamitvāna)'라고 하였다. 윤회의 괴로움(vaṭṭa-dukkha)인 재난의 뿌리가 되는 무명과, 존재에 대한 갈애라 불리는(avijjā-bhava-taṇhā-saṅkhāta) 결점(dosa)을, 혹은 모든 오염원의 잘못(kilesa-dosa)을 성스러운 도라 불리는 구토제라는 수행을 마심(ariya-magga-saṅkhāta-vamana-yoga-pāna)에 의해서 토해내어(ug

나는 번뇌의 멸진을 얻었다.514)”

빠라빠리야 장로 (끝)

7. 야사 장로(Th1:117)

【행장】

율장 『마하왁가』(대품)는 부처님께서 야사 존자와 그의 부모와 친구들을 교화하시는 일화를 자세하게 적고 있다.(Vin.i.15~20; cf. DhA.i.72) 그래서 『테라가타 주석서』도 먼저 이것을 언급하고 있다. 『테라가타 주석서』는 이렇게 설명한다.

“야사 장로(Yasa thera)는 바라나시에서 아주 부유한 상인의 아들로 태어났다. ‘그에게는 세 개의 궁전들(pāsādā)이 있었다.’(Vin.i.15)라는 등의 그의 일화에 대해서는 [율장] 『마하왁가』(대품)의 건도부(khandaka)에 전승되어 오는 대로(Vin.i.15 이하) 알아야 한다.(ThagA.i.243)

그는 전생의 원인에 의해 내몰려서, 밤에 졸음에 빠진 하인들(parijana)의 변한 몰골을 보고 절박함이 생겨(sañjāta-saṁvega) 금으로 만든 신발을 신고(suvaṇṇa-pādukārūḷha) 집에서 나왔다. 그는 천신이 열어준(devatā-vivaṭa) 도시의 문으로 나와서 이시빠따나(Isipatana) 근처로 가서 ‘오, 참으로 짓누르는구나(upa-

---

-giritvā) 흐름(santāna)으로부터 밖으로 내보낸 뒤에(bahi katvā), 혹은 밖으로 내보내는 원인(bahikaraṇa-hetu)이 되어라는 말이다.”(ThagA.i.242)

‘재난의 뿌리(agha-mūla)’에 대해서는 본서 제3권 {890}의 해당 주해도 참조할 것.

514) “‘나는 번뇌의 멸진을 얻었다(patto me āsavakkhayo).’라고 하였다. 감각적 쾌락의 번뇌 등(kāmāsavādayo)인 번뇌들이 여기서 멸진된다(khīyanti), 혹은 그들의 멸진에 의해서 얻어져야 한다라고 해서 ‘번뇌의 멸진’이니 열반과 아라한됨이다(nibbānaṁ arahattañca). 그 번뇌의 멸진이 얻어졌다(patto), 증득되었다adhigato)고 해서 감흥어를 통해서 구경의 지혜를 천명하였다.”(ThagA.i.242)

dduta). 오, 참으로 답답하구나(upassaṭṭha).'라고 말하였다. 그 시간에 세존께서는 이시빠따나에서 머물고 계셨는데 그를 섭수하시기 위해 노지에서 포행을 하시면서 '오라, 야사여. 여기는 짓누르지 않고 여기는 답답하지 않다.'라고 말씀하셨다.
그는 짓누르지 않고 답답하지 않은 것이 있다는 말씀에 기쁨이 생겨서 금으로 만든 신발(suvaṇṇa-pādukā)을 벗고 세존께 다가가서 한 곁에 앉았다. 스승님께서는 순차적인 가르침(anupubbi-kathā)을 말씀하셨고 진리의 가르침을 베푸셨으며 진리의 가르침이 끝났을 때 그는 예류자가 되었다. 그리고 그를 찾기 위해서 거기에 온 아버지에게 세존께서 진리의 가르침(sacca-desanā)을 베푸셨을 때 야사는 아라한됨을 실현하였다. 야사 장로의 일화는 『아빠다나』에도 나타나고 있다. …

그때 세존께서는 야사 존자에게 많은 호의를 베푸신 뒤 '오라, 비구여(ehi bhikkhu).'라고 말씀하셨다. 말씀이 끝남과 더불어(vacana-samanantarameva) 그의 머리카락과 수염은 손가락 두 마디 정도가 되었고(dvaṅgulamatta-kesa-massu) 여덟 가지 필수품을 호지하여(aṭṭha-parikkhāra-dhara) 60세가 된 장로처럼 되었다. 그는 자신의 도닦음을 반조한 뒤 '오라, 비구여.'라는 말씀으로 비구가 되기(ehibhikkhubhāva-ppattito) 이전의 상황(purima-avattha)을 통해서 감흥어로 본 게송을 읊었다."(ThagA.i.243~244)

율장 『마하왁가』(대품)에 의하면 야사를 찾아 나온 그의 아버지는 다음 날 세존을 그의 집으로 초청하여 공양을 올렸으며 어머니도 신도가 되었다. 부처님의 설법을 듣고 야사의 친한 친구인 위말라(Vimala), 수바후(Subahu), 뿐나지(Puṇṇaji), 가왐빠띠(Gavampati, 본서 {38} 참조)는 예류자가 되어 출가하였고 다른 친구 50명도 출가하여 모두 아라한이 되었다.(Vin.i.15~20; cf. DhpA.i.72) 그래서 율장 『마하왁가』는 "그때에 세상에는 61명의 아라한이 있었다."(Vin.i.20)라고 감격스러움을 전하고 있다.

117. "기름을 잘 바르고 잘 차려입고
모든 장신구로 잘 꾸민 채로
세 가지 명지를 증득하였고[515]
부처님의 교법을 실천하였다."

야사 장로 (끝)

8. 낌빌라 장로(Th1:118)

【행장】

"낌빌라 장로(Kimbila thera, VRI: Kimila)는 까삘라왓투 도시에서 사꺄의 왕의 가문에 태어났다. 그는 적당한 나이가 되어 재물을 구족하여 지냈다. 스승님께서는 그의 지혜가 무르익었음을 보시고 절박함(saṁvega)을 생기게 하기 위해서 아누삐야(Anupiyā)에 머무시면서 초년기의 축복받은 젊음(paṭhama-yobbana)에 다다른 아름다운 여인의 형색을 만들어 내어 그의 앞에 보여주신 뒤 차례로 늙고 병들어 무너져감(jarā-roga-vipatti)에 압도되는 것을 보여주도록 그렇게 만드셨다. 그것을 보고 낌빌라 왕자는 더욱더 절박함을 드러내면서 본 게송을 읊었다. …

이와 같이 그가 무상함(aniccatā)을 마음에 잡도리할 때 더욱 강한 절박함이 일어났다. 그는 절박함이 생겨 스승님께 다가가서 법을 듣고 믿음을 얻어 출가하여 위빳사나를 확립한 뒤 오래지 않아 아라한됨을 얻었다. 장로의 일화는 『아빠다나』에도 나타나고 있다. …

---

515) '기름을 잘 바르고 잘 차려입고 / 모든 장신구로 잘 꾸민 채로 / 세 가지 명지를 증득하였고'는 suvilitto suvasano, sabbābharaṇabhūsito, tisso vijjā ajjhagamiṁ를 옮긴 것이다. 이 구절은 야사 장로가 재가자였을 때 아라한됨을 얻었음을 드러내고 있다.

아라한됨을 얻은 뒤 장로는 이전에 자신에게 생겼던 무상함을 마음에 잡도리함을 분명하게 하면서 그때 읊었던 게송을 따라 읊었다. 그래서 이것은 이 장로에게 구경의 지혜를 천명하는 것이 되었다."(ThagA.i.245)

초기불전에는 두 분의 낌빌라 존자(āyasmā Kimbila)가 나타난다. 『상윳따 니까야』 제6권 「낌빌라 경」(S54:10)과 『앙굿따라 니까야』 제3권 「낌빌라 경」(A5:201)에 나타나는 낌빌라 존자는 강가(Gaṅga) 강 언덕에 있는(DPPN) 낌빌라 도시의 상인의 아들이었다. 그러나 본 게송을 읊은 낌빌라 장로는 아누삐야(Anupiyā)에서 아누룻다(Anuruddha), 아난다(Ānanda), 바구(Bhagu), 밧디야(Bhaddiya), 데와닷따(Devadatta) 같은 왕자와 이발사 우빨리(Upāli)를 비롯한 많은 사까의 청년들과 함께 출가한 사까족 출신의 낌빌라 존자이다.
그러므로 낌빌라 도시와 낌빌라의 대나무 숲과 함께 언급되는 낌빌라 존자는 낌빌라 출신의 낌빌라 존자이고 그렇지 않은 경우(예를 들면 M31, M32, M38, M62, M128)는 사까족 출신의 바로 이 낌빌라 장로라고 보면 될 것이다.

그리고 본서 제2권 둘의 모음에서 {155}~{156}을 읊은 낌빌라 장로는 본 게송을 읊은 낌빌라 장로와 같은 분이라고 주석서는 밝히고 있다.(ThagA.ii.30)

118. "명령이라도 한 것처럼[516] 청춘은 내동댕이쳐지나니[517]

---

516) "'명령이라도 한 것처럼(abhisaṭṭho va, VRI: abhisattova)'이라고 하였다. '너는 빨리 가라. 서있지 마라.'라고 천신들이 훈도하고 명령한 것처럼(anusiṭṭho āṇatto viya)이란 뜻이다. 이본(異本, pāṭha)에는 abhisattovā(저주라도 한 것처럼)으로 나타나기도 한다. '너는 빨리 꺼져버려(tvaṁ lahuṁ gacchāti)!'라고 어떤 자가 저주한 것(abhilāsāpita)처럼이라는 뜻이다." (ThagA.i.245)

517) '청춘은 내동댕이쳐지나니'는 nipatati vayo를 주석서를 참조해서 의역을

형태[色]는 같지만 다른 [사람]처럼 여겨지고[518]
그대로이고 떠나지 않았지만
나는 나 자신을 다른 사람처럼 기억한다.[519]"

낌빌라 장로 (끝)

9. 왓지뿟따 장로(Th1:119)

【행장】

"왓지뿟따 장로(Vajjiputta thera)는 웨살리에서 릿차위[520]의 왕

해본 것이다. 주석서는 이렇게 설명한다.

"'내동댕이쳐진다(nipatati).'는 것은 빨리 떨어진다(atipatati), 빨리 달린다(abhidhāvati), 서있지 않는다(na tiṭṭhati)는 말인데 순간순간(khaṇe khaṇe) 멸진과 사라짐(khaya-vaya)을 얻는다는 뜻이다.
['청춘은'으로 옮긴] '나이는(vayo)' 힘과 젊음 등인데(bālya-yobbanādiko) 몸의 특별한 기간(avatthā-visesa)을 말한다. 여기서는 그의 젊은 시기(yobbañña)를 말한다. 그것은 그에게 빨리 떨어지고(abhipatanta) 멸진하는 것(khīyanta)으로 확립되었기 때문이다."(ThagA.i.245)

518) '형태[色]는 같지만 다른 [사람]처럼 여겨지고'는 rūpaṁ aññamiva tatheva santaṁ를 옮긴 것이다. 주석서는 이렇게 설명한다.

"여기서 '형태[色, rūpa]'는 물질을 구족한 것(rūpa-sampadā)을 말한다. 그리고 '형태'는 몸(sarīra)인데 "도반들이여, 마치 목재와 덩굴과 진흙과 짚으로 허공을 덮어서 '집'이라는 명칭이 생기는 것처럼 그와 같이 뼈와 신경과 살과 피부로 허공을 덮어서 '형태[色, rūpa]'라는 명칭이 생깁니다."(「코끼리 발자국 비유의 긴 경」 M28 §26)라는 등에서와 같다.
'같지만 다른 [사람]처럼 여겨지고(aññamiva tatheva santaṁ)'라고 하였다. 이 형태(몸)는 그것이 무엇일지라도 스스로 그와 같이 그런 모습(ākāra)으로 있고 존재하는데(santaṁ vijjamānaṁ) 다른 사람처럼(aññaṁ viya) 나에게 나타난다(upaṭṭhāti)는 의미이다."(ThagA.i.245)

519) '나는 나 자신을 다른 사람처럼 기억한다.'는 aññasseva sarāmi attānaṁ을 옮긴 것인데 주석서는 "나는 나의 이 자기 존재(atta-bhāva)를 다른 중생(satta)처럼 기억한다, 파악한다(upadhāremi), 인식한다(sañjānāmi)라는 뜻이다."(ThagA.i.245)로 설명한다.

520) 릿차위(Licchavī)는 웨살리를 수도로 한 공화국 체제를 갖춘 왓지(Vajjī) 국을 대표하는 종족의 이름이다. 왓지 국은 몇몇 부족들로 이루어져 있었다고

의 아들로 태어났다. 왓지의 왕의 아들이었기 때문에(Vajji-rāja-puttattā) 왓지뿟따(왓지의 아들)라 호칭되었다고 한다. 그는 인연이 성숙되었기 때문에 벗어남의 성향을 가져(nissaraṇ-ajjhāsaya) 유행을 하는 도중에 스승님께서 법을 설하시는 시간에 승원에 가서 회중의 가장자리에 앉아 법을 듣고 믿음을 얻어 스승님의 곁에서 출가하였다. 그는 위빳사나의 업을 행하여 오래지 않아 육신통을 갖춘 분이 되었다(chaḷabhiñño ahosi). 장로의 일화는 『아빠다나』에도 나타나고 있다. …

나중에 스승님께서 반열반하신 지 오래되지 않아(acira-parinibbute satthari) 법을 합송하기 위한 [일차합송의] 회합 장소(saṅketa)를 정한 뒤 대장로들이 여기저기서 머물고 있을 때였다. 육신통을 갖춘 그는 어느 날 아난다 존자가 유학이면서도 큰 회중에 에워싸여 법을 설하는 것을 본 뒤 그런 아난다 존자가 더 높은 도를 증득하기 위해(uparimagga-adhigamāya) 불굴의 정진을 하도록 하면서 이 게송을 읊었다."(ThagA.i.246)

여기서 왓지뿟따 장로가 읊은 이 {119}번 게송은 『상윳따 니까야』 제1권 「아난다 경」(S9:5) §3의 {772} 게송으로도 나타나고 있다. 거기서는 밀림에 사는 천신이 아난다 존자에게 절박함을 일으키기 위해서 읊은 게송으로 나타난다. 여기에 대해서는 {119}번 게송의 마지막 주해를 참조하기 바란다.
그리고 다른 왓지뿟따 장로의 게송(Th1:62)이 본서 하나의 모음

하는데 그 가운데서 릿차위(Licchavī)와 위데하(Videha)가 강성하였다고 하며, 『브르하다란냐까 우빠니샤드』에 의하면 바라문 전통에서 성군으로 칭송받는 자나까(Janaka) 왕이 위데하의 왕이었다. 부처님 당시에는 릿차위가 강성하여(MA.i.394.) 초기불전에서는 릿차위와 왓지는 동일시되다시피 하고 있다. 왓지들은 끄샤뜨리야였으며 세존께서는 그들의 공화국 체제를 승가가 퇴보하지 않는 것과 견줄 정도로 말씀하셨다.(『디가 니까야』 제2권 「대반열반경」(D16) §§1.4~6 참조)
그들의 이름에 얽힌 신화에 대해서는 『맛지마 니까야』 제1권 「사자후의 긴 경」(M12) §2의 주해를 참조할 것.

{62}로 나타나고 있다.

119. "밀림의 깊숙이 나무 아래 들어가서
그대는 열반을 가슴에 간직하고[521]
고따마여,[522] 참선을 하소서.[523] 방일하지 마소서.
이렇게 떠들썩해서 그대 무엇을 할 것이오?"[524] (S9:5 {772})

---

521) "'열반을 가슴에 간직하고(nibbānaṁ hadayasmiṁ opiya)'라고 하였다. '이와 같이 내가 도를 닦아서(paṭipajjitvā) 열반을 증득해야 한다.'라고 적멸(nibbuti)을 가슴에 놓고, 마음에 행하고서라는 뜻이다."(ThagA.i.247)

『상윳따 니까야』 제1권 「아난다 경」(S9:5) §3의 {772} 게송을 설명하면서 『상윳따 니까야 주석서』는 이렇게 주석하고 있다.

"'열반을 가슴에 간직하고(hadayasmiṁ opiya)'라고 했다. 의무(kicca)의 측면과 대상(ārammaṇa)의 측면으로 가슴에 놓는다는 뜻이다. 즉 '열반을 증득하리라.'라고 정진(vīriya)할 때 의무로서 열반을 가슴에 간직하는 것이고, 열반을 대상으로 해서(nibbānārammaṇa) 증득[等至, samāpatti]에 들어서(즉, 과의 증득(phala-samāpatti)을 말함) 좌정할 때 대상으로서 열반을 가슴에 간직하는 것이다. 이 두 가지 측면에서 말하고 있다."(SA.i.292)

522) "'고따마여(gotama)'라는 것은 법의 창고지기(dhamma-bhaṇḍāgārika)인 [아난다 존자를] 족성으로 부른 것이다."(ThagA.i.247)

523) "'참선을 하소서(jhāya).'라는 것은 [무상 · 고 · 무아의] 특상을 정려(靜慮)함(lakkhaṇ-ūpanijjhāna)을 통해서 참선을 하라는 뜻으로 위빳사나 수행과 함께하는(vipassanā-bhāvanā-sahita) 도의 수행(magga-bhāvanā)을 닦으라는 말이다."(ThagA.i.247)

524) "[아난다 존자는] 이 [게송을] 듣고 남들이 내뱉은 독의 냄새를 실어 나르는 이러한 말(visagandha-vāyana-vacana)에 의해서 절박함이 생겨(saṁvega-jāta) 많은 밤을 경행(caṅkama)을 하며 보내면서 위빳사나를 열성적으로 행한 뒤 거처에 들어가서 침상에 누우면서 바로(mañcake nipanna-mattova) 아라한됨을 얻었다."(ThagA.i.247)

앞에서 밝혔듯이 본 게송은 「아난다 경」(S9:5) §3의 {772} 게송으로도 나타나고 있다. 여기서는 세존 입멸 후 재가자들을 가르치는 데 너무 많은 시간을 할애하고 있는 아난다 존자에게 절박함을 일으키기 위해서 밀림에 사는 천신(vanasaṇḍe adhivatthā devatā)이 읊은 게송으로 나타난다. 경은 그 이유를 이렇게 밝히고 있다.

"2. 그 무렵 아난다 존자는 재가자들을 가르치는 데 너무 많은 시간을 할애

왓지뿟따 장로 (끝)

10. 이시닷따 장로(Th1:120)

【행장】

"이시닷따 장로(Isidatta thera)는 아완띠 지역(Avantiraṭṭha)의 왓다가마(Vaḍḍhagāma)에서 어떤 대상(隊商)의 우두머리의 아들로 태어났다. 그는 적당한 나이가 되어 맛치까산다(Macchikāsaṇḍa)에 사는 찟따 장자(Citta gahapati)[525]와 서로 만난 적은 없는 도

하고 있었다. 그러자 아난다 존자를 연민하고 아난다 존자의 이익을 원하는 밀림에 사는 신이 아난다 존자에게 절박감을 일으키기 위해 아난다 존자에게 게송으로 말했다."(S9:5 §2)

『상윳따 니까야 주석서』에 의하면 이 「아난다 경」(S9:5)은 세존께서 반열반에 드신 지 얼마 되지 않았을 때의 일화를 담고 있다.(SA.i.292) 세존의 다비식을 마치고 마하깟사빠 존자가 발의하여 하안거에 부처님의 가르침을 합송하기로 결의하여 "마하깟사빠 존자는 499명의 아라한들을 뽑았다."(Vin.ii.285) 그러면 왜 장로는 한 명이 모자라게 선출을 하였을까? 아난다 존자에게 기회를 주기 위해서였다.(DA.i.4)

마하깟사빠 존자는 아난다 존자에게 숲에 들어가서 더 높은 세 가지 도(uparimagga-ttaya, 일래도부터 아라한도까지)를 얻도록 정진하라고 당부한다. 아난다 존자는 그때까지 예류과를 얻었을 뿐이었다.(SA.i.292; cf. DA.i.4~6) 아난다 존자는 꼬살라 지방의 숲에 들어와서 정진을 하려고 하였지만 「아난다 경」(S9:5) §2와 「수바 경」(D10) §1.4 등에서 보듯이 매일 신도들이 찾아와서 세존의 입멸을 슬퍼하자 그들에게 무상의 가르침을 설하기에 바빴다.
그러자 이 천신은 아난다 존자가 아라한이 되어 일차합송에 참석해야 경의 결집이 가능함을 알고 아난다 존자가 절박함이 생겨 정진하도록 하기 위해서 「아난다 경」(S9:5) §3의 {772}번 게송을 읊은 것으로 『상윳따 니까야 주석서』는 설명하고 있다.(SA.i.292)

이처럼 본 게송은 『상윳따 니까야』에서는 밀림에 사는 신이 아난다 존자에게 절박함이 생기게 하기 위해서 읊은 것으로 나타나고 본서 여기에서는 왓지뿟따 장로가 같은 목적으로 아난다 존자에게 읊은 것으로 나타나고 있다.

525) 찟따 장자(Citta gahapati)는 마가다(DPPN은 까시(Kāsi, 바라나시)라고 적고 있음)에 있는 맛치까산다 도시(Macchikāsaṇḍa-nagara)의 상인이었다. 그가 태어나는 날 여러 가지(citta) 꽃비가 흩날렸다고 해서 붙인 이름이

반(adiṭṭha-sahāya)이 되었다. 찟따 장자는 부처님의 덕행을 적은 교법에 대한 [서신]을 그에게 보냈는데(pesita-sāsana) 이것을 받아 보고 교법에 청정한 믿음이 생겼다. 그는 마하깟짜나 장로의 곁에서 출가하여 오래지 않아 육신통을 갖춘 분이 되었다. 장로의 일화는 『아빠다나』에도 나타나고 있다. …

그는 육신통을 갖춘 자가 되어 '저는 부처님께 시중들기 위해서(Buddh-upaṭṭhāna) 가려고 합니다.'라고 장로에게 말한 뒤 차례대로 중앙의 지역(majjhima-desa)으로 가서 스승님께 다가가 절을 올리고 한 곁에 앉았다. '비구여, 어떻게 견딜 만한가? 그대는 편안한가?'라는 등으로 호의를 베푸신 스승님께 답변을 하는 방법을 통해(paṭivacana-mukhena) '세존이시여, 스승님의 교법에 다가간 때부터 시작하여 저의 모든 괴로움은 사라졌고 모든 위험(parissaya)은 가라앉았습니다.'라고 말씀드렸다. 이렇게 드러냄(pavedana)을 통해서 구경의 지혜를 천명하면서 본 게송을 읊었다."(ThagA.i.248)

한편 『상윳따 니까야』 제4권 「이시닷따 경」 1/2(S41:2~3)는 본 게송을 읊은 이시닷따 장로가 신참이었으면서도 비구들을 대표

라 한다. 그는 오비구 가운데 한 분인 마하나마 장로를 뵙고 자신의 망고 원림(Ambāṭakārāma)에 정사를 짓고 머물게 하였으며 마하나마 장로로부터 법을 듣고 불환과를 얻었다. 그 후 많은 비구들이 망고 원림을 방문하여 그의 환대를 받았다.(AA.i.385~386)

『앙굿따라 니까야』 하나의 모음(A1:14:6-3)에서 세존께서는 찟따 장자를 "법을 설하는 [재가]자들(dhamma-kathikā) 가운데서 으뜸"이라고 언급하고 계시며 『앙굿따라 니까야』 제1권 「발원 경」 3(A2:12:3)과 제2권 「포부 경」(A4:176) §3에서는 본받아야 할 대표적인 남자 신도로 거명되고 있다.

그가 여러 장로 비구들과 나눈 대화가 『상윳따 니까야』 「찟따 상윳따」(S41)에 전해 오는데 여기에 포함되어 있는 10개의 경들은 왜 부처님께서 그를 두고 법을 설하는 재가자들 가운데서 으뜸이라고 칭찬하셨는지를 보여주는 좋은 보기가 된다.

해서 찟따 장자의 질문에 대답한 경들로 전승되어 온다. 이러한 이시닷따 장로는 빠세나디 꼬살라 왕의 시종(thapati)이었던 이시닷따와 뿌라나(Purāṇa) 형제(cf, M98 §18; S55:6)의 이시닷따와는 다른 사람이다.

120. "다섯 가지 무더기[五蘊]는 철저하게 알아져서[526]
뿌리가 잘린 채로 서있을 뿐입니다.[527] (ab={90}ab)
괴로움의 멸진은 성취되었고[528] (abc={440}abc)
나는 번뇌의 멸진을 얻었습니다.[529]"

---

526) "'다섯 가지 무더기[五蘊]는 철저하게 알아져서(pañcakkhandhā pariññātā)'라고 하였다. 취착의 [대상인] 다섯 가지 무더기들[五取蘊, pañc-upādāna-kkhandhā]은 '이것은 괴로움이다(idaṁ dukkhaṁ), 이런 것이 괴로움이다(ettakaṁ dukkhaṁ), 그 이상은 아니다(na tato bhiyyo).'라고 모든 곳에서 한계를 정하여(paricchijja) 알아졌다. 그들 가운데 어떤 것도 철저하게 알아져야 하는 것(pariññātabba)이 [남아]있지 않다는 의미이다."(ThagA.i.249)

세 가지 통달지에 대해서는 본서 {90}의 주해를 참조하고 세 가지 통달지에 대한 더 상세한 설명은 『청정도론』 XX.3~4와 18~19를 참조할 것.

527) "'뿌리가 잘린 채로 서있을 뿐입니다(tiṭṭhanti chinna-mūlakā).'라는 것은 모든 곳에서 철저하게 알아졌기 때문에, 그들의 무명과 갈애 등의 뿌리가 잘라졌기 때문에, 성스러운 도에 의해서 제거되었기 때문에 마지막 마음이 소멸할 때까지(yāva-carima-citta-nirodhā) 그들은 서있을 뿐이다라는 뜻이다."(ThagA.i.249)

이 {120}cd에 대해서는 본서 {90}cd의 주해들도 참조할 것.

528) "'괴로움의 멸진은 성취되었고(dukkha-kkhayo anuppatto)'라는 것은 그들의 뿌리가 잘렸기 때문에 윤회의 괴로움(vaṭṭa-dukkha)의 멸진(khaya)과 완전한 멸진(parikkhaya)을 성취하였고 열반은 증득되었다는 말이다."(ThagA.i.249)

529) "'나는 번뇌의 멸진을 얻었습니다(patto me āsavakkhayo).'라는 것은 감각적 쾌락의 번뇌 등의 모든 번뇌들의 멸진, 즉 끝남(khayo eva antoti khayanto, DAṬ.ii.354)으로 다가가야 함(abhigantabbatā) 때문에 '번뇌의 멸진'이라는 이름을 얻은 아라한됨이 얻어졌다, 증득되었다(paṭiladdha)는 뜻이다. 어떤 분들은 '이 적집된 것은 끝났다(antimāyaṁ samussayo).'라

이시닷따 장로 (끝)

열두 번째 품이 끝났다.

[열두 번째 품에 포함된 장로들의] 목록은 다음과 같다.

> 젠따와 왓차곳따와 와나라 불리는 왓차
> 아디뭇따, 마하나마, 빠라빠리야, 야사
> 낌빌라와 왓지뿟따와 큰 명성 가진 이시닷따이다.

하나의 모음이 끝났다.
여기에 포함된 목록은 다음과 같다.

> 120분의 장로들은 할 일을 다 하였고 번뇌가 없으니
> 하나의 모음에서 대선인들에 의해 잘 합송되었다.

고 읽는다(paṭhanti). 열반을 증득하였기 때문에 나의 이 적집된 것, 즉 자기 존재(atta-bhāva)는 끝났고 모든 것의 마지막이고 다시 존재함은 없다는 뜻이다. 여기서 설명하지 않은 것은 앞에서 설명한 방법에 의해서 분명하다."(ThagA.i.249)

'적집된 것(samussaya)'에 대해서는 본서 하나의 모음 {83}의 해당 주해를 참조할 것.

역자 각묵스님

1957년 밀양 생. 1979년 화엄사 도광 스님을 은사로 사미계 수지. 1982년 범어사에서 자운 스님을 계사로 비구계 수지. 7년간 제방 선원에서 안거 후 인도로 유학, 인도 뿌나 대학교(Pune University)에서 10여 년간 산스끄리뜨, 빠알리, 쁘라끄리뜨 수학. 현재 실상사 한주, 초기불전연구원 지도법사

역·저서로 『금강경 역해』(2001, 12쇄 2023), 『아비담마 길라잡이』(전 2권, 대림 스님과 공역, 2002, 12쇄 2016, 전정판 4쇄 2021), 『네 가지 마음챙기는 공부』(2003, 개정판 9쇄 2022), 『디가 니까야』(전 3권, 2006, 8쇄 2022), 『상윳따 니까야』(전 6권, 2009, 7쇄 2023), 『초기불교 이해』(2010, 8쇄 2022), 『니까야 강독』(I/II, 2013, 6쇄 2023), 『담마상가니』(전 2권, 2016), 『초기불교 입문』(2017, 4쇄 2023), 『위방가』(전 2권, 2018), 『이띠웃따까』(2020), 『우다나』(2021)

테라가타 1

2024년 3월 13일 초판 1쇄 발행

옮긴 이 | 각묵 스님
펴낸 이 | 대림 스님
펴낸 곳 | **초기불전연구원**
경남 김해시 관동로 27번길 5-79
전화: (055)321-8579
홈페이지 | http://tipitaka.or.kr
http://cafe.daum.net/chobul
이 메 일 | chobulwon@gmail.com
등록번호 | 제13-790호(2002.10.9)
계좌번호 | 국민은행 604801-04-141966 차명희
하나은행 205-890015-90404(구.외환147-22-00676-4) 차명희
농협 053-12-113756 차명희
우체국 010579-02-062911 차명희

ISBN: 978-89-91743-45-8(04220)
ISBN: 978-89-91743-44-1(세트)

값 | 35,000원